Patrick Teubner

Untersuchungs- und Eingriffsrechte privatgerichteter Untersuchungsausschüsse

Patrick Teubner

Untersuchungs- und Eingriffsrechte privatgerichteter Untersuchungsausschüsse

Zum Verhältnis von Strafprozess und PUAG

W DE G
RECHT

De Gruyter Recht · Berlin

Dr. iur. *Patrick Teubner*, Rechtsanwalt in Berlin

zugl. Bremen, Univ., Diss. 2009

⊗ Gedruckt auf säurefreiem Papier,
das die US-ANSI-Norm über Haltbarkeit erfüllt.

ISBN 978-3-89949-679-6

Bibliografische Information der Deutschen Nationalbibliothek

Die Deutsche Nationalbibliothek verzeichnet diese Publikation
in der Deutschen Nationalbibliografie; detaillierte bibliografische Daten
sind im Internet über http://dnb.d-nb.de abrufbar.

Printed in Germany

Druck und Bindung: Hubert & Co., Göttingen

Vorwort

Die vorliegende Arbeit wurde im November 2008 vom Fachbereich Rechtswissenschaften der Universität Bremen als Dissertation angenommen. Literatur und Rechtsprechung konnten bis Oktober 2008 berücksichtigt werden.

Meinem Doktorvater, Herrn Prof. Dr. Felix Herzog, gebührt mein aufrichtiger Dank für die stets unterstützende und ermutigende Betreuung in allen Phasen der Arbeit. Bei Frau Prof. Dr. Edda Weßlau bedanke ich mich für die zügige und gründliche Zweitbegutachtung.

Hervorheben möchte ich auch Herrn Rechtsanwalt Dr. Daniel M. Krause, dem ich entscheidende Impulse zur vorliegenden Arbeit verdanke und der mich in dem Vorhaben, diese Arbeit zu schreiben, stets bestärkt und gefördert hat. Ich bedanke mich ferner bei meinen Kollegen in der Kanzlei Krause Lammer Wattenberg, insbesondere bei Frau Rechtsanwältin Alexandra Wagner sowie bei Frau Staatsanwältin Dr. Sophie Preibusch und Herrn Dr. Jens M. Scherpe, für ihren Ansporn und für ihre stets offenen Ohren. Herrn Assessor Jens Uhlherr danke ich für seine verlässlichen Recherchen und Korrekturarbeiten.

Ein herzlicher Dank gilt meinen Eltern für ihre vielen konstruktiven Anregungen und ihre Förderung. Gewidmet ist diese Arbeit meiner Frau und besten Freundin Tine und unserem Sohn Lasse, dessen Geburt im Oktober 2008 das schöne Ereignis der Abgabe der Dissertation noch um Längen in den Schatten stellte.

Berlin, im Juli 2009 Patrick Teubner

Inhaltsverzeichnis

Vorwort V
Abkürzungsverzeichnis XV
A. Einleitung: Untersuchungsziel und -gegenstand 1
B. Gegenstand und Umfang privatgerichteter Untersuchungen nach dem PUAG 7
I. Instrument parlamentarischer Kontrolle 7
II. Einsetzung 11
1. Untersuchung privater Bereiche 11
a) Unzulässigkeit *rein* privatgerichteter Untersuchungen 13
b) Mittelbare Untersuchung privater Bereiche 16
c) Unmittelbare Untersuchung privater Bereiche 17
2. Erfordernis des Öffentlichen Interesses 21
a) Öffentliches Interesse als Zulässigkeitsvoraussetzung 21
(1) Gesetzgebung und parlamentarische Praxis 22
(2) Literatur 25
(3) Rechtsprechung 27
(4) Zusammenfassung 29
b) Konkreter Anlass 29
c) Faktisches Interesse 32
d) Justiziabilität des öffentlichen Interesses 33
e) Ergebnis 34
3. Anforderungen an die Bestimmtheit des Untersuchungsauftrages 35
4. Begrenzung des Untersuchungsgegenstandes auf der Einsetzungsebene 38
a) Bestimmung und Begrenzung durch Verfassungsgrundsätze 41
(1) Gewaltenteilungsprinzip 42
(2) Bundesstaatsprinzip 43
(3) Verhältnismäßigkeitsprinzip 44
b) Begrenzung durch Grundrechte privater Dritter 44
(1) Recht auf informationelle Selbstbestimmung 44
(2) Schutz von Geschäfts- und Betriebsgeheimnissen sowie des Bankgeheimnisses 45
(3) Berücksichtigung des Steuergeheimnisses 47
c) Untersuchung abgeschlossener Sachverhalte 48

III. Beweiserhebung ... 52
1. Beweiserhebungsrechte ... 52
a) Beweismittel des PUAG ... 53
b) Durchsetzbarkeit der Beweiserhebungsrechte ... 54
c) Inanspruchnahme von Gerichten ... 55
d) Delegation von Beweiserhebungen auf Ermittlungsbeauftragte ... 57
(1) Einsetzung und Abberufung ... 57
(2) Person des Ermittlungsbeauftragten ... 58
(3) Aufgaben ... 60
(4) Einberufung mehrerer Ermittlungsbeauftragter ... 61
(5) Bedenken gegen die Tätigkeit Ermittlungsbeauftragter ... 62
(a) Gefahr der parteipolitischen Instrumentalisierung ... 62
(b) Sichtungs- oder Aufbereitungsfunktion ... 62
(c) Geltendmachung der Herausgabeansprüche des § 30 PUAG ... 64
(d) Befugnis zur Vornahme informatorischer Befragungen ... 65
(e) Einschaltung parlamentsfremder Personen ... 65
(6) Stellungnahme ... 65
e) Öffentlichkeit der Beweiserhebung ... 67
2. Grenzen der Beweiserhebung auf der Durchführungsebene ... 70
a) Grenzen der Beweiserhebung nach dem PUAG ... 70
(1) Unzulässigkeit gemäß § 17 Abs. 2 PUAG ... 70
(a) Begrenzung durch den Untersuchungsauftrag ... 70
(b) Begrenzung durch das öffentliche Interesse ... 71
(c) Vorliegen von Verfahrensfehlern ... 72
(2) Beweiserhebungsverbot des § 29 Abs. 1 S. 2 PUAG ... 72
(a) Bestimmung des „streng persönlichen Charakters“ ... 72
(b) Geltung des Beweiserhebungsverbotes im Rahmen der Beschlagnahme gemäß § 29 Abs. 3 PUAG ... 75
(c) Geltung des Beweiserhebungsverbotes im Rahmen des Vorprüfungsverfahrens gemäß § 30 Abs. 2 PUAG ... 76
(d) Zusammenfassung ... 77
(3) Mangelnde Effektivität von Geheimschutzmaßnahmen ... 77
(4) Grenzen des Zwangsmitteleinsatzes gemäß § 17 Abs. 2 PUAG ... 78
b) Verfassungsrechtliche Grenzen der Beweiserhebung ... 78
(1) Grundrechte privater Dritter ... 78
(2) Fernmeldegeheimnis ... 81
(3) Grundsatz der Diskontinuität ... 81
IV. Ergebnis ... 82

C. Bedeutung und Wirkung der sinngemäßen Anwendung der Vorschriften über den Strafprozess ... 84

I. Verweisung des Art. 44 Abs. 2 S. 1 GG ... 84
1. Verknüpfung ... 84
2. Inhalt ... 89
3. Ergebnis ... 94

II. Eröffnung der sinngemäßen Anwendung der Vorschriften über den Strafprozess ... 94
1. Möglichkeit der sinngemäßen Anwendung ... 95
a) Begriffliche Bedeutung von sinngemäß ... 95
b) Kein Verbot der Analogiebildung ... 97
c) Bestehen einer Regelungslücke ... 99
d) Ergebnis ... 100
2. Bestimmung der *sinngemäßen* Anwendung ... 101
a) Vorgaben des Gesetzgebers ... 101
b) Ansätze zur Abgrenzung der Verfahren ... 101
(1) Rechtsprechung ... 102
(2) Konkretisierungen von *Gollwitzer* ... 106
(3) Ähnlichkeitsthese von *Jung* ... 106
(4) Entstellungsthese von *Masing* ... 107
(5) Zusammenfassung ... 107
c) Verfahrensvergleich ... 108
(1) Aufgaben und Struktur ... 108
(a) Erkenntnisziele ... 108
(b) Verfahrensanlass ... 110
(c) Verfahrensgang ... 111
(d) Bedeutung der Öffentlichkeit ... 112
(e) Rechtsfolgen und tatsächliche Auswirkungen ... 115
i) Strafrechtliches Rechtsfolgensystem und Abschlussbericht ... 115
ii) Vergleichbarkeit der tatsächlichen Verfahrenswirkungen ... 117
(f) Zusammenfassung ... 119
(2) Parlamentarischer Untersuchungsausschuss und strafprozessuale Institutionen ... 119
(a) Untersuchungsausschüsse als Gericht ... 120
(b) Untersuchungsausschüsse als gerichtsähnliche Institution 120
(c) Untersuchungsausschuss und Staatsanwaltschaft ... 123
(d) Zusammenfassung ... 124
(3) Verfahrensbeteiligte ... 124
(a) Mitglieder parlamentarischer Untersuchungsausschüsse als Richter ... 125
(b) Vorsitzender Richter und Ausschussvorsitzender ... 126
(c) Zeuge und Sachverständiger ... 127
(d) Beschuldigter und Betroffener ... 129
(e) Ergebnis ... 130
(4) Sächliche Beweismittel ... 130
(5) Tatsachenermittlung und Wahrheitsfindung ... 131
(a) Bundesverfassungsgericht ... 132
(b) Literatur ... 132
(c) Andersartigkeit ... 134
(d) Ergebnis ... 138
(6) Zusammenfassung und Stellungnahme ... 140

(a) Betrachtung von *Jung* ... 141
(b) Rechtsprechung ... 141
(c) Ansatz von *Gollwitzer* ... 142
(d) These *Masings* ... 143
3. Ergebnis ... 143
III. Auswirkungen der eingeschränkten sinngemäßen Anwendung der Vorschriften über den Strafprozess ... 144
1. Beschränkung auf vergleichbare Prozesssubjekte ... 144
2. Beweismitteleigenschaft des Zeugen ... 145
3. Anwendung kriminalistischer Untersuchungsformen ... 146
4. Anwendung heimlicher Ermittlungsmethoden ... 148
5. Einsatz von Zwangs- und Beugemaßnahmen ... 150
a) Zwangs- und Beugemaßnahmen des PUAG ... 152
b) Berücksichtigung strafprozessualer Voraussetzungen bei Durchsuchung und Beschlagnahme ... 153
(1) Erfordernis eines (Anfangs-)Verdachts ... 154
(2) Grenzen der Beschlagnahme und Durchsuchung ... 158
(a) Eingriffsrechtfertigung und richterliche Anordnung ... 158
(b) Grundsatz der Verhältnismäßigkeit ... 160
c) Ergebnis ... 161
6. Anwendbarkeit strafprozessualer Beweiserhebungsgrundsätze ... 163
a) Ermittlungsgrundsatz ... 163
b) Freie richterliche Beweiswürdigung ... 163
c) Mündlichkeit und Unmittelbarkeit ... 164
d) Unschuldsvermutung und in dubio pro reo ... 165
e) Beschleunigungsgrundsatz und Konzentrationsmaxime ... 165
7. Geltung verfassungsrechtlicher Grundsätze ... 166
a) Nemo-tenetur-Grundsatz ... 166
b) Faires Verfahren ... 166
c) Fürsorgepflicht ... 167
d) Übermaßverbot ... 168
8. Parallelität von Strafprozess und parlamentarischer Untersuchung ... 168
a) Störung durch Untersuchung desselben Sachverhaltes ... 169
b) Störung bei Aktenanforderungen ... 169
c) Störung bei Haftsachen ... 170
d) Restriktionen aufgrund des fair-trial-Prinzips ... 171
IV. Ergebnis und Vorgaben für die sinngemäße Anwendung der Vorschriften über den Strafprozess ... 172
D. Beweiserhebung privatgerichteter Untersuchungsausschüsse im Lichte der sinngemäßen Anwendung der Vorschriften über den Strafprozess ... 175
I. Zeuge ... 175
1. Rechtsstellung des Zeugen ... 176
2. Pflichten von Zeugen ... 181
a) Erscheinenspflicht auf Ladung ... 181

(1) Rechtsnatur der Ladung ... 182
(2) Inhalt der Ladung ... 184
(a) Mitteilung des Beweisthemas ... 184
(b) Hinweis auf Hinzuziehungsmöglichkeit eines Rechtsbeistandes ... 187
(3) Besonderheiten bei Zeugen mit staatsrechtlicher Stellung ... 189
(a) Ladung von Abgeordneten und Regierungsmitgliedern ... 189
(b) Ladung des Bundespräsidenten ... 191
(4) Besonderheiten bei der Ladung ausländischer Zeugen bzw. von Zeugen mit Wohnsitz im Ausland ... 192
b) Aussagepflicht ... 192
(1) Herstellen der Aussagepflicht ... 193
(a) Erfordernis einer Aussagegenehmigung ... 193
(b) Entbindung von der Verschwiegenheitspflicht ... 196
(c) Schaffung einer zulässigen Vernehmungssituation ... 197
i) Umgehung der Vernehmungssituation ... 197
ii) Verbotene Vernehmungsmethoden ... 202
(d) Gewährung sicheren Geleits ... 203
(2) Inhalt der Aussagepflicht ... 203
(a) Angaben zur Person und Sache ... 203
(b) Keine Vorbereitungspflicht des Zeugen ... 205
(c) Schriftliche Befragung von Zeugen ... 208
(3) Grenzen der Aussagepflicht ... 209
(a) Begrenzung auf den Untersuchungsgegenstand ... 209
(b) Begrenzung auf Tatsachen ... 209
c) Keine Eidespflicht ... 210
(1) Tendenz in der Gesetzgebung ... 210
(2) Ansichten von *Glauben/Brocker*, *Plöd* und *Wiefelspütz* ... 211
(3) Stellungnahme ... 214
d) Gegenüberstellung ... 220
e) Keine Duldung von Untersuchungen ... 221
3. Rechte von Zeugen ... 222
a) Zurückweisung von Fragen ... 222
b) Zeugnis- und Auskunftsverweigerungsrechte ... 225
(1) Zeugnisverweigerungsrecht aus beruflichen Gründen ... 226
(a) Entbindung von der Schweigepflicht ... 230
(b) Entbindung von der Schweigepflicht bei Organwechsel in der juristischen Person ... 231
(c) Wirkung der Entbindung ... 235
(d) Kein Anspruch auf Entbindung von der Verschwiegenheitspflicht ... 236
(2) Zeugnisverweigerungsrecht Abgeordneter ... 236
(a) Keine Einschränkung bei kollusivem Zusammenwirken ... 240
(b) Kein Zeugnisverweigerungsrecht wegen eines Ehrenwortes ... 241
(3) Zeugnisverweigerungsrecht der Berufshelfer ... 242
(4) Auskunftsverweigerungsrecht ... 243

(a) Voraussetzungen ... 246
(b) Folgen ... 249
(c) Erstarken zum umfassenden Aussageverweigerungsrecht. 249
(5) Glaubhaftmachung ... 252
(6) Weitere Verweigerungsrechte ... 253
(7) Keine Zeugnisverweigerungsrechte aufgrund besonderer Verschwiegenheitsvorschriften ... 253
(a) Aktien- und GmbH-Gesetz ... 254
(b) Wertpapierrecht ... 255
(c) Abgabenordnung ... 256
(d) § 203 StGB ... 257
(8) Rechtspolitische Bestrebungen zur Durchsetzung eines (außerstrafprozessualen) Aussagezwanges ... 257
(a) Relativierung des nemo-tenetur-Prinzips ... 261
(b) Beweisverwertungsverbotslösung ... 263
(c) Limitierte Beweisverwertungsverbotsregelung ... 266
(d) Kronzeugenregelung ... 268
(e) Immunitätsregelung ... 271
(f) Geheimhaltung der Aussagen von Zeugen ... 272
(g) Beicht- oder Vertrauensrichterregelung ... 273
(h) Stellungnahme ... 274
c) Hinzuziehung eines Zeugenbeistands ... 275
(1) Rechte des Zeugenbeistands ... 275
(2) Zurückweisung des Zeugenbeistands ... 280
(3) Beiordnung von (Rechts-)Beiständen ... 283
(4) Kostenerstattung durch den Untersuchungsausschuss ... 284
d) Ablehnung des Vorsitzenden wegen Besorgnis der Befangenheit. 285
e) Gewährung rechtlichen Gehörs in den Abschlussbericht ... 289
(1) Verfassungsrechtlicher Anspruch und Praxis ... 290
(2) Umsetzung ... 293
(3) Gewährung rechtlichen Gehörs juristischer Personen ... 294
(4) Erheblichkeit der Beeinträchtigung ... 296
(5) Recht auf Berücksichtigung des rechtlichen Gehörs ... 297
4. Zeugenvernehmung und Öffentlichkeit ... 297
a) Der Schutz von Privatgeheimnissen im Rahmen von Zeugenvernehmungen ... 298
b) Schutz des Zeugen vor medienöffentlicher Vernehmung ... 300
5. Ordnungs-, Zwangs- und Beugemaßnahmen sowie sitzungspolizeiliche Maßnahmen gegen Zeugen ... 305
a) Nichterscheinen trotz ordnungsgemäßer Ladung ... 306
(1) Festsetzung des Ordnungsgeldes auf bis zu 10.000 Euro ... 307
(2) Keine ersatzweise Verhängung von Ordnungshaft ... 309
(3) Anordnung der zwangsweisen Vorführung durch den Untersuchungsausschuss ... 311
(4) Unzulässigkeit der Ordnungsmittel ... 314
(5) Rechtsschutz ... 314
b) Unberechtigte Zeugnisverweigerung ... 315
c) Ungebührliches Verhalten ... 317

6. Zusammenfassung 322
II. Sachverständiger 324
1. Stellung des Sachverständigen 325
2. Inhalt und Grenzen des Gutachtenauftrages 326
3. Gutachtenverweigerungsrecht des Sachverständigen und Anwendung von Zwangsmitteln 328
4. Kein Ablehnungsrecht des Sachverständigen 328
5. Bewertung des Sachverständigenbeweises 330
III. Rechtsstellung des Betroffenen 331
1. Die verschiedenen Konstruktionen des Betroffenenstatus 332
a) PUAG und IPA-Regeln 332
b) Bundesländer 334
c) Untersuchungsausschusspraxis 337
d) Rechtsprechung 339
e) Literatur 341
(1) Anwendung des § 136 StPO 341
(2) Sinngemäße Anwendung des § 136 StPO 342
(3) Betroffener sui generis 343
f) Zusammenfassung 346
2. Stellungnahme 347
a) Keine verfassungsrechtliche Gebotenheit eines Betroffenenstatus 347
(1) Geltung des nemo-tenetur-Prinzips im Untersuchungsausschussverfahren 347
(2) Reichweite des nemo-tenetur-Prinzips im Untersuchungsausschussverfahren 348
(3) Gebotenheit der Anwendung beschuldigtenhnlicher Rechte 351
(4) Unvereinbarkeit mit der Rechtsstellung des Zeugen 351
b) Keine tatsächliche oder rechtliche Erforderlichkeit 352
(1) Keine Verbesserung der Rechtsstellung 352
(2) Fehlendes System der Beweiserhebung und -würdigung für den Betroffenen 353
(3) Gefahr der Instrumentalisierung und Stigmatisierung des Betroffenen 354
c) Zusammenfassung 355
3. Ergebnis 356
IV. Aktenvorlage 356
1. Inhalt des Aktenvorlageersuchens 357
2. Durchsetzung der Aktenvorlage 357
a) Verhängung von Beugemaßnahmen gemäß § 29 Abs. 2 PUAG 358
b) Durchsuchung und Beschlagnahme gemäß § 29 Abs. 3 PUAG 359
c) Parlamentarisches Vorprüfungsverfahren 363
(1) Rechtslage vor Einführung des PUAG 364
(2) Anwendung des parlamentarischen Vorprüfungsverfahrens 366
(3) Stellungnahme 367

3. Geheimschutzmaßnahmen zur Wahrung von Privatgeheimnissen 370
a) Geheimschutzmaßnahmen bei der Aktenanforderung von Privaten 372
(1) Vorprüfungsverfahren 372
(2) Anonymisierung von Unterlagen 373
(3) Nichtöffentlichkeit der Ausschusssitzung 375
(4) Anwendung der Geheimschutzordnung 376
(5) Anonymisierung des Abschlussberichts 378
b) Geheimschutzmaßnahmen bei der Aktenvorlage durch Regierung, Behörden und Gerichte 378
(1) Einschränkungen bei Material, das den Funktionsbereich von Regierung, Behörden und Gerichten selbst betrifft 379
(2) Einschränkungen bei entgegenstehenden Belangen Privater 381
c) Strafrechtlicher Schutz der Geheimhaltung 384
E. Zusammenfassung 386
Literaturverzeichnis 391
Stichwortregister 401

Abkürzungsverzeichnis

a.A.	andere Ansicht
a.a.O.	am angegebenen Ort
AbgG	Gesetz über die Rechtsverhältnisse der Mitglieder des Deutschen Bundestages
Abghs.-Drs.	Drucksache Abgeordnetenhaus Berlin
Abs.	Absatz
a.F.	alte Fassung
AG	Amtsgericht
AktG	Aktiengesetz
Anm.	Anmerkung
AO	Abgabenordnung
AöR	Archiv des öffentlichen Rechts
ArbGG	Arbeitsgerichtsgesetz
Art.	Artikel
Aufl.	Auflage
BayVBl.	Bayerische Verwaltungsblätter
BayVerfGH	Bayerischer Verwaltungsgerichtshof
BBG	Bundesbeamtengesetz
BbgVerfG	Verfassungsgericht des Landes Brandenburg
Bd.	Band
BFH	Bundesfinanzhof
BFHE	Entscheidungssammlung des Bundesfinanzhofs
BGB	Bürgerliches Gesetzbuch
BGBl.	Bundesgesetzblatt
BGH	Bundesgerichtshof
BGHSt	amtliche Sammlung der Entscheidungen des Bundesgerichtshofs in Strafsachen
BGHZ	amtliche Sammlung der Entscheidungen des Bundesgerichtshofs in Zivilsachen
BT-Drs.	Bundestagsdrucksache
BtMG	Gesetz über den Verkehr mit Betäubungsmitteln
BVerfG	Bundesverfassungsgericht
BVerfGE	Entscheidungen des Bundesverfassungsgerichts
BVerfGG	Bundesverfassungsgerichtsgesetz
BVerwGE	Entscheidungen des Bundesverwaltungsgerichts
bzw.	beziehungsweise
Diss.	Dissertation
DJT	Deutscher Juristentag
DÖV	Die Öffentliche Verwaltung
DRiG	Deutsches Richtergesetz
DRiZ	Deutsche Richterzeitung
DVBl.	Deutsches Verwaltungsblatt

EGStGB	Einführungsgesetz zum Strafgesetzbuch
EuGRZ	Europäische Grundrechte-Zeitschrift
f., ff.	folgende
FG	Finanzgericht
FGG	Gesetz über die Angelegenheiten der freiwilligen Gerichtsbarkeit
FGO	Finanzgerichtsordnung
Fn.	Fußnote
FS	Festschrift
GA	Goltdammer's Archiv für Strafrecht
GBl.	Gesetzesblatt
gem.	gemäß
GG	Grundgesetz
GmbHG	Gesetz betreffend die Gesellschaften mit beschränkter Haftung
GO	Geschäftsordnung
GO-BT	Geschäftsordnung des Deutschen Bundestages
GS	Gedächtnisschrift
GSO	Geheimschutzordnung
GVG	Gerichtsverfassungsgesetz
HessStGH	Hessischer Staatsgerichtshof
HGB	Handelsgesetzbuch
h.M.	herrschende Meinung
hrsg.	herausgegeben
HS	Halbsatz
InsO	Insolvenzordnung
IPA-Regeln	Geschäftsordnungsvorschriften der interparlamentarischen Arbeitsgemeinschaft
i.S.d.	im Sinne des
i.V.m.	in Verbindung mit
JA	Juristische Arbeitsblätter
JR	Juristische Rundschau
JuS	Juristische Schulung
JZ	Juristenzeitung
KritV	Kritische Vierteljahresschrift für Gesetzgebung und Rechtswissenschaft
Lfg.	Lieferung
LG	Landgericht
LKV	Landes- und Kommunalverwaltung
LT	Landtag
MdB	Mitglied des Deutschen Bundestages
MDR	Monatsschrift für Deutsches Recht
M-V	Mecklenburg-Vorpommern
m.w.N.	mit weiteren Nachweisen
NdsStGH	Niedersächsische Staatsgerichtshof
neubearb.	neubearbeitete
n.F.	neue Fassung
NJW	Neue Juristische Wochenschrift
NJW-RR	NJW-Rechtsprechungs-Report Zivilrecht
Nr.	Nummer

NStZ	Neue Zeitschrift für Strafrecht
NStZ-RR	Neue Zeitschrift für Strafrecht – Rechtsprechungsreport
NVwZ	Neue Zeitschrift für Verwaltungsrecht
NW	Nordrhein-Westfalen
OLG	Oberlandesgericht
OVG	Oberverwaltungsgericht
OVGE	Entscheidung des Oberverwaltungsgerichts
OWiG	Gesetz über Ordnungswidrigkeiten
PStR	Praxis Steuerstrafrecht
PUAG	Parlamentarisches Untersuchungsausschussgesetz
RiStBV	Richtlinien für das Strafverfahren und das Bußgeldverfahren
Rn.	Randnummer
RuP	Recht und Politik
S.	Seite
sog.	sogenannte/n/s/r
StGB	Strafgesetzbuch
StGH Bremen	Staatsgerichtshof Bremen
StPO	Strafprozessordnung
StV	Strafverteidiger
u.a.	unter anderem
UAG	Untersuchungsausschussgesetz
VG	Verwaltungsgericht
VGH	Verwaltungsgerichtshof
vgl.	vergleiche
VS	Verschlusssache
VvB	Verfassung von Berlin
VwGO	Verwaltungsgerichtsordnung
VwVfG	Verwaltungsverfahrensgesetz
WD	Wissenschaftlicher Dienst
WP	Wahlperiode
wistra	Zeitschrift für Wirtschafts- und Steuerstrafrecht
WM	Wertpapier-Mitteilungen
WpHG	Gesetz über den Wertpapierhandel
WRV	Weimarer Reichsverfassung
z.B.	zum Beispiel
ZfP	Zeitschrift für Politik
ZIP	Zeitschrift für Wirtschaftsrecht
ZParl.	Zeitschrift für Parlamentsfragen
ZPO	Zivilprozessordnung
ZRP	Zeitschrift für Rechtspolitik
ZStW	Zeitschrift für die gesamte Strafrechtswissenschaft

A. Einleitung: Untersuchungsziel und -gegenstand

Gegenstand der Arbeit ist eine kritische Analyse der Untersuchungs- und Eingriffsrechte privatgerichteter parlamentarischer Untersuchungsausschüsse anhand der Verweise auf strafprozessuale Regelungen in Art. 44 Abs. 2 S. 1 GG und in dem PUAG.[1]

Die Anwendung strafprozessualer Maßnahmen durch Untersuchungsausschüsse im Rahmen der Untersuchung privater Bereiche war in der Vergangenheit häufig Gegenstand von Diskussionen sowie gerichtlicher Auseinandersetzungen zwischen Untersuchungsausschüssen und betroffenen natürlichen und juristischen Personen, die vielfache Beachtung in der Fach- und Medienöffentlichkeit sowie beim Gesetzgeber gefunden haben. Dabei handelte es sich zumeist um Sachverhalte, die Spenden an politische Parteien und Beteiligungen der öffentlichen Hand an privaten Unternehmen betrafen. Hervorzuheben sind in diesem Zusammenhang die verschiedenen Parteispendenuntersuchungsausschüsse auf Bundes-[2] und Länderebene, die Untersuchungsausschüsse des Landtags Brandenburg[3] und des Abgeordnetenhauses von Berlin[4] *zur Aufklärung der Gesellschafter der BBF am bisherigen Verlauf des Privatisierungsverfahrens und des Vergabeverfahrens zur privaten Errichtung des Großflughafens BBI* sowie des Abgeordnetenhauses von Berlin *zur Bankgesellschaft Berlin AG (Bankgesellschaft Berlin/Parteispenden und Bankgesellschaft Berlin/Parteispenden II).*

Die spezielle Thematik der Zulässigkeit unmittelbar und mittelbar privatgerichteter Untersuchungen ist in der Literatur[5] und Rechtsprechung einge-

---

1 Untersuchungsausschussgesetz vom 19. Juni 2001 (BGBl. I S. 1142), geändert durch Artikel 4 Abs. 1 des Gesetzes vom 5. Mai 2004 (BGBl. I S. 718).

2 *Parteispenden-Ausschuss* des Deutschen Bundestages, BT-Drs. 14/9300.

3 Drs. Landtag Brandenburg 3/5952.

4 Bericht des 1. Untersuchungsausschusses der 14. Wahlperiode des Abgeordnetenhauses von Berlin vom 21.09.2001 *Flughafen Schönefeld II-Ausschuss* (Abghs.-Drs. 14/1515).

5 Hervorzuheben sind in chronologischer Reihenfolge die Werke von *Halstenberg* Das Verfahren der Parlamentarischen Untersuchung nach Art. 44 des Grundgesetzes unter besonderer Berücksichtigung des Verhältnisses zur Gerichtsbarkeit, 1957; *Friedrich* Der parlamentarische Untersuchungsausschuss: Entwicklung, Stellung und Kompetenzen, 1990; *Engels* Parlamentarische Untersuchungsausschüsse: Grundlagen und Praxis im Deutschen Bundestag, 2. Aufl., 1991; *Richter* Privatpersonen im parlamentarischen Untersuchungsausschuss, 1991; *Studenroth* Die parlamentarische Untersuchung

hend untersucht worden. In vieler Hinsicht ist so ein im Grundsatz austariertes System zwischen den Strukturen des Verfassungs-, Strafverfahrens- und Untersuchungsausschussrechtes mit gefestigten Kriterien zur Einschätzung und Überprüfung der verfassungsrechtlichen Zulässigkeit privatgerichteter Untersuchungen entstanden.[6] Vor diesem Hintergrund ist der Schwerpunkt der folgenden Untersuchung nicht bei der Thematik der Zulässigkeit privatgerichteter Untersuchungsausschüsse angesiedelt, sondern liegt auf der Betrachtung der einzelnen Untersuchungs- und Eingriffsrechte und inwiefern sich die sinngemäße Anwendung des Strafprozessrechts gemäß Art. 44 Abs. 2 S. 1 GG nach Schaffung des PUAG auf diese auswirkt. *Studenroth* wies 1992 zutreffend darauf hin, dass nur wenige Abhandlungen zur Reichweite der strafprozessualen Kompetenzen von Untersuchungsausschüssen im Hinblick auf die Untersuchung Privater erschienen sind und eine abschließende Klärung der dabei auftretenden Fragen nicht erfolgt ist.[7] Obgleich die Untersuchung privater Bereiche und die Anwendung strafprozessualer Maßnahmen gegen private Dritte durch Untersuchungsausschüsse in der Praxis seither noch an Bedeutung gewonnen zu haben scheinen, hat sich hieran trotz bzw. auch nach Einführung des PUAG im Jahre 2001 wenig geändert.[8]

Beispiele aus der jüngeren Untersuchungsausschusspraxis[9] offenbaren zudem Unsicherheiten und zum Teil gravierende Fehleinschätzungen bei der

---

privater Bereiche, 1992; *Köhler* Umfang und Grenzen des parlamentarischen Untersuchungsrechts gegenüber Privaten im nichtöffentlichen Bereich, 1996; *Masing* Parlamentarische Untersuchungen privater Sachverhalte, 1998; *Weisgerber* Das Beweiserhebungsverfahren parlamentarischer Untersuchungsausschüsse des Deutschen Bundestages, 2003; *Wiefelspütz* Das Untersuchungsausschussgesetz, 2003; *Glauben/Brocker* Das Recht der parlamentarischen Untersuchungsausschüsse in Bund und Ländern, 2005.

6 Vgl. die Entscheidungen des BVerfG im *Flick*- (BVerfGE 67, 100 ff.) und *Neue Heimat-Ausschuss* (BVerfGE 77, 1 ff.), die bis heute maßgebliche Grundsätze zur Zulässigkeit der privatgerichteten Untersuchung im Zusammenhang mit dem Recht des Untersuchungsausschusses auf Aktenvorlage gegenüber privaten Dritten aufgestellt haben.

7 *Studenroth* S. 19.

8 Diese Thematik seither behandelnd: *Köhler* Umfang und Grenzen des parlamentarischen Untersuchungsrechts gegenüber Privaten im nichtöffentlichen Bereich, 1996; *Masing* Parlamentarische Untersuchungen privater Sachverhalte, 1998 und zur Einführung des PUAG: *Weisgerber* Das Beweiserhebungsverfahren parlamentarischer Untersuchungsausschüsse des Deutschen Bundestages, 2003; *Wiefelspütz* Das Untersuchungsausschussgesetz, 2003.

9 2. Untersuchungsausschuss der 14. Wahlperiode des Abgeordnetenhauses von Berlin *Bankgesellschaft/Parteispenden-Ausschuss* (Abghs.-Drs. 14/1590) mitsamt dem Folgeausschuss 1. Untersuchungsausschuss der 15. Wahlperiode *Bankgesellschaft/Parteispenden II-Ausschuss* (Abghs.-Drs. 15/4900), Untersuchungsausschüsse des Landtags Brandenburg und des Abgeordnetenhauses von Berlin zur Aufklärung der Gesellschafter der

Anwendung strafprozessualer Befugnisse durch parlamentarische Untersuchungsausschüsse.[10] Auch in der aktuellen Fachliteratur existieren solche Beispiele. So wird etwa – trotz der anders lautenden gesetzlichen Regelung des § 24 Abs. 2 PUAG – die Identifizierungsgegenüberstellung für nicht sinngemäß anwendbar erachtet, während demgegenüber keine Bedenken bestehen, die im PUAG nicht geregelten, jedoch erheblich stärker in Rechte Dritter eingreifenden §§ 81c, 87 ff. StPO (körperliche und geistige Untersuchungen von Personen sowie Leichenschauen und Leichenöffnungen) anzuwenden.[11] Die Diskussion um die Anwendung strafprozessualer Befugnisse vermittelt zuweilen den Eindruck, je nach (politischem) Standpunkt eröffne sich aus der sinngemäßen Anwendung der Vorschriften über den Strafprozess die Möglichkeit, sich aus dem „großen Kuchen" des Strafprozessrechts „die Rosinen herauspicken" zu können, um dadurch im Vergleich zum PUAG entweder über weiter reichende Eingriffsrechte oder über wirkungsvollere Schutzmechanismen für vom Verfahren Betroffene verfügen zu können. Die vorliegende Arbeit soll dazu beitragen, Umfang und Grenzen der Untersuchungs- und Eingriffsrechte zu präzisieren.

Elemente strafprozessualer Untersuchungs- und Eingriffsrechte und Verweise auf die Strafprozessordnung finden sich in unterschiedlicher Form und Gewichtung in sämtlichen Untersuchungsausschussgesetzen der Länderparlamente und des Bundestages. Letzteres – und jüngstes – durchlief nach über 50 jähriger Praxis und mehr als 40 Untersuchungsausschüssen ohne gesetzliche Grundlage[12], in den letzten 30 Jahren auf der Grundlage des von Mitgliedern des Bundestages zusammengestellten Regelwerkes der Interparlamentarischen Arbeitsgemeinschaft (sog. IPA-Regeln)[13], ein mit beachtlichem wissenschaftlichen Aufwand betriebenes Gesetzgebungsverfahren.

BBF am bisherigen Verlauf des Privatisierungsverfahrens und des Vergabeverfahrens zur privaten Errichtung des Großflughafens BBI.

10 In einer Vielzahl von Anträgen beim zuständigen AG und in den Beschwerdeinstanzen ließen z.B. der 2. Untersuchungsausschuss der 14. Wahlperiode *Bankgesellschaft/Parteispenden-Ausschuss* (Abghs.-Drs. 14/1590) und der 1. Untersuchungsausschuss der 15. Wahlperiode *Bankgesellschaft/Parteispenden II-Ausschuss* (Abghs.-Drs. 1590) des Abgeordnetenhauses von Berlin die umfassende Auskunftsverweigerung verdachtsgefährdeter Zeugen gemäß § 55 StPO, die Anwesenheit und Rechte von Zeugenbeiständen, den Umfang der Befreiung von Verschwiegenheitspflichten von Berufsgeheimnisträgern gemäß § 53 StPO und die Beschlagnahme und Herausgabe von Unterlagen privater Dritter überprüfen. Dem Verfasser ist kein Gerichtsverfahren bekannt, in dem die Rechtsposition der Untersuchungsausschüsse Bestätigung gefunden hat.

11 *Glauben/Brocker* S. 186 unter Verweis auf VGH Saarland, Beschluss vom 02.04.2003, Lv 6/02, 12 d. Umdrucks und § 51 Abs. 4 LTG Saarland

12 Ein Zustand, der von *Dahs* in FS Rudolphi, 597, treffend als „Rechts-Groteske" bezeichnet wird.

13 BT-Drs. V/4209.

Dieses wurde zusätzlich befördert von intensiven Auseinandersetzungen in der (überwiegend verfassungsrechtlichen) Fachliteratur und Rechtsprechung zumeist anlässlich des seinerzeit parallel laufenden *Parteispenden-Ausschusses*[14] zu den Fragen der Anwendbarkeit strafprozessualer (Zwangs-)Maßnahmen auf dem Gebiete des Untersuchungsausschussrechtes. Zudem konnten die Berichterstatter auf umfangreiche Vorlagen und Praxiserfahrungen aus vergangenen Legislaturperioden und Beiträge von Sachverständigen zurückgreifen.[15]

Insoweit erstaunlich enthält dieses erste Untersuchungsausschussgesetz des Bundestages[16] jedoch – neben einigen bemerkenswerten Neuerungen wie z.B. den Ermittlungsbeauftragten oder die Regelungen über die Anforderung von Unterlagen zur Klärung der Beweisrelevanz[17] – im Wesentlichen nur die aus der bisherigen Praxis, den IPA-Regeln und Untersuchungsausschussgesetzen der Bundesländer bekannten Anlehnungen oder Verweise auf das Strafprozessrecht und bewegt sich so überwiegend in dessen anerkannten Bahnen. Dies war aufgrund der zahlreichen Vorschläge in der Literatur und Äußerungen von parlamentarischer Seite nicht zu erwarten. Von den angedachten durchgreifenden Neuerungen im Bereich der Anwendung strafprozessualer Eingriffs- und Untersuchungsrechte (z.B. die Einführung eines Aussagezwanges für sonst aussage- bzw. auskunftsverweigerungsberechtigte Zeugen) hat der Gesetzgeber – im Ergebnis begrüßenswert – Abstand genommen.[18]

---

14 BT-Drs. 14/9300 *Parteispenden-Ausschuss.*

15 Eingehend zu den Reformbestrebungen des Rechts der parlamentarischen Untersuchungsausschüsse von der 1. bis zur 14. Wahlperiode: *Wiefelspütz* S. 90-168.

16 Untersuchungsausschussgesetz (PUAG) vom 19. Juni 2001 (BGBl. I 2001, 1142 ff.), geändert durch Artikel 4 Abs. 1 des Gesetzes vom 5. Mai 2004 (BGBl. I 2004, 718, 833).

17 Erstmals verfügen Untersuchungsausschüsse damit in Ergänzung zu bisherigen Verweisen auf Strafprozessrecht über eigene – dem Strafprozessrecht nicht bekannte – Eingriffs- und Untersuchungsinstrumentarien, die den Besonderheiten des Untersuchungsausschussverfahrens dienen sollen, indes nur schwerlich mit ständiger Rechtsprechung des BVerfG in Einklang zu bringen sind (vgl. unten D.IV.2.c)). Ob dies als Erprobung einer (teilweise) eigenen Verfahrensordnung für Untersuchungsausschüsse mit Eingriffs- und Untersuchungsrechten in Anlehnung an strafprozessuale Regelungen und damit einer Abkehr von in der Vergangenheit problembehafteten unmittelbaren Anwendung strafprozessualer Regelungen angesehen werden kann, bleibt abzuwarten.

18 Hervorzuheben ist das aus Sicht vieler privatgerichteter *Missstands-Enquêten* aktuell werdende Problem des zum Vollrecht erstarkenden Auskunftsverweigerungsrechtes des verdachtsgefährdeten Zeugen (§ 55 StPO), insbesondere bei parallel anhängigen Strafverfahren. Nahezu anlässlich jeder privatgerichteten *Missstands-Enquête* wird der Ruf laut nach einer Art Kronzeugenregelung oder Aussagezwang auch verdachtsgefährdeter oder als Berufsgeheimnisträger besonders verpflichteter Zeugen.

Es ist zudem bemerkenswert, dass der Gesetzgeber bei Schaffung des PUAG von einer – allseits für erforderlich erachteten[19] – grundlegenden Neuregelung des Art. 44 GG als Rechtsgrundlage für die Einsetzung (privatgerichteter) parlamentarischer Untersuchungsausschüsse und die Anwendung des Strafprozessrechts durch parlamentarische Untersuchungsausschüsse (Art. 44 Abs. 2 S. 1 GG) abgesehen hat. Die Beibehaltung des Art. 44 Abs. 2 S. 1 GG ist allerdings in mehrfacher Hinsicht problematisch. Zum einen eröffnet Art. 44 Abs. 2 S. 1 GG als eigenständige Eingriffsgrundlage neben dem PUAG die Möglichkeit weiterer Beweiserhebungen. Zum zweiten bewirkt Art. 44 Abs. 2 S. 1 GG, dass sämtliche die Beweiserhebung betreffenden Vorschriften des PUAG sinngemäß mit den Vorschriften über den Strafprozess im Einklang zu stehen haben. Insoweit wirkt Art. 44 Abs. 2 S. 1 GG einerseits potentiell befugniserweiternd und andererseits zugleich im Hinblick auf die bestehenden Eingriffs- und Untersuchungsrechte im PUAG präzisierend. Dies war der Anwendungssicherheit strafprozessualer Beweismittel und dem Bestreben nach der Schaffung einer abschließenden Verfahrensordnung für parlamentarische Untersuchungsausschüsse nicht förderlich. Mit Inkrafttreten des Gesetzes ist deshalb bereits kritisiert worden, dass das PUAG den bestehenden Reformbedarf nicht auch nur ansatzweise befriedigt habe und über eine Neugestaltung weiter nachgedacht werden müsse, sollte das parlamentarische Untersuchungsverfahren nicht weiterhin der Demokratie zum Nachteil gereichen.[20]

Der Verfasser ist der Ansicht, dass das Ziel einer solchen Reformierung bzw. Neugestaltung des trotz der langen parlamentarischen Vorgeschichte noch jungen Untersuchungsausschussgesetzes eine von der sinngemäßen Verweisung auf die Vorschriften der Strafprozessordnung (Art. 44 Abs. 2 S. 1 GG) vollständig losgelöste eigenständige Verfahrensordnung sein muss, die den offenkundigen Wesensunterschieden zwischen Untersuchungsausschuss- und Strafverfahren Rechnung trägt. Die nach wie vor über Art. 44 Abs. 2 Satz 1 GG bestehende sinngemäße Verweisung auf Strafprozessrecht wirkt nach Einführung des PUAG und angesichts der eingeschränkten Vergleichbarkeit der beiden Verfahren fremd und führt in der Praxis zu Zweifelsfragen und Rechtsunsicherheit.

Nachfolgend werden nach einem Überblick über die Zulässigkeit und die Voraussetzungen für die Einsetzung privatgerichteter parlamentarischer Untersuchungsausschüsse (B.II.) die im PUAG geregelten „parlamentarischen" Untersuchungs- und Eingriffsrechte (B.III.) dargestellt. Im Anschluss erfolgt eine Bestimmung des Inhaltes und der Reichweite der sinngemäßen Anwendung der Vorschriften über den Strafprozess gemäß Art. 44 Abs. 2 S. 1

19 *Rogall* in in GS Meurer, 451 ff.

20 Maunz-Dürig/*Klein* Art. 44, Rn. 258.

GG und wie sich diese auf die Beweiserhebungsbefugnisse parlamentarischer Untersuchungsausschüsse auswirkt (C.). Der Verfasser kommt dabei zu dem Ergebnis, dass eine sinngemäße Übertragung strafprozessualer Befugnisse nur sehr eingeschränkt möglich ist, und zwar ausschließlich im Hinblick auf die vergleichbaren Beweismittel Zeuge, Sachverständiger, Urkunde und Augenschein. Daran schließt sich eine Präzisierung der bestehenden Untersuchungs- und Eingriffsrechte im Lichte der Verweisungen auf die Vorschriften über den Strafprozess an (D.). So erfolgt zugleich eine praxisrelevante Darstellung der Untersuchungs- und Eingriffsrechte privatgerichteter parlamentarischer Untersuchungsausschüsse.

B. Gegenstand und Umfang privatgerichteter Untersuchungen nach dem PUAG

I. Instrument parlamentarischer Kontrolle

Untersuchungsausschüsse haben für die parlamentarische Demokratie große Bedeutung.[1] Ihre Aufgabe ist es, das Parlament im Rahmen seiner Funktion der Kontrolle staatlichen Handelns zu unterstützen und Entscheidungen vorzubereiten. Ihre Stellung ist sowohl auf Bundes- wie auch auf Landesebene verfassungsrechtlich verankert. Sie zählen zu den „Essentialen des demokratischen Prinzips", das Art. 28 Abs. 1 S. 1 GG für die verfassungsmäßige Ordnung in der Bundesländern fordert.[2] Durch sie erhalten die Parlamente die Möglichkeit, unabhängig und ohne Mitwirkung von Regierung, Behörden und Gerichten mit hoheitlichen Mitteln, wie sie sonst nur Gerichten und besonderen Behörden zur Verfügung stehen, sich selbständig über Vorgänge zu informieren bzw. Sachverhalte zu prüfen, die sie in Erfüllung ihres Verfassungsauftrags als Vertretung des Volkes für aufklärungsbedürftig halten.

Untersuchungsausschüsse sind Unter-, Teil- bzw. Hilfsorgane des Parlaments. Sie verfolgen mit ihren Erhebungen keinen selbständigen Zweck sondern fördern und erleichtern die Arbeit des Parlaments. Sie dienen dem jeweiligen Parlament, eingehende Kenntnisse von bestimmten Vorgängen, Geschehensabläufen und den zugrunde liegenden Tatsachen zu erlangen und unterstützen damit die Aufgabenerfüllung des Parlaments.[3] Im Verhältnis zum Plenum hat der Untersuchungsausschuss den Charakter eines Unterorgans. Der Untersuchungsausschuss handelt weder im eigenen Namen noch im Namen des Parlaments, sondern das Parlament handelt durch den Untersuchungsausschuss.[4] Dementsprechend enden Parlamentarische Untersuchungsausschüsse mit dem Ablauf der Legislaturperiode, gleichgültig ob diese regulär durch Ablauf der Wahlperiode erlischt oder sich das Parlament auflöst und vorgezogene Neuwahlen durchführt (Grundsatz der Diskontinuität).[5] Ein

---

1 Zur historischen Entwicklung vgl. Maunz-Dürig/*Klein* Art. 44, Rn. 5 ff.

2 BVerfGE 40, 296, 319; BVerwGE 79, 339, 345; BVerwG, NJ 2000, 102, 103.

3 Für alle: BVerfG, NJW 1988, 890, 892 *Neue Heimat-Ausschuss* m.w.N.

4 *Vetter* ZParl 1989, 345, 347; *Studenroth* S. 25 mit zahlreichen Nachweisen.

5 *Damkowski* S. 31; vgl. auch den *Pan International/ Wienand-Ausschuss* der 6. Wahlperiode, BT-Drs. VI/3830.

neu gewähltes Parlament kann erneut einen parlamentarischen Untersuchungsausschuss mit dem gleichem Thema einsetzen, der zwar nicht die Rechtsnachfolge des ursprünglichen Ausschusses antritt, jedoch auf bereits ermittelte Tatsachen zurückgreifen darf. An frühere Beschlüsse oder Beweisergebnisse ist der neue parlamentarische Untersuchungsausschuss indes nicht gebunden.[6] Eine verfassungsrechtliche Verpflichtung zur erneuten Aufnahme eines parlamentarischen Untersuchungsverfahrens besteht nicht.[7]

Das Schwergewicht der Untersuchungen liegt naturgemäß in der parlamentarischen Kontrolle von Regierung und Verwaltung, insbesondere in der Aufklärung von in den Verantwortungsbereich der Regierung fallenden Vorgängen, die auf Missstände hinweisen.[8] War das Untersuchungsrecht im System der konstitutionellen Monarchie noch in erster Linie ein Instrument des gewählten Parlaments gegen die monarchische Exekutive, so hat es sich unter den Bedingungen des parlamentarischen Regierungssystems faktisch primär zu einem Recht der Opposition auf Sachverhaltsaufklärung unabhängig von der Regierung und der sie tragenden Parlamentsmehrheit entwickelt. Das Grundgesetz hat deshalb dem Bundestag nicht nur das Recht eingeräumt, einen Untersuchungsausschuss einzusetzen, sondern dies der Mehrheit auch zur Pflicht gemacht, wenn ein Viertel der Abgeordneten dies beantragt.[9]

In der Literatur und in der Praxis der Untersuchungsausschüsse wird je nach Schwerpunkt der Untersuchung mit unterschiedlichen Bezeichnungen zumeist zwischen vier Enquête-Typen unterschieden: Zu der klassischen Form der parlamentarischen Untersuchung[10] zählt die Aufklärung von Vorgängen in der Regierung oder ihr nachgeordneten Behörden mit dem Ziel der Kontrolle von Regierung und Verwaltung. Diese sog. *Kontroll-Enquête* bezieht sich auf den Kernbereich der parlamentarischen Kompetenzen. Sie stellt auch die häufigste Form dar: 19 von 32 Enquêten des Bundestages, die teilweise ohne Bericht abgeschlossen haben, stellten *Kontroll-Enquêten* dar. Einen weiteren Grundtyp stellt die sog. *Kollegial-Enquête* dar, die die Selbstkontrolle des Parlaments durch Überprüfung von innerparlamentarischen Vorgängen oder solchen, die das Ansehen des Parlaments betreffen, zum Gegenstand haben kann.[11] Die *Gesetzgebungs-Enquête* hat zur Aufgabe, Themenkomplexe wie neuere soziale oder wirtschaftliche Entwicklungen zu evaluieren und zwar mit dem Ziel der Feststellung von Tatsachen, die geeignet sind, dem Parlament als

6 *Damkowski* S. 31; zweifelnd Bonner Kommentar/*Rechenberg* Art. 44, Rn. 10.

7 Bonner Kommentar/*Rechenberg* Art. 44, Rn. 10.

8 BVerfGE 49, 70.

9 BVerfGE 105, 197 *Parteispenden-Ausschuss.*

10 Oder auch Enquête.

11 So sind z.B. der 44. Untersuchungsausschuss der 1. Wahlperiode (BT-Drs. I/2274 *Hauptstadtfrage*) und der 1. Untersuchungsausschuss der 7. Wahlperiode (BT-Drs. 7/1803). Hierzu näher: Maunz-Dürig/*Klein* Art. 44, Rn. 2, 158 ff.; *Müller-Boysen* S. 29.

Grundlage für die Gesetzgebung zu dienen.[12] Bei der vierten Kategorie, die sog. *Skandal-* oder *Missstands-Enquêten*, geht es bei der Untersuchung um die Aufklärung von Missständen in Verwaltung, Justiz, im gesellschaftlichen und wirtschaftlichen Leben.[13] Vor allem die privatgerichtete *Skandal-* oder *Missstands-Enquête* wirft häufig Zulässigkeitsfragen hinsichtlich der Reichweite parlamentarischer Untersuchungen auf, die vielfach Gegenstand verfassungsrechtlicher Überprüfungen gewesen und umfangreich in der Literatur untersucht worden sind.

Bei den beschriebenen Enquête-Typen handelt es sich um begriffliche Beschreibungen der Rechtsprechung, Literatur und der parlamentarischen Untersuchungsausschusspraxis. Es handelt sich nicht um Rechtsbegriffe, weshalb die Auflistung weder erschöpfend ist noch sich zwingende Rechtsfolgen aus den einzelnen Enquête-Typen ableiten lassen. Ferner erfassen die Begriffe auch nicht immer mit der notwendigen Präzision die jeweiligen Sachverhalte. Nicht selten ließen sich Untersuchungsausschüsse auch mehreren Kategorien zuordnen (z.B. *Kontroll-* und *Missstands-Enquête*[14] oder *Missstands-* und *Gesetzgebungs-Enquête*[15]), so dass mitunter auch eine zunächst vorgenommene Zuordnung nur begrenzt gelten kann.

Erkenntnisziel des Untersuchungsausschusses ist die Aufklärung eines Sachverhaltes zur Information des Parlaments im Wege eines Abschlussberichts. Die im Abschlussbericht getroffenen Feststellungen und Bewertungen hängen vom Gegenstand des Untersuchungsauftrags ab. Die Feststellungen können der Vorbereitung parlamentarischen Handelns im Bereich der Gesetzgebung oder der Kontrolle der Regierung und Verwaltung dienen, aber auch „nur" zur Aufklärung tatsächlicher Vorgänge getroffen werden.

Zur wirksamen Erfüllung ihrer Aufgaben ist parlamentarischen Untersuchungsausschüssen die umfangreiche Berechtigung verliehen, sich selbst Informationen zu verschaffen, dies ggf. auch zwangsweise mit hoheitlichen Mitteln und unabhängig von Regierung, Behörden und Gerichten. Diese Befugnisse leiten sich aus der Kontrollfunktion des Parlaments und seiner

---

12 Als Beispiele sind der 44. Untersuchungsausschuss der 1. Wahlperiode (BT-Drs. I/980, 1068) und der 2. Untersuchungsausschuss der 2. Wahlperiode (BT-Drs. II/1404, 3703) zu nennen. Gesetzgebungs-Enquêten sind von Enquête-Kommissionen im Sinne des § 56 GO-BT zu unterscheiden, die nicht über die Möglichkeit der zwangsweisen Gewinnung von Informationen verfügen.

13 Ein sich hiermit überschneidender Typ ist die sog. *Gesellschafts-Enquête*, die die parlamentarische Untersuchung von Einrichtungen oder Vorgängen im nichtstaatlichen Bereich zum Gegenstand haben soll (Maunz-Dürig/*Klein* Art. 44, Rn. 2).

14 Z.B. 2. Untersuchungsausschuss der 13. Wahlperiode, BT-Drs. 13/10900 *DDR-Vermögen*.

15 Z.B. 44. Untersuchungsausschuss der 1. Wahlperiode, BT-Drs. I/1068 *Hauptstadtfrage*.

Stellung innerhalb des parlamentarischen Regierungssystems ab, namentlich aus der Notwendigkeit

> „(...) den Untersuchungsausschuss mit denjenigen Befugnissen ausgestattet anzusehen, deren er bedarf, um die ihm aufgegebene Klärung von Zweifeln an der „Gesetzlichkeit oder Lauterkeit von Regierungs- oder Verwaltungsmaßnahmen" wirksam vornehmen zu können. Zu diesen Befugnissen gehört – im Rahmen des durch den Parlamentsbeschluss festgelegten Untersuchungsauftrages – als ein Bestandteil des Rechts, die erforderlichen Beweise zu erheben, das Recht auf Einsichtnahme in die Akten der Regierung."[16]

Die grundsätzliche Statthaftigkeit solcher Zwangsmaßnahmen im parlamentarischen Untersuchungsverfahren, die zur effektiven Erfüllung der dem Untersuchungsausschuss obliegenden Kontrolle unentbehrlich sind, hat das BVerfG in ständiger Rechtsprechung anerkannt.[17] Entsprechend ist ein Untersuchungsausschuss nach dem PUAG auch mit Beweiserhebungsrechten ausgestattet, die denen in einem Strafprozess nachgebildet sind.[18] Er nimmt damit im Hinblick auf andere Organe und dem Parlament selbst eine Sonderstellung ein. Unter Hinweis auf die besonderen Untersuchungs- und Eingriffsrechte bezeichnen parlamente Untersuchungsausschüsse mitunter selbst als „die gefürchtetsten und spektakulärsten Instrumente eines Parlaments."[19]

Die entgegenstehende Ansicht von *Richter II*[20], wonach das Untersuchungsausschussrecht kein genuines Parlamentsrecht sei, da ein Parlament keine Zeugen laden und diese unter Wahrheitspflicht vernehmen könne, ist unzutreffend. Zwar kann das Parlament dem Unterorgan Untersuchungsausschuss keine Befugnisse übertragen, die es selbst nicht hat. Eine Ausdehnung der Befugnisse des Untersuchungsausschusses über die Kompetenzen des Parlamentes hinaus findet jedoch ihre verfassungsrechtliche Ermächtigung in Art. 44 GG. Dem Untersuchungsausschuss können damit im Hinblick auf diese – im PUAG konkretisierten – Untersuchungsmittel, nicht jedoch bezüglich der Untersuchungsgegenstände und dem Untersuchungsrahmen, Rechte zustehen, über die das Parlament selbst nicht verfügt.[21] Es kann also das Parlament nicht etwas übertragen, das ihm nicht auch selbst zusteht, die Verfassung jedoch kann – als beiden übergeordnet – unterschiedliche Kompetenzen zuweisen.

Parlamentarische Untersuchungsverfahren verlaufen zweistufig: zunächst ergeht auf Grund des Einsetzungsantrags der antragstellenden Gruppen bzw.

---

16 BVerfG, NJW 1984, 2271, 2273 *Flick-Ausschuss.*

17 BVerfGE 81, 138, 140 f.

18 Zur historischen Entwicklung dieser Befugnisse in Untersuchungsausschüssen vgl. *Weber* S. 351 ff.

19 http://www.parlament-berlin.de/.

20 *Richter II* in FS Lüderssen, 742.

21 Maunz-Dürig/*Klein* Art. 44, Rn. 70.

Fraktionen ein Einsetzungsbeschluss durch das Parlament (Einsetzungsebene). Mit dem Einsetzungsbeschluss wird dem Untersuchungsausschuss aufgegeben, bestimmte Tatbestände, deren Aufklärung im öffentlichen Interesse liegt, zu untersuchen und hierüber dem Parlament zu berichten.[22] Nach Einsetzung des Untersuchungsausschusses nimmt dieser seine Arbeit auf und führt den ihm vom Parlament übertragenen Auftrag aus (Durchführungsebene).[23]

II. Einsetzung

Über die Frage, für welche Art Untersuchungen ein Untersuchungsausschuss eingesetzt werden kann, sagt Art. 44 GG nichts aus. Ausdrücklich ausgeschlossen ist durch Art. 45a Abs. 3 GG lediglich die Möglichkeit der Einsetzung eines Untersuchungsausschusses zur Aufklärung von Sachverhalten auf dem Gebiet der Verteidigung. Es wird aber betont, dass das Untersuchungsausschussrecht nicht mehr nur den traditionellen Aufklärungs- und Informationscharakter hat, sondern zunehmend auch als „politisches Kampfinstrument" verstanden wird. Dies gilt in besonderem Maße für die hier zu betrachtenden Fälle der sog. *Skandal-* oder *Missstands-Enquête*.[24] Auch das BVerfG hat dies erkannt und sieht den Kernbereich der Untersuchungen eingrenzend im Rahmen des Art. 44 GG „naturgemäß in der parlamentarischen Kontrolle von Regierung und Verwaltung"[25], weshalb ein Untersuchungsverfahren, das nicht von der Spannung zwischen Parlament und Regierung ausgelöst und in Gang gehalten werde, seinem Zweck nicht gerecht werden könne und so im Grunde eine Grenzüberschreitung darstelle.[26]

1. Untersuchung privater Bereiche

Hieraus folgt jedoch nicht, dass nur Angelegenheiten in direktem Zusammenhang mit den Gesetzesaufgaben des Parlaments oder mit den Kontrollfunktionen gegenüber der Regierung und der Verwaltung untersucht werden dürfen, mag dies auch originär Aufgabe von Untersuchungsausschüssen sein.

---

22 Vgl. BayVerfGH, NVwZ 1995, 681, 683 *Amigo-Ausschuss.*

23 Vgl. BayVerfGH, NVwZ 1995, 681, 682 *Amigo-Ausschuss.*

24 *Depenheuer/Winands* ZRP 1988, 258, 261 f.; *Jekewitz* DÖV 1984, 187, 188; *Masing* S. 171; Bonner Kommentar/*Rechenberg* Art. 44, Rn. 33; *Stern* AöR 1984, 199, 217.

25 BVerfGE 77, 1, 43 *Neue Heimat-Ausschuss.*

26 BVerfGE 49, 70, 85; vgl. auch BVerfGE 67, 100, 130 *Flick-Ausschuss*; 77, 1, 43, 48 *Neue Heimat-Ausschuss.*

Es ist in der Rechtsprechung und in der Literatur anerkannt, dass auch sonstige Vorgänge des öffentlichen Lebens und im gesellschaftlichen Bereich Gegenstände parlamentarischer Untersuchungen sein können.[27] Entsprechend haben sich Untersuchungsausschüsse wiederholt mit „privaten Bereichen" befasst, wobei die jeweiligen Sachverhalte in sehr unterschiedlicher Intensität bzw. Zielrichtung den Untersuchungsgegenstand bildeten.

Köhler hat anhand einer Untersuchung privatgerichteter Untersuchungsausschüsse der Weimarer Republik, des Bundes und der Bundesländer dargestellt, dass sich aus der Entstehungsgeschichte des heutigen Art. 44 GG keine Beschränkung des Untersuchungsrechts auf den öffentlichen Bereich hergeleitet werden könne und dass es in der Parlamentspraxis seither immer wieder Ausschüsse gegeben hat, die sich mit den Geschehnissen im privaten Bereich befasst haben. Dabei sei meist der private Unternehmensbereich betroffen gewesen, teilweise jedoch auch der individuelle Lebensbereich von Privatpersonen.[28] Eine vergleichbar umfangreiche Darstellung privatgerichteter parlamentarischer Untersuchungsausschüsse enthält die Abhandlung von *Richter*. Er ermittelte, dass privates Verhalten im Regelfall dann Gegenstand der Untersuchungen war, wenn es als Vorfrage zu oder im unmittelbaren Sachzusammenhang mit der Klärung eines behaupteten Skandals oder Missstands im Bereich der Exekutive oder des Parlaments selbst Bedeutung erlangte. *Richter* differenziert insofern zwischen mittelbaren und unmittelbaren Einbeziehungen privater Vorgänge.[29]

Beide Autoren kommen zu dem Ergebnis, dass es zwar seit Bestehen der Bundesrepublik unmittelbare, jedoch keine ausschließlich privatgerichteten Untersuchungen nur mit der Begründung, eine allgemeine Diskussion in der Öffentlichkeit mache eine parlamentarische Untersuchung gerade dieser Verhaltensweise erforderlich, gegeben habe.[30] Allerdings behauptet *Köhler*, dass der Untersuchungsauftrag zum *Neue Heimat-Ausschuss* bewusst und „krampfhaft" im Sinne einer *Gesetzgebungs-* und *Empfehlungs-Enquête* formuliert worden sei, um nicht den Eindruck einer nur privatgerichteten Enquête zu erwecken. *Richter* beobachtet, dass sich im Verlaufe von Ermittlungen parlamentarischer Untersuchungsausschüsse, in denen ausweislich des Einsetzungsantrages ursprünglich das aufsichtsbehördliche Verhalten untersucht werden sollte, mitunter der Fokus dann im Ergebnis doch auf das Verhalten privater Firmen

27 Vgl. BVerfGE 77, 1, 44; BVerfG, NJW 1988, 890, 892; LG Bonn, NJW 1987, 790, 791 m.w.N. jeweils *Neue Heimat-Ausschuss*; *Di Fabio* S. 44; *Richter* S. 20 ff.; *Schröder* Gutachten, Verhandlungen des 57. DJT, Bd. 1, Teil E.

28 *Köhler* S. 70.

29 *Richter* S. 4 ff.

30 *Richter* S. 19; *Köhler* S. 71.

konzentrierte.[31] Dagegen wären die Untersuchungsausschüsse „*Mont Cenis*“[32] und „*Biag*“[33] aus der Zeit der Weimarer Republik noch offen als ausschließlich privatgerichtet ausgestaltet gewesen. Eine Zäsur stellte die Rechtsprechung des BVerfG zum *Flick-Ausschuss* dar. Erst diese habe eine Sensibilisierung der Untersuchungsausschusspraxis hinsichtlich der Schutzrechte privater Dritte bewirkt.[34]

Die Tendenz geht nun seit längerer Zeit dahin, die Untersuchungsbefugnisse des Parlamentes bei Untersuchungen privater Sachverhalte weiter zu beschneiden. In der Literatur wird der Gegenstand der Untersuchungsausschüsse außerhalb des öffentlichen Bereichs bereits verschiedentlich auf sog. *Gesetzgebungs-Enquêten* beschränkt und die *Missstands-Enquêten* gegenüber Privaten als gänzlich unzulässig angesehen.[35] *Masing* vertritt, dass das Beweiserhebungsrecht des Untersuchungsausschusses als zwangsmittelbewehrtes Recht nicht zu dem privaten Bereich passe, sondern nur zu *Kontroll-Enquêten*,[36] bzw. es sei gegenüber Privaten nur zur Gewährleistung der Rechtsordnung und deshalb nur dann zulässig, soweit konkrete Rechtsverstöße in Frage stünden.[37]

a) Unzulässigkeit *rein* privatgerichteter Untersuchungen

Zu der lange Zeit und in vieler Hinsicht umstrittenen Frage der Zulässigkeit der Untersuchung rein privater Bereiche durch Untersuchungsausschüsse hat sich der Bundesgesetzgeber inzwischen klarstellend in der Gesetzesbegründung geäußert. Demnach kann ein Untersuchungsausschuss

> „nicht mit dem Ziel eingesetzt werden, rein private und wegen der Grundrechte staatlichen Einblicken verschlossene Sachverhalte auszuforschen.“[38]

---

31 *Richter* S. 19 mit Hinweis auf den Untersuchungsausschuss *Georgswerder II* der Hamburgischen Bürgerschaft, Drs. 11/1898.

32 Reichstag, 1. Wahlperiode, 120. Sitzung vom 22.06.1921, Sten.Ber., 4073 ff., 4076.

33 1. Untersuchungsausschuss der 1. Wahlperiode des Abgeordnetenhauses von Berlin, Abghs.-Drs. Nr. 170.

34 *Köhler* S. 71.

35 *Studenroth* S. 113 ff., 139 ff.

36 *Masing* S. 275.

37 *Steinberger* Gutachten zum Transnuklear-Ausschuss, BT-Drs. 11/7800, 1181, 1213; *Schröder* Gutachten 57. DJT, E 20 f.; *Köhler* NVwZ 1995, 664, 665.

38 BT-Drs. 14/5790, 14; a.A. wohl *Köhler* S. 70 f., der von der generellen Zulässigkeit der Untersuchung jeglicher privater Bereiche auszugehen scheint. Dass ein ausschließlich privater Bereich der parlamentarischen Untersuchungen nicht zugänglich sein soll, ergibt sich überdies aus § 29 Abs. 1 S. 2 PUAG, wonach eine Pflicht zur Vorlage von Gegenständen, die als Beweismittel von Bedeutung sein können, dann nicht besteht,

Die Frage danach, was (schon) als *rein* privater Bereich in Abgrenzung zum (noch) öffentlichen Bereich angesehen werden kann, ist bislang jedoch noch nicht abschließend beantwortet worden.[39] Eine Abgrenzung des *rein* privaten vom noch öffentlichen Bereich ist auch schwerlich möglich, insbesondere in den Bereichen, in denen sich der Staat der Instrumente des Privatrechts bedient bzw. eine Rechtsbeziehung etwa durch die Gewährung von Subventionen oder Bürgschaften mit privaten Dritten eingeht. Vor dem Hintergrund der Rechtsprechung zum *Flick-Ausschuss*[40], in dem die Einflussnahme auf die Gewährung steuerlicher Vergünstigungen im Vordergrund stand, erscheint zudem kaum ein privater Bereich wegzudenken, der nicht in einer zumindest fiskalischen Beziehung zum Staate stehen könnte. Entsprechend „offen" lesen sich daher Versuche einer Grenzziehung zwischen privatem und öffentlichem Bereich:

Köhler führt beispielsweise aus, dass es für die Klassifizierung einer *Privat-Enquête* nicht ausreiche, dass Unternehmen oder Individuen lediglich am Rande in die Untersuchung mit einbezogen werden. Eine Untersuchung sei erst privatgerichtet, wenn sich aus dem Untersuchungsauftrag oder aus dem Verlauf der Untersuchung ergibt, dass eine natürliche oder juristische Person des Privatrechts bzw. eine sonstige Personenmehrheit ganz oder zu einem maßgeblichen Teil Gegenstand der Untersuchung wird.[41] Diese Definition ist allerdings dehnbar und beantwortet so nicht präzise die eigentliche Frage, wann ein einer parlamentarischen Untersuchung unzugänglicher *rein* privater Bereich erreicht ist.

Verschiedentlich wird versucht, eine Negativabgrenzung vorzunehmen, der zufolge dann eine privatgerichtete Untersuchung vorliege, wenn sich die Untersuchung nicht gegen die gesetzgebende, vollziehende oder rechtsprechende Gewalt richtet.[42] Die Negativabgrenzung führt aber offenkundig nicht hinsichtlich der Frage weiter, inwiefern privatwirtschaftliche Aktivitäten der

---

„soweit das Beweismittel Informationen enthält, deren Weitergabe wegen ihres streng persönlichen Charakters für die Betroffenen unzumutbar ist."

39 Vgl. *Masing* S. 328.

40 BVerfGE 67, 100 *Flick-Ausschuss*.

41 *Köhler* S. 30.

42 Im Rahmen privatgerichteter Enquêten sei zwischen Unternehmens- und Individual-Enquêten zu unterscheiden. Erstere würden sich (überwiegend) mit Zuständen oder Vorgängen in privaten Unternehmen befassen, während Letztere den privaten Lebensbereich natürlicher Personen untersuchen. Unklar bleibt bei *Köhler* ob er bereits solche Bereiche dem rein privaten und somit einer dem parlamentarischen Untersuchungsrecht nach dem Willen des Gesetzgebers entzogenen Bereich zurechnet. Ferner existiere ein „halböffentlicher" Bereich, zu dem er Angelegenheiten von Kirchen, kommunalen Gebietskörperschaften, Hochschulen, Gewerkschaften, Parteien oder Presseunternehmen zählt (*Köhler* S. 22).

öffentlichen Hand (schon) zum privaten Bereich zu zählen sind und inwiefern diese nicht Gegenstand einer parlamentarischen Untersuchung sein dürfen.

Nach *Masing* und *Studenroth* können neben öffentlich-rechtlichen Einrichtungen auch privatrechtlich organisierte Aktivitäten der öffentlichen Hand, also insbesondere öffentliche Unternehmen und Eigengesellschaften, der *Enquête-Pflicht* unterliegen, selbst wenn sie als GmbH oder als AG ausgestaltet sind. Nach *Masing* komme es dabei nicht darauf an, welche Einfluss- und Kontrollrechte im Einzelfall zur Herstellung eines Legitimationsniveaus erforderlich seien. Maßgeblich sei, dass sich jede staatlich verantwortete Tätigkeit als vom Volk übertragen ohne Rücksicht auf die Entscheidungskompetenzen von der Volksvertretung auf ihre Vertrauenswürdigkeit hin durchleuchten lassen muss.[43] Demgegenüber vertritt *Studenroth* die Ansicht, dass Unternehmen der öffentlichen Hand nur dann Gegenstand einer Untersuchung sein dürfen, wenn diese „staatliche Leistungserbringer" sind.[44]

Noch nicht befriedigend geklärt ist damit aber die Einordnung gemischtwirtschaftlicher Unternehmen, die als gleichzeitig von der öffentlichen Hand wie von Privaten gehaltene Rechtseinheiten auf der Schnittlinie zwischen staatlichem und privatem Engagement liegen. Insofern regt *Masing* an, nur solche Unternehmen, die von der öffentlichen Hand „beherrscht" werden, als staatlich verantwortetes Engagement aufzufassen und somit der parlamentarischen Kontrolle zu unterstellen.[45] Die Frage der Beherrschung richte sich nach den jeweiligen gesellschaftsvertraglichen Bestimmungen. Diese Differenzierung sei gegenüber privaten Anteilseignern nicht inadäquat, da sich ein solches gemischtes Unternehmen durch die herrschende Beteiligung der öffentlichen Hand besonderen Bindungen unterwerfe und im Kern nicht mehr privatautonome Freiheitsausübung sei. Anders sei zu entscheiden, wenn eine juristische Person überwiegend von Privaten gehalten werde und sich die öffentliche Hand lediglich beteilige. Insofern sei das Untersuchungsrecht auf die Kontrolle der Einfluss- und Aufsichtsmöglichkeiten der öffentlichen Hand zu beschränken.[46] Auch diesen Ansätzen kann jedoch im Ergebnis keine trennscharfe Abgrenzung eines einer parlamentarischen Untersuchung entzogenen *rein* privaten Bereichs entnommen werden, besteht doch immer noch die Möglichkeit natürliche und juristische Personen des Privatrechts mittelbar bzw. als Annex in die parlamentarische Untersuchung einzubeziehen.

Dennoch ist im skizzierten Ansatz den Versuchen einer Grenzziehung von *Masing* und *Studenroth* zu folgen, wobei entgegen *Masing* nicht allein auf

43 *Masing* S. 327.
44 *Studenroth* S. 21.
45 *Masing* S. 328.
46 *Masing* S. 328.

das Kriterium der staatlich verantworteten Tätigkeit abgestellt werden kann, ohne – wie *Studenroth* – die Form und Zielrichtung der Beteiligung der öffentlichen Hand außer Betracht zu lassen. Es bleibt insofern festzuhalten, dass zum *rein* privaten Bereich, der einer direkten Untersuchung durch parlamentarische Untersuchungsausschüsse entzogen ist, jedenfalls Privatpersonen und juristische Personen des Privatrechts zählen, an denen keine irgendwie geartete Beteiligung der oder Rechtsbeziehung zur öffentlichen Hand besteht. Sofern eine Beteiligung der öffentlichen Hand besteht oder bestanden hat, ist auf die Beherrschungssituation und Zielrichtung, die sich aus der Organisationsform und den gesellschaftsvertraglichen Gegebenheiten ergibt, abzustellen. Wird die juristische Person des Privatrechts demnach von Privaten gehalten und beherrscht, beschränkt sich das Untersuchungsrecht auf die Einfluss- und Aufsichtsmöglichkeiten der öffentlichen Hand. Eine unmittelbare Untersuchung der privaten Bereiche wäre unzulässig. Dennoch wird auch diese Umschreibung den tatsächlichen Gegebenheiten nicht umfassend gerecht. Denn neben den öffentlichen und gemischt-wirtschaftlichen Unternehmen existieren vielfältige Möglichkeiten unmittelbarer und mittelbarer rechtlicher Beziehungen zwischen privaten und öffentlichen Einheiten, die hier nicht mit dem Anspruch auf Vollständigkeit angesprochen werden können.

b) Mittelbare Untersuchung privater Bereiche

Die bereits angesprochene Möglichkeit der mittelbaren Einbeziehung der Untersuchung weitestgehend privater Sachverhalte in die Untersuchung öffentlicher Einfluss- und Aufsichtsmöglichkeiten über eine juristische Person des Privatrechts, etwa über die zuständigen Finanz- und/oder Beteiligungsverwaltungen oder durch entsandte Aufsichtsratsmitglieder, kann faktisch dazu führen, dass ein an sich dem Untersuchungsrecht entzogener privater Bereich einer Untersuchung mittelbar zugeführt werden kann. Dies macht auch insoweit Sinn, als sich ein mögliches Fehlverhalten öffentlicher Stellen insbesondere im Rahmen der Wahrnehmung von Kontroll- und Aufsichtsmöglichkeiten sonst nicht auch nur ansatzweise aufklären ließe.

Prominentes Beispiel für eine mittelbare Untersuchung privater Bereiche ist der *Flick-Ausschuss*, der im wesentlichen zu klären hatte, ob und in welcher Weise der *Flick-Konzern* versucht hat, Einfluss auf Entscheidungen von Mitgliedern des Bundestags, der Regierung, der Verwaltung oder sonstiger Stellen der Bundesrepublik zu nehmen, um die Anerkennung von steuerlichen Vergünstigungen zu erreichen oder zu sichern. Das (Privat-)Unternehmen *Flick* war damals zwar in die Untersuchungen einbezogen, bildete jedoch nicht unmittelbar deren Gegenstand, da es darum ging, die Handlungsweise staatlicher Stellen bei der Gewährung steuerlicher Vergünstigungen aufzuklären und zu bewerten. Die Aufklärung von Vorgängen innerhalb des *Flick-Konzerns* stellte eine insofern notwendige Nebenfolge dar. Ein weiteres Beispiel ist der *U-Boot-Ausschuss*, der das Verhalten von Regierungsmitgliedern und Mitgliedern der Exekutive im Zusammenhang möglicherweise rechtswidriger Lieferungen von U-Booten an die Republik Südafrika, insbesondere durch die *Howaldtswerke Deutsche Werft AG* und das *Lübecker Ingenieurskontor*, aufzuklären hatte. Ähnlich wie beim *Flick-Ausschuss* bildete auch hier ein privates Verhalten den Gegenstand der Untersuchung, wobei dieses die Grundlage für den primären Untersuchungszweck – die Aufklärung des Verhaltens von Mitgliedern der Exekutive – darstellte. Aus jüngerer Zeit lassen sich beispielhaft der Untersuchungsausschuss zur *Aufklärung der Verantwortung der Landesregierung für die Vorbereitung und Realisierung des Investitionsvorhaben Chipfabrik in Frankfurt (Oder)* des Landtags Brandenburg[47] sowie die Untersuchungsausschüsse zur *Aufklärung der Gesellschafter der BBF am bisherigen Verlauf des Privatisierungsverfahrens und des Vergabeverfahrens zur privaten Errichtung des Großflughafens BBI (Flughafen Schönefeld)* des Abgeordnetenhauses von Berlin[48] und des Landtags Brandenburg[49] anführen.

Im Rahmen solcher Konstellationen erhält der im Einsetzungsbeschluss beschriebene Untersuchungsauftrag eine besondere Bedeutung. Ist im Untersuchungsauftrag auf der Einsetzungsebene keine unmittelbare Untersuchung ausschließlich privater Bereiche vorgesehen, so ist auf der Durchführungsebene bei den konkreten Beweiserhebungen darauf zu achten, dass die Einbeziehung privater Bereiche nur insoweit „mittelbar" erfolgt, als dies zur Klärung des staatlichen Verhaltens zulässigerweise erforderlich und notwendig ist.

c) Unmittelbare Untersuchung privater Bereiche

Von den mittelbaren Einbeziehungen privater Sachverhalte sind die unmittelbaren Untersuchungen privater Bereiche, in denen eine natürliche oder juristische Person des Privatrechts unmittelbar zum Gegenstand einer parlamentarischen Untersuchung gemacht wird, zu unterscheiden. Die unmittelbare Untersuchung privater Bereiche hat mit der eigentlichen Aufgabe parlamentarischer Untersuchungsausschüsse, die primär in der Kontrolle von Regierungs- und Verwaltungshandeln durch das Parlament liegt, wenig gemein. Sie

47 Drs. Landtag Brandenburg 3/7770.

48 Bericht des 1. Untersuchungsausschusses der 14. Wahlperiode des Abgeordnetenhauses von Berlin vom 21.09.2001 (Abghs.-Drs. 14/1515) *Flughafen Schönefeld II-Ausschuss.*

49 Drs. Landtag Brandenburg 3/5952.

unterliegt daher, sofern es sich nicht bereits um eine unzulässige Untersuchung eines rein privaten Bereichs handelt (B.II.1.a)), besonderen Zulässigkeitsanforderungen auf der Einsetzungsebene, die noch genauer zu erörtern sind.

Ein bekanntes Beispiel[50] für die unmittelbare Untersuchung ist der *Neue Heimat-Ausschuss*. Dieser hatte den Auftrag festzustellen, inwiefern das private Unternehmen *Neue Heimat Wohnungsbaugesellschaft* gegen Bundesrecht verstoßen hat, welche Schäden daraus entstanden sind und ob die Eigentümer der *Neuen Heimat* und andere auf die Bundesregierung oder den Bundestag mit dem Ziel Einfluss genommen haben, das Bundesrecht in einer für die *Neue Heimat* günstigen Art und Weise zu ändern. Zweck der Untersuchung war die Aufklärung von primär (privaten) Missständen aufgrund privatwirtschaftlichen Verhaltens und politischer Verflechtungen, ohne in nennenswerter Weise staatliche Sachverhalte aufdecken oder eine gesetzliche Regelung vorbereiten zu wollen.

Ferner sind Untersuchungsausschüsse bekannt, deren Einsetzungsbeschlüsse sowohl Elemente einer mittelbaren wie unmittelbaren Untersuchung privater Bereiche enthalten: Beispiel hierfür aus der jüngeren Vergangenheit sind die Untersuchungsausschüsse zum sog. *Berliner Bankenskandal (Bankgesellschaft/Parteispenden und Bankgesellschaft/Parteispenden II)*[51] des Abgeordnetenhauses von Berlin. Diesen war aufgegeben, Vorgänge bei der *Berliner Bankgesellschaft* und ihren zahlreichen Tochterunternehmen einschließlich möglicher Zusammenhänge zwischen Kreditvergaben und Parteispenden sowie der durch die Geschäftspraxis der *Bankgesellschaft Berlin* und ihrer Tochterunternehmen entstandenen finanziellen Schäden für das Bundesland Berlin aufzuklären. Ein weiteres Beispiel ist der Untersuchungsausschuss zur *Aufklärung der Hintergründe der öffentlichen Finanzierung und des Betriebs des Tempodroms und etwaiger in diesem Zusammenhang an politische Parteien geleisteter Zuwendungen* des Abgeordnetenhauses von Berlin.[52]

Die Einsetzungsbeschlüsse der Untersuchungsausschüsse *Bankgesellschaft/Parteispenden* und *Bankgesellschaft/Parteispenden II*[53] übertrugen den Unter-

50 Weitere Beispiele sind die Untersuchungsausschüsse *Frankfurter Bund für Volksbildung e.V.* und *Transnuklear/Atomskandal*.

51 2. Untersuchungsausschuss der 14. Wahlperiode des Abgeordnetenhauses von Berlin *Bankgesellschaft/Parteispenden-Ausschuss* (Abghs.-Drs. 14/1590) und 1. Untersuchungsausschuss der 15. Wahlperiode des Abgeordnetenhauses von Berlin *Bankgesellschaft/Parteispenden II-Ausschuss* (Abghs.-Drs. 15/4900).

52 2. Untersuchungsausschuss der 15. Wahlperiode des Abgeordnetenhauses von Berlin *Tempodrom-Ausschuss* (Abghs.-Drs. 15/4800).

53 2. Untersuchungsausschuss der 14. Wahlperiode des Abgeordnetenhauses von Berlin *Bankgesellschaft/Parteispenden-Ausschuss* (Abghs.-Drs. 14/1590) und 1. Untersuchungsausschuss der 15. Wahlperiode des Abgeordnetenhauses von Berlin *Bankgesellschaft/Parteispenden II-Ausschuss* (Abghs.-Drs. 15/4900).

suchungsausschüssen diverse Sachverhalts- und Themenkomplexe zur Untersuchung. Diese betrafen sowohl zulässige Themen, z.B. den staatlichen Einfluss auf die Gründung wie auch die Wahrnehmung der Einfluss- und Aufsichtsmöglichkeiten des Landes Berlin und Aufsichtsbehörden. Den Untersuchungsausschüssen wurden aber auch Themen zur Untersuchung aufgegeben, die faktisch einer Überprüfung der gesamten Banken- und Geschäftstätigkeit des Konzerns gleich kam und sich insofern nicht auf die Untersuchung der Kontroll- und Aufsichtstätigkeiten durch Vertreter des Landes Berlin beschränkten.[54] Der Untersuchungsausschuss begründete diese unmittelbar privatgerichtete Untersuchung mit der Mehrheitsbeteiligung des Bundeslandes Berlin an der *Bankgesellschaft Berlin AG*, der Einbeziehung der *Landesbank Berlin – Girozentrale*, die seinerzeit noch die Rechtsform einer Anstalt des öffentlichen Rechts bekleidete[55], und der Haftung des Landes Berlin für Verbindlichkeiten der Bank über die Grundsätze der Anstaltslast und der Gewährträgerhaftung.[56] Diese Begründung griff jedoch zu kurz und übersah, dass es sich bei der *Bankgesellschaft Berlin AG* – mit Ausnahme der *Landesbank Berlin* – um ein reines Privatunternehmen handelte. Die Aufklärung ihrer Geschäftstätigkeit betraf damit eine ausschließlich privatwirtschaftliche Tätigkeit. Die (bloße) Beteiligung eines Bundeslandes als (Mehrheits-)

---

54 Namentlich: die an die *Aubis-Gruppe* gewährten Kredite (sog. Komplex A); den Zusammenhang zwischen Spenden an die CDU und mit dieser verbundenen Institutionen (B.), einschließlich des Zusammenhanges zwischen sonstigen Entscheidungen der *Bankgesellschaft Berlin AG* und Spenden sowie die Spendenverbuchung, ihre steuerliche Behandlung sowie die Geschäftszwecke des *bpi-Verlages*; die Fondsgeschäfte der *Bankgesellschaft Berlin AG* (C.); die sonstigen Großkreditgeschäfte im Immobilienbereich der *Bankgesellschaft Berlin AG* bzw. ihrer Institute, insbesondere Risiken, Ausreichung und Behandlung von Großkrediten im Konzern der *Bankgesellschaft Berlin AG* (D.); die Gesellschaften *IBG* und *IBAG*, deren Wertberichtigungsbedarf und Beteiligungsverhältnisse sowie die unternehmerischen Entscheidungen und Informationen über Umstrukturierung und Verkauf der *IBAG* (E.); die Ermittlungen der Staatsanwaltschaft zu den Komplexen A. bis E. sowie die Untersuchungen und Prüfungen des *Bundesaufsichtsamtes für das Kreditwesen* (F.); ferner Provisionen, andere Zuwendungen und Vorteile, die in Zusammenhang mit geschäftlichen Entscheidungen direkt oder indirekt an Mitarbeiter der *Bankgesellschaft Berlin AG* gegeben worden sein sollen (G.).

55 Die *Landesbank Berlin-Girozentrale* wurde durch Gesetz vom 3. Dezember 1993 als rechtsfähige Anstalt des öffentlichen Rechts errichtet, § 1 Abs. 1 und § 2 Abs. 1 des Gesetzes über die Errichtung der *Landesbank Berlin-Girozentrale*. Gem. § 3 Abs. 1 des Gesetzes hat die Bank durch ihre Geschäftstätigkeit den Gewährträger (das Bundesland Berlin, § 5 des Gesetzes) in der Erfüllung öffentlicher Aufgaben unter Berücksichtigung sozialer, ökologischer und strukturpolitischer Grundsätze zu unterstützen. § 4 des Gesetzes legt ausdrücklich fest, dass die Geschäfte der Bank nach kaufmännischen Grundsätzen unter Beachtung allgemeinwirtschaftlicher Gesichtspunkte zu führen sind, die Erzielung von Gewinn jedoch nicht Hauptzweck des Geschäftsbetriebes ist.

56 Vgl. *Dehnhard* LKV 2003, 121 ff.

Aktionärin begründet als solches noch kein allumfassendes öffentliches Interesse. Anderes könnte nur dann gelten, wenn die Gesellschaft im Bereich der Leistungsverwaltung tätig wäre und sich die öffentliche Hand zur Erfüllung ihrer Aufgaben in der Daseinsvorsorge der Gestalt einer privatrechtlichen Organisationsform bedient hätte.[57] Die Geschäftstätigkeit der *Bankgesellschaft Berlin AG* betraf jedoch nicht die Daseinsvorsorge. Es handelte sich um schlichte Bankengeschäftstätigkeit, die dem Aktienrecht und dessen Kontrollmechanismen unterlag. Insofern kann zwar die Tätigkeit der Vertreter in den Aufsichtsgremien Gegenstand einer parlamentarischen Kontrolle sein, nicht aber die gesamte Geschäftstätigkeit aller Konzerngesellschaften als solche. Anderes galt für die *Landesbank Berlin* als Anstalt öffentlichen Rechts. Dieser öffentlich-rechtliche „Einschlag" führte indes nicht zu einer öffentlich-rechtlichen „Einfärbung" der gesamten privatwirtschaftlichen Banken- und Geschäftstätigkeit. Denn die öffentlich-rechtliche Komponente ist durch die Bestimmungen zu ihrer Errichtung eingegrenzt und umrissen.[58]

Schließlich kann die Untersuchung der Geschäftstätigkeit einer privatrechtlich organisierten Gesellschaft auch nicht allein damit begründet werden, dass nachteilige wirtschaftliche Entwicklungen sich auf die „öffentlichen Kassen" auswirken bzw. auf diese zurückwirken könnten. Das Risiko von Vermögensverlusten haftet jeder privatwirtschaftlichen, auf die Erzielung von Erlösen durch Teilnahme am Wirtschaftsverkehr gerichteten Betätigung an. Dass sich solche Risiken bei der öffentlichen Hand in concreto realisieren können, wenn diese durch ihre Beteiligung und letztlich auch Konstruktion in solcher Weise am Wirtschaftsverkehr teilnimmt, macht diese Risiken nicht zum tauglichen Gegenstand einer parlamentarischen Untersuchung. Wenn der Staat oder eine Kommune die Erfüllung öffentlicher Aufgaben einem privatrechtlich organisierten Träger zuweist – etwa in Form einer GmbH oder AG – so muss er sich dessen bewusst sein, dass er damit auch unmittelbare

---

57 In der verwaltungswissenschaftlichen Fachliteratur wird dies auch als „Organisationsprivatisierung" bezeichnet, vgl. *Püttner* S. 46.

58 Eine öffentlich-rechtliche „Einfärbung" des Gesamtkonzerns ergibt sich auch nicht daraus, dass durch einen Interessenwahrungsvertrag zwischen dem Bundesland Berlin und der *Bankgesellschaft Berlin AG*, der zum 1. Januar 1994 in Kraft trat, vereinbart wurde, dass die *Bankgesellschaft Berlin AG*, auf die die Beteiligung des Bundeslandes Berlin an der *Landesbank Berlin-Girozentrale* gegen Gewährung neuer Aktien zum vorbezeichneten Zeitpunkt übertragen wurde, eine einheitliche Leitung der *Landesbank Berlin-Girozentrale* nach Maßgabe der für sie geltenden gesetzlichen Vorschriften gewährleisten und ausüben werde (§ 2). Soweit die *Bankgesellschaft Berlin AG* sich vertraglich zur einheitlichen Leitung, d.h. zur Leitung auch der *Landesbank Berlin-Girozentrale* im Wege der Gesellschafterbefugnisse, verpflichtet hat, mag auch die Tätigkeit der *Bankgesellschaft Berlin AG* an ein öffentliches Interesse herangerückt sein. Dies allerdings nur insoweit, als die Leitung der *Landesbank Berlin-Girozentrale* von der *Bankgesellschaft Berlin AG* übernommen worden ist und durchgeführt wird.

Eingriffs- und Einflussmöglichkeiten aufgibt. Das Gesellschaftsrecht weist ein eigenes am Unternehmenszweck orientiertes Kontroll- und Aufsichtssystem auf und untersagt unmittelbar politisch motivierte Einflussnahmen. Dies wird gerade auch im parlamentarischen Bereich gern übersehen, wenn zwar die vermeintlichen Vorteile einer „Privatisierung" in Anspruch genommen werden sollen aber dann keine Bereitschaft besteht zu akzeptieren, dass dadurch auch politische Kontrolle und Einflussnahme weitgehend aufgegeben wird.

Kriterien, wann und in welchem Umfang die unmittelbare Untersuchung privater Sachverhalte zulässig ist, hat vor allem die Rechtsprechung entwickelt. Insofern hat sie Grundsätze und eine Kasuistik betreffend die Befugnis und die Verfahrensweise von Untersuchungsausschüssen bei der Aufklärung von Sachverhalten privaten Gepräges aufgestellt, namentlich den Begriff des öffentlichen Interesses.

2. Erfordernis des Öffentlichen Interesses

Allgemein dient der Begriff des öffentlichen Interesses dazu, staatliche von privaten Bereichen bezüglich der ihnen jeweils zugewiesenen Handlungsrechte sowie zum Schutz des Einzelnen voneinander abzugrenzen und damit auch natürliche und juristische Personen davor zu schützen, beliebig in parlamentarische Untersuchungen einbezogen zu werden.[59] Im Untersuchungsausschussrecht wurde dieser Begriff relevant, nachdem Untersuchungsausschüsse wiederholt das Verhalten von Privaten mittelbar und unmittelbar zum Gegenstand ihrer Untersuchungen gemacht haben. Soweit sich die Untersuchung unmittelbar auf die Bereiche Regierung und Verwaltung konzentriert, findet das Merkmal des öffentlichen Interesses wenig Beachtung und entfaltet auch kaum Relevanz.

a) Öffentliches Interesse als Zulässigkeitsvoraussetzung

Umstritten ist, ob das Vorliegen eines öffentlichen Interesses zwingende Voraussetzung für die Untersuchung privater Bereiche durch parlamentarische Untersuchungsausschüsse ist. Diese Frage wird in der Gesetzgebung und parlamentarischen Praxis sowie in der Literatur und Rechtsprechung unterschiedlich beantwortet. Soweit die Frage bejaht wird, herrscht zudem Streit

---

59 Vgl. *Bleckmann* Rn. 694; *Richter* S. 31 m.w.N.; a.A. Maunz-Dürig/*Klein* Art. 44, Rn. 112 ff., der das Kriterium des öffentlichen Interesses als nicht konkretisierbar ansieht.

über die Konturen des öffentlichen Interesses als Zulässigkeitsvoraussetzung. Die einzelnen Standpunkte werden in der Folge dargestellt:

(1) Gesetzgebung und parlamentarische Praxis

Im PUAG ist das Vorliegen eines öffentlichen Interesses als Zulässigkeitskriterium nicht kodifiziert. Gemäß § 1 Abs. 3 PUAG ist ein Untersuchungsausschuss im Rahmen der verfassungsmäßigen Zuständigkeit des Bundestages zulässig. Damit hat der Gesetzgeber lediglich eine Selbstverständlichkeit, nicht jedoch auch die vom BVerfG zuvor seit längerem gebrauchten Formulierungen übernommen, wonach sowohl solche Untersuchungen ausgenommen sind,

> „an deren parlamentarischer Behandlung kein öffentliches Interesse von hinreichendem Gewicht besteht“,[60]

> „als auch solche, die entweder nicht zu den Bundesaufgaben gehören (vgl. den Grundsatz des Art. 30 GG) oder in die ausschließliche Kompetenz anderer Verfassungsorgane fallen.“[61]

Bei Betrachtung der Entstehungsgeschichte des Art. 44 GG und dessen Vorläufer, Art. 34 WRV, wird jedoch deutlich, dass seitens des Gesetzgebers und der Parlamentarier davon ausgegangen wird, dass es sich bei dem Zulässigkeitskriterium des öffentlichen Interesses um eine „Selbstverständlichkeit“ handelt, dessen Aufnahme in den Verfassungstext eine „Tautologie“ bedeutet hätte.[62] Die Aufnahme in den Verfassungstext wurde als entbehrlich, weil überflüssig, angesehen. Es bestand kein Zweifel daran, dass jegliche parlamentarische Untersuchung an der ungeschriebenen Anforderung des öffentlichen Interesses zu messen ist.[63]

Sofern daher – wie von *H.-P. Schneider*[64] – aufgrund der Nichtberücksichtigung des öffentlichen Interesses im PUAG vertreten wird, dass von dem Erfordernis des öffentlichen Interesses durch den Bundesgesetzgeber Abstand genommen worden sei, geht diese Ansicht fehl. Denn weder daraus noch aus der Tatsache, dass der Bundesgesetzgeber anders als nahezu alle Landesgesetzgeber[65] das Erfordernis des öffentlichen Interesses nicht aufge-

---

60 BVerfGE 67, 100, 140 *Flick-Ausschuss.*

61 BVerfGE 67, 100, 139 *Flick-Ausschuss*; BVerfGE 77, 1, 44 *Neue Heimat-Ausschuss.*

62 Vgl. *Richter* S. 32; *Wiefelspütz* S. 52.

63 Vgl. Nachweise bei *Wiefelspütz* S. 52.

64 *H.-P. Schneider* NJW 2001, 2604, 2605, 2607.

65 Die Bundesländer Baden-Württemberg (§ 1 Abs. 1 UAG BW), Bayern (Art. 2 Abs. 1 UAG Bayern), Brandenburg (§ 1 UAG Brbg.), Bremen (§ 1 Abs. 1 UAG Bremen), Hamburg (§ 1 Abs. 1 UAG Hamburg), Mecklenburg-Vorpommern (§ 1 Abs. 1 UAG MV), Nordrhein-Westfalen (§ 1 UAG NRW), Rheinland-Pfalz (§ 1 Abs. 1 UAG

nommen hat, kann abgeleitet werden, dass der Bundesgesetzgeber auf dieses Erfordernis verzichten wollte. Vielmehr ist der Gesetzesbegründung zu entnehmen, dass das öffentliche Interesse als zwingende Zulässigkeitsvoraussetzung angesehen wird.[66] Der Gesetzgeber knüpft insofern an die skizzierte Tradition an, nach der das Erfordernis des öffentlichen Interesses als Selbstverständlichkeit unterstellt wird.

Demzufolge haben Untersuchungsausschüsse die Aufgabe, Sachverhalte zu untersuchen, deren Aufklärung im öffentlichen Interesse liegen. Aus Sicht der Parlamente stellt das öffentliche Interesse sowohl eine positive Voraussetzung für die Einsetzung als auch ein die Beweiserhebung begrenzendes Element dar. Es bezweckt zu verhindern,

> „dass einzelne Bürger, gesellschaftliche Gruppen und Einrichtungen oder auch die öffentliche Verwaltung ohne hinreichenden Anlass, gewissermaßen beliebig, in Untersuchungen und Ermittlungen einbezogen werden, bei denen einerseits (...) die Pflicht zur Vorlage von Akten und Unterlagen, zum persönlichen Erscheinen und zur Aussage besteht, andererseits aber auch Vorgänge und Verhältnisse, die die Privatsphäre und die Sphäre der eigenen persönlichen oder wirtschaftlichen Betätigung berühren, in die Ermittlungen und Erörterungen einbezogen werden können.“[67]

Im Rahmen des *Antes-Untersuchungsausschusses* des Abgeordnetenhauses von Berlin waren insoweit Gegenstand des vom öffentlichen Interesse getragenen Untersuchungsgegenstandes nach Auffassung des Abgeordnetenhauses dementsprechend nur solche Tatsachen, die in einem Zusammenhang mit der Vergabe öffentlicher Grundstücke oder Mittel, öffentlichen Genehmigungsverfahren, Einflussnahmen staatlicher Stellen oder Zuwendungen an der Berliner Verwaltung sowie der politischen Parteien angehörende Personen, sofern diese Zuwendungen im Hinblick auf öffentliche Entscheidungen im Bau- und Grundstücksbereich erfolgten. Zur Notwendigkeit des Vorliegens eines öffentlichen Interesses an der Beweiserhebung führte das Abgeordnetenhaus im Übrigen aus, die Beweiserhebung müsse

---

Rh.-Pf.), (Sachsen § 1 Abs. 1 UAG Sachsen), Sachsen-Anhalt (§ 1 Abs. 1 UAG LSA), Schleswig-Holstein (§ 1 Abs. 1 UAG Schl.-H.) und Thüringen (§ 1 Abs. 1 UAG Thüringen) regeln das Erfordernis des öffentlichen Interesses als Zulässigkeitsvoraussetzung für die Einsetzung eines Untersuchungsausschusses ausdrücklich. Danach haben Untersuchungsausschüsse der Landtage die Aufgabe, Sachverhalte zu untersuchen, deren Aufklärung im öffentlichen Interesse liegen. Allein das UAG Berlin erwähnt das öffentliche Interesse im Gesetz weder als positive Voraussetzung für die Einsetzung noch als ein die Beweiserhebung begrenzendes Element. Allerdings wurde die Notwendigkeit des Vorliegens eines öffentlichen Interesses von Untersuchungsausschüssen des Abgeordnetenhauses von Berlin in der Vergangenheit anerkannt (vgl. *Antes-Untersuchungsausschuss*, Abghs.-Drs. 10/1297, 14).

66 So auch *Wolf* S. 64 f.; BT-Drs. 14/5790, 14.

67 Abghs.-Drs. 10/1297, 14 *Antes-Ausschuss*.

„vom öffentlichen Interesse gedeckt sein. Denn, hätte ein Untersuchungsausschuss die allgemeine Befugnis, ohne besonderen Anlass (...), die gesamte Tätigkeit der Exekutive, einer Privatperson oder einer privaten Vereinigung – wozu aufgrund ihrer Rechtsform auch Parteien und parteinahe Stiftungen zu zählen sind – zu überprüfen, so würde dies über die Grenzen des dem Parlament zustehenden Kontrollrechts hinausgehen (BayVerfGH Bd. 30, S. 66). Bezieht sich ein Antrag daher ausschließlich auf eine Angelegenheit von privatem Interesse – wozu auch Spendeneingänge an politische Parteien gehören, sofern diese keinerlei Bezüge zu öffentlichen Vorgängen besitzen –, so liegt er grundsätzlich außerhalb des Untersuchungsauftrages, weil dieser – schon von den verfassungsrechtlichen Kompetenzen des Parlamentes selbst her gesehen – nicht in einen streng privatrechtlichen Bereich eingreifen darf. Auch aus diesem Grunde erscheint daher ein Antrag auf „flächendeckende Offenbarung" aller Parteispenden nicht vom Untersuchungsauftrag gedeckt."[68]

Diese Rechtsauffassung vertrat das Abgeordnetenhaus beispielsweise auch im sog. *Wuhlheide-Ausschuss* der 13. Wahlperiode.[69] Gegenstand des Untersuchungsausschusses war dort u.a., inwiefern zwischen der Entwicklung des *Wuhlesportparks* und der Entschuldung des *1. FC Union Berlin* bzw. dessen Aufstieg in die Bundesliga und dessen Unterstützung durch das Bundesland Berlin ein Zusammenhang bestand.[70] Ziel der Untersuchung war gerade nicht eine Ausforschung des allgemeinen Geschäftsverhaltens des privatrechtlich organisierten Vereins *1. FC Union*, sondern die Aufklärung, ob Verträge zwischen dem Bundesland Berlin und dem *1. FC Union* bzw. der Firma *Albrecht* den Lizenzanträgen des *1. FC Union* beim *DFB* zum Beleg für die Stabilisierung der wirtschaftlichen Situation des Vereins beigefügt wurden. Hintergrund für die Untersuchungen beim *1. FC Union* waren die umfangreichen vertraglichen Beziehungen zur politischen und wirtschaftlichen Unterstützung des Vereins durch das Bundesland Berlin, die auch im Sinne der Rechtsprechung des BVerfG zum *Neue Heimat-Ausschuss* und zum *Flick-Ausschuss* ein hinreichendes öffentliches Interesse begründen.[71]

In Gesetzgebung und parlamentarischer Praxis ist das Erfordernis des öffentlichen Interesses als Zulässigkeitsvoraussetzung der Einsetzung von privatgerichteten *Missstands-Enquêten* allgemein anerkannt und wird soweit ersichtlich nicht angezweifelt. Es wird seit längerem auch als unabdingbares Gegenstück zur Erweiterung des Gegenstandsbereiches parlamentarischer Untersuchungen und zur inzwischen medial gewordenen Öffentlichkeit dieser Untersuchungen angesehen.[72]

---

68 Abghs.-Drs. 10/1297, 15 *Antes-Ausschuss.*

69 Abghs.-Drs. 13/2745 *Wuhlheide-Ausschuss.*

70 Vgl. Abghs.-Drs. 13/2745, Anlage 6 *Wuhlheide-Ausschuss.*

71 Vgl. Abghs.-Drs. 13/2745 *Wuhlheide-Ausschuss.*

72 *Böckenförde* AöR 1978, 1, 15; *Achterberg/Schulte* in von Mangoldt/Klein/Starck, GG, Bd. 2 Art. 44, Rn. 25.

(2) Literatur

Dies gilt mit Ausnahme von vereinzelt gebliebenen Ansichten[73] auch für in der Literatur vertretene Meinungen.[74] Allerdings wird die inhaltliche Bestimmung des öffentlichen Interesses für privatgerichtete Untersuchungen mit sehr unterschiedlichen Ansätzen und Ergebnissen vollzogen. Hierbei überwiegt die Kritik an der Konturenlosigkeit und schweren Erfassbarkeit des Begriffs. Hervorzuheben für die das öffentliche Interesse als Zulässigkeitskriterium ablehnende Mindermeinung ist die im Kommentar *Maunz-Dürig* vertretene Ansicht. Nach dieser sind unter Berufung auf *Masing* und *Studenroth* jegliche Bestimmungs- und Konkretisierungsversuche des unbestimmten Rechtsbegriffs „öffentliches Interesse" als Voraussetzung für die verfassungsrechtliche Zulässigkeit der Einsetzung eines Untersuchungsausschusses als gescheitert anzusehen. Davon ausgenommen sollen lediglich die praktisch kaum vorstellbaren Fälle des Missbrauchs sein, in denen schiere Willkür das Parlament dazu verleitet, einen privaten Sachverhalt einer Untersuchung zuzuführen.[75]

Die Kritik an der Konturenlosigkeit und der Unschärfe, die diesem Begriff durch die nunmehr zahlreichen Definitionsversuche in der Literatur anhaften, ist nicht unberechtigt, wie die nachfolgenden Beispiele zeigen:

- So meint *Weisgerber*, ein öffentliches Interesse liege bereits dann vor, wenn die Angelegenheit, die untersucht werden soll, mit staatlichem Handeln in Zusammenhang steht; sie kritisiert ihre Definition sogleich selbst als zu konturenlos und im Hinblick auf den Schutz privater Dritter gering.[76]
- *Richter* kommt zu dem greifbareren Ergebnis, dass eine unmittelbare Einbeziehung von Privatpersonen in Untersuchungsausschüsse selbst bei staatlicher Förderung unter dem Blickwinkel des öffentlichen Interesses nur dann möglich ist, wenn die Bindung durch eine öffentlich-rechtliche Norm hinzukommt. Die mittelbare Einbeziehung privater Dritter sei als Annex zum untersuchenden staatlichen Handeln mühelos möglich. Anknüpfungspunkt für die Einbeziehung privater Dritter sei stets eine öf-

---

73 *Mengel* EuGRZ 1984, 97, 99; *Engels* S. 59.

74 *Schenke* JZ 1988, 805, 810; vgl. Nachweise bei *Richter* S. 33; *Studenroth* S. 57 ff.; *Weisgerber* S. 116 ff. Soweit Maunz-Dürig/*Klein* Art. 44, Rn. 19, zur allgemeinen Meinung gezählt wird, die das Erfordernis des öffentlichen Interesses bejaht, ist darauf hinzuweisen, dass es sich um ein (gebräuchliches) Fehlzitat handelt (vgl. z.B. *Weisgerber* S. 116), dagegen aber: Maunz-Dürig/*Klein* Art. 44, Rn. 114.

75 Maunz-Dürig/*Klein* Art. 44, Rn. 114 m.w.N.

76 *Weisgerber* S. 120.

fentlich-rechtliche Norm. Begrifflich sei das öffentliche Interesse mit dem „Interesse der Allgemeinheit" und „Gemeinwohl" vergleichbar.[77]

- *Kipke* stellt wiederum fest, dass der Begriff nur unzureichend erfassbar ist und beschreibt allgemein, dass das öffentliche Interesse „durch die Ausrichtung auf das Anliegen der Allgemeinheit, auf das gesamtgesellschaftliche, von subjektiver Interessiertheit zu trennende, objektivierte Interesse geprägt ist".[78]
- Ausweislich *Buchholz* soll das öffentliche Interesse vorliegen, wenn sich der Untersuchungsgegenstand auf eine Angelegenheit bezieht, der eine Bedeutung für ein konkretes staatliches Handeln oder für die Arbeit staatlicher Institutionen zukommt.[79]
- Nach *Memminger* ist das öffentliche Interesse schließlich gegeben, wenn sich die Frage nach Missständen, Versäumnissen oder Unerträglichkeiten der Verhältnisse stellt und Zweifel an der Vertrauenswürdigkeit der Exekutive aufkommen.[80]

Entsprechend resümiert *Studenroth*,

> „dass es bislang nicht gelungen ist, zum einen das öffentliche Interesse inhaltlich konkret fassbar zu definieren, zum anderen und vor allem aber dieses Kriterium als wirksame Einschränkung privatgerichteter Untersuchungen auszugestalten. Während dieses Merkmal eigentlich eine Begrenzung des Untersuchungsrechtes bewirken soll, dient es tatsächlich wohl mehr der Ausweitung und Rechtfertigung parlamentarischer Untersuchungen im privaten Bereich. (...) Letztlich kommt daher dem öffentlichen Interesse im Sinne eines eigenständigen Zulässigkeitserfordernisses mehr oder weniger nur eine Alibi-Funktion zu, so dass vor allem in Anbetracht der Anwendungsschwierigkeiten und des zu ziehenden Nutzens besser gleich ganz darauf verzichtet werden sollte."[81]

Den Kritikern des Begriffs des „öffentlichen Interesses" ist zuzugestehen, dass dieser aufgrund seiner inhaltlichen Unschärfe nur bedingt als Zulässigkeitsvoraussetzung auf der Einsetzungsebene geeignet ist.[82] Ungeachtet dessen handelt es sich bei dem Erfordernis des öffentliches Interesses um ein tradiertes Instrument zur gegenständlichen Begrenzung des Einsetzungsbeschlusses, das den privaten Dritten davor schützen soll, dass er beliebig, d.h. ohne normative Grundlage, einen Eingriff in seine Freiheitsrechte durch Untersuchungsausschüsse hinzunehmen hat.[83] Gerade in diesem Kontext

77 *Richter* S. 35, 40 ff.

78 *Kipke* S. 45.

79 *Buchholz* S. 26.

80 *Memminger* DÖV 1986, 15, 23.

81 *Studenroth* S. 74 f.

82 Vgl. Maunz-Dürig/*Klein* Art. 44, Rn. 114 m.w.N.

83 Vgl. *Richter* S. 31 m.w.N.; *Wolf* S. 66.

sind dem „öffentlichen Interesse" auch Konturen verliehen worden.[84] Die Literaturansichten, die das Erfordernis des öffentlichen Interesses zutreffend für den Bereich der privatgerichteten *Missstands-Enquêten* problematisieren, verkennen die zahlreich, insbesondere durch die Rechtsprechung vorgenommenen Abgrenzungen zwischen zulässiger und unzulässiger privatgerichteter noch im öffentlichen Interesse liegender Untersuchung, die durchaus Rückschlüsse auf Kriterien der Anwendung erlauben.

(3) Rechtsprechung

Die Rechtsprechung hat insbesondere in der Entscheidung des BVerfG zum sog. *Flick-Ausschuss*[85] Grundsätze betreffend die Befugnis und die Verfahrensweise von Untersuchungsausschüssen bei der Aufklärung von Sachverhalten privaten Gepräges entwickelt, die Zustimmung verdienen. Dabei lassen sich die konzeptionellen Grenzen der Reichweite der Untersuchung privater Bereiche zwar im Einzelfall nicht generell bestimmen; es sind vielmehr auch die Besonderheiten des jeweils zu untersuchenden privaten Bereiches und der jeweils betroffenen Privaten zu berücksichtigen. Bedeutung gewinnt insoweit auch, ob privates Verhalten mittelbar (wie etwa im sog. *Flick-* oder im *U-Boot-Ausschuss*) oder unmittelbar (wie etwa im *Neue Heimat-Ausschuss*) untersucht werden soll.

Eine unmittelbare Untersuchung ist prinzipiell zulässig. Dies ist im Grundsatz seit dem Urteil des BVerfG zum *Neue Heimat-Ausschuss* anerkannt. Dies gilt allerdings nur insoweit, als an der Aufklärung der Umstände in dem privaten Bereich ein öffentliches Interesse besteht, die Aufklärung des vom Untersuchungsauftrag definierten Sachverhaltes mithin von der allgemeinen Untersuchungskompetenz des Parlamentes abgedeckt ist.[86] Der BayVerfGH machte in seiner Entscheidung zum *Amigo-Ausschuss* insoweit deutlich, dass ein Untersuchungsausschuss nur dann überhaupt zulässig ist,

> „wenn an der Untersuchung ein öffentliches Interesse von hinreichendem Gewicht besteht. Die Zulässigkeitsvoraussetzung des „öffentlichen Interesses" ist eine immanente sachliche Grenze des parlamentarischen Untersuchungsrechts."[87]

Zuvor hatte schon das FG München entschieden, dass ein öffentliches Interesse nicht schon dann gegeben ist,

> „wenn eine Angelegenheit Aufsehen erregt und medienattraktiv ist. Vielmehr muss es in Bezug auf das Gemeinwohl vorliegen, (...). Dies gilt jedenfalls dann, wenn der

---

84 Eingehend hierzu: *Richter* S. 34 ff.
85 BVerfGE 67, 100 ff. *Flick-Ausschuss.*
86 *Böckenförde* AöR 1978, 1, 39 ff.
87 BayVerfGH, NVwZ 1995, 681, 684 *Amigo-Ausschuss.*

Untersuchungsauftrag in einen Bereich fällt, der der staatlichen Hoheitsgewalt durch Rechtsnormen zugewiesen ist."[88]

Auch das BVerfG misst dem Untersuchungsauftrag und seiner Zulässigkeit erhebliche Bedeutung bei. So hat es im Rahmen des *Neue Heimat-Ausschuss*es die grundsätzliche Frage aufgeworfen, ob auch die Privatwirtschaft und die Lebensverhältnisse und -umstände von Privatpersonen zum Gegenstand parlamentarischer Untersuchungen gemacht werden dürfen. Es konnte diese Frage deshalb offen lassen, da ein die parlamentarische Untersuchung rechtfertigendes öffentliches Interesse[89] sich nach Ansicht des BVerfG daraus ergab, dass es sich bei der *Neuen Heimat* mit ihren Konzerngesellschaften um eines derjenigen privaten Unternehmen handelte, die

„aufgrund gemeinwirtschaftlicher Zielsetzung ihrer Tätigkeit in erheblichem Umfang aus staatlichen Mitteln gefördert oder steuerlich begünstigt werden und besonderen rechtlichen Bindungen unterliegen; dies gilt jedenfalls insoweit, als hieran ein öffentliches Untersuchungsinteresse von hinreichendem Gewicht besteht."[90]

Solche, vom BVerfG für wesentlich erachteten Vergünstigungen oder gesetzlichen Bindungen, die ein gesteigertes, rechtlich begründetes öffentliches Interesse für unmittelbare Untersuchungen im privaten Bereich begründen, bestehen aber in der Regel nicht in Bezug auf privatrechtlich organisierte Gesellschaften.

In vergleichbarer Weise erkannte das BVerfG im Zusammenhang mit dem *Flick-Ausschuss* hinsichtlich einer Untersuchung Privater in Bezug auf die Einhaltung des Steuergeheimnisses darauf, dass bezüglich sensibler Daten

„die Offenbarung zulässig ist, wenn für sie ein zwingendes öffentliches Interesse besteht. Dieses ist – unbeschadet grundrechtlicher Schranken – namentlich nur dann gegeben, wenn die Offenbarung zur Richtigstellung in der Öffentlichkeit verbreiteter unwahrer Tatsachen erforderlich ist, die geeignet sind, das Vertrauen in die Verwaltung erheblich zu erschüttern (§ 30 IV Nr. 5 lit. c AO). Dieser Ausnahmetatbestand ist verfassungskonform so auszulegen, dass er auch den Fall des Aktenvorlageverlangens des Untersuchungsausschusses trifft (...)."[91]

Erkennbar stellt das BVerfG auch in dieser Entscheidung darauf ab, dass ein unmittelbarer Bezug zwischen dem aufzuklärenden Sachverhalt und einem „zwingenden" öffentlichen Interesse, hier das Vertrauen in die Lauterkeit der Verwaltung, besteht. Auch der BayVerfGH führte im Zusammenhang mit dem *Amigo-Ausschuss* aus, dass parlamentarische Untersuchungen, die in den privaten Bereich hineinwirken, nur ausnahmsweise zulässig sind,

---

88 FG München, NVwZ 1994, 100, 102.

89 Zur Notwendigkeit der Beschränkung auf im öffentlichen Interesse liegende Untersuchungsgegenstände wegen der Natur der Untersuchungsausschüsse als parlamentarische Gremien vgl. *Hilf* NVwZ 1987, 537, 539.

90 BVerfGE 77, 1, 43 f. *Neue Heimat*; vgl. auch BVerfGE 76, 363, 381 *Lappas*.

91 BVerfG NJW 1984, 2271, 2275 *Flick-Ausschuss*.

„soweit sie nicht den ausschließlich privaten Bereich betreffen und soweit an der durchzuführenden Untersuchung ein öffentliches Interesse besteht. Ein öffentliches Interesse in diesem Sinne wird bei Untersuchungen von Angelegenheiten des privaten Bereichs in der Regel nur dann bestehen, wenn der Untersuchungsgegenstand einen Bezug zu einer öffentlichen Funktion oder zu einer Amtstätigkeit des Betroffenen aufweist und die Aufklärung Rückschlüsse auf die Führung der Amtsgeschäfte des Betroffenen erlaubt."[92]

Jenseits dessen ist das öffentliche Interesse in einem im Privaten verwurzelten Untersuchungsgegenstand begrenzt. Es gilt: was rein privat ist, ist im Regelfall nicht von öffentlichem Interesse. Entsprechend führte das BVerfG aus, dass parlamentarische Kontrolle politische Kontrolle ist, nicht aber administrative oder gerichtliche „Überkontrolle".[93]

(4) Zusammenfassung

Die von der Rechtsprechung entwickelten Kriterien zur Überprüfung des Vorliegens eines konkret anlassbezogenen öffentlichen Interesses sind geeignet, der gelegentlichen Weite von Untersuchungsbegehren bereits auf der Einsetzungsebene zur Wahrnehmung von Rechten privater Dritter begegnen zu können. Insoweit stellt das öffentliche Interesse schon auf der Einsetzungsebene das notwendige Kontrollinstrument dar, um der Einbeziehung privater Dritter in parlamentarische Untersuchungen Grenzen zu setzen. Das Vorliegen eines öffentlichen Untersuchungsinteresses von erheblichem Gewicht verschafft somit dem Parlament zum einen erst die Legitimation, einen Untersuchungsausschuss private Bereiche betreffend einzusetzen[94], und zum anderen ermöglicht und begrenzt es dessen Beweiserhebungsbefugnisse in den privaten Rechtskreis.[95]

b) Konkreter Anlass

Es bedarf keiner näheren Erläuterung, dass jeder Untersuchungsausschuss konkret anlassbezogen eingesetzt wird und aus diesem Anlass dann eine Be-

---

92 BayVerfGH NVwZ 1995, 681, 684 *Amigo-Ausschuss.*

93 BVerfGE 67, 100, 140 *Flick-Ausschuss.*

94 So auch der BayVerfGH, NVwZ 1996, 1206, 1207: „Ein Untersuchungsausschuss darf nur eingesetzt werden, wenn an der Untersuchung ein öffentliches Interesse von hinreichendem Gewicht besteht. Ein öffentliches Interesse in diesem Sinn liegt dann vor, wenn es sich bei dem zu untersuchenden Sachverhalt vom Thema her um einen Gegenstand öffentlichen Interesses handelt und die Aufklärung als solche im öffentlichen Interesse liegt."

95 BVerfG, NJW 1988, 890, 894 *Neue Heimat-Ausschuss*; NJW 1988, 897, 899 *Lappas.*

fassungs- und Aufklärungsnotwendigkeit durch das Parlament erkannt wird. Verschiedentlich wird jedoch noch verlangt, dass zusätzlich zum öffentlichen Interesse im Rahmen unmittelbarer privatgerichteter *Missstands-Enquêten* ein dieses speziell konkretisierender Anlass hinzukommen muss.[96]

Ein wirksamer Grundrechtsschutz für die von der Untersuchung Betroffenen verlange danach, dass private Angelegenheiten nur dann Gegenstand eines Untersuchungsausschusses sein dürften, wenn „tatsachengestützte Anhaltspunkte“ dafür vorliegen, dass Missstände gegeben sein könnten, deren Aufdeckung gerade im öffentlichen Interesse liegt. An diesem Erfordernis fehle es aber, wenn „ohne besonderen Anlass“[97] bzw. „ohne hinreichenden Anlass“[98] oder „ohne konkrete Anhaltspunkte“ Untersuchungen durchgeführt werden.[99] Nur so könne der Gefahr vorgebeugt werden, dass ein Untersuchungsausschuss als reines politisches Kampfinstrument benutzt wird, ohne den eigentlichen Zweck, der in der parlamentarischen Kontrolle von Verwaltungs- und Regierungshandeln liegt, in den Mittelpunkt der Untersuchung zu stellen. Es müsse der Gefahr der Ausforschung um der Ausforschung willen vorgebeugt werden.[100]

Es ist zunächst unproblematisch, wenn das „öffentliche Interesse“ mit dem Begriff „konkreter Anlass“ verknüpft wird, um daraus erst die Berechtigung zur Einsetzung eines Untersuchungsausschusses abzuleiten. Dies gilt insbesondere dann, wenn Gegenstand das Verhalten privater Dritter sein soll. Ob dies bereits begriffsimmanent ist oder ein gesondertes Kriterium darstellt, das als solches dann auch als justiziabel anzusehen wäre, kann dahinstehen.

---

96 Vgl. *Depenheuer/Winands* ZRP 1988, 258, 262 f.; *Richter* S. 39 ff.; *Meyer-Bohl* S. 89 ff.

97 BayVerfGHE 30, 48, 66 f.

98 Abghs.-Drs. 10/1297, 14 *Antes-Ausschuss.*

99 Vgl. BayVerfGH, NVwZ 1995, 681, 683 *Amigo-Ausschuss*; a.A. *Wiefelspütz* S. 64, der einen einschränkenden Charakter verneint und in diesen Begrifflichkeiten nicht abschließende Konkretisierungen des öffentlichen Interesses sieht; vgl. auch die Parallele zum Steuer(straf)recht, wonach ein „hinreichender Anlass“ nicht erst vorliegt, wenn ein begründeter Verdacht dafür besteht, dass steuerrechtliche Unregelmäßigkeiten gegeben sind. Vielmehr genügt es, wenn aufgrund konkreter Umstände oder aufgrund allgemeiner Erfahrung ein Auskunftsersuchen angezeigt ist (BFH-Beschluss in BFHE 198, 42, BStBl II 2002, 495 ff.; BFH-Urteile in BFHE 183, 45, BStBl II 1997, 499 ff.; vom 7. August 1990, VII R 106/89, BFHE 161, 423, BStBl II 1990, 1010; in BFH/NV 1992, 791 ff.; ferner bereits der Beschluss des Großen Senats des BFH vom 13. Februar 1968, GrS 5/67, BFHE 91, 351, BStBl II 1968, 365, 369).

100 BayVerfGH, BayVBl. 1994, 463, 466. Dem entspricht auch die Rechtsprechung des BVerfG, das den Kernbereich der Untersuchungen im Rahmen des Art. 44 GG „naturgemäß in der parlamentarischen Kontrolle von Regierung und Verwaltung“, sieht und ein Untersuchungsverfahren, das nicht von der Spannung zwischen Parlament und Regierung ausgelöst und in Gang gehalten werde, seinem Zweck nicht gerecht werden kann (BVerfGE 49, 70, 85; vgl. auch BVerfGE 67, 100, 130 *Flick-Ausschuss*; 77, 1, 43, 48 *Neue Heimat-Ausschuss*).

Denn schon die Prüfung eines „öffentlichen Interesses" beinhaltet notwendig die Feststellung, dass zu dessen Annahme konkrete Anhaltspunkte gegeben sein müssen. Ein Verfahren, in dem ein öffentliches Interesse behauptet wird aber zugleich erklärt werden würde, dass hierzu keine Anhaltspunkte vorlägen, erscheint kaum vorstellbar. Die Einsetzung wäre dann bereits als willkürlich abzulehnen.

Es ist jedoch darauf zu achten, dass an das Erfordernis eines Anlasses keine strafprozessualen Maßstäbe angelegt und dieses dadurch zu sehr in die Nähe des strafprozessualen Anfangsverdachts gerückt wird. *Wiefelspütz* warnt zutreffend davor, das parlamentarische Untersuchungsrecht auf der Einsetzungsebene mit strafprozessualen Kriterien erfassen zu wollen.[101] Soweit daher vertreten wird, dass ein solcher – das öffentliche Interesse rechtfertigender – Anlass die Qualität eines strafprozessualen Anfangsverdachts oder hinreichenden Anfangsverdachts[102] aufzuweisen hat, ist dies als zu weitgehend und mit dem Wesen einer parlamentarischen Untersuchung nicht mehr vereinbar zurückzuweisen (vgl. C.II.2.c)(1)). Es bedarf damit keines konkreten Anfangsverdachts für das Vorliegen eines Missstands oder Skandals mit strafrechtlichen Implikationen. Mit solchen Anforderungen würde das parlamentarische Untersuchungsrecht systemfremd in strafprozessualen Kategorien gemessen. Die Notwendigkeit eines Anlasses ergibt sich auf der Ebene der Einsetzung nicht aus einer Parallele zum Strafverfahren, sondern aus dem verfassungsrechtlichen Erfordernis, dass die Einsetzung von privatgerichteten Untersuchungsausschüssen sowie die Durchführung von Beweiserhebungen aufgrund ihres Eingriffscharakters in Grundrechte natürlicher und juristischer Personen des Privatrechts Anforderungen und Grenzen unterworfen ist. Die Untersuchung muss deshalb inhaltlich auf eine Tatsachenfeststellung durch Beweiserhebung und deren mögliche politische Bewertung gerichtet sein, die auch Empfehlungen insbesondere für das jeweilige Parlament umfassen kann.

Die Parallele zum Strafverfahren ist dennoch von Bedeutung, soweit sich ein parlamentarischer Untersuchungsausschuss mit der Aufklärung strafrechtlicher relevanter Rechtsverstöße vor, neben oder nach Abschluss strafrechtlicher Ermittlung, Aufklärung und Sanktionierung befasst. Insofern ist die Befugnis parlamentarischer Untersuchungsausschüsse im Hinblick auf das Gewaltenteilungsprinzip kompetenziellen Grenzen unterworfen (vgl. B.I.4.a)(1)). Zudem ist zwar nicht auf der Einsetzungsebene, dafür aber auf der Durchführungsebene anlässlich konkreter Beweiserhebungen zu beachten, dass Art. 44 Abs. 2 S. 1 GG nicht nur auf befugnisbegründende, sondern

101 *Wiefelspütz* NVwZ 2002, 10, 14.
102 *Depenheuer/Winands* ZRP 1988, 258, 262 f.

gerade auch auf die befugnisbegrenzenden Regelungen der Strafprozessordnung Bezug nimmt (vgl. C.III und D.).[103]

c) Faktisches Interesse

Ein „faktisches Interesse" vermag ein „öffentliches Interesse" nicht begründen.[104] Insbesondere kann ein öffentliches Interesse nicht durch öffentliche bzw. mediale Beachtung[105] faktisch erzeugt werden.[106] Demgegenüber vertreten u.a. *Böckenförde* und *Mengel*, dass ein öffentliches Interesse spätestens im Zeitpunkt einer Diskussion im Parlament über die Einsetzung eines Untersuchungsausschusses vorläge.[107] Diese Ansicht überzeugt nicht, denn sie liefe der Sache nach auf eine Kompetenz-Kompetenz des Parlaments hinaus und nähme dem Kriterium des öffentlichen Interesses jegliche kompetenzbegrenzende Funktion.

Diese Funktion soll dem öffentlichen Interesse indes gerade bei privatgerichteten Untersuchungsausschüssen als Korrelat zur weiten Untersuchungskompetenz und den Grundrechtseingriffe bewirkenden Beweiserhebungsrechten dienen. Aufgrund der Billigung der Untersuchung auch privater Bereiche durch die Rechtsprechung bei bestimmten Konstellationen stellt das Vorliegen eines öffentlichen Interesses eine notwendige Begrenzung zu der Erweiterung des Gegenstandsbereichs parlamentarischer Untersuchungen und der potentiellen Grundrechtseingriffe dar. Dieses Korrelat würde jedoch unterlaufen und entwertet werden, wenn allein schon die Aufmerksamkeit in den Medien oder Stellungnahmen von Abgeordneten genügen könnten, um ein öffentliches Interesse zu begründen.[108]

Es würde sich insofern auch um einen Zirkelschluss handeln, wenn durch die Möglichkeit der Erzeugung eines aus eigener Sicht interessanten Sachverhaltes zu einem Sachverhalt, der im öffentlichen Interesse liegt, die Voraussetzung zum Eingriff in private Bereiche durch das Parlament selbst geschaffen werden könnte. Es gilt, dass nicht schon allein das, was interessant ist, auch von öffentlichem Interesse sein muss.[109] Zwar wird von den Befürwor-

103 BVerfGE 67, 100, 133 *Flick-Ausschuss*; 76, 363, 387 *Lappas*.

104 A.A. *Böckenförde* AöR 1978, 1, 15; *Meyer-Bohl* S. 86.

105 Vgl. zur Eigenschaft der Presse als skandalisierende Instanz: *Germis* S. 122 ff.

106 Überzeugend *Richter* S. 33 f.; BayVerfGH, NVwZ 1995, 681, 684 *Amigo-Ausschuss* mit zahlreichen Nachweisen; a.A. *Böckenförde* AöR 1978, 1, 15.

107 *Böckenförde* AöR 1978, 1, 15; *Mengel* EuGRZ 1984, 97, 99; ähnlich: *H.-P. Schneider* NJW 2001, 2604, 2607.

108 *Richter* S. 34 ff.; *Schenke* JZ 1988, 805, 810.

109 Vgl. das von *Richter* S. 34, angeführte Beispiel der Entlassung von 5000 Mitarbeitern durch einen Automobilkonzern, die sicherlich öffentliche und politische Beachtung

tern eines ausreichenden faktischen Interesses betont, man könne den Abgeordneten durchaus zutrauen, dass sie nicht völlig abwegige oder sinnlose Sachverhalte einer parlamentarischen Untersuchung zuführen werden. Selbst wenn dies uneingeschränkt zuträfe[110], so spräche dieses Argument nicht gegen das Erfordernis eines effektiven, an normativen Gesichtspunkten bestimmbaren, öffentlichen Interesses. Dies gilt insbesondere dann, wenn es um den Schutzbereich Privater geht.

d) Justiziabilität des öffentlichen Interesses

Der Beschluss eines Parlamentes, einen Untersuchungsausschuss einzusetzen, bewirkt zumeist noch keinen Eingriff in verfassungsmäßige Rechte Privater und unterliegt demnach grundsätzlich keiner gerichtlichen Überprüfung.[111] Dem Untersuchungsausschuss wird nur aufgegeben, bestimmte Tatbestände, deren Aufklärung im öffentlichen Interesse liegt, zu untersuchen und hierüber dem Parlament zu berichten. Dementsprechend verlangt die Sicherstellung des parlamentarischen Untersuchungsrechts im Hinblick auf den Einsetzungsantrag,

> „dass bei der Beurteilung der einzelnen Schranken des Untersuchungsausschussrechts, wie z.B. des Begriffs des ‚öffentlichen Interesses' ein weiter Maßstab angelegt wird. Bei diesen Beurteilungen wird im Zweifel zugunsten der Zulässigkeit der Untersuchung entschieden werden müssen, so dass der Landtag einem Einsetzungsantrag grundsätzlich zu entsprechen hat, wenn keine triftigen Gegengründe vorliegen."[112]

Hiernach besteht eine Vermutung für die Zulässigkeit des Einsetzungsbeschlusses, auch wenn Zweifel an seiner Rechtmäßigkeit wegen des Vorliegens eines öffentlichen Interesses oder an der Unbestimmtheit des Untersuchungsgegenstandes bestehen. Solche Zweifel wiegen deshalb weniger schwer, da sich aus der Unbestimmtheit in Einzelfragen ergebende Unklarheiten zum Umfang des Untersuchungsauftrages auf der Durchführungsebene

---

findet. Dennoch handelt es sich zunächst ausschließlich um einen privatwirtschaftlichen Vorgang, der einer parlamentarischen Untersuchung unzugänglich wäre, es sei denn an den Erhalt der Arbeitsplätze waren etwa aufgrund der Gewährung von Subventionen, Vergünstigungen, Förderungen etc. bestimmte Verpflichtungen oder Vereinbarungen mit der öffentlichen Hand geknüpft, die wiederum ein öffentliches Interesse begründen könnten. Sodann läge aber kein faktisch erzeugtes öffentliches Interesse vor, sondern ein an normative Kriterien gebundenes.

110 Es sei nur erinnert an die Debatte um den Sinn des *Lügen-Ausschusses* (1. Untersuchungsausschusses der 15. Wahlperiode).

111 BayVerfGHE 36, 211, 213 *Neu-Perlach-Ausschuss*; HessStGH, DÖV 1972, 568, 569; BayVerfGH, NVwZ 1996, 1206.

112 Vgl. BayVerfGHE 47, 87, 124 = NVwZ 1995, 681, 682 *Amigo-Ausschuss*; ähnlich: BayVerfGHE 30, 48, 64; 48, 34, 39.

bei einzelnen Beweiserhebungen u.a. durch Fachgerichte überprüfen und klären lassen.

Die These jedoch, dass das Vorliegen eines „öffentlichen Interesses" auf der Einsetzungsebene schlechthin nicht[113] oder allein im Falle der Willkür[114] gerichtlich nachprüfbar sei, kann nicht überzeugen.[115] Bei dem Merkmal des „öffentlichen Interesses" handelt es sich um einen unbestimmten Rechtsbegriff, der der Auslegung aufgrund normativer Kriterien und damit auch einer gerichtlichen Kontrolle zugänglich ist. Durch Rechtsprechung und Literatur sind hier Kategorien und Fallgruppen entwickelt worden, die dies auch handhabbar machen. Allerdings ist zu beachten, dass dem Parlament als Verfassungsorgan im Rahmen der Erfüllung seiner Aufgaben hinsichtlich der Beurteilung, ob ein öffentliches Interesse gegeben sei, ein weiter Einschätzungsspielraum und damit ein Entscheidungsprivileg zusteht. Die Überlegung, dass ein durch den Einsetzungsbeschluss betroffener Privater doch nachfolgend bei der Durchführung des Untersuchungsauftrages durch gerichtliche Entscheidung eine ihn tangierende Beweiserhebung verhindern könne, überzeugt nicht. Für diesen Dritten ist dann in der Regel bereits ein „Nachteil" eingetreten, da er nun etwa Gegenstand einer öffentlichen Untersuchung und Gegenstand der Medien geworden ist. Es muss daher die Möglichkeit eröffnet werden, bereits im Rahmen der Einsetzung bestimmte Untersuchungsaufträge oder sogar den Ausschuss selbst gerichtlich prüfen und ggf. ausschließen zu lassen, wenn etwa evident sein sollte, dass eine Kompetenzüberschreitung des Parlaments vorliegt. Zwar ist davon auszugehen, dass die Vermutung für das Recht des Parlaments spricht, doch muss einem Dritten – auch ggf. Mitgliedern des Parlaments – das Recht eingeräumt werden, unmittelbar und nicht erst auf der Durchführungsebene gerichtliche Hilfe in Anspruch zu nehmen.

e) Ergebnis

Das Vorliegen eines „öffentlichen Interesses" ist normative Voraussetzung für die Untersuchung privater Bereiche durch Untersuchungsausschüsse. Es stellt das notwendige Korrelat zur Befugnis von Untersuchungsausschüssen zur Ermittlung (auch) privater Vorgänge dar. Dem Begriff des öffentlichen Interesses sind insbesondere durch die Rechtsprechung ausreichend Kontu-

113 AK-GG/*Schneider* Art. 44, Rn. 11; *Köhler* S. 83 f.

114 *Di Fabio* S. 137; *Schröder* Gutachten 57. DJT, E 22; *Richter* S. 45.

115 So auch *Wiefelspütz* S. 65 m.w.N.; unklar: *Weisgerber* S. 120, die eine gerichtliche Überprüfbarkeit nur hinsichtlich der Frage bejaht, „ob die – relativ weiten – Grenzen des parlamentarischen Ermessens eingehalten wurden."

ren verliehen worden, die geeignet sind, Untersuchungsaufträge bereits auf der Einsetzungsebene zu begrenzen. Nicht erforderlich ist allerdings dabei das Vorliegen eines (strafprozessualen Anfangs-)Verdachts. Nicht ausreichend für die Begründung eines öffentlichen Interesses ist ein bloßes faktisches Interesse.

3. Anforderungen an die Bestimmtheit des Untersuchungsauftrages

Der Untersuchungsauftrag definiert im Einzelnen die Aufgaben und Aufklärungsziele des Untersuchungsausschusses. Der Untersuchungsauftrag ist notwendiger Bestandteil des auf die Beschlussfassung abzielenden Einsetzungsantrages.[116] Allerdings wird das Erfordernis der Bestimmtheit weder in Art. 44 GG noch in dem PUAG benannt. Selbst die Tatsache, dass die Einsetzung eines Untersuchungsausschusses die Durchführung einer hinreichend bestimmbaren Untersuchung bezweckt, bleibt unerwähnt. Das Bestimmtheitserfordernis ergibt sich jedoch mittelbar aus der Gesetzesbegründung zu § 3 PUAG, wonach die Untersuchung im öffentlichen Interesse liegen und der Auftrag im Hinblick auf seine Tragweite für alle Beteiligten im Untersuchungsverfahren bestimmt und präzise gefasst sein muss.[117] Damit wird das Bestimmtheitserfordernis als implizierte Selbstverständlichkeit betrachtet, da der Untersuchungsausschuss nicht auf der Grundlage einer „Blankettermächtigung" rechtsstaatlich tätig werden darf.

Der Einsetzungsantrag hat spätestens im Zeitpunkt der Abstimmung im Plenum[118] das Untersuchungsthema im Einsetzungsbeschluss genau zu bezeichnen und in Form eines Untersuchungsauftrages zu präzisieren. Das Bestimmtheitsgebot fordert, in dem Einsetzungsantrag und -beschluss den Untersuchungsgegenstand und -auftrag so genau festzulegen, dass dem Untersuchungsausschuss ein klares, möglichst genau und deutlich umschrie-

116 Vgl. *Geis* § 55, Rn. 35.

117 BT-Drs. 14/5790, 14. Die Untersuchungsausschussgesetze der Bundesländer enthalten ähnlich lautende Bedingungen. So bestimmen § 2 Abs. 2 UAG Bayern und § 3 Abs. 1 UAG Bremen, das der Gegenstand der Untersuchung bei Erteilung des Untersuchungsauftrags hinreichend umschrieben sein muss. Ausweislich § 3 Abs. 1 UAG Brandenburg muss im Antrag und im Einsetzungsbeschluss der Gegenstand der Untersuchung hinreichend bestimmt sein. Gemäß § 3 Abs. 1 UAG BW ist der Gegenstand der Untersuchung in dem Beschluss über die Einsetzung genau festzulegen.

118 *Wiefelspütz* S. 66 m.w.N.

benes Arbeitsprogramm vorgegeben ist, wozu Eingrenzungen in zeitlicher, sachlicher oder personeller Hinsicht gehören.[119]

Untersuchungsaufträge müssen dem rechtsstaatlichen Gebot der Bestimmtheit gerade dann genügen, wenn sie sich auf das mögliche Fehlverhalten bestimmter Personen beziehen.[120] Denn in diesem Fall konkretisiert der Auftrag als Grundlage der Tätigkeit eines Untersuchungsausschusses die materielle Ermächtigung zu Eingriffen in Rechte (privater) Dritter. Durch das Beweiserhebungsrecht und die Bezugnahme auf Vorschriften des Strafprozessrechts werden dem Untersuchungsausschuss potentiell weit reichende Kompetenzen bei der Untersuchung verliehen, die nur dann gerechtfertigt sind, wenn diese im Hinblick auf den konkret beschlossenen Untersuchungsgegenstand erforderlich und aus diesem ableitbar sind.[121]

In der Literatur wird abweichend davon vertreten, dass das Bestimmtheitsgebot keine gegenständliche Beschränkung des parlamentarischen Untersuchungsrechts darstellt, sondern vielmehr als Aufforderung an den Antragsteller und das beschlussfassende Parlament zu sehen ist, das Untersuchungsthema im Untersuchungsauftrag hinreichend zu identifizieren.[122] Es handele sich danach um eine Frage der sachlichen Bestimmung des Aufgabenbereichs. Inhalt und Grenzen des Untersuchungsgegenstandes müssten erkennbar oder zumindest aus dem Antrag ableitbar sein. Es gehe nicht um Äußerlichkeiten der Formulierung des Untersuchungsauftrages, aber auch nicht darum, zwischen inhaltlich zulässigen und inhaltlich unzulässigen Untersuchungsthemen zu unterscheiden. Der Begriff „Bestimmtheit" dürfe demnach nicht all zu restriktiv ausgelegt werden, da sich häufig erst im Verlaufe der Arbeit des Untersuchungsausschusses aufzuklärende Sachverhalte ergeben, die bei Einsetzung nur lückenhaft beschrieben werden könnten.[123] Es könnten bei Einsetzung keine Kenntnisse gefordert werden, für deren Gewinnung der Ausschuss gerade erst eingesetzt werden soll. Das parlamentarische Untersuchungsrecht würde dadurch ins Leere laufen.

Diese, die Bedeutung des hinreichend bestimmten Untersuchungsauftrages erheblich relativierende Auffassung, ist abzulehnen. Sie verkennt die weit reichende Bedeutung, die dem Untersuchungsauftrag bereits im Einsetzungsbeschluss privatgerichteter Enquêten insbesondere in Bezug auf die Beweiserhebung und die damit einhergehenden grundrechtsrelevanten Eingriffe in Rechte privater Dritter zukommt.[124] Der Auftrag stellt die materielle Grund-

119 BayVerfGH, NVwZ 1995, 681, 685 *Amigo-Ausschuss*; vgl. auch StGH BW, JA 1977, 407, 409 ff. m. Anm. *H.-P. Schneider.*

120 VGH Saarland, Urteil vom 31.10.2002, Lv 2/02, Absatz-Nr. 50.

121 Maunz-Dürig/*Klein* Art. 44, Rn. 84.

122 Vgl. *Richter* S. 48.

123 Vgl. *Richter* S. 48; vgl. aber: Bonner Kommentar/*Rechenberg* Art. 44, Rn. 7.

124 Dies verkennend: *Köhler* S. 186 ff.

lage für die Anforderung von Unterlagen (vgl. D.IV.) sowie den Gegenstand der Zeugenvernehmung (vgl. D.I) dar und ist für die Beurteilung der Strafbarkeit von Falschaussagen (vgl. D.I.2.b)) relevant. Das Gegenargument, dass diese evidenten Gefahren für Dritte im Rahmen der Durchführung der Untersuchungen durch den Untersuchungsausschuss etwa dadurch abgewendet werden können, wenn dieser die jeweilige Untersuchungsmaßnahme in nachvollziehbarer Weise unter das Untersuchungsthema und das Untersuchungsziel subsumiert, drückt bereits die diesem Argument anhaftende Unsicherheit aufgrund der weit reichenden Einschätzungsprärogative aus, die dem Untersuchungsausschuss eingeräumt werden soll. Ferner verkennt diese u.a. von *Richter*[125] vertretene Auffassung, dass der Gegenstand des Untersuchungsauftrages vor Einsetzung des Ausschusses insbesondere durch Medienberichterstattungen zumeist bereits bekannt ist und der Auftrag dazu dient, das Parlament zu informieren und Empfehlungen abzugeben. So wird keine *Missstands-* oder *Skandal-Enquête* eingesetzt werden, ohne dass zuvor in der Öffentlichkeit auf einen skandalisierenden Umstand, der auch Regierungs- und Verwaltungshandeln betrifft, hingewiesen worden wäre. Es ist daher unverzichtbar, dass der Untersuchungsauftrag von vornherein bei Einsetzung derart konkret und präzise verfasst und vom Parlament beschlossen wird, dass er eine für die Tätigkeit des Untersuchungsausschusses in jeder Hinsicht und Verfahrenslage verlässliche Arbeitsgrundlage und für betroffene Dritte eine Rechtssicherheit gebende Grundlage schafft. Nicht nur der parlamentarische Wille zur Durchführung einer bestimmbaren Untersuchung, sondern auch die konkreten Untersuchungsgegenstände müssen dem Untersuchungsauftrag unzweifelhaft und abschließend zu entnehmen sein.

Die Notwendigkeit der hinreichenden Bestimmtheit ergibt sich auch aus der Stellung des Untersuchungsausschusses als Unterorgan des Parlaments, der nicht mehr Rechte haben kann als das Parlament. Es ist nicht vorstellbar, dass ein Unterorgan des Parlaments einen bei Einsetzung nicht hinreichend klaren parlamentarischen Willen im Rahmen der konkreten Anwendung des Untersuchungsauftrages etwa bei der Beweiserhebung und der Anwendung von Zwangsbefugnissen gegenüber Dritten interpretiert und losgelöst von einer unmittelbaren Beteiligung des Parlaments womöglich nach eigenem Ermessen und je nach Verfahrenslage passend für sich erweiternd auslegt. Im Zweifel hat das Parlament die Möglichkeit, den Untersuchungsauftrag nachträglich zu erweitern oder zu präzisieren. Nur das Parlament selbst kann eine legitimierende Grundlage für Eingriffe in die Rechte Dritter schaffen.

125 *Richter* S. 48.

4. Begrenzung des Untersuchungsgegenstandes auf der Einsetzungsebene

Jenseits der aufgezeigten Grenzen durch das Erfordernis eines öffentlichen Interesses (B.II.2.) und der Bestimmtheit des Untersuchungsauftrages im Einsetzungsbeschluss (B.II.3.) finden die Befugnisse des Untersuchungsausschusses ihre Grenze ferner zum einen darin, dass diese – wie alle Träger öffentlicher Gewalt – nach Art. 1 Abs. 3 GG an die Grundrechte gebunden sind.[126] Zum zweiten sind die Untersuchungen im Verhältnis zur Judikative und Exekutive kompetenziell dadurch begrenzt, als sie nicht befugt sind, quasi-justizielle Beurteilungen und Einzelfallentscheidungen zu treffen.[127] Zwar äußert sich Art. 44 GG – mit Ausnahme von Art. 44 Abs. 2 S. 2 GG – nicht zu der Frage, inwiefern das Untersuchungsrecht kompetenzrechtlichen und verfassungsrechtlichen Schranken unterworfen ist. Es ist allerdings unbestritten, dass parlamentarische Untersuchungsausschüsse als Hilfsorgan der Staatsgewalt Legislative über Art. 1 Abs. 3 GG sowie über das Rechtsstaatsprinzip an die Beachtung der Grundrechte gebunden sind, und zwar über Art. 44 Abs. 2 S. 2 GG hinaus, wonach lediglich das Brief-, Post- und Fernmeldegeheimnis unberührt bleiben soll.[128]

Das Parlament übt nach zutreffender Zusammenfassung des VGH Saarland bereits durch die Einsetzung

> „öffentliche Gewalt aus. Darin ist er nicht frei. Die Einsetzung eines Untersuchungsausschusses muss sich im Rahmen der Kompetenzen des Landtages halten und wie jede Ausübung öffentlicher Gewalt die verfassungsmäßige Ordnung beachten, zu der neben den aus dem Rechtsstaatsprinzip folgenden Geboten vor allem die Grundrechte Einzelner gehören (...).“[129]

Der VGH Saarland beruft sich insoweit auf die ständige Rechtsprechung des BVerfG, wonach

> „Gegenstand und Umfang des Untersuchungsausschusses (...) sich im Rahmen der verfassungsmäßigen Kompetenz des Deutschen Bundestages halten [müssen]. Denn der Untersuchungsausschuss als Unter- oder Hilfsorgan des Parlaments kann nicht mehr Rechte haben, als das Parlament selbst (h.M., vgl. *Maunz* in Maunz-Dürig, Art. 44 Rdnr. 16-19; *Rechenberg* in BK (Zweitbearb.), Stand April 1986, Art. 44 GG Rn. 7 m.w.N.). Einschränkungen des Untersuchungsrechtes ergeben sich daher aus dem

---

126 BVerfGE 67, 100, 142 *Flick-Ausschuss*; VGH Saarland, Urteil vom 31.10.2002, Lv 2/02, Absatz-Nr. 17.

127 Abghs.-Drs. 10/1297, 16 *Antes-Ausschuss*.

128 BVerfGE 67, 100, 142 *Flick-Ausschuss*; 76, 363, 387 f. *Lappas*; 77, 1, 46 *Neue Heimat-Ausschuss*; *Weisgerber* S. 121 m.w.N.

129 VGH Saarland, Urteil vom 31.10.2002, Lv 2/02, Absatz-Nr. 17.

> Bundesstaatsprinzip, dem Grundsatz der Gewaltenteilung und durch die Beschränkung auf Angelegenheiten des öffentlichen Interesses (vgl. *Maunz* a.a.O.).“[130]

Soweit zulässigerweise auch private Bereiche in das Blickfeld des öffentlichen Interesses gerückt wurden, sind damit selbstverständlich auch die Grundrechte des Betroffenen zu beachten.[131]

Es ist erforderlich, den grundrechtlichen Gewährleistungen bereits zu einem äußerst frühen Zeitpunkt in umfassender Weise Rechnung zu tragen, d.h. bereits bei der Frage der Zulässigkeit einer parlamentarischen Untersuchung.[132] Der Beschluss eines Parlamentes, einen Untersuchungsausschuss einzusetzen, bewirkt zwar in der Regel noch keinen Eingriff in verfassungsmäßige Rechte eines Bürgers und unterliegt demnach grundsätzlich keiner gerichtlichen Überprüfung[133] (vgl. B.II.2.d)), so dass den verfassungsrechtlichen und einfachgesetzlichen Grenzen auf der Einsetzungsebene praktisch nur eine untergeordnete Bedeutung zukommt. Nach Ansicht des BayVerfGH kann es jedoch wegen der mit der Durchführung der Untersuchung verbundenen Öffentlichkeitswirkung

> „besondere Gestaltungen geben, in denen ausnahmsweise schon der Einsetzungsbeschluss die Rechtsposition von Bürgern unmittelbar berührt. Ein solcher Fall ist gegeben, wenn eine parlamentarische Untersuchung wegen etwaigen Fehlverhaltens gegen bestimmte Personen gerichtet ist (sog. Missstandsenquête).“[134]

---

130 LG Bonn, NJW 1987, 790, 791 *Neue Heimat-Ausschuss.*

131 LG Bonn, NJW 1987, 790, 791 *Neue Heimat-Ausschuss.* Dass in Ansehung der grundrechtlichen Gewährleistungen ein uneingeschränkter Zugriff von Untersuchungsausschüssen auf private Untersuchungsgegenstände nicht in Betracht kommt, erschließt sich aus Art. 44 Abs. 4 GG, wonach die Berichte des Untersuchungsausschusses einer gerichtlichen Nachprüfung vollständig entzogen sind (vgl. D.I.3.e)). Der Private hat praktisch stark eingeschränkte Akteneinsichts- und Mitwirkungsrechte im Verfahren vor dem Untersuchungsausschuss, so dass er bei einem uneingeschränkten Zugriff auf seine Freiheitsbereiche durch das weitgehend von der Parlamentsminderheit beherrschte Verfahren durch den Abschlussbericht schweren Grundrechtsverletzungen ausgesetzt sein könnte, ohne gerichtlichen Rechtsschutz suchen zu können.

132 BVerfGE 77, 1, 53 ff. *Neue Heimat-Ausschuss*; a.A. *Weisgerber* S. 122.

133 BayVerfGHE 36, 211, 213 *Neu-Perlach-Ausschuss*; HessStGH, DÖV 1972, 568, 569; BayVerfGH, NVwZ 1996, 1206.

134 BayVerfGH, NVwZ 1996, 1206; zwar war die Verfassungsbeschwerde letztlich unbegründet, und der VerfGH ließ die Frage der Zulässigkeit im Ergebnis offen, doch führte es aus, dass im Rahmen einer *Missstands-Enquête*, wie sie auch in diesem 2. Untersuchungsausschuss vorliegt, möglich ist, bereits unmittelbar den Einsetzungsbeschluss auf seine Verfassungsmäßigkeit zu überprüfen, wobei auch gegen die lediglich teilweise Überprüfung keine Bedenken bestehen; VGH Saarland, Urteil vom 31.10.2002, Lv 2/02, Absatz-Nr. 18; a.A. Maunz-Dürig/*Klein* Art. 44, Rn. 114, der eine Justiziabilität grundsätzlich ausschließt.

Auch der VGH Saarland erkennt an, dass allein durch die Einsetzung der Schutzbereich von Grundrechten Einzelner in besonderen Gestaltungen berührt sein kann:

> „Gilt eine Enquête dem etwaigen Fehlverhalten einer bestimmten Person, so ist ein Parlament vor allem an das Persönlichkeitsrecht in seinen verschiedenen Ausprägungen – es schützt vor Angriffen auf die Ehre und den sozialen Geltungsanspruch einer Person, es schützt vor Entstellungen ihrer Identität und es schützt vor Ausforschung und Offenbarung ihrer privaten und intimen Angelegenheiten – gebunden, selbstverständlich aber auch an das rechtsstaatliche Prinzip der Verhältnismäßigkeit.“[135]

Die Entscheidungen des BayVerfGH und des VGH Saarland verdienen Zustimmung, denn der Rechtsschutz gegen belastende Öffentlichkeitswirkungen, die ein Untersuchungsausschussverfahren bereits mit Einsetzung gegen private natürliche Personen auslösen kann, sollte nicht erst im Rahmen späterer konkreter – erneut belastender – Maßnahmen der Beweiserhebung möglich werden.[136] Insoweit hat stets eine Abwägung der einander gegenübertretenden Interessen zu erfolgen. Im Rahmen dieser Abwägung sind mit Blick auf privatgerichtete Untersuchungsgegenstände insbesondere die Grundrechte des Rechts am eingerichteten und ausgeübten Gewerbebetrieb und das Recht auf informationelle Selbstbestimmung anzustellen.[137] Der Grundsatz der Verhältnismäßigkeit verlangt schließlich, dass Eingriffe in die informationelle Selbstbestimmung und Geschäftsgeheimnisse möglichst gering und schonend gehalten werden müssen.[138]

---

135 VGH Saarland, Urteil vom 31.10.2002, Lv 2/02, Absatz-Nr. 18. Der VGH Saarland hatte sich mit dem Antrag einer natürlichen Person zu befassen, die sich gegen die Bezeichnung des Untersuchungsausschusses mit seinem Namen wendete. Zur Begründung führte er aus, dass er persönlich mit den von der parlamentarischen Untersuchung vermuteten Missständen und Fehlentwicklungen in Verbindung gebracht werde und es im Hinblick auf die öffentlichkeitswirksame Untersuchung zu einer Vorverurteilung in der Öffentlichkeit komme, die ihn in Misskredit bringe und zu einer erheblichen Minderung seines Ansehens führe. Allein durch die Wahl des Namens seien die schon dem Einsetzungsbeschluss gezogenen verfassungsrechtlichen Grenzen jedoch noch nicht überschritten worden.

136 Anm. *Di Fabio* JZ 1995, 828.

137 BVerfGE 76, 363, 388 *Lappas*; hierin findet insbesondere seine Beweiserhebung Grenzen. Allein die Einsetzung eines Untersuchungsausschuss und der Untersuchungsauftrag an sich begründen zwar grundsätzlich noch keinen Eingriff in Grundrechte. Eingriffe in private Rechte erfolgen aber jedenfalls, soweit zur Durchsetzung der Befugnisse im Rahmen der Beweiserhebung Zwangsmaßnahmen angedroht bzw. angewendet werden (*Studenroth* S. 28).

138 *Studenroth* S. 28. Die aufgezeigten Schranken sind nach Ansicht des Abgeordnetenhauses von Berlin im *Antes-Ausschuss* von besonderer Bedeutung für die Frage, „inwieweit gegenüber einem Untersuchungsausschuss persönliche und geschäftliche Daten und Unterlagen zu offenbaren sind. Für Fälle, in denen ein ausschließlich privates Interesse betroffen ist, tritt hierbei das parlamentarische Untersuchungsrecht schon kompe-

Dass eine Verfassungswidrigkeit bereits auf der Einsetzungsebene gegeben sein kann, sieht schließlich auch der Gesetzgeber so. In § 2 Abs. 3 PUAG ist vorgesehen, dass der Bundestag, der einen Einsetzungsantrag für teilweise verfassungswidrig hält, diesen mit der Maßgabe einzusetzen hat,

> „dass dessen Untersuchungen auf diejenigen Teile des Untersuchungsgegenstandes zu beschränken sind, die der Bundestag für nicht verfassungswidrig hält. Das Recht der Antragstellenden, wegen der teilweisen Ablehnung des Einsetzungsantrages das Bundesverfassungsgericht anzurufen, bleibt unberührt."[139]

Im Hinblick auf die angeführte Rechtsprechung, wonach der Einsetzungsbeschluss unter bestimmten Voraussetzungen auch unmittelbar in die Rechte privater Dritter eingreifen kann, wäre es allerdings konsequent gewesen, gemäß den Grundsätzen der Rechtsprechung des BayVerfGH und des VGH Saarland einen Überprüfungsmechanismus auf der Einsetzungsebene zu schaffen, der es im Rahmen des Einsetzungsverfahrens auch Dritten und nicht bloß innerparlamentarisch ermöglicht, den bzw. Teile des Einsetzungsbeschlusses auf Verfassungskonformität hin zu prüfen.

a) Bestimmung und Begrenzung durch Verfassungsgrundsätze

Der zulässige Untersuchungsgegenstand bestimmt sich, worin Einigkeit besteht, der Korollartheorie folgend nach dem Zuständigkeitsbereich des Bundestags bzw. Landtags. Demzufolge können die materiellen Kompetenzen des Untersuchungsausschusses nicht weiter reichen als die des Parlaments. Ferner kann das Parlament einem Untersuchungsausschuss keine Kompetenzen übertragen, über die er nicht schon verfügt. Das Untersuchungsrecht erweist sich insofern als Korollar der parlamentarischen Kompetenzen (daher der Begriff „Korollartheorie").[140]

Diese Weite des Zuständigkeitsbereichs des Plenums als dem unmittelbar vom Volk als Staatsträger legitimierten Repräsentationsorgan hat infolge der Korollartheorie auch die Erweiterung der Enquêten zur Konsequenz. Da das Parlament nicht nur im Rahmen der ihm zugewiesenen Gesetzgebungs- und Kontrollbefugnisse rechtsverbindliche Beschlüsse zu fassen befugt ist, sondern ihm als parlamentarischen Forum der Nation auch die Befugnis zu politisch relevanten Beschlüssen und Empfehlungen zukommt, ist kein durchschlagender Grund ersichtlich, aus dem heraus sich das Plenum nicht auch zu der für die Vorbereitung solcher Akte erforderlichen Sachverhaltsaufklärun-

---

tenziell zurück (BVerfGE 37, 144), so dass sich insoweit kompetenz- und grundrechtliche Schranken überlagern." (Abghs.-Drs. 10/1297, 16 *Antes-Ausschuss*).

139 Vgl. auch Änderungsantrag MdB Dr. Kenzler, BT-Drs. 14/5790, 22.

140 Begründet durch *Zweig* ZfP 1913 (Bd. 6), 265 ff.; dazu näher *Köhler* S. 72 ff.; *Masing* S. 167 ff.; *Weisgerber* S. 83 f.

gen eines Untersuchungsausschusses bedienen kann.[141] Bedenken, die sich im Hinblick auf die daraus erwachsene Erweiterung von Eingriffsbefugnissen des Untersuchungsausschusses ableiten, werden durch die Begrenzung der Kompetenzen durch das Prinzip der Gewaltenteilung, das Bundesstaatsprinzip, dem Rechtsstaatsprinzip, dem Verhältnismäßigkeitsprinzip sowie dem bereits unter B. III. und IV. besprochenen Erfordernis des öffentlichen Interesses und der Bestimmtheit begegnet.

(1) Gewaltenteilungsprinzip

Gemäß § 1 Abs. 3 PUAG ist ein Untersuchungsausschussverfahren im Rahmen der verfassungsmäßigen Zuständigkeit des Bundestages zulässig. Im Hinblick auf das Gewaltenteilungsprinzip als Bestimmung und Begrenzung der Untersuchungskompetenz bedeutet diese Regelung, dass die Grenzen der Kompetenz des Parlaments dort liegen, wo Funktionen anderen Verfassungsorganen zur selbständigen und eigenverantwortlichen Wahrnehmung zugeordnet sind.[142] Die Ermittlung der Bestimmung und Grenzen bereitet allerdings Probleme, da das Gewaltenteilungsprinzip unterschiedlichen Ausgestaltungen und Konkretisierungen zugänglich ist, auf die im Rahmen dieser Arbeit nicht näher eingegangen werden kann.[143] Dies betrifft insbesondere die Frage, inwiefern für Untersuchungsausschüsse nicht ausforschbare Bereiche und nicht überschreitbare Barrieren in dem Verhältnis zur Exekutive bestehen. Es wird allgemein angenommen, dass eine Ausforschung der Willensbildung der Exekutive, insbesondere im Regierungsbereich, unzulässig ist.[144] Das Gewaltenteilungsprinzip umfasst auch die Bestimmung der Grenzen der Untersuchung in zeitlicher Hinsicht bzw. von noch nicht abgeschlossenen Sachverhalten.

Im Verhältnis zum gerichtlichen, insbesondere strafgerichtlichen, Verfahren begründet das Gewaltenteilungsprinzip keine Einschränkungen. Während im Rahmen des 34. DJT in Bezug auf Art. 34 WRV erhebliche Bedenken gegen das Nebeneinander von Untersuchungsausschuss- und Strafverfahren geäußert worden sind[145], wird heutzutage allgemein angenommen, dass der Parallelität beider Verfahren nichts entgegensteht. Sofern sich Probleme erge-

141 *Schenke* JZ 1988, 805, 808 m.w.N.

142 *Kipke* S. 39; *Wiefelspütz* S. 70.

143 Dazu näher: *Schenke* JZ 1988, 805, 809 f.

144 BVerfGE 67, 100, 139 *Flick-Ausschuss*; *Schenke* JZ 1988, 805, 809; *Wiefelspütz* S. 70 ff.

145 Vgl. *Alsberg* Gutachten 34. DJT, VIII, 332 ff.

ben sollten, seien diese im Wege des Gebots der gegenseitigen Rücksichtnahme von Verfassungsorganen aufzulösen.[146]

Grenzen der Aufklärungs- und Bewertungstätigkeit eines parlamentarischen Untersuchungsausschusses bestehen jedoch im Hinblick auf dessen mögliche Kollision mit der Strafgerichtsbarkeit. So ist durch Art. 20 Abs. 3 GG ausgeschlossen, dass ein Untersuchungsausschuss in die rechtliche Überprüfung von Judikaten eintritt[147] oder durch § 43 DRiG absolut geschützte richterliche Entscheidungsfindungen auch nur mittelbar zum Untersuchungsgegenstand erhebt. Aufgrund des Gewaltenteilungsprinzips kann sich ein Untersuchungsausschuss ferner nicht Aufgaben der Strafverfolgung anmaßen. Die Untersuchungskompetenz erfasst nicht die Verfolgung und Sanktionierung von Straftaten. Aus der Unzulässigkeit der Wahrnehmung strafgerichtlicher Aufgaben folgt entsprechend, dass Tatbestandsfeststellungen von Untersuchungsausschüssen in Abschlussberichten keine Bindungswirkungen gegenüber Strafgerichten entfalten. Strafgerichte sind in der Würdigung und Beurteilung des durch den im Untersuchungsausschuss festgestellten Sachverhalt frei. Wohl aber können die Beweisergebnisse an Ermittlungsbehörden und an Strafgerichte weitergeleitet werden. Einzelne Beweismittel eines Untersuchungsausschusses können auch in ein Strafverfahren eingeführt werden, z.B. durch Protokollverlesung in der Hauptverhandlung, durch erneute Vernehmung von Zeugen, durch Vorhaltungen und Urkundenbeweis.[148]

(2) Bundesstaatsprinzip

Aus der Begrenzung der Untersuchungskompetenz folgt ferner, dass auf Bundesebene kein Untersuchungsausschuss mit dem Auftrag eingesetzt werden darf, unmittelbar das Verhalten einer Landesregierung oder der ihr nachgeordneten Behörden zu kontrollieren oder eine Angelegenheit zu untersuchen, die ausschließlich ein Bundesland betrifft.[149] Eine solche Befugnis lässt sich weder dem Homogenitätsprinzip, dem Prinzip der Bundestreue noch der Sichtweise des Bundestages als „Forum der Nation“[150] entnehmen. Zu beachten ist aber, dass diese Begrenzung nur für rein interne Landesvorgänge gilt. Die Gewinnung sog. spiegelbildlicher Erkenntnisse bei Beteiligung von Bun-

---

146 *Schenke* JZ 1988, 805, 810.

147 *Schenke* JZ 1988, 805, 810.

148 *Vetter* ZParl 1989, 345, 352.

149 BT-Drs. 11/8109, 27 f. *U-Boot-Ausschuss*; Maunz-Dürig/*Klein* Art. 44, Rn. 100, 138 ff.; *Weisgerber* S. 112 f.; *Elvers* S. 89.

150 Insoweit a.A. *Elvers* S. 89, 93, der aus der Bedeutung des Bundestages als „Forum der Nation“ ein uneingeschränktes Enquêterecht ableitet.

des- bzw. Landesbehörden ist hingegen zulässig, sofern in einem Untersuchungsausschuss des Bundestages geklärt werden soll, ob Rechte aus der Bundesaufsicht pflichtgemäß ausgeübt worden sind.[151] Die privatgerichtete Untersuchung wird durch das Bundesstaatsprinzip nicht tangiert.

(3) Verhältnismäßigkeitsprinzip

Der Grundsatz der Verhältnismäßigkeit zwingt schließlich jeden parlamentarischen Untersuchungsausschuss zur höchstmöglichen Schonung privater Interessen im Rahmen der Eingriffe in die informationelle Selbstbestimmung und Geschäftsgeheimnisse und zur grundrechtskonformen Zurückhaltung.[152]

b) Begrenzung durch Grundrechte privater Dritter

Wie eingangs dargestellt, sind die Grundrechte privater Dritter bei privatgerichteten *Skandal-* oder *Missstands-Enquêten* bereits auf der Einsetzungsebene zu berücksichtigen.[153] Von Bedeutung ist insbesondere das Grundrecht auf informationelle Selbstbestimmung privater Dritter, die Eigentumsgarantie, das sog. Bankgeheimnis sowie das Steuergeheimnis.

(1) Recht auf informationelle Selbstbestimmung

Das Recht auf informationelle Selbstbestimmung gem. Art. 2 Abs. 1 i.V.m. Art. 1 Abs. 1 GG umfasst die Befugnis des Einzelnen selbst zu entscheiden, wann und innerhalb welcher Grenzen persönliche Lebenssachverhalte offenbart werden.[154] Es schützt die Privatsphäre jedoch nicht in jeder Hinsicht und schrankenlos. Anerkannt ist, dass aus einem überwiegenden öffentlichen Interesse Einschränkungen des Bestimmungsrechts über den Privatbereich abgeleitet werden können.[155] Soweit überwiegende Gründe des Gemeinwohls bei sorgfältiger Beachtung des Rechts auf Schutz der Privatsphäre den Eingriff zwingend erforderlich machen, setzt sich das parlamentarisch-politische

---

151 Vgl. eingehend *Weisgerber* S. 107 ff.
152 *Studenroth* S. 28.
153 BayVerfGHE 48, 34, 38.
154 BVerfGE 65, 1, 42 *Volkszählung*.
155 BVerfGE 35, 202, 220.

Interesse des Untersuchungsausschusses gegenüber dem Grundrecht auf informationelle Selbstbestimmung im Grundsatz durch.[156]

Allerdings können Bereiche persönlichen Charakters der Untersuchungskompetenz vollständig entzogen bzw. nur bei Vorliegen eines zwingenden öffentlichen Interesses eingeschränkt zugänglich sein (vgl. B.II.2.a)(2), D.I.4., D.IV.3.).[157] In einem Verfahren vor dem AG Tiergarten war zum Beispiel über einen Antrag des Untersuchungsausschusses *Bankgesellschaft/Parteispenden II* des Abgeordnetenhauses von Berlin auf Beschlagnahme und Vorlage sämtlicher im Zusammenhang mit dem Ausscheiden von Vorstandsmitgliedern und Geschäftsführern der *Bankgesellschaft Berlin AG* und aller Ihrer Tochtergesellschaften getroffenen Vereinbarungen und Verträge zu entscheiden. Das AG Tiergarten lehnte den Antrag des Untersuchungsausschusses ab, da eine Beweisrelevanz, die den erheblichen Eingriff in Persönlichkeitsrechte der Betroffenen rechtfertigen könnte, nicht dargelegt werden konnte.[158] Bei diesen Verträgen handelte es sich nach Ansicht des Gerichts um individuelle, in den reinen privaten Bereich fallende Vereinbarungen von natürlichen Personen mit Kapitalgesellschaften privaten Rechts, die die individuellen Bedingungen der beruflichen Tätigkeit regeln, mithin um private Sachverhalte, die einer öffentlichen Kontrolle durch einen Untersuchungsausschuss entzogen sind. Eine auf die inhaltliche Kontrolle der privatrechtlichen Verträge gerichtete Untersuchung war mangels Vorliegen eines zwingenden öffentlichen Interesses unzulässig.

Soweit der Untersuchungsgegenstand darüber hinaus den unantastbaren innersten Bereich privater Lebensgestaltung tangiert, kann selbst ein überwiegendes bzw. zwingendes öffentliches Interesse den Eingriff nicht rechtfertigen.[159] Informationen streng persönlichen Charakters aus der Intimssphäre können unter keinen Umständen Gegenstand einer parlamentarischen Untersuchung sein (vgl. B.II.2.a)(2)(a)).[160]

(2) Schutz von Geschäfts- und Betriebsgeheimnissen sowie des Bankgeheimnisses

Durch die parlamentarische Untersuchung privater Unternehmen wird der Schutzbereich der Eigentumsgarantie aus Art. 14 GG insoweit tangiert, als

156 BVerfGE 67, 100 *Flick-Ausschuss*; *Studenroth* S. 83.

157 BVerfGE 76, 363, 388 *Lappas*; BayVerfGH, NVwZ 1996, 1206, 1207; HbgVerfG, NVwZ 1996, 1201, 1203 *Hamburger Polizei-Ausschuss*.

158 AG Tiergarten, Beschluss vom 16.02.2005, 349 Gs 460/2003.

159 BVerfGE 35, 202, 220.

160 BVerfGE 76, 363, 388 *Lappas*; BayVerfGH, NVwZ 1996, 1206, 1207; HbgVerfG, NVwZ 1996, 1201, 1203 *Hamburger Polizei-Ausschuss*.

dieser auch private Geschäfts- und Betriebsgeheimnisse schützt. Nach allgemeiner Ansicht entzieht die grundrechtliche Gewährleistung dieser Rechte diesen Bereich jedoch nicht der Untersuchungskompetenz, soweit der jeweilige Untersuchungsgegenstand vom öffentlichen Interesse erfasst ist.[161] Vielmehr ist bei der Beweiserhebung im Einzelfall zu prüfen, ob es sich bei einer vom Untersuchungsausschuss geforderten Offenbarung von Geschäftsgeheimnissen um einen legitimen Grundrechtseingriff oder um eine rechtswidrige Maßnahme handelt (vgl. D.I.3.b)(7), D.IV.3.).

Entsprechendes gilt für das sog. Bankgeheimnis. Dieses bezieht sich nach ganz herrschender Meinung in Rechtsprechung und Literatur auf kundenbezogene Tatsachen und Wertungen, die einem Kreditinstitut aufgrund, aus Anlass bzw. im Rahmen der Geschäftsverbindung zum Kunden bekannt geworden sind.[162] Erforderlich hierfür ist, dass ein innerer Zusammenhang zwischen der Kenntniserlangung von dem Geheimnis durch das Kreditinstitut und dem Bestehen der Geschäftsverbindung gegeben ist.[163] Das Bankgeheimnis beinhaltet die Pflicht des Kreditinstitutes, Verschwiegenheit über alle Tatsachen und Werturteile über die persönlichen oder wirtschaftlichen Verhältnisse eines Kreditnehmers zu wahren, von denen es Kenntnis erlangt. Die Funktion des Bankgeheimnisses besteht zum einen darin, den Kunden vor der Weitergabe der über ihn vorhandenen Informationen zu schützen, und zum zweiten darin, für Kreditinstitute eine Geheimnissphäre zu schaffen, die für das Betreiben des Bankgeschäfts unerlässlich ist und es diesem erlaubt, Auskünfte gegenüber jedermann, insbesondere auch gegenüber staatlichen Stellen zu verweigern, sofern keine spezialgesetzliche Offenbarungspflicht besteht oder die erbetene Auskunft aus besonderen Gründen im Einzelfall erteilt werden muss. Das Bankgeheimnis gilt gleichermaßen für öffentlich-rechtliche und privatrechtlich organisierte Kreditinstitute.[164]

Soweit auch das Verhältnis von Kreditinstituten zu ihren Kunden durch eine besondere Vertrauensbeziehung geprägt ist, die Interessenwahrungs-, Schutz- und Loyalitätspflichten begründen,[165] ist die Verpflichtung zur Wahrung des Bankgeheimnisses jedoch lediglich eine besondere Ausprägung der allgemeinen Pflicht der Bank, die Vermögensinteressen des Vertragspartners

161 BVerfGE 77, 1, 43 f. *Neue Heimat-Ausschuss.*

162 BGH, Urteil vom 24.01.2006, XI ZR 384/03, Absatz-Nr. 35 *Kirch-Urteil*; BGHZ 27, 241, 246; OLG Karlsruhe, WM 1971, 486, 487 f.; *Bruchner/Krepold* in Schimansky/Bunte/Lwowski, § 39, Rn. 1 f.; *Sichtermann/Feuerborn/Kirchherr/Terdenge* S. 37 f.; *Nobbe* WM 2005, 1537, 1538.

163 *Canaris* in Staub, HGB, Bd. V, Rn. 52; *Heymann/Horn* HGB, Anh. § 372, Rn. II/19; *Musielak* in Hadding/Schneider, S. 14; *Petersen* S. 28 f.; *Sichtermann/Feuerborn/Kirchherr/Terdenge* S. 128; *Wolff* DB 1968, 695, 696; a.A. *Schumann* ZIP 2004, 2353, 2361.

164 *Nobbe* WM 2005, 1537 ff. m.w.N.

165 Vgl. auch BGH, Urteil vom 24.01.2006, XI ZR 384/03, Absatz-Nr. 38 *Kirch-Urteil.*

zu schützen und nicht zu beeinträchtigen.[166] Das Bankgeheimnis ist daher nicht geeignet, den Untersuchungsauftrag auf der Einsetzungsebene zu begrenzen. Allerdings könnte ein Untersuchungsausschuss nicht unmittelbar mit dem Ziel eingesetzt werden, dem sog. Bankgeheimnis unterliegende Vorgänge privater Dritter zu untersuchen. Denn insofern wäre ein rein privater Bereich betroffen, dessen Untersuchung durch einen Untersuchungsausschuss unzulässig ist (vgl. B.II.1.a)).

(3) Berücksichtigung des Steuergeheimnisses

In der Entscheidung zum *Flick-Ausschuss* hat das BVerfG zur Berücksichtigung des Steuergeheimnisses ausgeführt, dass das Recht auf Wahrung des in § 30 AO gesetzlich umschriebenen Steuergeheimnisses als solches zwar kein Grundrecht ist,

> „die Geheimhaltung bestimmter steuerlicher Angaben und Verhältnisse, deren Weitergabe einen Bezug auf den Steuerpflichtigen oder private Dritte erkennbar werden lässt, kann indessen durch eine Reihe grundrechtlicher Verbürgungen, insbesondere durch Art. 2 Abs. 1 in Verbindung mit Art. 1 Abs. 1 und Art. 14 GG, gegebenenfalls in Verbindung mit Art. 19 Abs. 3 GG geboten sein."[167]

Die genannten Grundrechte verbürgen ihren Trägern einen Schutz gegen unbegrenzte Erhebung, Speicherung, Verwendung oder Weitergabe der auf sie bezogenen, individualisierten oder individualisierbaren Daten.[168] Sie dürfen daher nur im überwiegenden Interesse der Allgemeinheit und unter Beachtung des Grundsatzes der Verhältnismäßigkeit eingeschränkt werden; die Einschränkung darf hierbei nicht weiter gehen als es zum Schutze öffentlicher Interessen unerlässlich ist.[169] Das Steuergeheimnis steht insofern der Untersuchungskompetenz nicht entgegen. Eingedenk der Tatsache, dass die Angaben, die ein Steuerpflichtiger aufgrund des geltenden Abgabenrechts zu machen verpflichtet ist, weit reichende Einblicke in die persönlichen Verhältnisse, die persönliche Lebensführung (bis hin beispielsweise zu gesundheitlichen Gebrechen, religiösen Bindungen, Ehe- und Familienverhältnissen oder politischen Verbindungen) und in die beruflichen, betrieblichen, unternehmerischen oder sonstigen wirtschaftlichen Verhältnisse ermöglichen, bedarf es

---

166 MünchKomm/*Roth* BGB, Bd. 2, § 241, Rn. 97; *Grundmann* in E/B/J/S, HGB, Bd. 2, BankR I, Rn. I 156; *Bruchner/Krepold* in Schimansky/Bunte/Lwowski, § 39, Rn. 8; *Hopt* in Baumbach/Hopt HGB, AGB-Banken 2 (8), Rn. 1; *H.P. Westermann* in FS Raiser, 798.

167 BVerfGE 67, 100, 142 f. *Flick-Ausschuss.*

168 Vgl. BVerfGE 65, 1, 43 *Volkszählung.*

169 Vgl. BVerfGE 65, 1, 44 *Volkszählung.*

aber eines öffentlichen Interesses entsprechenden Gewichts, um den Eingriff zu rechtfertigen.

c) Untersuchung abgeschlossener Sachverhalte

Aufgabe und Erkenntnisziele der Untersuchungsausschüsse sind es, bestimmte Vorgänge, deren Aufklärung im öffentlichen Interesse liegen, zu untersuchen und hierüber dem Parlament im Wege eines Abschlussberichts zu berichten.[170] In der Regel handelt es sich bei den zu untersuchenden Sachverhalten um abgeschlossene Vorgänge. Unproblematisch zulässig ist die Aufklärbarkeit auch lange zurückliegender Vorkommnisse,

> „wenn ein aktueller Bezug zu einer Kontrolltätigkeit des Landtags oder sonstige, mit öffentlichen Bereichen in unmittelbarem Zusammenhang stehende politische oder rechtliche Auswirkungen möglich erscheinen."[171]

Problematisch und umstritten ist allerdings die Zulässigkeit der Prüfung noch andauernder Vorgänge insbesondere bei privatgerichteten Untersuchungen. Aus der Funktion des Untersuchungsausschusses als Kontrollmittel des Parlaments folgt zunächst, dass nur abgeschlossene, nicht aber laufende Vorgänge untersucht werden können:[172]

> „Die Kontrollkompetenz des Bundestages erstreckt sich demnach grundsätzlich nur auf bereits abgeschlossene Vorgänge. Sie enthält nicht die Befugnis, in laufende Verhandlungen und Entscheidungsvorbereitungen einzugreifen." [173]

Im Hinblick auf die genannte Rechtsprechung des BVerfG wird jedoch auch vertreten, dass sich das Verbot der Untersuchung laufender Vorgänge lediglich auf den Verantwortungsbereich der Regierung beziehe und eine Untersuchung nicht ausnahmslos mit ex-post Betrachtung durchzuführen ist.

Nach einem Gutachten des Wissenschaftlichen Diensts des Deutschen Bundestages gelte das Verbot a priori nicht für solche parlamentarischen Untersuchungen, die dem Ziel dienen, Lebenssachverhalte in nichtstaatlichen, genuin privaten Bereichen aufzuklären.[174] Das Verbot der „begleitenden Kontrolle" im Entscheidungsprozess der Exekutive oder Judikative durch die Legislative wird in dem Gutachten aus dem Gewaltenteilungsprinzip abgelei-

---

170 Vgl. BayVerfGH, NVwZ 1995, 681, 683 *Amigo-Ausschuss.*

171 BayVerfGHE 47, 87, 128 = NVwZ 1995, 681, 684 *Amigo-Ausschuss.*

172 So auch *Weisgerber* S. 94.

173 BVerfGE 67, 100, 139 *Flick-Ausschuss*; BVerfG, Beschluss vom 30.03.2004, 2 BvK 1/01, Absatz-Nr. 44; vgl. auch HessStGH, DÖV 1967, 51, 55 f.; BayVerfGH, DVBl. 1986, 233, 234; BremStGH, NVwZ 1989, 953, 957; NdsStGH, JuS 1997, 561 f.; BbgVerfG, NVwZ-RR 1998, 209, 211; *Böckenförde* AöR 1978, 1, 17; *Lemmer* in Pfennig/Neumann, VvB, Art. 48, Rn. 4.

174 WD, BT-Drs. 11/7800, 1373 *Transnuklear/Atomskandal-Ausschuss.*

tet. Der Regierung stehe ein Kernbereich exekutiver Eigenverantwortung – der sog. Arkanbereich[175] – und Gerichten der durch Art. 97 Abs. 1 GG geschützte Beratungs- und Entscheidungsbereich aufgrund der richterlichen Unabhängigkeit[176] zu, die einer parlamentarischen Untersuchung unzugänglich seien.[177] Ein Untersuchungsausschuss könne demnach zulässigerweise nur zum Zwecke der Aufklärung bereits abgeschlossener Vorgänge oder der abgeschlossenen Teile der Vorgänge, nicht aber zur begleitenden Kontrolle eingesetzt werden.[178] Der im Rahmen dieser Argumentation darüber hinaus vorgenommene Rückschluss, wegen der Geltung des Gewaltenteilungsprinzips (naturgemäß) nur im Verhältnis Legislative, Exekutive und Judikative (nicht aber im Verhältnis zu privaten Dritten) sei daher die zeitliche Begrenzung der Untersuchungskompetenz nicht auf eine ex-post-Kontrolle von Vorgängen im privaten Bereich anwendbar, ist hingegen nicht nachvollziehbar und verbietet sich.[179]

Aus der Ableitung ergibt sich zunächst nur, dass Untersuchungsausschüsse zu andauernden Vorgängen bei Exekutive bzw. Judikative de lege lata unzulässig sind, da das Untersuchungsrecht des Bundestages seinem Inhalt nach kein Instrument der Beteiligung oder Kontrolle deren Tätigkeit ist. Nunmehr jedoch zu folgern, dass – da das Prinzip der Gewaltenteilung hier nicht tangiert sei – das Untersuchungsrecht bei *Skandal-* oder *Missstands-Enquêten* eine in die Zukunft gerichtete prognostische Tätigkeit zulasse, stellt einen unzulässigen Zirkelschluss dar.[180] Der Grund hierfür ist, dass jegliche Untersuchung konkret anlassbezogen sein muss (B.II.2.). Dies ist indes bei einer begleitenden oder einer Untersuchung aktueller und in die Zukunft bezogener Vorgänge nur partiell der Fall. Verfasser eines Untersuchungsauftrages werden nicht in der Lage sein, im Zeitpunkt der Einsetzung noch nicht eingetretene Anlässe bzw. Vorgänge mit hinreichender Bestimmtheit zu benennen und so auf Vermutungen angewiesen sein. Ein Auftrag, künftige oder laufende Vorgänge zu untersuchen, hinsichtlich derer noch kein abgeschlossener untersuchungsfähiger Sachverhalt vorliegt, würde insofern dem Bestimmtheitserfor-

175 BVerfGE 67, 100, 139 *Flick-Ausschuss.*

176 Bonner Kommentar/*Rechenberg* Art. 44, Rn. 7.

177 Allgemeine Ansicht: vgl. *Engels* S. 34.

178 HessStGH, DÖV 1967, 51, 55; *Buchholz* S. 23.

179 So aber auch: *Wiefelspütz* S. 69; *Glauben/Brocker* § 9, Rn. 14, denen zufolge Voraussetzung für eine Untersuchung auch andauernder Vorgänge ein innerer sachlogischer Zusammenhang mit dem Untersuchungsauftrag von Sachverhalten sei, die durch den Untersuchungsauftrag zumindest stillschweigend vorausgesetzt und in dem Sinne von ihm umfasst sind. Bei Vorliegen eines solchen inneren Sachzusammenhanges würden sich die Befugnisse des Untersuchungsausschusses grundsätzlich auch auf Vorgänge erstrecken, die zeitlich nach dem Einsetzungsbeschluss des Plenums liegen, sowie auf Unterlagen, die erst später entstanden sind.

180 *Meyer-Bohl* S. 111 f., 137 f.

dernis des Untersuchungsauftrages widersprechen, an das jedoch gerade auch das Beweiserhebungsrecht anknüpft (vgl. B.II.3., B.III). Darüber hinaus kann auch ein zwingend erforderliches öffentliches Interesse an der Untersuchung andauernder Vorgänge bei Einsetzung noch nicht vorliegen, sondern sich erst im Verlaufe der Untersuchung konkretisieren. Ein Untersuchungsausschuss verfügt jedoch nicht über die Kompetenz, die Reichweite des eigenen Untersuchungsauftrages selbständig auszudehnen und ein ergänzendes öffentliches Interesse zu begründen. Diese Kompetenz obliegt allein dem Parlament (s.o. B.II.). Weiter ist zu berücksichtigen, dass eine quasi prognostische Tätigkeit des Untersuchungsausschusses und seine Bewertung mit dem o.g. Prinzip der Gewaltenteilung in Konflikt geraten könnte. Es ist nicht auszuschließen, dass ein möglicherweise intendiertes beanstandungswürdiges Verhalten eines Privaten durch die Exekutive noch im Laufe des Untersuchungsausschussverfahrens durch Gebote oder Verbote kontrollierend „gesteuert" wird. Gerade aber diese „begleitende" Untersuchung des Handelns der Verwaltung ist nicht zulässig. Für die Beschränkung auf eine ex-post-Kontrolle und gegen eine begleitende, d.h. ständige, parlamentarische, Kontrolle, sprechen schließlich auch die den Ausschüssen zugewiesenen Sonderbefugnisse und der Charakter der Untersuchungsausschüsse als Ad-hoc-Ausschüsse.[181]

Zu unterscheiden hiervon ist die weitere – mit diesem Problem im Zusammenhang stehende Frage – wie zu verfahren ist, wenn sich während der Untersuchung neue erst jetzt eingetretene – also nicht erst jetzt „entdeckte" – Sachverhalte ergeben. Ein Einsetzungsauftrag darf nicht so formuliert sein, dass er als Blankettermächtigung einen Untersuchungsausschuss ermächtigt, jederzeit nach seinem Belieben neu entstandene Sachverhalte einzubeziehen.

Die Frage ist, wo die zeitliche Grenze im konkreten Fall zu ziehen ist. Die überwiegende Meinung nimmt an, dass ein Untersuchungsgegenstand auch „zukunftsoffen" formuliert werden darf und sich dieser nach der Einsetzung des Untersuchungsausschusses „weiter entwickeln" kann, so dass in dem Datum der Einsetzung keine strikte zeitliche Grenze gesehen werden kann.[182]

---

181 *Studenroth* S. 95 m.w.N. Entsprechend haben sich auch verschiedene Untersuchungsausschüsse verhalten. Exemplarisch sei auf den Bericht des 1. Untersuchungsausschusses der 14. Wahlperiode des Abgeordnetenhauses von Berlin vom 21.09.2001 verwiesen: „Der Aktenherausgabeanspruch des Ausschusses wurde sowohl gegenüber Privaten als auch gegenüber staatlichen Stellen durch das fortlaufende Vergabeverfahren und die gesetzliche Vorgabe zur Untersuchung abgeschlossener Vorgänge begrenzt." (Abghs.-Drs. 14/1515, 11 *Flughafen Schönefeld II*). In gleicher Weise ist der Untersuchungsausschuss 3/1 des Landtags Brandenburg verfahren (Drs. Landtag Brandenburg 3/5952).

182 *Wiefelspütz* S. 68.

Diese Ansicht vermag ebenso wenig zu überzeugen wie die, die sich ausschließlich an dem Datum der Einsetzung orientiert.[183]

Maßgebliches Kriterium ist vielmehr das der Vermeidung einer „dirigierenden Kontrolle" durch den Untersuchungsausschuss. So ist es einem Untersuchungsausschuss nicht verwehrt, die erst zu einem späteren Zeitpunkt eintretenden Folgen eines mit hinreichender Bestimmtheit beschriebenen Skandals bzw. Missstands eines in sich abgeschlossenen Vorgangs in die Untersuchung und das Ergebnis mit einzubeziehen. Insofern bestehen auch keine Bedenken im Hinblick auf die Bestimmtheit des Untersuchungsauftrages im Zeitpunkt der Einsetzung. Durchgreifende Bedenken bestehen jedoch dann, wenn angenommen wird, dass sich ein Untersuchungsgegenstand eines einmal eingesetzten Untersuchungsausschusses eigenständig weiter entwickeln und dennoch das Erfordernis der Bestimmtheit gewahrt bleiben könne. Treten nach Einsetzung neue Tatsachen ein, die für die Untersuchung von Bedeutung und deshalb aus Sicht der Mitglieder in die Untersuchung einzubeziehen sind, ist der Untersuchungsausschuss gehalten, den allein vom Parlament zu bestimmenden Auftrag entsprechend erweitern zu lassen.[184] Keinesfalls zulässig sind somit Untersuchungen, die einen den ursprünglichen Auftrag erweiternden oder eingreifenden, lenkenden oder dirigierenden Charakter in aktuell andauernde Vorgänge zum Gegenstand haben, auch wenn diese mit dem Gegenstand der Untersuchung in einem sachlogischen Zusammenhang stehen. Dies käme einer unzulässigen Ausforschung gleich, die für die insoweit Beteiligten einem unvorhersehbaren und unbestimmten bzw. aus dem aktuellen Untersuchungsauftrag heraus unbestimmbaren Eingriff im Sinne einer begleitenden, beobachtenden und/oder bewertenden Kontrolle von aktuellen Vorgängen durch einen Untersuchungsausschuss, ggf. mit einer entsprechenden Aufmerksamkeit in den Medien, gleich käme.[185]

---

183 *Meyer-Bohl* S. 130 f.

184 So auch: *Meyer-Bohl* S. 130 f.

185 Beispielsweise darf ein Untersuchungsausschuss die Ursache für die Krise einer juristischen Person – vorausgesetzt es besteht ein hinreichendes öffentliches Interesse – untersuchen, nicht jedoch in die aktuelle bzw. andauernde Krisenbewältigung eingreifen, indem diese zum Gegenstand der Untersuchung der eingetretenen Krise erhoben wird. Jenseits der praktischen Erwägung, dass die Krisenbewältigung bzw. die Sanierung konkret gefährdet wird, wenn ein Untersuchungsausschuss einen begleitenden Blick auf diese hat und damit in den Fokus der Öffentlichkeit bringt, handelt es sich bei der Bewältigung bzw. Sanierung um einen eigenständigen Vorgang und damit um neue Tatsachen.

III. Beweiserhebung

Soweit privatgerichtete parlamentarische Untersuchungen zulässig sind, stellt sich die Frage nach den Untersuchungs- und Eingriffsrechten, die sie anwenden können und private Dritte zu dulden haben. Das Beweiserhebungsrecht beruht erst seit der Einführung des PUAG auf einer gesetzlichen Grundlage. Zuvor gestattete Art. 44 Abs. 2 S. 1 GG dem Untersuchungsausschuss, Beweise in sinngemäßer Anwendung der Vorschriften über den Strafprozess zu erheben. Nachfolgend wird ein Überblick über die Beweiserhebungsmöglichkeiten parlamentarischer Untersuchungsausschüsse nach dem PUAG gegeben, dem sich in Kapitel C. die Untersuchung anschließt, inwiefern sich die nach wie vor bestehende sinngemäße Anwendung der Vorschriften über den Strafprozess gemäß Art. 44 Abs. 2 S. 1 GG auf die gesetzlichen Untersuchungs- und Eingriffsrechte auswirkt. Im abschließenden Kapitel D. werden die Untersuchungs- und Eingriffsrechte im Lichte der sinngemäßen Anwendung der Vorschriften über den Strafprozess dargestellt.

1. Beweiserhebungsrechte

Gemäß § 17 Abs. 1 PUAG erhebt der Untersuchungsausschuss die durch den Untersuchungsauftrag gebotenen Beweise aufgrund von Beweisbeschlüssen, über die im Einzelnen der Ausschuss entscheidet. Der Ausschuss ist gemäß § 17 Abs. 2 PUAG zu einer bestimmten Beweiserhebung verpflichtet, wenn ein Viertel seiner Mitglieder eine bestimmte Beweiserhebung beantragt, es sei denn die Beweiserhebung ist unzulässig oder das Beweismittel ist auch nach der Anwendung der im PUAG vorgesehenen Zwangsmittel unerreichbar.[186]

Die Berechtigung, Beweise zu erheben sowie deren Auswahl und Erzwingung steht dabei nur dem Untersuchungsausschuss als Organ zu und nicht dem Vorsitzenden, den Fraktionen, einzelnen Abgeordneten oder dem Sekretariat. Ihnen ist dieses Recht weder durch die Verfassung noch durch das PUAG eingeräumt. Den Mitgliedern des Untersuchungsausschusses ist ein Beweisantragsrecht eingeräumt, das auf Antrag eines Viertels der Mitglieder des Untersuchungsausschusses auch erzwungen werden kann (§ 17 Abs. 2 PUAG). Beweiserhebungen durch den Vorsitzenden, die Fraktionen, einzelne Abgeordnete oder das Sekretariat wären gegenstandslos und durch Betroffene nicht zu befolgen. Aufgabe des Vorsitzenden und des Sekretariats ist die Umsetzung der Beweisbeschlüsse des Untersuchungsausschusses, also z.B. die Ladung der Zeugen und Sachverständigen sowie die Herbeischaffung der

---

186 § 17 Abs. 2 PUAG. Das Beweisantragsrecht ist als qualifiziertes Minderheitenrecht ausgestaltet, vgl. *Vetter* DÖV 1987, 426, 427 f.

sächlichen Beweismittel nach Beschlussfassung durch den Untersuchungsausschuss. Dies ergibt sich aus § 6 Abs. 1 PUAG, wonach der Vorsitzende bei der Leitung des Untersuchungsausschusses an den Einsetzungsbeschluss des Bundestages und an die Beschlüsse des Untersuchungsausschusses gebunden ist.

a) Beweismittel des PUAG

Als Formen der Erkenntnisgewinnung stehen dem parlamentarischen Untersuchungsausschuss die in den §§ 10, 18, 19, 28, 29 und 31 PUAG genannten Möglichkeiten der Beweiserhebung zur Verfügung, d.h.

- er kann sich sächliche Beweismittel, insbesondere Akten, die den Untersuchungsgegenstand betreffen, von der Bundesregierung, den Behörden des Bundes, Anstalten und Stiftungen des öffentlichen Rechts vorlegen lassen (§ 18 Abs. 1 PUAG);
- Gerichte und Verwaltungsbehörden sind zur Rechts- und Amtshilfe, insbesondere zur Vorlage sächlicher Beweismittel, verpflichtet (§ 18 Abs. 4 PUAG);
- er kann natürliche und juristische Personen verpflichten, Gegenstände, die als Beweismittel für die Untersuchung von Bedeutung sein können und im Gewahrsam dieser Person sind, auf Verlangen des Untersuchungsausschusses vorzulegen und auszuliefern, es sei denn das Beweismittel enthält Informationen, deren Weitergabe wegen ihres streng vertraulichen Charakters für die Betroffenen unzumutbar ist (§ 29 Abs. 1 PUAG);
- er kann sächliche Beweismittel in Augenschein nehmen (§ 19 PUAG);
- er kann Zeugen (§ 20 Abs. 1 PUAG) und Sachverständige (§ 28 Abs. 1 PUAG) laden und vernehmen;
- Protokolle über Untersuchungshandlungen von anderen Untersuchungsausschüssen, Gerichten und Behörden sowie Schriftstücke, die als Beweismittel dienen, sind vor dem Untersuchungsausschuss zu verlesen, es sei denn die Protokolle oder Schriftstücke sind allen Mitgliedern des Untersuchungsausschusses zugänglich gemacht worden (§ 31 Abs. 1 und 2 PUAG);
- er kann einen Ermittlungsbeauftragten beauftragen, im Rahmen des vom Untersuchungsausschuss erteilten Auftrags erforderliche Beweismittel zu beschaffen und zu sichten, und sich schriftlich und mündlich über das Ergebnis der Untersuchung berichten zu lassen (§ 10 PUAG).

Darüber hinaus enthält das PUAG unmittelbare Verweise auf Regelungen der Strafprozessordnung (z.B. §§ 13 Abs. 2, 20 Abs. 1, 22 Abs. 1, 24 Abs. 6, 27

Abs. 4, 28 Abs. 2, 2. HS und Abs. 5 PUAG), die das Verfahren der Beweiserhebung ergänzen. Auffällig ist weiter, dass verschiedene Beweisvorschriften in Anlehnung an strafprozessuale Regelungen formuliert sowie in ihrer Systematik ausgestaltet worden sind (z.B. §§ 21, 22 Abs. 2, 27 Abs. 1 und 2, 28 Abs. 6 PUAG). Es kann insgesamt davon gesprochen werden, dass die Beweiserhebungsvorschriften des PUAG denen des Strafprozesses im Wesentlichen nachgebildet sind. Diese Ausgestaltung der Beweisvorschriften des PUAG offenbaren eine offensichtlich auch vom Gesetzgeber gewollte Nähe zu den Beweiserhebungsmöglichkeiten im Strafprozess, die im übrigen auch bereits durch Art. 44 Abs. 2 S. 1 GG vorgegeben ist und der ständigen Praxis entspricht. Freilich existieren auch nicht unerhebliche Unterschiede in der Ausgestaltung und in der Bezugnahme auf strafprozessuale Untersuchungs- und Eingriffsrechte bei Bund und Ländern, auf die, soweit erforderlich, im Rahmen der Besprechung der einzelnen Beweiserhebungen im Lichte der Anwendung von Strafprozessrecht unter D. eingegangen wird.

b) Durchsetzbarkeit der Beweiserhebungsrechte

Das Beweiserhebungsrecht parlamentarischer Untersuchungsausschüsse umfasst nach dem Verständnis des Gesetzgebers und der ständigen Rechtsprechung des BVerfG[187] auch die jeweiligen Maßnahmen zur Sicherung der Beweiserhebung, d.h. die Möglichkeiten zur Durchsetzung der Aussage einer Auskunftsperson und zur zwangsweisen Beschaffung von Beweismitteln. Mit Schaffung des PUAG hat der Gesetzgeber eigene Zwangsmittel eingeführt, die sich in vieler Hinsicht an den von der Rechtsprechung des BVerfG bereits zuvor aufgestellten Maßgaben orientieren. Dies bedeutet im Vergleich zu den jahrzehntelang geltenden und zugrunde gelegten IPA-Regeln einen gewichtigen Fortschritt im Hinblick auf die Anwendungssicherheit, da nun eine unmittelbare gesetzliche Grundlage für den Einsatz von Zwangsmaßnahmen besteht.

Das PUAG sieht folgende Zwangsmaßnahmen vor:

- gemäß § 21 Abs. 1 PUAG die Auferlegung eines Ordnungsgeldes sowie der durch das Ausbleiben verursachten Verfahrenskosten und die Anordnung der zwangsweisen Vorführung bei Nichterscheinen eines Zeugen trotz ordnungsgemäßer Ladung;
- gemäß § 27 Abs. 1 PUAG die Auferlegung eines Ordnungsgeldes sowie der durch die Weigerung verursachten Verfahrenskosten bei grundloser Zeugnisverweigerung;

187 Vgl. BVerfGE 67, 100, 130 *Flick-Ausschuss*; BVerfG, NVwZ 1994, 54, 55 *Deponie Ihlenberg/Schönberg*.

- gemäß § 27 Abs. 2 PUAG die Beantragung der Verhängung von Ordnungshaft beim Ermittlungsrichter des BGH zur Erzwingung des Zeugnisses;
- gemäß § 28 Abs. 6 PUAG die Festsetzung eines Ordnungsgeldes sowie die Auferlegung der durch die Säumnis oder Weigerung verursachten Verfahrenskosten bei Nichterstattung des Gutachtens innerhalb einer abgesprochenen Frist bzw. bei Weigerung, eine Frist zur Erstattung des Gutachtens abzusprechen;
- gemäß § 29 Abs. 2 S. 1 PUAG die Festsetzung eines Ordnungsgeldes gegen einen Gewahrsamsinhaber bei Weigerung, Beweismittel auf Verlangen vorzulegen und auszuliefern, es sei denn die Beweismittel enthalten Informationen, deren Weitergabe wegen ihres streng persönlichen Charakters für die Betroffenen unzumutbar ist oder die Person gemäß § 22 Abs. 1 und 2 PUAG zur Verweigerung des Zeugnisses oder Auskunft berechtigt sind, und § 30 Abs. 1 PUAG nicht entgegensteht;
- gemäß § 29 Abs. 2 S. 2 PUAG die Beantragung der Verhängung von Haft zur Erzwingung der Herausgabe von Beweismitteln beim Ermittlungsrichter des BGH entsprechend den Grundsätzen der grundlosen Zeugnisverweigerung, es sei denn die Beweismittel enthalten Informationen, deren Weitergabe wegen ihres streng persönlichen Charakters für die Betroffenen unzumutbar ist oder die Person gemäß § 22 Abs. 1 und 2 PUAG zur Verweigerung des Zeugnisses oder Auskunft berechtigt sind, und § 30 Abs. 1 PUAG nicht entgegensteht;
- gemäß § 29 Abs. 3 PUAG die Beschlagnahme und die Beantragung der Durchsuchung beim Ermittlungsrichter des BGH bei nicht freiwilliger Herausgabe von Beweismitteln im Sinne des § 29 Abs. 1 PUAG in entsprechender Anwendung der §§ 97, 104, 105 Abs. 2 und 3, 106, 107 und 109 StPO, soweit § 30 Abs. 1 PUAG nicht entgegensteht.

Diese Untersuchungs- und Eingriffsbefugnisse orientieren sich an der bisherigen Praxis parlamentarischer Untersuchungsausschüsse, den Regelungen der Strafprozessordnung und der Rechtsprechung des BVerfG hierzu. Auf diese wird gesondert unter C.III.5. und D.I., II und IV. unter Berücksichtigung der sinngemäßen Anwendung und der präzisierenden Regelungen des Strafprozessrechts eingegangen.

c) Inanspruchnahme von Gerichten

Für die zwangsweise Durchsetzung einiger Beweiserhebungs- und Beweisdurchsetzungshandlungen bestimmt das PUAG die Notwendigkeit der Inanspruchnahme von Gerichten, wodurch diese zugleich einer gerichtlichen

Kontrolle zugeführt wird. Der Gesetzgeber hat sich dazu entschieden, den Ermittlungsrichter beim BGH für zuständig zu erklären. Dies gilt nicht nur für die Durchsetzung des Beweiserhebungsanspruchs, sondern auch für das „Ob" der Beweiserhebung, also, ob über eine bestimmte Tatsache Beweis zu erheben ist. Lehnt der Untersuchungsausschuss die Erhebung bestimmter Beweise oder die Anwendung beantragter Zwangsmittel gemäß § 21 Abs. 1, § 27 Abs. 1, § 28 Abs. 6 oder § 29 Abs. 2 S. 1 ab, so entscheidet gemäß § 17 Abs. 4 PUAG auf Antrag eines Viertels der Mitglieder der Ermittlungsrichter des BGH über die Erhebung der Beweise oder über die Anordnung des Zwangsmittels. Gegen die Entscheidung des Ermittlungsrichters beim BGH ist die Beschwerde gemäß § 36 Abs. 3 PUAG statthaft, über die dann der BGH entscheidet.

Die Einschaltung des Ermittlungsrichters beim BGH hat somit eine doppelte Kontrollfunktion: Zum einen gewährt sie Minderheitenschutz, da der Ermittlungsrichter den Untersuchungsausschuss gegen die überstimmende Mehrheit eine bestimmte Beweiserhebung oder die Anwendung eines bestimmten Zwangsmittels aufgeben kann; zum zweiten bietet die gerichtliche Kontrolle eine Gewähr für die Rechtsstaatlichkeit der Anwendung von Zwangsmitteln und die Vornahme von Beweiserhebungen, die vor dem Hintergrund der politischen Ausrichtung von Untersuchungsausschüssen auch zwingend ist.

Die Zuweisung sämtlicher Streitigkeiten an den Ermittlungsrichter des BGH wird allgemein mit der Bedeutung und der Stellung parlamentarischer Untersuchungsausschüsse des Bundestages begründet.[188] Diese Exklusivregelung der Erstzuständigkeit des Ermittlungsrichters beim BGH korrespondiert mit der Regelung des § 36 PUAG, wonach in Untersuchungsausschussangelegenheiten der BGH oder das BVerfG zuständig sind. Die nunmehr vorgesehene Zuständigkeitskonzentration mag jedoch auch mit der Rechtsprechung der Instanzgerichte, insbesondere der jeweils zuständigen AG Bonn und AG Tiergarten, zusammenhängen, die nicht selten Anträgen parlamentarischer Untersuchungsausschüsse nicht folgten bzw. die aus Sicht von Mitgliedern parlamentarischer Untersuchungsausschüsse zu langwierigen Klärungen durch die Instanzen erforderlich machten.[189] Diese Exklusivregelung ist deshalb auch vor dem Hintergrund einer möglicherweise intendierten Rechtswegverkürzung bedenklich. Jedenfalls kann der Eindruck nicht vollständig entkräftet werden, dass diese Regelung auch aufgrund aus Sicht parlamentari-

188 Vgl. *Wiefelspütz* S. 274 f.

189 Vgl. zuletzt die Entscheidungen des AG Berlin Tiergarten betreffend Anträge des 2. Untersuchungsausschusses der 15. Wahlperiode des Abgeordnetenhauses von Berlin *Bankgesellschaft/Parteispenden II* vom 16.02.2005 sowie 28.05.2003 (349 Gs 460/03) und zur Geschäftsnummer 350 Gs 499/03 vom 12.02.2003 mitsamt Trennbeschlüssen (350 Gs 1/2003 Tr ff.).

scher Untersuchungsausschüsse unpässlicher Entscheidungen von AGen und Ausschöpfungen des Rechtswegs durch Betroffene eingeführt wurde.

d) Delegation von Beweiserhebungen auf Ermittlungsbeauftragte

Der Gesetzgeber hat in § 10 PUAG vorgesehen, bestimmte Formen der Beweiserhebungen auf einen Ermittlungsbeauftragen zu delegieren. Der Gesetzgeber geht davon aus, dass die Vorschaltung eines Ermittlungsbeauftragten regelmäßig sinnvoll ist, um eine zügige Arbeit des Untersuchungsausschusses bei umfangreichen und komplexen Untersuchungsaufträgen zu ermöglichen.[190] Der Ermittlungsbeauftragte stellt eine gänzlich neue Rechtsfigur in einem geordneten Verfahren dar, das in der deutschen Rechtsordnung keine Vorbilder hat. Ihm ist daher von parlamentarischer und rechtswissenschaftlicher Seite sowohl hinsichtlich des Verfahrens zu seiner Einsetzung als auch seinen Aufgaben erhebliche Skepsis entgegengebracht worden.[191] In bisherigen Untersuchungsausschussverfahren sind Ermittlungsbeauftragte noch nicht eingesetzt worden, so dass Erfahrungen aus der Praxis nicht eingebracht werden können.

(1) Einsetzung und Abberufung

Der Untersuchungsausschuss hat gemäß § 10 Abs. 1 S. 1 PUAG jederzeit das Recht und auf Antrag eines Viertels seiner Mitglieder die Pflicht, zu seiner Unterstützung eine Untersuchung zu beschließen, die von einem Ermittlungsbeauftragten durchgeführt wird. Wird die Person des Ermittlungsbeauftragten nicht gemäß § 10 Abs. 2 PUAG innerhalb von drei Wochen nach Beschlussfassung über die Einsetzung eines Ermittlungsbeauftragten mit einer Mehrheit von zwei Dritteln der anwesenden Mitglieder bestimmt, so bestimmt der Vorsitzende im Einvernehmen mit dem Stellvertreter und im Benehmen mit den Obleuten der Fraktionen im Untersuchungsausschuss innerhalb weiterer drei Wochen die Person des Ermittlungsbeauftragten.[192] Gemäß § 10 Abs. 4 S. 2 PUAG können Ermittlungsbeauftragte jederzeit mit einer Mehrheit von zwei Dritteln der anwesenden Mitglieder wieder abberu-

---

190 BT-Drs. 14/5790, 15.

191 *Rogall* in GS Meurer, 457 ff.; *H.-P. Schneider* NJW 2001, 2604, 2608; *ders.* NJW 2002, 1328; *Wiefelspütz* S. 201 ff.; dagegen optimistisch: *Bachmaier* NJW 2002, 348, 349.

192 Vgl. die Bedenken gegen dieses vergleichsweise komplizierte Einsetzungsverfahren: *Wiefelspütz* S. 202.

fen werden. Sie sollen längstens für sechs Monate beauftragt werden (§ 10 Abs. 1 S. 2 PUAG).[193]

(2) Person des Ermittlungsbeauftragten

§ 10 PUAG bestimmt nicht, ob die Person dem Untersuchungsausschuss oder dem Parlament anzugehören hat oder zumindest sollte. Das Gesetz enthält auch keinerlei Vorgaben hinsichtlich der Person und der Qualifikation des Ermittlungsbeauftragten.[194] Somit kann jeder Ermittlungsbeauftragter werden.

Es ist lediglich vorgesehen, dass Ermittlungsbeauftragte im Rahmen ihres Auftrags unabhängig[195] handeln und im Verkehr nach außen die gebührende Zurückhaltung wahren, d.h. insbesondere keine öffentlichen Erklärungen abgeben sollen.[196] Diese nach innen und außen zu wahrende Unabhängigkeit wird durch ihr Recht unterstützt, gemäß § 10 Abs. 4 S. 3 PUAG für ihren Ermittlungsauftrag in angemessenem Umfang – offenbar ohne Einschaltung des Untersuchungsausschusses – Hilfskräfte einzusetzen. Der Unabhängigkeit sind jedoch durch die Möglichkeit der Abberufung mit Zweidrittelmehrheit gemäß § 10 Abs. 4 S. 2 PUAG auch Grenzen gesetzt. Die Unabhängigkeit der Person ist nach dem PUAG kein Einsetzungskriterium. Maßgeblich ist ausschließlich die Unabhängigkeit bei der Erfüllung und im Rahmen des Auftrags. Dadurch soll augenscheinlich die Tätigkeit von Abgeordneten und Mitgliedern des Untersuchungsausschusses als Ermittlungsbeauftragte nicht ausgeschlossen werden, die im Hinblick auf ihre Parteizugehörigkeit nicht unabhängig sind, jedoch im Rahmen der Auftragsbearbeitung unabhängig arbeiten könnten. Ob eine solche Trennung in der Praxis tatsächlich möglich ist, ist keine Frage der (Un-)Zulässigkeit, sondern der Zweckmäßigkeit der Einsetzung eines vorbefassten und deshalb möglicherweise sogar voreingenommenen Abgeordneten oder Mitglieds des Untersuchungsausschusses als Ermittlungsbeauftragten. Über die Zweckmäßigkeit der Einsetzung hat der Untersuchungsausschuss im Hinblick auf die Förderung der Wahrheitsfindung bzw. ggf. sogar von einer antragstellenden Gruppe intendierten parteipolitisch geprägten Auf- und Vorbereitung zu befinden. Eine Einschränkung

---

193 Ausweislich der Gesetzesbegründung bedarf die Beauftragung über einen Zeitraum von sechs Monaten hinaus einer besonderen Begründung im Einzelfall, BT-Drs. 14/5790, 15.

194 Hierzu kritisch *Rogall* in GS Meurer, 458, nach dessen Ansicht eine Befähigung zum Richteramt nahegelegen hätte.

195 § 10 Abs. 4 S. 1 PUAG.

196 Vgl. aber § 13 Abs. 1 PUAG, wonach der Ermittlungsbeauftragte einer medienöffentlichen Vernehmung vor dem Untersuchungsausschuss eigenständig zustimmen kann.

oder Empfehlung zur Person des Ermittlungsbeauftragten lässt sich auch der Gesetzesbegründung nicht entnehmen.[197] Den Äußerungen der Berichterstatter zufolge scheint für die Person des Ermittlungsbeauftragten aber eher eine Person mit politischem Hintergrund geeignet zu sein[198], die jedoch nicht dem parlamentarischen Spektrum entstammen muss.[199]
Mangels entsprechender Vorbilder in der deutschen Rechtsordnung[200] erscheint eine solche offene Regelung nachvollziehbar. Untersuchungsausschüsse werden sicher alles daran setzen, eine von allen akzeptierte Person zu finden, die im Hinblick auf das Verfahren und den aufzubereitenden Stoff qualifiziert ist. Denn die Qualität der Tätigkeit des Ermittlungsbeauftragten wird sich unmittelbar auf die Qualität der Beweiserhebung durch den Untersuchungsausschuss auswirken.

---

197 Dort heißt es im Hinblick auf die Wahrung der Unabhängigkeit: „Absatz 4 stellt klar, dass der Ermittlungsbeauftragte bei der Erfüllung und im Rahmen seines Auftrags unabhängig sein muss. Angehörige von Justiz oder Verwaltung könnten daher nur dann mit den Ermittlungen beauftragt werden, wenn sie für die Zeit der Ermittlungen von ihren dienstlichen Aufgaben freigestellt sind." (BT-Drs. 14/5790, 15).

198 MdB *Bachmaier* führte aus, dass viel „Fingerspitzengefühl" benötigt werde, „wenn es darum geht, eine geeignete Person vorzuschlagen, die neben Erfahrung, Kompetenz und Sachverstand (...) auch gleichzeitig das notwendige Vertrauen aller Gruppierungen im Untersuchungsausschuss haben muss. Das in § 10 des Gesetzentwurfs vorgesehene Verfahren zwingt dazu, über den politischen Tellerrand hinaus zu denken. Mir fallen viele Personen mit höchst unterschiedlichem politischen Hintergrund ein, die ich mir für die interessante Aufgabe vorstellen könnte." (Plen.Prot. 14/165, 16145). Ähnlich äußert sich MdB *van Essen*, der darauf hinweist, „dass als Ermittlungsbeauftragter eine Person gefunden werden muss, die von allen Seiten des Hauses anerkannt wird. Deshalb haben wir aus guten Gründen eine Zweidrittelmehrheit für die Ernennung dieses Beauftragten vorgesehen. Jemand, der sich nur in der Öffentlichkeit profilieren will und der etwas aus der Vergangenheit aufarbeiten will, ist für diese Position nicht geeignet. Es muss jemand sein, der für alle Seiten des Hauses akzeptabel ist und an der Sache orientiert arbeitet." (Plen.Prot. 14/165, 16151).

199 *Weisgerber* S. 471, geht hingegen davon aus, dass es sich beim Ermittlungsbeauftragten zwangsläufig um einen Parlamentsfremden handeln muss.

200 In der Plenardebatte wurden Abgeordnete nicht müde zu betonen, dass weder der US-Sonderermittler Kenneth Starr noch der Sonderbeauftragte Hirsch für den Ermittlungsbeauftragten Pate gestanden hätten, vgl. Plen.Prot. 14/165, 16145, 16148, 16154.

(3) Aufgaben

Die Aufgaben des Ermittlungsbeauftragten sind in § 10 Abs. 3 PUAG umschrieben. Demzufolge bereiten Ermittlungsbeauftragte in der Regel die Untersuchung durch den Untersuchungsausschuss vor, indem sie die erforderlichen sächlichen Beweismittel beschaffen und sichten. Dem Untersuchungsausschuss soll durch die Tätigkeit des Ermittlungsbeauftragten vor allem „mühsame und zeitraubende Vorstrukturierungen erspart" bleiben und „möglicherweise früher als bislang" bekannt sein, „was er von den jeweils zu ladenden Zeugen zu erwarten hat". [201] Durch die Einschaltung wird damit eine konzentriertere und zügigere Vorgehensweise erhofft. Die Ergebnisse ihrer Tätigkeit stehen allen Mitgliedern des Untersuchungsausschusses zur Verfügung. Nach Abschluss ihrer Untersuchung erstatten Ermittlungsbeauftragte dem Untersuchungsausschuss über das Ergebnis einen schriftlichen und mündlichen Bericht. Darin unterbreiten sie dem Untersuchungsausschuss auch einen Vorschlag über die weitere Vorgehensweise.

Zur Wahrnehmung ihrer Beweismittelbeschaffungs- und -sichtungsfunktion sind Ermittlungsbeauftragte mit eigenen begrenzten Beweiserhebungsrechten ausgestattet. Gemäß § 10 Abs. 3 S. 3, 4 und 6 PUAG haben sie entsprechend § 18 das Recht auf Vorlage von Beweismitteln sowie entsprechend § 19 das Recht der Augenscheineinnahme.

Der Ermittlungsbeauftragte kann sich die sächlichen Beweismittel und Augenscheinsobjekte somit im Rahmen des ihm vom Untersuchungsausschuss erteilten Auftrages sowohl von öffentlichen wie auch von privaten Herausgabepflichtigen beschaffen. Darüber hinaus, etwa im Hinblick auf andere Untersuchungskomplexe, kann er dies nicht. Ebenso wie der Untersuchungsausschuss nur im Rahmen des ihm vom Plenum erteilten Untersuchungsauftrages ein Beweiserhebungsrecht besitzt, leiten sich die Beweiserhebungsbefugnisse des Ermittlungsbeauftragten aus dem ihm vom Untersuchungsausschuss erteilten Auftrag ab. Soweit daher Bedenken gegen mangelnde Steuerungsmöglichkeiten des Ermittlungsbeauftragten durch den Untersuchungsausschuss geäußert werden[202], erscheinen diese nicht durchgreifend, soll doch gerade die im Rahmen des erteilten Auftrages gewährte Unabhängigkeit die sach- und gerade nicht parteipolitisch motivierte Aufbereitungstätigkeit sichern. Schließlich hat der Untersuchungsausschuss auch die Möglichkeit, den Ermittlungsbeauftragten berichten zu lassen, ihn mit Zweidrittelmehrheit abzuwählen oder einzelne Beweisbeschlüsse zu verweigern bzw. eine abweichende Linie von der des Ermittlungsbeauftragten einzunehmen. Ausdrücklich ist in der Gesetzesbegründung auch klargestellt, dass der

---

201 MdB *Bachmaier* Plen.Prot. 14/165, 16145.

202 *Rogall* in GS Meurer, 459; *H.-P. Schneider* NJW 2001, 2604, 2608.

Untersuchungsausschuss Ergebnisse des Ermittlungsbeauftragten nicht abzuwarten hat.[203]

Das Recht zur zwangsweisen Durchsetzung der Beweiserhebungsrechte steht Ermittlungsbeauftragten nicht zu. Sie können lediglich Herausgabeansprüche gemäß § 30 geltend machen und Personen informatorisch befragen. Das Recht zur Vernehmung von Zeugen und Sachverständigen hat der Ermittlungsbeauftragte nicht. Er kann sie (nur) informatorisch befragen (vgl. D.I.2.b)(1)(c)(i)). Sie sind damit auf die freiwillige Mitwirkung der Beteiligten angewiesen. Vor diesem Hintergrund ist es vertretbar, dass gegen Maßnahmen des Ermittlungsbeauftragten keine gesonderte Rechtsschutzregelung eingeführt worden ist. Der Rechtsschutz richtet sich allgemein nach § 36 Abs. 1 PUAG. Werden dem Ermittlungsbeauftragten sächliche Beweismittel oder Augenscheinsobjekte nicht freiwillig überlassen oder zugänglich gemacht, bedarf es zur Durchsetzung eines förmlichen Beweisbeschlusses des Untersuchungsausschusses.

Der Ermittlungsbeauftragte hat zudem Zugang zu Verschlusssachen. Gemäß § 16 Abs. 1 S. 2 PUAG dürfen Ermittlungsbeauftragten Verschlusssachen zugänglich gemacht werden, soweit sie zum Umgang mit Verschlusssachen ermächtigt und zur Geheimhaltung förmlich verpflichtet sind.

(4) Einberufung mehrerer Ermittlungsbeauftragter

Der Wortlaut des § 10 Abs. 1 PUAG schließt die Einsetzung mehrerer Ermittlungsbeauftragter mit einem jeweils zeitlich begrenzten Ermittlungsauftrag nicht aus.[204] Dies ist durch den Gesetzgeber zwar vermutlich nicht intendiert gewesen; ein solches Verständnis der Vorschrift mag im Hinblick darauf, dass die Figur des Ermittlungsbeauftragten vor dem Hintergrund geschaffen worden ist, dass „Untersuchungsausschüsse in der Regel vor einem in tatsächlicher und rechtlicher Hinsicht umfangreichen Untersuchungsauftrag"[205] stehen, jedoch sogar zu bevorzugen sein. Bei entsprechend aufteilbaren Untersuchungskomplexen kann sich daher die Vorschaltung weiterer Ermittlungsbeauftragter anbieten. Ausgeschlossen ist hingegen nach Sinn und Zweck die Einsetzung mehrerer Ermittlungsbeauftragter mit auch nur teilweise sachverhaltsidentischem Ermittlungsauftrag.

---

203 BT-Drs. 14/5790, 15.

204 Obgleich in der Gesetzesbegründung nur in der Einzahl gesprochen wird, vgl. BT-Drs. 14/5790, 15.

205 BT-Drs. 14/5790, 15.

(5) Bedenken gegen die Tätigkeit Ermittlungsbeauftragter

(a) Gefahr der parteipolitischen Instrumentalisierung

Die gegen die Tätigkeit von Ermittlungsbeauftragten geäußerte Skepsis bezieht sich vielfach auf die Möglichkeit der parteipolitischen Instrumentalisierung der von ihm beschafften und vorgesichteten Unterlagen und des von ihm erstatteten Vorschlags zur weiteren Vorgehensweise.[206] Dem Ermittlungsbeauftragten sind durch das PUAG Möglichkeiten an die Hand gegeben, die Tätigkeit und Ausrichtung des Untersuchungsausschusses durch seine Auswahl der Beweismittel und seinen Vorschlag zur weiteren Vorgehensweise, insbesondere bei einer entsprechend streitigen Situation im Untersuchungsausschuss, entscheidend zu beeinflussen und seinen Vorschlag einer parteipolitischen Richtung zuzuordnen. Dies liegt auf der Hand, stellt jedoch keine Besonderheit in einem durch parteipolitische Interessen gekennzeichneten Verfahren und daher auch keine Begrenzung der Befugnisse von Ermittlungsbeauftragten dar.

Die absehbare Konsequenz einer – zumindest nach Eindruck von Ausschussmitgliedern – einseitig politisch ausgerichteten Tätigkeit eines Ermittlungsbeauftragten wären vermutlich Beweisanträge dieser Abgeordneter, die die bisherigen Tätigkeiten des Ermittlungsbeauftragten gänzlich in Frage stellen und zu einer Entwertung seiner Tätigkeit in Gänze führen könnten bis hin zu einer Notwendigkeit einer neuen Beweisaufnahme. Ermittlungsbeauftragten dürfte vor diesem Hintergrund anzuraten sein, ihre Tätigkeit dem Wortlaut der Vorschrift folgend auf die Beschaffung und Sichtung zu konzentrieren und von Bewertungen Abstand zu nehmen.

(b) Sichtungs- oder Aufbereitungsfunktion

Ausweislich der Gesetzesbegründung sollen Ermittlungsbeauftragte über den Wortlaut des § 10 Abs. 3 S. 1 PUAG hinaus Beweismittel nicht nur „sichten", sondern auch in tatsächlicher und rechtlicher Sicht aufbereiten bzw. „solide Vorermittlungen" anstellen, auf deren Basis der Untersuchungsausschuss seine Arbeit gezielter und zügiger durchführen kann.[207] Zwischen dem bloßen Sichten einerseits und der tatsächlichen Aufbereitung andererseits besteht aber ein erheblicher qualitativer Unterschied. Die den Wortlaut erweiternde Aufbereitungs- und Vorermittlungsfunktion von Ermittlungsbeauftragten gibt dem Ermittlungsbeauftragten eine gänzlich andere Prägung. Denn soll er

206 Vgl. *Weisgerber* S. 471 f.
207 BT-Drs. 14/5790, 15.

beschafften und gesichteten Beweisstoff zudem aufarbeiten und weitere Vorermittlungen anstellen, wird § 10 Abs. 3 S. 1 PUAG, der von bloßem „Sichten“ spricht, deutlich ausgeweitet.

Der Begriff des Sichtens von Unterlagen ist aus dem strafrechtlichen Ermittlungsverfahren bekannt. In § 110 StPO ist geregelt, dass Staatsanwaltschaften bzw. gemäß § 110 Abs. 2 StPO entsprechend ersuchte Beamte beschlagnahmte Unterlagen auf deren potentielle Beweisrelevanz im Sinne des § 94 StPO hin sichten können und nicht als potentiell beweisrelevant erkanntes Material herauszugeben ist.[208] Im Rahmen einer Sichtung gemäß § 110 StPO erfolgt aber keine Auswertung bzw. Aufbereitung des beschlagnahmten Materials in tatsächlicher oder rechtlicher Hinsicht. Die Sichtung dient allein dem Zweck der Trennung von potentiell beweisrelevanten und irrelevanten Inhalten, da Gegenstände, die mit dem Untersuchungszweck in keinem Zusammenhang stehen und für die Beweisführung in den Verfahren nicht in Betracht kommen, nicht beschlagnahmt werden dürfen.[209]

Fraglich ist, ob der Begriff des Sichtens aus dem Strafverfahren sinngemäß übertragen werden kann oder ob Sinn und Zweck des Untersuchungsausschussverfahrens eine andere Auslegung dieses Begriffs erfordern. Angesichts der dem Ermittlungsbeauftragten übertragenen Aufgaben und Befugnisse erinnert die Konstellation Ermittlungsbeauftragter und Untersuchungsausschuss an das strafprozessuale Gefüge des (vor-)ermittelnden Staatsanwaltes und des Kriminalbeamten, dessen Befugnis im Rahmen der Vorklärung der Beweisrelevanz von als Beweismitteln in Frage kommenden Objekten und Personen keine Bestimmungs-, sondern eine im Rahmen des Ermittlungsauftrages beschaffende und sichtende Funktion zukommt (vgl. § 110 Abs. 2 StPO). Vergleicht man die Konstellation mit den Aufgaben und Rechten des Ermittlungsbeauftragten, so hätte dieser dann lediglich die Aufgabe eines die möglicherweise als Beweismittel in Frage kommenden Objekte und Personen beschaffende und sichtenden, jedoch vom Auftrag des Staatsanwaltes abhängigen, Kriminalbeamten. Soll die Formulierung des § 10 Abs. 3 S. 1 PUAG indes auch die Aufbereitung und Vorermittlung umfassen, würde dies das Bild des Kriminalbeamten sprengen. Angesichts der Beweiserhebungsrechte würde sodann eher das Bild des vorermittelnden Staatsanwaltes passen, der jedoch – wie auch der Kriminalbeamte – in seiner Stellung – anders als der Ermittlungsbeauftragte – abhängig tätig ist. Aufgrund der Maßgabe der Unabhängigkeit des Ermittlungsbeauftragten bietet sich noch ein Vergleich mit dem zur Sichtung und Prüfung der Beweisrelevanz angerufenen

208 KK-*Nack* StPO, § 110, Rn. 4.

209 BVerfG, NJW 1966, 1603, 1607; BB 1973, 812 f.

Ermittlungsrichter an.[210] Doch auch dieser Vergleich greift im Hinblick auf die fehlende Durchsetzbarkeit der Beweiserhebung, die würdigende, prüfende und beschlussfassende Funktion sowie die im Vergleich zum Ermittlungsrichter erheblich abgeschwächte Ausgestaltung der Unabhängigkeit des Ermittlungsbeauftragten, der beispielsweise abberufen werden kann, zu kurz.

Eine Übertragung des Sichtungsbegriffs des § 110 StPO ist daher weder geboten noch sinnhaft. Nach dem Sinn und Zweck der Vorschrift und der Einordnung in das parlamentarische Untersuchungsausschusswesen kommt dem Ermittlungsbeauftragten eine dem Untersuchungsausschuss dienende Funktion im Hinblick auf die Aufarbeitung tatsächlicher und rechtlicher Probleme zu, die sich aus der Fülle des in Frage kommenden Beweismaterials und der Komplexität tatsächlicher und rechtlicher Fragen regelmäßig ergibt. Vor diesem Hintergrund erscheint es für Untersuchungsausschussverfahren sinnvoll, nicht den strafprozessualen Sichtungsbegriff zu übernehmen und den Tätigkeitsbereich des Ermittlungsbeauftragten somit auch nicht auf die bloße Sichtung zu beschränken.

(c) Geltendmachung der Herausgabeansprüche des § 30 PUAG

Der Ermittlungsbeauftragte soll die Herausgabeansprüche aus § 30 PUAG geltend machen können. Der Verweis ist jedoch unklar, da § 30 PUAG keinen Herausgabeanspruch regelt. § 30 PUAG ist vielmehr einschlägig, wenn Zweifel des Gewahrsamsinhabers an der Beweiseignung und im Hinblick auf entgegenstehende Rechte Dritter bestehen. In diesem Fall sollen die Einwendungen in einem parlamentarischen Vorprüfungsverfahren zu klären sein. Der Herausgabeanspruch selbst ergibt sich aus § 29 Abs. 1 PUAG. Eine gesetzgeberische Korrektur wäre insofern geboten. Möglicherweise ist aber auch gemeint, dass der Ermittlungsbeauftragte anstelle des gesamten Untersuchungsausschusses das parlamentarische Vorprüfungsverfahren gemäß § 30 Abs. 2 S. 1 PUAG zur Klärung der Beweismitteleigenschaft und der künftigen Verwendbarkeit im Untersuchungsausschuss sowie die Einschätzung der Anordnung von Geheimschutzmaßnahmen vornehmen soll. Sollte diese Lesart vom Gesetzgeber tatsächlich gemeint gewesen sein, gelten auch für den Ermittlungsbeauftragten die gegen das parlamentarische Vorprüfungsverfahren bestehenden Bedenken (vgl. D.IV.2.c)).

---

210 *H.-P. Schneider* NJW 2001, 2604, 2606, vergleicht den Ermittlungsbeauftragten aufgrund der unabhängigen Rolle mit dem Ermittlungsrichter.

(d) Befugnis zur Vornahme informatorischer Befragungen

Bedenklich ist ferner die Möglichkeit des Ermittlungsbeauftragten, Personen informatorisch befragen zu können (§ 10 Abs. 3 S. 6 PUAG). Solche Befragungen sind im Hinblick auf die ihr immanente Gefahr der Umgehung von Schutzrechten zu befragender Personen und der Verwertbarkeit gewonnener Erkenntnisse problematisch (vgl. D.I.2.b)(1)(c)(i)). Sie ist allenfalls zur Klärung der Frage zulässig, ob eine Person als Zeuge in Betracht kommt und überhaupt etwas zur Sachaufklärung beitragen kann. Ferner kann sich eine solche Befragung auf die Klärung verfahrensrechtlicher Umstände, wie z.B. der Aussagefähigkeit, des Vorhandenseins von Zeugnis- und Auskunftsverweigerungsmöglichkeiten und des Ausschlusses der Öffentlichkeit richten.[211] Vom Moment der Feststellung an, dass die betroffene Person eine bestimmte Verfahrensposition einnimmt, besteht dann allerdings die gesetzliche Belehrungspflicht, wodurch die betroffene Person in die Rolle eines Zeugen oder Sachverständigen wechselt, die ein Ermittlungsbeauftragter dann nicht mehr – auch nicht durch Beschluss oder Beauftragung durch den Untersuchungsausschuss – befragen bzw. vernehmen darf (vgl. § 10 Abs. 3 S. 6 PUAG).

(e) Einschaltung parlamentsfremder Personen

Schließlich soll aus verfassungsrechtlicher Sicht noch die Übertragung von Beweiserhebungsrechten auf den Ermittlungsbeauftragten bedenklich sein, wenn es sich um eine parlamentsfremde Person handelt.[212] Die Übertragung von hoheitlichen Rechten des Untersuchungsausschusses als Unterorgan des Parlaments auf eine parlamentsfremde Person sei nicht mit Art. 44 GG und dem Demokratieprinzip vereinbar. Insoweit wird auf die Ausführungen in den in der Fußnote aufgeführten Veröffentlichungen verwiesen.

(6) Stellungnahme

Aufgrund der zugewiesenen Aufgaben und Befugnisse erscheint der Ermittlungsbeauftragte trotz der dargestellten Bedenken ein sinnhaftes Mittel zu sein, Untersuchungsausschüsse bei der tatsächlichen und rechtlichen Aufarbeitung zu unterstützen und zu entlasten.

---

211 SK-*Rogall* StPO, Vor § 48, Rn. 22 m.w.N.

212 Vgl. hierzu: *Jagau/Wessels* S. 43, 62 f.; *H.-P. Schneider* NJW 2001, 2604, 2608 „beliehener Unternehmer"; *Weisgerber* S. 470 f.

Er stellt weiter eine nicht gänzlich neue Rechtsfigur dar, so dass die vielfach geäußerte Skepsis unangebracht erscheint, sind doch vorbereitende Unterausschüsse seit Jahrzehnten gängige Praxis. Seine Aufgaben und Befugnissen ähneln denen von Unterausschüssen, deren Einsetzung bereits die IPA-Regeln vorsahen und die auch aus verschiedenen Bundesländern bekannt sind. Als Beispiel soll das Untersuchungsausschussgesetz Berlin herangezogen werden: Durch das Abgeordnetenhaus von Berlin könnten zur Sichtung von Beweismaterial (§ 6 UAG Berlin) und zur Durchführung von Beweisaufnahmen (§ 10 Abs. 3 UAG Berlin) durch den Untersuchungsausschuss jederzeit Unterausschüsse eingesetzt werden (§ 6 Abs. 1 UAG Berlin), dem jeweils mindestens der Vorsitzende und ein Mitglied des Untersuchungsausschusses, das unter den Antragstellern war, angehören soll (§ 6 Abs. 3 bzw. § 10 Abs. 3 UAG Berlin). Diese Unterausschüsse sammeln und gliedern den Untersuchungsstoff und beschaffen das erforderliche Beweismaterial, insbesondere Akten und Unterlagen. Ihnen steht das Recht zu, Personen informatorisch anzuhören (§ 6 Abs. 2 UAG Berlin). Die Sitzungen des vorbereitenden Unterausschusses sind zwar nicht öffentlich, sie sind jedoch zu protokollieren (§ 6 Abs. 4 UAG Berlin). Der Unterschied zum Ermittlungsbeauftragten besteht danach hauptsächlich in dem Umfang der personellen Besetzung und der Art der zu berücksichtigenden Personen. Es leuchtet ein, dass eben dieser Punkt tatsächlich dazu beitragen kann, dass anstelle eines „kleinen Untersuchungsausschusses“, der entsprechend die parteipolitischen Konflikte widerspiegelt, durch eine einzelne unabhängige Person zusammen mit den Hilfskräften stringenter und zielführender eine Beschaffung und Sichtung von Beweismaterial durchgeführt werden kann.

Die Frage, welche der beiden Alternativen die bessere ist, lässt sich aufgrund fehlender praktischer Erfahrung noch nicht beantworten. Ermittlungsbeauftragte nach dem PUAG sind bisher noch nicht eingesetzt worden. Für den Unterausschuss könnte sprechen, dass seine Mitglieder in den Ausschuss eingebunden sind und dessen Diskussionen und die Interessenlage besser beurteilen können und repräsentieren. Der möglicherweise extern Beauftragte kann sich dem Vorwurf ausgesetzt sehen, dass er zu Unrecht Unterlagen als nicht relevant eingestuft habe, wenn sein Ergebnis die Erwartungen einzelner Mitglieder des Ausschusses „enttäuscht“. Ob also die notwendige Akzeptanz seines Handelns hergestellt werden kann, erscheint fraglich. Er darf nicht verkannt werden, dass ein Untersuchungsausschuss nicht nur „sina ira et studio“ ein objektives Ergebnis anstrebt, sondern in seinem Verhalten von politischen Interessen beeinflusst ist.

e) Öffentlichkeit der Beweiserhebung

Dem Grundsatz der Öffentlichkeit der Beweiserhebung kommt im Untersuchungsausschussverfahren besonderes Gewicht zu (vgl. Art. 44 Abs. 1 S. 1 GG). Mit der Öffentlichkeit im Sinne des § 13 PUAG ist die sog. Saalöffentlichkeit gemeint.[213] Durch das PUAG ist erstmals ermöglicht, dass Ton- und Filmaufnahmen sowie Ton- und Bildübertragungen der öffentlichen Sitzung zulässig sein können, sofern eine Mehrheit von zwei Dritteln der anwesenden Mitglieder sowie die zu vernehmende oder anzuhörende Person dem zustimmt (§ 13 Abs. 1 S. 3 PUAG).

Zugleich ist im Grundgesetz aber auch vorgesehen, dass die Öffentlichkeit ausgeschlossen werden kann (Art. 44 Abs. 2 S. 2 GG), so dass die Möglichkeit des Ausschlusses der Öffentlichkeit ebenfalls Gewicht von Verfassungsrang hat. Diesen Vorgaben trägt das PUAG Rechnung, indem es die Öffentlichkeit der Beweiserhebung in § 13 PUAG und den Ausschluss der Öffentlichkeit bei Vorliegen bestimmter Voraussetzungen in § 14 PUAG regelt. Der Untersuchungsausschuss schließt gemäß § 14 Abs. 1 PUAG die Öffentlichkeit aus, wenn Umstände aus dem persönlichen Lebensbereich von Zeugen oder Dritten zur Sprache kommen, deren öffentliche Erörterung überwiegende schutzwürdige Interessen verletzen würde, eine Gefährdung des Lebens, des Leibes oder der Freiheit von einzelnen Zeugen oder einer anderen Person zu besorgen ist, ein Geschäfts-, Betriebs-, Erfindungs- oder Steuergeheimnis zur Sprache kommt, durch dessen öffentliche Erörterung überwiegende schutzwürdige Interessen verletzt würden oder dem besondere Gründe des Wohls des Bundes oder eines Landes entgegenstehen, insbesondere wenn Nachteile für die Sicherheit der Bundesrepublik Deutschland oder ihrer Beziehungen zu anderen Staaten zu besorgen sind. Zur Stellung eines Antrages auf Ausschluss oder Beschränkung der Öffentlichkeit sind gemäß § 14 Abs. 3 PUAG anwesende Mitglieder des Untersuchungsausschusses, Mitglieder des Bundesrates, der Bundesregierung und ihre Beauftragten sowie Zeugen, Sachverständige und sonstige Auskunftspersonen berechtigt. Der Untersuchungsausschuss kann gemäß § 14 Abs. 2 PUAG einzelnen Personen zu nicht öffentlichen Beweisaufnahmen den Zutritt gestatten. Über den Ausschluss oder die Beschränkung der Öffentlichkeit entscheidet der Untersuchungsausschuss. Der Vorsitzende begründet auf Beschluss des Untersuchungsausschusses die Entscheidung in öffentlicher Sitzung.

---

213 Sitzungen des Untersuchungsausschusses zur Beratungen und Beschlussfassung sind gemäß § 12 Abs. 1 PUAG stets nichtöffentlich. Der Untersuchungsausschuss kann nur den benannten Mitarbeitern und Mitarbeiterinnen der Fraktionen den Zutritt gestatten. Inwiefern der Untersuchungsausschuss die Öffentlichkeit über den Inhalt solcher nichtöffentlicher Sitzungen zur Beratung und Beschlussfassung informiert, entscheidet gemäß § 12 Abs. 3 PUAG der Untersuchungsausschuss selbst.

Die Öffentlichkeit wird nicht dadurch unzulässig beschränkt, dass zu wenige Zuhörerplätze im Saal vorhanden sind.[214] Bei der Entscheidung über den Umfang einer im Hinblick auf die räumlichen Verhältnisse erforderlichen faktischen Begrenzung der Öffentlichkeit ist vielmehr die Notwendigkeit einer geordneten und ungestörten Durchführung der Verhandlung zu berücksichtigen. Ebenso wichtig wie die Kontrolle durch die Öffentlichkeit ist, dass die äußere Ordnung des Verhandlungsablaufs durch die Öffentlichkeit unbeeinträchtigt bleibt.[215] Von Verfassungs wegen zu gewährleisten ist daher lediglich eine Saalöffentlichkeit, d.h. die Sitzungen sind in einem im Rahmen der gegebenen Kapazitäten geeigneten Raum durchzuführen, zu dem jedermann Zutritt hat.[216] Der Zugang darf dabei nicht von persönlichen Eigenschaften abhängen.[217] Beim Zugang und Einlass einer Zuhörermenge, die den Platz im Sitzungssaal übersteigt, ist das Reihenfolgeprinzip, d.h. Einlass nach Reihenfolge des Erscheinens am Eingang, zu beachten. Ebenso wenig liegt eine ungesetzliche Einschränkung der Öffentlichkeit darin, dass ein gewisses Kontingent an Plätzen Journalisten vorbehalten bleibt. Die besondere Funktion der Presse, deren Anwesenheit schon im Ansatz die öffentliche Kontrolle von Gerichtsverhandlungen nicht einschränkt, sondern fördert, rechtfertigt die Reservierung einiger Zuschauerplätze – nicht alle Plätze[218] – für Pressevertreter.[219]

Im Gegensatz zu vielen Untersuchungsausschussgesetzen der Bundesländer sieht das PUAG den Ausschluss einzelner Personen, soweit sie nicht Zeugen sind, nicht vor.[220] Nur hinsichtlich potentieller Zeugen gilt gemäß § 24 Abs. 1 PUAG und in sinngemäßer Anwendung des § 58 StPO, dass

---

214 Dies gilt auch dann, wenn Teile eines Sitzungssaales (z.B. Logen oder Galerien) für Zuhörer unzugänglich bleiben und deshalb Interessenten abgewiesen werden müssen, vgl. BGH, DRiZ 1971, 206, 207 m.w.N.

215 Vgl. nur BGHSt 29, 258, 259 f.; BGH, NStZ 1984, 134, 135; LR-*Wickern* StPO, Bd. 7, Vor § 169 GVG, Rn. 11 jeweils m.w.N.

216 *Glauben/Brocker* § 10, Rn. 3.

217 Vgl. nur BGHSt 27, 13, 14; KK-*Diemer* StPO, § 169 GVG, Rn. 6 m.w.N. Zur Beschränkung der Öffentlichkeit anlässlich Augenscheinsnahmen, vgl. BGH, Beschluss vom 10.01.2006, 1 StR 527/05, Absatz-Nr. 7 ff.

218 Vgl. hierzu BGH bei Dallinger, MDR 1970, 559, 561.

219 Vgl. LR-*Wickern* StPO, Bd. 7, § 169 GVG, Rn. 13; *Kissel/Mayer* GVG, § 169, Rn. 33; *Foth* DRiZ 1980, 103.

220 So regelt beispielsweise § 10 Abs. 5 UAG Rheinland-Pfalz, dass der Untersuchungsausschuss einzelne Personen von der Beweisaufnahme ausschließen kann, „wenn zu befürchten ist, ein Zeuge werde bei seiner Vernehmung in Gegenwart dieser Personen die Wahrheit nicht sagen. Absatz 4 Satz 3 gilt entsprechend." Entsprechende Vorschriften enthalten § 8 Abs. 2 UAG Sachsen: „Die Öffentlichkeit kann ausgeschlossen werden, wenn (...) es zur Erlangung einer wahrheitsgemäßen Aussage erforderlich erscheint. Aus denselben Gründen können auch einzelne Personen ausgeschlossen werden." und § 11 Abs. 2 UAG Sachsen-Anhalt.

diese bis zum Abschluss ihrer Vernehmung von den Sitzungen ausgeschlossen werden dürfen; darüber hinaus jedoch nicht, es sei denn es ergeben sich konkrete Anhaltspunkte für eine erneute Zeugenvernehmung. Anwendungsbereich dieser Vorschriften ist im Wesentlichen der Ausschluss (potentieller) Zeugen aus dem Zuhörerbereich, deren Beeinflussung durch die Beweisaufnahme im und außerhalb des Sitzungssaales soweit wie möglich verhindert werden soll. Der Zeuge soll seine Bekundungen zur Sache ohne Kenntnis dessen machen, was andere Zeugen oder Beteiligte zuvor ausgesagt haben.[221] Es können daher einzelne Personen, auch Fraktionsmitarbeiter[222] und Rechtsbeistände, von der Öffentlichkeit ausgeschlossen werden, jedoch nur, soweit sie selbst als Zeugen in Betracht kommen. Für Zeugenbeistände, die für noch zu vernehmende Zeugen auftreten, gilt dies nicht (vgl. D.I.3.c)(2)).[223]

Ob ein Untersuchungsausschuss des Bundes, gestützt auf § 14 PUAG, darüber hinaus einzelne Personen von der öffentlichen Sitzung ausschließen kann, ist zweifelhaft. Es wird vertreten, dass der Untersuchungsausschuss – jenseits sitzungspolizeilicher Maßnahmen – als weniger einschneidende Maßnahme des Ausschlusses der gesamten Öffentlichkeit einzelne Personen von der öffentlichen Sitzung ausschließen kann. Da der Ausschluss einzelner Personen ein wesensgleiches Minus zum Ausschluss der gesamten Öffentlichkeit darstellen würde, bedürfe es einer speziellen Eingriffsermächtigung im PUAG nicht.[224] Dieser Ansicht ist nicht zu folgen. Auch insoweit ist zu beachten, dass der Öffentlichkeitsgrundsatz verfassungsrechtlich verankert ist und einen hohen Stellenwert besitzt.[225] Es bedarf daher einer ausdrücklichen Rechtsgrundlage für den Ausschluss, die im § 14 PUAG nicht gesehen werden kann. Zudem wiegt der Ausschluss einer einzelnen Person anders und für den einzelnen umso schwerer, soweit die Öffentlichkeit im Übrigen anwesend bleiben darf. Von einer Wesensgleichheit bzw. einem Minus kann insofern nicht gesprochen werden. Als abschließende Regelungen für die Möglichkeit des Ausschlusses auch einzelner Personen aus öffentlichen Sitzungen sind daher die über § 13 Abs. 2 PUAG (eingeschränkt) anwendbaren Regelungen der §§ 176 bis 179 GVG sowie des § 58 GO-BT als abschließend anzusehen (vgl. D.I.5.c)).

---

221 BVerfGE 93, 195, 205 *Hamburger Polizei-Ausschuss.*

222 BVerfGE 93, 195, 206 *Hamburger Polizei-Ausschuss.*

223 OVG Berlin, NJW 2002, 313, 315.

224 So *Glauben/Brocker* § 10, Rn. 13.

225 *Lemmer* in Pfennig/Neumann, VvB, Art. 48, Rn. 11.

2. Grenzen der Beweiserhebung auf der Durchführungsebene

Die unter B.I. angesprochene mögliche Weite privatgerichteter Untersuchungsaufträge wirft nicht nur auf der Einsetzung- (B.I.), sondern auch und insbesondere auf der Durchführungsebene (Beweiserhebung, B.II.1.) die Frage auf, welche Grenzen das PUAG und die Verfassung dem Beweiserhebungsrecht eines parlamentarischen Untersuchungsausschusses ziehen. Diese Grenzen und der sich aus ihnen ergebende Umfang des Beweiserhebungsrechtes des Untersuchungsausschusses lassen sich aus dem PUAG und der Funktion des Untersuchungsausschusses sowie der Verfassung erschließen. Ob darüber hinaus die Verweisung des Art. 44 Abs. 2 S. 1 GG, wonach die Vorschriften über den Strafprozess sinngemäß Anwendung finden, zu einer Begrenzung der Beweiserhebungsmöglichkeiten parlamentarischer Untersuchungsausschüsse führen, wird im Anschluss im Kapitel C. untersucht.

a) Grenzen der Beweiserhebung nach dem PUAG

Die Grenzen der Beweiserhebungsbefugnisse nach dem PUAG ergeben sich zum einen aus § 17 Abs. 2 PUAG, wonach Beweise zu erheben sind, „es sei denn, die Beweiserhebung ist unzulässig oder das Beweismittel ist auch nach Anwendung der in diesem Gesetz vorgesehenen Zwangsmittel unerreichbar.“; zum zweiten enthält das PUAG für den Bereich der sächlichen Beweismittel im § 29 Abs. 1 S. 2 PUAG eine Beweiserhebungsverbotsregelung.

(1) Unzulässigkeit gemäß § 17 Abs. 2 PUAG

Die Unzulässigkeit der Beweiserhebung im Sinne des § 17 Abs. 2 PUAG kann sich aus dem Überschreiten des Untersuchungsauftrages, dem Fehlen eines öffentlichen Interesses sowie dem Vorliegen von Verfahrensfehlern ergeben.

(a) Begrenzung durch den Untersuchungsauftrag

Der Untersuchungsausschuss ist bei der Beweiserhebung zuvorderst an den Untersuchungsauftrag gebunden (vgl. § 3 S. 1 PUAG), der notwendiger Bestandteil des auf die Beschlussfassung abzielenden Einsetzungsantrages ist.[226] Dies ergibt sich auch aus § 6 Abs. 2 PUAG, wonach der Vorsitzende an den

226 Vgl. *Geis* § 55, Rn. 35.

Einsetzungsbeschluss des Bundestages und an die Beschlüsse des Untersuchungsausschusses gebunden ist.

Der Untersuchungsauftrag beschreibt die Aufgaben und die Aufklärungsziele und begrenzt dadurch auch das Beweiserhebungsrecht, das im Rahmen des Aufgabenbereiches des Parlaments liegen muss.[227] Das Bestimmtheitsgebot fordert dabei, in dem Einsetzungsantrag und -beschluss den Untersuchungsgegenstand und -auftrag so genau festzulegen, dass dem Untersuchungsausschuss ein klares, möglichst genau und deutlich umschriebenes Arbeitsprogramm vorgegeben ist, wozu Eingrenzungen in zeitlicher, sachlicher oder personeller Hinsicht gehören (vgl. B.II.3.).[228] Insbesondere in Fällen, in denen der Gegenstand eines Untersuchungsausschusses nicht die Kontrolle der öffentlichen Gewalt, z.B. der Regierung, ist, sondern das Verhalten von privaten natürlichen oder juristischen Personen, gewinnt diese Grenze erhebliche Bedeutung. Denn in diesem Fall konkretisiert der Untersuchungsauftrag als Grundlage der Tätigkeit eines Untersuchungsausschusses die materielle Ermächtigung zu Eingriffen in Rechte (privater) Dritter. Durch das Beweiserhebungsrecht und die Bezugnahme auf Vorschriften der Strafprozessordnung sind dem Untersuchungsausschuss damit potentiell weit reichende Kompetenzen bei der Untersuchung verliehen, die nur im Blick auf den konkret beschlossenen Untersuchungsgegenstand gerechtfertigt und aus diesem abgeleitet sind.[229] Im Rahmen der Beweiserhebung sind demnach die zeitlichen, sachlichen und personellen Präzisierungen in dem Untersuchungsauftrag zu beachten.

(b) Begrenzung durch das öffentliche Interesse

Bei privatgerichteten Untersuchungen hat an der Aufklärung zudem ein öffentliches Interesse zu bestehen (B.II.3). Das öffentliche Interesse ist einerseits Voraussetzung für die Begründung eines Untersuchungsgegenstandes und andererseits begrenzende Komponente hinsichtlich der Eingriffsbefugnisse des Untersuchungsausschusses in private Bereiche. Nur sofern an der Untersuchung ein hinreichendes öffentliches Interesse festgestellt worden ist, besteht auch ein Beweiserhebungsrecht des Untersuchungsausschusses.[230]

227 Vgl. nur BVerfG, NJW 1984, 2271, 2272 f. *Flick-Ausschuss*; BVerfG, NJW 1988, 897, 897 f. *Lappas*.

228 BayVerfGH, NVwZ 1995, 681, 685 *Amigo-Ausschuss*; vgl. auch StGH BW, JA 1977, 407, 409 ff. m. Anm. *H.-P. Schneider*.

229 Maunz-Dürig/*Klein* Art. 44, Rn. 84.

230 BayVerfGH, NVwZ 1995, 681, 683 *Amigo-Ausschuss*; *Böckenförde* AöR 1978, 1, 39 ff.

(c) Vorliegen von Verfahrensfehlern

Die Beweiserhebung ist schließlich unzulässig bei Vorliegen von Verfahrensfehlern. So kann ein einmal unzulässig eingesetzter Untersuchungsausschuss keine wirksamen Beweiserhebungen vornehmen. Dies ergibt sich aus § 1 Abs. 3 PUAG, wonach ein Untersuchungsverfahren nur im Rahmen der verfassungsmäßigen Zuständigkeit des Bundestages zulässig ist. Voraussetzung für die wirksame Beweiserhebung ist ferner das Vorliegen eines wirksamen Beweisbeschlusses, vgl. § 17 Abs. 1 PUAG. Auch formale Fehler bei der Zusammensetzung des Ausschusses (vgl. § 7 Abs. 3 PUAG) oder bei der Abstimmung (vgl. § 7 Abs. 4 PUAG) können zur Unwirksamkeit des Beweisbeschlusses und folglich zu unzulässigen Beweiserhebungen führen. Schließlich ist die Beweiserhebung unzulässig, wenn die Anforderung des Beweismittels, sei es die Ladung des Sachverständigen bzw. Zeugen (vgl. D.I.2.a) bzw. D.II.) oder das Herausgabebegehren (vgl. D.IV.) fehlerhaft und dadurch unbeachtlich ist.

(2) Beweiserhebungsverbot des § 29 Abs. 1 S. 2 PUAG

Jeder, der einen Gegenstand in seinem Gewahrsam hat, der als Beweismittel für die Untersuchung von Bedeutung sein kann, ist gemäß § 29 Abs. 1 S. 1 PUAG verpflichtet, diesen auf Verlangen des Untersuchungsausschusses vorzulegen. Diese Pflicht besteht gemäß Satz 2 dann nicht, wenn das Beweismittel Informationen enthält, deren Weitergabe wegen ihres „streng persönlichen Charakters" für die Betroffenen unzumutbar ist. Die Herausgabe ist sodann auch nicht mit den Beugemitteln des § 29 Abs. 2 PUAG erzwingbar.

(a) Bestimmung des „streng persönlichen Charakters"

Fraglich ist, welche Angaben „streng persönlichen Charakter" aufweisen. Anhaltspunkte für eine Bestimmung bietet § 30 Abs. 1 PUAG, wonach Unterlagen mit „streng vertraulichem Charakter" auch dem Vorprüfungsverfahren und damit keinem strengen Beweiserhebungsverbot zugänglich sein sollen. Die Abgrenzung zwischen „streng vertraulichen" und „streng persönlichen" Geheimnissen im Sinne des § 29 Abs. 2 S. 1 PUAG, die von der Beweiserhebung ausgeschlossen sind, hat der Gesetzgeber allerdings nicht beschrieben. Aufgrund des Hinweises in § 30 Abs. 1 S. 1 PUAG, wonach Personen, die einwenden, das Beweismittel sei für die Untersuchung nicht bedeutsam oder betrifft ein in § 14 Abs. 1 Nr. 1-4 PUAG bezeichnetes Geheimnis, wird jedoch offenbar, dass der Gesetzgeber den streng persönlichen

Bereich eng absteckt. Denn § 14 Abs. 1 Nr. 1-4 PUAG sieht als noch zumutbar zu offenbarende Geheimnisse noch solche an, die unter dem Geheimhaltungsgrad GEHEIM zur Prüfung der Beweiserheblichkeit dem Untersuchungsausschuss vorzulegen sind. Hierbei handelt es sich um Umstände aus dem persönlichen Lebensbereich von Zeugen oder Dritten, auch selbst dann, wenn eine zumutbare Gefährdung des Lebens, des Leibes oder der Freiheit von einzelnen oder einer anderen Person zu besorgen ist, Geschäfts-, Betriebs-, Erfindungs- oder Steuergeheimnisse sowie besondere Gründe des Wohls des Bundes oder eines Bundeslandes.

Jenseits dieser streng vertraulichen und nichtöffentlichen Bereiche existiert aber noch ein streng persönlicher Bereich, der eine Unzumutbarkeit der Herausgabe selbst zur Herausgabe der Vorprüfung der Beweiserheblichkeit begründet. Nach der zutreffenden Auffassung von *Rogall* übernimmt der Gesetzgeber mit der Wortwahl „streng persönlichen Charakter" die Terminologie des BVerfG[231], wonach es sich beim streng persönlichen Bereich um „unzumutbare intime Angaben" und „Selbstbezichtigungen" handelt.[232] Das Verfassungsrecht hat insoweit Schutzbereiche definiert, die im Strafverfahrensrecht für die Bestimmung von Beweisverwertungsverboten Anwendung finden.[233] Diese gewährleisten vor allem den Schutz der Intimsphäre des einzelnen, ungeachtet ob es sich um den Angeklagten, den Zeugen oder einen unbeteiligten Dritten handelt.[234] Durch das allgemeine Persönlichkeitsrecht gemäß Art. 2 Abs. 1 i.V.m. Art. 1 Abs. 1 GG ist dem Einzelnen ein unantastbarer Kernbereich privater Lebensgestaltung garantiert, der staatlicher Einwirkung vollständig entzogen bleibt und der durch die Heranziehung streng persönlicher Gegenstände oder Unterlagen tangiert wäre.

In einer grundsätzlichen Entscheidung hat das BVerfG hierzu die sog. Dreistufen- oder auch Sphärentheorie entwickelt, derzufolge sich die Rechtmäßigkeit eines solchen Eingriffs danach richtet, welcher Teil des Privatbereiches berührt ist:[235]

- Die erste Stufe bildet die sog. Intimsphäre, die den absolut geschützten Kernbereich des allgemeinen Persönlichkeitsrechtes bildet. Beweiserhebungen in diesem Bereich sind schlicht unzulässig. Selbst überwiegende Interessen der Allgemeinheit, wie das Strafverfolgungsinteresse oder das

231 BVerfGE 77, 1, 47 *Neue Heimat-Ausschuss*; 67, 100, 144 *Flick-Ausschuss*; 65, 1, 46 *Volkszählung*.

232 *Rogall* in GS Meurer, 475; BVerfGE 65, 1, 46 *Volkszählung*.

233 Vgl. BVerfGE 34, 238, 245; BGHSt 14, 358, 359 ff.; 19, 325, 326 ff.; 31, 304, 306 ff.

234 *Eisenberg* Beweisrecht, Rn. 385 m.w.N.

235 BVerfGE 34, 238, 245 ff.

Aufklärungsinteresse eines parlamentarischen Untersuchungsausschusses, rechtfertigen einen Eingriff nicht.[236]

- Die zweite Stufe bildet die sog. schlichte Privatsphäre, innerhalb derer der Bürger staatliche Maßnahmen, also auch die Verwertung persönlichkeitsnaher Beweismittel hinzunehmen hat, allerdings nur, soweit das Strafverfolgungsinteresse das Individualinteresse überwiegt und der Verhältnismäßigkeitsgrundsatz gewahrt bleibt.
- Die dritte Stufe stellt den Bereich allgemeiner sozialer Kontakte dar, der keines besonderen Schutzes bedarf.

Ein Eingriff in die erste Stufe ist für parlamentarische Untersuchungsausschüsse stets unzulässig. Es ist kein noch so gesteigertes Aufklärungsinteresse denkbar und annehmbar, das einen Eingriff in diesen vor staatlichen Zugriffen absolut geschützten Bereich auch unter Zusicherung bzw. Anordnung strengster Geheimhaltungsstufen rechtfertigen könnte. Der unzumutbare streng persönliche Bereich ist daher jedenfalls gegeben, wenn die Intimsphäre betroffen ist. Zu diesem Intimbereich zählen insbesondere „echte" Tagebuchaufzeichnungen[237] und Selbstgespräche.[238]

Im Bereich der zweiten Stufe ist für das Strafverfahren eine Reihe von Wertungen ergangen, die gleichermaßen für das Untersuchungsausschussverfahren Grenzen ziehen.[239] Seitens der Rechtsprechung ist hinsichtlich der Möglichkeit der Verwertung von Beweismitteln im Rahmen der Verhältnismäßigkeitsprüfung zwischen der grundrechtlich geschützten Rechtsposition der Person und dem Strafverfolgungsinteresse abzuwägen, wobei das Gewicht des Strafverfolgungsinteresse mit der Schwere des zu verfolgenden Straftatbestandes zunimmt.[240] Fraglich ist, ob und inwiefern diese Abwägung auch im parlamentarischen Untersuchungsausschussverfahren Anwendung finden könnte. Eine Lösung wäre die entsprechende Übertragung der Ausführungen des BVerfG, wonach die Person die Verwertung persönlichkeitsnaher Beweismittel hinzunehmen hat, wenn das Aufklärungsinteresse überwiegt und das Verhältnismäßigkeitsprinzip im Untersuchungsverfahren gewahrt bleibt. Dies ließe sich im Hinblick auf die Wertung, dass die Sachver-

---

236 BGH, NStZ 2005, 700 f. = mit im Ergebnis zust. Anm. *Lindemann/Reichling* StV 2005, 650 ff.; vgl. auch *Eisenberg* StPO, 4. Aufl., Rn. 391.

237 BVerfGE 80, 367, 380 ff.

238 *Eisenberg* Beweisrecht, Rn. 391.

239 Vgl. BVerfGE 34, 238, 249 f.; BVerfG, NStZ 1990, 89 ff.; BGH, NStZ 1997, 562.

240 BVerfG, StV 2001, 657, 658; BGH, StV 2001, 216, 217; m. Bespr. *Steinmetz* NStZ 2001, 344 ff., und Anm. *Bernsmann* StV 2001, 382 ff., sowie BGH, JZ 2001, 1144, 1147.

haltsaufklärung in beiden Verfahren vergleichbares Gewicht hat[241], annehmen. Dagegen ist aber einzuwenden, dass die skizzierten Ansätze spezifisch im Hinblick auf das Strafverfolgungsinteresse ergangen sind und somit einer entsprechenden Anwendung im Untersuchungsausschussverfahren entgegenstehen. Es lässt sich aber ableiten, dass zum Schutze der betroffenen Person jedenfalls die für das Strafverfahren begründeten Beweisverbote auch im Untersuchungsausschussverfahren zu gelten haben.[242] Somit sind bei der Verwertung von Beweismitteln der zweiten Stufe im Rahmen der Verhältnismäßigkeitsprüfung entsprechend zwischen der grundrechtlich geschützten Rechtsposition der Person und dem Aufklärungsinteresse abzuwägen.

Eine nähere Bestimmung und Ausgestaltung der strafverfahrensrechtlichen Beweisverbote und deren Übertragbarkeit in das parlamentarische Untersuchungsausschussrecht erweist sich schließlich deshalb als problematisch, da die Zuordnung zu einer bestimmten Stufe im Strafverfahren einzelfallbezogen vorzunehmen ist und die Übergänge fließend sind. Bereits der Begriff der Intimsphäre weist Unschärfen auf. Die Kriterien, die für eine Abwägung außerhalb des absolut geschützten Kernbereichs maßgeblich sind, werden unterschiedlich angegeben und gewichtet.[243] Nicht zu übersehen ist ferner, dass auch für das Untersuchungsverfahren entsprechende Rechtsprechung ergangen ist. In diese Kategorie fällt die Rechtsprechung betreffend die Beiziehung von Aufsichtsratsunterlagen von juristischen Personen des Privatrechts oder von Unterlagen, die das Steuergeheimnis betreffen.[244]

(b) Geltung des Beweiserhebungsverbotes im Rahmen der Beschlagnahme gemäß § 29 Abs. 3 PUAG

Gemäß § 29 Abs. 3 PUAG hat der Untersuchungsausschuss die Möglichkeit, auf Antrag des Untersuchungsausschusses oder eines Viertels seiner Mitglieder den Ermittlungsrichter des BGH anzurufen und dort über die Beschlagnahme und die Herausgabe an den Untersuchungsausschuss entscheiden zu lassen. Der Systematik der §§ 29 Abs. 1 und 2 PUAG folgend hat das Beweis-

241 BVerfGE 77, 1 *Neue Heimat-Ausschuss*; a.A. *Ehmke* DÖV 1956, 417, 419, der vertritt, dass das Aufklärungsinteresse bei Missständen gegenüber dem Strafverfolgungsinteresse nicht nur andersartig, sondern auch ranghöher sei. Entsprechend lehnt er die Anwendbarkeit der StPO auf die Beamtenaussage im Untersuchungsverfahren generell ab.

242 Vgl. MdB *Bachmaier* (Plen.Prot. 14/165, 16146): „Auch das Untersuchungsrecht des Parlamentes sollte dort seine Grenzen finden, wo die Ermittlungsmöglichkeiten in einem gerichtlichen Strafverfahren enden."

243 *Eisenberg* Beweisrecht, Rn. 388.

244 Vgl. nur BVerfGE 77, 1 *Neue Heimat-Ausschuss* und BVerfGE 67, 100 *Flick-Ausschuss*.

erhebungsverbot des § 29 Abs. 1 S. 2 PUAG auch für § 29 Abs. 3 PUAG zu gelten. Denn bestimmt § 29 Abs. 1 S. 2 PUAG eine grundsätzliche Ausnahme von der Herausgabepflicht für Unterlagen, die wegen ihres „streng persönlichen Charakters“ für den Betroffenen unzumutbar sind, kann diese auch weder mit den Beugemitteln des § 29 Abs. 2 PUAG noch mit den Zwangsbefugnissen der Beschlagnahme und der Herausgabe gemäß § 29 Abs. 3 PUAG erzwungen werden.

(c) Geltung des Beweiserhebungsverbotes im Rahmen des Vorprüfungsverfahrens gemäß § 30 Abs. 2 PUAG

Ferner stellt sich die Frage, ob sich das Beweiserhebungsverbot des § 29 Abs. 1 S. 2 PUAG auch auf das Vorprüfungsverfahren gemäß § 30 Abs. 2 PUAG erstreckt. Hiergegen spricht, dass einem Untersuchungsausschuss jedwede Möglichkeit verwehrt bliebe, die möglicherweise zweifelbehaftete Frage des „streng persönlichen Charakters“ sowie der „Unzumutbarkeit der Herausgabe“ zu klären. Es bestünde für den Untersuchungsausschuss weder die Möglichkeit der Anwendung von Beugemaßnahmen, der Beantragung einer Durchsuchung und Beschlagnahme und damit einer gerichtlichen Vorklärung der potentiellen Beweiserheblichkeit sowie des Vorliegens der rechtlichen Voraussetzungen des Herausgabeverweigerungsrechtes noch der Möglichkeit einer Vorprüfung im Rahmen des Vorlageverfahrens gemäß § 30 Abs. 2 PUAG. Die alleinige Bestimmungshoheit über die Frage des streng persönlichen Charakters und der Unzumutbarkeit der Herausgabe verbliebe bei der betroffenen Person.

Allerdings sprechen der Wortlaut des § 30 Abs. 1 PUAG und die Systematik des § 29 Abs. 1 S. 2 i.V.m. § 29 Abs. 3 PUAG eindeutig für eine Geltung des Herausgabeverweigerungsrechtes auch im Vorlageverfahren des § 30 Abs. 2 PUAG. Zum einen wären in § 30 Abs. 1 PUAG sonst nicht die streng vertraulichen Unterlagen, die einer Überprüfung im Vorprüfungsverfahren zugänglich sein sollen, von den Unterlagen mit streng persönlichem Charakter abgegrenzt worden. Zum zweiten bezieht sich § 30 Abs. 2 PUAG nur auf „vorgelegte“ Unterlagen. Eine Vorlage im Sinne des § 30 Abs. 2 PUAG setzt indes eine Vorlagefähigkeit voraus, die bei Unterlagen streng persönlichen Charakters gemäß § 29 Abs. 1 PUAG gerade originär nicht gegeben ist. Und zum dritten meint auch der Gesetzgeber Bezug nehmend auf die Rechtsprechung des BVerfG, dass bei Betroffenheit des streng persönlichen Bereichs eine Beweismittelvorlagepflicht entfällt (vgl. oben (1)). Dementsprechend sind Unterlagen streng persönlichen Charakters nach dem Gesetzeswortlaut und der Systematik in keinem Fall vorlagefähig. Weder deren Vorlage noch Herausgabe kann von einem parlamentarischen Untersuchungsausschuss durchgesetzt werden.

(d) Zusammenfassung

§ 29 Abs. 1 S. 2 PUAG stellt ein umfassendes Beweiserhebungsverbot dar. Unterlagen mit „streng persönlichem Charakter“ dürfen durch den Untersuchungsausschuss weder gemäß § 30 Abs. 2 PUAG auf ihre Beweiserheblichkeit hin gesichtet werden noch ist die Anwendung der in § 29 Abs. 2 und 3 PUAG bezeichneten Beuge- und Zwangsmittel zulässig.[245] Sie sind von der Beweiserhebung gänzlich ausgenommen. Nach der bestehenden Rechtslage kann allein bei Einwendung des „streng persönlichen Charakters“ weder die Qualität der Unterlage noch die der Einwendung durch den Untersuchungsausschuss überprüft werden.

(3) Mangelnde Effektivität von Geheimschutzmaßnahmen

Trotz Anordnung geeigneter Geheimschutzmaßnahmen ist es verschiedentlich in Untersuchungsausschüssen vorgekommen, dass z.B. als VS-Vertraulich eingestufte Unterlagen aus dem parlamentarischen Bereich an die Öffentlichkeit gelangt sind mit der Folge, dass strafrechtliche Ermittlungsverfahren einzuleiten waren.[246] Es ist nicht bekannt, ob durch strafrechtliche Verfolgungen solche Fälle des Vertraulichkeitsbruchs aufgeklärt oder verhindert werden konnten.

Vor dem Hintergrund der Rechtsprechung des BVerfG, wonach *„in aller Regel* dann keine Verkürzung des Aktenherausgabeanspruchs zugunsten des Schutzes des allgemeinen Persönlichkeitsrechtes und des Eigentumsschutzes“[247] (Hervorhebung durch den Verfasser) erwogen werden kann, „wenn Parlament und Regierung Vorkehrungen für den Geheimschutz getroffen haben“[248], wird der Aktenherausgabeanspruch bzw. das parlamentarische Vorprüfungsrecht ferner – zusätzlich – beschränkt, wenn im Parlament trotz

---

245 Vgl. auch BT-Drs. 14/5790, 20.

246 Z.B. 2. Untersuchungsausschuss der 14. Wahlperiode des Abgeordnetenhauses von Berlin *Bankgesellschaft/Parteispenden-Ausschuss* (Abghs.-Drs. 14/1590) und 1. Untersuchungsausschuss der 15. Wahlperiode des Abgeordnetenhauses von Berlin *Bankgesellschaft/Parteispenden II-Ausschuss* (Abghs.-Drs. 15/4900); *Parteispenden-Ausschuss* des Deutschen Bundestages (BT-Drs. 14/9300); *Transnuklear/Atomskandal-Ausschuss* des Deutschen Bundestages (BT-Drs. 11/7800, 35).

247 BVerfG, NJW 1984, 2271, 2276 *Flick-Ausschuss.*

248 BVerfG, NJW 1984, 2271, 2276 *Flick-Ausschuss.*

Ausschöpfung der gesetzlichen Möglichkeiten ein effektiver Schutz der geheimhaltungsbedürftigen Unterlagen nicht gewährleistet werden kann. Allerdings wird dies nur in solchen Fällen zum Tragen kommen, wenn erwiesenermaßen ein Bruch der Vertraulichkeit im Verantwortungsbereich des Parlaments stattgefunden hat und durch das Parlament daraufhin keine geeigneten Maßnahmen getroffen wurden, um eine Wiederholung in Zukunft auszuschließen.

(4) Grenzen des Zwangsmitteleinsatzes gemäß § 17 Abs. 2 PUAG

Der Gesetzgeber hat in § 17 Abs. 2 PUAG schließlich geregelt, dass durch einen parlamentarischen Untersuchungsausschuss nur solche Zwangsmittel zur Durchsetzung des Beweiserhebungsrechtes anzuwenden sind, die im PUAG selbst vorgesehen sind. Insofern hat der Gesetzgeber die Möglichkeiten zur Durchsetzung von Beweiserhebungsrechten den Grenzen der im PUAG geregelten Zwangsmittel unterworfen. Der Untersuchungsausschuss soll nicht dazu befugt sein, über die sinngemäße Anwendung der Vorschriften über den Strafprozess gemäß Art. 44 Abs. 2 S. 1 GG auf weitere Beuge- oder Zwangsmittel der Strafprozessordnung zurückzugreifen (vgl. C.III.).

b) Verfassungsrechtliche Grenzen der Beweiserhebung

Da Untersuchungsausschüsse öffentliche Gewalt ausüben, haben sie auch die Grundrechte zu beachten, die das Beweiserhebungsrecht einschränken können.[249] Die Beweiserhebungsrechte privatgerichteter Untersuchungsausschüsse werden hierbei auch durch die Grundrechte privater Dritter (vgl. (1), das Fernmeldegeheimnis (vgl. (2) und den Grundsatz der Diskontinuität (vgl. (3) begrenzt.

(1) Grundrechte privater Dritter

Mit dem Beweiserhebungsrecht ist dem Untersuchungsausschuss eine Befugnis verliehen, die gerichtsähnlich ist. Sie komplettiert in einem System der Gewaltenteilung die Aufgabe des Parlaments zur Kontrolle der mit einer starken Stellung ausgestatteten Regierung bzw. Exekutive. Aus dieser Funkti-

---

249 BVerfGE 67, 100, 142 *Flick-Ausschuss*; 77, 1, 46 *Neue Heimat-Ausschuss*.

on heraus sind die Rechte eines Untersuchungsausschusses zu begreifen.[250] Hiernach besteht im Ausgangspunkt eine umfassende Kontrollbefugnis des Untersuchungsausschusses gegenüber der Exekutive. Eine solche besteht aber nicht ohne weiteres gegenüber dem Bürger, der dem Parlament gegenüber nicht rechenschaftspflichtig ist, sondern Freiheiten gegenüber dem Staat genießt und insoweit ausschließlich der Kontrolle durch die Gerichte unterworfen ist. Eine unbegrenzte Rechenschaftspflicht des Bürgers ist mit dem Freiheitsgedanken des Grundgesetzes unvereinbar.[251] Nach der Rechtsprechung des BVerfG ist die Zulässigkeit der Beweiserhebung und eine damit zusammenhängende Zwangsmaßnahme gegenüber Privaten demzufolge davon abhängig,

> „dass die Beweiserhebung und ihre zwangsweise Durchsetzung im Hinblick auf den Untersuchungsauftrag und das Beweisthema geeignet und erforderlich ist sowie zum Anlass der Sachverhaltsaufklärung nicht außer Verhältnis steht."[252]

In seinem Urteil zum *Neue-Heimat-Untersuchungsausschuss* führte das Gericht in diesem Sinne bereits aus, dass Beweiserhebungen hinsichtlich Privater überhaupt nur dann gerechtfertigt sind, wenn sie durch das Gewicht und die Bedeutung des Beweisthemas gerechtfertigt sind.[253] Selbst wenn eine solche Rechtfertigung besteht, verlangt die Rechtsprechung des BVerfG wegen seiner Besonderheiten im Untersuchungsausschussverfahren darüber hinaus, dass den Grundrechten der Betroffenen frühest möglich in umfassender Weise Rechnung getragen wird.[254] Daraus hat das BVerfG folgende Grundsätze für beschlagnahmte Unterlagen abgeleitet, die der Sache nach verallgemeinerungsfähig sind:[255]

- Unterlagen, die ersichtlich grundrechtlich bedeutsame Daten enthalten, dürfen im Ausschuss erst dann erörtert werden, wenn ihre Beweiserheblichkeit im einzelnen und die Frage der Zulässigkeit der Beweiserhebung im Blick auf ausreichende Geheimschutzmaßnahmen geprüft wurden;
- Die Überlassung solcher Unterlagen unmittelbar an den Ausschuss darf nur dann erfolgen, wenn insbesondere ihre potentielle Beweisbedeutung im Gesamten von vornherein feststeht;
- Unterlagen, die grundrechtlich relevante Daten enthalten, aber nur zum Teil potentiell beweiserheblich sind, sind durch den Richter hinsichtlich

---

250 *Masing* S. 232 ff. Anders als etwa in England kommt dem Parlament hingegen nicht die Funktion eines obersten Gerichtshofs („the High Court of Parliament") zu.

251 BVerfG, NJW 1984, 2271, 2275 f. *Flick-Ausschuss.*

252 BVerfG, Beschluss vom 14.12.2001, 2 BvR 1565/94 und 2 BvR 173/95, Absatz-Nr. 34.

253 BVerfGE 77, 1, 53 *Neue Heimat-Ausschuss.*

254 BVerfGE 77, 1, 54 f. *Neue Heimat-Ausschuss.*

255 Vgl. Rechtsgutachten von *Engels* vom 06.08.1987 aus dem Abschlussbericht des *U-Boot-Ausschuss*es, BT-Drs. 11/8109, 656, 660 f.

ihrer Beweiserheblichkeit im Einzelnen zu prüfen, sofern die Beweiserheblichkeit im Wege einer Durchsicht der Unterlagen festgestellt werden kann. Die nicht unmittelbar beweiserheblichen Unterlagen sind freizugeben, an ihnen besteht ein Beweiserhebungsrecht nicht;
- Im Übrigen ist den Grundrechten der Betroffenen durch umfangreiche Geheimschutzanordnungen Rechnung zu tragen, wobei zur Klärung des Erfordernisses solcher Anordnungen einem kleinen Kreis von Ausschussmitgliedern Einsicht in die Unterlagen gewährt werden kann, z.B. dem Vorsitzenden und seinem Stellvertreter.

Für den Bereich der Zeugenvernehmung hat das BVerfG festgestellt, dass der Untersuchungsausschuss bei der Prüfung einer Zeugnispflicht als Voraussetzung für die Anordnung einer Zwangsmaßnahme nicht nur das Grundrecht aus Art. 2 Abs. 1 i.V.m. Art. 1 Abs. 1 GG zu beachten hat, das seinen Trägern Schutz gegen unbegrenzte Erhebung, Speicherung, Verwendung und Weitergabe der auf sie bezogenen, individualisierten oder individualisierbaren Daten verbürgt[256]; er hat auch den nemo tenetur-Grundsatz sowie – im Hinblick auf die angeordneten Zwangsmaßnahmen selbst – Reichweite und Bedeutung der durch sie berührten Grundrechte des Art. 2 Abs. 1 sowie Art. 2 Abs. 2 S. 2 GG in seine Prüfung einzubeziehen. Diese Rechte dürfen nur im überwiegenden Interesse der Allgemeinheit und unter Beachtung des Grundsatzes der Verhältnismäßigkeit durch Gesetz oder auf Grund eines Gesetzes eingeschränkt werden. Die Einschränkung darf nicht weiter gehen als es zum Schutze öffentlicher Interessen unerlässlich ist.[257]Auf die Einhaltung und Bedeutung der grundrechtlichen Anforderungen wird im Rahmen der Besprechung der einzelnen Beweiserhebungsmöglichkeiten parlamentarischer Untersuchungsausschüsse eingegangen (vgl. D.).
Durch den Gesetzgeber sind mit Einführung des PUAG die vom BVerfG insbesondere in den Entscheidungen zum *Neue-Heimat-* und *Flick-Ausschuss* aufgestellten Grundsätze und Einschränkungen zum Teil „ausgehebelt" worden. Dies betrifft die §§ 29 f. PUAG betreffend die Herausgabepflicht von Unterlagen und das (nunmehr rein parlamentarische) Vorlage- bzw. Vorprüfungsverfahren (s.u. D.IV.2.c)).

---

256 BVerfGE 76, 363, 388 *Lappas.*

257 Vgl. BVerfGE 77, 1, 47 *Neue Heimat-Ausschuss* mit Hinweis auf BVerfGE 65, 1, 44 *Volkszählungs-Urteil;* 67, 100, 143 *Flick-Ausschuss.*

(2) Fernmeldegeheimnis

Gemäß Art. 44 Abs. 2 S. 2 GG ist vorgesehen, dass das Brief-, Post- und Fernmeldegeheimnis vom Beweiserhebungsrecht des Untersuchungsausschusses unberührt bleibt. Demnach stellt das Grundrecht des Art. 10 Abs. 1 GG eine unüberwindliche Grenze des parlamentarischen Untersuchungsrechts dar.

Art. 10 Abs. 1 GG begründet ein Abwehrrecht gegen die Kenntnisnahme des Inhalts und der näheren Umstände der Telekommunikation durch den Staat und einen Auftrag an den Staat, Schutz auch insoweit vorzusehen, als private Dritte sich Zugriff auf die Kommunikation verschaffen.[258] Das Grundrecht des Fernmeldegeheimnisses dient der freien Entfaltung der Persönlichkeit durch einen Kommunikationsaustausch mit Hilfe des Fernmeldeverkehrs. Der Schutz umfasst sämtliche mit Hilfe der verfügbaren Telekommunikationstechniken erfolgenden Übermittlungen von Informationen. Daraus folgt, dass eine Anwendung der strafprozessualen Eingriffsvorschriften betreffend die Überwachung der Telekommunikation (z.B. §§ 90, 100, 100a, 100b und 101 StPO) im Untersuchungsausschussverfahren ausgeschlossen ist (vgl. auch D.III.4.).[259]

Das Fernmeldegeheimnis Betroffener aus Art. 10 Abs. 1 GG wird auch nicht durch § 22 StUG beschränkt, der das Beweiserhebungsrecht parlamentarischer Untersuchungsausschüsse anerkennt, soweit der Untersuchungsgegenstand nicht mit den in § 1 Abs. 1 Nrn. 1-3 StUG bestimmten Gesetzeszwecken übereinstimmt. Insoweit greift das Verbot gemäß § 5 StUG ein, Unterlagen zum Nachteil von Stasi-Opfern zu verwenden. Das LG Kiel stellte fest, dass bezüglich der durch Abhören des Fernmeldeverkehrs gewonnenen Stasi-Unterlagen die Rechte der Betroffenen aus Art. 10 Abs. 1 GG Vorrang gegenüber dem Aufklärungsinteresse eines parlamentarischen Untersuchungsausschusses haben.[260]

(3) Grundsatz der Diskontinuität

Das Beweiserhebungsrecht parlamentarischer Untersuchungsausschüsse erlischt schließlich entsprechend dem „Grundsatz der Diskontinuität" mit der Wahlperiode des Parlaments, gleichgültig ob die Wahlperiode „regulär" durch Ablauf der Legislaturperiode erlischt oder sich das Parlament auflöst und

258 BVerfG, Beschluss vom 09.10.2002, 1 BvR 1611/96, Absatz-Nr. 19 ff.
259 *Geis* § 55, Rn. 60.
260 LG Kiel, NJW 1996, 1976, 1976.

vorgezogene Neuwahlen durchgeführt werden.[261] Beweisbeschlüsse und daraufhin erfolgte Beweismittelanforderungen und Zeugenladungen werden gegenstandslos. Das Parlament ist verpflichtet, bis dahin erlangte Beweismittel wieder an die Gewahrsamsinhaber herauszugeben. Ein neu gewähltes Parlament kann erneut einen neuen Untersuchungsausschuss mit dem gleichen Untersuchungsgegenstand einsetzen. Dieser neue Untersuchungsausschuss tritt indes nicht die Rechtsnachfolge des vorherigen Ausschusses an, sondern beginnt die Arbeit von neuem als Unterorgan des nunmehr gewählten Parlaments. Es steht diesem jedoch frei, auf bereits ermittelte Tatsachen zurückzugreifen. An frühere Beschlüsse oder Beweisergebnisse ist der neue Untersuchungsausschuss hingegen nicht gebunden.[262] Eine verfassungsrechtliche Verpflichtung zur erneuten Aufnahme des vorherigen nicht abgeschlossenen Untersuchungsverfahrens besteht nicht.[263]

IV. Ergebnis

Parlamentarischen Untersuchungsausschüssen ist im Rahmen privatgerichteter Enqueten gemäß Art. 44 GG die verfassungsrechtliche Befugnis eingeräumt, zum Zwecke der Durchführung des Untersuchungsauftrages Beweise zu erheben. Der Bundesgesetzgeber hat das PUAG dazu mit einem System der Beweiserhebung ausgestattet und damit nach jahrzehntelanger Praxis der Durchführung parlamentarischer Untersuchungen ohne gesetzliche Grundlage gemäß Art. 44 Abs. 2 S. 1 GG bzw. entlang der IPA-Regeln ein Gesetz geschaffen, das die Voraussetzungen und das Verfahren der Beweiserhebung, die Beweismittel sowie die Grenzen der Beweiserhebungsbefugnisse regelt. Ferner trägt das PUAG parlamentarischen Anforderungen, wie z.B. dem Minderheitenschutz, der Öffentlichkeit und den Geheimschutzmaßnahmen Rechnung und enthält spezifisch auf Untersuchungsausschussverfahren abgestimmte Beweisregelungen. Neu geschaffen wurde die Figur des Ermittlungsbeauftragten (§ 10 PUAG).

Allerdings ist das System der Beweiserhebung im PUAG nicht abschließend. Zu kritisieren ist vor allem, dass neben dem PUAG zusätzlich noch die sinngemäße Anwendung der Vorschriften über den Strafprozess gemäß Art. 44 Abs. 2 S. 1 GG verbleibt. Trotz der Schaffung des PUAG als eigen-

---

261 *Damkowski* S. 31. Als Beispiel kann diesbezüglich der *Pan International/Wienand Ausschuss* der 6. Wahlperiode des Deutschen Bundestages angeführt werden, dessen schriftlicher Bericht infolge der vorzeitigen Auflösung des Bundestages nicht mehr im Plenum behandelt werden konnte (BT-Drs. VI/3830).

262 *Damkowski* S. 31; zweifelnd Bonner Kommentar/*Rechenberg* Art. 44, Rn. 10.

263 Bonner Kommentar/*Rechenberg* Art. 44, Rn. 10.

ständige Verfahrensordnung für Untersuchungsausschüsse und der darin enthaltenen Beweisvorschriften, ist dieses Gesetz für das Untersuchungsverfahren damit von Beginn nicht als abschließende Regelung geschaffen worden. Aufgrund der Verweisung auf die sinngemäßen Vorschriften über den Strafprozess besteht keine Gewähr, dass die Vorschriften des PUAG nicht eine andere Ausgestaltung oder Ergänzung durch strafprozessuale Regelungen erfahren, die nicht im PUAG enthalten sind. Das Gesetz beinhaltet so einen schwer vorhersehbaren Anwendungsspielraum und bietet – anders als von Verfahrensordnungen erwartet – keine Anwendungssicherheit. Inwiefern die in Art. 44 Abs. 2 S. 1 GG enthaltene Verweisung auf die sinngemäße Anwendung der Vorschriften über den Strafprozess die Befugnisse parlamentarischer Untersuchungsausschüsse erweitert oder weiteren Grenzen unterwirft, wird nachfolgend unter C. untersucht.

C. Bedeutung und Wirkung der sinngemäßen Anwendung der Vorschriften über den Strafprozess

Nach Bestimmung der Zulässigkeit privatgerichteter parlamentarischer Untersuchungen und der Beweiserhebungsbefugnisse parlamentarischer Untersuchungsausschüsse nach dem PUAG (vgl. B.) wird nachfolgend untersucht, inwieweit sich aus dem Verweis in Art. 44 Abs. 2 S. 1 GG Weiterungen, Begrenzungen oder Präzisierungen des parlamentarischen Untersuchungsrechts ergeben, bevor die einzelnen Untersuchungs- und Eingriffsrechte privatgerichteter parlamentarischer Untersuchungsausschüsse im Lichte der sinngemäßen Anwendung der Vorschriften über den Strafprozess besprochen werden (vgl. D.). Von Relevanz ist dabei, ob parlamentarische Untersuchungsausschüsse über die in dem PUAG enthaltenen Beweiserhebungsrechte hinaus auf strafprozessuale Eingriffs- und Untersuchungsrechte zurückgreifen können, d.h. wie Art. 44 Abs. 2 S. 1 GG sich auf die bestehenden Beweiserhebungsrechte des PUAG auswirkt. Insofern ist der Charakter der Verweisung des Art. 44 GG (vgl. I.), die Bedeutung und Reichweite der sinngemäßen Anwendung der Vorschriften über den Strafprozess gemäß Art. 44 Abs. 2 S. 1 GG (vgl. II.) sowie die Wirkung des Strafprozessrechts auf das parlamentarische Untersuchungsausschussrecht (vgl. III.) zu klären.

I. Verweisung des Art. 44 Abs. 2 S. 1 GG

1. Verknüpfung

Bezugspunkte der sinngemäßen Anwendung sind gemäß Art. 44 Abs. 2 S. 1 GG die Vorschriften über den Strafprozess für die Beweiserhebung im bzw. durch den Untersuchungsausschuss. Danach sind die Vorschriften über den Strafprozess sinngemäß auf die Beweiserhebung im parlamentarischen Untersuchungsausschussverfahren anzuwenden.

Der Begriff der Beweiserhebung in Art. 44 Abs. 2 S. 1 GG ist nicht deckungsgleich mit dem des Strafprozesses, was angesichts des Wortlauts der Bestimmung zunächst vermutet werden könnte. Der Begriff „Beweiserhebung" ist vielmehr historisch zu erklären. Er folgt der allgemeinen Bezeichnung „Erhebungen" aus Art. 34 WRV. Auch einige Länderverfassungen enthalten noch diesen Begriff.[1] Mit Beweiserhebung im Sinne des Art. 44 Abs. 2 S. 1 GG sind die im Kontext der sinngemäßen Verweisung auf die Vorschriften über den Strafprozess nach außen wirkenden Maßnahmen der Beweiserhebung gemeint, d.h. neben der Bezeichnung der Beweismittel und Beweisgewinnungsmethoden auch deren ggf. zwangsweise Durchsetzung. Zweck dieser Verweisung im Untersuchungsausschussverfahren ist, das Beweisverschaffungsrecht mit Zwangsmitteln zu bewehren, zugleich aber auch Betroffene zu schützen.[2] Die sinngemäße Anwendung der Vorschriften über den Strafprozess bezieht sich folglich auf die Modalitäten der parlamentarischen Beweiserhebung, d.h. den Prozess der Beweisverschaffung und Beweissicherung. In Abgrenzung hierzu ist unter parlamentarischer Beweiserhebung nicht zu verstehen das Verfahren der sonstigen Ausschüsse nach Parlamentsrecht, den Verfassungen und den in den Geschäftsordnungen festgelegten Regeln, so dass diesbezüglich eine sinngemäße Anwendung strafprozessualer Vorschriften von vornherein ausgeschlossen ist.

Durch Art. 44 Abs. 2 S. 1 GG erfährt der vom Gesetzgeber vorgegebene Anwendungsbereich der anwendbaren Vorschriften vordergründig eine nicht unerhebliche Erweiterung. Denn zu den Vorschriften über den Strafprozess zählen neben der Strafprozessordnung z.B. das Gerichtsverfassungsgesetz (GVG) sowie das Einführungsgesetz zum GVG (EGGVG), die Europäische Konvention zum Schutz der Menschenrechte und Grundfreiheiten (EMRK), das in der Bundesrepublik im Range einfachen Bundesrechts steht, das Jugendgerichtsgesetz (JGG) und einzelne Vorschriften im Strafgesetzbuch (StGB), dort insbesondere die Vorschriften über das Strafantragsrecht (§§ 77 ff. StGB). Von den Vorschriften über den Strafprozess nicht erfasst sind Strafgesetze oder strafrechtliche Nebengesetze, die das materielle Strafrecht regeln. Dies ergibt sich aus der Trennung von materiellem Strafrecht und dem Strafverfahrensrecht. Das materielle Strafrecht beschreibt die Merkmale der Straftat und die Voraussetzungen der Rechtsfolgenbestimmungen. Das Strafverfahren dient der Verwirklichung des materiellen Strafrechts, indem es die normativen Vorgaben für die Bestimmung von Verfahrensablauf und Handlungsgrenzen enthält; es „ist die Brücke des materiellen Strafrechts zur Wirklichkeit von Verdacht, Verbrechen und Urteil".[3] Ein Untersuchungsausschuss ist daher im Rahmen der sinngemäßen Anwendung der Vorschriften über den Strafprozess nicht befugt, vorläufige oder abschließende Maßnahmen oder Sanktionen des materiellen Strafrechts anzuwenden. Dies

1 Art. 11 Abs. 4 NdsVerf.; Art. 91 Abs. 4 RhlPfVerf.

2 *Dreier/Morlok* Art. 44, Rn. 46; *Gollwitzer* in FS Dünnebier, 329.

3 NK-*Hassemer/Neumann* StGB, Vor § 1, Rn. 200.

betrifft neben den Vorschriften über die Verhängung von Geld- und Freiheitsstrafe auch die über Einziehung, Verfall und Arrest.

Die Strafprozessordnung und weitere Gesetze über den Strafprozess enthalten eine Reihe von Eingriffsbefugnissen, die das PUAG nicht kennt, und die aufgrund der sinngemäßen Verweisung auf die Vorschriften über den Strafprozess auch – erweiternd – im Untersuchungsausschussverfahren Anwendung finden könnten. Dazu zählen die offenen Ermittlungsmaßnahmen, die sich gegen die persönliche Freiheit[4] sowie die Person als Beweismittel[5] richten, und die heimlichen Eingriffsbefugnisse.[6] Stellt schon eine allgemeine, wenngleich sinngemäße, Verweisung auf die Strafprozessordnung ein Instrument dar, das ganz erhebliche Eingriffe in Rechte Privater ermöglicht und rechtfertigt, wird der Anwendungsbereich hiermit auf Bestimmungen erweitert, die dem Verfahren eines parlamentarischen Untersuchungsausschuss offensichtlich sehr fern liegen.

Erkennbar wird so auch nirgends vertreten, dass parlamentarische Untersuchungsausschüsse sämtliche dieser aufgelisteten strafprozessualen Eingriffsrechte im Rahmen einer sinngemäßen Anwendung der Vorschriften über den Strafprozess anwenden könnten oder dürften. Andererseits findet sich weder im Gesetz noch in der Rechtsprechung oder Literatur eine abschließende Auflistung der Rechte, auf die ein parlamentarischer Untersuchungsausschuss über Art. 44 Abs. 2 S. 1 GG ergänzend zu den Regelungen des PUAG zugreifen darf. Es existieren lediglich Einzelmeinungen bzw. -regelungen, wie z.B. bei *Glauben/Brocker*, die z.B. entgegen der anders lautenden gesetzlichen Regelung des § 24 Abs. 2 PUAG die Identifizierungsgegenüberstellung für nicht sinngemäß anwendbar halten.[7] In einigen Untersuchungsausschussgesetzen von Bundesländern werden die Vorschriften über die Leichenschau und Leichenöffnung oder der gesamte 7. Abschnitt der StPO (§§ 72 bis 93 StPO) für entsprechend anwendbar erklärt (vgl. C.III.3.). Seitens der Rechtsprechung

4 Vorläufige Festnahme gemäß §§ 127, 127b StPO, Anordnung von Untersuchungshaft gemäß §§ 112 ff. StPO und einstweilige Unterbringung gemäß § 126 StPO.

5 Identifizierung und erkennungsdienstliche Behandlung gemäß § 81b StPO, körperliche Untersuchung gemäß § 81a StPO, Untersuchung von Dritten gemäß § 81c StPO, molekulargenetische Untersuchung und DNA-Identifizierung gemäß §§ 81e ff. i.V.m. §§ 2, 3 DNA-IFG, Unterbringung zur Beobachtung gemäß § 81 StPO.

6 Wie z.B. die Überwachung der Telekommunikation gemäß §§ 100a ff. StPO, akustische Wohnraumüberwachung gemäß § 100c StPO, technische und akustische Überwachung von Personen außerhalb des Wohnraums gemäß § 100f StPO, Rasterfahndung gemäß §§ 98a, 98b, 98c StPO, der Einsatzes verdeckter Ermittler gemäß § 110a StPO, die Ermittlung durch Vertrauenspersonen, Schleppnetzfahndung gemäß § 163d StPO, Ausschreibung zur Beobachtung gemäß § 163e StPO und längerfristige Observation gemäß § 163f StPO.

7 *Glauben/Brocker* S. 186 unter Verweis auf VGH Saarland, Beschluss vom 02.04.2003, Lv 6/02, 12 d. Umdrucks und § 51 Abs. 4 LTG Saarl.

wurden zwar einige Eingriffsrechte für zulässig und verfassungsrechtlich erforderlich für die Durchführung parlamentarischer Untersuchungen erachtet. Eine gesicherte Grenzziehung zu dem, was noch möglich und was nicht mehr zulässig ist, existiert aber nicht.

Nach der ständigen Rechtsprechung des BVerfG steht dem Untersuchungsausschuss

> „grundsätzlich sowohl ein Recht auf Zeugeneinvernahme als auch das Recht des Zeugniszwangs zu, weil es ansonsten nicht durchsetzbar wäre (...). Dazu gehört ebenfalls das Recht, Ordnungsgeld festzusetzen und beim zuständigen Gericht Beugehaft gem. § 70 II StPO zu beantragen (...). Dieses so verstandene Beweiserzwingungsrecht hat Verfassungsrang;“[8]

Dies bekräftigte das BVerfG auch an anderer Stelle.[9] Ferner hat das BVerfG die Aktenvorlage und deren zwangsweise Durchsetzung verfassungsrechtlich bestätigt (vgl. C.III.5., D.IV.). Erst das Recht des Untersuchungsausschusses zur Beschlagnahme und Durchsuchung[10] vermittele dem Aktenvorlagerecht die verfassungsrechtlich vorausgesetzte Wirksamkeit.[11] Die Anwendung weiterer strafprozessuale Eingriffs- und Untersuchungsrechte waren bislang nicht Gegenstand einer (verfassungs-) gerichtlichen Überprüfung. Ob ein Untersuchungsausschuss somit über die verfassungsgerichtlich und durch die Untersuchungsausschussgesetze des Bundes und der Bundesländer anerkannten Untersuchungs- und Eingriffsmöglichkeiten hinaus beispielsweise auch Leichenschauen und Leichenöffnungen (§§ 87 ff. StPO) durchführen, körperliche Untersuchungen an Zeugen (§ 81a, c StPO) anordnen oder die Überwachung der Telekommunikation (§§ 100a ff. StPO) initiieren darf, ist unklar.

Es spricht nach alledem zwar vieles dafür, dass das traditionelle Grundverständnis parlamentarischer Beweiserhebungen durch Untersuchungsausschüsse durch die Parlamente und die Rechtsprechung die Grenze bei der erzwingbaren Zeugeneinvernahme und Aktenvorlage sieht. Jenseits dieser tradierten in sämtlichen Untersuchungsausschussgesetzen im Grundsatz geregelten Selbstbeschränkung existiert jedoch in Art. 44 Abs. 2 S. 1 GG nach wie vor das Instrumentarium der sinngemäßen Anwendung der Vorschriften über den Strafprozess, das eine Öffnung auf weitere Eingriffsrechte ermöglicht. Entsprechend wird in der Literatur vereinzelt die Anwendung weiterer strafprozessualer Beweiserhebungsrechte nicht ausgeschlossen. Das PUAG soll weder abschließend sein noch wird ausgeschlossen, dass die Rechte des PUAG sogar über die eines Gerichts im Strafprozess hinausgehen können.[12]

---

8 LG Bonn, NJW 1987, 790, 791 *Neue Heimat-Ausschuss.*

9 BVerfGE 76, 363, 383 ff. *Lappas.*

10 BVerfG, NJW 1987, 770; NJW 1984, 1345; LG Frankfurt, NJW 1987, 787, 789 jeweils *Neue Heimat-Ausschuss.*

11 BVerfGE 76, 363, 382 *Lappas.*

12 *Weisgerber* S. 147.

Angesichts dieser möglichen Weite und Intensität von strafprozessualen Eingriffs- und Untersuchungsrechten in Untersuchungsausschussverfahren stellt sich die Frage, was den Gesetzgeber dazu bewogen hat, sämtliche Vorschriften über den Strafprozessordnung für sinngemäß anwendbar zu erklären. Allgemein wird angenommen, dass die pauschale Verweisung nicht den Sinn hat, die Befugnisse auf jegliche strafprozessualen Möglichkeiten sämtlicher mit einem Strafprozess befasster Einrichtungen zu erweitern. Die Verweisung solle vielmehr verdeutlichen, dass keine umfassende Anwendung der Vorschriften über den Strafprozess, insbesondere der Beweisgewinnungsmöglichkeiten, gewollt ist, sondern eine der *Prinzipien* der Vorschriften des Strafprozesses, und zwar soweit es Sinn und Zweck des Untersuchungsausschussverfahrens gerade bei der Beweiserhebung erfordern.[13] Nach *Güther/Seiler* soll Untersuchungsausschüssen ein Verfahren an die Hand gegeben werden, dessen rechtsstaatliche Ausgestaltung zum einen gefestigt ist und das zum zweiten die effektive Erfüllung des Untersuchungsauftrages ermöglicht.[14] Aus diesem Grund soll Untersuchungsausschüssen die Befugnis zur Beweiserhebung nach den *Prinzipien* der Vorschriften über den Strafprozess zustehen, die dem Untersuchungsausschuss für seine Untersuchungen über den Parlamentsbereich hinausreichende Befugnisse verleihen, insbesondere ihm das Recht verleihen, außenstehende Dritte unter Androhung und Anwendung von Zwang zur Offenbarung ihres Wissens zu veranlassen und Unterlagen heranzuziehen.

Freilich bewirkt dieses Kriterium keine Bestimmung der sinngemäß anwendbaren Vorschriften über den Strafprozess und befriedigende Begründung hinsichtlich der Fragestellung, weshalb der Gesetzgeber nicht nur bestimmte bzw. bestimmbare strafprozessuale Vorschriften für anwendbar geregelt oder gleich eine für parlamentarische Untersuchungsausschüsse abschließende Verfahrensordnung geschaffen hat. Die bestehende Konstruktion der Verweisung auf die sinngemäße Anwendung der Vorschriften über den Strafprozess mit der potentiellen Weite an Untersuchungs- und Eingriffsrechten verdeutlicht das Erfordernis nach einer präzisen Bestimmung der strafprozessualen Eingriffsrechte, auf die ein parlamentarischer Untersuchungsausschuss sinngemäß zurückgreifen darf.

---

13 BVerfGE 67, 100, 128 *Flick-Ausschuss*; vgl. *Güther/Seiler* NStZ 1993, 305, 307.

14 *Güther/Seiler* NStZ 1993, 305, 307; vgl. auch BVerfGE 76, 363, 382 *Lappas*.

2. Inhalt

Gemäß Art. 44 Abs. 2 S. 1 GG finden die Vorschriften über den Strafprozess sinngemäß Anwendung auf die Beweiserhebung durch parlamentarische Untersuchungsausschüsse. Zugleich existiert mit dem PUAG aber ein Gesetz, dass das Verfahren und die Beweiserhebung parlamentarischer Untersuchungsausschüsse bereits regelt. Art. 44 GG soll damit einerseits Ermächtigungsgrundlage für das PUAG und andererseits neben dem PUAG Rechtsgrundlage für die Anwendung strafprozessualer Beweiserhebungsrechte sein. Diese Doppelfunktion wirft Fragen nach dem Sinn und Zweck sowie zu den Konsequenzen dieser Konzeption auf.[15]

Bis zur Einführung des PUAG im Jahre 2001[16] basierte die Beweiserhebung parlamentarischer Untersuchungsausschüsse ausschließlich auf Art. 44 Abs. 2 S. 1 GG. Diese wurde konkretisiert und ausgestaltet durch das von Mitgliedern des Bundestages zusammengestellte Regelwerk der Interparlamentarischen Arbeitsgemeinschaft (sog. IPA-Regeln)[17], die regelmäßig parlamentarischen Untersuchungen zugrunde gelegt wurden, und die Geschäftsordnung des Deutschen Bundestages.[18] Auf der Grundlage der Geschäftsordnung und der IPA-Regeln, die lediglich parlamentsinterne Regelungen darstellten und keine Außenwirkung entfalten konnten, waren grundrechtsrelevante Eingriffe in Form von privatgerichteten Beweiserhebungen nicht möglich. Der Gesetzesvorbehalt verlangt dafür eine gesetzliche Grundlage. Beweiserhebungen konnten Untersuchungsausschüsse des Bundestages vor Einführung des PUAG daher nur auf der Grundlage der Verweisung in Art. 44 Abs. 2 S. 1 GG vornehmen.

Insoweit bestanden allerdings gewichtige Bedenken hinsichtlich des Wesentlichkeitsprinzips und der Bestimmtheit des Art. 44 Abs. 2 S. 1 GG.[19] Zum Teil wurde die auf Art. 44 Abs. 2 S. 1 GG basierende Beweiserhebung in den privaten Bereich auch gänzlich abgelehnt bzw. als nicht passend auf

---

15 Solche doppelten bzw. nebeneinander bestehenden Rechtgrundlagen enthalten die meisten Untersuchungsausschüsse der Bundesländer mit Ausnahme von Berlin, Brandenburg und Baden-Württemberg. Die entsprechenden Vorschriften in den Verfassungen der Bundesländer Baden-Württemberg, Brandenburg und Berlin haben die Verweisung auf die Strafprozessordnung durch den Hinweis ersetzt, dass das Verfahren durch ein Gesetz geregelt wird, das wiederum in Einzelfragen auf die Strafprozessordnung verweist. Als einzige Bundesländer verfügen sie somit über eigenständige Verfahrensregelungen, die grundsätzlich den Anspruch auf Vollständigkeit und Abgeschlossenheit haben. Von der Schaffung einer einheitlichen Rechtsgrundlage hat der Bundesgesetzgeber bei der Verabschiedung des PUAG abgesehen.

16 Untersuchungsausschussgesetz (PUAG) vom 19. Juni 2001 (BGBl. I 2001, 1142 ff.).

17 BT-Drs. V/4209.

18 Vgl. § 54 GO-BT.

19 *Quaas/Zuck* NJW 1988, 1873, 1875; *Arloth* NJW 1987, 808, 811; *Masing* S. 228 ff.

den nicht öffentlichen Bereich angesehen.[20] Nur aufgrund der umfangreichen Auslegung des Art. 44 Abs. 2 S. 1 GG in der Literatur und Rechtsprechung[21] wurde die pauschale Verweisung auf die sinngemäße Anwendung der Vorschriften über den Strafprozess noch als verfassungskonform erachtet.[22] Welches die Vorschriften über den Strafprozess sind und welche Beweismittel inwiefern aus dem Strafprozess in das Untersuchungsausschussverfahren übertragen werden können, war und blieb indes nirgends geregelt oder definiert. Die parlamentsinternen IPA-Regeln erlangten mit der Zeit auslegenden und gestaltenden Charakter und stellten eine nahezu komplette Verfahrensordnung dar. Dieser Zustand wurde weithin als „missglückt"[23] und als „Rechtsgroteske"[24] bezeichnet.

Kritisiert wurde ferner, dass die Bestimmung der Sinngemäßheit einer Anwendung einer strafprozessualen Norm ausschließlich der Bestimmungshoheit des Untersuchungsausschusses und damit auch einer politischen Bewertung unterlag.[25] Es gab aus diesen Gründen ständig Aufforderungen an den Gesetzgeber, diesen gesetzeslosen Zustand zu beseitigen und ein Gesetz zu schaffen, dass das Verfahren und die Beweiserhebungsrechte parlamentarischer Untersuchungsausschüsse regelt.[26]

Die Schaffung eines Untersuchungsausschussgesetzes war damit im Jahre 2001 überfällig. Anlässlich des parallel zur Vorbereitung des PUAG laufenden *Parteispenden-Ausschusses*[27] des Deutschen Bundestages wurde das erste Untersuchungsausschussgesetz (PUAG) erarbeitet und verabschiedet.[28] Dabei konnten die Berichterstatter auf umfangreiche Vorlagen, Praxiserfahrungen, Gesetzesentwürfe aus vergangenen Legislaturperioden und Beiträge von Sachverständigen zurückgreifen.[29] Überraschend behielt der Gesetzgeber allerdings Art. 44 Abs. 2 S. 1 GG unverändert bei, nachdem er mit dem PUAG eine gesetzliche Ausgestaltung des parlamentarischen Beweiserhe-

20 *Masing* S. 228 ff.

21 Vgl. nur: BVerfGE 77, 1, 49, 53 *Neue Heimat-Ausschuss*; 67, 100, 133 ff. *Flick-Ausschuss*.

22 Vgl. eingehend und m.w.N.: *Friedrich* S. 143.

23 *Gollwitzer* in FS Dünnebier, S. 327 mit Hinweis auf *Kaufmann* S. 29.

24 *Dahs* in FS Rudolphi, S. 597.

25 *Achterberg/Schulte* in von Mangoldt/Klein/Starck, GG, Bd. 2, Art. 44, Rn. 121.

26 Schlussbericht der Enquête-Kommission Verfassungsreform, BT-Drs. 7/5924, 51; *Weisgerber* S. 149; *Friedrich* S. 143 f.

27 BT-Drs. 14/9300 *Parteispenden-Ausschuss*.

28 Untersuchungsausschussgesetz (PUAG) vom 19. Juni 2001 (BGBl. I 2001, 1142 ff.), geändert durch Artikel 4 Abs. 1 des Gesetzes vom 5. Mai 2004 (BGBl. I 2004, 718, 833).

29 Eingehend zu den Reformbestrebungen des Rechts der parlamentarischen Untersuchungsausschüsse von der 1. bis zur 14. Wahlperiode: *Wiefelspütz* S. 90-168.

bungsrechtes auf der Grundlage des Art. 44 GG vorgenommen hatte.[30] Ausweislich der Gesetzesbegründung sollte Art. 44 Abs. 2 S. 1 GG als Rechtsgrundlage für die ergänzende sinngemäße Anwendung der Vorschriften über den Strafprozess nach wie vor anwendbar bleiben.[31] Nach MdB *Wiefelspütz* sollte das PUAG sogar (nur) einen Interpretationsversuch des Art. 44 Abs. 2 S. 1 GG darstellen.[32] Durch die Beibehaltung des Art. 44 Abs. 2 S. 1 GG bleibt aus Sicht des Gesetzgebers gewährleistet, dass sich alle Regelungen des PUAG im Rahmen der verfassungsrechtlichen Vorgabe der sinngemäßen Anwendung der Vorschriften über den Strafprozess halten.[33] Freilich hätte sich der Gesetzgeber bei der Fassung des PUAG auch einfach an den Vorschriften über den Strafprozess orientieren und die Verfahrensordnung abschließend regeln können. Untersuchungsausschüsse haben nunmehr im Rahmen der Beweiserhebung nicht nur die Voraussetzungen des PUAG zu beachten, sondern zugleich zu prüfen, ob sich deren Anwendung im Bereich der sinngemäßen Anwendung der Vorschriften über den Strafprozess bewegt. Zugleich besteht darüber hinaus die Möglichkeit der Anwendung weiterer strafprozessualer Vorschriften jenseits des PUAG. Mit diesem Vorgehen des Gesetzgebers wurde in der Literatur nicht gerechnet. Es wurde einhellig davon ausgegangen, dass die Schaffung eines Untersuchungsausschussgesetzes nicht ohne gleichzeitige Änderung oder Anpassung des Art. 44 GG durchführbar ist.[34] Letztlich soll aber das Vorgehen des Bundes aber verfassungsrechtlich nicht unzulässig sein.[35]

Angesichts der Wechselwirkung zwischen den Beweiserhebungsrechten des PUAG und der sinngemäßen Anwendung der Vorschriften über den Strafprozess gemäß Art. 44 Abs. 2 S. 1 GG ist allerdings nicht nachvollziehbar, dass mit dem PUAG einerseits ein Gesetz zur Ausformung des Untersuchungsausschussrechtes geschaffen worden ist, dass die als insoweit – bereits zuvor – unzulänglich und missglückt[36] erkannte pauschale Verweisung in Art. 44 Abs. 2 S. 1 GG präzisieren und ausgestalten soll, zugleich aber andererseits nach wie vor die Vorschriften über den Strafprozess gemäß Art. 44 Abs. 2 S. 1 GG sinngemäß die Beweiserhebungsvorschriften des PUAG beeinflussen und in deren Rahmen halten sollen. Zusätzlich stellt Art. 44 Abs. 2 S. 1 GG auch nach dem ausdrücklich erklärten Willen des Gesetzgebers noch

30 *Rogall* in GS Meurer, 451.

31 BT-Drs. 14/5790, 13.

32 *Wiefelspütz* ZRP 2002, 14, 17.

33 *Weisgerber* S. 75 m.w.N.

34 *Rogall* in GS Meurer, 451 m.w.N., insbesondere auf *Schröder* Gutachten 57. DJT, E 121 f.; vgl. auch BT-Drs. 11/8085, 13; *Quaas/Zuck* NJW 1988, 1873, 1875; *Friedrich* S. 143.

35 Maunz-Dürig/*Klein* Art. 44, Rn. 27 f. sowie derselbe Art. 40, Rn. 80; *Gollwitzer* in FS Dünnebier, 331; *Rogall* in GS Meurer, 452.

36 Vgl. bereits *Kaufmann* S. 29; *Schenke* JZ 1988, 805, 806.

eine eigenständige verfassungsrechtliche Ermächtigung für die Anwendung strafprozessualer Untersuchungs- und Eingriffsrechte dar.[37] Als Konsequenz existiert das PUAG als Gesetz, das den Versuch einer normativen Festlegung dessen vornimmt, was unter einer sinngemäßen Anwendung der Vorschriften über den Strafprozess verstanden werden soll, es aber eben aufgrund des nach wie vor existierenden Art. 44 Abs. 2 S. 1 GG von vornherein nur beim Versuch bleiben kann. Denn bei der Verweisung auf die Vorschriften über die Strafprozessordnung handelt es sich zum einen um eine unbestimmte, weil nur sinngemäße, und zum zweiten dynamische, weil den Weiterungen und Beschränkungen der Strafprozessordnung ständig ausgesetzte Regelung. Trotz des geschaffenen Gesetzes bleibt damit die zuvor bestandene und als „grotesk" bezeichnete Rechtsunsicherheit, dass stets die Möglichkeit der abweichenden Verfassungsinterpretation über das, was noch oder schon sinngemäß im Sinne des Art. 44 Abs. 2 S. 1 GG ist, bestehen. Die Grundfrage, inwieweit die im Strafprozess entwickelten Prinzipien der Sache nach zu übernehmen sind, bleibt daher trotz Schaffung des PUAG ungelöst.

Zu dieser unklaren Rechtslage trägt weiter bei, dass die pauschale Inbezugnahme auf die Vorschriften der Strafprozessordnung in dem PUAG zum Teil durch eigenständige, zumeist ebenfalls den Vorschriften über den Strafprozess angelehnte, Vorschriften ersetzt werden.[38] Vor diesem Hintergrund ergeben durch den Gesetzgeber eingeführte Bestimmungen in dem PUAG keinen Sinn, die bestimmte Regelungen der Strafprozessordnung für entsprechend anwendbar erklären oder ausschließen. Denn wenn sich das PUAG nicht im Rahmen der sinngemäßen Anwendbarkeit der Strafprozessordnung auf der Grundlage der Verfassung bewegt, sind nicht sinngemäße Ausschlüsse ohnehin rechtswidrig. Beispielsweise bestimmt § 28 Abs. 2 PUAG den Ausschluss des § 74 StPO, der indes ohnehin nicht sinngemäß angewandt werden könnte, da die im § 74 StPO genannten ablehnungsberechtigten Verfahrensbeteiligten (Staatsanwalt, Privatkläger und Beschuldigter) im Untersuchungsausschussverfahren nicht existieren. Zu Klarstellungszwecken mag die Regelung des § 28 Abs. 2 PUAG zwar sinnvoll angedacht gewesen sein; vor dem Hintergrund des Art. 44 Abs. 2 S. 1 GG ist sie jedoch überflüssig.

Paradoxerweise muss sich schließlich aufgrund des Vorbehalts des Art. 44 Abs. 2 S. 1 GG die entsprechende Anwendung der strafprozessualen Normen nach dem PUAG im Rahmen der sinngemäßen Anwendung der Vorschriften über den Strafprozess bewegen. Die unter dem Vorbehalt der sinngemäßen Anwendung von Strafprozessrecht stehende entsprechende Anwendung einer bestimmten strafprozessualen Norm ist aber auslegungstechnisch schlicht

---

37 Vgl. BT-Drs. 14/5790, 13.

38 Vgl. §§ 22 Abs. 1 und 2, 23 Abs. 1, 24 Abs. 6, 27 Abs. 3, 28 Abs. 1, 2 und 5, 29 Abs. 3 S. 2 PUAG.

nicht umsetzbar. Denn beide Verweisungen stellen Analogiebildungen dar, wobei die entsprechende Verweisung auf Gesetzebene strengeren Anforderungen an die Verweisungsnorm unterliegt als die sinngemäße auf Verfassungsebene (vgl. C.II.1.a)). Wie angesichts dessen die sinngemäße einen Vorbehalt der entsprechenden Anwendung darstellen kann, erschließt sich nicht. Wenn der Gesetzgeber eine bestimmte Norm des Strafprozessrechts entsprechend anwenden möchte, dann kann er deren Anwendung nicht zugleich unter den Vorbehalt der sinngemäßen Anwendung des Strafprozessrechts stellen. Diese Fehlkonstruktion spricht ersichtlich gegen ein Neben- und Übereinander von PUAG und Art. 44 Abs. 2 S. 1 GG.

Eine klare Anwendungssicherheit gebende Gesetzgebung ist durch das PUAG somit nicht geschaffen worden. Der Gegenstand des PUAG ist zu keinem Zeitpunkt präzise und abschließend geregelt. Es besteht immer die Möglichkeit einer entweder die Beweiserhebung nach dem PUAG präzisierenden Anwendung von Vorschriften über den Strafprozess gemäß Art. 44 Abs. 2 S. 1 GG oder zusätzlichen sinngemäßen Anwendung weiterer strafprozessualer Vorschriften. Aufgrund der Fortgeltung des Art. 44 Abs. 2 S. 1 GG ergibt sich aus dem Vorgenannten, dass eine Regelung des PUAG oder die Anwendung eines strafprozessualen Untersuchungs- oder Eingriffsrecht durch einen parlamentarischen Untersuchungsausschuss, das sich nicht mehr als eine sinngemäße Anwendung der Vorschriften über den Strafprozess darstellt, vor der Verfassung keinen Bestand haben kann. Jede gesetzliche Vorschrift des PUAG und jede beabsichtigte sinngemäße Anwendung eines strafprozessualen Untersuchungs- und Eingriffsrechtes bedarf einer Überprüfung hinsichtlich der Frage, ob sie mit der Verfassung im Einklang steht. Bei dieser Erkenntnis wäre es nahe liegend gewesen, ein in sich geschlossenes System an Verfahrensregeln, sei es auch in vieler Hinsicht mehr an die Regelungen des Strafprozesses angelehnt, im Untersuchungsausschussgesetz zu schaffen, das ein erhöhtes Maß an Anwendungssicherheit und Bestimmtheit bewirkt bzw. in Art. 44 Abs. 2 S. 1 GG eine besondere Ermächtigung zu schaffen. Dass der Verzicht auf eine solche Verweisung möglich und praktikabel ist, zeigen die Erfahrungen der Bundesländer Baden-Württemberg und Berlin, die in ihren Verfassungen von einem sinngemäßen Verweis abgesehen und dennoch die Regelungen des Untersuchungsausschussgesetzes an die Vorschriften der Strafprozessordnung angelehnt haben.[39]

Die unveränderte Beibehaltung des Art. 44 Abs. 2 S. 1 GG macht die präzise Bestimmung dessen, was sinngemäße Anwendung der Vorschriften über den Strafprozess im Untersuchungsausschussverfahren neben und in Ergänzung zum PUAG ist, umso erforderlicher.

39 Vgl. Art. 48 VvB und Art. 35 Verfassung BW.

3. Ergebnis

Es ist deutlich geworden, dass die sinngemäße Anwendung der Vorschriften über den Strafprozess einerseits einen die Beweiserhebungsrechte des PUAG präzisierenden Vorbehalt darstellen und andererseits parlamentarischen Untersuchungsausschüssen potentiell weit reichende strafprozessuale Untersuchungs- und Eingriffsrechte gewähren kann, deren Bestimmung weder durch das Grundgesetz noch durch das PUAG näher erfolgt ist. Die Verweisung des Art. 44 Abs. 2 S. 1 GG steht insoweit allein unter dem Vorbehalt des unbestimmten und dynamischen Begriffs der Sinngemäßheit. Es ist eine Gemengelage entstanden, die zum einen rechtlich schwer handhabbar und in der Praxis umsetzbar ist und zum anderen innerhalb der Mitglieder, die unterschiedliche politisch motivierte Aufklärungsinteressen haben, zu zusätzlichen Konflikten führt.

II. Eröffnung der sinngemäßen Anwendung der Vorschriften über den Strafprozess

Das Beweiserhebungsrecht parlamentarischer Untersuchungsausschüsse hat der Gesetzgeber im PUAG ausgestaltet. Er hat damit zum Ausdruck gebracht, welche Beweisgewinnungs- und Beweisdurchsetzungsmöglichkeiten nach seinem Verständnis für die effektive Tätigkeit parlamentarischer Untersuchungsausschüsse zur Erfüllung des ihm vom Parlament übertragenen Untersuchungsauftrages erforderlich sind. Nach wie vor bleiben jedoch gemäß Art. 44 Abs. 2 S. 1 GG die Vorschriften über den Strafprozess sinngemäß anwendbar. Die Regelungen des PUAG sind daher nicht abschließend und unterstehen zudem dem Vorbehalt des Strafprozessrechts (vgl. C.I.) Um den Einfluss der sinngemäßen Anwendung der Vorschriften über den Strafprozess auf die Beweiserhebungsrechte parlamentarischer Untersuchungsausschüsse zu untersuchen, ist das Verständnis von *sinngemäß* maßgeblich, das nachfolgend bestimmt werden soll. Denn die Vorschriften über den Strafprozess sollen je nach Betrachtung nur bzw. gerade sinngemäß auf das parlamentarische Untersuchungsausschussverfahren anwendbar sein und dieses dadurch entweder erweitern, begrenzen oder präzisieren.

1. Möglichkeit der *sinngemäßen* Anwendung

a) Begriffliche Bedeutung von sinngemäß

Die rechtstheoretische Methode der sinngemäßen oder entsprechenden Verweisung auf andere Normen oder Normenkomplexe mit vergleichbarem Regelungsgehalt ist ein häufig vom Gesetzgeber zur Vermeidung von Wiederholungen angewandtes Mittel. Es handelt sich dabei um eine gesetzgeberische Form der Analogie.[40] Verweisungsnormen werfen in der Regel die besondere Auslegungsfrage auf, ob und in wie weit sie im Hinblick auf die tatsächlichen Verschiedenheiten zwischen der Verweisungsnorm und dem verwiesenen Rechtsbereich zu einer entsprechenden bzw. sinngemäßen, die sachlichen Verschiedenheiten berücksichtigenden, Heranziehung der Rechtsfolge führen können.[41] Die Analogie geht damit über die erweiternde Gesetzesauslegung hinaus. Sie setzt voraus, dass der zu entscheidende Fall von dem gesetzlichen Normfall nur unwesentlich abweicht, also rechtsähnlich ist, damit eine Gleichbewertung erfolgen kann.[42]

Die Regelung der *sinngemäßen* Anwendung in Art. 44 Abs. 2 S. 1 GG ist vorliegend bereits insofern untypisch, als sie auf eine Vielzahl von Normen aus dem Bereich des Strafprozessrechts („Vorschriften über den Strafprozess“) verweist und nicht bloß auf einzelne mit einem bestimmten Sinngehalt. Dies erschwert maßgeblich die Bestimmung der Sinngemäßheit, da nicht etwa bestimmte Verfahrenssituationen analog behandelt werden sollen, sondern ein Verfahren insgesamt, das zudem einem anderen Rechtskreis, dem Parlamentsrecht, entstammt. Diese sinngemäße Verweisung lässt sich so auch nur historisch erklären. Bereits Art. 34 Abs. 3 Weimarer Reichsverfassung (WRV) vom 11.08.1919 erklärte die – seinerzeit moderne – Strafprozessordnung für sinngemäß anwendbar:

> „Auf die Erhebungen der Ausschüsse und der von ihnen ersuchten Behörden finden die Vorschriften der Strafprozeßordnung sinngemäße Anwendung, doch bleibt das Brief-, Post-, Telegraphen- und Fernsprechgeheimnis unberührt.“ (Art. 34 Abs. 3 WRV)

In die Nachfolgeregelung des Art. 44 Abs. 2 S. 1 GG wurde diese Verweisung übernommen. Seit Bestehen der Verweisungsnorm in der WRV, nunmehr knapp 90 Jahre, prädeterminiert die sinngemäße Verweisung damit die Orientierung des parlamentarischen Untersuchungsausschussverfahrens am Straf-

40 *Rüthers* § 87, Rn. 132; *Maties* JR 2007, 265. Nach der gesetzgeberischen Intention soll die Verweisungsmethode der Abkürzung und Vereinfachung der Gesetzesanwendung dienen, indem etwa mehrere ausführliche Gesetze, die vergleichbare Konstellationen regeln.

41 *Bydlinski* S. 458 f.; *Maties* JR 2007, 265, 266.

42 *Meyer-Goßner* StPO, Einl., Rn. 198.

prozess. Seither bereitet sie auch Auslegungsprobleme und Anwendungsunsicherheiten.[43]

Gelegentlich wird die *entsprechende* mit der *sinngemäßen* Anwendung in der Literatur gleichbedeutend verwendet[44], was zu Fehlinterpretationen bei der Auslegung der Verweisungsnorm führen kann. Wäre aber *entsprechend* gleichbedeutend mit *sinngemäß*, enthielte das parlamentarische Untersuchungsrecht doppelte und damit überflüssige Verweisungen. Denn neben der sinngemäßen Verweisung auf die Vorschriften über den Strafprozess gemäß Art. 44 Abs. 2 S. 1 GG enthält das PUAG selbst in seinen 36 Paragraphen zahlreiche *entsprechende* und damit ebenfalls analoge Verweisungen auf strafprozessuale Vorschriften, namentlich in § 13 Abs. 2 PUAG (auf §§ 176-179 GVG hinsichtlich der Aufrechterhaltung der Ordnung in der Sitzung), § 22 Abs. 1 PUAG (auf §§ 53, 53a StPO hinsichtlich der Zeugnisverweigerungsrechte von Berufsgeheimnisträger), § 24 Abs. 6 PUAG (hinsichtlich der Anwendung von § 136a StPO), § 27 Abs. 3 PUAG (hinsichtlich der Anwendung von § 70 Abs. 4 StPO), § 28 Abs. 5 PUAG (auf § 76 StPO hinsichtlich der Anwendung des Gutachtenverweigerungsrechtes Sachverständiger) und § 29 Abs. 3 PUAG (auf §§ 97, 104, 105 Abs. 2 und 3, 106, 107 und 109 StPO im Rahmen der Beantragung und Anordnung der Durchsuchung und Beschlagnahme). Auch insoweit stellt sich die Frage, ob und wie die *entsprechende* Anwendung von Strafprozessrecht möglich ist und wie die gesetzlichen *entsprechenden* Verweisungen neben der verfassungsrechtlichen *sinngemäßen* Anwendung funktionieren sollen.[45]

Zwischen der *entsprechenden* und *sinngemäßen* Anwendung ist aber qualitativ zu unterscheiden. *Sinngemäß* bedeutet im allgemeinen Sprachgebrauch frei, dem Sinn nach, nicht wörtlich, sondern nur dem Inhalt nach übereinstimmend (in der Darstellung, Wiedergabe).[46] *Entsprechend* wird im Gegensatz zu *sinngemäß* enger als dementsprechend oder gemäß[47] verstanden, während *sinngemäß* zum Ausdruck bringt, dass mehrere Ansätze existieren, die sich zwar nicht entsprechen, jedoch sich dem Sinne nach gleichen. Demzufolge bringt die Verwendung von *entsprechend* in Verweisungsnormen die engere Bindung

43 *Di Fabio* S. 54 ff.; *Bräcklein* in FS Meyer, 163 m.w.N.

44 *Gollwitzer* in FS Dünnebier, 327, 331; *Kölbel/Morlok* ZRP 2000, 220, Fn. 21, die bereits – allerdings ohne Begründung – meinen, dass die sinngemäße Anwendung nicht rechtsmethodisch zu verstehen ist.

45 Ferner wird im PUAG verschiedentlich entsprechend innerhalb des Normkomplexes parlamentarisches Untersuchungsausschussrecht auf andere Vorschriften des PUAG (§§ 3, 10 Abs. 3, 14 Abs. 2, 19, 23 Abs. 2, 28 Abs. 1, 28 Abs. 6, 29 Abs. 2, 34 Abs. 1, 36 Abs. 2 PUAG) oder des Geschäftsordnungsrechtes (§§ 15 Abs. 2, 16 Abs. 2, 17 Abs. 3, 24 Abs. 5 PUAG) verwiesen.

46 *Bünting* S. 1071.

47 *Bünting* S. 319.

an die Verweisungsnorm zum Ausdruck; das Wort *entsprechend* verlangt eine höhere Genauigkeit hinsichtlich der Übereinstimmung der Fälle, die die Normen erfassen sollen. Bei der *sinngemäßen* Anwendung gelten hingegen geringere Anforderungen an das Ähnlichkeitsurteil. *Sinngemäß* kann insoweit als Minus zu *entsprechend* betrachtet werden.[48]

Gelegentlich wird in diesem Zusammenhang ferner verkannt, dass die *sinngemäße* Anwendung der Ursprungsnorm aufgrund der Analogiebildung selbstverständlich nicht über den Anwendungsbereich der Verweisungsnorm hinausgehen kann.[49] Die Analogie hat ihre Grenze jedenfalls in der Verweisungsnorm. Ansonsten wäre die *sinngemäße* Verweisung zu unbestimmt und könnte den Anwendungsbereich der Verweisungsnorm überdehnen.

Für die *sinngemäße* Anwendung der Vorschriften über den Strafprozess gemäß Art. 44 Abs. 2 S. 1 GG bedeutet dies zunächst, dass zwischen dem Strafprozess und dem parlamentarischen Untersuchungsausschussrecht weder dem Inhalt noch der Form nach eine vollständige Entsprechung bestehen muss, damit strafprozessuale Vorschriften über die Beweiserhebung auch im parlamentarischen Untersuchungsausschussverfahren zur Anwendung gelangen können. Den Unterschieden zwischen den Verfahren soll durch die *sinngemäße* Anwendung gerade Rechnung getragen werden; sie setzt geradezu strukturelle Unterschiede zwischen Strafverfahren und parlamentarischen Untersuchungsausschuss voraus.[50] Dennoch bedarf es zunächst einer vergleichbaren Sach- und Interessenlage zwischen dem Strafprozess und dem parlamentarischen Untersuchungsrecht, damit die Möglichkeit einer *sinngemäßen* Anwendung überhaupt eröffnet ist. Dabei muss die Bezugsnorm bei *sinngemäßer* Anwendung freilich nicht mit der Verweisungsnorm im Anwendungsbereich identisch sein. Denn sonst würde es einer Analogiebildung nicht bedürfen. Wann allerdings im Rahmen der Verweisung eine ausreichende, die *sinngemäße* Anwendung ermöglichende, Ähnlichkeit besteht, ist der Dreh- und Angelpunkt für die Analogiebildung und die nachfolgende Prüfung.

b) Kein Verbot der Analogiebildung

Da es sich bei der sinngemäßen Verweisung um eine Form der Analogie mit Bezug auf die Vorschriften über den Strafprozess handelt, ist anzusprechen, ob ihr das Verbot der Analogiebildung im Strafrecht entgegensteht. Soweit ersichtlich, ist diese Thematik bisher nicht behandelt worden. Dies mag damit

48 Eingehend: *Maties* JR 2007, 265, 268.

49 Vgl. *Weisgerber* S. 147, mit Hinweis auf *Müller* S. 194 f. und *Schleich* S. 20 f.

50 BVerfGE 77, 1, 50 *Neue Heimat-Ausschuss* unter Hinweis auf BVerfGE 67, 100, 128 *Flick-Ausschuss*.

zusammenhängen, dass nicht innerhalb des Normkomplexes des Strafrechts Analogien gebildet werden, sondern aufgrund einer Vorschrift im Grundgesetz (Art. 44 Abs. 2 S. 1 GG) Vorschriften über den Strafprozess auf die Beweiserhebung parlamentarischer Untersuchungsausschüsse sinngemäße Anwendung finden sollen.

Das strafrechtliche Analogieverbot ergibt sich aus Art. 103 Abs. 2 GG.[51] Umstritten ist, ob sich das Analogieverbot nur auf das materielle Strafrecht bezieht oder auch die Vorschriften des Strafprozessrechts erfasst. Letzteres wird überwiegend abgelehnt[52], so dass sich der überwiegenden Ansicht zufolge die Frage nach der Geltung des Analogieverbots vorliegend nicht stellt. Die herrschende Ansicht unterliegt allerdings begründeten Zweifeln, die von *Jäger*[53] anschaulich anhand der Rechtsprechung des BVerfG und der ratio des Art. 103 Abs. 2 GG dargestellt werden.

Dieser Meinungsstreit ist für die Frage der Anwendung der sinngemäßen Anwendung der Vorschriften über den Strafprozess im parlamentarischen Untersuchungsausschussverfahren letztlich unerheblich, weil selbst bei Annahme eines Analogieverbots auch für das Strafprozessrecht dieses vorliegend nicht zur Anwendung käme. Die Annahme des Analogieverbots auch im Strafprozessrecht basiert auf dem beweisbildenden und damit strafbarkeitsbegründenden bzw. strafrechtsdienenden Charakter der Prozessnormen.[54] Es soll dort eingreifen, wo die Verbindung von formellem und materiellem Recht betroffen ist. Keinen Geltungsgrund soll das Analogieverbot dagegen haben, wenn durch sie keine strafprozessuale Beschwer im Hinblick auf die Ermittlung des Strafanspruchs erzeugt werden kann. Da die sinngemäße Anwendung von Strafprozessrecht durch Untersuchungsausschüsse unstreitig nicht der Durchsetzung eines Strafanspruchs, sondern der Aufklärung eines im Untersuchungsauftrag vorgegebenen Sachverhaltes zur Berichterstattung gegenüber dem Parlament dient, ist auszuschließen, dass ein Analogieverbot die sinngemäße Anwendung tangiert. Das Analogieverbot des Art. 103 Abs. 2 GG hindert somit nicht die sinngemäße Anwendung von Vorschriften über den Strafprozess im Untersuchungsausschussverfahren.

---

51 Fischer, StGB, § 1, Rn. 10.

52 vgl. *Meyer-Goßner* StPO, Einl., Rn. 198 m.w.N.

53 Jäger, GA 2006, 615 ff.

54 Jäger, GA 2006, 615, 620 f.; *Meyer-Goßner* StPO, Einl., Rn. 198.

c) Bestehen einer Regelungslücke

Besteht nun die Möglichkeit der Analogiebildung, stellt sich nach Einführung des PUAG im Jahre 2001 weiter die Frage nach dem Bestehen einer Regelungslücke. Sollte diese fehlen, so wäre Art. 44 Abs. 2 S. 1 GG bedeutungslos, weil kein Raum mehr für eine sinngemäße Anwendung der Vorschriften über den Strafprozess bestünde.

Vor Einführung des PUAG bezweckte die sinngemäße Verweisung des Art. 44 Abs. 2 S. 1 GG, parlamentarischen Untersuchungsausschüssen die erforderlichen Befugnisse sowie den betroffenen Personen die jeweiligen Partizipations- und Schutzrechte zu verleihen. Solche nach außen wirkenden Maßnahmen konnten nicht durch das seinerzeit bestehende parlamentsinterne Recht (die IPA-Regeln und die Geschäftsordnung) geregelt und durchgesetzt werden.[55] Nunmehr existiert aber das PUAG, das eigenständige Beweiserhebungs- und Durchsetzungsvorschriften enthält (vgl. B.II.). Es ist daher fraglich ist, ob eine im Wege der *sinngemäßen* – analogiebildenden – Anwendung zu füllende Regelungslücke überhaupt noch besteht. Es könnte nämlich der Standpunkt eingenommen werden, das allein deshalb kein Raum mehr für eine sinngemäße Anwendung der Vorschriften über den Strafprozess besteht, weil der Gesetzgeber die vor Bestehen des PUAG existierende Lücke im Jahre 2001 geschlossen und auf der Grundlage des Art. 44 GG ein parlamentarisches Untersuchungsausschussgesetz geschaffen hat, das Verfahren sowie Eingriffs- und Untersuchungsbefugnisse abschließend und inhaltlich sinngemäß gemäß Art. 44 Abs. 2 S. 1 GG regelt.

Hierzu findet sich in der Literatur und Rechtsprechung nichts. Lediglich *Wiefelspütz* merkt insoweit hinsichtlich der Entstehungsgeschichte des Art. 44 Abs. 2 S. 1 GG an, dass die Verweisung auf die sinngemäße Anwendung der Vorschriften über den Strafprozess eine streng limitierende Funktion hatte, die darin bestand, den Untersuchungsausschüssen die Befugnis zu eröffnen, die Zeugenpflichten durchzusetzen.[56] Die Zeugeneinvernahme und deren Durchsetzung sind im PUAG nun gerade eingehend geregelt worden, so dass insoweit eine Regelungslücke nunmehr als geschlossen angesehen werden könnte. Für das Nichtvorliegen einer Regelungslücke spricht ferner, dass der Gesetzgeber im PUAG vielfältig *entsprechend* auf Vorschriften des Strafprozesses (StPO und GVG) verweist. Das PUAG enthält somit zwei verschiedene, auf Analogien basierende, Verweisungen auf strafprozessuale Vorschriften, wobei nach der Konstruktion die speziellere *entsprechende* Verweisung in einzelnen Vorschriften des PUAG unter dem Vorbehalt der *sinngemäßen* Verweisung gemäß Art. 44 Abs. 2 S. 1 GG steht (vgl. C.II.1.a)). Fraglich ist, ob sei-

55 *Gollwitzer* in FS Dünnebier, 329.

56 *Wiefelspütz* S. 257.

tens des Gesetzgebers diese verschachtelte Prüfung intendiert gewesen ist oder ob der Gesetzgeber nicht vielmehr zum Ausdruck bringen wollte, dass die sinngemäße Verweisung – also die Heranziehung noch weiterer Regelungen – durch Einführung des PUAG mit der Regelung einzelner, zielgerichteter Verweisungen auf strafprozessuale Vorschriften gegenstandslos geworden ist.

Offenkundig entspricht dieser plausible Standpunkt aber nicht dem in der Gesetzesbegründung mitgeteilten Willen des Gesetzgebers. Denn der Gesetzgeber war sich

> „bei seinen Beratungen bewusst, dass die Kodifizierung des Untersuchungsausschussrechts, die sich unmittelbar aus Artikel 44 GG ergebende Rechtsfolge unberührt lässt, wonach im Untersuchungsausschussgesetz nicht enthaltene Verfahrensregeln des Strafprozesses über die Beweiserhebung sinngemäß weiter gelten, sofern sie auf ein Untersuchungsausschussverfahren anwendbar sein können."[57]

Die Möglichkeit der sinngemäßen Verweisung auf die Vorschriften über den Strafprozess sollte mit den aufgezeigten Konsequenzen neben dem PUAG erhalten bleiben, auch wenn dies wenig Sinn ergeben mag und damit (zusätzlich) eine seit Jahrzehnten Auslegungsprobleme bereitende Konstruktion übernommen und fortgesetzt wird (vgl. C.I.). Es ist daher davon auszugehen, dass nach wie vor eine – wenn auch jetzt „verengte" – Regelungslücke besteht.

d) Ergebnis

Die Möglichkeit der sinngemäßen Anwendung der Vorschriften über den Strafprozess im parlamentarischen Untersuchungsausschussrecht ist gegeben. Entsprechend dem angeführten Verständnis von *sinngemäß* bedarf es daher nun einer Prüfung, ob zwischen parlamentarischen Untersuchungsausschussverfahren und Strafprozess eine vergleichbare Sach- und Interessenlage bzw. eine nur unwesentliche Abweichung besteht, die Grundlage für eine sinngemäße Anwendung der Vorschriften über den Strafprozess gemäß Art. 44 Abs. 2 S. 1 GG sein kann. Dabei gilt, dass eine sinngemäße Anwendung der Vorschriften über den Strafprozess nur dann möglich ist, wenn zwischen den Verfahren keine wesentlichen Unterschiede bestehen. Je erheblicher die Unterschiede, desto geringer ist der Spielraum für eine sinngemäße Anwendung. Die Analogie hat dabei dort ihre Grenze, wo die Ähnlichkeit aufhört bzw. wesentliche Unterschiede eine *sinngemäße* Anwendung verhindern.[58]

---

57 BT-Drs. 14/5790, 13.

58 *Maties* JR 2007, 265, 268 m.w.N.

2. Bestimmung der *sinngemäßen* Anwendung

Zur Klärung einer für die sinngemäße Anwendung erforderlichen Ähnlichkeit des parlamentarischen Untersuchungsausschussverfahrens und des Strafprozesses sind beide Verfahren miteinander zu vergleichen. Erst nach Vornahme des Vergleichs der Sach- und Interessenlage kann festgestellt werden, inwiefern die *sinngemäße* Anwendung der Vorschriften über den Strafprozess einerseits das Strafprozessrecht das parlamentarische Untersuchungsrecht erweitert oder begrenzt und andererseits reflektierend die bestehenden Untersuchungs- und Eingriffsrechte des PUAG präzisiert. Dabei beschränkt sich die Untersuchung nicht auf einen bloßen Vergleich der Tatbestandsmerkmale. Es ist vielmehr erforderlich, die in den gesetzlichen Regelungen enthaltenen Wertungen und die Regelungsziele des Gesetzgebers zu bestimmen und zu vergleichen.

a) Vorgaben des Gesetzgebers

Hierbei ist zunächst von Bedeutung, ob seitens des Gesetzgebers Vorgaben für die sinngemäße Anwendung gemacht worden sind. Einschränkungen der *sinngemäßen* Anwendung hat der Gesetzgeber zwar beispielsweise in Art. 44 Abs. 2 S. 2 GG vorgenommen, indem er bestimmt hat, dass das Fernmeldegeheimnis unberührt bleibt, wodurch die Anwendung bestimmter strafprozessualer Vorschriften kategorisch ausgeschlossen wird (vgl. C.III.4.), sowie in § 17 Abs. 2 PUAG (vgl. B.II.2.a), C.III.), wonach die Anwendung von Zwangsmitteln auf die des PUAG beschränkt ist. Art. 44 Abs. 2 S. 1 GG selbst enthält jedoch keine Maßgabe oder Vorgabe die sinngemäße Anwendung betreffend, so dass die einzelnen Aspekte der verwiesenen Norm bzw. des verwiesenen Normenkomplexes der Vorschriften über den Strafprozess auf Gleichartigkeit hin zu untersuchen sind.

b) Ansätze zur Abgrenzung der Verfahren

Ansätze und Thesen zur Unterscheidung der beiden Verfahrensarten und Folgerungen für den Umfang der sinngemäßen Anwendung der Vorschriften über den Strafprozess sind bereits vielfach aufgestellt worden. In der Folge sollen exemplarisch für das Spektrum die von der Rechtsprechung sowie *Jung*, *Masing* und *Gollwitzer* vertretenen Meinungen aufgezeigt werden:

(1) Rechtsprechung

Auf die Unterschiede zwischen dem parlamentarischen Untersuchungsausschussverfahren und dem Strafprozess wird in diversen Entscheidungen eingegangen, von denen exemplarisch Entscheidungen des BVerfG und jeweils eine Entscheidung des VGH Saarland und des OVG Münster nachfolgend dargestellt werden.

Das BVerfG tendiert insbesondere in den grundlegenden Entscheidungen zum *Flick-Ausschuss*[59] und *Neue Heimat-Ausschuss*[60] zu einer weitgehenden Bejahung der sinngemäßen Anwendung der Vorschriften über den Strafprozess, obgleich es wiederholt strukturelle und inhaltliche Unterschiede zwischen den beiden Verfahren betont hat. So stellte es in der Entscheidung zum *Neue Heimat-Ausschuss* einerseits die Unterschiede zwischen Gerichten und dem parlamentarischen Untersuchungsausschuss als Organ heraus und machte deutlich, dass sich weder das Recht auf den gesetzlichen Richter (Art. 101 Abs. 1 S. 2 GG) auf Untersuchungsausschüsse übertragen ließe noch Untersuchungsausschüsse Gerichte im Sinne des Art. 92 GG seien.[61] Ferner vollziehe sich das Verfahren vor dem Untersuchungsausschuss im politischen Raum und in den damit vorgegebenen Spannungsfeldern, weshalb es gegenüber dem strafrechtlichen Ermittlungsverfahren Besonderheiten aufweise.[62] Weiter stellte das BVerfG aber ebenfalls in der *Neue Heimat-Entscheidung* fest, dass die Bedeutung des Öffentlichkeitsprinzips im demokratischen Parlamentarismus nicht weniger Gewicht hat als der Grundsatz der Öffentlichkeit der Hauptverhandlung im Strafprozess[63] und der Sachverhaltsaufklärung durch parlamentarische Untersuchungsausschüsse keine geringere Bedeutung als der Tatsachenermittlung im Strafverfahren zukomme.[64] Die Aufgabe eines parlamentarischen Untersuchungsausschusses treffe sich sogar

> „mit dem Wesen des Strafprozesses in dem Ziel, einen Sachverhalt innerhalb der Grenzen, die durch Beweiserhebungs- und Beweisverwertungsverbote gezogen sind, vollständig aufzuklären."[65]

Der Begriff der Beweiserhebung des Art. 44 Abs. 1 S. 1, Abs. 2 S. 1 GG solle damit alle Bestimmungen sinngemäß umfassen, die die strafprozessuale Sachverhaltsaufklärung regeln.[66]

---

59 BVerfGE 67, 100 ff. *Flick-Ausschuss.*
60 BVerfGE 77, 1 ff. *Neue Heimat-Ausschuss.*
61 BVerfGE 77, 1, 50 *Neue Heimat-Ausschuss.*
62 BVerfGE 77, 1, 54 *Neue Heimat-Ausschuss.*
63 BVerfGE 77, 1, 47 f. *Neue Heimat-Ausschuss.*
64 BVerfGE 77, 1, 48 *Neue Heimat-Ausschuss*; 67, 100, 146 *Flick-Ausschuss.*
65 BVerfG, NJW 1987, 787, 788 *Neue Heimat-Ausschuss.*
66 BVerfGE 67, 100 ff. *Flick-Ausschuss.*

Erschließen lassen könne sich die „Sinngemäßheit" nach der Rechtsprechung des BVerfG ferner aus der Bedeutung, die Untersuchungsausschüssen für das parlamentarische Regierungssystem beigemessen wird. Diese ließe es als folgerichtig erscheinen, den Untersuchungsausschuss mit denjenigen Befugnissen auszustatten, derer er bedarf, um die ihm aufgegebene Klärung von Zweifeln an der Rechtmäßigkeit von Regierungs- und Verwaltungshandeln wirksam vornehmen zu können.[67] Auf dieses Verständnis aufbauend hat das BVerfG die sinngemäße Anwendung strafprozessualer Zwangs- und Beugemaßnahmen für die Bereiche der Aktenvorlage und der Zeugenvernehmung bejaht, sofern sie zur effektiven Erfüllung der dem Untersuchungsausschuss obliegenden Kontrolle unentbehrlich sind.[68]

Eine die sinngemäße Anwendung strafprozessualer Vorschriften ablehnende Entscheidung liegt bisher nicht vor. Das BVerfG hat aber einschränkend deutlich gemacht, dass nur solche Vorschriften über den Strafprozess Anwendung finden können, „deren Anwendung im Ausschussverfahren zulässig und geboten ist. Spezifisch strafprozessuale Vorschriften scheiden daher aus"[69] Diese Auffassung des BVerfG geht auf *Anschütz* zurück, der es für sinnwidrig hielt,

> „würde man des Untersuchungsausschüssen gestatten, bei ihrer Tätigkeit Befugnisse anzuwenden, die sozusagen rein kriminalistisch konstruiert [sind], die ihrer ganzen Wesensart durch den Strafverfolgungszweck, dem sie dienen (...) spezifisch bestimmt sind."[70]

Welche Beweiserhebungsvorschriften nun aber spezifisch strafprozessual sind und welche dagegen einer sinngemäßen Anwendung neben bzw. in Ergänzung zum PUAG aufgrund ihrer Zulässigkeit und Gebotenheit zugänglich sind, bleibt durch das BVerfG ungeklärt. Die Sinngemäßheit einer strafprozessualen Norm und deren Anwendungsumfang sind hiernach im Einzelfall

---

67 Vgl. BVerfGE 67, 100, 130 *Flick-Ausschuss*; BVerfG, NVwZ 1994, 54, 55 *Deponie Ihlenberg/Schönberg*.

68 BVerfGE 76, 363, 383 ff. = BVerfG, Beschluss vom 01.10.1987, 2 BvR 1165/86 = NJW 1988, 897, 898 *Lappas*. Zum *Flick-Ausschuss* fasst das BVerfG dies wie folgt: „Dies heißt, dass Art und Umfang der Anwendung der Vorschrift dem Sinn parlamentarischer Kontrolle durch einen Untersuchungsausschuß entsprechen sollen." (BVerfGE 67, 100, 133 f.). Dem schloss sich das OVG Münster (NVwZ 1987, 606, 607) an, das meinte, die sinngemäße Verweisung auf die Vorschriften über den Strafprozess soll den Untersuchungsausschuss mit einem gesetzlichen Instrumentarium ausstatten, dessen er bedarf, um den Untersuchungsauftrag wirkungsvoll erfüllen zu können.

69 BVerfGE 77, 1, 49 ff. *Neue Heimat-Ausschuss*; *Anschütz* Art. 34, Anm. 8b, 223.

70 *Anschütz* Art. 34 WRV, Anm. 8b. Nach *Bräcklein* in FS Meyer, 163, soll es diese Auffassung in der heutigen Kommentarliteratur, nicht mehr geben. Trotzdem sei das Untersuchungsverfahren praktisch von der strafverfahrensrechtlichen Terminologie, sondern auch von der Normstruktur bestimmt.

über eine Untersuchung der Wesen der parlamentarischen Untersuchung und der Strafprozessordnung zu erschließen.[71]

Das OVG Münster äußerte sich etwas abweichend zum Umfang der sinngemäßen Anwendung. Erfasst seien entsprechend der Rechtsprechung des BVerfG die Vorschriften der StPO, in denen die den Strafverfolgungsorganen zustehenden Befugnisse zur Aufklärung des Sachverhalts und deren Grenzen umschrieben sind.[72]

> „Nicht in Bezug genommen sind dagegen solche Vorschriften, die dem vom Verfahren Betroffenen bei der Erforschung des Sachverhalts bestimmte Beteiligungs- und Mitwirkungsrechte gewähren."[73]

Ob die aufklärenden Organen zustehenden Befugnisse allerdings losgelöst von den Beteiligungs- und Mitwirkungsrechten vom Verfahren Betroffener betrachtet und angewandt werden können, ist zweifelhaft. Schließlich bestimmen sich die Grenzen der Aufklärung gerade auch durch die Beteiligungs- und Mitwirkungsrechte der Betroffenen.

Besonderes Augenmerk kann bei der Betrachtung der Rechtsprechung noch auf das Urteil des VGH Saarland vom 13.09.2002[74] gelegt werden. Der VGH Saarland nahm im Rahmen der Frage, ob ein Untersuchungsausschuss, der sich mit dem Verdacht von Missständen und Fehlentwicklungen bei dem *Entsorgungsverband Saar* befassen sollte, diesen mit dem Namen einer der Vorsteher bzw. Geschäftsführer bezeichnen darf, zur Vergleichbarkeit der beiden Verfahren Stellung.

Zunächst hält der VGH Saarland Unterschiede fest, dass parlamentarische Untersuchungen keine auf die Feststellung einer sanktionsbewehrten Schuld oder Unschuld eines Menschen gerichtete Verfahren seien, weshalb u.a. die Unschuldsvermutung nicht gelte.[75] Ferner müsse aus Sicht des VGH Saarland berücksichtigt werden, ob das Interesse des Parlaments einer Privatperson gilt, die nur aufgrund besonderer Umstände Gegenstand öffentlichen Interesses geworden ist, oder ob es um eine Person geht, die ein in die Öffentlichkeit wirkendes Amt wahrgenommen hat oder wahrnimmt.[76] Dabei dürfe aus der Sicht des VGH Saarland nicht das Vorliegen eines strafprozessualen (Anfangs-)Verdachts im Sinne des § 152 Abs. 2 StPO bzw. eine Bestä-

---

71 Vgl. BVerfG, NJW 1984, 2272.

72 BVerfGE NJW 1984, 2271, 2272 *Flick-Ausschuss.*

73 OVG Münster, NVwZ 1987, 606, 607.

74 VGH Saarland, Urteil vom 31.10.2002, Lv 2/02.

75 VGH Saarland, Urteil vom 31.10.2002, Lv 2/02, Absatz-Nr. 20; vgl. hierzu kritisch *Jung* in FS Eser, 335 ff.

76 VGH Saarland, Urteil vom 31.10.2002, Lv 2/02, Absatz-Nr. 38.

tigung eines solchen Verdachts im parlamentarischen Untersuchungsausschuss verlangt werden.[77]

Im Hinblick auf die Frage der Zulässigkeit der Bezeichnung durch den parlamentarischen Untersuchungsausschuss orientierte sich der VGH Saarland dagegen an der Praxis und Befugnis von Strafverfolgungsbehörden, den Namen von Beschuldigten in Ermittlungsverfahren zu offenbaren. Auch insoweit betonte es aber Unterschiede und begründete unterschiedliche Anforderungen an die Zulässigkeit der Offenbarung und Verwendung von Namen. Während im Ermittlungsverfahren die Offenbarung des Beschuldigten nur ausnahmsweise zulässig sei, da bereits die Eröffnung eines Ermittlungsverfahrens auf der Grundlage eines Anfangsverdachts bei einem Laien die namentliche Identifizierung des Verdächtigen mit dem beinahe Vorliegen einer Schuld gleichgesetzt werden könne, bedürfe es dieser Anforderungen beim parlamentarischen Untersuchungsausschussverfahren nicht:

> „Dabei müsse ins Gewicht fallen, dass parlamentarische Untersuchungsausschüsse zwar im repräsentativ demokratisch geordneten Gemeinwesen unverzichtbare und bedeutungsvolle Instrumente der Aufklärung sind, dass es sich bei ihnen jedoch weder nach ihrem Ziel noch nach der normativen Steuerung ihrer Arbeit um Strafverfolgungsbehörden oder gar um Gerichte handelt. Untersuchungsausschüsse sind Teil des politischen Wettbewerbs und werden von der Öffentlichkeit auch so verstanden."[78]

Nach alledem kann festgehalten werden, dass sich die Rechtsprechung bislang nicht grundsätzlich mit der Frage der sinngemäßen Anwendung der Vorschriften über den Strafprozess befasst hat. Sie hat die sinngemäße Anwendung für den Bereich der Beweiserhebung und deren zwangsweiser Durchsetzung zwar in ständiger Rechtsprechung bejaht, dabei aber sowohl Ähnlichkeiten wie auch Unterschiede der beiden Verfahren hervorgehoben und betont, dass die Entscheidung über die sinngemäße Anwendung letztlich einzelfallbezogen zu erfolgen hat. Eine grundsätzliche Entscheidung zum Verhältnis von Strafprozess und parlamentarischem Untersuchungsausschussverfahren und inwiefern abschließend oder innerhalb bestimmbarer Grenzen eine sinngemäße Anwendung strafprozessualer Normen im parlamentarischen Untersuchungsausschussverfahren erfolgen darf, ist nicht ergangen.

---

77 VGH Saarland, Urteil vom 31.10.2002, Lv 2/02, Absatz-Nr. 41 f.

78 VGH Saarland, Urteil vom 31.10.2002, Lv 2/02, Absatz-Nr. 37.

(2) Konkretisierungen von *Gollwitzer*

Gollwitzer[79] gibt ausgehend davon, dass die entsprechende[80] Anwendung nicht voraussetzt, dass alle äußeren Voraussetzungen der Vorschrift in einem anderen Verfahren auch gegeben sein müssen, einen Überblick darüber, wie die sinngemäße Anwendung im einzelnen aussehen könnte. Hierbei präzisiert er bereits bei der Rechtsprechung (vgl. (1)) genannte Anforderungen an die Sinngemäßheit und wendet diese exemplarisch auf Vorschriften über den Strafprozess bzw. Grundsätze an. Entscheidend bei der sinngemäßen Anwendung sei *Gollwitzer* zufolge Sinn, Zweck und innerer Rechtfertigungsgrund der Vorschrift. Um diese gegenüber abweichenden Besonderheiten zu bewahren, könne es notwendig sein, den Anwendungsbereich der Vorschrift durch Veränderungen anzupassen. Hierbei sei dem Zweck der parlamentarischen Untersuchung, den strukturellen Unterschieden beider Verfahren und ihrer Zugehörigkeit zu verschiedenen Bereichen der dreigeteilten Staatsgewalt Rechnung zu tragen. Er kommt zu dem Ergebnis, dass sich die sinngemäße Verweisung auf die nach außen wirkenden Maßnahmen der Beweiserhebung beschränkt, während sich das Verfahren parlamentarischer Untersuchungsausschüsse im übrigen nach Parlamentsrecht richtet.[81]

(3) Ähnlichkeitsthese von *Jung*

Im Gegensatz zu der Rechtsprechung der Verfassungsgerichte und *Gollwitzer* vertritt *Jung* die Auffassung, Untersuchungsausschussrecht und Strafprozess seien sich strukturell ähnlich.[82] *Jung* stellt bei dem Vergleich der beiden Verfahren in Auseinandersetzung mit der Rechtsprechung des VGH Saarland (vgl. C.II.2.b)(1)) weniger auf die Struktur und Zielsetzung der beiden Verfahren ab als auf die Auswirkungen einer personalisierten Enquête auf Persönlichkeitsrechte, die denen einer strafrechtlichen Verurteilung entsprächen. Erhebungen und Feststellungen parlamentarischer Untersuchungsausschüsse würden eine mit dem Strafprozess vergleichbare empfindliche „Prangerwirkung" entfalten und justizförmige Ermittlungen in eine bestimmte Richtung lenken können. *Jung* kommt am Ende seiner strafprozesstheoretischen Betrachtung zu dem Schluss, dass Leitlinie der personalisierten Enquête aufgrund der Ähnlichkeit der beiden Verfahren das (Schutz-)Modell des Strafprozesses sein sollte, das vor allem bei der Ausgestaltung der Stellung des

79 *Gollwitzer* in FS Dünnebier, 327 ff.
80 Inhaltlich meint *Gollwitzer* hier sinngemäß (FS Dünnebier, 332).
81 *Gollwitzer* in FS Dünnebier, 329.
82 *Jung* in FS Eser, 340.

Ausschussvorsitzenden und der Frage nach Betroffenenrechten Bedeutung erlange.

(4) Entstellungsthese von *Masing*

Masing geht hingegen davon aus, dass die beiden Verfahren wegen ihrer unterschiedlichen Eingriffsstrukturen grundverschieden sind und eine Übertragbarkeit der strafprozessualen Eingriffsgrundlagen bei Untersuchungen unmittelbar privater Bereiche nicht möglich sei.[83] Die modifizierte Anwendung strafprozessualer Eingriffe auf das parlamentarische Untersuchungsausschussrecht sei nicht mehr sinngemäß, es entstelle dieses sogar.[84] Er kommt zu dem Ergebnis, dass der Verweis des Art. 44 Abs. 2 S. 1 GG auf strafprozessuale Untersuchungs- und Eingriffsrechte im Rahmen von privatgerichteten parlamentarischen Untersuchungen diffus und konturenlos ist und besser für den Bereich der *Kontroll-Enquêten* passe. Der Verweis auf die strafprozessualen Vorschriften könne besser erklärt werden, wenn privatgerichtete Untersuchungen aus dem Anwendungsbereich des Untersuchungsausschussrechts gänzlich ausgeschlossen werden. Die der StPO entnommenen Zwangsbefugnisse wiesen das Untersuchungsausschussrecht als staats- und nicht privatgerichtetes Kontrollinstrument aus.[85] *Masing*s Auffassung zufolge besteht für die sinngemäße Anwendung strafprozessualer Untersuchungs- und Eingriffsrechte auf die privatgerichtete parlamentarische Untersuchung mangels Ähnlichkeit der Verfahren kein Raum.

(5) Zusammenfassung

Die einzelnen Auffassungen zum Verhältnis von Strafprozess und parlamentarischem Untersuchungsausschussverfahren gehen ersichtlich auseinander und decken das gesamte Spektrum der Möglichkeiten ab, und zwar von der Ablehnung der sinngemäßen Anwendung strafprozessualer Vorschriften bei unmittelbar privatgerichteten parlamentarischen Untersuchungen über die differenzierende Betrachtung der Rechtsprechung, die einzelfallbezogen untersucht, ob und inwiefern eine sinngemäße Anwendung möglich ist, bis hin zur Ansicht von *Jung*, der zufolge die Ähnlichkeit derart ausgeprägt sind, dass die Vorschriften über den Strafprozess als Leitlinie im parlamentarischen Untersuchungsausschussrecht zu gelten haben. Es existieren weitere Auffas-

83 *Masing* S. 271, 274 f.
84 *Masing* ZRP 2001, 36, 38.
85 *Masing* S. 275.

sungen, auf deren Darstellung hier aber im Einzelnen verzichtet worden ist, da sie sich allesamt innerhalb dieses Spektrums bewegen.[86] Ob und inwieweit den genannten Ansätzen bzw. Thesen zu den Unterschieden zwischen Straf- und Untersuchungsausschussverfahren und der sinngemäßen Anwendung gefolgt werden kann, hängt von dem Vergleich zwischen den beiden Verfahren ab.

c) Verfahrensvergleich

In der Folge sollen zum Zwecke der Klärung der Frage, ob eine für die sinngemäße Anwendbarkeit der Vorschriften über den Strafprozess ausreichende Ähnlichkeit zwischen den beiden Verfahren besteht, deren Erkenntnisziele, Struktur, Stellung, Verfahrensbeteiligte, Beweismittel sowie Anforderungen an die Tatsachenermittlung und Wahrheitsfindung verglichen werden.[87]

(1) Aufgaben und Struktur

(a) Erkenntnisziele

Erkenntnisziel parlamentarischer Untersuchungsausschüsse ist die Aufklärung eines Sachverhaltes zur Information des Parlaments im Wege eines Abschlussberichts (s.o. B.II.). Dabei unterstützen diese das Parlament als deren Unter-, Teil- bzw. Hilfsorgan bei der Vorbereitung von legislativen Entscheidungen, indem sie eingehende Kenntnisse zu bestimmten Vorgängen, Geschehensabläufen und den diesen zugrunde liegenden Tatsachen erlangen.[88] Die im Abschlussbericht getroffenen Feststellungen und Bewertungen können der Vorbereitung parlamentarischen Handelns im Bereich der Gesetzgebung oder der Kontrolle der Regierung und Verwaltung dienen, aber auch zur Aufklärung tatsächlicher Vorgänge im parlamentarischen Bereich getroffen werden. Bei der am häufigsten vorkommenden Kategorie der sog. *Skandal-* oder *Missstands-Enquêten* geht es bei der Untersuchung speziell um die Aufklärung von Missständen in Verwaltung, Justiz, gesellschaftlichen und wirtschaftlichen Leben.[89] Sofern die Enquête unmittelbar oder mittelbar privatgerichtet ist, soll auch die Verantwortlichkeit einer natürlichen oder juristischen Person

86 Vgl. z.B. *Schaefer*, NJW 1998, 434 f.

87 Diese Untersuchung kann angesichts des Umfangs der hierzu vorhandenen Veröffentlichungen und des Rahmens dieser Arbeit nicht erschöpfend, sondern nur im Hinblick auf die für die Anstellung dieses Vergleichs erforderlichen Aspekte erfolgen.

88 Für alle: BVerfG, NJW 1988, 890, 892 *Neue Heimat-Ausschuss* m.w.N.

89 Maunz-Dürig/*Klein* Art. 44, Rn. 2.

für bestimmte Geschehnisse aufgeklärt werden, sofern an der Untersuchung ein öffentliches Interesse besteht. Ziel ist nicht die Verhängung von Sanktionen oder die Ahndung individuellen Fehlverhaltens.

Die Beschreibung des Ziels oder der Ziele des Strafverfahrens gestaltet sich schwieriger, unterliegen diese doch aufgrund ihrer Zeitgebundenheit, dem konkreten Prozessbild und seiner Ausgestaltung durch den Gesetzgeber ständigen Anpassungen und Differenzierungen.[90] Die Hauptaufgabe des Strafprozesses besteht sicherlich in der Verwirklichung des materiellen Strafrechts bzw. die Feststellung und die Durchsetzung eines im Einzelfall entstandenen legitimen staatlichen Strafanspruchs.[91] Es soll eine in materiellrechtlicher Hinsicht richtige und damit gerechte Entscheidung getroffen werden.[92] Materielles Strafrecht und Strafverfahrensrecht hängen demzufolge eng zusammen und sind aufeinander abgestimmt. Das materielle Strafrecht hält die Vorgaben bereit, welche im Strafverfahren zu prüfen sind.[93] Das Ergebnis ist nicht eine abstrakte Erkenntnisgewinnung, sondern eine individuelle Ahndung von strafbarem Verhalten.

Die Hauptaufgaben der beiden Verfahren sind offenkundig nicht miteinander vergleichbar. Zwar ist Aufgabe beider Verfahren die Aufklärung eines Sachverhaltes, der im öffentlichen Interesse steht und einer Bewertung zugeführt werden soll. Ziel privatgerichteter parlamentarischer Untersuchungsausschüsse ist dabei aber die politische Aufklärung und Bewertung eines Sachverhaltes sowie die Feststellung einer Verantwortlichkeit im politischen Sinne. Die Feststellung einer strafrechtlichen Schuld bzw. Unschuld bzw. die Durchsetzung eines legitimen staatlichen Strafanspruchs ist dagegen nicht (zulässiger) Gegenstand parlamentarischer Untersuchungen.

Neben der Hauptaufgabe existieren eine Reihe weiterer Ziele des Strafprozesses, die einem Vergleich mit den Zielen parlamentarischer Untersuchungen zugänglich sein könnten. Von diesen umschreibt die Herstellung des Rechtsfriedens als normativer Begriff nach dem gegenwärtigen Stand in der Literatur[94] das Strafverfahren am Plausibelsten. Damit ist nach *Rieß* die Herstellung eines Zustands gemeint,

> „bei dem sich die Rechtsgemeinschaft vernünftigerweise beruhigen kann; nicht etwa stellt er darauf ab, dass der jeweilige Beschuldigte oder Verletzte und ebenso wenig die Mehrheit der Bürger das Ergebnis eines konkreten Verfahrens als befriedigend bewertet, mag dies auch erstrebenswert sein. Wohl aber ist er dem Maßstab dahingehend zugänglich, ob das nach ihm ausgestaltende und zu bewertende Strafverfahren

90 Vgl. zu einem aktuellen Überblick über die gegenwärtigen Aufgaben und Ziele des Strafverfahrens mit entsprechenden Nachweisen: *Rieß*, JR 2006, 269 ff.

91 BerlVerfGH NJW 1993, 515, 517.

92 *Murmann* GA 2004, 65, 70 ff.

93 NK-*Hassemer/Neumann* StGB, Vor § 1, Rn. 200.

94 Nachweise bei *Rieß* JR 2006, 269, 270 f.

generell so beschaffen ist, dass es von der Rechtsgemeinschaft nach den für sie grundlegenden Werten als ein akzeptables Verfahren verstanden werden kann, welches das staatliche Gewaltmonopol und den Verzicht auf Selbsthilfe zu legitimieren imstande ist."[95]

Auch dieses Nebenziel hat mit der Zielsetzung parlamentarischer Untersuchungsausschüsse nichts gemein. Begreift man das parlamentarische Untersuchungsausschussverfahren als politisches Kontroll- und Informationsgremium, das in seiner speziellen Form der privatgerichteten *Skandal-* oder *Miss-Missstands-Enquête* auch gesellschaftliche Vorgänge unmittelbar und mittelbar untersuchen kann, liegt ein Wesenszug dieses Verfahrens gerade in der anhaltenden politischen Auseinandersetzung und dem fortlaufenden Kampf um Machtverhältnisse sowie öffentlichen Bewertungshoheiten. Beabsichtigt werden durch parlamentarische Untersuchungsausschüsse (auch) der öffentliche Ansehensverlust des politischen Gegners und das Herausstellen seines politischen Fehlverhaltens in der Vergangenheit. Der Ausgang oder die maßgebliche politische Bewertung eines aufgeklärten Missstands oder Skandals dient somit immer auch der politischen Positionierung. Entsprechend ist zu beobachten, dass parlamentarische Untersuchungsausschüsse und deren Ergebnisse lange nachwirken können und sollen, um Mehrheitsverhältnisse bei Wahlen oder parteipolitische Personalien zu beeinflussen. Schließlich setzt mit der Erfüllung des Untersuchungsauftrages – dem Abschlussbericht zur Information an das Parlament – die Tätigkeit des Parlaments erst ein. Es hat aufgrund des Abschlussberichtes über etwaige legislative Maßnahmen und Konsequenzen zu befinden, ggf. mit dem Ziel einer „Selbstreinigung"[96], die jedoch mit dem genannten Rechtsfrieden nicht vergleichbar ist.

(b) Verfahrensanlass

Hinsichtlich des Verfahrensanlasses besteht gleichermaßen keine Ähnlichkeit. Zwar kann der die jeweiligen Verfahren auslösende Sachverhalt identisch sein, soweit dieser sowohl einer parlamentarischen wie auch einer strafrechtlichen Überprüfung zugeführt werden soll. Die Einleitung der jeweiligen Verfahren und die Anforderungen an die Verfahrensaufnahme sind indes grundverschieden.

Im Strafprozess stellt der Verdacht des Verstoßes gegen einen bestimmten Straftatbestand die Grundlage der Untersuchungskompetenz dar. Die Staatsanwaltschaft ist nach § 152 Abs. 2 StPO (und die Polizei nach § 163 StPO) verpflichtet, wegen aller verfolgbaren Taten einzuschreiten, sofern

95 *Rieß* JR 2006, 269, 271 m.w.N.

96 *Weisgerber* S. 159; *H.-P. Schneider* NJW 2001, 2604, 2605.

zureichende tatsächliche Anhaltspunkte vorliegen. Eine entsprechende parlamentarische Pflicht zum Tätig werden bei Missständen existiert nicht.[97]

Das parlamentarische Untersuchungsausschussverfahren benötigt zu seiner Legitimation keinen strafprozessualen Anfangsverdacht im Sinne des § 152 Abs. 2 StPO (vgl. B.II.2.).[98] Die Anforderungen an den Anlass bzw. an die Einsetzung parlamentarischer Untersuchungsausschüsse sind im Vergleich zum Strafverfahren weitgehend schranken- und konturenlos. Gegenstand einer parlamentarischen Untersuchung kann jegliche im öffentlichen Interesse liegende Aufklärung eines Geschehens sein. Die Untersuchung muss inhaltlich lediglich auf eine Tatsachenfeststellung und deren mögliche politische Bewertung gerichtet sein, die auch Empfehlungen für das jeweilige Parlament umfassen kann. Anlass parlamentarischer Untersuchungen braucht somit keine strafrechtlich relevante Handlung oder auch nur ein Verdacht zu sein. Auf der Einsetzungsebene wird das parlamentarische Untersuchungsausschussrecht auch nicht durch bestimmte gesetzliche Tatbestände vorgegeben, sondern allein durch die verfassungsrechtliche Kompetenz des Parlaments begrenzt (vgl. B.II.4.). Die Kontroll- und Aufklärungsmöglichkeiten parlamentarischer Untersuchungsausschüsse haben somit eine Weite, die im Strafprozess nicht möglich und in diesem aufgrund des Bestimmtheitsgebotes (Art. 103 GG) auch fremd wären.

(c) Verfahrensgang

Auch die jeweiligen Verfahrensgänge und -abschnitte unterscheiden sich im Hinblick auf Struktur und Ausrichtung grundlegend.

Der Strafprozess kennt vier Verfahrensabschnitte: das Vor- und Ermittlungsverfahren, das Zwischenverfahren, das Hauptverfahren und das Vollstreckungsverfahren. Im Ermittlungsverfahren (§§ 158 ff. StPO) wird durch die Strafverfolgungsbehörden geprüft, ob gegen den Beschuldigten ein zur Eröffnung des Hauptverfahrens hinreichender Tatverdacht besteht, also ein Verdacht, der eine spätere Verurteilung wahrscheinlich macht. Ermittlungsbehörde ist die Staatsanwaltschaft, die den Sachverhalt objektiv zu erforschen hat. Es endet entweder mit einer Einstellung oder mit einer Anklageerhebung (§ 170 StPO), wenn die Ermittlungen genügenden Anlass bieten (§ 170 Abs. 1 StPO). Das sich anschließende Zwischenverfahren (§§ 199 bis 212b StPO) sieht eine Kontrolle der Anklage durch das Gericht vor. Kommt das Gericht zu der Auffassung, dass ein hinreichender Tatverdacht nicht

97 Vgl. aber *Bräcklein* in FS Meyer, 167 ff., die ein abgeschwächtes politisches Legalitätsprinzip annimmt.

98 *Wiefelspütz* NVwZ 2002, 10, 14 f.; *Masing* ZRP 2001, 36, 38.

vorliegt, kann es die Akten zur Nachbesserung an die Staatsanwaltschaft zurückschicken oder das Verfahren einstellen. Durch Eröffnungsbeschluss lässt das zuständige Gericht die Anklage zu, wenn der Angeschuldigte einer Straftat hinreichend verdächtig ist. Das Hauptverfahren (§§ 213 ff. StPO) bildet das Kernstück des Strafverfahrens. Darin muss die „prozessuale Wahrheit" endgültig festgestellt werden, und zwar in einer Weise, die nach allgemeiner Prozesserfahrung größte Gewähr für die Erforschung der Wahrheit und damit für ein gerechtes Urteil bietet. An den Strafausspruch schließt sich die Strafvollstreckung an.

Dem Untersuchungsausschussverfahren sind solche Abstufungen und Einteilungen in Verfahrensabschnitte fremd. Parlamentarische Untersuchungsverfahren verlaufen zweistufig: zunächst ergeht auf Grund des Einsetzungsantrags der antragstellenden Gruppen bzw. Fraktionen ein Einsetzungsbeschluss durch das Parlament (Einsetzungsebene). Nach Einsetzung des Untersuchungsausschusses nimmt dieser seine Arbeit auf und führt den ihm vom Parlament übertragenen Auftrag aus (Durchführungsebene).[99] Eine vergleichbare Aufteilung in funktionale Verfahrensabschnitte kennt das parlamentarische Untersuchungsausschussverfahren somit nicht. Weder wird durch ein unabhängiges Organ der Sachverhalt aufbereitet und ermittelt noch findet eine unabhängige Überprüfung der Einsetzungsentscheidung des parlamentarischen Untersuchungsausschusses statt.

(d) Bedeutung der Öffentlichkeit

Die Beweiserhebungen parlamentarischer Untersuchungsausschüsse und Strafprozesse sind öffentlich (vgl. § 13 Abs. 1 PUAG und § 169 S. 1 GVG). In beiden Verfahren soll jedermann die Möglichkeit haben, als Zuhörer teilzunehmen.[100] Insofern könnte eine Ähnlichkeit bestehen.

Die Öffentlichkeit hat in beiden Verfahren allerdings eine sehr unterschiedliche Bedeutung. Die parlamentarische Öffentlichkeit reicht dabei in seiner Bedeutung aufgrund des Demokratieprinzips weit über die im Strafverfahren hinaus.[101] Die Öffentlichkeit gehört zu den „essentialia der parlamen-

---

99 Vgl. BayVerfGH, NVwZ 1995, 681, 682 *Amigo-Ausschuss.*

100 Für das Strafverfahren: BGHSt 36, 119 = NJW 1989, 1741; KK-*Diemer* GVG, § 169, Rn. 1.

101 *Masing* S. 288; *Bräcklein* in FS Meyer, 171. Das Öffentlichkeitsprinzip im demokratischen Parlamentarismus hat nicht bloß wie das BVerfG, (BVerfGE 77, 1, 47) *Neue Heimat-Ausschuss,* meint – nicht weniger Gewicht (...) als der Grundsatz der Öffentlichkeit der Hauptverhandlung im Strafprozess.

tarischen Untersuchung"[102] und soll der Öffentlichkeit die Teilnahme an der Untersuchung ermöglichen.[103] Durch die Öffentlichkeit sollen parlamentsinterne Vorgänge und Themen von öffentlichem Interesse transparent gemacht werden. Die parlamentarische Minderheit soll die Möglichkeit erhalten, die Exekutive zur öffentlichen Rechenschaftslegung zu zwingen.[104]

Anders als im parlamentarischen Untersuchungsausschussverfahren handelt es sich beim Strafverfahren zuvorderst um ein „justizinternes Geschehenes, das nur unter der Öffentlichkeitskontrolle steht, nicht aber für die Öffentlichkeit vor sich geht".[105] Ausdruck hierfür ist das ausnahmslose Rundfunk- und TV-Verbot in § 169 S. 2 GVG. Demgegenüber ist die öffentliche und mediale „Prangerwirkung" im parlamentarischen Untersuchungsausschussverfahren durchaus einkalkuliert.[106] Die Öffentlichkeit soll inhaltlich an der Aufdeckung und Untersuchung von Missständen beteiligt und in diese einbezogen werden. Der politische Fehler und das politische Versagen des Gegners sollen in der Öffentlichkeit politisiert und transparent gemacht werden.[107] Sinn und Zweck der Öffentlichkeit im parlamentarischen Untersuchungsausschussverfahren ist daher – anders als im Strafprozess – nicht zuvörderst die förmliche Kontrolle des Verfahrens, sondern die Teilhabe der Öffentlichkeit an dem Verfahren selbst, das Ausdruck des Demokratieprinzips ist.

Unterschiede bestehen auch bei den Schutzvorkehrungen gegen eine breite Beteiligung der Öffentlichkeit bei der Untersuchung privater Bereiche. In Untersuchungsausschussverfahren wird die Einbeziehung und Untersuchung privater Dritter nicht zuletzt deshalb kritisch betrachtet, da diese gegenüber der Öffentlichkeit nicht rechenschaftspflichtig sind. Nach *Masing* besteht die Gefahr, dass privatgerichtete parlamentarische Untersuchungen zum „Sozialtribunal" avancieren können. Durch die Einbeziehung der öffentlichen Meinung erhöhe sich der sozial kontrollierende Druck und damit auch die zensierende und gesinnungskritisierende Wirkung. Für den Bürger, der aber für sein Handeln der Approbation durch die Mehrheit nicht bedürfe, werde so eine auch gegen ihn gerichtete Enquete schnell zur ungerechtfertigten Prangerstrafe, ohne dass ihm tatsächlich ein konkreter Straftatbestand vorgeworfen wird.[108] Die Öffentlichkeit des Untersuchungsausschussverfahrens unterliegt daher gerade im privaten Bereich Einschränkungen. So hat der Untersu-

102 BVerfGE 77, 1, 48 *Neue Heimat-Ausschuss* m.w.N.

103 *Masing* ZRP 2001, 36, 38.

104 *Weisgerber* S. 363 m.w.N.

105 *Peters* S. 554.

106 Vgl. *Vollmer* Wahrheitsfindung oder Event, Der Tagesspiegel vom 01.05.2005; *Weiland* Bedingt fragefähig, Spiegel-Online vom 26.04.2005.

107 *Jagau/Wessels* S. 63 ff.

108 *Masing* S. 294.

chungsausschuss bei Vernehmungen die Öffentlichkeit auszuschließen, wenn Umstände aus dem persönlichen Lebensbereich von Zeugen oder Dritten zur Sprache kommen, deren öffentliche Erörterung überwiegende schutzwürdige Interessen verletzen würde, eine Gefährdung des Lebens, des Leibes oder der Freiheit von einzelnen Zeugen oder einer anderen Person zu besorgen ist oder ein Geschäfts-, Betriebs-, Erfindungs- oder Steuergeheimnis zur Sprache kommt, durch dessen öffentliche Erörterung überwiegende schutzwürdige Interessen verletzt würden (§ 14 Abs. 1 PUAG). Entsprechend sind solche Unterlagen zu schützen (vgl. E.IV.3.).

Die Schutzvorkehrungen im Strafprozess, der sich stets gegen natürliche Personen richtet, sind anders geartet und bieten Betroffenen einen effektiveren Schutz. Der Schutz des Privaten ist im Stadium der Verdachtsklärung und Ermittlung in das nichtöffentliche Ermittlungsverfahren vorverlagert, in dessen Rahmen nur bestimmte Personen bei Vorliegen gesetzlicher Voraussetzungen Akteneinsicht nehmen können. Ein Betroffener kann regelmäßig noch während des nichtöffentlichen Ermittlungsverfahrens eine ggf. richterliche Entscheidung über die Freigabe beschlagnahmter Gegenstände herbeiführen. Beschlagnahmte Unterlagen können erst dann in der Öffentlichkeit bekannt werden, wenn sie nach richterlicher Einschätzung für die Ermittlung des Sachverhalts von Bedeutung sind. Erst nach Klärung des Tatverdachts durch die Staatsanwaltschaft werden die für die aus Sicht der Staatsanwaltschaft für die gerichtliche Verdachtsklärung erforderlichen Unterlagen in der Anklage[109] benannt und dem zuständigen Gericht im Zwischenverfahren vorgelegt, das das Vorliegen des hinreichenden Tatverdachts prüft und die Anklage ggf. zulässt. Erst im Rahmen der Hauptverhandlung können private Sachverhalte zur öffentlichen Erörterung gelangen. Bis zur öffentlichen Behandlung von Unterlagen und Angaben werden im Strafverfahren somit verschiedene „Filter" durchlaufen, wodurch Gewähr dafür geboten wird, dass nur die zur Verdachtsklärung erforderlichen Informationen öffentlich werden. Im Rahmen der öffentlichen Hauptverhandlung bestehen gleichfalls Mechanismen des Ausschlusses der Öffentlichkeit (vgl. §§ 171a, 171b, 172 GVG und § 48 Abs. 1 JGG). Die Beweisaufnahme in der Hauptverhandlung wird zudem von einem unabhängigen Richter geleitet (§ 238 Abs. 1 StPO), der die Grundrechte Dritter zu wahren hat (vgl. §§ 171b, 172 GVG) und verpflichtet ist, von der Erhebung unzulässiger Beweise abzusehen (vgl. § 244 Abs. 3 S. 1 StPO). Im Strafverfahren sind damit weitgehende Vorkehrungen getroffen, dass private Inhalte erst dann in der Öffentlichkeit bekannt werden, wenn sie nach richterlicher Einschätzung für die Ermittlung des Sachverhalts

---

109 Die Veröffentlichung der Anklageschrift oder anderer amtlicher Schriftstücke im Wortlaut vor ihrer öffentlichen Erörterung in der Hauptverhandlung ist mit Strafe bedroht (§ 353d Nr. 3 StGB).

von Bedeutung sind und die Grundrechte des Betroffenen einer Verwertung nicht entgegenstehen.[110]

Vergleichbare Schutzvorkehrungen existieren im parlamentarischen Untersuchungsausschussverfahren nicht. Der Untersuchungsausschuss kann zwar verschiedene Maßnahmen zum Schutz der Geheimhaltung treffen. Dies ändert jedoch nichts daran, dass im Regelfall die in Betracht kommenden Beweismittel alsbald in öffentlicher Verhandlung erörtert werden, ohne dass vorher eine förmliche Entscheidung über die Beweiserheblichkeit im einzelnen und die verfassungsrechtliche Zulässigkeit der Beweiserhebung im Blick auf die Rechtsstellung des Betroffenen erfolgt, die vor der öffentlichen Erörterung einen rechtzeitigen und effektiven gerichtlichen Rechtsschutz (Art. 19 Abs. 4 GG) ermöglicht.[111]

(e) Rechtsfolgen und tatsächliche Auswirkungen

Die Berechtigung zur Anwendung der Vorschriften über den Strafprozess durch parlamentarische Untersuchungsausschüsse ist verschiedentlich aufgrund einer Ähnlichkeit der tatsächlichen Folgen und Auswirkungen angenommen worden. Bei dem Vergleich ist allerdings zu unterscheiden zwischen den förmlichen Rechtsfolgen und den faktischen Auswirkungen der Verfahren.

i) Strafrechtliches Rechtsfolgensystem und Abschlussbericht

Das strafrechtliche System der Rechtsfolgen ist dualistisch und basiert auf der Schuldfeststellung (§ 46 Abs. 1 S. 1 StGB): Es ist in Strafen[112] und Maßregeln der Besserung und Sicherung[113] eingeteilt[114] und wird modifiziert durch spe-

---

110 BVerfGE 77, 1, 52 f. *Neue Heimat-Ausschuss.*

111 BVerfGE 77, 1, 53 f. *Neue Heimat-Ausschuss.*

112 Strafen sind die Geldstrafe, Vermögensstrafe und Freiheitsstrafe (sog. Hauptstrafen). Zu diesen können auch Nebenstrafen hinzutreten, etwa das Fahrverbot (§ 44 StGB), der Verlust von Fähigkeiten und Rechten (§ 45 StGB) sowie Einziehung, Verfall und Unbrauchbarmachung (§§ 73 ff. StGB). Ferner existieren weitere differenzierte Möglichkeiten der Modifizierung der verhängten Strafe in Form der Aussetzung der Vollstreckung einer zeitigen Freiheitsstrafe zur Bewährung unter Erteilung von Auflagen und/oder Weisungen (§§ 56 ff. StGB), der Aussetzung der Vollstreckung eines Restes einer zeitigen oder lebenslangen Freiheitsstrafe zur Bewährung unter Erteilung von Auflagen und/oder Weisungen (§§ 57, 57a StGB) oder der Verzicht auf die Vollstreckung von Geld- oder Ersatzfreiheitsstrafe (§§ 459d, 459f StPO).

113 Zu den Maßregeln der Besserung und Sicherung (§ 61 StGB) zählen die Unterbringung in einem psychiatrischen Krankenhaus, einer Entziehungsanstalt, in der Siche-

zielle Reaktionsmöglichkeiten, die im Verzicht auf die Erhebung der öffentlichen Klage ohne (§ 153 StPO) bzw. unter Erteilung von Auflagen (§ 153a StPO), dem Absehen von Strafe (§ 60 StGB) oder Schuldspruch mit Verwarnung (§§ 59 ff. StGB) zu sehen sind. Die Maßregeln sollen unabhängig von der Schuld den gefährlichen Täter bessern oder Allgemeinheit vor ihm schützen.

Im Vergleich zum Strafprozess kann im parlamentarischen Untersuchungsausschussverfahren bei Feststellung einer Verantwortlichkeit keinerlei förmliche Sanktion oder sanktionsähnliche Maßnahme verhängt oder Auflagen aufgegeben werden. Dies sieht weder die Verfahrensordnung noch die Zielsetzung des Untersuchungsausschussverfahrens vor (vgl. (1)(a)). Ausschließliches Ziel parlamentarischer Untersuchungsausschüsse ist die Aufklärung eines Sachverhaltes zur Information des Parlaments im Wege eines Abschlussberichts, der als Parlamentsdrucksache veröffentlicht wird. Zwar können in dem Bericht Missstände, Skandale, persönliche Verantwortlichkeiten und auch aus Sicht des parlamentarischen Untersuchungsausschusses strafrechtlich relevantes Fehlverhalten auch in drastischer und urteilender Form dargestellt werden. Es handelt sich dabei aber um eine politische Interpretation von Vorgängen und nicht um eine an Tatbeständen orientierte rechtliche Bewertung, die bindenden oder sanktionierenden Charakter hätte. Der Abschlussbericht kann auch nicht vergleichbar mit einem Urteil rechtskräftig oder angefochten werden. Abschlussberichte sind einer richterlichen Überprüfung entzogen (Art. 44 Abs. 4 S. 1 GG). Ferner besteht ein Abschlussbericht in der Regel auch aus Minderheitenvoten, die andere Auffassungen und Wertungen zum Ausdruck bringen. Mit Ausnahme des BVerfG (§ 30 Abs. 2 BVerfGG) ist diese Form der Entscheidung Gerichten fremd. Anders als in Strafurteilen muss die Darstellung in Abschlussberichten auch keinen besonderen Anforderungen genügen. Während § 33 Abs. 1 PUAG lediglich vorsieht, dass der Bericht den Gang des Verfahrens, die ermittelten Tatsachen und das Ergebnis der Untersuchung wiedergibt, unterliegt die Urteilsfassung wesentlich strengeren Anforderungen, die sich insbesondere aus §§ 267 ff. StPO ergeben und die zudem – anders als der Abschlussbericht – einer Korrekturmöglichkeit in Form der Urteilsberichtigung oder über Rechtsmittel (§§ 296 ff. StPO) unterliegt.

Einer Ähnlichkeit der Verfahrensabschlüsse steht schließlich entgegen, dass Untersuchungsausschüssen ein Verfahren fremd ist, Abschlussentscheidungen aus Opportunitätsgesichtspunkten zu treffen. Können Gerichte und

---

rungsverwahrung, die Führungsaufsicht, die Entziehung der Fahrerlaubnis und das Berufsverbot.

114 Ein besonderes Rechtsfolgensystem kennen das Wehrstrafrecht und das Jugendstrafrecht.

Staatsanwaltschaft etwa bei Vorliegen bestimmten Voraussetzungen – z.B. bei geringem öffentlichen Interesse oder geringer Schuld (vgl. § 153 StPO), keinem Entgegenstehen der Schwere der Schuld (§ 153a StPO) oder im Hinblick auf andere Verfahren (vgl. § 154 StPO) – schuldneutrale Verfahrenseinstellungen vornehmen, sind Untersuchungsausschüsse an den Untersuchungsauftrag im Einsetzungsbeschluss und an die Berichtspflicht gegenüber dem Parlament gebunden. Alternative Abschlussformen zum Zwischen- und Abschlussbericht existieren nicht. In den Rechtsfolgen bestehen damit gravierende Unterschiede, die einer Vergleichbarkeit entgegenstehen.

ii) Vergleichbarkeit der tatsächlichen Verfahrenswirkungen

Die Darstellung und Bewertung von Verhaltensweisen durch Untersuchungsausschüsse kann in den Berichten für die betroffenen natürlichen und juristischen Personen – mittelbar – derart schwerwiegende Auswirkungen haben, dass ein Vergleich mit den Folgen strafrechtlicher Verfahrensabschlüsse möglich erscheint.

Neben der Gefahr der strafrechtlichen Verfolgung durch eine Zeugenaussage vor einem parlamentarischen Untersuchungsausschuss hat eine Auskunftsperson mit einer öffentlichkeitswirksamen Untersuchung und einer politischen Bewertung ihres Verhaltens in einem Abschlussbericht zu rechnen. Der Abschlussbericht, in dem persönliche Verfehlungen, politische Verantwortlichkeiten und unternehmerische Tätigkeiten öffentlich festgestellt sowie politisch geprägte Beweiswürdigungen vorgenommen werden können, kann durchaus die Qualität einer sanktionsähnlichen öffentlichen „Anprangerung" einnehmen.[115] Sie kann zu Ehrbeeinträchtigungen, Ansehens-, Kreditwürdigkeits- und unmittelbaren Umsatzverlusten führen.[116] Diese Wirkungen durch das Verfahren selbst und als Feststellungen im Abschlussbericht sind – anders als im Strafprozess – auch nicht einer gerichtlichen Überprüfung zugänglich. Sie können sogar noch dadurch verstärkt werden, dass in abweichenden Voten zum Abschlussbericht verschärfte politisch eingefärbte Wertungen Eingang finden. Für Beeinträchtigte besteht kein effektives Mittel, eine Veröffentlichung sie betreffender Passagen, die möglicherweise unzutreffende Tatsachen oder unzulässige Wertungen beinhalten, zu verhindern bzw. eine Art Gegendarstellung zu erreichen. Gemäß Art. 44 Abs. 4 GG sind Beschlüsse parlamentarischer Untersuchungsausschüsse – anders als im Strafprozess – im Nachhinein nicht mehr justitiabel.[117] Zwar haben von Untersu-

115 Vgl. *Buchholz* S. 82 f.
116 Vgl. *Kortekamp/Steffens* S. 107 ff.
117 Vgl. *Kortekamp/Steffens* S. 107 ff.

chungsausschussverfahren Beeinträchtigte gemäß § 32 Abs. 1 PUAG das Recht, vor Veröffentlichung des Abschlussberichtes Einsicht in die entsprechenden Berichtsteile zu nehmen und hierzu Stellung abzugeben. Dieses Recht besteht jedoch nur eingeschränkt und ohne Erzwingungsmöglichkeit. Ein durchgreifender Anspruch auf Abänderung selbst falscher Tatsachendarstellungen oder willkürlicher politischer Wertungen besteht nicht. Der Untersuchungsausschuss kann lediglich gehalten sein, die Stellungnahme zu berücksichtigen bzw. diese wiederzugeben (vgl. D.I.3.e)(5)).

Sanktionsähnliche Feststellungen und Bewertungen parlamentarischer Untersuchungsausschüssen sind mit strafrichterlichen Entscheidungen und strafrechtlichen Sanktionen dennoch nicht vergleichbar. Dabei wird nicht verkannt, dass auch Untersuchungsausschüsse in ihren tatsächlichen Auswirkungen die Rechte Dritter massiv beeinträchtigen können und gerade die Anknüpfung an einen konkreten Anlass auch dadurch an Bedeutung gewinnt, dass – anders als im Strafverfahren – die Untersuchungsgegenstände nicht tatbestandlich vorgegeben und begrenzt sind. Am Ende eines parlamentarischen Untersuchungsausschussverfahrens steht ein Abschlussbericht an das Parlament, der keine mit einem Strafverfahren vergleichbare gewollt individuelle Sanktion beinhaltet, die aufgrund eines vergleichbar förmlichen Verfahrens erzielt worden ist. Der Staat tritt dem Betroffenen nicht mit einem Strafanspruch gegenüber;

> „die dem Untersuchungsausschuss aufgetragene Sachverhaltserforschung ist nicht der Verhängung der schärfsten Sanktion der Rechtsordnung zur Wiederherstellung verletzten Rechts und zur Behauptung ihrer Unverbrüchlichkeit gleichzusetzen.“[118]

Die Strafe stellt von allen Eingriffen des Staates in den Freiheitsraum des Bürgers die einschneidenste Maßnahme dar. Ihre Verhängung bedeutet eine vollständige Zurückstellung der Freiheitsinteressen des Straftäters zugunsten der Sicherheitsinteressen der Allgemeinheit. Die Intention des Untersuchungsausschussverfahrens ist dagegen eine sanktionslose – wenngleich konfliktträchtige – Sachverhaltsaufklärung zur Information des Parlamentes als Mittel der Kontrolle des politischen Wettbewerbes und der Durchsetzung politischer Rechenschaftspflicht. Sie ist nicht darauf gerichtet, die sanktionsbewehrte Schuld oder Unschuld eines Menschen festzustellen, auch wenn ohne Anknüpfung an einen Straftatbestand Wertungen vorgenommen und Verantwortungen zugewiesen werden.[119] Grundsätzlich wirkt die parlamentarische Untersuchung mit ihrer Berichterstattung an das Plenum in ihrer rechtlichen Wirkung und Verbindlichkeit jedoch nicht über das Parlament hinaus.[120] Die Auswirkungen einer personalisierten Enquête auf Persön-

118 OVG Münster, NVwZ 1987, 606, 607.

119 VGH Saarland, Urteil vom 31.10.2002, Lv 2/02, Absatz-Nr. 20.

120 *Gollwitzer* in FS Dünnebier, 332.

lichkeitsrechte sind vor diesem Hintergrund geringer als eine strafgerichtliche Verurteilung.

(f) Zusammenfassung

Parlamentarisches Untersuchungsausschüsse und Strafprozess sind hinsichtlich ihrer Aufgabe und Stellung lediglich insofern vergleichbar, als beiden zur Durchsetzung öffentlicher Interessen die Aufgabe und Befugnis übertragen worden ist, einen – entweder im Einsetzungsbeschluss oder in der Anklage in der Form des Eröffnungsbeschlusses – vorgegebenen Lebenssachverhalt zu untersuchen, hierüber Beweise zu erheben und diese zu würdigen. Freilich mit unterschiedlichen Anforderungen und prozessualen Vorgaben wie in der Folge noch deutlich wird. Entscheidend ist aber, dass parlamentarische Untersuchungsausschüsse und Strafverfahren dabei unterschiedliche Ziele aus verschiedenen Anlässen verfolgen. Während im Strafverfahren die Verletzung eines gesetzlich bestimmten strafrechtlichen Tatbestandes auf der Grundlage einer fest umrissenen Anklageschrift nach strafprozessförmigen Mitteln im Hinblick auf die persönliche Schuld des Angeklagten untersucht wird, ist Gegenstand des privatgerichteten Untersuchungsausschussverfahrens die Aufklärung eines Sachverhaltes auf der Grundlage eines Untersuchungsauftrages unter politischen Gesichtspunkten.[121] Erkenntnisziele, Verfahrenszweck, -anlass und -gang sowie Rechtsfolgen unterscheiden sich damit grundlegend. Auf eine für eine sinngemäße Anwendung ausreichende strukturelle Ähnlichkeit der beiden Verfahren kann nicht erkannt werden. Allerdings soll nicht verkannt werden, dass die subjektiven Folgen für einen privaten Dritten vergleichbar sein können.

(2) Parlamentarischer Untersuchungsausschuss und strafprozessuale Institutionen

Es stellt sich weiter die Frage, ob parlamentarische Untersuchungsausschüsse aufgrund ihrer Ausstattung mit hoheitlichen Befugnissen institutionell mit Gerichten im Sinne des Art. 92 GG oder Staatsanwaltschaften vergleichbar sind und eine insofern bestehende Ähnlichkeit die sinngemäße Anwendung strafprozessualer Normen im parlamentarischen Untersuchungsausschussverfahren rechtfertigen könnte.

---

121 *Vetter* ZParl. 1989, 345, 348.

(a) Untersuchungsausschüsse als Gericht

Die verfassungsrechtliche Stellung von (Straf-)Gerichten ergibt sich aus den Regelungen der Art. 92, 97, 101 und 20 Abs. 3 GG. Strafsachen (und auch Ordnungswidrigkeiten) gehören vor die ordentlichen Gerichte (§§ 13 GVG, 68 ff. OWiG).[122] Untersuchungsausschüsse können, gemessen an diesen Vorschriften und Gliederungen der Gerichtsbarkeit, keine Gerichte sein.[123] Dies wird, soweit ersichtlich, auch nirgends vertreten. Auch das BVerfG hat wiederholt deutlich gemacht, dass sich weder das Recht auf den gesetzlichen Richter auf parlamentarische Untersuchungsausschüsse übertragen lasse noch parlamentarische Untersuchungsausschüsse Gerichte darstellen; „sie üben keine rechtsprechende Gewalt aus (Art. 92 GG); ihre Mitglieder sind keine Richter im Sinne des Grundgesetzes".[124] Durch die Untersuchungsverfahren erhalten die Parlamente lediglich die Möglichkeit, unabhängig von Regierung, Behörden und Gerichten mit hoheitlichen Mitteln, wie sie sonst nur Gerichten und besonderen Behörden zur Verfügung stehen, selbständig die Sachverhalte zu prüfen, die sie in Erfüllung ihres Verfassungsauftrags als Vertretung des Volkes für aufklärungsbedürftig halten.[125] Die Berichte, die die Untersuchung abschließen, sind nicht mit richterlichen Entscheidungen und ihrer Wirkkraft zu vergleichen.[126] Parlamentarische Untersuchungsausschüsse sind vielmehr Teilverfassungsorgane. Sie nehmen einen Status ein, der sie von vornherein jedem Vergleich mit einem allgemeinen Gericht entzieht.[127]

(b) Untersuchungsausschüsse als gerichtsähnliche Institution

Verschiedentlich wird aber vertreten, parlamentarische Untersuchungsausschüsse seien gerichtsähnlich und vergleichbar mit Gerichten zur Ermittlung und Wahrheitsfindung berufen.[128] Diese Ansicht basiert auf dem Umstand,

122 Die ordentliche Gerichtsbarkeit gliedert sich in Amtsgerichte (AG), Landgerichte (LG), Oberlandesgerichte (OLG) – in Berlin das Kammergericht (KG), in Bayern das Bayerische Oberste Landgericht (BayObLG) – und den Bundesgerichtshof (BGH). Neben diesem vertikalen Aufbau besteht eine horizontale Gliederung nach verschiedenen Gerichtsarten. So entscheiden beim AG der Strafrichter und das Schöffengericht, beim LG die große und die kleine Strafkammer sowie die Strafvollstreckungskammer, beim OLG und beim BGH der Strafsenat.

123 *Scholz* AöR 1980, 564, 608; BVerfGE 77, 1, 51 f. *Neue Heimat-Ausschuss.*

124 BVerfGE 77, 1, 42 *Neue Heimat-Ausschuss.*

125 BVerfGE 49, 70, 85.

126 BVerfGE 77, 1, 41 *Neue Heimat-Ausschuss.*

127 Vgl. *Scholz* AöR 1980, 564, 608.

128 *Schleich* S. 13 m.w.N.; *Knebel-Pfuhl* S. 298; *Groß/Groß* JR 1963, 335, 336; *Weisgerber* S. 153 f.

dass parlamentarischen Untersuchungsausschüssen zur wirksamen Erfüllung ihrer Aufgaben die Berechtigung verliehen ist, sich selbst – sogar zwangsweise mit hoheitlichen Mitteln – Informationen zu verschaffen. Durch die Verweise auf Vorschriften der Strafprozessordnung und die Ausstattung mit eigenen Beweiserhebungsrechten nähmen sie deshalb im Vergleich zu anderen Organen eine Sonderstellung ein, die u.a. im Öffentlichkeitsgrundsatz im parlamentarischen Untersuchungsausschussverfahren Ausdruck findet, der im Widerspruch zu der ständigen Praxis steht, nach der die Gesetzesvorbereitung in nichtöffentlichen Fachausschüssen stattfindet (§ 69 Abs. 1 GO-BT). Mitunter bezeichnen Parlamente Untersuchungsausschüsse auch als „Tribunal"[129], was gleichermaßen eine Gerichtsähnlichkeit zum Ausdruck bringen könnte.

Unterstützung erfährt diese Auffassung durch die Ausführungen in dem Sondervotum zum Schlussbericht der Enquête-Kommission Verfassungsreform. Darin wird beschrieben, dass die parlamentarische Auseinandersetzung *gerichtsförmig* nach den Regeln über den Strafprozess in parlamentarischen Untersuchungsausschüssen fortgesetzt wird.[130] Parlamentarische Untersuchungsausschüsse sollten dem Schlussbericht zufolge von einem richterlichen Selbstverständnis seiner Mitglieder, das ihr Verhalten leitet und ihre Entscheidungen bestimmt und nicht als politische Kampfinstrumente geprägt sein. Ferner wird insoweit von *Knebel-Pfuhl* vertreten, dass die Aufgabe einer objektiven Sachaufklärung als Vorstadium zur Bewertung der festgestellten Tatsachen eine Gemeinsamkeit von Straf- und parlamentarischen Untersuchungsausschussverfahren ist. Parlamentarische Untersuchungsausschüsse seien dabei aufgrund der ihnen gemäß Art. 44 Abs. 2 S. 1 GG verliehenen besonderen Befugnisse gehalten, die Sachverhaltsaufklärung gerichtsähnlich frei von politischen Wertungen durchzuführen.[131] Erst in der Würdigung würden sich die Verfahren dann unterscheiden.[132]

Diese Ansichten, die den parlamentarischen Untersuchungsausschuss in die Nähe eines (Straf-)Gerichts stellen, verkennen jedoch die fehlende strukturelle Ähnlichkeit der Institutionen und seiner Beteiligten sowie die Zielrichtung der Verfahren. Eine mit Gerichten vergleichbare Strukturierung, Besetzung oder Unabhängigkeit existiert bei parlamentarischen Untersuchungsausschüssen nicht. Sie sind mit hoheitlichen Befugnissen ausgestattete ad hoc

129 www.parlament-berlin.de/parlamentb.nsf/Dokumente/; *Vollmer* Wahrheitsfindung oder Event, Der Tagesspiegel vom 01.05.2005.

130 Schlussbericht Enquête-Kommission Verfassungsreform, Sondervotum *Hirsch* BT-Drs. 7/5924, 65, 66.

131 *Knebel-Pfuhl* S. 298.

132 *Knebel-Pfuhl* S. 303, 306. *Weisgerber* bemerkt treffend, dass Untersuchungsausschüsse dann „eine Art Parlamentsgericht mit dem Ziel der objektiven Wahrheitsermittlung" darstellen würden (*Weisgerber* S. 153).

eingesetzte (Sonder-)Ausschüsse des Parlaments (§ 54 Abs. 1 S. 1 GO-BT), die keinen eigenen Zweck verfolgen, sondern für das Parlament und in Abhängigkeit von diesem dessen Untersuchungsrecht ausüben. Sie unterstützen das Parlament bei der Vorbereitung von legislativen Entscheidungen, indem sie eingehende Kenntnisse zu bestimmten Vorgängen, Geschehensabläufen und den zugrunde liegenden Tatsachen erlangen.[133] Der Untersuchungsausschuss ist sowohl hinsichtlich seiner Einsetzung, Tätigkeit und beim Verfahrensabschluss an das Parlament gebunden. Bereits aufgrund dieser Abhängigkeit vermag ein Untersuchungsausschuss nicht mit unabhängigen, gerichtsähnlichen Institutionen verglichen zu werden.

Auch seine Beteiligten sind weder Richter noch richterähnliche Personen (vgl. C.II.2.c)(3)(a)) bzw. Personen, die über ein richterliches Selbstverständnis im Hinblick auf ihre Neutralität und Unabhängigkeit zu verfügen haben. Mögen auch einzelne Mitglieder parlamentarischer Untersuchungsausschüsse von ihrer Qualifikation her zum Richteramt befähigt und womöglich sogar „gelernte" Richter oder Staatsanwälte sein, so hat dies nicht zur Folge, dass sie in parlamentarischen Untersuchungsausschüssen als solche auftreten. Sie sind dort weder zur Neutralität oder Objektivität verpflichtet noch Teil eines solchen Gremiums. Im Gegenteil: Sie sind Teil eines parlamentarischen Gremiums, dessen Ausgestaltung darauf angelegt ist, politische Auseinandersetzungen auszufechten und als Kontrollinstrument der Mehrheit durch die Minderheit instrumentalisiert zu werden (vgl. C.II.2.c)(1)(a)).

Ferner fehlt es an der für Kollegialgerichte typischen richterlichen Urteilsfindung durch Beratung und Mehrheitsentscheidung. Mitglieder parlamentarischer Untersuchungsausschüsse diskutieren zwar auch über die Bewertungshoheit von Sachverhalten, dies findet aber in bzw. unter den Augen der Medienöffentlichkeit statt. Dies wäre in Strafprozessen ein unzulässiger Vorgang (vgl. § 43 DRiG). Sodann findet sich im Abschlussbericht kein nach außen einmütig festgestellter und bewerteter Sachverhalt. Vielmehr steht es Untersuchungsausschussmitgliedern und einzelnen Fraktionen frei, abweichende Berichte dem Abschlussbericht beizufügen und die unterschiedliche Sichtweise darzulegen.

Schließlich kann, wie sogleich unter C.II.2.c)(5) begründet wird, nicht der Auffassung gefolgt werden, dass die Beweiserhebung und Wahrheitsfindung durch Untersuchungsausschüsse gerichtsähnlich objektiv und neutral verläuft. Dies kann der Fall sein. Die Vorschriften des PUAG sind indes nicht notwendigerweise darauf ausgelegt, den für die politische Bewertung zugrunde liegenden Sachverhalt frei von politischen Wertungen und unabhängig von parteipolitischen Interessen aufzuklären. Es besteht somit keine ausreichende

---

133 Für alle: BVerfG, NJW 1988, 890, 892 *Neue Heimat-Ausschuss* m.w.N.

Grundlage dafür, parlamentarische Untersuchungsausschüsse als gerichtsähnlich zu betrachten.

(c) Untersuchungsausschuss und Staatsanwaltschaft

Vereinzelt wird noch vertreten, parlamentarische Untersuchungsausschussverfahren hätten Ähnlichkeit mit einem staatsanwaltschaftlichen Ermittlungsverfahren.[134] Auch dem kann nicht gefolgt werden.[135]

Evidente Unterschiede bestehen bereits in der Verfahrenseinleitung, für die im Ermittlungsverfahren – anders als im parlamentarischen Untersuchungsausschussverfahren – gemäß § 152 Abs. 2 StPO das Vorliegen eines Anfangsverdachtes erforderlich ist (vgl. B.II.2.). Das staatsanwaltliche Ermittlungsverfahren ist – im Unterschied zum parlamentarischen Untersuchungsausschussverfahren – ferner nichtöffentlich, und die an ihm beteiligten Personen unterliegen einer straf- und disziplinarrechtlich bewehrten Schweigepflicht (vgl. §§ 353b Abs. 1, 355 Abs. 1 StGB; §§ 61 ff. BBG und die entsprechenden beamtenrechtlichen Vorschriften der Länder). Das Ermittlungsverfahren mündet entweder in einer Einstellungsentscheidung oder in einer Anklage (§ 170 Abs. 1 StPO), die erst dann erhoben, wenn die Staatsanwaltschaft einen (hinreichenden) Tatverdacht bejaht. Derartige Verfahrensabschlüsse sind im parlamentarischen Untersuchungsausschussverfahren unbekannt. Das parlamentarische Untersuchungsausschussverfahren trägt dagegen eher inquisitorische Züge. Eine Trennung zwischen unabhängiger ermittelnder und unabhängiger aufklärender Stelle besteht nicht. Es geht auf der Grundlage des Einsetzungsbeschlusses von einem im öffentlichen Interesse liegenden Sachverhalt aus, den es in grundsätzlich öffentlicher Sitzung zu überprüfen und zu bewerten gilt.

Auch eine institutionelle Betrachtung führt zu keinem anderen Ergebnis. Die Staatsanwaltschaft ist ein gegenüber dem Gericht selbständiges, der rechtsprechenden Gewalt zugeordnetes Organ der Strafrechtspflege, organisiert in Form einer hierarchischen Justizbehörde (§§ 141 bis 152 GVG), der das Anklagemonopol zusteht. Aufgrund des Rechtsstaatsprinzips (Art. 20 Abs. 3 GG) sind sie gehalten, den staatlichen Strafanspruch durchzusetzen. Die Beamten der Staatsanwaltschaft sind weisungsgebunden, sie handeln nach außen stets als Vertreter des Behördenleiters. Im Untersuchungsausschuss kann so ein Pendant zur Staatsanwaltschaft in keiner Weise gesehen werden.

---

134 *Jung* in FS Eser, 344, der das parlamentarische Untersuchungsausschussverfahren als eine Art „öffentliches Ermittlungsverfahren“ nach dem Leitbild des Strafprozesses ansieht.

135 So auch: *Wiefelspütz* S. 62; *Richter* S. 40.

(d) Zusammenfassung

Parlamentarische Untersuchungsausschüsse sind keine Gerichte oder gerichtsähnliche Institutionen, die rechtsprechende Gewalt ausüben, bzw. mit Staatsanwaltschaften vergleichbar sind. Es besteht keine Ähnlichkeit in Stellung oder Funktion, die eine sinngemäße Anwendung der Strafprozessordnung rechtfertigen könnte. Eine gewisse entfernte Vergleichbarkeit besteht allenfalls in der im öffentlichen Interesse liegenden Vornahme von Beweiserhebungen zur Feststellung von Tatsachen nach Verfahrensregeln, um diese einer Bewertung zuzuführen.[136] Nur insoweit hat die Tätigkeit parlamentarischer Untersuchungsausschüsse tatsächlich partiell gerichtlichen Gehalt und eine gewisse Verwandtschaft. Solche Feststellungen sind indes nicht mit richterlichen Entscheidungen vergleichbar und besitzen insbesondere keine Rechtsverbindlichkeit gegenüber jedermann[137], so dass sie nicht zur Begründung einer Gerichtsähnlichkeit taugt.

(3) Verfahrensbeteiligte

Nachdem festgestellt worden ist, dass weder eine strukturelle noch eine institutionelle Ähnlichkeit der beiden Verfahren besteht, soll in der Folge untersucht werden, ob eine Übereinstimmung der Verfahrensbeteiligten und ihrer Aufgaben, Rechte und Pflichten insoweit besteht, als hinsichtlich einzelner Verfahrensbeteiligter sinngemäß Vorschriften über das Strafprozessrecht Anwendung finden können.

Verfahrensbeteiligte sind dabei nur diejenigen, die das Gesetz als solche vorsieht. Der parlamentarische Untersuchungsausschuss kennt als Beteiligte den Abgeordneten als Mitglied, den Vorsitzenden und den stellvertretenden Vorsitzenden, den Zeugen und den Sachverständigen. Anders als das PUAG regeln einige Untersuchungsausschussgesetze der Länder noch den Betroffenen als eine Art Zeugen mit Sonderrechten oder Beschuldigten im parlamentarischen Untersuchungsausschussverfahren (vgl. D.III.). Das Strafverfahren kennt eine Reihe weiterer Beteiligter: Das Gericht bzw. die Richter und Schöffen, die Staatsanwaltschaft, den Beschuldigten bzw. Angeschuldigten oder Angeklagten, den Verteidiger, die Gerichtshilfe, den Verletzten und den Dolmetscher. Betrachtet werden sollen in der Folge die Beteiligten, die sich in ihren Stellungen und Aufgaben entsprechen könnten.

---

136 *Groß/Groß* JR 1963, 335, 336.
137 OVG Berlin, E 10, 163, 168; *Vetter* ZParl 1989, 345, 348.

(a) Mitglieder parlamentarischer Untersuchungsausschüsse als Richter

Da parlamentarische Untersuchungsausschüsse weder Gerichte noch gerichtsähnlich sind, können dessen Mitglieder auch nicht mit Richtern eines Strafgerichts gleichgesetzt werden, denen die rechtsprechende Gewalt anvertraut ist. Die Beweiserhebung durch den Untersuchungsausschuss mag zwar in mancher Hinsicht der im Strafverfahren ähneln; „eine Gleichsetzung mit richterlicher Tätigkeit scheidet jedoch aus. Die Mitglieder des Ausschusses besitzen nicht die Stellung eines Richters".[138] Mitglieder parlamentarischer Untersuchungsausschüsse werden auch weder als Richter oder richterähnliche Personen eingesetzt.[139] Ihnen fehlt es neben der erforderlichen Bestimmung an sachlicher und persönlicher Unabhängigkeit (Art. 97 GG). Sie sind als Abgeordnete parteilichen und fraktionellen Zwängen unterworfen, die einem richterlichen Selbstverständnis widersprechen.[140] Sie werden von den Fraktionen gemäß § 57 Abs. 2 S. 1 GO-BT in den Untersuchungsausschuss berufen und sollen dort die Interessen der Partei und der Fraktion vertreten. Selbst im Falle der Untersuchung eines erwiesenen Skandals geht es der betroffenen Fraktion immer auch darum, ein bestimmtes Bild in der Öffentlichkeit zu erzeugen und so Schwerpunkte in der öffentlichen Meinungsbildung zu setzen, die auch den Interessen der eigenen Partei dienen. Untersuchungsausschussmitgliedern fehlt es somit bereits aufgrund der parteipolitischen Vorgaben an Neutralität und Objektivität bei den Fragestellungen, Wertungen und Abstimmungen. Anders als bei Gerichten kann und soll nach dem Willen des Gesetzgebers ausdrücklich die politische Komponente bei Entscheidungen des Untersuchungsausschusses nicht ausgeklammert werden.

---

138 BVerfGE 77, 1, 51 *Neue Heimat-Ausschuss.*

139 Parlamentarische Untersuchungsausschüsse setzen sich zusammen aus der Zahl der ordentlichen und die gleich große Zahl der stellvertretenden Mitglieder des Untersuchungsausschusses, die Abgeordnete sind. Die ordentlichen und stellvertretenden Mitglieder werden von den Fraktionen benannt und abberufen (§ 5 PUAG). Dabei hat die Bemessung der Zahl einerseits die Mehrheitsverhältnisse widerzuspiegeln und andererseits die Aufgabenstellung und die Arbeitsfähigkeit des Untersuchungsausschusses zu berücksichtigen. Jede Fraktion muss vertreten sein. Die Zahl der auf die Fraktionen entfallenden Sitze wird nach dem Verfahren der mathematischen Proportion (St. Lague/Schepers) berechnet (vgl. § 4 PUAG).

140 *Weisgerber* S. 162.

(b) Vorsitzender Richter und Ausschussvorsitzender

Auch zwischen der Stellung des Vorsitzenden im Strafprozess und im Untersuchungsausschuss besteht keine ausreichende Ähnlichkeit. Für eine solche mag zwar zunächst sprechen, dass beide Vorsitzende eine verfahrensleitende Stellung inne haben und Ordnungsmittelbefugnisse besitzen. Darin erschöpfen sich aber auch die Gemeinsamkeiten.

Wie dargestellt haben Mitglieder parlamentarischer Untersuchungsausschüsse weder die Stellung eines unabhängigen Richters noch die einer neutralen richterähnlichen Person inne. Für den Vorsitzenden eines parlamentarischen Untersuchungsausschusses gilt insofern nichts Abweichendes. Der Untersuchungsausschuss bestimmt das Mitglied, das den Vorsitz führt, aus seiner Mitte nach den Vereinbarungen im Ältestenrat, wobei für den Vorsitz der Untersuchungsausschüsse die Fraktionen im Verhältnis ihrer Stärke zu berücksichtigen sind (§ 6 Abs. 1 PUAG). Der damit politisch bestimmte Vorsitzende leitet als „primus inter pares" das Untersuchungsverfahren.[141] Er ist dabei an den Einsetzungsbeschluss des Bundestages und an die Beschlüsse des Untersuchungsausschusses gebunden (§ 6 Abs. 2 PUAG). Zudem soll sich selbst der Ausschussvorsitzende nach dem Willen des Bundesgesetzgebers nicht an den Kriterien richterlicher Unabhängigkeit messen lassen müssen. Der Gesetzgeber hätte sonst neben dem § 6 Abs. 2 PUAG, der dem Vorsitzenden des Untersuchungsausschusses die Sachleitungsbefugnis zuweist, auch eine Regelung eingeführt, die die unabhängige und neutrale Stellung – sinngemäß vergleichbar mit denen des Strafprozesses (§§ 22 ff. StPO) – gewährleisten soll.[142] Eine solche ist jedoch weder als konstitutives noch als voluntatives Element im PUAG vorgesehen.[143] Zum Wesen der richterlichen

141 Gemäß § 8 PUAG beruft der Vorsitzende den Untersuchungsausschuss unter Angabe der Tagesordnung ein. Er ist ferner für die Belehrung und Vernehmung von Auskunftspersonen (§§ 24 ff., 28 PUAG) sowie die Führung der Geschäfte des Ausschusses zuständig. Er hat für die Vorbereitung, Durchführung und Abwicklung sowie dem damit zusammenhängenden Schriftverkehr, einschließlich der Ladung von Aussagepersonen zu sorgen, notwendige Sicherheitsmaßnahmen für die Ausschusssitzungen zu treffen und die Presse und Öffentlichkeit über die Ausschussarbeit zu informieren, soweit der Ausschuss nichts anderes beschließt.

142 Vgl. Beispiel bei *Richter II* in FS Lüderssen, 743 f., für das Bundesland Nordrhein-Westfalen.

143 Daraus folgt auch, dass Vorsitzende nicht wegen Befangenheit abgelehnt werden können (vgl. D.I.3.d)). Die Frage der Vorbefasstheit bzw. der Befangenheit stellt in Untersuchungsausschussverfahren keinen zum Ausschluss führenden Befangenheitsgrund dar; diese ist im Rahmen eines von der parteipolitischen Spannung getragenen Verfahren als Grundvoraussetzung vielmehr Normalität. Untersuchungsausschussmitgliedern fehlt es aufgrund der parteipolitischen Vorgaben stets an der erforderlichen Neutralität und Objektivität bei den Fragestellungen, Wertungen und Abstimmungen. Gemessen an diesen Maßstäben sind Mitglieder von Untersuchungsaus-

Tätigkeit gehört indes, dass sie von einem nichtbeteiligten Dritten ausgeübt wird.[144] Der Richter muss unparteiisch sein. Ihm kommt sachliche Unabhängigkeit zu, die durch die Garantie der persönlichen Unabhängigkeit gesichert wird. Diese ist gewährleistet, wenn der Richter seine Entscheidungen frei von Weisungen fällen kann.[145]

Diese Kriterien erfüllt der Vorsitzende eines Untersuchungsausschusses nicht. Zwar hat er eine Sachleitungsbefugnis inne. Diese begründet allerdings keine Pflicht zur Wahrung der inhaltlichen Neutralität und Fürsorge gegenüber anderen Beteiligten. Insofern ist er von der Person des Vorsitzenden eines Untersuchungsausschusses abhängig, ob dieser seine Rolle eher als neutraler und fürsorgender „Richter" oder als parteipolitisch geprägter Abgeordneter interpretiert.

(c) Zeuge und Sachverständiger

Zeuge und auch der Sachverständige sind hingegen (vgl. (d)) in ihren Stellungen und Ausgestaltungen als persönliche Beweismittel durchaus in beiden Verfahren vergleichbar. Ihre Ausgestaltungen im PUAG offenbaren eine offensichtlich auch vom Gesetzgeber gewollte Nähe zu den Beweiserhebungsmöglichkeiten im Strafprozess. Der Sinn liegt in der Möglichkeit, Dritte als Auskunftspersonen in die Pflicht nehmen zu können und so den parlamentarischen Untersuchungsausschuss mit effektiven Aufklärungsinstrumenten auszustatten.[146]

Der Zeuge im parlamentarischen Untersuchungsausschussverfahren ist – wie auch im Strafprozess – das zentrale persönliche Beweismittel. Er soll als Auskunftsperson wahrheitsgemäß über beweisrelevante Tatsachen aussagen. Der Gesetzgeber hat sich insoweit eng an den gängigen Zeugenregelungen, die sämtliche Verfahrensordnungen beinhalten, orientiert (vgl. neben § 70 Abs. 2 StPO auch § 390 Abs. 2 ZPO, § 15 Abs. 1 Satz 1 FGG, § 98 VwGO, § 82 FGO, § 118 SGG, §§ 46 Abs. 2 S. 1, 80 Abs. 2 ArbGG, § 48 Abs. 2 OWiG). Im Untersuchungsausschussverfahren ist er – wie in sämtlichen genannten Verfahren auch – verpflichtet, auf Ladung des Untersuchungsausschusses zu erscheinen und auszusagen (§ 20 PUAG). Die Vorschriften über

---

schüssen einschließlich deren Vorsitzende in jeder Hinsicht und zu jedem Zeitpunkt im Sinne der strafprozessualen Anforderungen an die Besorgnis der Befangenheit voreingenommen. Mit dem Wesen des Untersuchungsausschussverfahrens ließen sich die strafprozessualen Befangenheitsregelungen nicht in Einklang bringen (*Weisgerber* S. 377-446 m.w.N.; a.A. *Richter II* in FS Lüderssen, 739 ff.; *Knebel-Pfuhl* S. 297 ff.

144 BVerfGE 4, 331, 346; zuvor schon BVerfGE 3, 377, 381.

145 BVerfGE 14, 56, 69.

146 Vgl. *Masing* ZRP 2001, 36, 38.

die Belehrung (§§ 22 Abs. 3 und 24 Abs. 3 PUAG), Vernehmung (§§ 24 ff. PUAG) mit Ausnahme der Regelung über den Abschluss der Vernehmung (§ 26 PUAG), der Entbindung von der Verschwiegenheitspflicht, der Aussagegenehmigung (§§ 22 Abs. 1 und 23 Abs. 1 PUAG) und den Möglichkeiten der Erzwingung des Erscheinens und der Aussage (§§ 21 und 27 PUAG) sind dem Strafverfahren weitgehend nachgebildet (z.B. §§ 21, 22 Abs. 2, 27 Abs. 1 und 2, 28 Abs. 6 PUAG). Der Zeuge kann sich gemäß § 22 PUAG auch im parlamentarischen Untersuchungsausschussverfahren auf die aus dem Strafprozess und anderen Verfahrensordnungen bekannten Zeugnis- und Auskunftsverweigerungsrechte berufen. Die Vorschriften der §§ 53 und 53a StPO über die Zeugnisverweigerung sind sogar entsprechend anwendbar.

Abweichungen bestehen lediglich im Hinblick auf den Umfang des Auskunftsverweigerungsrechts. § 22 Abs. 2 PUAG regelt die Besonderheit, dass Zeugen die Auskunft auf Fragen verweigern können, deren Beantwortung ihnen oder Personen, die im Sinne des § 52 Abs. 1 StPO ihre Angehörigen sind, der Gefahr aussetzen würde, einer Untersuchung nach einem gesetzlich geordneten Verfahren unterworfen zu werden. Insofern geht der Schutz des Zeugen über den im Strafprozess hinaus. Dort wird ein Auskunftsverweigerungsrecht nur bei Bestehen einer Gefahr zuerkannt, wegen einer Straftat oder einer Ordnungswidrigkeit verfolgt zu werden (vgl. § 55 Abs. 1 StPO, D.I.3.b)(4)). Diese Abweichung ist allerdings nicht so wesentlich als dass sie die grundsätzliche Vergleichbarkeit der Zeugenstellungen im Hinblick auf den Zeugen als persönliches Beweismittel in Frage stellen könnte, zumal diese Ausweitung auf den Strafprozess auch in der Literatur gefordert wird.[147] Es bestehen daher keine Bedenken gegen eine sinngemäße Übertragung der Zeugenregelungen der StPO, soweit der Zeuge als persönliches Beweismittel ausgestaltet ist.

Als Sachverständige gelten Personen, die wegen ihrer besonderen Sachkunde zur Feststellung von Tatsachen oder zur Berichterstattung über Erfahrungssätze einschließlich der Erstellung von Prognosen bestellt werden.[148] Insoweit bestehen im Hinblick auf die Stellungen des Sachverständigen in den Verfahrensordnungen keine Unterschiede. Im Untersuchungsausschussverfahren werden auf den Sachverständigenbeweis (vgl. D.II.) – wie auch im Strafprozess – die Vorschriften über den Zeugenbeweis (§§ 20, 22 bis 26 PUAG) entsprechend angewandt, soweit nicht abweichende Regelungen getroffen sind (§ 28 Abs. 1 PUAG). Auch im Übrigen sind die Regelungen vergleichbar. Die Auswahl der hinzuzuziehenden Sachverständigen erfolgt durch den Untersuchungsausschuss (§ 28 Abs. 2, 1. HS PUAG). Sachverständige haben das Gutachten innerhalb der vereinbarten Frist unparteiisch, voll-

---

147 Vgl. *Meyer-Goßner* StPO, § 55, Rn. 5.

148 BGHSt 9, 292, 293; *Ranft* Rn. 553.

ständig und wahrheitsgemäß zu erstatten. Auf Verlangen des Untersuchungsausschusses ist das Gutachten schriftlich zu erstellen und mündlich näher zu erläutern (§ 28 Abs. 4 PUAG). Die Gutachtenerstattung kann zwangsweise durchgesetzt bzw. mit Ordnungsmitteln belegt werden (§ 28 Abs. 6 PUAG). Sachverständige verfügen entsprechend § 76 StPO im parlamentarischen Untersuchungsausschussverfahren aus den Gründen, die einen Zeugen dazu berechtigen, das Zeugnis zu verweigern, über ein Gutachtensverweigerungsrecht (§ 28 Abs. 5 PUAG). Diese Ausgestaltung des Sachverständigenbeweises entspricht dem des Strafprozesses, weshalb eine Vergleichbarkeit angenommen werden kann.

(d) Beschuldigter und Betroffener

Eine Vergleichbarkeit der Rechtsstellung des Beschuldigten scheitert zunächst daran, dass das Untersuchungsausschussverfahren keinen Beschuldigten kennt. Als Auskunftspersonen sind nur Zeugen und Sachverständige vorgesehen. Der Begriff des Beschuldigten trifft nur auf den vom im Ermittlungsverfahren Betroffenen zu, der ab dem Zeitpunkt der Erhebung der öffentlichen Klage und bis zur Eröffnung des Hauptverfahrens als Angeschuldigter und nach der Eröffnung der Hauptverhandlung und bis zum rechtskräftigem Abschluss als Angeklagter bezeichnet wird. Beschuldigter ist derjenige, gegen den die Strafverfolgungsbehörden das Verfahren als den für eine Straftat Verantwortlichen betreibt.[149] Der Beschuldigte ist damit ein durch das Strafprozessrecht belegter und definierter Verfahrensbeteiligter, den sich ein Untersuchungsausschuss vor dem Hintergrund der Wesensverschiedenheit der beiden Verfahren auch nicht aneignen kann.

In einigen Untersuchungsausschussgesetzen der Bundesländer kann allerdings bestimmten Zeugen, die persönlich von der Untersuchung betroffen sind und bei denen bereits aus dem Untersuchungsauftrag ersichtlich ist, dass sich die Untersuchung ausschließlich oder ganz überwiegend gegen sie richten wird, ein sog. Betroffenenstatus zuerkannt werden. Bei dem Betroffenen handelt es sich um eine Art Zwischenstatus zwischen dem Zeugen und Beschuldigten, der je nach Ausgestaltung in den einzelnen Gesetzen entweder eher mit dem eines Beschuldigten oder mit dem eines Zeugen mit Sonderrechten im Strafverfahren vergleichbar ist. Der Bundesgesetzgeber hat keine Betroffenenregelung eingeführt, so dass eine Vergleichbarkeit nicht eröffnet ist. Er hat lediglich in der Gesetzesbegründung darauf hingewiesen, dass es bestimmte Situationen gebieten können, betroffenen Auskunftspersonen, einzelne, sonst Beschuldigten in einem Strafverfahren vorbehaltene, Rechte

149 Vgl. *Meyer-Goßner* StPO, Einl., Rdnr. 76 ff.

zuzugestehen.[150] Insoweit stellt sich tatsächlich jenseits der fehlenden Entsprechung des Beschuldigten im PUAG die Frage der sinngemäßen Anwendung von Beschuldigtenrechten auf betroffene Zeugen im parlamentarischen Untersuchungsausschussverfahren bzw. der Anwendung erweiterter Schutzrechte für Zeugen unmittelbar aus der Verfassung. Inwieweit auf den betroffenen Zeugen sinngemäß oder unmittelbar von Verfassungs wegen über das PUAG hinaus Schutzrechte anzuwenden sind, wird im Rahmen der konkreten Anwendung strafprozessualer Untersuchungs- und Eingriffsrechte unter D.III. behandelt.

(e) Ergebnis

Die vergleichende Darstellung der Verfahrensbeteiligten hat gezeigt, dass eine Übereinstimmung nur hinsichtlich der persönlichen Beweismittel Zeuge und Sachverständiger besteht. Diese werden in beiden Verfahren gleichbedeutend verwendet. Dies gilt nicht für die weiteren Verfahrensbeteiligten Richter, insbesondere Vorsitzender Richter, Staatsanwalt, Beschuldigter und Nebenkläger. Diese Beteiligten sind in dem parlamentarischen Untersuchungsausschussverfahren nicht bekannt und diesem auch fremd. Eine die sinngemäße Anwendung eröffnende Ähnlichkeit besteht nicht.

(4) Sächliche Beweismittel

Neben den vergleichbaren Beweismitteln Zeuge und Sachverständiger ist zu prüfen, ob auch die sächlichen Beweismittel in Form des Urkundsbeweises und der Augenscheinsnahme eine mit dem Strafprozess vergleichbare Ausgestaltung im parlamentarischen Untersuchungsausschussverfahren erfahren haben.

In Untersuchungsausschussverfahren gilt gemäß § 18 Abs. 1 PUAG (für die Bundesregierung, Behörden des Bundes sowie bundesunmittelbaren Körperschaften, Anstalten und Stiftungen des öffentlichen Rechts), gemäß § 18 Abs. 4 PUAG (für Gerichte und Verwaltungsbehörden) und gemäß § 29 Abs. 1 PUAG (für Private) eine Verpflichtung zur Vorlage von als Beweismittel für die Untersuchung in Betracht kommende Gegenstände und Unterlagen (vgl. D.IV.1.). Die sächlichen Beweismittel kann der parlamentarische Untersuchungsausschuss in Augenschein nehmen (§ 19 PUAG). Soweit es sich um Schriftstücke, die als Beweismittel dienen, oder Protokolle über Untersuchungshandlungen von anderen Untersuchungsausschüssen, Gerichten und

150 BT-Drs. 14/5790, 18.

Behörden handelt, sind diese vor dem Untersuchungsausschuss zu verlesen, es sei denn die Protokolle oder Schriftstücke sind allen Mitgliedern des Untersuchungsausschusses zugänglich gemacht worden (§ 31 Abs. 1 und 2 PUAG).

Im Strafprozess ist der Urkundsbeweis vergleichbar in den §§ 249 ff. StPO geregelt. Urkunden sind demnach Schriftstücke mit einem verlesbaren Gedankeninhalt. Der Urkundsbeweis besteht in der Erfassung des gedanklichen Inhalts eines Schriftstücks durch Verlesen (§ 249 Abs. 1 StPO), wobei gemäß § 249 Abs. 2 StPO auf die Verlesung verzichtet werden kann, wenn die Richter und Schöffen vom Wortlaut der Urkunde Kenntnis genommen haben und auch die übrigen Beteiligten hierzu Gelegenheit hatten.[151] Geht es um das Erscheinungsbild des Schriftstücks oder einen Gegenstand, wird Beweis durch Inaugenscheinnahme erhoben.[152]

Im Bereich der sächlichen Beweismittel unterscheiden sich der Urkundsbeweis und die Inaugenscheinnahme damit kaum. Der Gesetzgeber hat im PUAG lediglich darauf verzichtet, die Inaugenscheinnahme auch für den Personalbeweis anwendbar zu erklären (vgl. § 19 PUAG, der entsprechend auf § 18 PUAG verweist). Im Strafprozess dagegen kann auch der Mensch Augenscheinsobjekt sein. Insofern ist auffällig, dass der Gesetzgeber auch schon beim Zeugen eine dem § 81c StPO entsprechende Regelung im PUAG nicht eingeführt hat, so dass der Schluss nahe liegt, dass der Gesetzgeber allgemein Zeugen und Dritte nicht als Mittel des objektiven Sachbeweises bzw. als Augenscheinsobjekt ausgestalten wollte (vgl. C.III.2.). Die Abweichung in der Ausgestaltung vermag allerdings nichts an der grundsätzlichen Ähnlichkeit der sächlichen Beweismittel zu ändern.

(5) Tatsachenermittlung und Wahrheitsfindung

Soweit weitgehend eine Übereinstimmung mit den Beweismitteln Zeuge, Sachverständiger, Urkunds- sowie Augenscheinsbeweis besteht, stellt sich die Frage, ob insoweit auch eine Grundlage für die Anwendung der diesbezüglichen strafprozessualen Beweiserhebungsprozeduren im parlamentarischen Untersuchungsausschussverfahren vorhanden ist. In der Folge soll deshalb untersucht werden, ob die Tatsachenermittlung und Wahrheitsfindung vergleichbar ist.

151 *Beulke* StProzR, Rn. 203.

152 Beweis durch Inaugenscheinnahme ist die sinnliche Wahrnehmung durch Sehen, Hören, Fühlen, Schmecken oder Riechen (BGHSt 18, 51, 53).

(a) Bundesverfassungsgericht

Das BVerfG hat sich – soweit ersichtlich – bislang nicht zu der Frage geäußert, ob bzw. inwiefern sich die Sachverhaltsaufklärung und Wahrheitsfindung sinngemäß an den Vorschriften über den Strafprozess zu orientieren hat. Festgestellt hat das BVerfG insoweit lediglich, dass die Sachverhaltsaufklärung im parlamentarischen Untersuchungsausschussverfahren keine geringere Bedeutung als die im Strafverfahren besitzt.[153] Entsprechend führt es in der *Neue Heimat-Entscheidung* unter Bezugnahme auf die *Flick-Entscheidung* zum Verständnis des Begriffs Beweiserhebung aus, dass die Vorschrift ohne Einschränkung auf die Beweiserhebung im Strafprozess Bezug nimmt;

> „sie will damit ersichtlich alle Bestimmungen berücksichtigt wissen, die die strafprozessuale Sachverhaltsaufklärung regeln (vgl. BVerfGE 67, 100 (133)). Hierzu gehören nicht nur die Vorschriften über die zulässigen Arten von Beweismitteln und deren Verwertung, sondern auch die Regelungen über deren Beschaffung und Sicherung. Dieses Verständnis des Begriffs ‚Beweiserhebung' liegt auch dem Strafverfahrensrecht zugrunde (vgl. §§ 201, 202, 244 Abs. 3 StPO). Für die Auswertung von Beweismitteln verwendet das Gesetz die engere Bezeichnung ‚Beweisaufnahme' (§ 244 Abs. 1 StPO)."[154]

Aufgrund der Formulierung: „sie will damit ersichtlich alle Bestimmungen berücksichtigt wissen, die die strafprozessuale Sachverhaltsaufklärung regeln", scheint das BVerfG dazu zu tendieren, auch den § 244 Abs. 2 StPO, der den Umfang der Sachverhaltsaufklärung im Strafprozess bestimmt, für zumindest sinngemäß anwendbar zu erklären. Andererseits führte das BVerfG zugleich aus, dass dazu „nicht nur die Vorschriften über die zulässigen Arten von Beweismitteln und deren Verwertung, sondern auch die Regelungen über deren Beschaffung und Sicherung" gehörten. Insofern nimmt das BVerfG ersichtlich nicht auf den Umfang der Sachverhaltsaufklärung oder den Charakter der Wahrheitsfindung Bezug, so dass im Ergebnis offen bleibt, ob und wie die Rechtsprechung die Grundsätze der Sachverhaltsaufklärung und Wahrheitsfindung im parlamentarischen Untersuchungsausschussverfahren einordnen würde.

(b) Literatur

Der Charakter der Sachverhaltsaufklärung und der Wahrheitsfindung parlamentarischer Untersuchungsausschüsse werden in der Literatur – vielfach aufgrund der Kritik, die Aufklärungsbemühungen parlamentarischer Untersu-

---

153 A.A. *Ehmke* DÖV 1956, 417, 419, der die Ansicht vertritt, dass das Aufklärungsinteresse bei Missständen gegenüber dem Strafverfolgungsinteresse sogar ranghöher sei.

154 BVerfGE 77, 1, 49 *Neue Heimat-Ausschuss.*

chungsausschüsse in der Öffentlichkeit regelmäßig erfahren – kontrovers diskutiert.[155] In der Öffentlichkeit ist aufgrund der Erörterung der Erforderlichkeit des Sichtens von „Aktenmetern" vor dem Beginn öffentlichkeitswirksamer Zeugenvernehmungen, des Streits um die Reihenfolge von Zeugenvernehmungen, mehrstündigen Eingangsstatements von Zeugen zu Beginn ihrer Vernehmungen, die womöglich noch medienöffentlich stattfinden, und den Stellungnahmen und Bewertungen von Beweisaufnahmen durch Mitglieder parlamentarischer Untersuchungsausschüsse vor, während und nach Sitzungen sowie schließlich die Aufteilung der Abschlussberichte in Mehr- und Minderheitenvoten, das Bild entstanden, sie würden Sachverhaltsaufklärung und Wahrheitsfindung politisch inszenieren und sie seien nichts weiteres als politische Kampfinstrumente zum Erringen einer Bewertungshoheit und eines politischen Vorteils.[156] Nicht im Vordergrund stünde hingegen – anders als im Strafprozess – die neutrale, verfahrensförmige und tatbestandsbezogene Sachverhaltserforschung, um auf der Grundlage dieser eine nach außen einheitliche Bewertung vorzunehmen, auf deren Grundlage das Parlament informiert wird und ggf. legislativ tätig werden kann.

Verschiedentlich wird dementsprechend auch in der Literatur vertreten, nicht die Wahrheitsfindung, sondern das Schaffen von Klarheit über das Vorhandensein eines Missstands oder Skandals durch politische Aufklärung sei oberstes Ziel einer parlamentarischen Untersuchung.[157] Neben der traditionellen Kontrollfunktion der Mehrheit durch die Minderheit bzw. der Regierung durch die Opposition stehe die „politisch-propagandistische" Funktion der Untersuchung im Vordergrund.[158] Die Untersuchung durch den parlamentarischen Untersuchungsausschuss sei eine reine „Informationsveranstaltung für die Öffentlichkeit" und solle dieser die aus dem Parlament in die Öffentlichkeit hinaus verlagerte politische Auseinandersetzung vor Augen führen. Politisch interessant sei insoweit, was öffentlichkeitswirksam verwertbar ist.[159] Weiteren Ansichten zufolge geht die Sachverhaltsaufklärung und Wahrheitsfindung zwar über das bloße Schaffen politischer Klarheit und die politische Auseinandersetzung hinaus. Dennoch sei Gegenstand nicht die objektive Wahrheitserforschung, sondern der Auftrag zur Erforschung einer „politischen Wahrheit der Parteien". Diese (sehr) relative Wahrheit bestehe in

---

155 Vgl. *Bräcklein* in FS Meyer, 161 ff.; *Jung* in FS Eser, 335 ff.

156 Vgl. die Presseberichterstattung zum sog. *Visa-Untersuchungsausschuss* (BT-Drs. 15/5975), in dem erstmals medienöffentliche Zeugenvernehmungen stattfanden: *Vollmer* Wahrheitsfindung oder Event, Der Tagesspiegel vom 01.05.2005; *Weiland* Bedingt fragefähig, Spiegel-Online vom 26.04.2005; *Schellenberger* Wirklichkeit und Wirkung, Berliner Zeitung vom 16.05.2005.

157 Z.B. *H.-P. Schneider* NJW 2001, 2604, 2605.

158 *Jagau/Wessels* S. 45 m.w.N.

159 *Jagau/Wessels* S. 45 m.w.N.

der Auslegung der Ergebnisse der Beweiserhebung zu ihren jeweiligen Gunsten im Abschlussbericht.[160] Das Ergebnis einer parlamentarischen Untersuchung sei aufgrund des politischen Charakters des Verfahrens und des Widerstreits der Parteien nur „Proporz-Wahrheit".[161]

Demgegenüber wird vertreten, dass auch die parlamentarisch-politische Sachverhaltsaufklärung und Wahrheitsfindung objektiv und neutral stattfinden, während sich erst die anschließende Würdigung des aufgeklärten Sachverhalts nach politischen Maßstäben richten sollte.[162] Die parlamentarischen Untersuchungsausschüssen zuerkannten Rechte und die Pflichten der Verfahrensbeteiligten seien nur im Hinblick auf eine Feststellung der materiellen Wahrheit gerechtfertigt. Ziel müsse daher sein, jenseits politischer Überzeugungen und Betrachtungen Sachverhalte möglichst objektiv aufzuklären.[163] Parlamentarische Untersuchungsausschüsse sollten daher von einem richterlichen Selbstverständnis seiner Mitglieder, das ihr Verhalten leitet und ihre Entscheidungen bestimmt, und nicht als politische Kampfinstrumente geprägt sein.

Weitere Stimmen in der Literatur meinen ausgehend von einer gewissen gerichtlichen Ähnlichkeit des parlamentarischen Untersuchungsausschusses, dass sich die Sachverhaltsaufklärung an einer sinngemäßen Anwendung des § 244 Abs. 2 StPO zu orientieren habe.[164] Gemäß § 244 Abs. 2 StPO ist die Beweisaufnahme im Strafprozess von Amts wegen auf alle für die Sachverhaltsaufklärung bedeutsamen Tatsachen und Beweismittel zu erstrecken. Demzufolge wäre der Sachverhalt im parlamentarischen Untersuchungsausschussverfahren neutral und vollständig aufzuklären. Beweisanträgen und -anregungen müsste auch im parlamentarischen Untersuchungsausschuss zu entsprechen sein, wenn davon eine weitere Sachaufklärung zu erwarten ist.

(c) Andersartigkeit

Die Ansichten, die die Sachverhaltsaufklärung in die Nähe des Strafprozesses rücken, übersehen, dass der Untersuchungsausschuss Mittel parlamentarischer Auseinandersetzung bzw. politisches Kampfinstrument und kein gerichtliches oder gerichtsähnliches Gremium zur neutralen und objektiven Wahrheitser-

---

160 Vgl. *Weisgerber* S. 163 f.

161 *Kipke* S. 230; *Germis* S. 67; *Engels* S. 690; *Weisgerber* S. 164.

162 *Knebel-Pfuhl* S. 306; Schlussbericht Enquête-Kommission Verfassungsreform, BT-Drs. 7/5924, 50, 52.

163 Schlussbericht Enquête-Kommission Verfassungsreform, Sondervotum *Hirsch* BT-Drs. 7/5924, 65, 66.

164 *Gollwitzer* in FS Dünnebier, 345; *Engels* S. 67 f.; a.A. *Weisgerber* S. 163.

mittlung ist (vgl. C.II.2.c)(2)).[165] Die Beweisaufnahme parlamentarischer Untersuchungsausschüsse lässt sich auch nicht in Phasen der objektiven Tatsachenermittlung mit anschließender politischer Würdigung aufteilen.[166] Die Sachverhaltsaufklärung erfolgt stets im Hinblick auf eine vorzunehmende Würdigung. Entsprechend stellt bereits die Beantragung bzw. Ablehnung von Beweisanträgen, die Auswahl zu sichtender Unterlagen, die Reihenfolge von Zeugenvernehmungen und die Auswahl der Thematik, mit deren Untersuchung Sachverständige betraut werden sollen, eine die spätere Würdigung prägende Maßnahme dar. Taktische Aspekte sind im Rahmen der Beweisaufnahme daher nicht nur nicht auszuschließen, sie stellen vielmehr die Regel dar.[167]

Der strafprozessuale Tatsachenermittlungs- und Wahrheitsfindungsprozess knüpft – anders als die im parlamentarischen Untersuchungsausschussverfahren – ferner an eine bestimmte in der Anklage dargelegte fest umrissene Tat an (§ 264 Abs. 1 StPO), die Gerichte von Amts wegen aufzuklären haben, soweit dies mit dem verfügbaren Beweismaterial möglich ist (§ 244 Abs. 2 StPO).[168] Aufgabe parlamentarischer Untersuchungsausschüsse ist hingegen nicht gerichtliche Aufklärung und Feststellung von Verantwortlichkeiten, die sich aufgrund fest umrissener und definierter Tatbestände ergeben.[169] Von parlamentarischen Untersuchungsausschüssen zu untersuchende Geschehnis-

---

165 H.M.: *Weisgerber* S. 164 m.w.N.; *Wiefelspütz* NVwZ 2002, 10, 12 f.; *Wiefelspütz* S. 221 m.w.N.; *Güther/Seiler* NStZ 1993, 305, 306; *Engels* S. 69; *Germis* S. 62 ff.

166 *Weisgerber* S. 165.

167 Nicht zu folgen deshalb auch *Plagemann* ZParl 1977, 242, 244, demzufolge die Einsetzung eines parlamentarischen Untersuchungsausschusses gerade zu einer Entpolitisierung von Vorgängen führe, indem durch die Beauftragung eines überschaubaren Gremium kompetenter Parlamentarier zur Durchführung bestimmter Untersuchungen dieses in die Lage versetzt, über Parteigrenzen hinweg objektiv aufzuklären

168 Je nach Ergebnis dieser Aufklärungsbemühungen (§ 261 StPO) ist der Angeklagte dann freizusprechen oder sein festgestelltes Verhalten unter die zutreffende Strafnorm zu subsumieren; auf dieser Grundlage ist der Schuldspruch zu treffen und sind die entsprechenden Rechtsfolgen festzusetzen.

169 *Bräcklein* in FS Meyer, 165; insofern ist die Hervorhebung der Andersartigkeit im Hinblick auf das Gewaltenteilungssystem von Belang. Denn würden parlamentarische Untersuchungsausschüsse quasi justiziell strafgerichtliche Sachverhalte ermitteln und diese womöglich noch an den tatbestandlichen Kriterien messen und im Abschlussbericht feststellen, wäre die Tätigkeit parlamentarischer Untersuchungsausschüsse bedenklich nahe an der von Strafgerichten, was die Besorgnis der Existenz eines verbotenen Sondergerichts im Sinne des Art. 101 GG begründen könnte. Aufgrund der Andersartigkeit ist aber gerade keine Beeinträchtigung des Gewaltenteilungsprinzips gegeben. Das Beweiserhebungsrecht parlamentarischer Untersuchungsausschüsse würde erst dann in die Kompetenzen der Judikative und Exekutive übergreifen, wenn sich ein Untersuchungsausschuss solche Befugnisse anmaßen würde (vgl. *Scholz* AöR 1980, 564, 610; a.A. Weisgeber, S. 163 f.).

se sind erheblich weiter gefasst als strafrechtliche Normen oder in der Anklage vorgegebene Lebenssachverhalte (vgl. § 264 Abs. 1 StPO). Es geht um Feststellungen und Wertungen, die außerhalb rechtlicher Anforderungen[170] stehen, namentlich die politische oder gesellschaftliche Verantwortung. Diese können zwar mit auch (straf)prozessförmigen Beweismitteln einer Aufklärung zugänglich gemacht werden. Eine solche Beurteilung vorzunehmen, ist indes nicht Aufgabe und Erkenntnisziel parlamentarischer Untersuchungsausschüsse. Das Wesen der Feststellung eines „politischen Tatbestandes" liegt gerade in dessen politischer Bewertung. Allein die Verwendung von prozessförmigen Beweismitteln bewirkt insoweit noch keine Änderung des Charakters des parlamentarischen Untersuchungsausschussverfahrens hin zu einem Strafprozess bzw. strafprozessähnlichen Gebilde. Es handelt sich vielmehr um einen eigenständigen Prozess der politisch-parlamentarischen Tatsachenaufklärung mit prozessförmigen, speziell dem Strafprozess entlehnten, Beweismitteln.

Entscheidend für die Charakterisierung der Beweiserhebung sind zudem nicht bloß die Ausgestaltung der Beweiserhebung, sondern die Erkenntnisziele, an die die Tatsachenermittlung und Wahrheitsfindung anknüpfen. Erkenntnisziel des Untersuchungsausschussverfahrens ist die Aufklärung eines im Untersuchungsauftrag beschriebenen Vorgangs zur Information des Parlaments im Wege eines Abschlussberichts (vgl. B.I., C.II.2.c)(1)(a)).[171] Die parlamentarische Aufklärung trägt damit eingedenk der unterschiedlichen Zielsetzungen einen weitaus diskursiveren Charakter als der Strafprozess.

Parlamentarische Untersuchungsausschüsse erheben gemäß § 17 Abs. 1 PUAG die durch den Untersuchungsauftrag gebotenen Beweise aufgrund von Beweisbeschlüssen. Die Gebotenheit der Beweiserhebung ergibt sich – anders als im Strafverfahren – lediglich soweit sie von einem Viertel der Mitglieder des Untersuchungsausschusses beantragt wird, d.h. die Gebotenheit wird durch eine Mehrheitsentscheidung bestimmt. § 17 Abs. 1 PUAG offenbart, dass der Sachverhaltserforschung nicht das im Strafprozess anwendbare Legalitätsprinzip zugrunde gelegt wird, wonach das Gericht zur Erforschung der Wahrheit verpflichtet ist (vgl. § 244 Abs. 2 StPO) und es die Beweisaufnahme von Amts wegen auf alle Tatsachen und Beweismittel zu erstrecken hat, die für die Entscheidung von Bedeutung sind.[172] Eine entsprechende, die Tatsachenermittlung und Wahrheitsfindung leitende, Vorschrift fehlt im parlamentarischen Untersuchungsausschussverfahren.

---

170 *Bräcklein* in FS Meyer, 165, bemerkte zutreffend, dass sich die Bewertung solcher „politischer Tatbestände" gerade nicht durch „schlichtes Hinsehen oder einen Blick ins Gesetz" klären lässt

171 *Vetter* ZParl 1989, 345, 348.

172 A.A. *Gollwitzer* in FS Dünnebier, 345.

Es fehlt insbesondere auch an einem verfahrensleitenden rechtlichen Tatbestand, aufgrund dessen der Sachverhalt neutral und objektiv ermittelt werden muss und sollte. Gegenstand der parlamentarischen Aufklärung ist vielmehr ein politischer Missstand oder Skandal, der sich nicht in den Kategorien eines strafrechtlichen Tatbestandes messen lässt und den strafrechtlichen Anforderungen an die Tatsachenermittlung und Wahrheitsfindung aufgrund der unterschiedlichen Zielrichtungen zugänglich ist. Dies ist auch folgerichtig vor dem Hintergrund, dass auf die Feststellungen durch parlamentarische Untersuchungsausschüsse keine Urteile über Schuld oder Unschuld bzw. das Vorliegen der Voraussetzungen eines bestimmten gesetzlich geregelten Tatbestandes gegründet werden. Die Feststellungen dienen dem parlamentarischen Untersuchungsausschuss vielmehr dazu, mehrheitliche und abweichende politische Wertungen vorzunehmen, die in einem sanktionslosen Abschlussbericht zur Information und weiteren Entscheidung an das Parlament vorgelegt werden. Einer mit dem Strafprozess vergleichbar strengen Tatsachenermittlung und Wahrheitsfindung bedarf es aber nicht, wenn sich die Sanktionen unterscheiden und Ziel der Aufklärung keine einheitliche Entscheidung sein muss bzw. soll.

Der diskursivere Charakter des Untersuchungsausschussverfahrens offenbart sich weiter anhand eines Vergleichs der Ablehnungsvoraussetzungen für einen Beweisantrag. Zwar ist insoweit vergleichbar in beiden Verfahren ein Beweisantrag bei Unzulässigkeit oder Unerreichbarkeit abzulehnen. Anders als in § 244 Abs. 3 StPO ist die Ablehnung eines Beweisantrages in parlamentarischen Untersuchungsausschussverfahren jedoch wegen Überflüssigkeit, fehlender Bedeutung, Ungeeignetheit oder Prozessverschleppung nicht vorgesehen. In Untersuchungsausschussverfahren bestehen erheblich weiterreichende Möglichkeiten, Beweismittel zu bestimmten Beweistatsachen durchzusetzen, selbst wenn diese bereits (mehrfach) erwiesen oder allgemein bekannt sein sollten bzw. das Beweismittel zum Zwecke der politisch motivierten Schwerpunktsetzung (nochmals) gehört bzw. (öffentlich) erörtert werden soll. In diesen Fällen könnte der Beweisantrag – anders als im Strafverfahren, das sich allein an der Sachaufklärung orientiert – nicht etwa wegen Erwiesenheit oder Ungeeignetheit des Beweismittels abgelehnt werden. Es müsste bei Vorliegen der Voraussetzungen des § 17 Abs. 1 PUAG gehört bzw. in Augenschein genommen werden.

Schließlich offenbart sich dieser diskursivere Charakter auch in § 17 Abs. 3 PUAG, wonach die Reihenfolge der Vernehmung von Zeugen und Sachverständigen im Untersuchungsausschuss möglichst einvernehmlich festgelegt werden soll. Der parlamentarische Untersuchungsausschuss kann sich bei der Reihenfolge der Vernehmung an Grundsätzen der Sachverhaltsaufklärung orientieren; er ist hierzu jedoch nicht verpflichtet. Auch insofern fehlt es an einer sachleitenden neutralen Norm, die dies gebietet. § 17 Abs. 3

PUAG eröffnet hingegen die auch praktizierte Möglichkeit, die Reihenfolge der Vernehmung politischen Motiven unterzuordnen. Beispielsweise werden in der Regel zuvorderst politisch verantwortliche Minister oder Staatssekretäre bzw. im privaten Bereich Vorstände, Aufsichtsräte und Geschäftsführer öffentlichkeitswirksam zu einem Zeitpunkt befragt, in dem die Tätigkeit des parlamentarischen Untersuchungsausschusses noch im Fokus der Medienöffentlichkeit steht, obgleich Grundsätze der Sachaufklärung zunächst die Aufklärung des Sachverhaltes durch Befragung der Sachbearbeiterebene bzw. die Aufarbeitung sämtlicher Unterlagen gebieten würde. Soweit die Tatsachenermittlung und Wahrheitsfindung aber auf die Klärung eines politischen Tatbestandes bzw. die politische Verantwortlichkeit gerichtet ist, ist die zuvordere Befragung potentiell politisch bzw. gesellschaftlich Verantwortlicher nachvollziehbar und auch geboten.

(d) Ergebnis

Gegenstand parlamentarischer Untersuchungen ist – insoweit noch vergleichbar zum Strafprozess – die im öffentlichen Interesse liegende und dem Gemeinwohl dienende Aufklärung eines Sachverhalts.[173] Durch Beweiserhebung sollen bestimmte politische oder gesellschaftlich im Untersuchungsauftrag vorgegebene Annahmen verifiziert oder falsifiziert und einer Bewertung zugeführt werden. Dabei bedienen sich parlamentarische Untersuchungsausschüsse den gängigen und aus Straf-, Zivil- oder Verwaltungsprozess bekannten Beweismitteln, namentlich den Zeugen, den Sachverständigen, der Urkunde und der Augenscheinsnahme von schriftlichen Unterlagen. Bei dem Prozess der Beweiserhebung handelt sich insoweit um den natürlichen bzw. naturwissenschaftlichen Vorgang der Ermittlung und Beweisführung[174], der sämtlichen Verfahren, die auf eine Wahrheitsfindung ausgerichtet sind, zugrunde liegt. Das parlamentarische Untersuchungsausschussverfahren weist damit zwar eine Ähnlichkeit, jedoch noch keine über eine allgemeine Vergleichbarkeit mit Beweiserhebungen in anderen Verfahren hinausgehende Nähe zum Strafprozess auf, die eine weitgehende Gleichstellung mit der strafprozessualen Beweisaufnahme rechtfertigen könnte. Der bloße Vorgang der Erkenntnisgewinnung durch Beweiserhebung auch mittels Zwangs- und Beugemaßnahmen stellt verfahrensrechtlich keine Besonderheit dar. Die Nähe zum Strafprozess erhält das parlamentarische Beweiserhebungsrecht durch die Vorgabe des Art. 44 Abs. 2 S. 1 GG, wonach die Vorschriften über den

173 BVerfGE 67, 100, 130 *Flick-Ausschuss*; 77, 1, 48; *Neue Heimat-Ausschuss*; BVerwGE 79, 339, 345; BVerwG, NJ 2000, 102, 103; *Vetter* ZParl 1989, 345, 348.

174 Vgl. *Bräcklein* in FS Meyer, 164.

Strafprozess sinngemäß Anwendung finden sollen: dies jedoch erst dann, sofern überhaupt Raum für eine sinngemäße Anwendung eröffnet ist. Dies ist jedoch nicht der Fall.

Die Tatsachenermittlung und Wahrheitsfindung parlamentarischer Untersuchungsausschüsse ist im Vergleich zum Strafprozess vielmehr andersartig. Es existiert keine dem Strafprozess entsprechende neutrale und verfahrensförmige Tatsachenermittlung und Wahrheitsfindung durch ein vergleichbares System von Verfahrensbeteiligten und Regeln. Parlamentarische Untersuchungsausschüsse verfügen im Vergleich zum Strafprozess über eine eher diskursiv geprägte eigenständige Systematik freier Beweisthematik, Beweiswürdigung und auch des Beweiserhebungsverfahrens, das sich nicht im mit dem Strafprozess vergleichbaren Maße an den Grundsätzen der neutralen und vollständigen Sachaufklärung, sondern an politischen Mehr- und Minderheitsverhältnissen und der politischen Erforderlichkeit basierend auf dem Untersuchungsauftrag orientiert.

Im Rahmen der Aufklärung von Sachverhalten bedienen sich beide Verfahren zwar identischer Beweismittel, namentlich des Zeugen, des Sachverständigen und der Beiziehung sowie Inaugenscheinnahme von Unterlagen. Dem parlamentarischen Untersuchungsausschussverfahren fehlt es aber an einem entsprechend dem Strafprozess austarierten und kontradiktorischen System an Beteiligten, das auf eine dem Strafprozess entsprechende Tatsachen- und Wahrheitsfindung zum Zwecke der Überprüfung eines Verdachts gegen eine natürliche Person sowie der Herstellung von Rechtsfrieden abzielt. Es handelt sich beim parlamentarischen Untersuchungsausschussverfahren vielmehr um ein parlamentarisch-politisch geprägtes Verfahren zur Aufklärung und zum Finden politisch interpretierbarer Wahrheiten unter Zuhilfenahme dem Strafprozess entlehnter gängiger Beweismittel. Die Gemeinsamkeiten erschöpfen sich damit im wesentlichen in der Aufgabe, im öffentlichen Interesse liegende Vorgänge mit zum Teil identischen Beweismitteln prozessförmig aufzuklären, freilich unter völlig verschiedenen Prämissen und mit unterschiedlichen Anforderungen.[175]

Die festgestellten Tatsachen sind ferner nicht Grundlage eines einheitlichen Urteils, in dem je nach Feststellung von Schuld oder Unschuld eine

---

175 Es ist daher zweifelhaft, ob mit dem BVerfG von einer Gleichrangigkeit der Sachaufklärung ausgegangen werden kann. Auf Verfassungsebene mag dies angesichts der in Art. 44 GG verbürgten Beweiserhebungsbefugnisse und Aufgaben der Fall sein. Eine Betrachtung der Mittel und Regelungen der Beweiserhebung im PUAG offenbart jedoch, dass die Tatsachenfeststellung und Wahrheitsfindung aufgrund des diskursiveren Charakters geringeren Anforderungen unterliegt als die im Strafprozess. Keinesfalls vertretbar ist daher die Auffassung von *Ehmke* DÖV 1956, 417, 419, wonach die Sachverhaltsaufklärung im parlamentarischen Untersuchungsausschussverfahren gegenüber dem Strafprozess höherwertig ist.

Sanktion ausgesprochen wird. Sie dienen vielmehr lediglich der Darlegung und Bewertung eines Sachverhaltes in einem Abschlussbericht zur Information an das Parlament. Im Hinblick auf die einschneidenden Sanktionsmöglichkeiten im Strafprozess bedarf es in diesem dann auch strengerer und umfassender Regelungen für die Aufklärung. Eine vergleichbare Erforderlichkeit für die Wahrheitsfindung besteht im eher diskursiv geprägten parlamentarischen Untersuchungsausschussverfahren, an dessen Ende ein Abschlussbericht steht, der überdies verschiedene, gerade auch abweichende, politische Bewertungen desselben Sachverhalts enthalten kann, nicht. Die Neutralität und Qualität der Beweiserhebung hängt maßgeblich von anderen Faktoren außerhalb des gesetzlichen Rahmens ab, namentlich der Besetzung des Vorsitzenden und der Ausschussmitglieder sowie deren Selbstverständnis von parlamentarischer Untersuchungsausschusstätigkeit.

(6) Zusammenfassung und Stellungnahme

Im Rahmen des Vergleichs ist die strukturelle und inhaltliche Verschiedenheit der beiden Verfahren im Hinblick auf die Zielsetzungen, die Beteiligten und ihre Funktionen, den Anlass und Ablauf des Verfahrens, die Rechtsfolgen, das System der Überprüfung von Beschlüssen sowie den Anforderungen an die Tatsachenermittlung und Wahrheitsfindung deutlich geworden. Eine Übereinstimmung besteht lediglich hinsichtlich der Wahl der Beweismittel. Insoweit hat der Gesetzgeber vorgegeben, dass – wie im Strafprozess – als Beweismittel der Zeuge, Sachverständige, der Urkunds- und Augenscheinsbeweis dienen sollen, die auch zwangsweise durchgesetzt werden können. Im Übrigen sind das parlamentarische Untersuchungsausschussverfahren und das Strafverfahren zwei getrennt voneinander zu betrachtende, andersartige Verfahren. Es besteht aufgrund ihrer jeweiligen verfassungsmäßigen Legitimation weder ein Konkurrenzverhältnis noch stellt sich die Frage nach der Höherrangigkeit des einen oder des anderen Verfahrens.[176]

Im Hinblick auf die eingangs angeführten Thesen und Ansätze zur Abgrenzung der beiden Verfahren und den Folgen für die sinngemäße Anwendung der Vorschriften über den Strafprozess ist zusammenfassend folgendes anzumerken:

---

176 A.A. *Ehmke* DÖV 1956, 417, 419.

(a) Betrachtung von *Jung*

Die Betrachtung von *Jung*, die sich maßgeblich auf die Folgen und Wirkungen privatgerichteter parlamentarischer Untersuchungen konzentriert, um dadurch einen besseren Schutz von Vernehmungspersonen zu begründen, greift zu kurz. Strafprozess und parlamentarische Untersuchung sind sich insoweit nicht ausreichend ähnlich, als darauf basierend eine sinngemäße Anwendung strafprozessualer Schutzrechte gegründet werden könnte. Ungeachtet der schwerwiegenden Folgen, die Behandlungen in parlamentarischen Untersuchungsausschüssen für private Dritte bedeuten kann, unterscheiden sich die Folgen des Strafverfahrens, die die einschneidensten im Rechtssystem darstellen, in ihrer Zielrichtung und Intensität wesentlich von den sanktionsähnlichen Wirkungen parlamentarischer Untersuchungsausschussverfahren. Es ist auch – anders als *Jung*[177] voraussetzt – nicht so, dass sich parlamentarisches Untersuchungsausschussrecht und Strafprozess strukturell ähnlich sind. Diese Annahme hat sich nicht bestätigt. Ferner vermag ein auf die bloße Betrachtung der Wirkungen beschränkter Vergleich keine ausreichende Ähnlichkeit für die sinngemäße Anwendung der Vorschriften über den Strafprozess zu begründen. Die strukturellen und inhaltlichen Verschiedenheiten können nicht außer Betracht gelassen werden und darüber hinwegtäuschen, dass die Verfahren grundverschieden sind. Die Anwendung strafprozessualer Rechte und Pflichten auf ein Verfahren wie das parlamentarische Untersuchungsausschussverfahren, das sich aber in Anlass, Zielsetzung und Ablauf derart von dem Strafprozess unterscheidet, vermag weder die Anwendung erweiterter Eingriffsrechte noch die einseitig erweiterte Anwendung von Schutzrechten von Auskunftspersonen zu begründen. Es besteht insoweit kein Raum für eine die sinngemäße Anwendung eröffnende Analogiebildung.

(b) Rechtsprechung

Soweit die Rechtsprechung von einer Möglichkeit der sinngemäßen Anwendung der Vorschriften über den Strafprozess für die Zeugenvernehmung und Aktenvorlage sowie deren zwangsweisen Durchsetzung ausgeht, verdient sie Zustimmung. Soweit sie allerdings darüber hinaus zu den Grenzen der sinngemäßen Anwendung Stellung genommen hat, die sie vor allem in den „spezifisch strafprozessualen Vorschriften“[178] erkennt, ist diese Grenzziehung angesichts der wesentlichen Unterschiede zwischen den beiden Verfahren zwar

---

177 *Jung* in FS Eser, 340.

178 BVerfGE 77, 1, 49 ff. *Neue Heimat-Ausschuss*; *Anschütz* Die Verfassung des Deutschen Reichs vom 11. August 1919, 14. Aufl. 1933, Art. 34, Anm. 8b, 223.

zutreffend, jedoch nicht weit genug gezogen. Die Grenze der „spezifisch strafprozessualen Vorschriften" ist nicht geeignet, die sinngemäße Anwendung der Vorschriften über den Strafprozess näher zu bestimmen oder einzugrenzen. Denn die Sinngemäßheit kann nicht dadurch positiv bestimmt werden, dass der Bereich der „spezifisch strafprozessualen Vorschriften" ausgeschlossen wird. „Spezifisch strafprozessualen Vorschriften" sind bereits begrifflich einer sinngemäßen Anwendung unzugänglich. *Sinngemäß* bringt zum Ausdruck, dass mehrere Ansätze existieren, die sich zwar nicht entsprechen, jedoch sich dem Sinne nach gleichen (vgl. C.II.1.a)). Ist aber etwas bereits *spezifisch* einem anderen Rechtsgebiet zugeordnet, so stellt dies die selbstverständliche Grenze der Auslegung dar, die ohnehin nicht überschritten werden könnte. Insofern stellt das Merkmal „spezifisch strafprozessualen Vorschriften" keine Einschränkung oder Präzisierung der sinngemäßen Anwendung der Vorschriften über den Strafprozess dar. Sie ist die absolute Grenze des rechtlich Möglichen und Zulässigen.

(c) Ansatz von *Gollwitzer*

Nach *Gollwitzer* sind die Vorschriften über den Strafprozess sinngemäß anwendbar, die die nach außen gerichtete Beweiserhebung betreffen.[179] Entscheidend bei der sinngemäßen Anwendung sei dabei Sinn, Zweck und innerer Rechtfertigungsgrund der Vorschrift. Im Hinblick auf die Beweiserhebung zieht er hieraus den Schluss, dass nicht nur die Vorschriften betreffend die Beweismittel Zeuge, Sachverständiger und Aktenvorlage sinngemäß heranzuziehen sind. Er meint, dass ebenfalls strafprozessuale Grundsätze über die Beweisaufnahme selbst (z.B. § 244 Abs. 2 StPO) von der sinngemäßen Anwendung erfasst sind. Die Ansicht *Gollwitzers*[180] überzeugt nur zum Teil. Der Vergleich der beiden Verfahren hat ergeben, dass die Sachverhaltsaufklärung und Wahrheitsfindung auf der Grundlage identischer Beweismittel unterschiedlich ist und anderen Anforderungen unterliegt, weshalb eine sinngemäße Anwendung der strafprozessualen Vorschriften insoweit nicht möglich ist. Die (bloße) Verwendung gleichartiger Beweismittel zur Erreichung unterschiedlicher Erkenntnisziele und Bewältigung anderer Aufgaben ermöglicht noch nicht die sinngemäße Übertragung strafprozessualer Vorschriften und Grundsätze.

---

179 *Gollwitzer* in FS Dünnebier, 329.

180 *Gollwitzer* in FS Dünnebier, 327 ff.

(d) These *Masings*

Der Ansatz von *Masing*, dass die Anwendung strafprozessualer Vorschriften und Grundsätze im Bereich der privatgerichteten *Skandal-* oder *Missstands-Enquête* schlicht nicht passen und diese deshalb entstellen, ist konsequent und überzeugt. Zu diesem Ergebnis kommt weitgehend auch die vorstehende Untersuchung. Es bestehen zu geringe Gemeinsamkeiten zwischen Strafprozess und parlamentarischen Untersuchungsausschussverfahren, als dass Raum für eine Analogiebildung der verfahrensrechtlichen Vorschriften besteht.

3. Ergebnis

Eingangs wurde festgestellt, dass die sinngemäße Anwendung der Vorschriften über den Strafprozess die Beweiserhebungsrechte im PUAG einerseits präzisieren, indem sich die Beweiserhebungsvorschriften des PUAG im Rahmen des Art. 44 Abs. 2 S. 1 GG halten müssen, und andererseits parlamentarischen Untersuchungsausschüssen potentiell weit reichende strafprozessuale Untersuchungs- und Eingriffsrechte gewähren kann. Zur Bestimmung des Umfangs der Beweiserhebungsrechte parlamentarischer Untersuchungsausschüsse war deshalb zu untersuchen, was unter der „Sinngemäßheit" der Anwendung der Vorschriften über den Strafprozess zu verstehen ist. Die Untersuchung anhand eines Verfahrensvergleiches hat ergeben, dass die Verfahren mit Ausnahme der verwendeten Beweismittel grundverschieden sind. Die sinngemäße Übertragung strafprozessualer Vorschriften ist daher aufgrund der geringen Ähnlichkeit und Wesensverschiedenheit der beiden Verfahren nur sehr eingeschränkt möglich, und zwar im Hinblick auf die Beweismittel Zeuge, Sachverständiger, Urkunde und Augenschein. Darüber hinaus erlauben die Unterschiede der beiden Verfahren keinen Raum für eine Analogiebildung im Sinne einer sinngemäßen Verweisung.

Die eingangs geäußerte Vermutung, dass parlamentarische Untersuchungsausschüsse auf der Grundlage der sinngemäßen Anwendung der Vorschriften über den Strafprozess potentiell weit reichende Eingriffs- und Untersuchungsinstrumentarien gewährt werden könnten, die denen eines Strafprozesses angeglichen sind, hat sich daher nicht bestätigt. Nicht nur ist es parlamentarischen Untersuchungsausschüsse verwehrt, über das Strafprozessrecht hinaus Untersuchungs- und Eingriffsrechte wahrzunehmen, die eingeschränkte Vergleichbarkeit lässt vielmehr eine befugnisbegrenzende Wirkung der sinngemäßen Anwendung von Strafprozessrecht vermuten.

III. Auswirkungen der eingeschränkten sinngemäßen Anwendung der Vorschriften über den Strafprozess

Nachdem der Umfang der sinngemäßen Anwendbarkeit der Vorschriften über den Strafprozess gemäß Art. 44 Abs. 2 S. 1 GG untersucht wurde, stellt sich weiter die Frage, wie sich die auf die Verwendung bestimmter Beweismittel eingeschränkte sinngemäße Anwendbarkeit auf die Beweiserhebung und die Stellung parlamentarischer Untersuchungsausschüsse auswirkt.

1. Beschränkung auf vergleichbare Prozesssubjekte

Die Pauschalverweisung des Art. 44 Abs. 2 GG bezieht sich nur auf die Vorschriften über den Strafprozess, die hinsichtlich der Prozesssubjekte und Verfahrensbeteiligten des Strafverfahrens eine Entsprechung in den Beweiserhebungsprozeduren der Untersuchungsausschüsse finden, namentlich den Zeugen und den Sachverständigen. Es haben deshalb solche Vorschriften über den Strafprozess auszuscheiden, die spezifisch die Stellung von Prozesssubjekten und Verfahrensbeteiligten im Strafprozess regeln und die keine Entsprechung im Untersuchungsausschussverfahren finden. Dies gilt für sämtliche strafprozessualen Vorschriften, die die Stellung des Gerichts, der einzelnen Richter, der Staatsanwaltschaft, des Angeklagten bzw. Angeschuldigten oder Beschuldigten und des Verletzten bzw. Nebenklägers betreffen. So sind etwa alle Vorschriften, die sich auf die Antrags-, Erklärungs- und Fragerechte von Verteidigern aber auch von Staatsanwälten beziehen (z.B. § 244 Abs. 3 und 4, § 257 Abs. 2, §§ 258, 240 Abs. 2 StPO), ebenso eindeutig Vorschriften über die Beweiserhebung, die auf Untersuchungsausschüsse nicht anwendbar sein können. Für den Bereich der strafprozessualen Zwangsmittel scheiden die gegen den im Untersuchungsausschussverfahren nicht bekannten Beschuldigten bzw. Angeschuldigten oder Angeklagten gerichteten aus.[181] Nicht anwendbar sind ferner die Mitwirkungsbefugnisse des

181 Es handelt sich hierbei um die vorläufige Festnahme gemäß §§ 127, 127b StPO, Anordnung von Untersuchungshaft gemäß §§ 112 ff. StPO, einstweilige Unterbringung gemäß § 126 StPO, Identifizierung und erkennungsdienstliche Behandlung gemäß § 81b StPO, körperliche Untersuchung gemäß § 81a StPO, molekulargenetische Untersuchung und DNA-Identifizierung gemäß §§ 81e ff. i.V.m. §§ 2, 3 DNA-IFG, Unterbringung zur Beobachtung gemäß § 81 StPO, Überwachung der Telekommunikation gemäß §§ 100a ff. StPO, akustische Wohnraumüberwachung gemäß § 100c StPO, technische und akustische Überwachung von Personen außerhalb des Wohnraums gemäß § 100f StPO, Rasterfahndung gemäß §§ 98a, 98b, 98c StPO, der Einsatz verdeckter Ermittler gemäß § 110a StPO, die Ermittlung durch Vertrauenspersonen,

von der Tat Geschädigten, z.B. das Privatklagerecht (§§ 374-394 StPO), das Nebenklagerecht (§§ 395-402 StPO) oder die Möglichkeit, Entschädigung zu verlangen (§§ 403-406c StPO).

2. Beweismitteleigenschaft des Zeugen

Die Stellung des Zeugen im parlamentarischen Untersuchungsausschuss ist, wie dargelegt, mit der im Strafprozess vergleichbar, weshalb die strafprozessualen Vorschriften über die Rechte und Pflichten von Zeugen auch weitgehend auf die Situation bei Untersuchungsausschüssen sinngemäß übertragbar sind (vgl. C.II.2.c)(3)(c)). Dies gilt jedoch nur, soweit der Zeuge als persönliches Beweismittel betroffen ist.

Eine wesentliche Abweichung erfährt die Zeugenstellung im parlamentarischen Untersuchungsausschuss in der Ausgestaltung als Mittel des objektiven Sachbeweises. Im Gegensatz zum Strafprozess ist der Zeuge im PUAG nicht in der Funktion als Gegenstand des objektiven Personalbeweises vorgesehen. Im Strafprozess können Zeugen als Augenscheinsobjekt betrachtet, begutachtet und gemäß §§ 81c, d StPO auch zwangsweisen Untersuchungen unterzogen werden. Entsprechende Regelungen enthält das PUAG nicht. Die Augenscheinsnahme ist im parlamentarischen Untersuchungsausschussverfahren gemäß § 19 i.V.m. § 18 PUAG auf Gegenstände beschränkt. Auch sonst deutet im PUAG und den Gesetzesbegründungen nichts darauf hin, dass der Zeuge auch als Mittel des objektiven Sachbeweises geregelt werden sollte. Insofern spricht die gesetzliche Ausgestaltung dafür, dass der Gesetzgeber den Zeugen ausschließlich als Aussageperson im parlamentarischen Untersuchungsausschuss vorgesehen hatte.

Allerdings haben einige Untersuchungsausschussgesetze der Bundesländer[182] den §§ 81c, d StPO entsprechende Regelungen aufgenommen und gestalten den Zeugen damit auch als Mittel des objektiven Sachbeweises. Es stellt sich daher die Frage, ob der in parlamentarische Untersuchungsausschüsse des Bundestages geladene Zeuge über die sinngemäße Anwendung der Vorschriften über den Strafprozess gemäß Art. 44 Abs. 2 S. 2 GG auch Mittel des objektiven Sachbeweises sein kann.

Im Strafprozess darf die Untersuchung des Zeugen ohne seine Einwilligung – zweckgebunden – allein dem Auffinden von Spuren und Tatfolgen an

---

Schleppnetzfahndung gemäß § 163d StPO, Ausschreibung zur Beobachtung gemäß § 163e StPO und die längerfristige Observation gemäß § 163f StPO.

182 § 11 Abs. 4 UAG Bremen und § 13 Abs. 2 UAG Berlin erlauben die körperliche Untersuchung anderer Personen.

dem Körper des Zeugen dienen (Spurengrundsatz).[183] Die Vorschrift trägt damit ersichtlich spezifisch strafprozessuale Züge und Intentionen. Ihr einziger Zweck ist das Auffinden von Spuren und Tatfolgen, die unmittelbar der Ermittlung und Überführung des Täters dienen soll. Diese Zielrichtung ist einem parlamentarischen Untersuchungsausschuss aber fremd, weshalb eine Erweiterung der Zeugenstellung in parlamentarischen Untersuchungsausschussverfahren sich insoweit verbietet. Es handelt es sich auch nicht mehr um Pflichten, die Zeugen üblicherweise in anderen Verfahrensordnungen auferlegt werden können. Eine sinngemäße Anwendung der strafprozessualen Vorschriften auf das parlamentarische Untersuchungsausschussverfahren, die die Stellung des Zeugen als Mittel des objektiven Sachbeweises betreffen, ist daher abzulehnen. Die Zeugenstellung ist insofern nicht ausreichend vergleichbar.

3. Anwendung kriminalistischer Untersuchungsformen

Für den Bereich der sächlichen Beweismittel ist im PUAG lediglich die spezielle Form der Herausgabe bzw. Vorlage von Gegenständen (vgl. §§ 18, 29 PUAG) sowie deren Inaugenscheinnahme (§ 19 PUAG) geregelt. Damit ist in den meisten Fällen die Aktenvorlage durch die Exekutive, Judikative oder Private gemeint. Sie stellt das gängige sächliche Beweismittel dar, hinsichtlich dessen auch eine für eine sinngemäße Anwendung ausreichende Ähnlichkeit gegeben ist (vgl. D.IV.).

Allerdings sehen – anders als das PUAG – manche Untersuchungsausschussgesetze der Bundesländer neben dieser typischen und auch für die Tätigkeit parlamentarischer Untersuchungsausschüsse unentbehrlichen Beweiserhebungsmöglichkeit auch die Anwendung spezifisch kriminalistischer Untersuchungsmethoden vor bzw. schließen solche nicht aus. So sieht § 11 Abs. 4 UAG Bremen über die Aktenvorlage hinausgehend, die Leichenschau und Leichenöffnung vor. Die Vornahme dieser Untersuchung soll der Untersuchungsausschuss beim zuständigen Gericht beantragen können. Bei Gefahr im Verzuge soll ein solches Ersuchen sogar nur an die zuständige Staatsanwaltschaft zu richten sein. Eine ähnliche Regelung enthält § 13 Abs. 2 UAG Berlin, wonach die §§ 87- 89 der Strafprozessordnung entsprechende Anwen-

183 Spuren sind dabei Veränderungen am Körper, die Rückschlüsse auf den Täter und die Tatausführung zulassen. LR-*Krause* StPO, Bd. 2, § 81c, Rn. 14. Ohne Beachtung des Zeugen- und Spurengrundsatzes sind bei Zeugen ohne deren Einwilligung Untersuchungen zur Feststellung der Abstammung sowie die Entnahme von Blutproben nur unter den Voraussetzungen des § 81c Abs. 2 StPO zulässig (*Beulke* StProzR, Rn. 244).

dung finden.[184] Gemäß § 23 UAG Rheinland-Pfalz können sogar sämtliche Beweismittel des 7. und 8. Abschnitts der StPO entsprechend Anwendung finden.[185]

Es ist nicht nachvollziehbar, was einzelne Landesgesetzgeber dazu bewogen hat, die strafprozessualen Vorschriften der Leichenschau und Leichenöffnung (§§ 87-89 StPO) und weitere kriminalistische Untersuchungsmethoden im parlamentarischen Untersuchungsausschussverfahren für entsprechend anwendbar zu erklären. Den Gesetzgebungsmaterialen und der Literatur[186] ist hierzu nichts zu entnehmen. Einschlägige Rechtsprechung und Untersuchungsausschusspraxis, im Rahmen derer Untersuchungsausschüsse auf solche kriminalistischen Mittel zurückgegriffen hätten, ist nicht ersichtlich.

Im Strafprozess wird die Leichenschau gemäß § 87 StPO von der Staatsanwaltschaft, auf Antrag der Staatsanwaltschaft auch vom Richter, unter Zuziehung eines Arztes vorgenommen, auf dessen Anwesenheit verzichtet werden kann, wenn dies zur Aufklärung des Sachverhaltes offensichtlich entbehrlich ist. Sie ist in der Regel im Rahmen strafrechtlicher Ermittlungen dann erforderlich, wenn eine strafbare Handlung als Todesursache nicht von vornherein ausgeschlossen werden kann.[187] Die Durchführung einer Leichenschau und Leichenöffnung durch einen parlamentarischen Untersuchungsausschuss ist eingedenk dessen kompetenziell wie systematisch unzulässig. Bei der Ermittlung eines ungeklärten Todesfalls handelt es sich um eine Aufgabe, die spezifisch dem Strafrecht zugewiesen ist und damit nicht durch einen parlamentarischen Untersuchungsausschuss wahrgenommen werden darf. Ihm sind zur Aufklärung von Sachverhalten zur Kontrolle der Lauterkeit von Regierungs- und Verwaltungshandeln bzw. zur Aufklärung von Missständen bestimmte hoheitliche Instrumente zugewiesen, derer er bedarf, um im öffentlichen Interesse liegende Vorgänge wirksam aufzuklären. Dazu gehören nicht spezifische Aufgaben der Strafverfolgung.

---

184 Hinsichtlich des Berliner Untersuchungsausschussgesetzes ist unverständlich, weshalb der Gesetzgeber davon abgesehen hat, die systematisch zu den §§ 87 bis 89 StPO gehörigen Vorschriften § 90 StPO: Öffnung der Leiche eines neugeborenen Kindes, und § 91 StPO: Untersuchung der in der Leiche oder sonst gefundenen verdächtigen Stoffe durch einen Chemiker, aufzunehmen. Da die Berliner Verfassung keine ergänzende sinngemäße Anwendung der Vorschriften über den Strafprozess vorsieht, könnten in dem – kaum vorstellbaren – Fall, dass durch einen Untersuchungsausschuss eine Leichenöffnung vorgenommen wird, bestimmte Untersuchungen nicht oder nicht in dem erforderlichen Umfang vorgenommen werden.

185 Der 7. Abschnitt der StPO regelt den Sachverständigen- und Augenscheinsbeweis; der 8. Abschnitt enthält die Vorschriften betreffend Beschlagnahme, Überwachung des Fernmeldeverkehrs, Rasterfahndung, Einsatz technischer Mittel, Einsatz Verdeckter Ermittler und Durchsuchung.

186 Vgl. nur die Werke von *Wiefelspütz* und *Weisgerber* die sich hierzu nicht verhalten.

187 *Eisenberg* Beweisrecht, Rn. 1945.

Einzig die Ergebnisse einer Leichenschau bzw. Leichenöffnung etwa zur Überprüfung behördlicher Vorgehensweisen oder zur Aufklärung eines Todesfalls im Zusammenhang mit der Kontrolle von Regierungs- und Verwaltungshandeln könnten denkbarer Gegenstand einer parlamentarischen Untersuchung, etwa im Rahmen einer *Kontroll-* oder *Gesetzgebung-Enquête* sein. Diese Ergebnisse, die der Untersuchungsausschuss dann bewerten und ggf. politisch verwerten könnte, wären gemäß § 31 PUAG zu verlesen oder gemäß § 19 PUAG in Augenschein zu nehmen. Dass ein Untersuchungsausschuss neben oder anstelle der Strafverfolgungsorgane kriminalistische Untersuchungen an Leichen vornimmt, ist nicht möglich. Dies ist auch in der Praxis kaum denkbar, da Untersuchungsausschüsse nur abgeschlossene Vorgänge untersuchen dürfen. Die Untersuchung einer Leiche zur Klärung der Todesursache bzw. zur Klärung, inwiefern eine strafrechtlich relevante Ursache nicht ausgeschlossen werden kann, steht aber regelmäßig am Beginn einer Untersuchung.[188] Insofern ist mit Verweis auf *Halstenberg*, der sich bereits auf *Anschütz* berief, festzuhalten, dass der auch in der parlamentarischen Untersuchung zulässige Augenscheinsbeweis „in seinen typisch kriminalistischen Erscheinungsformen der §§ 81a-81d, 87-91 StPO (Untersuchungen des Körper- und Geisteszustandes; Leichenschau; Leichenöffnung) für die Anwendung in der parlamentarischen Enquête aus[scheidet].“[189]

4. Anwendung heimlicher Ermittlungsmethoden

Eine sinngemäße Anwendung der Vorschriften über die (heimliche) Überwachung der Post oder Telekommunikation scheidet bereits aufgrund Art. 44 Abs. 2 S. 2 GG aus. In der Verfassung ist vorgegeben, dass das Brief-, Post- und Fernmeldegeheimnis vom Beweiserhebungsrecht des Untersuchungsaus-

---

188 Jenseits der Frage der Zulässigkeit der Leichenschau und Leichenöffnung in parlamentarischen Untersuchungsausschussverfahren stellt sich die Frage der Relevanz. Konstellationen, in denen Untersuchungsausschüsse selbst zum Mittel der Beantragung einer Leichenschau und Leichenöffnung ggf. unter Exhumierung einer Leiche zur Aufklärung eines ihm im Rahmen eines zulässigen Untersuchungsauftrages, erscheinen nur schwerlich vorstellbar und wenig praxisrelevant. Vorstellbar ist etwa der Fall, dass sich im Rahmen eines Untersuchungsausschussverfahrens etwa aufgrund einer Zeugenaussage der Verdacht ergibt, der Tod einer Person wäre unnatürlichen Hintergrundes. In diesem Fall wird aber kaum der bestehende Untersuchungsauftrag die Kompetenz des Ausschusses begründen können, weitere Ermittlungen zur Todesursache vorzunehmen. Vielmehr hätte der Untersuchungsausschuss die Angelegenheit an die zuständige Staatsanwaltschaft abzugeben und könnte ggf. auf die Ergebnisse des Strafverfahrens bzw. des Todesursachenermittlungsverfahrens gemäß § 159 StPO zurückgreifen.

189 *Halstenberg* S. 89 m.w.N.

schusses unberührt bleibt (vgl. B.II.2.b)(2)). Demnach stellt das Grundrecht des Art. 10 Abs. 1 GG eine unüberwindliche Grenze des parlamentarischen Untersuchungsrechts dar. Daraus folgt, dass eine Anwendung der strafprozessualen Eingriffsvorschriften der §§ 90, 99, 100, 100a-i und 101 StPO im Untersuchungsausschussverfahren ausgeschlossen ist.[190]

Auch sonst ist ein parlamentarischer Untersuchungsausschuss nicht befugt, sinngemäß heimliche Ermittlungs- oder Observationsmethoden anzuwenden bzw. deren Anordnung zu beantragen. Es handelt sich insoweit um spezifisch strafprozessuale Eingriffsmaßnahmen, deren Übertragung in das parlamentarische Untersuchungsausschussverfahren zu einer Entstellung der Normen führen würde. Die besonders grundrechtsintensiven Ermittlungsmaßnahmen mit technischen Mitteln (wie etwa die Überwachung der Telekommunikation, die Wohnraumüberwachung und der Einsatz technischer Mittel), die ohne Wissen des Betroffenen erfolgen können, sind in §§ 100a-i StPO geregelt. Für sie bestehen gerade auch wegen ihrer Heimlichkeit hohe formelle (vgl. § 100b Abs. 2, Abs. 6 S. 2, § 100c Abs. 5 S. 4, § 100d Abs. 1-4 StPO) und materielle Anforderungen an die Anordnung und die Durchführung. Insbesondere dürfen sie nur beim Verdacht bestimmter schwerer Straftaten angeordnet werden, wenn andere Erfolg versprechende Aufklärungsmittel nicht vorhanden sind und sie nicht in den unantastbaren Kernbereich privater Lebensgestaltung eingreifen (vgl. § 100a S. 1, § 100c Abs. 1, 2 und 4, § 100f Abs. 1 und 2 StPO). Die einzelnen Befugnisnormen regeln maßnahmespezifisch, unter welchen Voraussetzungen Dritte von den Maßnahmen betroffen sein dürfen (vgl. § 100a S. 2, § 100c Abs. 3 und 6, § 100f Abs. 3 und 4 StPO).[191]

Sie richten sich ferner gegen den Beschuldigten, so dass auch mangels vergleichbarem Prozesssubjekt eine sinngemäße Anwendung unmöglich ist (vgl. C.III.1.). Soweit sie im Strafprozess aber auch auf Dritte anwendbar sind (vgl. z.B. §§ 163f Abs. 1 S. 3, 100c Abs. 2 S. 2 StPO), so dürfen etwa die Maßnahmen in Wohnungen anderer Personen nur durchgeführt werden, wenn auf Grund bestimmter Tatsachen anzunehmen ist, dass der Beschuldigte sich dort aufhält und die Maßnahme in Wohnungen des Beschuldigten allein nicht zur Erforschung des Sachverhalts oder zur Ermittlung des Aufenthaltsortes eines Mitbeschuldigten führen wird oder wenn andere Personen unvermeidbar betroffen werden (vgl. § 100c Abs. 2 StPO). Voraussetzung ist also jeweils ein Bezug zu der konkreten Möglichkeit des Auffindens eines Beschuldigten, der ausnahmsweise auch die Maßnahme gegen Dritte rechtfertigt. Entsprechend bestimmt § 163f Abs. 1 und 2 StPO, dass die Maßnahme nur angeordnet werden darf, wenn die Erforschung des Sachverhalts oder die

190 *Geis* § 55, Rn. 60.
191 BGH, Beschluss vom 31.01.2007 - StB 18/06.

Ermittlung des Aufenthaltsortes des Täters auf andere Weise erheblich weniger Erfolg versprechend oder wesentlich erschwert wäre. Gegen andere Personen ist die Maßnahme zulässig, wenn auf Grund bestimmter Tatsachen anzunehmen ist, dass sie mit dem Täter in Verbindung stehen oder eine solche Verbindung hergestellt wird, dass die Maßnahme zur Erforschung des Sachverhalts oder zur Ermittlung des Aufenthaltsortes des Täters führen wird und dies auf andere Weise erheblich weniger Erfolg versprechend oder wesentlich erschwert wäre (vgl. § 163f Abs. 1 und 2 StPO). Ein solcher Bezug ist im parlamentarischen Untersuchungsausschussverfahren mangels Bestehen einer Beschuldigtenstellung und Zielrichtung strafrechtlicher Aufklärung nicht denkbar, so dass kein Raum für eine sinngemäße Anwendung eröffnet ist.

Zulässige Erkenntnismethode parlamentarischer Untersuchungsausschüsse bleibt auch insoweit die Inaugenscheinnahme von Beweisgegenständen oder die Verlesung von Berichten oder Gutachten, die im Rahmen eines Strafverfahrens festgestellt worden und Bestandteil der Ermittlungsakte geworden sind.

5. Einsatz von Zwangs- und Beugemaßnahmen

Im PUAG sind für den sinngemäß anwendbaren Bereich der Beweismittel Zeuge, Sachverständiger, Urkunde und Augenschein zahlreiche Untersuchungs- und Eingriffsrechte vorgesehen. So können parlamentarische Untersuchungsausschüsse grundrechtsrelevante Eingriffe in Rechte privater Dritter vornehmen, insbesondere indem sie Unterlagen zu Beweiszwecken heraus verlangen (§§ 29, 30 PUAG), Zeugen und Sachverständige laden und vernehmen (§§ 20, 22-26, 28 PUAG) sowie entsprechende Zwangs- oder Beugemaßnahmen verhängen oder beantragen (§§ 21, 27, 28 PUAG). Parlamentarischen Untersuchungsausschüssen stehen nach dem PUAG damit Eingriffsbefugnisse zu, die dem Strafverfahren nachempfunden und diesem als spezifisch strafprozessuale Maßnahmen möglicherweise vorbehalten sind. Fraglich ist also, ob und wie sich die sinngemäße Anwendung der Vorschriften über den Strafprozess auf die Anwendung von Zwangs- und Beugemaßnahmen durch privatgerichtete parlamentarische Untersuchungsausschüsse auswirkt.

Vor Schaffung des PUAG erfolgten die Zwangs- und Beugemaßnahmen ohne unmittelbare gesetzliche Grundlage ausschließlich gemäß Art. 44 Abs. 2 S. 1 GG in sinngemäßer Anwendung strafprozessualer Vorschriften. Die Statthaftigkeit solcher Zwangsmaßnahmen im Untersuchungsverfahren hat das BVerfG regelmäßig mit der Begründung bestätigt, dass parlamentarische Untersuchungsausschüsse für das Regierungssystem von einer Bedeutung sind, die es als folgerichtig erscheinen lässt, den Untersuchungsausschuss mit denjenigen Befugnissen auszustatten, derer er bedarf, um die ihm aufgegebene Klärung von Zweifeln an der Rechtmäßigkeit von Regierungs- und Verwaltungshandeln wirksam vornehmen zu können.[192] Für eine effektive Untersuchungstätigkeit könne die Androhung oder die Anordnung von Ordnungsmitteln nach der Rechtsprechung des BVerfG unentbehrlich sein, wenn der unberechtigten Aussageverweigerung oder Unterlagenherausgabe auf Dauer nur auf diesem Weg wirksam begegnet werden kann.[193] Mit Blick auf die in § 70 StPO enthaltenen seinerzeit vor Schaffung des PUAG sinngemäß für anwendbar erklärten Maßnahmen der Anordnung von Ordnungsgeld und Beugehaft gegen eine grundlos das Zeugnis verweigernde Person, hat das BVerfG festgestellt, dass parlamentarische Untersuchungsausschüsse berechtigt sind, gegen einen solchen Zeugen Ordnungsgeld festzusetzen und zur Erzwingung des Zeugnisses die Anordnung der Haft beim zuständigen Gericht zu beantragen.[194] Das Beweiserhebungsrecht umfasst nach der ständigen Rechtsprechung des BVerfG hinsichtlich Unterlagen ebenso die Befugnis zur zwangsweisen Beschaffung, wenn die freiwillige Mitwirkung verweigert wird.[195]

Mit Schaffung des PUAG hat der Gesetzgeber diesem mangels gesetzlicher Grundlage zweifelbehafteten Vorgehen[196] ein Ende bereitet und nun unmittelbar im PUAG für den Zwangsmitteleinsatz durch parlamentarische Untersuchungsausschüsse Regelungen eingeführt, die sich in vieler Hinsicht an den von der Rechtsprechung des BVerfG im Hinblick auf die sinngemäße Anwendung der Vorschriften über den Strafprozess über Art. 44 Abs. 2 S. 1 GG entwickelten Maßgaben und den strafprozessualen Vorschriften selbst orientieren (vgl. B.II.). Das Recht der parlamentarischen Untersuchungsausschüsse, die Beweiserhebung zwangsweise durchzusetzen, kann nach Einführung des PUAG damit nicht mehr, wie noch zuvor in der Literatur herrschende Meinung war, mit der Begründung abgelehnt werden, Art. 44 Abs. 2 GG erfasse nur die strafprozessualen Vorschriften über die Beweiserhebung und nicht auch die über die (zwangsweise) Beweissicherung.[197] Diese Debatte ist hinfällig geworden.

Wegen der unveränderten Beibehaltung der sinngemäßen Anwendung der Vorschriften über den Strafprozess gemäß Art. 44 Abs. 2 GG stellt sich jedoch jenseits dessen nach wie vor die Frage, wie sich die eingeschränkte sinngemäße Anwendung von Strafprozessrecht auf die Zwangsbefugnisse

192 Vgl. BVerfGE 67, 100, 130 *Flick-Ausschuss*; Beschluss der 2. Kammer des Zweiten Senats des BVerfG vom 13. September 1993 - 2 BvR 1666/93 u.a., NVwZ 1994, 54.

193 Vgl. BVerfGE 76, 363, 391 f. *Lappas*.

194 BVerfGE 76, 363, 383 ff. *Lappas*.

195 BVerfGE 77, 1, 48 *Neue Heimat-Ausschuss*; vgl. auch LG Bonn, NStZ 1990, 555.

196 *Badura*, DÖV 1984, 760, 763 f. m.w.N.

197 Vgl. Diskussion und Nachweise bei BVerfG, NJW 1987, 787, 788.

parlamentarischer Untersuchungsausschüsse auswirkt. Diese Frage stellt sich insbesondere auch angesichts der damit verbundenen Möglichkeit des Einsatzes strafprozessualer Maßnahmen im Rahmen politischer Auseinandersetzungen. Personen sind zur Unterlagenherausgabe und Auskunft gegenüber parlamentarischen Untersuchungsausschüsse verpflichtet und können sogar mit hoheitlichen Zwangsmitteln vor ein „politisches Tribunal" gebracht und diesem gegenüber zur wahrheitsgemäßen Aussage verpflichtet werden. Diese Möglichkeit wirft die Frage auf, ob die sinngemäße Anwendung dem Strafprozess entlehnter Zwangsmittel durch parlamentarische Untersuchungsausschüsse nicht weiteren Grenzen unterworfen sind, die sich aus der Anwendung von Strafprozessrecht durch parlamentarische Untersuchungsausschüsse selbst ergeben, wobei zwischen Zwangs- und Beugemitteln zu unterscheiden ist, die unmittelbar und abschließend im PUAG geregelt sind und solchen, deren Einsatz an das Vorliegen weiterer strafprozessualer Voraussetzungen geknüpft ist.

a) Zwangs- und Beugemaßnahmen des PUAG

Überwiegend enthält das PUAG abschließend, d.h. ohne ausdrückliche oder entsprechende Verweisung auf die Strafprozessordnung, geregelte Zwangs- und Beugemaßnahmen gegen Auskunftspersonen und Inhaber von Unterlagen (§§ 21 Abs. 1, 27 Abs. 1 und 2, 28 Abs. 6, 29 Abs. 2 S. 1 und 2, Abs. 3 PUAG, vgl. B.II.1.b)). Diese sind zwar dem Strafprozessrecht nachgebildet, sie stellen aber aufgrund ihrer abschließenden tragfähigen Regelung eigene Eingriffsgrundlagen dar, die an keine strafprozessualen Voraussetzungen geknüpft sind. Es handelt sich bei den aus dem Strafprozess transferierten Zwangs- und Beugemaßnahmen auch nicht um Mittel, die nur dem Strafverfahren vorbehalten sind. So ist das Recht der Untersuchungsausschüsse, die staatsbürgerliche Zeugenpflicht durch Beugemaßnahmen bei unrechtmäßiger Weigerung auch zwangsweise oder unter Androhung von Ordnungsmitteln durchzusetzen, keinesfalls ein strafprozessuales Sonderrecht.[198] Denn Verfahrensordnungen aller Gerichtszweige sehen sie gegenüber Personen vor, die grundlos das Zeugnis oder die Eidesleistung verweigern (neben § 70 Abs. 2 StPO auch § 390 Abs. 2 ZPO, § 15 Abs. 1 S. 1 FGG, § 98 VwGO, § 82 FGO, § 118 SGG, §§ 46 Abs. 2 S. 1, 80 Abs. 2 ArbGG, § 48 Abs. 2 OWiG). Selbst die Möglichkeit der Erzwingung des Zeugnisses durch (Beuge-)Haft ist keine strafprozessspezifische Maßnahme.[199] Das Strafprozessrecht stellt damit

198 BVerfGE 43, 101, 106.

199 Nach der Rechtsprechung des BVerfG soll selbst die Anordnung von Beugehaft – bezogen auf eine justizförmige, richterliche Anordnung – bei einem vergleichsweise

hinsichtlich der abschließend im PUAG geregelten Beuge- und Zwangsmittel keine Grenze dar.

b) Berücksichtigung strafprozessualer Voraussetzungen bei Durchsuchung und Beschlagnahme

Anders verhält es sich mit der Regelung der Durchsuchung und Beschlagnahme im PUAG (§ 29 Abs. 3 PUAG). Als Eingriffsgrundlage ist in § 29 PUAG die Aktenvorlage geregelt, die gemäß § 29 Abs. 3 PUAG auch zwangsweise durchgesetzt werden kann. Hinsichtlich der zwangsweisen Durchsetzung einer Durchsuchung und ggf. Beschlagnahme von potentiell beweisrelevanten Unterlagen enthält das PUAG jedoch keine abschließende Regelung, sondern es sieht ausdrücklich die Anordnung der Durchsuchung und Beschlagnahme durch den Ermittlungsrichter beim BGH vor und verweist insofern unmittelbar auf Strafprozessrecht.

Dieser Bezug zur Strafprozessordnung wirft die Frage auf, an welche Voraussetzungen die Durchsuchung und Beschlagnahme auf Antrag eines Untersuchungsausschusses durch den Ermittlungsrichter geknüpft sind. Eigene Voraussetzungen für die Durchsuchung und Beschlagnahme nennt § 29 Abs. 3 StPO mit Ausnahme der Antragstellung beim zuständigen Richter nicht. § 29 Abs. 3 PUAG vermag somit nicht für sich stehend eine Rechtsgrundlage für die Beantragung und Durchsetzung einer Durchsuchung und Beschlagnahme zu begründen. Der Norm fehlen die materiellen Voraussetzungen für die gerichtliche Beschlagnahme beweisrelevanter Unterlagen oder die Durchsuchung von Wohn- und Geschäftsräumen. § 29 Abs. 3 PUAG verweist lediglich an den – strafprozessuale Aufgaben wahrnehmenden – Ermittlungsrichter, der auf Antrag des parlamentarischen Untersuchungsausschusses das Vorliegen der Voraussetzungen für die Durchsuchung bzw. Beschlagnahme prüfen und einen entsprechenden Beschluss erlassen soll. § 29 Abs. 3 PUAG stellt damit ausschließlich eine Rechtsgrundlage für die Beantragung einer Durchsuchung und Beschlagnahme dar.

Fraglich ist daher, ob der Gesetzgeber davon ausgeht, dass der Ermittlungsrichter aufgrund des Verweises auf seine Zuständigkeit sämtliche strafprozessualen Voraussetzungen der §§ 94 ff. StPO zu prüfen hat, bevor er eine Durchsuchung bzw. Beschlagnahme anordnet oder ob bei der Beantragung der Beschlagnahme oder Durchsuchung durch parlamentarische Untersuchungsausschüsse aufgrund der (nur) sinngemäßen Anwendung der Vorschriften über den Strafprozess Besonderheiten bestehen.

---

geringfügigen Aufklärungsinteresse mit dem Grundgesetz vereinbar sein (BVerfGE 56, 37, 43; 43, 101, 106).

(1) Erfordernis eines (Anfangs-)Verdachts

Die Durchsuchung und Beschlagnahme im Strafprozess setzen das Vorliegen eines strafprozessualen Anfangsverdachts[200] voraus, der über vage Anhaltspunkte und bloße Vermutungen hinausreicht und gerade diese Zwangsmaßnahme zur Ermittlung und Verfolgung der in Frage stehenden Straftat erforderlich macht.[201] Der Anfangsverdacht ist wegen des Gewichts des Grundrechtseingriffs im Zeitpunkt der Beantragung der Maßnahme im Strafprozess unverzichtbare Anforderung.[202] Ein Verstoß gegen diese Anforderungen liegt vor, wenn sich sachlich zureichende plausible Gründe für eine Durchsuchung nicht mehr finden lassen.[203]

Die Eingriffsgrundlagen der StPO stehen damit in einer engen Beziehung und unter einer engen Begrenzung zum Ermittlungszweck.[204] Sie sind nur zulässig, soweit dies zur Vorbereitung der anstehenden Entscheidung im Hinblick auf die in Frage stehende Straftat erforderlich ist. Auf die Ermittlung anderer Lebenssachverhalte und Verhältnisse erstrecken sich die Eingriffsermächtigungen nicht.[205] Ermittlungsmaßnahmen außerhalb dieses Zweckzusammenhangs für das jeweilige Strafverfahren sind mangels gesetzlicher Grundlage unzulässig.[206] Bei Vorliegen des Anfangsverdachts muss der jeweilige Eingriff ferner bei Anordnung und Durchführung in angemessenem Verhältnis zu der Schwere der vorgeworfenen Straftat stehen.[207] Allein das Bestehen eines ausreichenden Verdachts genügt nicht, um die Durchsuchung und Beschlagnahme zu rechtfertigen.[208] Zur effektiven Wahrung der Grundrechte der Betroffenen hat zudem der Ermittlungsrichter die Durchsuchungsvoraussetzungen eigenverantwortlich zu prüfen.[209] Lediglich bei Gefahr im Verzug sind auch die Staatsanwaltschaft und ihre Hilfsbeamten hierzu befugt

---

200 D.h. das Vorliegen zureichender tatsächlicher Anhaltspunkte für eine verfolgbare Tat (vgl. § 152 Abs. 2 StPO), vgl. *Kemper* wistra 2007, 249, 250 f. m.w.N.

201 Vgl. BVerfGE 44, 353, 381 f.; 59, 95, 97 f.; BVerfG, StV 2006, 624, 625; NStZ 1992, 91, 92; vgl. auch *Jahn* NStZ 2007, 255, 261.

202 BVerfG, StV 2006, 624, 625.

203 Vgl. BVerfGE 44, 353, 371 f.; 59, 95, 97; BVerfG, Beschluss der 3. Kammer des Zweiten Senats vom 20. April 2004, 2 BvR 2043/03 u.a., NJW 2004, S. 3171, 3172; BVerfG, 2 BvR 1219/07 vom 21.01.2008, Absatz-Nr. 12.

204 *Jahn* NStZ 2007, 255, 261.

205 LG Bremen, StV 2006, 571, 573 mit Hinweis auf BVerfG, StV 1995, 363.

206 LG Bremen, StV 2006, 571, 573 mit Hinweis auf BVerfG, StV 1995, 363.

207 EGMR, StV 2006, 561, 563.

208 Verneinend für den Verdacht der Begehung einer Verkehrsordnungswidrigkeit: EGMR, StV 2006, 561, 563.

209 BVerfG, StV 2006, 624.

(§ 98 Abs. 1 StPO, Ausnahme: § 98 Abs. 1 S. 2 StPO).[210] Diese Regelungen dienen dem Schutz des Betroffenen. Das Grundgesetz (Art. 13 Abs. 2, Art. 19 Abs. 4 und Art. 104 Abs. 2 GG) und der Gesetzgeber gehen davon aus, dass Richter aufgrund ihrer persönlichen und sachlichen Unabhängigkeit und ihrer nur dem Gesetz unterworfenen Stellung (Art. 97 GG) die Wahrung der Rechte Betroffener im Einzelfall am besten und sichersten gewährleisten.[211]

Die Beantragung einer Beschlagnahme oder Durchsuchung erfolgen durch Untersuchungsausschüsse dagegen stets im Hinblick auf Sachverhalte, die nicht einer strafrechtlichen Aufklärung zugeführt werden sollen, sondern auf der Grundlage des Untersuchungsauftrags im Einsetzungsbeschluss. Es fehlt gänzlich an dem im Strafprozess zwingenden Erfordernis eines Anfangsverdachts. Der strafprozessuale Anfangsverdacht bzw. die Zweckbindung des Eingriffs gerade zur Aufklärung einer Straftat ist in einem Untersuchungsausschussverfahren weder Anlass noch Verfahrensgegenstand. Anknüpfungspunkt für das Erfordernis einer gerichtlichen Inanspruchnahme zur Beschlagnahme bzw. Durchsuchung ist das Aufklärungsinteresse über eine Tatsache, die Gegenstand des Untersuchungsauftrages ist und im öffentlichen Interesse liegt. Dieses Interesse des parlamentarischen Untersuchungsausschusses ist dabei wesentlich weiter gefasst als der strafprozessuale Anfangsverdacht i.S.d. § 152 Abs. 2 StPO. Es ist in seiner Zielrichtung auch nicht mit den strafprozessualen Verdacht vergleichbar (vgl. B.I.2., C.II.2.c)(1)(b)). An rein strafprozessualen Maßstäben gemessen wäre die Durchsuchung und Beschlagnahme in parlamentarischen Untersuchungsausschussverfahren daher mangels Vorliegen eines (Anfangs-)Verdachts stets unzulässig.

Fraglich ist jedoch, ob sich parlamentarische Untersuchungsausschüsse an den strafprozessualen Anforderungen zu messen haben, d.h. ob die Voraussetzung und die Zweckbindung des strafprozessualen Verdachts der Begehung einer Straftat von hinreichendem Gewicht für beantragende Untersuchungsausschüsse und beschließende Richter wegen der Verweisung auf das Strafprozessrecht auch im parlamentarischen Untersuchungsausschussverfahren gilt, oder ob auf anderem Wege der mit Durchsuchung und Beschlagnahme verbundene Grundrechtseingriff gerechtfertigt werden kann.

Das BVerfG hat in ständiger Rechtsprechung die Durchsuchung und Beschlagnahme durch einen Richter auf Antrag parlamentarischer Untersu-

210 In diesem Fall ist grundsätzlich eine richterliche Bestätigung der Beschlagnahme erforderlich. Nur unter der Voraussetzung, dass der Betroffene oder ein Angehöriger bei der Beschlagnahme anwesend ist und keinen Widerspruch erhebt, ist die Einschaltung eines Richters nicht zwingend vorgesehen (§ 98 Abs. 2 S. 1 StPO).

211 BVerfG, NStZ 1992, 91, 92.

chungsausschüsse für zulässig und geboten erachtet.[212] Es hat dabei nicht darauf abgestellt, ob ein strafprozessualer Anfangsverdacht erforderlich ist bzw. vorliegt, sondern festgehalten, dass Untersuchungsausschüsse zur Erfüllung des ihnen erteilten Untersuchungsauftrags und bei Vorliegen eines öffentlichen Untersuchungsinteresses von hinreichendem Gewicht die erforderliche demokratische Legitimation für eine hoheitliche Tätigkeit nach außen besitzen, um unter Beachtung der Grundrechte und des Grundsatzes der Verhältnismäßigkeit Beschlagnahmen gegenüber Privaten bei dem zuständigen Gericht zu beantragen.[213]

> „Auch die Anwendung der strafprozessualen Vorschriften über die Durchsuchung und Beschlagnahme durch die Gerichte des Ausgangsverfahrens ist nicht zu beanstanden. Solche Beweissicherungsmaßnahmen greifen ihrer Natur nach empfindlich in den grundrechtlich geschützten Bereich des Betroffenen, namentlich in die Grundrechte aus Art. 2 und 13 GG ein. Soweit sie zur wirksamen Erfüllung des Untersuchungsauftrages eines Parlamentarischen Untersuchungsausschusses unentbehrlich sind, muss auch derjenige, der zu diesem Auftrag in Beziehung gerät, sie in gewissem Umfang dulden."[214]

Das BVerfG hatte angesichts der Grundrechtsrelevanz des mit der Beschlagnahme und Durchsuchung verbundenen Eingriffs auch keinen Zweifel an der Bestimmtheit der Rechtsgrundlage des Art. 44 Abs. 2 S. 1 GG i.V.m. § 94 Abs. 1 und 2 StPO.[215] Aufgrund der Fassung des § 29 Abs. 3 PUAG und der nach wie vor bestehenden Rechtsgrundlage des Art. 44 Abs. 2 S. 1 GG wird das BVerfG nach Einführung des PUAG 2001 erst recht keine Zweifel hegen.

Diese Position des BVerfG, wonach der mit der Beschlagnahme und Durchsuchung verbundene Grundrechtseingriff anstelle des Vorliegens eines ausreichenden Verdachts der Begehung einer bestimmten Straftat mit dem Vorliegen eines öffentlichen Interesses von hinreichendem Gewicht gerechtfertigt werden kann, begegnet Bedenken. Ihr kann entgegengehalten werden, dass die Grundrechtseingriffe ihre besondere Rechtfertigung gerade durch die – einem Untersuchungsausschuss fremden – Zwecke und Ziele des Strafverfahrens erhalten haben[216] und sich ein parlamentarischer Untersuchungsaus-

---

212 Vgl. BVerfG, NJW 1988, 890 ff. = JuS 1988, 809 ff.; NJW 1987, 787 ff.; DÖV 1984, 759 ff.; NJW 1984, 2271 = NStZ 1984, 515 ff.; LG Bonn, NStZ 1990, 555 ff.

213 BVerfGE 77, 1, 52 ff. *Neue Heimat-Ausschuss.*

214 BVerfG, DÖV 1984, 759, 760 m. Anm. *Badura.*

215 BVerfGE 77, 1, 49 *Neue Heimat-Ausschuss.*

216 Vgl. LG Bremen, StV 2006, 571, 573 mit Hinweis auf BVerfG, StV 1995, 363; vgl. insofern auch die Rechtsprechung des BVerfG zu Tagebüchern: BVerfG, 2 BvR 147/06 vom 01.02.2006, Absatz-Nr. (1-10) sowie BVerfGE 80, 367 = NJW 1990, 563 = NStZ 1990, 89, Großer Lauschangriff: BVerfG, 1 BvR 2378/98 vom 03.03.2004, Absatz-Nr. (1-373) und akustischen Wohnraumüberwachung: BVerfG, 2 BvR 543/06 vom 11.05.2007, Absatz-Nr. (1-68) sowie BGH, NStZ 2005, 700 ff. (Verwertbarkeit

schuss bei Beantragung einer Beschlagnahme oder Durchsuchung gemäß § 29 Abs. 3 PUAG auf die Ebene des Strafprozessrechts begibt, in der die genannten strengen Anforderungen und Zweckbindungen für die Beschlagnahme und Durchsuchung bestehen. Diesen Bedenken folgend wäre die Beschlagnahme und Durchsuchung in Untersuchungsausschussverfahren unzulässig, da durch einen Untersuchungsausschuss ein strafrechtlicher Anfangsverdacht nicht begründet werden kann.

Diese Bedenken greifen aber letztlich nicht durch, da es sich bei der Beschlagnahme und Durchsuchung nicht um eine spezifisch strafprozessuale Maßnahme handelt, die nicht auf andere Verfahren übertragen werden könnten. Die Möglichkeit der Beschlagnahme findet sich nicht nur in der Strafprozessordnung, sondern auch in verwaltungsrechtlichen Gesetzen, die sie mit verschiedener Zielrichtung vorsehen (vgl. z.B. § 76 Abs. 3 AO; § 7 Abs. 2 und 3 des Gesetzes über die Anwendung unmittelbaren Zwanges und die Ausübung besonderer Befugnisse durch Soldaten der Bundeswehr und zivile Wachpersonen).[217] Die Beschlagnahme zum Zwecke der Beweissicherung hat insofern keinen genuin strafprozessualen Charakter.[218]

Schließlich setzen die §§ 94 ff. StPO auch nicht das Vorliegen eines (Anfangs-)Verdachtes als gesetzliche Anforderung i.S.d. § 152 Abs. 2 StPO voraus. Dieses strenge Erfordernis ergibt sich vielmehr und gerade aus der verfassungsrechtlichen Notwendigkeit der Rechtfertigung des mit der Beschlagnahme und Durchsuchung verbundenen Grundrechtseingriffs, der im Strafprozess anknüpfend an das Vorliegen eines bestimmten Verdachtsgrades für das Vorliegen einer Straftat erfolgt. Dadurch ist jedoch für andere Verfahren nicht ausgeschlossen, dass in entsprechender Weise eine Rechtfertigung erfolgen kann. Die Maßnahmen der Durchsuchung und Beschlagnahme sind daher weder auf den Einsatz im Strafverfahren beschränkt noch können sie ausschließlich ihre verfassungsrechtliche Rechtfertigung durch spezifische Zwecke des Strafprozessrechts erfahren.

Sie sind insofern auch nicht mit den heimlichen, besonders grundrechtsintensiven Ermittlungsmaßnahmen mit technischen Mitteln (wie etwa die Überwachung der Telekommunikation, die Wohnraumüberwachung und der Einsatz technischer Mittel), die ohne Wissen des Betroffenen erfolgen können, vergleichbar und auf eine Stufe zu stellen. Für diese bestehen gerade wegen ihrer Heimlichkeit hohe formelle (vgl. § 100b Abs. 2, Abs. 6 S. 2, § 100c Abs. 5 S. 4, § 100d Abs. 1-4 StPO) und materielle Anforderungen an

---

eines heimlich aufgezeichneten Selbstgesprächs in einem Krankenzimmer), BVerfG, 2 BvR 1219/07 vom 21.01.2008, Absatz-Nr. 12, in denen hervorgehoben wird, dass grundrechtsrelevante Eingriff nur durch die spezifischen Zwecke des Strafprozesses gerechtfertigt sind.

217 BVerfGE 77, 1, 48 *Neue Heimat-Ausschuss*.

218 Vgl. Diskussion und Nachweise bei BVerfG, NJW 1987, 787, 788.

die Anordnung und die Durchführung. Insbesondere dürfen sie nur beim Verdacht bestimmter schwerer Straftaten angeordnet werden, wenn andere Erfolg versprechende Aufklärungsmittel nicht vorhanden sind und sie nicht in den unantastbaren Kernbereich privater Lebensgestaltung eingreifen (vgl. § 100a S. 1, § 100c Abs. 1, 2 und 4, § 100f Abs. 1 und 2 StPO). Vergleichbar hohe Eingriffsschranken bestehen für die Anordnung einer Durchsuchung und Beschlagnahme nicht.[219] Grundsätzlich kann daher auch in Untersuchungsausschussverfahren die Beschlagnahme und Durchsuchung erfolgen.

(2) Grenzen der Beschlagnahme und Durchsuchung

Allerdings sind die soeben geäußerten Bedenken insofern von erheblicher Bedeutung, als das Enquêterecht selbst – worauf *Badura* zutreffend hinweist – keine inhaltliche Begrenzung der dem Untersuchungsrecht innewohnenden Befugnisse zu Ermittlungen und Beweiserhebungen vornimmt.[220] Daran hat sich auch nach Einführung des PUAG nichts geändert, denn § 29 Abs. 3 PUAG stellt lediglich eine Rechtsgrundlage für Untersuchungsausschüsse dar, um beim Ermittlungsrichter des BGH eine Beschlagnahme und Durchsuchung gemäß §§ 94 ff. StPO beantragen zu können; materielle Voraussetzungen oder Begrenzungen enthalten indes weder das PUAG noch Art. 44 Abs. 2 GG.

(a) Eingriffsrechtfertigung und richterliche Anordnung

Angesichts der möglichen Weite an Untersuchungsaufgaben eines Untersuchungsausschusses im Vergleich zu den definierten Anforderungen eines strafprozessualen Anfangsverdachts i.S.d. § 152 Abs. 2 StPO in Bezug auf einen gleichfalls definierten Straftatbestand, haben entsprechend besonders hohe Anforderungen an die Beschlagnahme- und Durchsuchungsbefugnisse parlamentarischer Untersuchungsausschüsse zu gelten, damit sie den für den Strafprozess aufgestellten Maßgaben an die Eingriffsrechtfertigung gerecht werden können.[221] Dabei gilt, dass nicht jedes öffentliche Interesse an der parlamentarischen Aufklärung im Rahmen der Ausübung des parlamentarischen Untersuchungsrechts und jede Förderung eines parlamentarischen

---

219 BGH, Beschluss vom 31.01.2007 – StB 18/06.

220 *Badura* DÖV 1984, 759, 763 f.

221 Vgl. *Badura* DÖV 1984, 759, 764, demzufolge die nur mit einer Generalklausel ohne schutzgewährende Bestimmtheit begründete Aufgabenermächtigung für parlamentarische Untersuchungen keinen rechtsstaatlich hinreichenden Fixpunkt für das Gebot der Verhältnismäßigkeit der Mittel bildet.

Untersuchungsauftrags dienliche Ermittlungshandlung genügen, um einen Grundrechtseingriff zu rechtfertigen.[222] Vielmehr können derartige Eingriffe im parlamentarischen Untersuchungsverfahren bei Privaten nur dann zulässig sein, wenn sie durch das Gewicht des Untersuchungszwecks und die Bedeutung des Beweisthemas gerechtfertigt sind.[223] Dabei haben im Untersuchungsausschussverfahren mangels konkreter Vorgaben eines Tatverdachts und eines gesetzlichen Tatbestands, an die – anders als im Strafprozess – die besondere Rechtfertigung des Eingriffs geknüpft werden könnte, strengere Erfordernisse zu gelten als im Strafprozess.

Zur Wahrung der Grundrechte Dritter im parlamentarischen Untersuchungsausschussverfahren sind der Beweiserhebung parlamentarischer Untersuchungsausschüsse bei der Verweisung auf die Strafprozessordnung in § 29 Abs. 3 PUAG damit auch insoweit Grenzen gesetzt, als Beschlagnahme- und Durchsuchungsanordnungen nicht vom Untersuchungsausschuss selbst getroffen werden können, sondern beim zuständigen Gericht zu beantragen sind, das die besonderen Anforderungen an das Vorliegen eines den Eingriff rechtfertigenden öffentlichen Interesses festzustellen und vollumfänglich zu prüfen hat. Das Untersuchungsverfahren weist keine Besonderheiten auf, die es rechtfertigen könnten, den Untersuchungsausschuss einem Gericht gleichzustellen (vgl. C.II.2.c)(2)) und ihm allgemein das Beschlagnahmerecht zuzuerkennen. Es muss insoweit bei der Zuständigkeitsregel des § 98 Abs. 1 StPO verbleiben, wonach der Richter für die Beschlagnahme zuständig ist.[224] Hieran hat sich der Gesetzgeber auch orientiert und in § 29 Abs. 3 PUAG vorgesehen, dass sowohl die Beschlagnahme wie auch die Durchsuchung durch den Ermittlungsrichter beim BGH anzuordnen sind. Der Untersuchungsausschuss ist hierzu selbst nicht – auch nicht in sinngemäßer Anwendung des Art. 44 Abs. 2 S. 1 GG – befugt. Die Verweisung auf die Strafprozessordnung setzt der Beweiserhebung durch den Untersuchungsausschuss damit selbst Grenzen. Beschlagnahmeanordnungen, die im Untersuchungsverfahren notwendig werden, können vom Untersuchungsausschuss nicht selbst getroffen werden, sondern sind beim zuständigen Gericht zu beantragen.[225]

Die Prüfpflicht des Ermittlungsrichters beschränkt sich dabei nicht auf das Vorliegen der formalen Voraussetzungen für den Erlass eines Beschlagnahme- bzw. Durchsuchungsbeschlusses. Eine solche Sichtweise erlaubt bereits § 29 Abs. 3 PUAG nicht, der die Mitwirkung des parlamentarischen Untersuchungsausschusses auf die Antragstellung beim Ermittlungsrichter

---

222 *Badura* DÖV 1984, 759, 764.

223 BVerfGE 77, 1, 50 f. *Neue Heimat-Ausschuss.*

224 BVerfGE 77, 1, 52 *Neue Heimat-Ausschuss.*

225 BVerfGE 77, 1, 51 *Neue Heimat-Ausschuss.*

reduziert. Zur Aufgabe des Ermittlungsrichters gehört vor allem sicherzustellen, dass der Eingriff in die Rechtsstellung des Betroffenen, insbesondere der Wirkkraft ihrer Grundrechte, hinreichend Rechnung trägt und den Geboten der Rechtsstaatlichkeit entspricht. Die richterliche Prüfungspflicht erstreckt sich dabei sowohl auf die Frage, ob der konkrete, den Gegenstand der Untersuchung bildende Vorgang genau umgrenzt ist, als auch darauf, ob die beantragte Maßnahme im durch den Untersuchungsauftrag umrissenen öffentlichen Interesse geeignet und erforderlich ist, zu der erstrebten Aufklärung beizutragen.[226] Der Richter darf die Durchsuchung nur anordnen, wenn er sich aufgrund eigenverantwortlicher Prüfung überzeugt hat, dass die Maßnahme verhältnismäßig ist.[227] Die Anforderungen an den die Voraussetzungen prüfenden und ggf. erlassenden Ermittlungsrichter sind somit hoch. Sie nehmen zu mit der Unbestimmtheit des Untersuchungsauftrages und dem Abnehmen des öffentlichen Interesses.

(b) Grundsatz der Verhältnismäßigkeit

Eingriffe in Grundrechte sind, abgesehen von den im Grundgesetz ausdrücklich vorgesehenen Schranken, z.B. Art. 44 Abs. 2 S. 2 GG, nur im Rahmen des Verfassungsgrundsatzes der Verhältnismäßigkeit und Zumutbarkeit zulässig. Dabei ist die Intensität des Grundrechtseingriffs gegen das Gewicht des Untersuchungszwecks und des Beweisthemas abzuwägen.[228] Sie muss im Blick auf den bei der Anordnung verfolgten gesetzlichen Zweck Erfolg versprechend sein. Der Verhältnismäßigkeitsgrundsatz hat bei der Anwendung von Zwangsmaßnahmen im Untersuchungsausschussverfahren eine besondere Ausprägung erfahren. Aus ihr folgt für die Frage der Zulässigkeit einer Beschlagnahme und der Herausgabe der beschlagnahmten Gegenstände an den Untersuchungsausschuss, dass diese Herausgabe nur dann in Betracht kommt, wenn die potentielle Bedeutung der Urkunde von vornherein feststeht und entweder wegen ihres Inhalts Geheimschutzabkommen nicht erforderlich oder bereits in hinreichendem Umfang getroffen sind.[229]

> „Sollen jedoch, ähnlich wie dies in einem staatsanwaltschaftlichen Ermittlungsverfahren unvermeidlich ist, von der Beschlagnahme auch Unterlagen erfasst werden, die nur zum Teil potentiell beweiserheblich sind, wobei sich dies im einzelnen erst nach Durchsicht der gesamten Unterlagen feststellen lässt, so ist die Beschlagnahme nur als vorläufige Maßnahme zulässig. Da das Verfahren vor dem Untersuchungsausschuss nicht den gleichen Geheimhaltungsschutz eines staatsanwaltschaftlichen Ermittlungs-

---

226 BVerfG, DÖV 1984, 759, 760 m. Anm. *Badura.*

227 BVerfG, 2 BvR 1219/07 vom 21.01.2008, Absatz-Nr. 13.

228 Vgl. BVerfGE 77, 1, 52 *Neue Heimat-Ausschuss.*

229 BVerfGE 77, 1, 54 f. *Neue Heimat-Ausschuss.*

> verfahrens gewährleistet, darf dann die erforderliche Einzelprüfung, aufgrund derer beweisunerhebliche Unterlagen sofort wieder auszuscheiden sind, nur durch den zuständigen Ermittlungsrichter erfolgen (vgl. BVerfG, a.a.O.).“[230]

Der Verhältnismäßigkeitsgrundsatz wirkt sich damit unmittelbar auf die Vorschrift des § 30 Abs. 2 PUAG aus, mit der der Gesetzgeber auch unter Umgehung der Beschlagnahme- und Durchsuchungsvorschrift und der damit einhergehenden richterlichen Prüfpflicht das Recht auf Sichtung und Prüfung der Beweiserheblichkeit von Beweismitteln dem Richter entzieht und dem Untersuchungsausschuss überträgt. Er gebietet, dass anlässlich einer Durchsuchung und Beschlagnahme aufgefundene potentiell beweisrelevante Unterlagen dem Gericht vorzulegen sind, das vor einer möglichen Herausgabe (von Teilen) dieser Unterlagen an den antragstellenden Untersuchungsausschuss diese selbständig, ggf. unter Hinzuziehung der Betroffenen, auf die Beweiserheblichkeit und auf mögliche entgegenstehende Rechte Dritter zu prüfen hat. Nicht dem Untersuchungsausschuss zustehende Unterlagen sind ungesichtet durch den Untersuchungsausschuss an den früheren Gewahrsamsinhaber herauszugeben.

Der Grundsatz der Verhältnismäßigkeit gebietet weiter, dass die Beantragung einer Beschlagnahme und Durchsuchung potentiell beweiserheblicher Unterlagen dann unzulässig ist, wenn sich solche bereits bei Gerichten, Ermittlungsbehörden oder anderen behördlichen Stellen befinden. Vorrangig haben Untersuchungsausschüsse auf diese zurückzugreifen, auch wenn der Zugriff aus verfahrenstaktischen Erwägungen nicht sofort erfolgen kann, und z.B. der Zugriff auf bei dem Betroffenen befindlichen Kopien möglich erscheint. Denn der Zugriff auf die Unterlagen im behördlichen Gewahrsam stellt die weitaus mildere und dabei gleich geeignete Eingriffsform dar, deren Anwendung der Verhältnismäßigkeitsgrundsatz zwingend gebietet.

Bei der Anordnung der Beschlagnahme und Durchsuchung bei Berufsgeheimnisträgern (§ 53 StPO) ist schließlich deren besonderer Schutz zu beachten, der eine besonders sorgfältige Prüfung der Eingriffsvoraussetzungen und des Grundsatzes der Verhältnismäßigkeit erforderlich macht.[231]

c) Ergebnis

Der Einsatz von Beuge- und Zwangsmittel durch parlamentarische Untersuchungsausschüsse ist grundsätzlich zulässig[232], um den sinngemäß anwendba-

230 LG Bonn, NStZ 1990, 555, 556; vgl. dazu eingehend: D.IV.2.

231 Vgl. BVerfG, 2 BvR 1219/07 vom 21.01.2008, Absatz-Nr. 12.

232 *Köhler* differenziert bei der Anwendbarkeit strafprozessualer Beweismittel durch parlamentarische Untersuchungsausschüsse zwischen solchen, die den Privatbereich direkt betreffen und solchen, wo der Privatbereich lediglich Annex zum öffentlichen

ren Beweismitteln im Falle unberechtigter Weigerung durch Dritte entsprechend zur Durchsetzung zu verhelfen. Zweifeln an der Zulässigkeit bei der früheren Anwendung von Beuge- und Zwangsmitteln wurde durch eine Aufnahme ausdrücklicher Regelungen in das PUAG abgeholfen. Zugleich hat der Gesetzgeber den Zwangsmitteleinsatz auf die im PUAG vorgesehenen beschränkt (§ 17 Abs. 2 PUAG) und dadurch zum Ausdruck gebracht, dass die sinngemäße Anwendung weiterer strafprozessualer Beuge- und Zwangsmaßnahmen nicht im Sinne des Gesetzgebers ist. Dadurch wurde Rechts- und Anwendungssicherheit geschaffen.

Sofern Untersuchungsausschüsse gemäß § 29 Abs. 3 PUAG die Beschlagnahme, Herausgabe oder Durchsuchung von Beweismitteln beim Ermittlungsrichter des BGH beantragen, gelten aufgrund der Verweisung auf das Strafprozessrecht und im Hinblick auf den erforderlichen Grundrechtsschutz im Vergleich zum Strafprozess spezifische Anforderungen an die grundrechtliche Eingriffsrechtfertigung. Dazu gehören eine umfassende Prüfpflicht des Ermittlungsrichters betreffend das Vorliegen eines öffentlichen Interesses an der Aufklärung und der Erforderlichkeit der Zwangsmaßnahme sowie besondere Ausprägungen des Verhältnismäßigkeitsprinzips. Insofern wirken sich die strafprozessualen Anforderungen an die Beschlagnahme und Durchsuchung begrenzend auf die parlamentarischen Rechte gemäß § 29 Abs. 3 PUAG aus. Inwiefern die Zwangsmittelbefugnisse privatgerichteter parlamentarischer Untersuchungsausschüsse weiter durch die gemäß Art. 44 Abs. 2 S. 1 GG sinngemäß anwendbaren Vorschriften über den Strafprozess präzisiert werden, wird im Rahmen der Behandlung der einzelnen Beweismittel unter D. besprochen.

Bereich ist, folglich zwischen mittelbarer und unmittelbarer Untersuchung privater Bereiche. Diese Ansicht ist abzulehnen. Denn begibt sich ein Untersuchungsausschuss im privaten Bereich auf die Ebene des Strafprozessrechts, hat er stets die befugnisbegründenden und -begrenzenden Aspekte zu beachten. Eine Unterscheidung zwischen der mittelbaren und unmittelbaren Untersuchung ist insoweit unerheblich, da die Wirkung des Eingriffs für den Privaten in jedem Fall gleich ist. Ferner ändert sich auch die Verfahrensposition des Privaten nicht. Er ist sowohl bei der unmittelbaren wie auch bei der mittelbaren Untersuchung des ihn betreffenden privaten Bereichs Auskunftsperson oder Adressat eines Herausgabeverlangens. Es ließe sich zudem argumentieren, dass derjenige, in dessen Rechte (lediglich) mittelbar durch eine parlamentarische Untersuchung eingegriffen wird, stärker in seiner Grundrechtsposition beeinträchtigt ist, da er ggf. sogar zwangsweise in Anspruch genommen wird, ohne dass sich die Untersuchung gegen ihn richtet. Schließlich ist eine Unterscheidung zwischen mittelbarem und unmittelbarem Bereich abzulehnen, da die Begriffe nicht hinlänglich exakt voneinander abgrenzbar sind; die Grenzen sind vielmehr fließend (*Köhler* S. 198).

6. Anwendbarkeit strafprozessualer Beweiserhebungsgrundsätze

Spezifisch strafprozessuale Grundsätze, die die Beweisaufnahme und die gegenseitigen Verfahrensrechte im Strafprozess prägen, sind nicht auf das Untersuchungsausschussverfahren anwendbar. Entsprechend den obigen Ausführungen (vgl. C.II.2.c)(5)) passen sie schlicht nicht in das System der Beweisaufnahme im parlamentarischen Untersuchungsausschussverfahren. Welche dies sind, soll in der Folge dargestellt werden:

a) Ermittlungsgrundsatz

Unter dem Ermittlungsgrundsatz (auch Untersuchungsgrundsatz oder Instruktionsmaxime) wird im Strafprozess die Pflicht der Strafverfolgungsorgane verstanden, den Sachverhalt von Amts wegen zu erforschen und aufzuklären. Den Gegensatz hierzu bildet die im Zivilprozess in der Regel bestehende Verhandlungsmaxime, wonach es Sache der Parteien ist, darüber zu befinden, welche Tatsachen sie dem Gericht zur Entscheidung und zum Finden der formellen Wahrheit unterbreiten wollen.[233] Eine entsprechende Pflicht zur Erforschung des Sachverhalts von Amts wegen existiert im parlamentarischen Untersuchungsausschussverfahren nicht. Die Sachverhaltsaufklärung und Tatsachenerforschung erfolgt dort vielmehr nach Grundsätzen der „politischen Verhandlungsmaxime", d.h. Parlamentarier entscheiden – nicht frei von politischen Vorgaben – über das Ob, die Reihenfolge und die Gewichtung der Beweiserhebung. Sie bestimmen allein über den Umfang des Prozessstoffs, den es zu würdigen gilt. Eine dem Strafprozess entsprechende richterlich-neutrale oder staatsanwaltschaftliche Instanz existiert nicht.

b) Freie richterliche Beweiswürdigung

Über das Ergebnis der Beweisaufnahme entscheidet im Strafprozess das Gericht nach seiner freien, aus dem Inbegriff der Verhandlung geschöpften Überzeugung (§ 261 StPO). Dieser Grundsatz bedeutet, dass der Richter nicht an gesetzliche Beweisregeln oder bestimmte Richtlinien gebunden ist. Es wird dem Richter nicht vorgeschrieben, unter welchen Voraussetzungen er eine Tatsache für bewiesen bzw. nicht bewiesen zu halten hat.[234] Im parla-

---

233 *Beulke* StProzR, Rn. 21.

234 *Beulke* StProzR, Rn. 22. Dabei hat er allerdings wissenschaftliche Erkenntnisse (z.B. Blutalkoholgutachten), die Gesetze der Logik (Denkgesetze) und Erfahrungssätze des täglichen Lebens zu beachten.

mentarischen Untersuchungsausschussverfahren hat dieser Grundsatz eine andere Bedeutung. Zwar ist die Würdigung der erhobenen Beweise im parlamentarischen Untersuchungsausschussverfahren gleichfalls frei, soweit damit die fehlende Orientierung an strikten Beweiswürdigungsregelungen gemeint ist. Die Freiheit des Parlamentariers ist aber nicht die des Richters, der frei ist, von äußeren Einflüssen und Regeln in seiner Funktion als unabhängiger Richter nur aufgrund des Inbegriffs der Hauptverhandlung ein Urteil zu fällen. Der Parlamentarier unterliegt vielmehr äußeren Einflüssen, die er im Rahmen seiner Würdigung einfließen lässt und einfließen lassen darf.

c) Mündlichkeit und Unmittelbarkeit

Auch die im Strafprozess im Rahmen der Beweisaufnahme tragenden Grundsätze der Unmittelbarkeit und Mündlichkeit haben im parlamentarischen Untersuchungsausschussverfahren keine Bedeutung.[235] Im Strafverfahren sichern diese Grundsätze die Mitwirkung der Verfahrensbeteiligten an der Beweiserhebung und das Recht auf Gewährung effektiven rechtlichen Gehörs. Der Grundsatz der Mündlichkeit verlangt, dass der Prozessstoff vor dem erkennenden Gericht irgendwie mündlich in die Verhandlung eingeführt und den Beteiligten damit zur Kenntnis gebracht und zur Diskussion gestellt wird, so dass alle wissen, was Gegenstand der Entscheidung des Gerichts sein wird und diese ihre Anträge und Vorträge darauf einstellen können. Der Prozessstoff muss, dem Grundsatz der Unmittelbarkeit entsprechend, unmittelbar und selbst durch das Gericht wahrgenommen werden.[236] Anders als für den Strafprozess hat der Gesetzgeber im PUAG diesbezüglich keine Vorgaben gemacht, sondern, im Gegenteil, sogar die Nichtbeachtung dieser Grundsätze vorgeschrieben (vgl. § 31 PUAG). Ein Untersuchungsausschuss ist nicht verpflichtet, Zeugen und Sachverständige selbst oder unmittelbar zu vernehmen. Er kann im Wege der Rechts- und Amtshilfe auf Vernehmungen und Erkenntnisse von Gerichte und Behörden zurückgreifen, ohne die Auskunftsperson selbst zu vernehmen, oder Gerichte und Behörden um Vernehmen ersuchen. Im Hinblick auf die Verwertbarkeit solcher mittelbaren Erkenntnisse bestehen keine Einschränkungen oder Besonderheiten.[237] Die Grundsätze der Mündlichkeit und Unmittelbarkeit haben im Untersuchungsausschussverfahren somit keine Bedeutung.

---

235 Vgl. *Gollwitzer* in FS Dünnebier, 333 f.; *Rogall* in GS Meurer, 477.

236 Vgl. *Meyer-Goßner* StPO, § 250, Rn. 1 ff., § 261, Rn. 7.

237 *Gollwitzer* in FS Dünnebier, 333.

d) Unschuldsvermutung und in dubio pro reo

Im Strafprozess darf nach dem Grundsatz in dubio pro reo nur der bestraft werden, dessen Schuld in einem prozessordnungsgemäßen Verfahren nachgewiesen worden ist (Rechtsstaatsprinzip, Art. 20 Abs. 3 GG).[238] Er basiert auf der sich aus Art. 6 Abs. 2 MRK und § 261 StPO folgenden Unschuldsvermutung.[239] Im Untersuchungsausschussverfahren geht es allerdings nicht um die Feststellung einer strafrechtlichen Schuld einer natürlichen Person. Untersuchungsausschüsse befinden auch nicht über eine solche. Vielmehr geht es jenseits strafrechtlicher Feststellungen und behördlichen oder gerichtlichen Entscheidungen um die Feststellung politischer Verantwortlichkeiten, für die es keines bestimmten Grades an Überzeugung (vgl. § 261 StPO) bedarf. Festgestellte Tatsachen unterliegen einer politischen Würdigung, die je nach Gewicht und Interessenlage ihren Niederschlag im Abschlussbericht findet. Der genannte Grundsatz ist daher hier ohne Relevanz.

e) Beschleunigungsgrundsatz und Konzentrationsmaxime

Nach dem Gebot der beschleunigten Durchführung von Strafverfahren (Art. 2 Abs. 2 S. 2 GG i.V.m. dem Rechtsstaatsprinzip (Art. 20 Abs. 3 GG))[240] hat der Beschuldigte innerhalb angemessener Frist über den Strafvorwurf Klarheit zu erhalten.[241] In der strafgerichtlichen Hauptverhandlung hat der Beschleunigungsgrundsatz insbesondere in Form der Konzentrationsmaxime Bedeutung. Dieser zufolge soll die ganze Hauptverhandlung möglichst in einem Zug durchgeführt werden. Ein parlamentarischer Untersuchungsausschuss unterliegt diesen Bindungen nicht. Es bestehen keine Vorgaben für eine beschleunigte oder konzentrierte Durchführung des Verfahrens. Weder haben parlamentarische Untersuchungsausschüsse in gleicher Besetzung ein Verfahren zu erledigen noch haben sie in bestimmter Weise auf die Terminierung von Sitzungen zu achten. Ein Ansatz für eine Art Beschleunigungsgrundsatz kann im parlamentarischen Untersuchungsausschussverfahren allenfalls in dem Grundsatz der Diskontinuität gesehen werden. Ist die Auflösung des Parlaments und damit das automatische Ende des Untersuchungsausschussverfahrens absehbar, könnten diese Umstände dazu zwingen, das Untersuchungsausschussverfahren zum Zwecke der Erledigung des vom

238 VGH Saarland, Urteil vom 31.10.2002, LV 2/02, Absatz-Nr. 20; a.A. *Schaefer* NJW 1998, 434, 435.

239 Grundsätzlich und mit weiteren Nachweisen: *Beulke* StProzR, Rn. 25.

240 BVerfG, NJW 2001, 2707.

241 BGHSt 35, 137, 140 f.; BGH, StV 1999, 206; 2002, 598; 2004, 13 f.

Parlament gegebenen Auftrags zu einem zügigen Ende zu bringen. Aber selbst, sofern eine solche Pflicht existieren sollte, was vorliegend auch dahingestellt bleiben kann, wäre dieser Grundsatz nicht mit dem strafprozessualen Beschleunigungsgrundsatz vergleichbar. Denn dieser ist nicht bedingt durch ein drohendes vorzeitiges Ende des Verfahrens.

7. Geltung verfassungsrechtlicher Grundsätze

Soweit es sich um unmittelbar aus der Verfassung abgeleitete und im Strafverfahren anerkannte, jedoch nicht spezifisch strafprozessuale, Verfahrensgrundsätze, handelt, strahlen diese auch in das parlamentarische Untersuchungsausschussverfahren aus.

a) Nemo-tenetur-Grundsatz

Hierbei handelt es sich insbesondere um den nemo-tenetur-Grundsatz (nemo tenetur se ipsum accusare), wonach niemand verpflichtet werden darf, durch eigenes Tun an seiner Strafverfolgung mitzuwirken.[242] Bei dem nemo-tenetur-Prinzip als Verbot des Zwanges zur Selbstbelastung handelt es sich um ein nach ganz herrschender Meinung Prinzip mit Verfassungsrang. Es ist anerkannt, dass das nemo-tenetur-Prinzip nicht nur im Strafverfahren selbst Anwendung finden muss, sondern in alle staatlichen Verfahren – somit auch das parlamentarische Untersuchungsausschussverfahren – ausstrahlt, soweit die Gefahr einer Strafverfolgung besteht.[243] Hieraus kann sich in Untersuchungsausschussverfahren das Erfordernis ergeben, Auskunftspersonen Auskunftsverweigerungsrechte oder sogar eine Aussagefreiheit zuzubilligen (D.I.3.b)(4), D.III.2.a)(3)).

b) Faires Verfahren

Auch der *Grundsatz des fairen Verfahrens* (fair trial) als Ausfluss des Rechtsstaatsprinzips und der Menschenwürde hat im parlamentarischen Untersuchungsausschussverfahren Geltung. Er bedeutet, dass ein Mensch nicht zum bloßen Objekt eines staatlichen Verfahrens herabgewürdigt werden darf. Allerdings hat das fair-trial-Prinzip nicht dieselbe weit reichende Bedeutung wie im Strafprozess. Das Strafverfahren unterliegt aufgrund seiner Ausrich-

---

242 BVerfGE 38, 105, 113.

243 BVerfGE 56, 37, 43 f.

tung und Zielsetzung besonderen rechtsstaatlichen Garantien, die ein justizförmiges, in den kollidierenden Interessen ausgewogenes faires Verfahren gewährleisten. Sicherzustellen sind deshalb entsprechende Beteiligungs- und Verteidigungsmöglichkeiten des von staatlichen Sanktionen Bedrohten.[244] Diese ausgeprägte kontradiktorische Wirkung fehlt dem parlamentarischen Untersuchungsausschussverfahren, so dass entsprechend weit reichende verfahrenssichernde und anteilnehmende Befugnisse der Verfahrensbeteiligten nicht erforderlich sind. Der Grundsatz des fairen Verfahrens erfährt im parlamentarischen Untersuchungsausschussverfahren mithin eine andere – im Vergleich zum Strafprozess abgeschwächte – Ausprägung, namentlich in den Rechten der Minderheit (vgl. z.B. §§ 2, 17 Abs. 4, 25 Abs. 1, 29 Abs. 2 und 3, 33 Abs. 2 PUAG) und in der Rechtsstellung des Zeugen als Auskunftsperson (vgl. C.III.2., D.I.).

c) Fürsorgepflicht

Eine besondere Ausprägung des fair-trial-Prinzips ist die *Fürsorgepflicht*: Im Strafprozess ist anerkannt, dass das unabhängige und unparteiliche Gericht gegenüber dem Zeugen und Angeklagten zu prozessualer Fürsorge verpflichtet ist.[245] Dies drückt sich u.a. in Hinweispflichten und der Pflicht aus, eine angemessene Vorbereitung auf veränderte Prozesslagen zu gewähren. Dazu gehört auch, einer unbeholfenen Auskunftsperson zu helfen, ihre Angaben entsprechend ihrem Willen sachgemäß und zielgerichtet zu äußern, sich mit der Verfahrenssituation zurechtzufinden und vor überstürzten Erklärungen zu schützen. In parlamentarischen Untersuchungsausschussverfahren fehlt es jedoch an solchen Vorgaben für eine objektiv-neutrale Sachverhaltsaufklärung. Diese ist eher politisch-parlamentarisch ausgestaltet, weshalb ein Vorsitzender eines Untersuchungsausschusses auch nicht wegen Besorgnis der Befangenheit abgelehnt werden kann. Die Fürsorgepflicht als besondere Ausprägung des verfassungsrechtlich anerkannten und auch in das Untersuchungsausschussverfahren ausstrahlende fair-trial-Prinzip gibt dem Vorsitzenden jedoch auf, durch entsprechende Verfahrensgestaltung dafür Sorge zu tragen, dass Zeugen oder andere Beteiligte nicht zum Objekt staatlichen Handelns degradiert werden. Hierzu gehört etwa die Schaffung einer zulässigen Vernehmungssituation, in der die Auskunftsperson ihre Rechte und Pflichten effektiv wahrnehmen kann (vgl. D.I.2.b)(1)(c)), die Belehrung des Zeugen (vgl. D.I.2.b)(1)), der Schutz vor unzulässigen Fragen und Bloßstellungen (vgl. D.I.2.b), D.I.3.a)), die effektive Gewährung rechtlichen Gehörs (vgl. D.I.3.e)),

---

244 *Gollwitzer* in FS Dünnebier, 332.

245 *Meyer-Goßner* StPO, Vor § 48, Rn. 10.

der Schutz vor medienöffentlicher Vernehmung einer medienunerfahrenen Person (vgl. D.I.4.b)) und schließlich auch die gebotene Zurückhaltung, die zwar nicht der eines Vorsitzenden Richters zu entsprechen hat, jedoch bei aller politischer Auseinandersetzung, parlamentarischen Verhaltensregeln und Gepflogenheiten[246] anzupassen ist.

d) Übermaßverbot

Schließlich gilt auch im parlamentarischen Untersuchungsausschussverfahren der Grundsatz der Verhältnismäßigkeit und des Übermaßverbots. Dieser ist insbesondere bei der Anwendung von Zwangsmaßnahmen zu beachten und stellt eine immanente Grenze staatlich zulässigen Handelns dar (vgl. D.I.5.).

8. Parallelität von Strafprozess und parlamentarischer Untersuchung

Zwischen parlamentarischen Untersuchungsausschussverfahren und Strafverfahren besteht aufgrund ihrer Andersartigkeit und jeweiligen verfassungsmäßigen Legitimation kein Konkurrenzverhältnis. Vielmehr besteht auf Verfassungsebene eine Parallelität zwischen Straf- und Untersuchungsausschussverfahren.[247] Diese bewirkt zum einen, dass weder parlamentarische Untersuchungsausschüsse an gerichtliche Beweisergebnisse und Entscheidungen gebunden sind, noch Gerichte sich an Ergebnissen parlamentarischer Untersuchungsausschüsse zu orientieren haben. Die Gleichrangigkeit und Parallelität der beiden Verfahren bewirkt für beide Verfassungsorgane zugleich aber auch, dass sie auf die jeweiligen Zwecke Rücksicht zu nehmen haben, so dass beide Verfahren im konkreten Fall einander so zugeordnet werden, dass beide jeweils ihre Wirkungen entfalten können[248] und wechselseitig ein ungestörtes

246 Hierzu eingehend: *Weisgerber* S. 411 ff.; *Jagau/Wessels* S. 43, 55 ff.

247 So auch *Vetter* ZParl 1989, 345, 347; die Parallelität auch für den Sonderfall des Verteidigungsausschusses bejahend: *Hucko* ZParl 1979, 304, 309 f.

248 Entsprechend verfuhr auch der Untersuchungsausschuss *Lutze/Wiegel*, dem vom Geschäftsordnungsausschuss die folgende Empfehlung vorgegeben wurde: „Zur Frage des Verhältnisses des Untersuchungsverfahrens zu einem parallel laufenden Ermittlungs- oder Strafverfahren stellt der Ausschuss einmütig fest, dass beide Verfahren grundsätzlich gleichrangig aber verschiedenartig sind. Daraus folgt, dass beide Gewalten zu gegenseitiger Rücksichtnahme verpflichtet sind. Entsprechend auch der bisherigen Erfahrung bei früheren Untersuchungsausschüssen hält es der Ausschuss deshalb für ein nobile officium, dass sich der Untersuchungsausschuss mit den Ermittlungsbehörden hinsichtlich der Reihenfolge der zu vernehmenden Zeugen abstimmt und überhaupt dafür sorgt, dass die Organe der Strafrechtspflege nicht in Beweisschwierigkeiten geraten." (Zitiert nach *Hucko* ZParl 1979, 304, 309).

Zusammenwirken gewährleistet ist.[249] Folglich existiert weder ein Weisungsrecht des einen gegenüber dem anderen Organ[250] noch dürfen parlamentarische Untersuchungsausschüsse durch ihre Tätigkeit in die Kompetenzen und Funktionsfähigkeit der Strafverfolgungsorgane eingreifen und diese stören. Insoweit sind verschiedene Konstellationen denkbar, in denen ein parlamentarischer Untersuchungsausschuss Zurückhaltung gegenüber Staatsanwaltschaften und Gerichten zu üben hat.

a) Störung durch Untersuchung desselben Sachverhaltes

In der (bloßen) Untersuchung eines Sachverhaltes, der zugleich (auch) Gegenstand eines Strafverfahrens ist bzw. sein könnte und ggf. zu einem späteren Zeitpunkt auch wird, kann ein unzulässiger Eingriff noch nicht gesehen werden.[251] Denn parlamentarische Untersuchungsausschüsse üben gerade keine rechtsprechende Befugnis im Sinne des Art. 92 GG aus und untersuchen Sachverhalte unter anderen Gesichtspunkten. Ein Eingriff in die Funktionsfähigkeit der Strafverfolgungsorgane kann erst dann vorliegen, wenn Gerichte und Staatsanwaltschaften an der Durchsetzung ihres verfassungsmäßigen Auftrags behindert werden. Dies kann z.B. im Rahmen von Beweisbegehren parlamentarischer Untersuchungsausschüsse an Gerichte und/oder Staatsanwaltschaften durch Anforderung von Akten, Durchführung von Zeugen- und Sachverständigenvernehmungen, Bekanntmachung von verfahrensrelevanten Informationen in der Öffentlichkeit oder ähnlichen Eingriffen erfolgen, durch die strafprozessuale Beweiserhebungen vorweggenommen bzw. sogar in der Öffentlichkeit vorbewertet werden oder Strafverfahren eine Verzögerung durch parlamentarische Untersuchungen erfahren.

b) Störung bei Aktenanforderungen

Auch durch Akteneinsichtsgesuche wird die Kompetenz und Funktionsfähigkeit von Strafverfolgungsorganen regelmäßig noch nicht beeinträchtigt, denn parlamentarische Untersuchungsausschüsse besitzen selbst ein gesetzliches Akteneinsichtsrecht (vgl. § 474 Abs. 6 StPO, § 18 Abs. 4 PUAG). Gerichte und Staatsanwaltschaften haben, vorbehaltlich verfassungsrechtlicher Grenzen[252] (vgl. § 18 Abs. 1 PUAG), Akteneinsicht an parlamentarische Untersu-

---

249 BVerfGE 67, 100, 144 *Flick-Ausschuss.*

250 *Vetter* ZParl 1989, 345, 349.

251 *Vetter* ZParl 1989, 345, 347 f.

252 Vgl. BVerfGE 67, 100 *Flick-Ausschuss*; *Vetter* ZParl 1989, 345, 357.

chungsausschüsse zu gewähren. Der Inhalt des Aktenherausgabeanspruchs gegenüber der Staatsanwaltschaft und Gerichten lässt sich dahingehend konkretisieren, dass alle in Bezug genommenen Akten dem Ausschuss vorzulegen sind, soweit sich das Vorlagebegehren im Rahmen des Untersuchungsauftrages hält und nicht ausforschbare streng persönliche Angelegenheiten Dritter bzw. nicht der Kernbereich exekutiver beziehungsweise justizieller Eigenverantwortung betroffen werden.[253] Gegen ein unbeschränktes Akteneinsichtsrecht parlamentarischer Untersuchungsausschüsse im Bereich der Strafjustiz können aber zwei Gründe sprechen: Zum einen kann bei einem noch nicht abgeschlossenen erstinstanzlichen Verfahren der Erfolg staatsanwaltlicher oder strafgerichtlicher Ermittlungen durch Preisgabe des Akteninhalts aus der Sphäre des Untersuchungsausschusses gefährdet sein. Zum anderen kann die umfängliche und andauernde Aktenauskunft bei einem schwebenden Ermittlungs- oder Strafverfahren zu einem Stillstand oder einer unverhältnismäßigen Verzögerung des Verfahrens führen. In derartigen Situationen ist das Akteneinsichtsrecht des parlamentarischen Untersuchungsausschusses eingeschränkt und hat grundsätzlich hinter das strafprozessuale Aufklärungsinteresse zurückzutreten, dessen Durchsetzung sonst gefährdet wäre.[254]

c) Störung bei Haftsachen

Die Strafverfolgungsorgane haben die Grundrechtspositionen weiterer am Strafverfahren Beteiligter, namentlich dem Verletzten und dem Angeklagten, zu wahren. Zu diesen Grundrechtspositionen gehören der Grundsatz auf ein faires Verfahren und der Beschleunigungsgrundsatz. Beide können zu Einschränkungen des parlamentarischen Untersuchungsausschussverfahrens führen. Das Beschleunigungsgebot ist insbesondere bei Haftsachen zu beachten. Anders als *Vetter* meint, liegt ein unzulässiger Eingriff in grundrechtlich geschützte Positionen dabei jedoch nicht erst dann vor, wenn die durch ein parlamentarisches Untersuchungsausschussverfahren hervorgerufene Verfahrensverzögerung des staatsanwaltschaftlichen Ermittlungs- bzw. Strafverfahrens zu einer „für den Beschuldigten oder Angeklagten schlichtweg unzumutbaren Haftverlängerung" führen würde.[255] Vielmehr ist jedwede Haftverlängerung unzumutbar. Eine Differenzierung zwischen schlichtweg unzumutbarer und unzumutbarer Haftverlängerung ist nicht möglich. Dabei ist zu bedenken, dass die Verletzung des Beschleunigungsgebotes nicht nur Beeinträchtigungen des Angeklagten und ggf. des Verletzten zur Folge haben, die

---

253 *Vetter* ZParl 1989, 345, 358.
254 Maunz-Dürig/*Klein* Art. 44, Rn. 226.
255 *Vetter* ZParl 1989, 345, 350.

über einen längeren Zeitraum den Prozess erdulden müssen; sie verletzt auch das Rechtsstaatsprinzip, indem die Durchsetzung des staatlichen Strafanspruchs verkürzt wird. Bei Haftsachen und bei einer drohenden rechtsstaatswidrigen Verfahrensverzögerung ist daher der Durchsetzung des staatlichen Strafanspruchs stets der Vorzug einzuräumen, der u.a. darin zum Ausdruck kommen kann, dass parlamentarischen Untersuchungsausschüssen Akteneinsicht in Verfahrensakten und Beweismittel befristet versagt werden kann.

d) Restriktionen aufgrund des fair-trial-Prinzips

Auch aus dem fair-trial-Prinzip können sich Restriktionen des parlamentarischen Untersuchungsausschussrechts ergeben. So haben Untersuchungsausschüsse im Rahmen von Zeugenvernehmungen und der Bewertung von Aussagen auf die Zwecke des Strafverfahrens Rücksicht zu nehmen, wenn für beide Verfahren bedeutsame Zeugen auch durch den parlamentarischen Untersuchungsausschuss vernommen werden sollen. Es besteht die Gefahr, dass infolge der öffentlichen Vernehmung von Zeugen deren Aussage durch Mit-glieder des Untersuchungsausschusses in der Öffentlichkeit politisch eingefärbt bewertet werden mit der Folge der entsprechenden medienöffentlichen Wiedergabe und Bewertung. Dies erschwert die (erneute) Vernehmung des Zeugen durch die Strafverfolgungsorgane, die dadurch zum einen einen Zeugen vor sich haben, der nicht mehr unmittelbar seine eigene aktuelle Erinnerung wiedergibt und zum zweiten die Prozessbeteiligten aufgrund der erfolgten Bewertungen in der Öffentlichkeit dem Zeugen nicht mehr mit der originären Unbefangenheit gegenüber stehen. Aufgrund der erhöhten Anforderungen an die Wahrheitsfindung im Strafprozess im Vergleich zum Untersuchungsausschussverfahren (vgl. C.II.2.c)(5)) kann sich deshalb das Erfordernis ergeben, bestimmte Zeugen vorrangig durch das Gericht und erst im Anschluss durch den parlamentarischen Untersuchungsausschuss oder zumindest nur nicht-öffentlich durch parlamentarische Untersuchungsausschüsse vernehmen zu lassen, damit Vorbewertungen in der Öffentlichkeit bis zur gerichtlichen Klärung unterbleiben und der staatliche Strafanspruch durch die Beeinträchtigung der Wahrheitsfindung nicht verkürzt wird. Durch eine solche Form der Rücksichtnahme parlamentarischer Untersuchungsausschüsse leidet die parlamentarische Aufklärung auch nicht unverhältnismäßig. Untersuchungsausschüsse haben durch Beobachtung gerichtlicher Zeugenvernehmungen, ggf. durch Verlesung des Protokolls von Zeugenvernehmungen im Untersuchungsausschuss und eigene Zeugenvernehmung im Anschluss an die gerichtliche Zeugenvernehmung nach wie vor auf das Beweismittel Zugriff. Aufgrund der im Vergleich zum Strafprozess andersartigen Anforderungen an die Tatsachenermittlung und Wahrheitsfindung im Untersuchungsausschussverfahren droht hierbei auch keine Verletzung der parlamentarischen Aufklärungspflicht, die jedoch dafür bei Einräumung einer Priorität oder auch nur Gleichrangigkeit des Aufklärungsinteresses im Strafprozess eintreten würde.

IV. Ergebnis und Vorgaben für die sinngemäße Anwendung der Vorschriften über den Strafprozess

Bei der sinngemäßen Verweisung auf die Vorschriften über den Strafprozess handelt es sich um eine Form der Analogie, für deren Eröffnung eine vergleichbare Interessen- und Sachlage zwischen parlamentarischen Untersuchungsausschussverfahren und Strafprozess erforderlich ist. Ein Vergleich der beiden Verfahren führt zu dem Ergebnis, dass eine ausreichende grundsätzliche, die sinngemäße Anwendung eröffnende, inhaltliche und strukturelle Ähnlichkeit der beiden Verfahren nicht festgestellt werden kann. Die Vorschriften über den Strafprozess gemäß Art. 44 Abs. 2 S. 1 GG können nur sehr eingeschränkt im Hinblick auf die vergleichbaren Beweismittel Zeuge, Sachverständiger, Urkunde und Augenschein sinngemäß angewandt werden, darüber hinaus nicht.

Aus der eingeschränkten sinngemäßen Anwendung des Strafprozessrechts ergeben sich weitere Grenzen, die die Beweiserhebung und die Stellung parlamentarischer Untersuchungsausschüsse betreffen. So sind parlamentarische Untersuchungsausschüsse nicht befugt, Zeugen auch als Mittel des objektiven Sachbeweises zu betrachten oder weitere sächliche Beweismittel, kriminalistische Untersuchungsformen oder heimliche Ermittlungsmaßnahmen anzuwenden. Im Hinblick auf die besondere verfassungsrechtliche Rechtfertigung, die der Einsatz von Zwangsmaßnahmen gegen private Dritte voraussetzt und im Strafprozess auch erfahren hat, ist die Anwendung von Zwangs- und Beugemaßnahmen durch parlamentarische Untersuchungsausschüsse besonderen Anforderungen unterworfen, die in dem Richtervorbehalt, dem Vorliegen eines entsprechenden öffentlichen Interesses und der Verhältnismäßigkeitsprüfung ihre Ausprägung erfahren. Ferner sind die strafprozessualen Grundsätze, die maßgeblich das Strafverfahren bestimmen, im parlamentarischen Untersuchungsausschussverfahren ohne Belang. Entsprechende Grundsätze können sich für das parlamentarische Untersuchungsausschussverfahren nur aus dem Grundgesetz selbst ergeben. Insoweit können sich beispielsweise der nemo-tenetur-Grundsatz, das fair-trial-Prinzip, die Fürsorgepflicht und das Übermaßverbot – ähnlich wie im Strafverfahren – als Leitlinien auswirken.

Für die sinngemäße Anwendung der Vorschriften über den Strafprozess ergibt sich zusammengefasst folgendes:

Die sinngemäße Anwendung der Vorschriften über den Strafprozess begrenzt das parlamentarische Untersuchungsausschussrecht (**Begrenzungsfunktion**).[256] Untersuchungsausschüssen können auf der Grundlage der sinngemäßen Anwendung der Vorschriften über den Strafprozess gemäß Art. 44 Abs. 2 S. 1 GG keine potentiell weit reichenden Eingriffs- und Untersuchungsinstrumentarien gewährt werden, die denen eines Strafprozesses angeglichen sind. Die potentiell erweiternde Wirkung des Art. 44 Abs. 2 S. 1 GG beschränkt sich auf die sinngemäß anwendbaren Beweismittel Zeuge, Sachverständiger, Urkunde und Augenscheinsnahme. Ist die sinngemäße Anwendung strafprozessualer Vorschriften insoweit eröffnet, so werden dadurch die Befugnisse parlamentarischer Untersuchungsausschüsse im Vergleich zu Strafgerichten oder Staatsanwaltschaften aber nicht erweitert. Dies verbietet die Systematik der Analogiebildung. Die Verweisung kann sich maximal auf den Inhalt des verwiesenen Gesetzes bzw. der Norm und nicht darüber hinaus erstrecken. Die Grenze der sinngemäßen Anwendung bilden daher jedenfalls die in Bezug genommenen Eingriffs- und Untersuchungsrechte im Strafprozess. Darüber hinaus gewähren die Unterschiede zwischen den beiden Verfahren keinen Raum für eine Analogiebildung.

Infolge der nach wie vor existierenden sinngemäßen Verweisung im Art. 44 Abs. 2 S. 1 GG müssen sich die im PUAG geregelten Untersuchungs- und Eingriffsbefugnisse des PUAG an den jeweiligen strafprozessualen Regelungen messen lassen. Ansonsten können die gesetzlichen Regelungen des PUAG keinen Bestand vor Art. 44 Abs. 2 S. 1 GG haben. Damit ist hinsichtlich jedes einzelnen Beweiserhebungsrechts im PUAG zu überprüfen, ob dieses sinngemäß mit den Vorschriften über den Strafprozess in Einklang zu bringen ist. Ggf. ist sie durch Vorschriften des Strafprozessrechts oder strafprozessuale Grundsätze zu präzisieren und konform auszugestalten, was auch bedeuten kann, dass der Inhalt der Vorschrift des PUAG gerade nicht bzw. nur sinngemäß der jeweiligen Vorschrift des Strafprozesses entspricht (**Präzisierungsfunktion**). Die Präzisierungsfunktion ist dabei auf die sinngemäß anwendbaren Beweismittel Zeuge, Sachverständiger, Urkunde und Inaugenscheinnahme beschränkt. Die weiteren Regelungen des PUAG, etwa betreffend das Verfahren, unterliegen nicht einer solchen Präzisierung, da die Vorschriften über den Strafprozess nicht sinngemäß anwendbar sind. Wie sich die Präzisierung im Einzelnen auf die Beweiserhebung parlamentarischer Untersuchungsausschüsse auswirkt, wird im Einzelnen unter D. dargestellt.

---

256 So wird der Umfang der sinngemäßen Anwendung strafprozessualer Vorschriften offensichtlich auch von parlamentarischer Seite verstanden: „Auch das Untersuchungsrecht des Parlamentes sollte dort seine Grenzen finden, wo die Ermittlungsmöglichkeiten in einem gerichtlichen Strafverfahren enden." (MdB *Bachmaier* Plen.Prot. 14/165, 16146).

Wird im PUAG daneben *entsprechend* auf bestimmte strafprozessuale Vorschriften verwiesen, ist gesondert zu prüfen, ob eine entsprechende Anwendung ergänzend zur sinngemäßen Anwendung möglich ist und etwa zu insoweit abweichenden Ergebnissen führen könnte. Es ist zu berücksichtigen, dass die entsprechende Anwendung strengeren Anforderungen unterliegt als die sinngemäße. Soweit die entsprechende Anwendung die Beweismittel Zeuge, Sachverständiger, Urkunde und Augenschein betreffen (vgl. § 22 Abs. 1, § 24 Abs. 6, § 27 Abs. 3, § 29 Abs. 2 i.V.m. § 27 Abs. 3 sowie § 22 Abs. 1 und 2, § 29 Abs. 3 und § 28 Abs. 5 PUAG), unterliegt diese dem generellen Vorbehalt der sinngemäßen Anwendung. Dies führt zu der schwer verständlichen und praxisfremden Konstruktion, dass sich die entsprechende Anwendung der strafprozessualen Norm an der Verfassungsvorgabe der sinngemäßen Anwendung der Vorschriften über den Strafprozess gemäß Art. 44 Abs. 2 S. 1 GG – nach dem Grundsatz des Vorrangs der Verfassung – messen lassen muss. Auch die *entsprechende* Anwendung wird im Rahmen der Besprechung der einzelnen Untersuchungs- und Eingriffsrechte privatgerichteter parlamentarischer Untersuchungsausschüsse (D.) behandelt.

D. Beweiserhebung privatgerichteter Untersuchungsausschüsse im Lichte der sinngemäßen Anwendung der Vorschriften über den Strafprozess

Nach Bestimmung der sinngemäßen Anwendung (C.) soll dargestellt werden, wie sich die sinngemäße Anwendbarkeit der Vorschriften über den Strafprozess präzisierend auf die bestehenden Beweiserhebungsmöglichkeiten privatgerichteter parlamentarischer Untersuchungsausschüsse, namentlich die Ladung, Vernehmung und Gegenüberstellung von Zeugen gemäß §§ 22, 24-26 PUAG (D.I.), die Beauftragung und Anhörung von Sachverständigen gemäß § 28 PUAG (D.II.) und die Aktenvorlage gemäß §§ 29 f. PUAG (D.IV.) verbunden mit den jeweiligen zwangsweisen Durchsetzungsmöglichkeiten auswirkt. Gesondert eingegangen wird auf die Rechtsfigur des Betroffenen (D.III.). Zugleich erfolgt eine umfassende Darstellung der Beweiserhebungsrechte.

I. Zeuge

Der Zeugenbeweis ist neben der Aktenvorlage die wichtigste Informationsquelle des Untersuchungsausschusses. Die Stellung des Zeugen ist im PUAG in den §§ 20 bis 27 PUAG geregelt. Der Zeuge ist – wie der Sachverständige – ein persönliches Beweismittel. Zeugen bekunden eine persönliche Wahrnehmung über einen in der Vergangenheit liegenden Vorgang.[1] Im Vergleich zum Strafprozess ist der Zeuge als Beweismittel im PUAG nur in der Funktion als Aussageperson ausgestaltet und nicht auch – wie in der StPO – als Gegenstand des objektiven Personalbeweises (vgl. C.III.2.).

Der Beweisfunktion des Zeugen sind im Untersuchungsausschuss aufgrund des Verweises in Art. 44 Abs. 2 S. 1 GG damit Grenzen gesetzt. Selbst im Strafprozess ist die Beweisfunktion des Zeugen nicht schrankenlos. Sie kann es schon deshalb im Strafprozess nicht sein, weil die staatliche Strafverfolgungsaufgabe keinen der Relativierung unzugänglichen Höchstwert dar-

1 LR-*Dahs* StPO, Bd. 1, Vor § 48, Rn. 1 f.

stellt, sondern der Abwägung mit anderen Werten und Belangen bedarf.[2] Die Wahrheit im Strafprozess darf nicht um jeden Preis erforscht werden.[3] Entsprechend haben die Zeugenpflichten zurückzutreten, wenn dies mit Rücksicht auf überwiegende Interessen des Zeugen selbst, der Allgemeinheit oder von Dritten unter Beachtung des Verhältnismäßigkeitsgrundsatzes erforderlich ist. Dem hat der Gesetzgeber durch die Schaffung von Schutzrechten, insbesondere den Verweigerungsrechten, in der StPO Rechnung getragen. Wie unter C.II.2.c)(5) dargelegt ist materielle Wahrheitserforschung im Untersuchungsausschuss und deren zwangsweise Durchsetzung andersartigen Anforderungen unterworfen als im Strafprozess. Daraus ergibt sich zum einen, dass die Schutzrechte des Zeugen aus dem Strafprozess jedenfalls und gerade im Untersuchungsausschuss zu gelten haben. Diese Ansicht gilt soweit ersichtlich uneingeschränkt und wurde ausdrücklich auch von den Abgeordneten bei der Erarbeitung und Beschlussfassung des PUAG zugrunde gelegt:

> „Auch das Untersuchungsrecht des Parlamentes sollte dort seine Grenzen finden, wo die Ermittlungsmöglichkeiten in einem gerichtlichen Strafverfahren enden."[4]

> „Zeugen müssen den nach der StPO geltenden Schutz auch im Untersuchungsausschuss haben."[5]

In der Folge ist bei der Besprechung jeder einzelnen, die Zeugenvernehmung betreffenden Vorschrift des PUAG, hinsichtlich der Zulässigkeit und Anwendung zu prüfen, ob die jeweiligen Zeugen(schutz)vorschriften der StPO gewahrt bleiben bzw. nicht umgangen werden. Denn aufgrund des Vorbehalts in Art. 44 Abs. 2 S. 1 GG müssen sich die im PUAG geregelten Untersuchungs- und Eingriffsbefugnisse an den jeweiligen strafprozessualen Regelungen messen lassen. Werden sie den Anforderungen nicht gerecht, können sie keinen Bestand vor Art. 44 Abs. 2 S. 1 GG haben. Ggf. ist die nicht sinngemäß konforme Regelung des PUAG durch Vorschriften des Strafprozessrechts zu präzisieren.

1. Rechtsstellung des Zeugen

Im parlamentarischen Untersuchungsausschussverfahren gilt die Zeugnispflicht als Staatsbürgerpflicht.[6] Dies bedeutet, dass ein Untersuchungsausschuss jeden in der Bundesrepublik lebenden Zeugen laden und vernehmen

2 SK-*Rogall* StPO, Vor § 48, Rn. 137.
3 BGHSt 14, 358, 365.
4 MdB *Bachmaier* Plen.Prot. 14/165, 16146.
5 MdB *Freiherr von Stetten* Plen.Prot. 14/165, 16154.
6 Für alle: BVerfGE 76, 363, 383 *Lappas*.

sowie im Weigerungsfalle entsprechende Zwangsmittel anwenden kann.[7] Dazu zählen neben Privatpersonen auch Abgeordnete, Regierungsmitglieder der Bundesländer und des Bundes und auch Mitglieder des Untersuchungsausschusses selbst. Die Zeugnispflicht gilt unbeschadet, ob ein Untersuchungsausschuss eines Bundeslandes oder des Bundes einen Zeugen lädt, denn die Untersuchungsausschüssen kraft Landesverfassung verliehenen Beweiserhebungsbefugnisse erstrecken sich auf das gesamte Bundesgebiet. Daraus ergibt sich, dass eine bundesweite Zeugenpflicht gegenüber Untersuchungsausschüssen eines Bundeslandes besteht.[8]

Das PUAG regelt nicht Ausschlussgründe für Abgeordnete bzw. Mitarbeiter oder die Frage, inwiefern am Untersuchungsausschuss beteiligte Personen zugleich Zeugen sein, als solche befragt und im Anschluss dann wieder in ihrer früheren Funktion als Beteiligter am Untersuchungsausschussverfahren tätig sein können. Dabei ist diese Frage in der Praxis durchaus relevant. Es kommt durchaus vor, dass im Untersuchungsausschuss tätige Abgeordnete oder Mitarbeiter mit den untersuchungsgegenständlichen Vorgängen in der Vergangenheit Berührung hatten und in dieser Funktion als Zeugen in Betracht kommen oder zu Vorgängen anlässlich des Untersuchungsausschussverfahrens befragt werden sollen.[9] Grundsätzlich kann der Abgeordnete nicht gleichzeitig Mitglied des Untersuchungsausschusses und Zeuge sein, da er nach dem Untersuchungsausschussgesetz zwei verschiedene Verfahrenspositionen einnimmt, die miteinander nicht verträglich sind. Der Abgeordnete kann nicht gleichzeitig die Rechte und Pflichten als Zeuge und die des Mitglieds des Untersuchungsausschusses ausüben. Die Konsequenzen dieses Konflikts hat der Bundesgesetzgeber nicht geregelt, obgleich hierzu Recht-

---

7 BVerwG, JZ 1988, 1122, 1123 f. m. Anm. *Schenke*; *Friedrich* S. 154 f. m.w.N.

8 BVerwGE 79, 339, 340; BVerfG, NVwZ 1994, 54, 55 *Deponie Ihlenberg/Schönberg*; BVerwG, NJ 2000, 102, 103; *Damkowski* S. 45 ff.

9 So wurde der Vorsitzende des 1. Untersuchungsausschuss des Abgeordnetenhauses von Berlin *Bankgesellschaft/Parteispenden II*, vom Untersuchungsausschuss als Zeuge zu seiner Befassung mit dem Untersuchungsgegenstand in seiner früheren Funktion vernommen und danach wieder als dessen Vorsitzender tätig (Abghs.-Drs. 15/4900 *Bankgesellschaft/Parteispenden II*). Im *Parteispenden-Ausschuss* des Deutschen Bundestages sollte der Obmann der CDU/CSU Fraktion im Deutschen Bundestag und weitere Mitglieder der CDU/CSU Fraktion im Untersuchungsausschuss zu ihren wiederholten Kontakten mit dem Zeugen Dr. Kohl vor dessen Vernehmung und der Vernehmung weiterer zur Aufklärung des CDU-Spendenskandals geladener wichtiger Zeugen befragt werden. Nach der Vernehmung des Obmanns wurde dieser im Anschluss an die Vernehmung wieder als Ausschussmitglied und Obmann seiner Fraktion tätig. Ein Antrag der Mitglieder der SPD-Fraktion, den Vorsitzenden der CDU/CSU-Fraktion aufzufordern, den betroffenen Abgeordneten aus dem Untersuchungsausschuss zurückzuziehen, wurde gegen die Stimmen der Mitglieder der CDU/CSU-Fraktion und bei Enthaltung des Mitglieds der FDP-Fraktion abgelehnt (BT-Drs. 14/9300, 99 *Parteispenden-Ausschuss*).

sprechung des BVerfG und gesetzliche Regelungen anderer Bundesländer existieren, die diesen Konflikt in geeigneter Form auflösen. Beispielsweise regelt § 7 Abs. 5 UAG Rheinland-Pfalz:

> „Hat der Untersuchungsausschuss die Vernehmung eines Ausschussmitgliedes als Zeuge beschlossen, so ruht dessen Mitgliedschaft bis zum Abschluss der Vernehmung; die Vernehmung ist unverzüglich durchzuführen. Für die Dauer des Ruhens benennt die Fraktion, auf deren Vorschlag das Mitglied gewählt oder von der es benannt wurde, ein anderes Mitglied. Über einen Antrag auf Vernehmung eines Ausschussmitgliedes als Zeuge ist unverzüglich zu entscheiden."

Diese Regelung entspricht der Rechtsprechung des BVerfG, das in einer Entscheidung betreffend eines als Zeugen vernommenen Fraktionsmitarbeiters im Untersuchungsausschuss die Ansicht teilt, die Einhaltung der Zeugenpflicht zwinge

> „nicht zum Ausschluss des M. für die gesamte Dauer des Untersuchungsverfahrens, sondern nur bis zum Abschluss seiner Vernehmung. Denn nach abgeschlossener Vernehmung eines Zeugen ist der Zweck des § 58 Abs. 1 StPO erfüllt."[10]

Nach Ansicht des BVerfG ist § 58 Abs. 1 StPO insoweit sinngemäß im Untersuchungsausschussverfahren zu beachten.[11] Die Einhaltung der Vorschrift des § 58 Abs. 1 StPO stelle zugleich einen verfassungsrechtlich tragfähigen Grund für die Abweichung vom Prinzip der Fraktionsgleichheit dar, die darin begründet liege, dass die Beteiligten verfahrensrechtlich eine Doppelstellung innehaben, die von der Einhaltung der genannten Vorschrift entbinden kann. Ein Fraktionsmitarbeiter, der als Zeuge vernommen werden soll, habe in einem parlamentarischen Untersuchungsverfahren keine dem Strafprozess vergleichbare Stellung, weshalb es der Rahmen der Vorschrift des § 58 Abs. 1 StPO dem Untersuchungsausschuss erlaube, den Mitarbeiter von der gesamten weiteren Mitarbeit im Untersuchungsausschuss bis zum Abschluss seiner Vernehmung auszuschließen, darüber hinaus aber nicht. Nach abgeschlossener Vernehmung eines Zeugen sei der Zweck des § 58 Abs. 1 StPO erfüllt.

---

10 BVerfG, 2 BvH 1/95 = BVerfGE 93, 195, 208 *Hamburger Polizei-Ausschuss* = JuS 1997, 560 f.

11 Nach der Rechtsprechung des BVerfG bezweckt § 58 StPO die Unbefangenheit eines Zeugen zu erhalten; „er soll seine Bekundungen zur Sache ohne Kenntnis dessen machen, was andere Zeugen oder Beteiligte zuvor ausgesagt haben. Dem kommt eine gewichtige Bedeutung für die Sachverhaltsaufklärung zu. Diese Bedeutung wird nicht dadurch verringert, dass die Regelung im Strafverfahren überwiegend nur als sog. Ordnungsvorschrift eingestuft wird. Denn der Grund für diese Einschränkung liegt nicht in der Geringschätzung des in § 58 Abs. 1 StPO enthaltenen psychologischen Erfahrungsgehalts, sondern in der Erkenntnis, dass eine Einhaltung des § 58 Abs. 1 StPO aus rechtlichen und tatsächlichen Gründen nicht ausnahmslos möglich ist." (BVerfGE 93, 195, 205 *Hamburger Polizei-Ausschuss*).

Etwas anderes könne nur dann gelten, wenn die Person für mehrere Komplexe als Zeuge in Betracht käme.[12]

Die Ausführungen des BVerfG lassen sich auch bzw. erst Recht auf den Angeordneten als Mitglied des Untersuchungsausschusses übertragen. Der Abgeordnete verfügt im Gegensatz zum Fraktionsmitarbeiter über eine durch Art. 38 GG weitaus stärkere Rechtsstellung, die eine Schlechterstellung verbietet. Er ist insbesondere auch vor Beweisanträgen betreffend seine Person und entsprechende Mehrheitsentscheidungen zu schützen, damit nicht die Möglichkeit besteht, ein Ausschussmitglied über die (missbräuchliche) Vernehmung als Zeuge vom Untersuchungsausschuss auszuschließen. Der Abgeordnete und Mitarbeiter bleibt damit trotz Zeugenvernehmung Mitglied des Untersuchungsausschusses. Sie können nach erfolgter Vernehmung als Zeuge wieder als Mitglied des Untersuchungsausschusses tätig sein. Ein Beschluss des Untersuchungsausschusses über den Abschluss der Vernehmung gemäß § 26 Abs. 2 PUAG wäre insbesondere bei einem Verzicht auf die Zweiwochenfrist nach Zustellung des Vernehmungsprotokolls unverzüglich herbeizuführen.

Es stellt sich jedoch noch die Frage, ob die sinngemäße Anwendung des § 22 Nr. 5 StPO zu einem anderen Ergebnis führt. Nach § 22 Nr. 5 StPO ist ein Richter von der Ausübung des Richteramtes kraft Gesetzes ausgeschlossen, wenn er in der Sache als Zeuge oder Sachverständiger vernommen worden ist. Der Begriff der Sache ist dabei weit auszulegen. Sachgleichheit setzt nicht Verfahrensgleichheit voraus. Sie ist im Strafverfahren auch dann gegeben, wenn ein Richter in einem anderen Verfahren als Zeuge zu demselben Tatgeschehen vernommen worden ist, über das er jetzt zu urteilen hätte. Dadurch ist eine „Festlegung“ auf den Inhalt der gemachten Zeugenaussage gegeben, die Zweifel an der Unvoreingenommenheit besorgen lassen könnten.[13] Nach diesen Maßstäben könnte auch der Vorsitzende oder ein Mitglied eines Untersuchungsausschusses befangen sein, namentlich dann, wenn er in demselben Untersuchungsausschussverfahren als Zeuge zu Vorgängen vernommen worden ist, über die er eine tatsächliche und politische Bewertung im Abschlussbericht abzugeben hat. Es könnte damit eine Festlegung auf den Inhalt seiner Zeugenaussage eintreten, die Zweifel an der Unvoreingenommenheit besorgen lassen. Wie unter D.I.3.d) ausgeführt, sind die §§ 22 ff. StPO jedoch nicht sinngemäß auf das Untersuchungsausschussverfahren anwendbar, so dass die Befangenheitsvorschriften des Strafverfahrens keinen dauerhaften Ausschluss des Abgeordneten oder Mitarbeiters vom Untersu-

12 BVerfGE 93, 195, 205 *Hamburger Polizei-Ausschuss.*

13 BGH, NStZ 2006, 113, 114 m.w.N.

chungsausschussverfahren bewirken.[14] Die Frage der Vorbefasstheit bzw. der Befangenheit stellt in Untersuchungsausschussverfahren keinen zum Ausschluss führenden Befangenheitsgrund dar. Diese ist im Rahmen eines von der parteipolitischen Spannung getragenen Verfahrens als Grundvoraussetzung vielmehr Normalität.

Neben der Frage der Unverträglichkeit der Stellungen stellt sich die Frage der Möglichkeit des Ausschlusses eines Untersuchungsausschussmitgliedes, das an den untersuchungsgegenständlichen Vorgängen beteiligt ist oder war. Dieser wird verschiedentlich für zulässig erachtet, wenn der Abgeordnete oder sein Mitarbeiter für mehrere Komplexe als Zeuge in Betracht kommen soll, wobei allein die nur theoretische Möglichkeit nicht genügen soll.[15] Diese Ansicht begegnet allerdings Bedenken, da es an einer Rechtsgrundlage hierfür fehlt, die angesichts der Betroffenheit der Grundrechte von Fraktion und Abgeordneter (Art. 38 Abs. 1 S. 2 GG) notwendig ist. Allein die fehlende tatsächliche Partizipationsmöglichkeit eines Abgeordneten oder Mitarbeiters, der wiederholt als Zeuge geladen wird, dürfte nicht ausreichen, um den Ausschluss aus dem Untersuchungsausschuss zu rechtfertigen. Es liegt damit im Ermessen der Fraktion und des Abgeordneten, inwiefern eine Tätigkeit als Mitglied des Untersuchungsausschusses noch politisch tragfähig und opportun ist.[16]

Eine Unverträglichkeitsregelung für Ausschussmitglieder enthalten schließlich lediglich die Verfahrensregelungen der GO-BT für Abgeordnete, die gemäß § 54 Abs. 2 GO-BT ergänzend anwendbar sind. Dies gilt auch für die Auslegungsentscheidungen gemäß § 127 GO-BT. Gemäß Auslegungsentscheidung 12/19 vom 1. Juli 1993 hat ein Ausschussmitglied gemäß § 6 der Verhaltensregeln[17] dem Ausschuss ein anwaltliches Mandatsverhältnis zu einem vom Untersuchungsausschuss geladenen Zeugen bis spätestens vor Beginn der Beweisaufnahme mitzuteilen. Weiterhin besteht nach dieser Auslegungsentscheidung eine Unvereinbarkeit zwischen der Mitgliedschaft in

---

14 Zwar nimmt auch der Untersuchungsausschussvorsitzende eine verfahrensleitende Stellung ein, doch würde eine solche Regelung ermöglichen, unliebsame Ausschussmitglieder durch entsprechende Beweisanträge auszuschließen. Dies soll sogar für den Fall gelten, dass der Ausschussvorsitzende als Zeuge nicht nur zu Vorgängen den eigentlichen Ablauf des Untersuchungsausschussverfahrens betreffend, sondern den Untersuchungsgegenstand selbst vernommen wird (so geschehen im 1. Untersuchungsausschuss der 15. Wahlperiode des Abgeordnetenhauses von Berlin *Bankgesellschaft/Parteispenden II-Ausschuss*).

15 BVerfG, 2 BvH 1/95 = BVerfGE 93, 195, 208 *Hamburger Polizei-Ausschuss* = JuS 1997, 560 f.; *Wiefelspütz* S. 196 f. m.w.N.

16 Für den Ermittlungsbeauftragten gilt hiervon nichts Abweichendes.

17 Anlage 1 zur GO-BT.

einem Untersuchungsausschuss und der anwaltlichen Vertretung einer Person, die als Zeuge geladen wird.[18]

2. Pflichten von Zeugen

Für als Zeugen geladene Privatpersonen bestehen im Untersuchungsausschuss nach dem PUAG grundsätzlich dieselben Pflichten wie diejenigen eines Zeugen im Strafverfahren (vgl. 1. Buch, 6. Abschnitt der StPO, §§ 48 bis 71): Ein ordnungsgemäß nach § 20 PUAG geladener Zeuge ist zum Erscheinen und zur wahrheitsgemäßen Aussage verpflichtet, es sei denn es besteht ein gesetzlicher Grund zur Verweigerung des Zeugnisses.

a) Erscheinenspflicht auf Ladung

Die Pflicht des Zeugen, auf Ladung rechtzeitig am Vernehmungsort zu erscheinen und dort bis zur Entlassung zu verbleiben, ergibt sich aus § 20 Abs. 1 PUAG. Die Erscheinenspflicht besteht nur bei Vorhandensein einer wirksamen Ladung. Die Anforderungen an die Ladung sind in § 20 Abs. 2 PUAG genannt:

> „In der Ladung sind Zeugen über das Beweisthema zu unterrichten, über ihre Rechte zu belehren und auf die gesetzlichen Folgen des Ausbleibens sowie darauf hinzuweisen, dass sie einen rechtlichen Beistand ihres Vertrauens zu der Vernehmung hinzuziehen dürfen."

Nicht vorgeschrieben ist – wie auch im Strafverfahren –, dass die Ladung schriftlich und unter Einhaltung einer Ladungsfrist zu erfolgen hat. In der Praxis erfolgt die Ladung aus Gründen der besseren Nachweisbarkeit der Erfüllung der Anforderungen des § 20 PUAG zumeist schriftlich und mit Postzustellungsurkunde. Eine (fern-)mündliche bzw. spontane Ladung präsenter Zeugen ohne Einhaltung einer Ladungsfrist und Schriftform ist jedoch möglich und zulässig.[19] Die Pflicht, auf Ladung zu erscheinen, darf zur Gewährleistung eines wirksamen Verfahrens auch zwangsweise durchgesetzt werden. Der Untersuchungsausschuss kann gemäß § 21 Abs. 1 PUAG dem ordnungsgemäß geladenen Zeugen, der ohne genügende Entschuldigung (§ 21 Abs. 2 PUAG) nicht erscheint, die durch das Ausbleiben entstandenen Kosten auferlegen, gegen ihn ein Ordnungsgeld festsetzen und die zwangsweise Vorführung anordnen (vgl. D.I.5.a)).

---

18 BT-Drs. 14/5790, 13.

19 *Glauben/Brocker* S. 233; *Plöd* S. 97.

(1) Rechtsnatur der Ladung

Mit der Frage der Rechtsnatur der Ladung hatte sich der *Transnuklear-Ausschuss* des Deutschen Bundestages auseinander zu setzen.[20] Nach Ladung eines Zeugen erhob dieser zunächst Widerspruch gegen die Ladung zur Vernehmung als Zeuge vor dem Untersuchungsausschuss und ersuchte nach Zurückweisung des Widerspruchs als unzulässig durch den Vorsitzenden vorläufigen Rechtsschutz beim VG.[21] Nach Ansicht des Vorsitzenden des Untersuchungsausschusses handelte es sich bei der Ladung nur um eine verfahrensleitende Maßnahme in sinngemäßer Anwendung der Strafprozessordnung (Artikel 44 Abs. 2 S. 1 GG i.V.m. §§ 48 ff. StPO), gegen die kein Vorverfahren nach §§ 68 ff. VwGO eröffnet sei.[22] Der gegen die Ladung gerichtete Widerspruch entbinde den Zeugen nicht von seiner Erscheinenspflicht. Im einstweiligen Anordnungsverfahren beantragte der Zeuge, die aufschiebende Wirkung seiner Klage gegen die Ladung zur Vernehmung als Zeuge anzuordnen oder wiederherzustellen. Hilfsweise sollte das VG dem Ausschuss verbieten, Mittel des Zeugniszwanges gegen ihn im Zusammenhang mit der Vernehmung zu beschließen oder zu beantragen. In der Hauptsache erhob er Anfechtungsklage.[23] Die VG entschieden, dass die Anträge unzulässig seien, da die Ladung keinen anfechtbaren Verwaltungsakt darstellt. Das OVG Münster bestätigte die Beschlüsse.[24]

Den Entscheidungen ist zuzustimmen. Bei der Ladung durch den Untersuchungsausschuss handelt es sich nicht um einen Verwaltungsakt, da diese nicht im Sinne des § 35 VwVfG einen Einzelfall regelt. Eine Regelung liegt deshalb nicht vor, weil die Ladung nicht eine Rechtslage im Verhältnis zum Antragsteller einseitig verbindlich festlegt. Für eine solche Festlegung könnte zwar sprechen, dass durch die Ladung die Pflicht des Antragstellers konkretisiert wird, vor dem Untersuchungsausschuss zu erscheinen. Doch soll diese Pflicht durch die Ladung nicht auf Dauer verbindlich festgelegt werden in dem Sinne, dass die Ladung Bestandskraft erlangen könnte und die Erschei-

20 BT-Drs. 11/7800, 34 f. *Transnuklear/Atomskandal-Ausschuss.*

21 VG Köln, L 1103/88.

22 BT-Drs. 11/7800, 34 f. *Transnuklear/Atomskandal-Ausschuss.*

23 VG Köln, C 4238/88.

24 OVG Münster, NJW 1989, 1103, 1103 f. Parallel zur Anrufung der Verwaltungsgerichtsbarkeit hat der Zeuge beim AG Bonn Beschwerde gegen die Ladung erhoben (Az.: 50 Gs 1062/88). Das AG Bonn hat die Beschwerde als unzulässig verworfen, da es nicht als Kontrollinstanz über Maßnahmen der Untersuchungsausschüsse eingesetzt sei, sondern lediglich unter Umständen auf Antrag der Untersuchungsausschüsse über von diesem gewünschte Zwangsmittel nach Artikel 44 GG in Verbindung mit der Strafprozessordnung zu entscheiden habe (BT-Drs. 11/7800, 34 f. *Transnuklear/Atomskandal-Ausschuss*).

nenspflicht infolgedessen später vom Antragsteller nicht mehr infrage gestellt werden könnte.[25] Nähme man überdies an, es handelte sich bei der Zeugenladung um einen Verwaltungsakt, so wäre der Untersuchungsausschuss gemäß § 28 VwVfG vor Erlass der Ladung verpflichtet, dem betreffenden Zeugen rechtliches Gehör in Bezug auf die beabsichtigte Ladung zu gewähren.

Zwar lässt auch das PUAG in § 20 Abs. 1 S. 1 PUAG nicht eindeutig die Rechtsnatur der Ladung erkennen. Der § 51 StPO entsprechende Wortlaut („Zeugen sind verpflichtet, auf Ladung des Untersuchungsausschusses zu erscheinen.") verdeutlicht jedoch die Anlehnung an die strafprozessuale Vorschrift, die vorliegend präzisierend heranzuziehen ist. Gegen eine Ladung als Zeuge kann in einem Strafverfahren aber kein Rechtsbehelf eingelegt werden. Sie ist nur prozessleitender Natur und Ausdruck der Zeugenpflicht im Sinne einer staatsbürgerlichen Pflicht.[26] Erst im Rahmen der Überprüfung einer Maßnahme des Zeugniszwanges kann auch die Ordnungsmäßigkeit der Ladung und die Frage, ob sich der Zeuge rechtzeitig genügend entschuldigt hat, geprüft werden. Dies hat sinngemäß auch im Zusammenhang mit der Ladung durch einen Untersuchungsausschuss zu gelten. Die Besonderheiten des Untersuchungsverfahrens erfordern es nicht, der Zeugenladung eine weiterreichende rechtliche Bedeutung zuzuerkennen, als dies bei einem Strafverfahren der Fall ist. Denn würde man anders als im Strafprozess gegen eine Zeugenladung durch den Untersuchungsausschuss Rechtsbehelfsmöglichkeiten eröffnen, bestünde die Gefahr, dass die Durchführung der parlamentarischen Untersuchung übermäßig erschwert würde. Es könnte dann bereits anhand einer Zeugenladung die Rechtmäßigkeit der Einsetzung des Ausschusses und seiner Tätigkeit zur Überprüfung gestellt werden. Mit Hilfe von Gerichtsverfahren, in denen u.a. diese Frage zu überprüfen wäre, könnte das Erscheinen des Zeugen hinausgezögert werden. Zur Wahrung der Rechte des geladenen Zeugen ist ein derart frühzeitig eingreifender Rechtsschutz andererseits auch nicht erforderlich. Denn im Zeitpunkt der Ladung steht noch nicht fest, in welcher Art und in welchem Umfang die Zeugenvernehmung stattfinden wird. Dem Zeugen ist es zuzumuten, etwaige Zeugnisverweigerungsrechte dem Ausschuss persönlich darzulegen und diesen ggf. darauf hinzuweisen, inwiefern die Beantwortung bestimmter Fragen in verfassungsrechtlich geschützte Rechtsgüter eingreifen würde[27], um Geheimschutzmaßnahmen auszulösen.

---

25 VG Köln, 6 L 1703/88, abgedruckt in BT-Drs. 11/7800, 1358, 1360 f. *Transnuklear/Atomskandal-Ausschuss*.

26 *Meyer-Goßner* StPO, § 214, Rn. 15.

27 VG Köln, 6 L 1703/88, abgedruckt in BT-Drs. 11/7800, 1359, 1362 *Transnuklear/Atomskandal-Ausschuss*.

(2) Inhalt der Ladung

Hinsichtlich des Inhalts der Ladung bestimmt § 20 Abs. 2 PUAG, dass der Zeuge über das Beweisthema sowie über sein Recht zu unterrichten ist, einen rechtlichen Beistand hinzuziehen zu dürfen.

(a) Mitteilung des Beweisthemas

Im Gegensatz zu § 20 Abs. 2 PUAG erfolgt die Ladung der Zeugen im Strafverfahren gemäß § 48 StPO lediglich

> „unter Hinweis auf verfahrensrechtliche Bestimmungen, die dem Interesse des Zeugen dienen, auf vorhandene Möglichkeiten der Zeugenbetreuung und auf die gesetzlichen Folgen des Ausbleibens".

In den RiStBV ist zu der Ladung von Zeugen näher ausgeführt, dass diese erkennen lassen muss, dass er als Zeuge vernommen werden soll. Darüber hinaus ist der Name des Beschuldigten nur dann anzugeben, wenn der Zweck der Untersuchung es nicht verbietet und der Gegenstand der Beschuldigung nur dann, wenn dies zur Vorbereitung der Aussage durch den Zeugen erforderlich ist (Nr. 64 RiStBV). Die Mitteilung des Beweisthemas ist im Strafverfahren im Gegensatz zum Untersuchungsausschussverfahren grundsätzlich nicht vorgesehen. Anders als im Strafverfahren, in der sich der Zeuge nicht selten in der für ihn problematischen und ggf. überfordernden Situation wieder findet, dass er in einer Vernehmungssituation sich ad hoc an Vorgänge erinnern soll, die möglicherweise Jahre zurück liegen und für ihn eventuell auch keine herausragende Bedeutung hatten, erhält der Zeuge im Untersuchungsausschussverfahren somit vorab Gelegenheit, sich an Vorgänge zu erinnern bzw. die Erinnerung auffrischen zu können. Die Regelung des PUAG orientiert sich damit eher an § 377 Abs. 2 ZPO, wonach die Zeugenladung – wie in § 20 Abs. 2 PUAG – die Bezeichnung der Parteien, den Gegenstand der Vernehmung und den Hinweis auf die gesetzlichen Folgen des Ausbleibens beinhalten muss.

Begründet wird diese Abweichung von den im Übrigen im Grundsatz beachteten strafprozessualen Regelungen durch den Gesetzgeber mit Besonderheiten des Untersuchungsausschussverfahrens gegenüber dem Strafverfahren:

> „Die Ladung von Zeugen zu Vernehmungen durch Untersuchungsausschüsse ist damit Formerfordernissen unterworfen, die so umfassend im Strafverfahren nicht verlangt sind. Die Besonderheiten des Untersuchungsverfahrens einschließlich der öffentlichen Berichterstattung legen es aber nahe, den Zeugen durch die in dieser

> Vorschrift verlangten Belehrungen die Vorbereitung auf ihre Vernehmung zu erleichtern."[28]

Diese insbesondere auf die besondere Öffentlichkeitswirkung des Untersuchungsausschussverfahrens im Vergleich zum Strafverfahren abstellende Begründung vermag indes nicht zu überzeugen. Zum einen sind auch in Strafverfahren Zeugenvernehmungen nicht selten, die eine entsprechend hohe Öffentlichkeitswirkung erzielen und zum anderen ist aus einer Vielzahl von Untersuchungsausschussverfahren bekannt, dass der überwiegende Teil der Zeugenvernehmungen von der Öffentlichkeit überhaupt nicht wahrgenommen wird. Das Abstellen auf eine gegenüber Strafverfahren insofern erhöhte Öffentlichkeitswirkung erscheint nicht sachgemäß, zumal auch das Strafverfahren die Möglichkeit vorsieht, einem Zeugen den Gegenstand der Vernehmung vorab bekannt zu geben und dem Zeugen sogar – weitergehend als im Untersuchungsausschussverfahren – Akteneinsicht in Bestandteile der Ermittlungsakte zu gewähren (vgl. §§ 406e, 475 StPO). Das PUAG sieht dagegen eine Akteneinsichtsmöglichkeit von Zeugen nicht vor. Auch das Argument der Erleichterung der Vorbereitung auf die Vernehmung greift nicht durch, da keine Pflicht zur Vorbereitung auf die Zeugenvernehmung konstituiert ist und sich eine solche auch nicht aus strafprozessualen Grundsätzen ableiten lässt (vgl. D.I.2.b)(2)(b)).

Die Nähe zur zivilprozessualen Regelung des § 377 Abs. 2 ZPO zeigt vielmehr das Bestreben des Gesetzgebers, im Rahmen der sinngemäßen Anwendung der Vorschriften über den Strafprozess gemäß Art. 44 Abs. 2 S. 1 GG eine Untersuchungskonformität herzustellen. Betrachtet man Sinn und Zweck des § 48 StPO, wird die Wahl der Regelung vor einem anderen Hintergrund nachvollziehbar und sinnvoll:

Der zurückhaltendere und in das Ermessen eines Richters gelegte Umgang bei der Übermittlung von Informationen über die Person des Beschuldigten und das Beweisthema im Strafverfahren soll bezwecken, einen Zeugen nicht durch die Preisgabe zu vieler Informationen in seinem Aussageverhalten zu beeinflussen. Es ist deshalb in die Hände der ladenden Stelle gelegt, im konkreten Fall die Vor- und Nachteile einer genaueren Bezeichnung von Person und Vernehmungsgegenstand in der Ladung abzuwägen.[29] Die Möglichkeit der spärlicheren Preisgabe von Informationen über das Verfahren, in dem jemand als Zeuge vernommen werden soll, verfolgt im Strafverfahren (auch) den Zweck, eine möglichst authentische Aussage zu erhalten. Ungeachtet der Frage, ob und inwiefern die zurückhaltende Übermittlung von Informationen an den Zeugen vor der Vernehmung im Strafverfahren tat-

---

28 BT-Drs. 14/5790, 18.

29 Vgl. *Eisenberg* Beweisrecht, Rn. 1060; AK-*Kühne* StPO, § 48, Rn. 7.

sächlich geeignet ist, eine möglichst unbeeinflusste Aussage zu erhalten[30], offenbart die Wahl des Gesetzgebers, sich bei der Vorschrift über die Ladung von Zeugen nicht an den Regelungen des Strafverfahrens zu orientieren, dass nicht die hohen Maßstäbe des Strafverfahrens an die potentielle Erzielung einer möglichst wahrheitsgemäßen Aussage gesetzt werden. Es findet eine Orientierung an den zivilprozessualen Vorschriften statt, in deren Rahmen niedrigere Maßstäbe bei der Wahrheitsfindung durch Vernehmung des Zeugen gesetzt werden als im Strafverfahren.[31] Die Orientierung des PUAG an der ZPO und nicht an der StPO ist sachgerecht und im Hinblick auf die verschiedenen Anforderungen an die Wahrheitsfindung untersuchungskonform.

Erfahrungsgemäß wird Zeugen in Untersuchungsausschussverfahren mit der Ladung der Gegenstand der Vernehmung bekannt gegeben, indem ihnen der vom Parlament beschlossene – und der Öffentlichkeit als Parlamentsdrucksache ohnehin öffentlich zugängliche – Untersuchungsauftrag vorab übermittelt wird, ggf. mit dem Hinweis, zu welchem Teil des Untersuchungsauftrages der Zeuge vernommen werden soll.[32] In einigen Fällen erhalten Zeugen auch den sie betreffenden Beweisantrag mit dem Beweisthema und Fragenkataloge einzelner Fraktionen übermittelt. Die Mitteilung des Beweisthemas bewirkt nicht notwendigerweise auch eine Eingrenzung des Beweisgegenstandes. Denn eine Bindung der Mitglieder von Untersuchungsausschüssen an das in der Ladung bezeichnete Beweisthema besteht nicht. Die Zulässigkeit der Fragen richtet sich nach dem Untersuchungsauftrag und kann anlässlich von Sitzungen auch über das anfangs mitgeteilte Beweisthema hinausreichen. Im Ergebnis kann daher in der Praxis die sachgerechte Vorschrift des § 20 Abs. 2 PUAG relativiert werden. Entgegen *Glauben/Brocker*

---

30 Ob sich dies durch die Gestaltung des § 48 StPO i.V.m. Nr. 64 RiStBV tatsächlich erreichen lässt, und nicht auch vielmehr die Bekanntgabe des Vernehmungsgegenstandes mit der Ladung auch im Strafverfahren eine geeignete Hilfe zur Vermeidung unpräziser Aussagen sein kann (so u.a. *Dahs* in FS Rudolphi, 600) bzw. Gefahren für die Wahrheitsfindung nicht zu befürchten sind (SK-*Rogall* StPO, § 48, Rn. 19), kann vorliegend dahingestellt bleiben; relevant ist, dass sich das PUAG im Hinblick auf die Ladung und Information von Zeugen über das Beweisthema bei der Gestaltung des § 20 PUAG (eher) an den Regelungen über den Zivilprozess (vgl. § 377 Abs. 2 ZPO) orientiert hat als an den einschlägigen Regelungen der Vorschriften über den Strafprozess (§ 48 StPO).

31 Es klingt in der Gesetzesbegründung (BT-Drs. 14/5790, 18) daher etwas vermessen, wenn dort ausgeführt wird, dass an die Ladung von Zeugen in Untersuchungsausschussverfahren Formerfordernisse gestellt werden, die so umfassend in Strafverfahren nicht verlangt werden.

32 Entsprechend verfuhr der *Parteispenden-Ausschuss* des Deutschen Bundestages: „Zusammen mit der Ladung hat der Zeuge den Einsetzungsbeschluss mit dem Untersuchungsauftrag, den konkreten Beweisbeschluss sowie eine Unterrichtung über das Gesetz über die Entschädigung von Zeugen und Sachverständigen (ZSEG) erhalten" (BT-Drs. 14/9300, 79).

besteht jedoch keine Verpflichtung des Untersuchungsausschusses, Zeugen den Einsetzungsbeschluss und den konkreten Beweisbeschluss zuzuleiten. Nach Ansicht von *Glauben/Brocker* sei dies aber erforderlich, da der Zeuge nur so in der Lage sei zu überprüfen, ob sich das Beweisthema im Rahmen des Untersuchungsgegenstandes hält.[33] Diese Ansicht findet im Gesetz keine Grundlage und überzeugt auch nicht. Zum einen ist der Einsetzungsbeschluss stets als Parlamentsdrucksache[34] einsehbar und zum anderen bedarf es nicht der Übermittlung des konkreten Beweisbeschlusses, wenn das Beweisthema in der Ladung mitzuteilen ist.

Nach alledem kann durch die Vorabmitteilung des Beweisthemas in der Ladung – anders als etwa der Gesetzgeber, *Wiefelspütz* und *Rogall* meinen –, von einer Verbesserung der Rechtsstellung des Zeugen gegenüber dem Strafverfahren nicht gesprochen werden.[35] Das Beweisthema ist in der Praxis selten detaillierter gefasst bzw. mitgeteilt als der ohnehin öffentlich zugängliche Einsetzungsbeschluss, aus dem als Zeugen geladene Personen in der Regel die Relevanz ihrer Zeugenaussage vorab werden abschätzen können. Im Ergebnis wird der Zeuge durch die Mitteilung lediglich in die Lage versetzt zu überprüfen, ob sich das Beweisthema im Rahmen des Untersuchungsgegenstandes bewegt[36] und er zu einer Zeugenaussage überhaupt verpflichtet ist. Eine qualitative Verbesserung der Rechtsstellung geht damit nicht einher.

(b) Hinweis auf Hinzuziehungsmöglichkeit eines Rechtsbeistandes

Gemäß § 20 Abs. 2 PUAG ist der Zeuge ferner darauf hinzuweisen, dass er einen rechtlichen Beistand seines Vertrauens zu der Vernehmung hinzuziehen darf (vgl. D.I.3.c)). In dem PUAG wurde damit die vom BVerfG im Jahre 1974[37] bestätigte Institution des Zeugenbeistands kodifiziert. Das Recht auf Hinzuziehung eines Zeugenbeistands in Untersuchungsausschussverfahren war auch schon vor Einführung des § 20 Abs. 2 PUAG anerkannt[38], nur war dieses – im Gegensatz zur Verfestigung und Weiterentwicklung dieses Rechtes im Strafprozesses – weitgehend unbekannt bzw. wurde durch Untersuchungsausschüsse in der Praxis ignoriert (vgl. D.I.3.c)).[39] Üblicherweise wur-

33 *Glauben/Brocker* S. 234.
34 Heutzutage auch online unter www.bundestag.de.
35 A.A. wohl auch *Plöd* S. 99.
36 So zutreffend: *Glauben/Brocker* S. 234.
37 BVerfGE 38, 105, 112 ff.
38 *Quaas/Zuck* NJW 1988, 1873, 1878; *Gollwitzer* in FS Dünnebier, 339.
39 Veranschaulicht wird dies durch freilich politisch motivierte Äußerungen von dem Vorsitzenden des 2. Untersuchungsausschusses der 14. Wahlperiode des Abgeordne-

den Zeugen in Untersuchungsausschussverfahren in der Vergangenheit Zeugenbeistände dann zugestanden, wenn es sich um *Missstands-Enquêten* handelte und die Person persönlich von den Vorgängen betroffen war. So wurde etwa im *Antes-Verfahren* des Abgeordnetenhauses von Berlin bestimmten Zeugen aus Gründen des fair-trial-Prinzips und als Ausfluss des An-spruchs auf ein Mindestmaß an rechtlichem Gehör von Beginn die Hinzuziehung eines Rechtsbeistands eröffnet.[40]

Die Notwendigkeit eines Zeugenbeistands im Untersuchungsausschussverfahren ergibt sich ferner aus der fehlenden Neutralität der Mitglieder von Untersuchungsausschüssen. Gerade bei der Vernehmung exponierter Zeugen sind die Abgeordneten parteipolitischen und fraktionellen Erwartungshaltungen ausgesetzt[41], weshalb die Gefahr besteht, dass Beweisaufnahmen im Sinne parteipolitischer Interessen funktionalisiert werden können. Zudem müssen weder der Vorsitzende noch die Mitglieder von Untersuchungsausschüssen notwendigerweise über eine juristische, geschweige denn strafprozessuale, Expertise verfügen, so dass eine Einhaltung der Rechtsposition des Zeugen nicht in jedem Fall und unbedingt erwarten werden kann. Es besteht darüber hinaus – im Unterschied zum Zeugen im Strafverfahren – keine Rechtsgarantie, dass in Anwendung von Maximen wie z.B. der gerichtlichen Fürsorgepflicht oder des Hinwirkens auf die Einhaltung prozessualer Vorschriften nach dem Beispiel des Strafprozesses entweder vom Vorsitzenden des Untersuchungsausschusses oder seinen Mitgliedern der Zeugenschutz gewährleistet wird. Die legislative Klarstellung betreffend das Vorhandensein eines Rechtes auf Hinzuziehung eines Zeugenbeistandes im PUAG ist insofern ein Schritt in Richtung Ausgleich zur Fürsorgepflicht des Gerichtes bzw. der Hinwirkungsverpflichtung des Staatsanwaltes auf die Einhaltung prozessualer Vorschriften und damit Ausdruck der Sinngemäßheit der Vorschrift des § 20 Abs. 2 PUAG.

Ausdruck der sinngemäßen Anpassung ist auch, dass das PUAG nicht vom anwaltlichen Zeugenbeistand spricht. Nach dem PUAG ist jedermann, der das Vertrauen des Zeugen hat, als dessen Beistand zugelassen. Es wird keine juristische Qualifikation vorausgesetzt, was der parlamentarisch-politischen Gesamtstruktur des Untersuchungsausschusses entspricht, bei der

---

tenhauses von Berlin, wonach Zeugenbeistände „keine Rechte" hätten. Auch *Dahs* weist noch im Jahre 2004 darauf hin, dass die Zeiten, in denen ein Zeugenbeistand nicht eine Kopie des Beschlusses des BVerfG aus dem Jahre 1974 dabei haben sollte, nicht vorbei sind.

40 Abghs.-Drs. 10/1297, 19 *Antes-Ausschuss*; *Vetter* ZParl 1989, 345, 354; *Engels* S. 83.

41 So stellt auch der Gesetzgeber die nicht näher begründete Kodifizierung allgemein in den Zusammenhang mit den Besonderheiten des Untersuchungsausschussverfahrens (BT-Drs. 14/5790, 18).

juristische Vorbildung gleichfalls kein Mitwirkungskriterium ist.[42] Es stellt sich allerdings die Frage, wie der juristisch unkundige Zeugenbeistand in geeigneter und differenzierter Form auf die Einhaltung der Rechte des Zeugen gegenüber möglicherweise gleichfalls nicht rechtskundigen Untersuchungsausschussmitgliedern achten will, z.B. in Bezug auf die Zulassung oder Unterlassung von Ton- und Filmaufnahmen (§ 13 Abs. 1 PUAG), den Ausschluss oder die Beschränkung der Öffentlichkeit (§ 14 Abs. 1, Abs. 3 Nr. 3 PUAG), die Geltendmachung von Zeugnis- und Auskunftsverweigerungsrechten (§ 22 PUAG), die Beanstandung von Fragen (§ 25 PUAG), die Verteidigung des Zeugen gegen angedrohte Zwangsmaßnahmen (§ 27 PUAG) oder die rechtzeitige Berichtigung von Aussagefehlern (§ 26 PUAG). In der Praxis werden Zeugen daher in aller Regel von Rechtsanwälten als Beistände begleitet. Dies ist schließlich aus Sicht von Zeugen auch deshalb sinnvoll, da Rechtsbeiständen, die nicht Rechtsanwälte, sind, kein Zeugnisverweigerungsrecht gemäß § 53 StPO zusteht.[43] Ein wirksam geschütztes Vertrauensverhältnis kann aufgrund der Möglichkeit des Untersuchungsausschusses, den Rechtsbeistand zum Inhalt der Besprechung zwischen ihm und dem Mandanten als Zeugen befragen zu können, zwischen Mandanten und Rechtsbeistand nicht in mit einem Rechtsanwalt vergleichbaren Umfang bestehen.

(3) Besonderheiten bei Zeugen mit staatsrechtlicher Stellung

In der StPO regeln die §§ 49 und 50 StPO Ausnahmen von der Erscheinenspflicht aufgrund einer besonderen staatsrechtlichen Stellung bestimmter Zeugen, die der Gesetzgeber nur zum Teil aufgegriffen hat, weshalb sich die Frage nach der Anwendbarkeit auch im parlamentarischen Untersuchungsausschussverfahren stellt.[44]

(a) Ladung von Abgeordneten und Regierungsmitgliedern

§ 50 StPO sieht vor, dass Mitglieder des Bundestages, eines Landtages oder einer zweiten Kammer sowie Mitglieder der Bundesregierung oder einer Landesregierung während ihres Aufenthaltes am Sitz der Versammlung bzw. am Amtssitz oder am Aufenthaltsort zu vernehmen sind, falls sie sich nicht am Amtssitz aufhalten. § 20 Abs. 1 S. 2 PUAG schließt die Sonderregelung des § 50 StPO betreffend den Ort der Vernehmung aus. Begründet wird der Aus-

42 *Dahs* in FS Rudolphi, 600.

43 LR-*Dahs* StPO, Bd. 1, § 53, Rn. 4 m.w.N.

44 SK-*Rogall* StPO, Vor § 48, Rn. 126.

schluss damit, dass Untersuchungsausschüsse – anders als in Strafverfahren – am Amtssitz des Deutschen Bundestages, des Bundesrates und der Bundesregierung Zeugenvernehmungen von Politikern und politisch Verantwortlichen durchführen[45] und politisches Fehlverhalten dabei regelmäßig den Anlass und den zentralen Untersuchungsgegenstand bildet. Für Untersuchungsausschüsse würde es daher eine nicht zu begründende Erschwernis und Einschränkung des Öffentlichkeitsgrundsatzes darstellen, müssten Abgeordnete und Regierungsmitglieder an ihrem Aufenthaltsort vernommen werden. Die Wertung des Gesetzgebers, wonach § 50 StPO sinngemäß nicht zum Untersuchungsausschussverfahren passt, sondern auf den Strafprozess zugeschnitten ist, ist plausibel und wird der sinngemäßen Anwendung der Vorschriften über den Strafprozess gerecht.

Diese Wertung gilt entsprechend auf Länderebene, soweit es sich um Mitglieder der Landesregierung und des Landtages handelt, der den Untersuchungsausschuss eingesetzt hat. Wie zu verfahren ist, wenn in Untersuchungsausschüssen von Bundesländern Parlamentarier anderer Bundesländer oder des Bundes geladen werden, ist allerdings unklar.[46] Denn ein Untersuchungsausschuss eines Bundeslandes verfügt nicht über die Kompetenz, Angelegenheiten des Bundes oder eines anderen Bundeslandes zu untersuchen. Die Beweiserhebungsbefugnis parlamentarischer Untersuchungsausschüsse von Landesparlamenten beschränkt sich nach der Kompetenzverteilung des Grundgesetzes auf Untersuchungsgegenstände mit Landesbezug. Besteht aber keine Beweiserhebungsbefugnis, so ist auch die Ladung unzulässig, und es besteht keine Pflicht zu erscheinen und auszusagen.

Ausnahmsweise kann es zur Aufklärung von Missständen, Versäumnissen oder Rechtsverstößen im Bereich von Landesbehörden aber auch zulässig sein, Mitglieder der Bundesregierung und Beamte des Bundes bzw. eines anderen Landes als Zeugen zu vernehmen oder auf schriftliche Unterlagen von Bundesbehörden bzw. anderen Landesbehörden als Beweismittel zurückzugreifen. Fragen des Untersuchungsausschusses eines Landesparlaments an Zeugen im Bundesdienst sind insoweit zulässig, wenn und soweit sie nötig oder zumindest sachdienlich sein können, um den im Rahmen eines Untersuchungsauftrags mit Landesbezug zu prüfenden Sachverhalt erschöpfend aufzuklären, ohne zu einer Aufdeckung und Bewertung der Arbeitsweise und von Vorgängen bei Bundesbehörden zu führen.[47] Soweit der Untersuchungsauftrag die Vernehmung eines Parlamentariers des Bundes oder eines anderen Bundeslandes in diesem Rahmen zulässt, ist zwischen dem Interesse des Un-

---

45 BT-Drs. 14/5790, 18.

46 Vgl. *Glauben/Brocker* S. 234.

47 BVerwG, NJW, 2000, 160, 162 und NJ 2000, 102 f. Entsprechendes gilt für die Beiziehung schriftlicher Unterlagen von Bundesbehörden.

tersuchungsausschusses an einer ungestörten Tätigkeit sowie der Öffentlichkeit des Verfahrens einerseits und der Vorschrift des § 50 StPO abzuwägen, die die Vernehmung am Amtssitz bestimmt. Entsprechendes gilt für die Situation, dass ein Parlamentarier zwischenzeitlich in ein anderes Bundesland oder zum Bund gewechselt ist. Hierbei ist auch von Gewicht, dass es sich bei der Vernehmung am Aufenthaltsort des Parlaments- oder Regierungsmitgliedes nicht um ein Recht des jeweiligen Mitglieds handelt, sondern um ein Sonderrecht der Institution, über das das Regierungsmitglied oder der Parlamentarier etwa durch freiwillige Anreise zum Vernehmungsort nicht disponieren kann.[48]

Insoweit ist zunächst maßgeblich, ob Bundesländer in Untersuchungsausschussgesetzen Regelungen getroffen haben. Ist dies nicht der Fall, so ist über die sinngemäße Anwendung der Vorschriften über den Strafprozess zu prüfen, ob § 50 StPO anwendbar ist und die Zeugenstellung Abgeordneter präzisiert. Hierbei ist die Wertung des PUAG sowie entsprechender Ländervorschriften von Bedeutung, wonach § 50 StPO nicht die Rechte einzelner Parlamentarier oder Regierungsmitglieder, sondern die ungestörte Parlaments- und Regierungsarbeit in den jeweiligen Bundesländern schützt. Eingedenk dessen haben auch Zeugen, die Parlaments- oder Regierungsmitglieder anderer Bundesländerparlamente sind, am Tagungsort des jeweiligen Untersuchungsausschusses zu erscheinen. Denn eine Anwendung von § 50 StPO würde die Rechte desjenigen Parlaments unverhältnismäßig beeinträchtigen, bei dem der Untersuchungsausschuss eingesetzt ist, und dessen Mitglieder allesamt zum Vernehmungsort anreisen müssten.

(b) Ladung des Bundespräsidenten

Vor dem Hintergrund des ausdrücklichen Ausschlusses des § 50 StPO verwundert es, dass keine Regelung oder Anmerkung in der Gesetzesbegründung zum PUAG[49] zu § 49 StPO erfolgt. Gemäß § 49 StPO ist der Bundespräsident in seiner Wohnung zu vernehmen. Nach *Glauben/Brocker*[50] gebietet im parlamentarischen Untersuchungsausschussverfahren wie auch im Strafverfahren die Achtung vor dem Amt des Bundespräsidenten die Anwendung des § 49 StPO, so dass dieser sinngemäß anwendbar ist. Dem ist zuzustimmen, da anders als bei § 50 StPO nicht praktische Erwägungen (Störung der Arbeit der Parlamente und Regierungen), sondern die Achtung vor der Würde des

48 KK-*Senge* StPO, § 50, Rn. 1, 7.

49 BT-Drs. 14/5790.

50 *Glauben/Brocker* S. 234.

Amtes[51] maßgebliches Abwägungskriterium ist. § 49 StPO präzisiert damit die Zeugenstellung des Bundespräsidenten im Untersuchungsausschussverfahren. Der Bundespräsident hat demzufolge nicht nach Ladung als Zeuge vor einem Untersuchungsausschuss an dessen Sitz zu erscheinen.

(4) Besonderheiten bei der Ladung ausländischer Zeugen bzw. von Zeugen mit Wohnsitz im Ausland

Die Ladung ausländischer Zeugen bzw. von Zeugen mit Wohnsitz im Ausland erfolgt mangels eigener Regelung im PUAG in sinngemäßer Anwendung der Vorschriften über den Strafprozess.[52]

b) Aussagepflicht

Der Zeuge hat im Straf- wie im Untersuchungsausschussverfahren eine persönliche Aussagepflicht. Er muss die Wahrheit und vollständig aussagen (vgl. § 57 StPO bzw. § 24 PUAG). Die Wahrheitspflicht ist strafbewehrt. Die uneidliche Falschaussage vor dem Untersuchungsausschuss ist gemäß § 153 StGB strafbar. Dies hat der Gesetzgeber gesondert durch Anpassung des § 153 StGB klargestellt.[53] Strafrechtlich relevant sind allerdings nur von der Aussagepflicht erfasste Angaben. Außerhalb des Untersuchungsauftrages liegende Tatsachen sind nicht von der Aussagepflicht erfasst, so dass eine uneidliche Falschaussage straflos bliebe.[54] Infolge des Verzichts des Gesetzgebers auf die Einführung von Vereidigungsregelungen (vgl. dazu sogleich unter c)) war eine Anpassung des § 154 StGB (Meineid) nicht erforderlich. Jenseits der strittigen Frage der Möglichkeit der Vereidigung von Zeugen durch Untersuchungsausschüsse ist jedenfalls die Begehung eines Meineides in Untersuchungsausschussverfahren nicht möglich.

---

51 LR-*Dahs* StPO, Bd. 1, § 49, Rn. 2.

52 Vgl. auch zu den Problemen der Ladung ausländischer Zeugen in der Praxis BT-Drs. 14/9300 (*Parteispenden-Ausschuss* des Deutschen Bundestages), 80 ff. und 3. Untersuchungsausschuss der 3. Wahlperiode des Landtags Brandenburg, Drs. 3/7770, 43.

53 BT-Drs. 14/5790, 21.

54 OLG Koblenz, StV 1988, 531, 532; *Buchholz* S. 56; *Wagner*, GA 1976, 257, 273; *Plöd* S. 155 f.

(1) Herstellen der Aussagepflicht

In bestimmten Konstellationen muss eine Aussagepflicht des Zeugen erst hergestellt werden. Dies betrifft insbesondere den Fall, wenn die Auskunftsperson einer Aussagegenehmigung (vgl. (a)) oder Schweigepflichtentbindung (vgl. (b)) bedarf. Ferner bedarf es einer zulässigen Vernehmungssituation (vgl. (c)) im bzw. durch den Untersuchungsausschuss, damit die Auskunftsperson effektiv in die Lage versetzt wird, seiner Aussageverpflichtung nachzukommen.

(a) Erfordernis einer Aussagegenehmigung

Angehörige des öffentlichen Dienstes dürfen nach Maßgabe besonderer beamtenrechtlicher Vorschriften nur bei Vorliegen einer Aussagegenehmigung vernommen werden. Gemäß § 23 Abs. 1 PUAG ist § 54 StPO unmittelbar anzuwenden.[55] Die Anwendung des § 54 StPO bereitet bereits deshalb keinerlei Schwierigkeiten, da die Norm ausweislich § 23 Abs. 1 PUAG unmittelbar angewandt werden soll. Da sie die vergleichbare Rechtsposition Angehöriger des öffentlichen Dienstes regelt, ist die Anwendung auch sinngemäß im Rahmen des Art. 44 Abs. 2 S. 1 GG.

Für die Vernehmung von Richtern, Beamten und anderen Personen des öffentlichen Dienstes gelten somit die besonderen beamtenrechtlichen Vorschriften, wonach die Pflicht zur Amtsverschwiegenheit über im Rahmen von amtlich bekannt gewordenen Umstände besteht und Angaben weder gerichtlich noch außergerichtlich ohne vorherige Einholung einer Aussagegenehmigung getätigt werden dürfen.[56] In der Gesetzesbegründung zu § 23 PUAG[57]

---

55 Beispielsweise in Berlin soll § 54 StPO dagegen keine Geltung haben. § 14 des Untersuchungsausschussgesetzes des Bundeslandes Berlin (UAG) bestimmt, dass Gerichte und Verwaltungen ihren Dienstkräften Aussagegenehmigungen zu erteilen haben, wenn nicht Gründe der Staatssicherheit entgegenstehen. Weitere Bestimmungen, die das Erfordernis einer Aussagegenehmigung betreffen oder Verweise auf entsprechende Vorschriften, z.B. § 54 StPO, § 376 ZPO oder – hier ohnehin nicht in Betracht kommende – beamtenrechtliche Regelungen beinhalten, befinden sich im Berliner UAG nicht. Insbesondere § 12 Abs. 2 UAG Berlin, wonach die Vorschriften der §§ 53, 53a, 55 und 76 Abs. 1 StPO entsprechende Anwendung finden, lässt den § 54 StPO unerwähnt. Über diese Verweise hinaus ist die Strafprozessordnung in Berlin auf das Untersuchungsausschussverfahren nicht anwendbar. Denn anders als etwa auf Bundesebene Art. 44 GG oder in den meisten Bundesländern sieht weder das UAG Berlin noch die Verfassung von Berlin oder die Geschäftsordnung eine sinngemäße oder subsidiäre Anwendbarkeit der Strafprozessordnung vor.

56 Vgl. *Dreher* S. 97, 100 ff.

57 BT-Drs. 14/5790, 18.

wird klargestellt, dass § 54 StPO insgesamt Anwendung findet, also auch die Absätze 2 bis 4. § 23 Abs. 2 PUAG statuiert für die Bundesregierung im Interesse einer wirksamen Arbeit des Untersuchungsausschusses eine Pflicht, erforderliche Aussagegenehmigungen zu erteilen. § 18 Abs. 1-3 1. HS PUAG gilt entsprechend.

Für Mitarbeiter privatrechtlich organisierter Gesellschaften ist auch bei Vorliegen einer Mehrheitsbeteiligung eines Bundeslandes oder des Bundes keine behördliche Aussagegenehmigung erforderlich, da die Gesellschaft durch die staatliche Beteiligung nicht ihren privatrechtlichen Charakter verliert und auch keinen besonderen parlamentarischen oder gesetzlichen Regeln im Vergleich zu anderen Gesellschaften unterworfen wird.

Ein Aussagegenehmigungserfordernis soll hingegen nach der überwiegenden Meinung im Schrifttum zum Straf- und Zivilverfahren – allerdings ohne nähere Begründung – stets für Mitarbeiter öffentlich-rechtlicher Kreditinstitute bestehen.[58] Lediglich Sichtermann begründet die – unter Verweis auf die vorgenannten Fundstellen – als „überwiegend anerkannt" apostrophierte Meinung dahingehend, dass

> „§ 54 StPO eine Aussagegenehmigung für alle Angelegenheiten verlange, auf die sich ihre (der Person des öffentlichen Dienstes) Pflicht zur Verschwiegenheit bezieht"[59]

und diese Pflicht sich bei den Bediensteten öffentlich-rechtlicher Kreditinstitute gerade auch auf den Geschäftsverkehr des Instituts beziehe, weshalb dort, wo das Bankgeheimnis betroffen ist, eine Aussagegenehmigung erforderlich sei. Zutreffend lehnen Stimmen in der Literatur eine pauschale Anwendung von § 54 StPO bzw. § 376 ZPO auf die Mitarbeiter öffentlich-rechtlicher Kreditinstitute ab.[60] *Rogall*[61] führt zutreffend aus, dass die Mitarbeiter öffentlich-rechtlicher Kreditinstitute keine Personen des öffentlichen Dienstes i.S.d. § 54 Abs. 1 StPO sind. Bei der Tätigkeit dieser Kreditinstitute – und damit auch ihrer Mitarbeiter – handelt es sich um eine rein erwerbswirtschaftlich-fiskalische Tätigkeit, die richtiger Ansicht nach keine Wahrnehmung öffentlicher Aufgaben beinhalten.[62] Bei der Wahrnehmung der Geheimhaltungsinteressen des Kreditinstituts und der Kunden steht auch kein öffentliches Geheimhaltungsinteresse, sondern ein privates Interesse an

---

58 KK-*Senge* StPO, § 54, Rn. 8; HK-*Lemke* § 54, Rn. 5; *Eisenberg* Beweisrecht, Rn. 1262; Zöller/*Greger* ZPO, § 376, Rn. 4; *Fischer/Klanten* S. 163; *Sichtermann/Feuerborn/Kirchherr/Terdenge* S. 333 f.; *Ungnade* WM 1976, 1210, 1213.

59 *Sichtermann/Feuerborn/Kirchherr/Terdenge* S. 334.

60 *Meyer-Goßner* StPO, § 54, Rn. 10; KMR-*Neubeck* StPO, § 54, Rn. 6; *Roxin* § 26, Rn. 27, der für den Strafprozess ausdrücklich das Bestehen eines „Bankgeheimnisses" verneint, ohne allerdings auf die Sonderproblematik öffentlich-rechtlicher Kreditinstitute einzugehen; wohl auch *Berger* in Stein/Jonas, ZPO, § 376, Rn. 24 ff.

61 SK-*Rogall* StPO, § 54, Rn. 25.

62 Vgl. SK-*Rudolphi/Stein* StGB, § 11, Rn. 27 f. m.w.N.

der Wahrung von persönlichen Geheimnissen oder von Geschäfts- und Betriebsgeheimnissen in Rede. Anders zu entscheiden ist nur dann, wenn die reine erwerbswirtschaftliche Betätigung des Staates im Vordergrund steht.[63] Diese Differenzierung wird zudem im Rahmen des § 11 StGB von der Rechtsprechung vorgenommen.[64] Mitarbeiter öffentlich-rechtlicher Kreditinstitute sind sodann „andere Personen des öffentlichen Dienstes" im Sinne des § 54 StPO und bedürfen einer Aussagegenehmigung vor einem parlamentarischen Untersuchungsausschuss nach den „besonderen beamtenrechtlichen Vorschriften".[65]

Besteht die Notwendigkeit einer Aussagegenehmigung, sind an die Voraussetzungen für eine Verweigerung der Erteilung einer Aussagegenehmigung durch den Dienstherrn derart hohe Anforderungen gestellt, dass in aller Regel eine Aussagegenehmigung zu erteilen ist. So haben Gerichte und Verwaltungen ihren Dienstkräften Aussagegenehmigungen zu erteilen, wenn nicht Gründe der Staatssicherheit entgegenstehen.[66] Entsprechend konstatiert auch das BVerwG im Rahmen einer Entscheidung zum Öcalan-Untersuchungsausschuss des Abgeordnetenhauses, dass die Genehmigung, vor dem Untersuchungsausschuss eines Landesparlaments zu einem zulässigen Beweisthema als Zeuge auszusagen, Beamten des Bundes zu erteilen ist,

---

63 Vgl. *Teubner* PStR 2006, 181 ff.

64 BGHSt 12, 89, 89 f.; KG, JR 1961, 228 f.

65 Einschlägige gerichtliche Entscheidungen, die das Erfordernis einer Aussagegenehmigung für Mitarbeiter öffentlich-rechtlicher Kreditinstitute im Sinne anderer Personen des öffentlichen Dienstes als Zeugen vor einem parlamentarischen Untersuchungsausschuss begründen würden, sind nicht ergangen. Lediglich das LG Göttingen (LG Göttingen, Beschluss vom 22.10.2002, 10 T 57/02 = NJW-RR 2003, 117 f.) hat entschieden, dass für einen Sachbearbeiter einer Sparkasse als Mitarbeiter einer Anstalt des öffentlichen Rechts eine Aussagegenehmigung gemäß § 376 ZPO eingeholt werden muss und sich insoweit der herrschenden Meinung im Zivilrecht angeschlossen. Doch betraf diese Entscheidung die Aussage eines Zeugen in einem Insolvenzverfahren, weshalb eine Übertragbarkeit trotz identischen Wortlautes mit § 54 StPO nicht gewährleistet erscheint. Im Ergebnis begründete das LG Göttingen die Notwendigkeit der Befreiung von der Verschwiegenheitspflicht auch lediglich mit dem Argument, dass dem Zeugen insoweit Sicherheit über das Bestehen der Aussagefreiheit verschafft werde. Vor dem Hintergrund, dass die überwiegende Meinung in der Literatur und die genannte Entscheidung des LG Göttingen eine Anwendung der §§ 54 StPO und 376 ZPO auf Mitarbeiter öffentlich-rechtlicher Kreditinstitute befürworten, wird es häufig zur Absicherung der Mitarbeiter geboten erscheinen, Aussagegenehmigungen für Aussagen vor parlamentarischen Untersuchungsausschüssen zu erteilen.

66 Beispielsweise gemäß § 27 Landesbeamtengesetz Berlin darf die Aussagegenehmigung nur dann versagt werden, wenn die Aussage dem Wohle des Bundes oder eines deutschen Bundeslandes Nachteile bereiten oder die Erfüllung öffentlicher Aufgaben ernstlich gefährden oder erheblich erschweren würde; so auch OVG Berlin, StV 1984, 279.

> „wenn die Aussage weder dem Wohle des Bundes oder eines Landes Nachteile bereiten noch die Erfüllung öffentlicher Aufgaben ernstlich gefährden oder erheblich erschweren kann. Entsprechendes gilt in der Regel für Mitglieder der Bundesregierung.“[67]

Allerdings kann die Erteilung von Aussagegenehmigungen auch abgelehnt werden, wenn durch die Vernehmung das Bundesstaatsprinzip verletzt würde. So kann sich der Gegenstand eines Landes- oder Bundesuntersuchungsausschuss nicht nur auf bundes- bzw. landesrechtliche Beweisthemen erstrecken.[68] Eine entsprechende Beweiserhebung wäre unzulässig. Nur ausnahmsweise kann es sachdienlich sein, auch Mitglieder der Bundes- oder Landesregierung bzw. Bundes- oder Landesbehörden als Zeugen zur Aufklärung von Missständen, Versäumnissen oder Rechtsverstößen im Bereich von Landesbehörden anderer Bundesländer zu vernehmen. Dies ist dann der Fall, wenn und soweit die Fragen nötig sind, um den im Rahmen des Bundesstaatsprinzips zulässigen Untersuchungsgegenstand erschöpfend aufzuklären, ohne zu einer Aufdeckung und Bewertung der Arbeitsweise und von Vorgängen bei Behörden anderer Bundesländer oder des Bundes zu führen.[69]

Nach der Wiedervereinigung besteht die Schweigepflicht ehemaliger Stasi-Mitarbeiter fort. Dies gilt jedoch nicht im Interesse der ehemaligen DDR und ihrer Organe, sondern entsprechend den gewandelten Bezügen des Datenschutzes und der Belange der Bundesrepublik Deutschland, deren Verfügbarkeit sie nur unterliegt. Dementsprechend ist der Zeuge zur Aussage verpflichtet, wenn die Bundesregierung ihn von der Pflicht zur Verschwiegenheit entbunden hat.[70]

(b) Entbindung von der Verschwiegenheitspflicht

Die in § 53 Abs. 1 Nr. 2, 3 und 3a StPO genannten Personen dürfen nach § 22 Abs. 2 PUAG i.V.m. § 53 Abs. 2 StPO die Aussage dann verweigern, sofern sie nicht von der Verpflichtung zur Verschwiegenheit entbunden sind. Nur ein von der Schweigepflicht wirksam entbundener Zeuge ist zur Aussage vor dem Untersuchungsausschuss verpflichtet. In den übrigen Fällen des § 53 Abs. 1 StPO ist die Entbindung rechtlich wirkungslos; sie kann aber Einfluss auf die Entscheidung des Zeugen haben, ob er auf sein Aussageverweigerungsrecht verzichtet. Offenbart der Zeuge im Rahmen seiner Aussage ihm

67 BVerwG, NJW 2000, 160, 162 f.
68 BVerwG, NJW 2000, 160, 163.
69 BVerwG, NJW 2000, 160, 163.
70 AG Bonn, 50 Gs 83/93.

mitgeteilte oder bekannt gewordene Umstände oder sogar ihm anvertraute Geheimnisse, so macht er sich bei einer Aussage nicht wegen Geheimnisverrats oder Verletzung von Privatgeheimnissen strafbar. Werden andererseits Angaben gegenüber Untersuchungsausschüssen getätigt, ohne in der erforderlichen Weise von der Verschwiegenheitspflicht entbunden worden zu sein (§ 53 Abs. 2 StPO), drohen neben strafrechtlichen auch berufsrechtliche Sanktionen. Die Entbindung beseitigt die Verletzung der Schweigepflicht nach § 203 StGB.

Zu beachten ist in diesem Zusammenhang, dass gemäß § 22 Abs. 1 PUAG i.V.m. § 53 Abs. 2 StPO wirksam von der Verschwiegenheitspflicht entbundene Berufsgeheimnisträger, z.B. Rechtsanwälte, Steuerberater oder Wirtschaftsprüfer, gemäß § 22 Abs. 2 PUAG – abweichend von § 55 StPO – nicht bloß Auskünfte auf Fragen verweigern dürfen, deren Beantwortung ihnen oder Angehöriger im Sinne des § 52 Abs. 1 StPO die Gefahr zuziehen würde, wegen einer Straftat oder Ordnungswidrigkeit verfolgt zu werden, sondern auch auf solche Fragen, bei deren wahrheitsgemäßen Beantwortung sie mit berufsrechtlichen Konsequenzen rechnen könnten.

Im Unterschied zum Erfordernis einer Aussagegenehmigung hat sich der Zeuge ausdrücklich auf das Zeugnis- und Auskunftsverweigerungsrecht zu berufen, damit es ihm auch zusteht und die bestehende Aussagepflicht entfällt.[71] Die Zeugnis- und Auskunftsverweigerungsrechte werden eingehend unter D.I.3.b) behandelt.

(c) Schaffung einer zulässigen Vernehmungssituation

Eine Aussagepflicht besteht nur bei Vorliegen einer zulässigen Vernehmungssituation. Die Auskunftsperson ist vor unzulässigen Vernehmungssituationen zu schützen, die zum einen in der Umgehung der Vernehmungssituation (vgl. i)) und damit der Umgehung von Zeugen(schutz)rechten und zum zweiten in die Subjektstellung des Zeugen tangierenden Vernehmungsmethoden (vgl. ii)) bestehen können.

i) Umgehung der Vernehmungssituation

Untersuchungsausschussmitglieder, Vorsitzende oder Untersuchungsausschusssekretariate gehen im Vorfeld von Beweiserhebungen nicht selten auf potentielle Zeugen, Sachverständige oder Behörden und Gerichte zu, um sich zu erkundigen, ob und ggf. zu welchen Themenkomplexen Angaben getätigt

---

71 Vgl. z.B. KK-*Senge* StPO, § 53, Rn. 7.

werden können bzw. Unterlagen existieren. Beispielsweise nahm der *Parteispenden-Ausschuss* des Deutschen Bundestages vor Beginn der Beweiserhebung informatorische Anhörungen zu Parallelverfahren und Aktenbeständen vor, um sich wegen der Weite seines Auftrages und Fülle des zu sichtenden Materials Kenntnisse über bereits vorliegende Ermittlungsergebnisse anderer Stellen und den vorhandenen Aktenbeständen bzw. festgestellten Fehlbeständen zu verschaffen.[72]

Diese Praxis ist insoweit nachvollziehbar als ein Untersuchungsausschuss nicht wie ein Strafgericht auf Ermittlungen von Staatsanwaltschaften zurückgreifen kann, sondern stattdessen gehalten ist, Beweismittel eigenständig zu ermitteln. Häufig ergeben sich Namen möglicher Zeugen auch nur aus Akten,

72 BT-Drs. 14/9300, 50 *Parteispenden-Ausschuss.* Zu diesem Zweck hat der Untersuchungsausschuss informatorische Befragungen und Anhörungen folgender Personen vorgenommen: Staatssekretär Dr. Frank-Walter Steinmeier, Chef des Bundeskanzleramtes, hinsichtlich des Aktenbestandes des Bundeskanzleramtes zum Untersuchungsauftrag, Prof. Dr. Martin Morlok, Fernuniversität Hagen, Prof. Dr. Otto Depenheuer, Universität Köln, zu den rechtlichen Grundlagen der Parteienfinanzierung, Staatsanwalt als Gruppenleiter Dr. Winfried Maier, Staatsanwaltschaft Augsburg, hinsichtlich des unter dem Az 501 Js 127135/95 geführten Ermittlungsverfahrens, Leitender Oberstaatsanwalt Werner Roth und Staatsanwalt Dr. Achim Thoma, Staatsanwaltschaft Wiesbaden, hinsichtlich des unter dem Az 6 Js 3204/00 geführten Ermittlungsverfahrens, Landesminister a. D. und Bundestagsvizepräsident a. D. Dr. Burkhard Hirsch zu den Ermittlungen hinsichtlich des Aktenbestandes des Bundeskanzleramtes zum Untersuchungsauftrag, Steueroberamtsrat Winfried Kindler, Finanzamt Augsburg-Stadt, Steuerfahndung, hinsichtlich des von der Staatsanwaltschaft Augsburg unter dem Az 501 Js 127135/95 geführten Ermittlungsverfahrens, Parlamentarischer Staatssekretär Karl Diller, MdB, zur Privatisierung bzw. zum Neubau der Erdölraffinerie in Leuna und der Veräußerung des Minol-Tankstellennetzes, Günter Himstedt, ehemaliger Präsident der Bundesanstalt für vereinigungsbedingte Sonderaufgaben (BvS), zur Privatisierung bzw. zum Neubau der Erdölraffinerie in Leuna und der Veräußerung des Minol-Tankstellennetzes, Oberstaatsanwalt Karlheinz Gocke und Staatsanwalt Raimund Weyand, Staatsanwaltschaft Saarbrücken, hinsichtlich des unter dem Az 33 Js 894/00 geführten Ermittlungsverfahrens, Oberstaatsanwalt Arno Neukirchen, Staatsanwalt Düsseldorf, hinsichtlich der unter den Az 28 Js 273/00 und 28 Js 158/00 geführten Ermittlungsverfahren sowie Steueramtmann Hans Martin Schmeißer, Finanzamt für Steuerstrafsachen und Steuerfahndung Düsseldorf, hinsichtlich des unter dem Az 28 Js 158/00 geführten Ermittlungsverfahrens der Staatsanwaltschaft Düsseldorf, Richter am Hessischen VGH Hans-Joachim Höllein, Berichterstatter des Wahlprüfungsgerichts beim Hessischen Landtag zu dessen Beschluss hinsichtlich der Nachprüfung der Gültigkeit der Landtagswahl 1999 vom 23. Februar 2001, Leitender Oberstaatsanwalt Jürgen Kapischke, Staatsanwaltschaft Köln, hinsichtlich der unter den Az geführten Ermittlungsverfahren 114 Js 531/00, 114 Js 13/02 und 114 Js 14/02, Regierungsdirektorin Frauke Menke, Bundesaufsichtsamt für das Kreditwesen, hinsichtlich des Berichtes des Bundesaufsichtsamtes für das Kreditwesen über mögliche Verstöße gegen das Geldwäschegesetz im Zusammenhang mit für die Weyrauch & Kapp GmbH geführten Treuhandkonten beim Bankhaus Georg Hauck & Söhne KGaA vom 4. März 2002.

ohne dass erkennbar ist, inwiefern die Person tatsächlich mit dem Vorgang befasst gewesen ist und zur Aufklärung beitragen kann. Solche Recherchen führen häufig auch zu weiteren Fragen, beispielsweise ob nicht die betreffenden Personen weitere Personen sowie deren Befassung benennen können. Darüber hinaus wurden solche informatorischen Befragungen immer auch schon als Möglichkeit der inhaltlichen Befragung von Auskunftspersonen außerhalb des formellen Verfahrens der Beweiserhebung verstanden, auch um Erkenntnisse gewinnen zu können, wenn formelle Befragungen aus Rechtsgründen nicht in Betracht kamen. Bei aller Nachvollziehbarkeit dieser Vorgehensweisen aus praktischen Erwägungen ist fraglich, ob nicht durch solche außerhalb der Beweisaufnahme stattfindenden informellen Befragungen Schutzrechte von Auskunftspersonen umgangen werden (können) und daher Bedenken begegnen.

Dem Strafverfahren sind sog. informatorische Befragungen und Anhörungen nicht fremd[73], wenngleich sie keinem justizförmigen Verfahren zuordenbar sind. Zielrichtung informatorischer Befragungen ist in der Regel die kriminaltaktische Erwägung, ein grobes Bild darüber zu erhalten, ob überhaupt ein Anfangsverdacht für eine Straftat vorliegt. Ist dies der Fall, folgt aus dem Legalitätsprinzip die Pflicht zur Aufnahme von Ermittlungen, § 152 Abs. 2 S. 2 StPO. Vom Moment der Feststellung an, dass die betroffene Person eine bestimmte Verfahrensposition einnimmt, besteht allerdings die gesetzliche Belehrungspflicht. Eine weitergehende informatorische Befragung ist unzulässig. Auch werden informatorische Befragungen zur Klärung der Frage, ob eine Person als Zeuge oder Beschuldigter in Betracht kommt, durchgeführt. Informatorische Befragungen werden insoweit überwiegend als zulässig angesehen, soweit sie der freibeweislichen Feststellung dienen, ob der Betreffende überhaupt etwas zur Sachaufklärung beitragen kann. Ferner kann sich eine solche Befragung außerhalb des Verfahrens zulässigerweise auf die Klärung verfahrensrechtlicher Umstände, wie z.B. der Aussage- und Eidesfähigkeit oder des Ausschlusses der Öffentlichkeit richten.[74]

Diese begrenzenden bzw. überhaupt erst bestimmenden Grundsätze aus dem Strafverfahren dienen dem Schutz und präzisieren damit die Stellung der Auskunftsperson, weshalb sie auf das Untersuchungsverfahren anzuwenden sind. Eine potentielle Auskunftsperson ist in Untersuchungsausschussverfahren, beispielsweise in der Situation eines unvorbereiteten Anrufs eines Mitglieds des Untersuchungsausschusses oder des Untersuchungsausschusssekretariats, ebenso wie im Strafverfahren in aller Regel nicht in der Lage zu entscheiden, ob er gegenüber der staatlichen Stelle noch Auskünfte zu erteilen oder die Befragung im Rahmen einer Zeugenvernehmung zu erfolgen hat.

---

73 Vgl. LR-*Rieß* StPO, Bd. 3, § 163a, Rn. 15 ff.

74 SK-*Rogall* StPO, Vor § 48, Rn. 22 m.w.N.

Demnach gilt bei parlamentarischen Untersuchungen, dass in Zweifelsfällen durchaus mit dem Ziel auf potentielle Zeugen zugegangen werden darf, in Erfahrung zu bringen, ob diese Person überhaupt etwas zur Sachverhaltsaufklärung beitragen kann oder Besonderheiten bestehen, die im Verfahren zu berücksichtigen sind. Nach einer solchen Feststellung ist eine weitergehende Befragung ohne Belehrung über die Verfahrensposition indes unzulässig. Deshalb ist es auch unzulässig, Auskunftspersonen im Rahmen von – scheinbar privaten – Gesprächen außerhalb des Verfahrens zu befragen, um Erkenntnisse zu gewinnen, wenn Befragungen aus Rechtsgründen nicht in Betracht kommen. Hierbei würde es sich um eine unzulässige Umgehung der Vernehmungssituation handeln.

Die Gefahr der Umgehung der Vernehmungssituation hat im Untersuchungsausschussverfahren durch die Möglichkeit der Einsetzung eines Ermittlungsbeauftragten weiter an Relevanz gewonnen. Denn dieser hat gemäß § 10 Abs. 3 S. 6 PUAG ausdrücklich die Befugnis, Personen „informatorisch anzuhören", wodurch die bislang formlose, informelle informatorische Befragung erstmals durch den Gesetzgeber aufgenommen worden ist. Hierbei ist jedoch bedauerlicherweise davon abgesehen worden, die Pflichtenstellungen und rechtliche Einordnung der informatorischen Anhörung zu präzisieren. Die Gesetzesbegründung legt nicht nahe, dass die Möglichkeit der unzulässigen Umgehung der Vernehmungssituation und damit der Verfahrensrechte von Auskunftspersonen bei Schaffung des Ermittlungsbeauftragten und Formulierung des § 10 PUAG bedacht worden sind.[75] Ausweislich der Gesetzesbegründung ist es Aufgabe des Ermittlungsbeauftragten,

> „das Beweismaterial zunächst zu beschaffen und zu sichten und die zu beurteilenden Sachverhalte sowohl in tatsächlicher als auch in rechtlicher Hinsicht aufzubereiten."[76]

Zum Hintergrund dieser Befugnis führte der MdB *Bachmaier* (SPD) in der Plenarsitzung am 06.04.2001 folgendes aus:

> „Wenn der Untersuchungsausschuss von dieser Möglichkeit (Anm. des Verf.: Einsetzung eines Ermittlungsbeauftragten) Gebrauch macht, bleiben ihm mühsame und zeitraubende Vorstrukturierungen erspart. Der Untersuchungsausschuss weiß auch möglicherweise früher als bislang, was er von den jeweils zu ladenden Zeugen zu erwarten hat.
>
> (Jörg van Essen [F.D.P.]: Sehr richtig!)
>
> Es kann dann schon im Vorfeld Wesentliches leichter von Unwesentlichem getrennt werden."[77]

Die Situation der informatorischen Befragung bzw. Anhörung durch einen vom Untersuchungsausschuss beauftragten Ermittlungsbeauftragten bedarf in

75 Allgemein zur Kritik am Wortlaut des § 10 PUAG: *Wiefelspütz* S. 201 f.
76 BT-Drs. 14/5790, 15.
77 Plen.Prot. 14/165, 16145.

besonderen Maße der Präzisierung, da die an sich formlose informatorische Befragung durch die Schaffung eines Ermittlungsbeauftragten eine Legitimierung erhält, d.h. für den Privaten erkennbar von behördlicher Seite eine noch vernehmungsähnlichere Situation geschaffen wird, die sich durch eine zeugenschaftliche Vernehmung nur noch dadurch unterscheidet, dass sie nicht vor dem gesamten Untersuchungsausschuss durchgeführt wird, sondern von einem mit sog. Vorermittlungen betrauten Ermittlungsbeauftragten. Durch Untersuchungsausschüsse ist daher darauf zu achten, dass auch die Durchführung von Vorermittlungen durch Ermittlungsbeauftragte ihre Grenze in den Verfahrensrechten der Beteiligten hat, die durch solche außerhalb bzw. zur Vorbereitung von Beweisaufnahmen durch Untersuchungsausschüsse nicht ausgehebelt bzw. umgangen werden dürfen. Mangels praktischer Erfahrungen mit Ermittlungsbeauftragten lassen sich Gefährdungspotentiale hinsichtlich der Einhaltung von Verfahrensrechten von Auskunftspersonen lediglich – wie hier angedeutet – antizipieren.

Hieraus ergibt sich weiter die Frage, ob Äußerungen, die eine Auskunftsperson im Rahmen informatorischer Befragungen gegenüber Mitgliedern oder Mitarbeitern von Untersuchungsausschüssen bzw. informatorischer Anhörungen gegenüber einem Ermittlungsbeauftragten tätigt, einem Verwertungsverbot im Untersuchungsausschussverfahren unterliegen. Dies wird für die entsprechende Konstellation im Strafverfahren von der überwiegenden Ansicht und Rechtsprechung bejaht. Bei der informatorischen Befragung handelt es sich um eine vernehmungsähnliche Situation, bei der die Aussagefreiheit als anerkanntes und elementares Prinzip herausgestellt bleibt und die Anerkennung eines Beweisverwertungsverbotes bei fehlender Belehrung über die Aussagefreiheit gemäß § 136 StPO bzw. § 55 StPO gebietet. Die Verwertung der informatorischen Befragung ist dann im Strafverfahren mit dem Grundsatz nemo tenetur se ipse accusare nicht vereinbar.[78] Aufgrund der vergleichbaren Zielrichtungen informatorischer Befragungen von Auskunftspersonen im Straf- und Untersuchungsverfahren und der Geltung des nemo-tenetur-Prinzips auch im Untersuchungsausschussverfahren (vgl. C.III.7.a), D.III.2.a)(1)) hat das Beweisverbot für informatorische Befragungen im Strafverfahren sinngemäß auch im Untersuchungsausschussverfahren zu gelten.

78 Vgl. eingehend *Schaal* Beweisverwertungsverbot bei informatorischer Befragung im Strafverfahren, Juristische Reihe Tenea/www.jurawelt.com, Bd. 8, zugleich Universität Passau Dissertation 2002.

ii) Verbotene Vernehmungsmethoden

Bei allen Vernehmungen ist das Verbot bestimmter, die Subjektstellung des Zeugen berührender, Vernehmungsmethoden zu beachten. Beeinträchtigungen der Willensfreiheit, die den Zeugen zum Objekt des Verfahrens degradieren, aber auch sonst rechtsstaatlich unwürdige Maßnahmen sind verboten. Dieses Verbot leitet sich unmittelbar aus der Wahrung der Menschenwürde (Art. 1 GG) ab und gilt damit uneingeschränkt im Untersuchungsausschussverfahren. Klarstellend hat der Gesetzgeber § 136a StPO in § 24 Abs. 6 PUAG für entsprechend anwendbar erklärt. In § 136a StPO sind Misshandlung, Ermüdung, körperlicher Eingriff, Verabreichung von Mitteln, Quälerei, Täuschung, Hypnose, Drohung mit einer unzulässigen Maßnahme und Versprechen eines gesetzlich nicht vorgesehenen Vorteils als verbotene Vernehmungsmethoden aufgelistet.[79] Für das Untersuchungsausschussverfahren gelten hinsichtlich der Voraussetzungen und Ausprägungen des § 136a StPO im Strafprozess keine Abweichungen oder Besonderheiten.

Dass die Thematik der Anwendung verfassungswidriger, die Menschenwürde verletzender, Vernehmungsmethoden durch den Gesetzgeber nicht ohne jede Relevanz für Vernehmungssituationen in Untersuchungsausschussverfahren ist, zeigt die Entscheidung des OLG Köln. Das OLG Köln hat eine Verletzung des § 136a StPO bei der Befragung eines Zeugen durch Mitglieder von Untersuchungsausschüssen für möglich erachtet, und zwar namentlich in den Fällen, in denen der Zeuge ständig angeschrien und in sonstiger Weise unter Druck gesetzt wird, er übermüdet und erschöpft ist, ihm keinerlei Akten vorliegen, ihm Ordnungsgeld und -haft angedroht wurden oder Mitglieder des Untersuchungsausschusses den Sitzungssaal ständig betreten und verlassen. In solchen Fällen gilt, dass Aussagen, die unter den Voraussetzungen des § 136a StPO zustande gekommen sind, zwingend auch im Untersuchungsausschussverfahren nicht verwertbar sind (vgl. § 136a Abs. 3 S. 1 StPO), selbst wenn der Zeuge der Verwertung zustimmen sollte (§ 136a Abs. 3 S. 2 StPO). Eine Ausnahme ist nur dann möglich, wenn der Zeuge nach qualifizierter Belehrung und ohne Beeinträchtigung seiner Willensfreiheit die Aussage wiederholt.[80] Eine unter entsprechend gravierenden Umständen erfolgte objektive Falschaussage ist ferner nicht mehr tatbestandsmäßig im Sinne des § 153 StGB, sofern verbotene Vernehmungsmethoden nach § 136a

---

79 Verboten ist auch die Androhung von Folter, dessen Missachtung einer Rechtfertigung nicht zugänglich ist, vgl. LG Frankfurt, StV 2003, 325, 326, hierzu u.a.: *Weigend* StV 2003, 436 ff.; *Kinzig* ZStW 2003, 791 ff.; *Saliger* ZStW 2004, 35 ff.

80 *Ranft* Rn. 333.

StPO in solcher Ausprägung angewandt werden, dass die „Aussage" nur als widerwillige oder willenlose Hinnahme eines fremden Diktats erscheint bzw. nicht mehr von einer freien Mitteilung eigenen Wissens gesprochen werden kann.[81]

(d) Gewährung sicheren Geleits

Ggf. ist einem Zeugen durch den Untersuchungsausschuss sicheres Geleit zur Zeugenvernehmung zu gewähren, damit eine die Aussage ermöglichende Umgebung geschaffen wird. In der Vergangenheit hatte der Ermittlungsrichter des BGH einer Auskunftsperson, der die Offenbarung von Staatsgeheimnissen vorgeworfen wurde, sicheres Geleit zur Durchführung einer Vernehmung vor dem Untersuchungsausschuss eines Landtages gewährt, um die Prüfung von in der Presse erhobenen Vorwürfen gegen den Angehörigen einer Landtagsfraktion zu ermöglichen.[82]

(2) Inhalt der Aussagepflicht

Gemäß § 24 Abs. 4 PUAG vernimmt der Vorsitzende die Zeugen zur Person. Zu Beginn der Vernehmung zur Sache ist Zeugen Gelegenheit zu geben, das, was ihnen von dem Gegenstand ihrer Vernehmung bekannt ist, im Zusammenhang darzulegen. Der Inhalt der Aussagepflicht betrifft wie im Strafverfahren die Vernehmung zur Person und zur Sache.

(a) Angaben zur Person und Sache

§ 24 Abs. 4 S. 1 PUAG sieht im Vergleich zum Strafprozess lediglich vor, dass der Vorsitzende den Zeugen nach der Belehrung (§ 24 Abs. 3 PUAG) zur Person vernimmt, was in etwa der Vorgabe des detaillierteren § 68 Abs. 1 StPO entspricht. Gemäß § 68 Abs. 1 StPO beginnt die Vernehmung damit, dass der Zeuge über Vornamen und Zunamen, Alter, Stand oder Gewerbe und Wohnort befragt wird. Im Strafprozess ist der Zeuge gemäß § 68 StPO zudem verpflichtet, auch bei Bestehen von Zeugnis- und Auskunftsverweigerungsrechten Angaben zur Person zu tätigen. Unterlässt dies der Zeuge, greift

---

81 OLG Köln, NJW 1988, 2485, 2486. Offengelassen hat das Gericht die Frage, ob bei Vorliegen einer beschuldigtenähnlichen Stellung des „Zeugen" im Untersuchungsverfahren eine Strafbarkeit nach § 153 StGB entfallen könnte (vgl. 2487).

82 BGH, Beschluss vom 06.05.1983, 2 BGs 181/83.

§ 111 OWiG ein – mit der Folge einer Bußgeldahndung gemäß § 111 Abs. 3 OWiG. Anders als im Strafverfahren ist im PUAG eine sanktionierte Pflicht nicht ausdrücklich aufgenommen.

Die sanktionierbare Pflicht zur Angabe gilt indes auch im Untersuchungsausschussverfahren. Denn § 24 Abs. 4 PUAG enthält eine mit § 68 Abs. 1 StPO vergleichbare inhaltliche Ermächtigung, Angaben zur Person vom Zeugen abzufragen. Ob diese wie im Strafverfahren gemäß § 111 OWiG auch im Falle des Unterlassens von Angaben sanktioniert werden kann, ergibt sich zwar nicht aus dem PUAG. Die Sanktionierung setzt jedoch gemäß § 111 OWiG neben den falschen bzw. unterlassenen Angaben zur Person voraus, dass eine zuständige Behörde oder ein zuständiger Amtsträger diese erfragt. Dies sind unstreitig die Organe im Straf- und Bußgeldverfahren. Nach der Rechtsprechung sind jedoch auch parlamentarische Untersuchungsausschüsse zuständige Behörden.[83] Im Untersuchungsausschussverfahren besteht daher wie im Strafprozess eine sanktionsbewehrte Pflicht zur Angabe der Personalien. Eine Ausnahme von der Pflicht, Angaben zur Person zu tätigen, bestimmt § 10 Abs. 1 ZSHG (Zeugenschutz in justizförmigen Verfahren), der neben dem Strafverfahren ausdrücklich auch Verfahren vor einem Untersuchungsausschuss einschließt[84]

Die Befragung der Zeugen zur Sache erfolgt gemäß § 24 Abs. 4 und 5 PUAG. Demnach gibt der Vorsitzende dem Zeugen zu Beginn der Vernehmung zur Sache Gelegenheit, im Zusammenhang vorzutragen. Zur Aufklärung und zur Vervollständigung der Aussage sowie zur Erforschung des Grundes, auf dem das Wissen der Zeugen beruht, kann zunächst der Vorsitzende weitere Fragen stellen. Anschließend erhalten die übrigen Mitglieder das Wort zu Fragen. Für die Festlegung der Reihenfolge und der Dauer der Ausübung des Fragerechts der einzelnen Fraktionen sind die Vorschriften der Geschäftsordnung und die Praxis des Bundestages zur Reihenfolge der Reden und zur Gestaltung von Aussprachen entsprechend anzuwenden, sofern der Untersuchungsausschuss nicht einstimmig Abweichendes beschließt. Die Beweisaufnahme wird in der Praxis[85] in der Regel in drei Abschnitte aufge-

83 OVG Berlin, NJW 2002, 313, 314; VGH Saarland, Beschluss vom 02.04.2003, Lv 6/02, Absatz-Nr. 25 f. Ob der Vorsitzende bzw. die Abgeordneten darüber hinaus Amtsträger im Sinne des § 111 OWiG sind, ist bislang weder von der Rechtsprechung noch vom Schrifttum behandelt worden, vgl. KK-*Rogall* OWiG, § 111, Rn. 33 ff.

84 Gemäß Abs. 2 sind zudem Urkunden und sonstige Unterlagen, die Rückschlüsse auf eine Tarnidentität oder den Wohn- oder Aufenthaltsort einer geschützten Person zulassen, sind nur insoweit zu den Verfahrensakten zu nehmen, als Zwecke des Zeugenschutzes dem nicht entgegenstehen. Dem folgend werden entsprechend Unterlagen oder Hinweise nicht in einen (öffentlichen) Abschlussbericht aufzunehmen sein.

85 Vgl. exemplarisch den Abschlussbericht des *Parteispenden-Ausschuss*es des Deutschen Bundestages, BT-Drs. 14/9300, 43.

teilt. Zunächst steht das Fragerecht dem Vorsitzenden zu. Im zweiten Abschnitt wird das Fragerecht abwechselnd von den Fraktionen durch die von ihnen gestellten Berichterstatter ausgeübt.[86] Die Berichterstatter können das ihnen zustehende Fragerecht dann an ein ordentliches Mitglied oder auch an ein stellvertretendes Ausschussmitglied ihrer Fraktion weitergeben.

(b) Keine Vorbereitungspflicht des Zeugen

Eine Pflicht zur Vorbereitung auf die Zeugenvernehmung, etwa durch Studium von Akten und Unterlagen oder auf andere Weise, oder zur Gedächtnisauffrischung kennt weder das PUAG[87] noch grundsätzlich die StPO.[88] Der Zeuge ist allein verpflichtet, aus seiner im Zeitpunkt der Vernehmung aktuellen Erinnerung heraus, wahrheitsgemäß Tatsachen auszusagen, ohne etwas hinzuzufügen oder zu verschweigen. Ebenso wenig existiert eine Pflicht zur Neubeschaffung von Informationen für Zeugen.[89] Er muss sich nicht über Vorgänge informieren, an denen er nicht beteiligt war.

Nur wenn der Zeuge anlässlich der Vernehmung allein mit Hilfe seines Gedächtnisses seiner Aussagepflicht nicht nachkommen kann, hat er nach der Rechtsprechung des BGH im Strafverfahren nicht nur das Recht, sondern auch die Pflicht, sich bei der Vernehmung – nicht aber vor der Vernehmung – Hilfsmittel (z.B. Unterlagen, Akten, Protokolle, Skizzen, Fotographien u.ä.) zu bedienen, um damit sein Erinnerungsbild aufzufrischen und ggf. zu berichtigen. Die Verletzung dieser Pflicht kann ihn der Gefahr aussetzen, wegen fahrlässigen Falscheides gemäß § 163 StGB zur Verantwortung gezogen zu

---

86 Die Gesamtzeit für den zweiten Abschnitt wird auf zwei Stunden begrenzt und unter den Fraktionen nach den für die Plenarsitzungen geltenden Regeln aufgeteilt.

87 Ungeachtet dessen ist es häufig ratsam, sich als Zeuge in parlamentarischen Untersuchungsausschüssen auf das Beweisthema vorzubereiten. Dieser Punkt besitzt vor allem bei der Vernehmung von leitenden Mitarbeitern, Vorstandsmitgliedern, Direktoren und Geschäftsführern Bedeutung, da diese häufig als Zeugen geladen werden in der Erwartung, sie werden über sämtliche Vorgänge in ihren mitunter großen Bereichen eigene Nachforschungen anstellen. Der Zeuge, der eine vorherige Selbstinformation unterlassen hat und nicht in die Gefahr einer strafbaren Falschaussage geraten will, sollte in der Vernehmung auf eine mögliche Nichtübereinstimmung seiner Erinnerung mit vorhandenen Unterlagen hinweisen (vgl. *Sichtermann/Feuerborn/Kirchherr/Terdenge* S. 331 f.).

88 SK-*Rogall* StPO, Vor § 48, Rn. 134 m.w.N.; *Schlothauer* in FS Dahs 457 ff.; a.A. *Bruchner/Krepold* in Schimansky/Bunte/Lwowski, Bankrechts-Handbuch, § 39, Rn. 224; *Meyer-Goßner* StPO, § 69, Rn. 8.

89 *Sichtermann/Feuerborn/Kirchherr/Terdenge* S. 331 f.; *Bruchner/Krepold* in Schimansky/Bunte/Lwowski, a.a.O., § 39, Rn. 224.

werden.[90] Darüber hinaus hat der Zeuge auf die Existenz derartiger Unterlagen, die dem Vernehmenden nicht bekannt sind, hinzuweisen.[91] Liegen diese Unterlagen bei der Vernehmung nicht vor, kann von dem Zeugen verlangt werden, dass er alle ihm möglichen und zumutbaren Anstrengungen unternimmt, die entsprechenden Hilfsmittel aufzufinden und einzusehen, damit er ggf. in einem weiteren Vernehmungstermin wahrheitsgemäß und vollständig aussagen kann.[92] Ihm kann gemäß § 95 StPO auch bereits in der Ladung aufgegeben werden, bestimmte Unterlagen mitzubringen und bei der Vernehmung vorzulegen.[93]

Eine derartige Nachforschungs- und Vergewisserungspflicht[94] besteht für „gewöhnliche" Zeugen im Strafverfahren aber jedenfalls nicht von Anfang an[95], d.h. mit Zugang der Ladung bzw. Bekanntgabe der Vernehmung. Sie kann erst mit Beginn der Vernehmung entstehen.[96] Die Nachforschungs- und Vergewisserungspflicht erstreckt sich dabei auch nur auf Tatsachen, die einmal Gegenstand der eigenen Wahrnehmung gewesen sind und die nur mittlerweile nicht mehr präsent sind.[97] Die Erkundigungspflicht von Zeugen ist ferner beschränkt auf mögliche und zumutbare Ermittlungen. Schwierige, einen außergewöhnlichen Zeitaufwand in Anspruch nehmende Nachforschungen, etwa das eingehende Studium ganzer Bilanzen oder das Durchsehen einer Unzahl von Aktenordnern, um eine bestimmte Unterlage zu finden, sind danach nicht erforderlich. Hier ist das Gericht bzw. der Untersuchungsausschuss darauf angewiesen, sich die notwendigen Erkenntnisse selbst zu verschaffen bzw. durch Sachverständige verschaffen zu lassen.[98]

Eine Übertragung diese Grundsätze auf das Untersuchungsausschussverfahren begegnet keinen Bedenken, sie ist sogar sinngemäß geboten. Denn nicht selten laden Untersuchungsausschüsse Personen in leitenden bzw. exponierteren Positionen, die in der Regel aus eigener Wahrnehmung keine Angaben zu Einzelvorgängen in ihren Bereichen tätigen können, mit der Erwartung, dass diese detailliert Auskunft zu Vorgängen geben können. Die Verschaffung und Aneignung solcher Informationen, die zwar regelmäßig möglich ist, würde aber dazu führen, dass keine Zeugenaussage aus eigener Wahrnehmung, sondern eine Art sachverständige Bewertung über den in der Vergangenheit liegenden Vorgang aus einer nicht unbefangenen Perspektive

---

90 BGHSt 1, 4, 8; LR-*Dahs* StPO, Bd. 1, § 69, Rn. 9 m.w.N.

91 LK-*Willms* § 163, Rn. 13; *Nöldeke* NJW 1979, 1644, 1645; *Krehl* NStZ 1991, 416, 417.

92 *Krehl* NStZ 1991, 416, 417; *Eisenberg* Beweisrecht, Rn. 1201.

93 Vgl. Nr. 64 Abs. 2 RiStBV.

94 LR-*Dahs* StPO, Bd. 1, § 69, Rn. 9; *Krehl* NStZ 1991, 416, 418.

95 Vgl. RGSt 8, 108, 109 f.; *Krehl* NStZ 1991, 416, 418.

96 *Krehl* NStZ 1991, 416, 417, 418.

97 *Krehl* NStZ 1991, 416, 417; *Eisenberg* Beweisrecht, Rn. 1202.

98 *Krehl* NStZ 1991, 416, 417.

heraus erfolgt, also gerade keine Zeugenaussage mehr darstellt. Daher ist es in der Regel unerlässlich, Mitarbeiter auf der Sachbearbeitungsebene zu Einzelvorgängen als Zeugen zu befragen und nicht von leitenden Mitarbeitern zu erwarten, sich (nachträglich) eingehend mit jeglichen Vorgängen aus ihrem Verantwortungsbereich zu befassen, um einem Untersuchungsausschuss hierüber zu berichten.

Etwas anderes, nämlich eine Vorbereitungspflicht, soll in Anlehnung an Rechtsprechung des OLG Köln und Literatur zu § 69 StPO allenfalls für solche Zeugen gelten, die über in amtlicher Eigenschaft oder im amtlichen Auftrag gemachte Wahrnehmungen aussagen sollen. Für sie soll eine – allerdings nicht mit den Zwangsmitteln des § 70 Abs. 1 StPO erzwingbare – Vorbereitungspflicht bestehen[99], z.B. sich die ihnen bei ihrer Behörde zugänglichen Akten einzusehen, um sich vor der Vernehmung Einzelheiten ins Gedächtnis zurückzurufen.[100] Diese Vorbereitungspflicht, die zu Recht erheblichen Bedenken begegnet[101], ist nicht auf das Untersuchungsausschussverfahren übertragbar. Sie ist bislang nur in einem Einzelfall für einen erfahrenen Polizeibeamten erwogen worden; abgelehnt hat sie das OLG Köln (selbst) für einen Polizeibeamten, der noch keine erfahrene „Berufspersönlichkeit" ist.[102] Eine pauschale sinngemäße Anwendung der Rechtsprechung auf Amtsträger in Bundes- oder Landesbehörden verbietet sich deshalb. Erzwingbar wäre die Vorbereitungspflicht in keinem Fall.

Die Regelung des § 20 PUAG (Information über das Beweisthema in der Ladung, vgl. D.I.2.a)(2)(a)) darf schließlich in der Praxis auch nicht zu einer Erwartungshaltung an den Zeugen führen, dass sich dieser selbstverständlich auf die Zeugenvernehmung vorbereitet. Eine entsprechende gesetzliche Grundlage existiert im PUAG nicht. Auch ein Rückgriff auf die Vorschriften über den Strafprozess führt – wie dargelegt – zu keiner anderen Wertung. Eine Vorbereitungspflicht wird auch nicht dadurch eingeführt, dass Zeugen beispielsweise vorab Fragenkataloge zur Vorbereitung auf die Vernehmung verbunden mit der Erwartung des Untersuchungsausschusses übersandt werden, der Zeuge werde vorbereitete Antworten referieren. Die Etablierung einer Vorbereitungspflicht würde die Befugnisse und Grenzen der Strafprozessordnung überschreiten und kann daher auch nicht sinngemäß übertragen werden. Insofern ist beachtlich, dass es der Gesetzgeber nach Einführung des an der Regelung des § 377 Abs. 2 ZPO gestalteten § 20 Abs. 2 PUAG unterlassen hat, eine dem § 378 ZPO entsprechende Regelung einzuführen. § 378

99 OLG Köln, NJW 1966, 1420, 1421; *Krehl* lehnt die gesteigerte Vergewisserungspflicht ab: NStZ 1991, 416, 417; LR-*Dahs* StPO, Bd. 1, § 69, Rn. 9 m.w.N.

100 BGHSt 1, 4, 8; *Meyer-Goßner* StPO, § 69, Rn. 8.

101 *Krehl* NStZ 1919, 416, 417.

102 OLG Köln, NJW 1966, 1420, 1421.

ZPO (Aussageerleichternde Unterlagen) sieht vor, dass der Zeuge Aufzeichnungen und andere Unterlagen einzusehen und zu dem Termin mitzubringen hat, wenn ihm dies gestattet und zumutbar ist, und soweit es die Aussage über seine Wahrnehmungen erleichtert (§ 378 Abs. 1 ZPO). Kommt der Zeuge auf eine bestimmte Anordnung des Gerichts der Verpflichtung nach Abs. 1 nicht nach, so kann das Gericht gemäß § 390 ZPO Ordnungsgeld verhängen bzw. Ordnungshaft anordnen. Für eine „sinngemäße Anwendung" der Vorschrift des Zivilverfahrens besteht gemäß Art. 44 Abs. 2 GG jedoch kein Raum, so dass eine dem Zivilverfahren nachgebildete Vorbereitungsverpflichtung im Untersuchungsausschussverfahren nicht besteht. Insofern ist die Gestaltung des § 20 Abs. 2 PUAG, sofern eine Vorbereitungspflicht durch den Gesetzgeber intendiert gewesen sein sollte, ohne eine dem § 378 ZPO entsprechende Regelung unvollkommen. Für eine Vorbereitungspflicht wäre eine gesetzliche Nachbesserung erforderlich. Die Information über das Beweisthema dient dem Zweck der Beurteilung, ob sich das Beweisthema im Rahmen des Untersuchungsauftrages bewegt und der Zeuge in der Lage ist, hierzu auszusagen. Ob sich der Zeuge inhaltlich auf die Vernehmung vorbereitet oder nicht, bleibt ihm überlassen. Häufig wird er dies tun, um anlässlich einer regelmäßig öffentlichen Vernehmungssituation sicher zu wirken und auf Fragen qualifiziert reagieren zu können.

(c) Schriftliche Befragung von Zeugen

Gegen eine schriftliche Befragung unter Hinweis auf die entsprechende Pflichtenstellung und Belehrung bestehen in einer Untersuchungsausschusssitzung keine Bedenken. Sie ist als Minus zur mündlichen Zeugenvernehmung zulässig. Sie bietet sich in der Praxis bei schwer oder durch den Untersuchungsausschuss gar nicht zu erreichenden Zeugen an, um überhaupt eine verwertbare Äußerung zu erhalten. Die Vornahme schriftlicher Zeugenbefragungen mag sich für Untersuchungsausschüsse insbesondere in Fällen im Ausland befindlicher Zeugen, die für den Untersuchungsausschuss als unerreichbar gelten, anbieten.

Die Frage der Verwertung einer solchen schriftlichen Äußerung ist Teil der Beweiswürdigung. Dabei wird der Untersuchungsausschuss im Rahmen der Beweiswürdigung den Umstand zu berücksichtigen haben, dass die Beantwortung schriftlicher Fragen ohne die Möglichkeit einer konfrontativen Befragung durch den Untersuchungsausschuss ggf. unter Vorhalt anderer Beweismittel regelmäßig ein weniger belastbares Beweismittel darstellt. Dies vermag jedoch nichts an der Zulässigkeit der schriftlichen Äußerung selbst im Falle einer Erreichbarkeit des Zeugen zu ändern. Eine im Strafverfahren gegebene Verletzung des Mündlichkeits- und Unmittelbarkeitsprinzips bliebe im

Untersuchungsausschussverfahren folgenlos, da diese strafprozessualen Grundsätze keine Anwendung finden.

(3) Grenzen der Aussagepflicht

Die Aussagepflicht des Zeugen im Untersuchungsausschussverfahren steht schließlich unter dem Vorbehalt, dass sie sich nur auf Tatsachen erstreckt, die den Untersuchungsauftrag betreffen, und nicht auf Wertungen oder Schlussfolgerungen.

(a) Begrenzung auf den Untersuchungsgegenstand

Eine Aussagepflicht des Zeugen zu Fragen, die außerhalb des Untersuchungsauftrages liegen, besteht nicht. Dies folgt schon daraus, dass Beweiserhebungen, die nicht im Rahmen des Untersuchungsauftrages liegen, unzulässig sind.[103] Gemäß § 3 S. 1 PUAG ist der Untersuchungsausschuss an den ihm erteilten Untersuchungsauftrag gebunden. § 17 Abs. 2 PUAG bestimmt, dass Beweise zu erheben sind, „es sei denn die Beweiserhebung ist unzulässig". Auch darf ein Untersuchungsausschuss nicht selbst den Untersuchungsauftrag erweitern, um entsprechend seine Befugnisse bei der Beweiserhebung zu erweitern; er ist ein vom Parlament eingesetztes und insoweit von diesem abhängiges Gremium. Der Untersuchungsausschuss kann daher lediglich das Parlament ersuchen, den Untersuchungsauftrag so zu erweitern, dass eine Befragung zu einem bestimmten Beweisthema zulässig wird.

Tätigt ein Zeuge zu außerhalb des Untersuchungsauftrages liegenden Tatsachen unzutreffende Angaben, bleibt eine Falschaussage (§ 153 StGB) straflos, da solche Tatsachen nicht von der Aussagepflicht erfasst sind.[104]

(b) Begrenzung auf Tatsachen

Zeugen sind nur zu Tatsachen zu befragen, die mit dem aufzuklärenden Ereignis, also dem Untersuchungsgegenstand, zusammenhängen.[105] Gegenstand der Zeugenaussage können nur Vorgänge sein, die einer sinnlichen Wahrnehmung zugänglich sind. Gerade im Untersuchungsausschussverfahren

---

103 BT-Drs. 14/5790, 17.

104 OLG Koblenz, StV 1988, 531, 532; *Buchholz* S. 56; *Wagner*, GA 1976, 257, 273.

105 RGSt 52, 289; *Alsberg/Nüse/Meyer* S. 171, 190 ff.; SK-*Rogall* StPO, Vor § 48, Rn. 15 m.w.N.

kommt es aber wegen der Öffentlichkeitswirkung bestimmter Zeugen, der mangelnden Qualifikation und Übung der Parlamentarier sowie im Hinblick auf eine intendierte Berichterstattung in den Medien häufig vor, dass aufgrund des politischen Charakters Befragungen nach Werturteilen, Meinungen und Schlussfolgerungen vorgenommen werden bzw. sogar eine zentrale Rolle spielen.[106] Dies ist unzulässig und, falls der Ausschussvorsitzende nicht eingreift, ggf. durch den Zeugen oder seinen Beistand zu beanstanden.[107] Allenfalls darf ein Zeuge bewerten, wenn er als sog. „Leumundszeuge" z.B. über Charaktereigenschaften und Ruf eines anderen berichten soll. Immer muss aber darauf geachtet werden, dass auch für einfache Beurteilungen Tatsachen als Grundlage angeführt werden.

c) Keine Eidespflicht

Die Vereidigung von Zeugen durch parlamentarische Untersuchungsausschüsse ist ein in der Praxis kaum relevantes Thema. Dennoch sind insbesondere im Zuge des *Parteispenden-Ausschusses* des Deutschen Bundestages[108] und nach der Einführung des PUAG, das nunmehr auf eine Vereidigung von Zeugen verzichtet[109], eine Vielzahl an kontroversen Abhandlungen veröffentlicht worden. In diesen wird entweder eine Vereidigung durch parlamentarische Untersuchungsausschüsse generell abgelehnt[110], eine Vereidigungsmöglichkeit erst nach Inkrafttreten des PUAG abgelehnt[111] oder eine Vereidigung von Zeugen auch nach wie vor über die sinngemäße Anwendung der Vorschriften über den Strafprozess gemäß Art. 44 Abs. 2 S. 1 GG für möglich erachtet. Letztgenannte Ansicht sieht in dem gesetzlichen Verzicht auf die Vereidigung im PUAG lediglich eine Selbstbindung des Parlamentes.[112]

(1) Tendenz in der Gesetzgebung

Die gesetzgeberische Tendenz geht dahin, die in den (älteren) Untersuchungsausschussgesetzen der Bundesländer noch enthaltene Vereidigungsmöglichkeit parlamentarischer Untersuchungsausschüsse abzuschaffen. Dem

---

106 *Damkowski* S. 41 f.
107 *Dahs* HB StV, Rn. 572.
108 BT-Drs. 14/9300, 82 ff. *Parteispenden-Ausschuss.*
109 § 16 Abs. 4 IPA-Regeln sah noch eine Vereidigung von Zeugen vor.
110 *Hamm* ZRP 2002, 11 ff.
111 *Rogall* in GS Meurer, 470; *Geis* § 55, Rn. 56.
112 *Glauben/Brocker* S. 314; *Wiefelspütz* S. 262 ff.; *Plöd* S. 154 f.; *Rixen* JZ 2002, 435, 436 ff.

Beispiel des PUAG folgten bereits Mecklenburg-Vorpommern und Nordrhein-Westfalen. Es ist zu erwarten, dass neue Untersuchungsausschussgesetze von einer Vereidigungsmöglichkeit künftig ebenfalls absehen werden.[113]

Von den Befürwortern der Vereidigungsmöglichkeit wird die gesetzgeberische Entwicklung hin zu einer Abschaffung der Vereidigungsbefugnis allerdings nicht damit begründet, dass sie von einer Unzulässigkeit der Vereidigung durch Untersuchungsausschüsse überzeugt worden seien. Vielmehr sei maßgeblich, dass die Frage der Vereidigung in der Praxis irrelevant geworden ist und auch die Strafjustiz immer seltener zur Vereidigung schreite.[114] Möglicherweise hat sich der Gesetzgeber aber bei seiner Entscheidung, von einer Vereidigung künftig Abstand zu nehmen, auch von der Erkenntnis leiten lassen, dass die Vereidigung nach empirischen und rechtspolitischen Erkenntnissen nicht geeignet sein soll, die Sachverhaltsaufklärung zu fördern.[115] Motive für den Verzicht auf die Vereidigungsbefugnis sind der Gesetzesbegründung zum PUAG nicht zu entnehmen.

(2) Ansichten von *Glauben/Brocker, Plöd* und *Wiefelspütz*

Obgleich das PUAG die Vereidigung von Zeugen nun nicht mehr vorsieht, gehen *Wiefelspütz* und ihm folgend *Glauben/Brocker* sowie *Plöd*, davon aus, dass

113 In Baden-Württemberg können Zeugen und Sachverständige noch gemäß § 18 UAG BW vereidigt werden. Ausdrücklich ist in Ergänzung zu § 60 StPO in der Vorschrift zudem aufgenommen, dass von einer Vereidigung abzusehen ist, wenn der Verdacht besteht, der Zeuge könne sich eines Verhaltens schuldig gemacht haben, das die Erhebung einer Abgeordnetenanklage oder einer Ministeranklage zur Folge haben kann. Betroffene, die gemäß des UAG BW eine zeugenähnliche Stellung einnehmen sollen, können vereidigt werden. Auch das UAG Hamburg in § 24, das UAG Nordrhein-Westfalen in § 20, Sachsen-Anhalt in § 22, Schleswig-Holstein in § 15, Sachsen in § 18, Bremen in § 14 Abs. 2 und Berlin in § 12 Abs. 3 enthalten vergleichbare Regelungen. Von den Bundesländern, die eine Betroffenenstellung regeln, schließen lediglich konsequenterweise Rheinland-Pfalz und Thüringen, jeweils in § 20, die Vereidigung von Betroffenen aus, obgleich sie, beispielsweise wie in Baden-Württemberg oder Schleswig-Holstein, eine eher zeugenähnliche Stellung innehaben. Auch Bayern regelt die Vereidigungsmöglichkeit in Art. 16 UAG Bayern vergleichbar. Allerdings sieht § 16 Abs. 2 UAG Bayern ausdrücklich als Voraussetzung für die Vereidigung vor, dass der Untersuchungsausschuss die Vereidigung wegen der Bedeutung der Aussage oder zur Herbeiführung einer wahrheitsgemäßen Aussage für notwendig hält. Ferner unterscheidet sich die Situation in Bayern von der in anderen Bundesländern und dem Bund dadurch, dass die Vereidigungsbefugnis bayerischer Untersuchungsausschüsse in der Verfassung (Art. 25 Abs. 2) verankert ist.

114 Deutscher Bundestag, 14. Wahlperiode, Protokoll G44 des Ausschusses für Wahlprüfung, Immunität und Geschäftsordnung, 44/6.

115 *Dahs* in FS Rebmann, 179.

eine Vereidigung von Zeugen durch parlamentarische Untersuchungsausschüsse gemäß Art. 44 Abs. 2 S. 1 GG weiterhin möglich ist.[116] Bestätigung erfährt diese Ansicht durch eine Entscheidung des VG Berlin.[117] Der Verzicht auf die Befugnis, Zeugen und Sachverständige zu vereidigen, habe keine Art. 44 Abs. 2 S. 1 GG berührende Wirkung, sondern sei nichts anderes als die durch Gesetz beschlossene Selbstbindung des Parlaments, auf die Vereidigung von Zeugen und Sachverständigen in zukünftigen Untersuchungsausschüssen zu verzichten.[118]

Diesem in seinen Folgen unklaren Standpunkt tritt bereits *Rogall*[119] entgegen:

> „Der vom Gesetzgeber zum Ausdruck gebrachte Wille ist eindeutig auf die Abschaffung des Eides in Verfahren vor Untersuchungsausschüssen des Bundes gerichtet. Diese Regelung ist entweder verfassungsgemäß (was ich annehme) oder sie ist es nicht."[120]

Ausgangspunkt für die Annahme der (wohl noch) überwiegenden Meinung ist, dass sich das Vereidigungsrecht (unmittelbar) aus einer sinngemäßen Vorschriften über den Strafprozess (§§ 59 ff. StPO) über Art. 44 Abs. 2 S. 1 GG ableitet. Das Vereidigungsrecht bestehe unabhängig davon, ob im PUAG oder in Untersuchungsausschussgesetzen von Bundesländern entsprechende gesetzliche Regelungen nach wie vor enthalten oder mittlerweile abgeschafft worden sind. Die überwiegende Meinung[121] geht zunächst maßgeblich unter Berufung auf Darlegungen des BVerfG im sog. *Flick-Verfahren*[122] zur Entstehungsgeschichte des Art. 44 GG und der Vorläuferregelung Art. 34 WRV

116 *Wiefelspütz* S. 268 f.; *ders.* KritV 2003, 376, 385 f.; *Glauben/Brocker* S. 315; *Plöd* S. 154 f.

117 VG Berlin, NVwZ-RR 2003, 708, 709.

118 *Wiefelspütz* a.a.O.; VG Berlin, NVwZ-RR 2003, 708, 710 f.

119 Auffällig ist, dass die überwiegend verfassungsrechtliche Literatur und Rechtsprechung eine Vereidigungsmöglichkeit anerkennen, vgl. *Wiefelspütz* ZRP 2002, 14 ff. m.w.N., während die eher strafprozessual betrachtende einem Untersuchungsausschuss diese mit im Ergebnis überzeugenden Argumenten abspricht (vgl. Gutachterliche Stellungnahme von *Hamm* zur Frage der Vereidigung des Herrn Hessischen Ministerpräsidenten Roland Koch im Untersuchungsausschuss 14/1 des Deutschen Bundestages [BT-Drs. 14/9300 *Parteispenden-Ausschuss*] am 16.11.2001 [überarbeitete Fassung], 24; *Dahs* in FS Rudolphi, 603; *Schaefer* NJW 2002, 490, 491; *Groß* ZRP 2002, 91).

120 *Rogall* in GS Meurer, 480.

121 Einschränkend *Halstenberg* S. 88, der 1957 ausführte, dass die unbeschränkte Übernahme des § 59 StPO keine sinngemäße Anwendung der strafprozessualen Vorschriften mehr wäre. Erst das „auf den Einzelfall bezogene intensive Interesse an der Wahrheitserforschung im Strafprozess erheischt die eidliche Aussage", welches im Regelfall zu verneinen sei. Eine Vereidigung sei nur dann geboten, „wenn sie zur Herbeiführung einer wahren Aussage über einen wesentlichen Punkt des zu untersuchenden Sachverhaltes erforderlich erscheint".

122 BVerfGE 67, 100, 130 ff. *Flick-Ausschuss*.

von einem tradierten Vereidigungsrecht parlamentarischer Untersuchungsausschüsse aus.[123] Die Berufung auf die Rechtsprechung des BVerfG ist indes falsch und irreführend, denn eine solche ist zur Frage der Zulässigkeit der Vereidigung bislang nicht ergangen. Die stets zitierte Entscheidung des BVerfG zum sog. *Flick-Ausschuss* hatte die Frage der Zulässigkeit von Vereidigungen durch Untersuchungsausschüsse nicht zum Gegenstand.[124]

Mit dem seit mittlerweile über 35 Jahre praktizierten Verzicht auf eine Vereidigung von Zeugen (unabhängig von der Wichtigkeit ihrer Aussagen) haben die parlamentarischen Untersuchungsausschüsse des Bundes es in der Vergangenheit vermieden, dass die Bedenken gegen ihre Befugnis zur Eidesabnahme thematisiert, problematisiert oder einer verfassungsgerichtlichen Klärung zugeführt wurden. Es ist deshalb nicht nachvollziehbar, weshalb sich die überwiegende Meinung[125] stets auf eine Passage aus der vom BVerfG zum *Flick-Ausschuss* getroffenen Entscheidung beruft, in der lediglich die Entstehungsgeschichte des Art. 44 GG referiert und keine Ansicht zur Frage der Vereidigung geäußert oder auch nur suggeriert wird. Zutreffend ist lediglich, dass die Vereidigung von Zeugen durch Untersuchungsausschüsse von der verfassungsgebenden Deutschen Nationalversammlung offensichtlich intendiert gewesen ist.[126] Hieraus wird aber weiter das Argument abgeleitet, dass das,

> „was vom Verfassungsgesetzgeber zweifelsfrei und überdeutlich gewollt war, (...) sich nicht interessengeleitet hinweginterpretieren [lässt].“[127]

Dieses Argument vermag indes keine Aussage über die gegenwärtige Verfassungsmäßigkeit einer sinngemäßen Anwendung der strafprozessualen Vereidigungsvorschriften zu treffen, da es sich bei dem Art. 44 Abs. 2 S. 1 GG zum einen um eine dynamische Verweisung auf die Vereidigungsregelungen handelt, die sich überdies grundlegend durch das 1. JuMoG[128] geändert haben, und zum zweiten diese Frage noch nicht Gegenstand einer verfassungsgerichtlichen Überprüfung[129] gewesen ist. Darüber hinaus wird übersehen, dass die Enquête-Kommission Verwaltungsreform in ihrem Schlussbericht 1976 empfahl, auf die Beeidigung von Zeugen und Sachverständigen in par-

---

123 Eingehend hierzu auch VG Berlin, NVwZ-RR 2003, 708, 709 ff.

124 BVerfGE 67, 100, 131 *Flick-Ausschuss.*

125 So insbesondere *Wiefelspütz* S. 263, der auf BVerfGE 67, 100, 131 als „ganz herrschende Meinung“ verweist, obgleich weder auf Seite 131 noch sonst wo eine Meinung des BVerfG zu dieser Frage vertreten wird; *ders.* ZRP 2002, 14, 15, wo er zu Unrecht ausführt, dass das Vereidigungsrecht durch eben diese Passage „geprägt“ worden ist; *Glauben/Brocker* S. 313.

126 Art. 57 des Herrenchiemsee Entwurfs.

127 *Wiefelspütz* KritV 2003, 376, 380.

128 Justizmodernisierungsgesetz (JuMoG) vom 30.08.2004 (BGBl. I 2004, 2198, 2200 f.).

129 Vgl. VG Berlin, NVwZ-RR 2003, 708, 709.

lamentarischen Untersuchungsausschussverfahren zu verzichten.[130] Als Begründung führte sie an, dass der Untersuchungsausschuss „befangen" im Sinne einer politischen Interessenbindung sei und sich darin von Gerichten, die zur Eidesabnahme befugt sind, unterscheidet.

Weitere durchgreifende Argumente für eine sinngemäße Anwendbarkeit werden von der überwiegenden Meinung nicht angeführt. Vielmehr stellt sich beispielsweise *Plöd* auf den Standpunkt, dass eine Vereidigungsmöglichkeit deshalb mit der überwiegenden Meinung begründet werden könne, da keine stichhaltigen Gründe gegen eine Vereidigung vorlägen.[131] Dies vermag freilich als formales argumentum e contrario nicht zu überzeugen.

(3) Stellungnahme

Die Frage nach der Zulässigkeit der Vereidigung durch Untersuchungsausschüsse, gleich ob durch Bundesländer oder den Bund, ist generell ablehnend zu beantworten. Fehlt es bereits an einer tragfähigen Begründung für die sinngemäße Anwendung der Vereidigungsvorschriften, so widerspricht eine Vereidigungsbefugnis zudem dem Wesen des Untersuchungsausschusses.

Im Strafprozess hat der Zeuge neben der Pflicht, vor Gericht zu erscheinen und auszusagen, auch die Pflicht, seine Aussage auf Verlangen der Gerichts durch einen Eid oder eine eidesgleiche Beteuerung zu bekräftigen (§§ 59 ff. StPO). Der Eid im Strafprozess ist damit eine Bekräftigung, die nach der gesetzgeberischen Intention die Wahrhaftigkeit und die Bedeutung der Aussage fördern soll. Die falsche eidliche Aussage steht deshalb unter der erhöhten Strafdrohung der §§ 154, 155 StGB.[132] Sinn der Vereidigungsvorschriften ist es, dem Gericht ein Verfahren an die Hand zu geben, um für seine mit weit reichenden rechtlichen Konsequenzen verbundene Entscheidung eine verfestigte Überzeugung von der Richtigkeit einer Zeugenaussage als Tatsachengrundlage zu gewinnen. Dabei ist zu bedenken, dass die ursprüngliche hinter den Vereidigungsregeln der StPO stehende Philosophie auch im Strafverfahren selbst längst einer nüchternen und realistischeren Einschätzung gewichen ist.[133]

---

130 BT-Drs. 7/5924, 50 f.

131 *Plöd* S. 154.

132 Dass die Vereidigung tatsächlich geeignet ist, die Sachverhaltsaufklärung zu fördern, ist nach empirischen Erkenntnissen in höchstem Maße fraglich (*Dahs* in FS Rebmann, 179).

133 Vgl. *Fischer* StGB, § 154, Rn. 2 ff. Der Gesetzgeber des 19. Jahrhunderts hatte noch die Vorstellung, dass die mit feierlicher Anrufung Gottes bekräftigte Aussage jeden Zeugen dazu bewegen werde, noch vor der Eidesleistung seine Angaben zu berichtigen, falls er sonst bereit gewesen wäre, die Unwahrheit zu sagen. Galt seit der Einfüh-

An einer entsprechenden Notwendigkeit für die Gewinnung einer verfestigten Überzeugung mittels eines Eides fehlt es im Untersuchungsausschussverfahren. Untersuchungsausschüsse erheben Beweise zur Feststellung eines Sachverhaltes zum Zwecke einer politischen Bewertung in einem Abschlussbericht, über das zudem nicht der Untersuchungsausschuss selbst, sondern das beauftragende Parlament zu beschließen hat, dem ein Vereidigungsrecht selbst nicht zusteht. Für diese politische Bewertung ist es nicht notwendig eine über die mit der strafbewehrten Wahrheitspflicht hinausgehende verfestigte Überzeugung von der Richtigkeit einer Zeugenaussage als Tatsachengrundlage durch Vereidigung zu gewinnen. Die Anforderungen an die Tatsachenermittlung und Wahrheitsfindung sind diesbezüglich nicht mit dem Strafverfahren zu vergleichen bzw. auf eine Stufe zu stellen (vgl. C.II.2.c)(5)).

Sofern *Glauben/Brocker*[134] dagegen anführen, dass ein Vereidigungsrecht nicht deshalb abgelehnt werden könne, weil es darum gehe, eine verfestigte Überzeugung zum Zwecke einer politischen Bewertung zu gewinnen und auch im Untersuchungsausschussverfahren die Notwendigkeit bestehe, eine politische Überzeugung auf gesicherte Tatsachen zu stützen, kann dies nicht überzeugen. Denn Minderheiten, Mehrheiten und einzelne Mitglieder von Untersuchungsausschüssen haben das Recht, die persönliche Überzeugung der Öffentlichkeit in Form eines abweichenden Votums im Abschlussbericht zu präsentieren; auf die Bildung einer gemeinsamen und insofern abgesicherten Überzeugung über die Bewertung einer Zeugenaussage kommt es im Untersuchungsausschussverfahren nicht mit der einem Strafverfahren vergleichbaren Art an.[135] Sofern das VG Berlin meint, ein Untersuchungsausschuss könne die ihm aufgegebene Kontrollfunktion nur ausüben,

> „wenn ihm selbst effektive Ermittlungsinstrumente zur Verfügung stehen, wozu auch die Vereidigung von Zeugen gehört."[136],

verkennt es die Bedeutung des Eides bzw. die Unterschiede zwischen Strafprozess und parlamentarischer Praxis grundlegend. Eine Vereidigungsmöglichkeit ist nicht erforderlich, damit der Untersuchungsausschuss seinen Aufgaben nachkommen kann.[137]

Nahezu alle bisherigen Untersuchungsausschüsse des Deutschen Bundestages haben auf eine Eidesleistung von Zeugen verzichtet und damit gezeigt,

---

rung des § 61 Nr. 5 StPO im Jahre 1974 die Eidesleistung zwar immer noch als notwendige Bedingung für die erhöhte Bestrafung nach § 154 StGB und für die Strafbarkeit wegen fahrlässiger eidlich falscher Aussage, wurde der Umkehrschluss, dass die Eidesleistung bereits eine hinreichende Bedingung sei, eine wahrheitsgemäße Aussage zu „erzwingen", längst nicht mehr gezogen.

134 *Glauben/Brocker* § 24, Rn. 2.

135 *Güther/Seiler* NStZ 1993, 305, 307.

136 VG Berlin, NVwZ-RR 2003, 708, 709.

137 So auch *Weisgerber* S. 184; *Güther/Seiler* NStZ 1993, 305, 311 m.w.N.

dass sie dieses Mittel zur Erfüllung ihrer Aufgaben nicht als notwendig erachten. So hat *Kipke*[138] festgestellt, dass das Recht zur Vereidigung von Zeugen nur von zwei Untersuchungsausschüssen des Bundestages ausgeübt und seit 1969 keine Auskunftsperson des Bundestages mehr vereidigt worden ist. Eine Sonderstellung nimmt dabei der 44. Untersuchungsausschuss der 1. Wahlperiode *Hauptstadtfrage* ein, der von 55 vernommenen Zeugen 52 vereidigte.[139] Zuletzt wurde auf Bundesebene in dem 1. Untersuchungsausschuss der 5. Wahlperiode *Schützenpanzer HS 30* ein Zeuge vereidigt.[140] Erstmals im Jahre 2001 – nach über 30 Jahren – sind wieder Anträge auf Vereidigung von Zeugen im 1. Untersuchungsausschuss der 14. Wahlperiode des Bundestages gestellt worden, gegen die sich die betroffenen Zeugen allerdings erfolgreich gerichtlich gewehrt haben.

Hinzu kommt, dass Untersuchungsausschüsse die sich aus Art. 44 Abs. 2 GG ergebende Verpflichtung zu einer sinngemäßen Anwendung der Vorschriften der StPO selbst nie so aufgefasst haben, als bestehe somit auch bei Untersuchungsausschüssen der Grundsatz einer Vereidigungspflicht mit der Folge, dass über Ausnahmen unter Benennung der Rechtsgrundlagen aus den §§ 60 und 61 StPO jeweils ausdrücklich entschieden werden müsste. Vor Änderung der Vereidigungsregelungen in der Strafprozessordnung durch das 1. JuMoG[141] bestand – ungeachtet der Tatsache, dass sich auch dort in der Praxis das Regel-Ausnahme-Verhältnis der §§ 59 ff. StPO umgekehrt hatte – grundsätzlich eine Vereidigungspflicht. Die höchstrichterliche Rechtsprechung für das Strafverfahren ging sogar davon aus, dass bereits das Fehlen einer Entscheidung über die Vereidigung als Verfahrensfehler gewertet wird, der zur Aufhebung des Urteils führen kann.[142] Die Untersuchungsausschüsse des Bundes und der Bundesländer haben indes weder diese Formstrenge der StPO noch die praktische Abweichung beachtet.

Selbst im Strafprozess wird der Eid als effektives Instrument der Wahrheitsfindung, ohne den die Aufgaben im Strafprozess nicht mehr wahrgenommen werden könnten, mehr und mehr in Frage gestellt.[143] In diesem Zusammenhang ist erheblich, dass sich die Vorschriften über die Vereidigung von Zeugen in der StPO durch das 1. JuMoG[144] geändert haben: Während vor 2004 im Regelfall Zeugenaussagen zu beeiden waren, ist das Regel-Ausnahme-Prinzip gedreht worden. Nunmehr werden Zeugen

---

138 *Kipke* S. 59; vgl. auch *Wiefelspütz* S. 262; *ders.* KritV 2003, 376, 380.

139 BT-Drs. 1/2274.

140 BT-Drs. 5/4527.

141 Justizmodernisierungsgesetz (JuMoG) vom 30.08.2004 (BGBl. I 2004, 2198, 2200 f.).

142 Vgl. Nachweise bei KK-*Senge* StPO, § 59, Rn. 14.

143 Vgl. *Fischer* StGB, § 154, Rn. 2a.

144 Justizmodernisierungsgesetz (JuMoG) vom 30.08.2004 (BGBl. I 2004, 2198, 2200 f.).

> „nur vereidigt, wenn es das Gericht wegen der ausschlaggebenden Bedeutung der Aussage oder zur Herbeiführung einer wahren Aussage nach seinem Ermessen für notwendig hält" (§ 59 Abs. 1 StPO).

Diese Änderung manifestiert die Rechtswirklichkeit, in der schon seit langem die Vereidigung die Ausnahme darstellt.[145] Darüber hinaus sind erhebliche Zweifel an der Zeitgemäßheit des Instruments der Vereidigung in Zeiten angebracht, in denen zweifelhaft ist, ob sich ein Zeuge

> „heute noch durch religiöse Erwägungen oder Furcht vor Strafe von einer Falschaussage abhalten lässt, oder ob nicht vielmehr das Bewusstsein um den gesteigerten Beweiswert einer vereidigten Aussage ihn geradezu in den Meineid treibt".[146]

Hieran bestehen nach der Änderung des § 59 StPO durch das 1. JuMoG[147] keine Zweifel mehr. Konnte zuvor noch angeführt werden, dass auch die Strafprozessordnung die Vereidigung als Regelfall betrachtet, so dass dieses Instrument der Beweissteigerung und -sicherung auch für das Untersuchungsausschussverfahren dienlich ist, können Zeugen jetzt nur noch ausnahmsweise

> „nach dem Ermessen des Gerichts wegen der Bedeutung der Aussage oder zur Herbeiführung einer wahren Aussage vereidigt werden" (§ 59 Abs. 1 StPO).

Ferner ist die Gefahr einer sachfremden politischen bzw. populistischen Instrumentalisierung der Vereidigungsmöglichkeit aufgrund der Erfahrungen des 44. Untersuchungsausschusses der 1. Wahlperiode *Hauptstadtfrage*, der 52 der 55 vernommenen Zeugen vereidigte, und den Diskussionen um die Zulässigkeit der Vereidigung von Zeugen durch parlamentarische Untersuchungsausschüsse im 1. Untersuchungsausschuss der 7. Wahlperiode[148] nicht nur theoretisch geblieben, sondern offenkundig geworden.[149] Elemente parteipolitischer Instrumentalisierung lagen auch den Vereidigungsanträgen im *Parteispenden-Ausschuss* des Deutschen Bundestages zugrunde, in dem erstmals nach 30 Jahren in den Untersuchungsausschüssen des Bundestages die dort bestimmende politische Mehrheit eine Vereidigung beschlossen hat.[150]

---

145 Vgl. zum geänderten Vereidigungsrecht: *Peglau/Wilke* NStZ 2005, 186, 187.

146 LR-*Dahs* StPO, Bd. 1, § 59, Rn. 1 m.w.N.

147 Justizmodernisierungsgesetz (JuMoG) vom 30.08.2004 (BGBl. I 2004, 2198, 2201).

148 BT-Drs. 7/1803, 8.

149 Vgl. *Kipke* S. 59, der die Praxis der Vereidigung durch den 5. Untersuchungsausschuss der 1. Wahlperiode ebenfalls nicht mehr als sinngemäße Anwendung des § 59 StPO ansieht, gleichwohl aber – allerdings ohne Begründung – die grundsätzlich Vereidigungsbefugnis parlamentarischer Untersuchungsausschüsse akzeptiert.

150 Vgl. *Schaefer* NJW 2002, 490, 491: „Offensichtlich sieht doch die Ausschussmehrheit die Politiker Walther Leisler Kiep und Roland Koch in einer Art und Weise in den Untersuchungsgegenstand involviert, dass sie aus diesem Grund vereidigt werden sollen, etwa nach dem Motto: „Wenn sie nichts zu verbergen haben, können sie auch den Eid leisten".

Wie unter C.II.2.c)(3)(a) dargestellt, fehlt es Untersuchungsausschussmitgliedern systembedingt an der erforderlichen Neutralität und Objektivität bei den Fragestellungen, Wertungen und Abstimmungen über die Erforderlichkeit und die Voraussetzungen der Vereidigung. Anders als bei Gerichten kann und soll nach dem Willen des Gesetzgebers ausdrücklich die politische Komponente bei Entscheidungen des Untersuchungsausschusses nicht ausgeklammert werden. Ist die parteipolitische Befangenheit bei Untersuchungsausschussmitgliedern aber gerade vorgesehen bzw. wird diese nicht durch gesetzgeberische Maßnahmen wirkungsvoll eingeschränkt, ist es unverhältnismäßig, einem solchen Gremium die Vereidigungsbefugnis mit den Folgen der erhöhten Strafandrohung des § 154 StGB zuzugestehen.[151] Es sei an dieser Stelle auch darauf hingewiesen, dass selbst die zur Objektivität verpflichtete Staatsanwaltschaft in Strafverfahren[152] keine Vereidigungsbefugnis inne hat. Diese ist gemäß § 161a Abs. 1 S. 3 StPO ausdrücklich und ausschließlich dem Richter im Strafverfahren vorbehalten.

In der Literatur ist von *Güther/Seiler* gegen eine Vereidigungsbefugnis weiter vorgebracht worden, dass aufgrund der bisherigen Staatspraxis der Untersuchungsausschüsse des Bundestages und der bislang vorgelegten Gesetzentwürfe jedenfalls von einer gewohnheitsrechtlichen Unzulässigkeit der Vereidigung auszugehen sei, wobei sich das „bislang" auf das Datum der Erscheinen des Aufsatzes im Jahre 1993 bezieht. Dieses Argument kann aus heutiger Sicht als faktisch überholt angesehen werden[153], da der *Parteispenden-Ausschuss* in der 14. Wahlperiode die Vereidigung von Zeugen erneut beantragte und sich Zeugen weigerten, den Eid zu leisten.[154] Aber auch von vornherein konnte aus diesem Argument nicht auf eine gewohnheitsrechtliche Unzulässigkeit der Vereidigungsmöglichkeit geschlossen werden.[155] Die Entstehung von Gewohnheitsrecht setzt objektiv eine langdauernde und allgemeine Übung und subjektiv die Überzeugung der Beteiligten von der Rechtmäßigkeit dieser Übung voraus. Untersuchungsausschüsse haben in der

151 A.A. *Rixen* S. 435, 438, der in dem sich im Spannungsfeld von Interessenwiderstreit, Kontroverse und Konfrontation bewegenden parteienstaatlichen Ausrichtung keinen „eidesfreien Raum" erkennt. Dies ist insbesondere auch im *Parteispenden-Ausschuss* zur Geltung gebracht worden: „Untersuchungsausschüsse hätten es deshalb – mit zwei Ausnahmen in den fünfziger Jahren – bei Tausenden von Zeugenvernehmungen auch nicht getan. Gerade dieser Untersuchungsausschuss habe wie kein anderer deutlich gemacht, dass Untersuchungsausschüsse des Deutschen Bundestages ein Ort der parteipolitisch motivierten Konfrontation und kein Ort eines neutralen, fairen, objektiven, justiziablen Verfahrens seien." (BT-DrS. 14/9300, 82).

152 Vgl. § 152 Abs. 2 StPO.

153 So auch *Weisgerber* S. 183.

154 BT-Drs. 14/9300, 82 ff. *Parteispenden-Ausschuss.*

155 Zutreffend insoweit: *Wiefelspütz* ZRP 2002, 14, 15 f.; VG Berlin, NVwZ-RR 2003, 708, 710.

Vergangenheit jedoch Zeugen regelmäßig über die Vereidigungsmöglichkeit belehrt und auf Landesebene auch Zeugen vereidigt. Darüber hinaus sollen in verschiedenen Fällen Vereidigungen durch Untersuchungsausschüsse an den Mehrheitsverhältnissen gescheitert sein. Insofern kann von einem gewohnheitsrechtlichen Verzicht nicht die Rede sein.[156] Dieses seinerzeit im Jahre 1993 jedoch durchaus aktuelle Argument kann indes als Indiz für die Bedeutung der Vereidigung durch Untersuchungsausschüsse herangezogen werden, die entsprechend als gering anzusehen ist. Sie unterstützt das vorgenannte Argument, wonach auch Untersuchungsausschüsse nicht – zumindest nicht aus sachgerechten Erwägungen[157] – wegen der Bedeutung der Aussage oder zur Herbeiführung einer wahrheitsgemäßen Aussage die Vereidigung für notwendig gehalten haben.[158]

Da die Bedeutung der Vereidigung letztlich auch bzw. gerade in der damit verbundenen Strafbewehrung liegt, wird schließlich in der Literatur insbesondere von *Güther/Seiler* und *Hamm*, aber auch von Mitgliedern des *Parteispenden-Ausschusses*[159], die Frage gestellt, ob ein Untersuchungsausschuss des Bundestages aufgrund der Verweisung in Art. 44 Abs. 2 S. 1 GG eine zur eidlichen Vernehmung von Zeugen zuständige Stelle ist. Gemessen an dem Maßstab des Art. 103 Abs. 2 GG und unter dem Gesichtspunkt des Richtervorbehalts ist dies nach Ansicht von *Güther/Seiler* und *Hamm* zu verneinen.[160] Nach der Gegenansicht von *Wiefelspütz* gebe es hingegen zahlreiche Beispiele von Vereidigungen durch Nichtrichter bzw. Nichtjuristen, zu denen insbesondere Amtseide und Eide in Zulassungs- und Überprüfungsverfahren zählten.[161] Diese Verfahren können indes vorliegend nicht vergleichend herangezogen werden. Bei den von *Wiefelspütz* aufgeführten Eiden (Art. 56 GG und 64 Abs. 2 GG) handelt es sich um solche, die mit einer Aussagevereidigung wenig gemein haben, da es nicht um die Bekräftigung des Wahrheitsgehaltes einer Aussage, sondern um die feierliche Beteuerung geht. Sie unterfallen zudem nicht der Strafandrohung des § 154 StGB. Der Verstoß gegen die Ableistung eines Amtseides ist nicht strafbar Der Ansicht von *Hamm* und *Güther/Seiler* ist daher der Vorzug zu geben.

Die Vereidigung von Zeugen durch parlamentarische Untersuchungsausschüsse des Bundes und jedenfalls der Bundesländer, in denen eine Vereidi-

---

156 Vgl. auch Ausführungen bei *Wiefelspütz* ZRP 2002, 14, 15 f.; VG Berlin, NVwZ-RR 2003, 708, 710.

157 BT-Drs. 7/1803, 8.

158 Auch *Wiefelspütz* ZRP 2002, 14, 15, spricht insofern von dem Schaffen einer „beachtlichen Parlamentspraxis".

159 BT-Drs. 14/9300, 82 f. *Parteispenden-Ausschuss.*

160 *Güther/Seiler* NStZ 1993, 305 ff.; *Hamm*, ZRP 2002, 11 ff.; dagegen: *Wiefelspütz* ZRP 2002, 14 ff.

161 *Wiefelspütz* ZRP 2002, 14, 15.

gungsbefugnis nicht in der Verfassung aufgenommen ist, ist nach alledem unzulässig. Ausführungen zu den Grenzen des Vereidigungsrechtes erübrigen sich deshalb.[162]

d) Gegenüberstellung

Gemäß § 24 Abs. 2 PUAG ist eine Gegenüberstellung mit anderen Zeugen zulässig, wenn es für den Untersuchungszweck geboten ist.[163] Zu unterscheiden ist zwischen der *Vernehmungsgegenüberstellung*, die das Ziel verfolgt, Widersprüche zwischen einer Zeugenaussage und den Angaben eines anderen Zeugen durch Rede und Gegenrede, Fragen und Vorhalte zu klären[164], und der *Identifizierungsgegenüberstellung*. Die *Identifizierungsgegenüberstellung*, bei der es regelmäßig um das Wiedererkennen der zu identifizierenden Person geht, stellt sich für den Zeugen als Teil der Vernehmung dar, weshalb dieser im Strafverfahren selbst bei Bestehen eines Zeugnis- und Auskunftsverweigerungsrechtes zur Mitwirkung verpflichtet ist.[165] Für die *Vernehmungsgegenüberstellung* gilt hingegen gemäß, dass der Zeuge bei Vorliegen eines Zeugnis- oder Auskunftsverweigerungsrechtes nicht zur Mitwirkung verpflichtet ist.[166]

Verschiedentlich wird in der Literatur ohne Angabe von Gründen und entgegen des Gesetzeswortlautes die *Identifizierungsgegenüberstellung* im Untersuchungsausschussverfahren für unzulässig gehalten, während die Anwendung der *Vernehmungsgegenüberstellung* ohne Bedenken für zulässig erachtet wird.[167] Tatsächlich kann gegen die Übertragung der *Identifizierungsgegenüberstellung* vorgebracht werden, dass Mitglieder von Untersuchungsausschüsse anders als Strafverfolgungsorgane oder Strafgerichte in aller Regel kriminalistisch nicht entsprechend ausgebildet sind, um diese strafprozessuale Beweismethode sinnvoll anzuwenden und zu würdigen. Auch die Gefahr des politisch motivierten Missbrauchs in Form von Bloßstellung in öffentlichen Beweiserhe-

---

162 Vgl. hierzu u.a.: *Glauben/Brocker* § 24, Rn. 11 ff.; *Wiefelspütz* S. 266.

163 Unklar ist, was den Gesetzgeber dazu bewogen hat, diese Regelung in das PUAG aufzunehmen.

164 LR-*Dahs* StPO, Bd. 1, § 58, Rn. 11.

165 LR-*Dahs* StPO, Bd. 1, § 58, Rn. 12; SK-*Rogall* StPO, Vor § 48, Rn. 133.

166 Eine Vernehmungsgegenüberstellung nahm beispielsweise der *Parteispenden-Ausschuss* des Deutschen Bundestages vor. Die unterschiedlichen Darstellungen der Zeugen Schäuble und Baumeister hinsichtlich der Übergabe der 100.000 DM-Spende von Schreiber im September/Oktober 1994 veranlassten den Ausschuss, die Zeugen gemeinschaftlich in einer Sitzung zu vernehmen, um Widersprüche zwischen den Aussagen aufzuklären (BT-DrS. 14/9300, 99 *Parteispenden-Ausschuss*).

167 *Glauben/Brocker* S. 238; *Plöd* S. 124 f.

bungen durch einen Vorführungseffekt soll dagegen sprechen.[168] Darüber hinaus sind keine Argumente vorgebracht worden oder ersichtlich. Die in der Literatur genannten Bedenken überzeugen jedoch nicht. Zum einen sind es dieselben Bedenken, die gegen jegliche sinngemäße Anwendungen strafprozessualer Beweisvorschriften durch Untersuchungsausschüsse sprechen, namentlich die Gefahr des politisch motivierten Missbrauchs von Eingriffsbefugnissen. Zum zweiten stellt sich die *Identifizierungsgegenüberstellung* als Bestandteil der Vernehmung dar, der sich der Zeuge selbst im Falle des Vorliegens eines Zeugnis- oder Auskunftsverweigerungsrechtes nicht entziehen darf. Hingegen handelt es sich bei der *Vernehmungsgegenüberstellung*, deren Anwendbarkeit von den genannten Literaturmeinungen nicht in Frage gestellt wird, um eine die Rechtsposition des Zeugen stärker beeinträchtigende Maßnahme, zu deren Mitwirkung er bei Vorliegen eines Zeugnis- und Auskunftsverweigerungsrechtes auch nicht verpflichtet ist.

Um eine unzulässige Ausweitung der Eingriffs- und Untersuchungsrechte des Untersuchungsausschusses zu verhindern, haben die strafprozessualen Maßstäbe des § 58 Abs. 2 StPO sinngemäß auch im Untersuchungsausschussverfahren zu gelten. Der Vorsitzende wird den Zeugen im Rahmen seiner Leitungspflicht bei Vorliegen eines Zeugnis- oder Auskunftsverweigerungsrechtes daher entsprechend zu belehren haben (§ 6 Abs. 2 PUAG).

e) Keine Duldung von Untersuchungen

Im Strafprozess hat der Zeuge die in § 81c StPO nicht näher ausgestaltete Pflicht, sich körperlich untersuchen zu lassen und ggf. auch Eingriffe in seine Körperintegrität zu dulden. Die Duldungspflicht ist dabei Bestandteil seiner Zeugenpflicht.[169] Das PUAG hat keine solche Regelung getroffen und verweist auch nicht auf den § 81c StPO. Eine unmittelbare Anwendung des § 81c StPO ist daher nicht möglich. *Glauben/Brocker* vertreten die Auffassung, dass Untersuchungsausschüsse im Wege einer ergänzenden Heranziehung der den Zeugen- und Sachverständigenbeweis betreffenden Beweismittel des Strafprozesses das Recht hätten, körperliche und geistige Untersuchungen zu veranlassen.[170] Die einzelnen Beweismittel des PUAG würden sich neben den konkreten Regelungen im PUAG aus einer Zusammenschau mit den Vorschriften des Strafverfahrens ergeben.[171] *Plöd*, *Weisgerber* und *Wiefelspütz* äußern

168 Eingehend und überzeugend: *Plöd* S. 125.

169 SK-*Rogall* StPO, Vor § 48, Rn. 136.

170 *Glauben/Brocker* S. 186 unter Verweis auf SaarlVerfGH, Beschluss vom 02.04.2003, Lv 6/02, 12 d. Umdrucks und § 51 Abs. 4 LTG Saarl.

171 *Glauben/Brocker* S. 186.

sich zu dieser Frage nicht.[172] Die Ansicht von *Glauben/Brocker* überzeugt nicht.

Die Anwendung des § 81c StPO verbietet sich bereits aufgrund der Regelung des § 17 Abs. 2 PUAG, wonach Beweise zu erheben sind, sofern die Beweiserhebung nicht unzulässig oder das Beweismittel auch nach Anwendung der in diesem Gesetz vorgesehenen Zwangsmittel unerreichbar ist. § 81c StPO ist aber ein Zwangsmittel, das der Gesetzgeber nicht in dem PUAG berücksichtigt hat und auch nicht anwenden darf. Jenseits dessen wäre die Anwendung des § 81c StPO in Untersuchungsausschussverfahren auch deshalb unzulässig, weil sich eine sinngemäße Anwendung dieser Vorschrift auf das Untersuchungsausschussverfahren verbietet: Wie unter C.III.2. dargelegt, ist der Zeuge im Untersuchungsausschussverfahren – anders als in der StPO – kein Gegenstand des objektiven Personalbeweises, sondern als Aussageperson ausschließlich persönliches Beweismittel.

3. Rechte von Zeugen

Zeugen sind im Untersuchungsausschussverfahren nicht uneingeschränkt verpflichtet. Die Aussagepflicht des Zeugen steht im Untersuchungsausschuss entsprechend den Geboten der Rechtsstaatlichkeit und den Verweisungen auf die Strafprozessordnung unter einem dreifachen Vorbehalt: Sie bezieht sich nur auf Tatsachen und nicht – was oft verkannt wird – auch auf Wertungen und Schlussfolgerungen, sie erstreckt sich nur auf solche Tatsachen, die den Untersuchungsgegenstand betreffen und sie besteht nur dann, wenn der Zeuge nicht von einem Zeugnis- oder Auskunftsverweigerungsrecht Gebrauch macht.

a) Zurückweisung von Fragen

Gemäß § 25 Abs. 1 S. 1 PUAG kann der Vorsitzende ungeeignete oder nicht zur Sache gehörende Fragen zurückzuweisen. Dem Vorsitzenden wird durch diese Vorschrift ausdrücklich neben einer Sachleitungsbefugnis eine Fürsorgepflicht zugewiesen, der er eigenständig nachzukommen hat, d.h. auch ohne Aufforderung durch den Zeugen, Beistand oder andere Ausschussmitglieder.[173] Neben dieser Besonderheit der ausdrücklichen Zuweisung einer Für-

---

172 *Plöd* S. 92. Dies verwundert, zumal sich beispielsweise *Plöd* zum Ziel gesetzt hat, die Stellung des Zeugen in parlamentarischen Untersuchungsverfahren umfassend darzustellen.

173 BT-Drs. 14/5790, 19.

sorgepflicht an den Vorsitzenden im PUAG hinsichtlich der Rechte von Zeugen, bestimmt die Vorschrift in Abs. 2 ein Verwertungsverbot für solche Antworten, bei denen der Untersuchungsausschuss mit einer Zweidrittelmehrheit die Unzulässigkeit der Frage beschlossen hat.[174] Auf die Frage und Antwort darf sodann im Bericht nicht mehr Bezug genommen werden (§ 25 Abs. 2 PUAG).

Die Gestaltung der Vorschrift, wonach bei Zweifeln über die Zulässigkeit von Fragen sowie über die Rechtmäßigkeit ihrer Zurückweisung der Untersuchungsausschuss auf Antrag seiner Mitglieder entscheidet und die Zurückweisung einer Frage einer Mehrheit von zwei Dritteln der anwesenden Mitglieder bedarf (§ 25 Abs. 1 S. 2 PUAG), ist nicht unproblematisch. Zwar mag dadurch verhindert werden können,

> „dass die Ausschussmehrheit die Zurückweisung von Fragen als Hebel zur Vereitelung einer notwendigen Aufklärung von möglicherweise für die Regierungsseite unangenehmen Umständen benutzt"[175];

doch besteht zugleich die Gefahr, dass politisch motivierte – an sich objektiv unzulässige – Fragen an Zeugen Eingang in die Vernehmung finden können, gegen die sich der Zeuge nicht zur Wehr setzen kann, da dem Untersuchungsausschuss nach dem Gesetz die alleinige Definitionshoheit über die Begriffe „ungeeignet" oder „nicht zur Sache" gehörend zukommen soll.

Was unter einer „ungeeigneten" oder „nicht zur Sache" gehörenden Frage zu verstehen ist, wird gesetzlich nicht definiert. „Nicht zur Sache" gehörende Fragen sind jedoch jedenfalls solche, die nicht vom Untersuchungsauftrag gedeckt und damit gar nicht erst vom Beweiserhebungsrecht umfasst sind. Es handelt sich damit um ein Beweisthemenverbot, bei dem bereits die Aufklärung des Beweisthemas unzulässig ist. Eine Erweiterung der Aussagepflicht von Zeugen durch den Untersuchungsausschuss auf außerhalb des Untersuchungsauftrages liegende Themen ist unzulässig.[176] Daran kann auch kein Beschluss eines Untersuchungsausschusses gemäß § 25 Abs. 1 S. 2 PUAG etwas ändern. Außerhalb des Untersuchungsauftrages liegende Fragen sind im Rahmen der Sachleitungsbefugnis zwingend durch den Vorsitzenden zurückzuweisen. Einem Beschluss des Untersuchungsausschusses im Sinne des § 25 Abs. 1 S. 2 PUAG sind solche Fragen nicht zugänglich.

Im Zweifelsfall steht einem Untersuchungsausschuss jedoch bei der Prüfung, ob Fragen noch innerhalb des Untersuchungsauftrages liegen, eine Ein-

174 Vgl. *Plöd* S. 133, der die durch § 25 Abs. 1 PUAG vorgegebenen Mehrheitsverhältnisse für unlogisch und nicht sachgerecht hält.

175 BT-Drs. 14/5790, 19

176 Vgl. auch Gutachten des wissenschaftlichen Parlamentsdienstes des Abgeordnetenhauses von Berlin vom 05.01.2001, 15 f.

schätzungsprärogative zu.[177] In diesem Rahmen kann § 25 Abs. 1 S. 2 PUAG Bedeutung erlangen. Die Entscheidungsbefugnis innerhalb der Einschätzungsprärogative bedeutet allerdings nicht, dass ein Untersuchungsausschuss den Untersuchungsauftrag auch bei ggf. komplexen und umfangreichen Sachverhalten ausdehnen oder sich hiervon lösen darf; eine hinreichende zeitliche und sachliche Verknüpfung zum Gegenstand der Untersuchung muss stets gegeben sein.[178] Ansonsten liefe die Untersuchung auf eine vom Auftrag nicht gedeckte unzulässige Ausforschung hinaus. In der Praxis ist allerdings selten zu beobachten, dass Vorsitzende nicht vom Untersuchungsauftrag gedeckte Fragen zurückweisen und auch Zeugen bzw. deren Beistände selten solche im Moment der Zeugenbefragung erkennen bzw. zur Wahrung einer „kooperativen Atmosphäre" beanstanden. Insofern ist die Konstruktion des § 25 Abs. 2 PUAG als gelungen anzusehen, der die Zurückweisung von Fragen und damit Feststellung der Unverwertbarkeit der Antworten durch Überprüfung im Nachhinein ermöglicht. Eine Frist, innerhalb derer etwa ein Zeuge die Unzulässigkeit einer Frage zu beanstanden hat, existiert nicht, wodurch der Zeuge effektiv vor „Überrumpelungen" und konfrontativem Verhalten in der Beweisaufnahme geschützt wird.

Aus der Gesetzesbegründung zum PUAG[179] erschließt sich, dass mit „ungeeigneten" Fragen solche gemeint sein sollen, vor denen der Zeuge im Strafprozess durch die Vorschrift des § 68a StPO geschützt wird. § 68a StPO schützt den Zeugen vor Fragen, die ihm oder einer Person, die sein Angehöriger ist, zur Unehre gereichen oder den persönlichen Lebensbereich betreffen können. Sie dürfen, genauso wie die Fragen nach Vorstrafen, nur gestellt werden, wenn es unerlässlich ist.[180] Der Gesetzgeber wollte allerdings ausweislich der Gesetzesbegründung zum PUAG den sachlichen Gehalt des § 68a StPO nicht übernehmen[181], da die „Anknüpfung an einen heute nur noch schwer definierbaren Ehrbegriff als zu unbestimmt angesehen wurde."[182] Aus strafrechtlicher Sicht ist diese Einschätzung nicht nachvollziehbar, sind doch dem Ehrbegriff des § 68a StPO ausreichend objektive Konturen verliehen.[183] Soweit auf den § 68a StPO im PUAG im Unterschied zu vielen Untersuchungsausschussgesetzen von Bundesländern nicht verwiesen wird,

177 OVG Münster, NJW 1989, 1103, 1104.

178 *Vetter* DÖV 1987, 426, 429.

179 BT-Drs. 14/5790.

180 *Engels* S. 83 f.; Unerlässlich ist es bei Vorstrafen z.B. dann, wenn ihre Feststellung notwendig ist, um über das Vorliegen der Voraussetzungen des § 60 Nr. 2 oder des § 61 Nr. 4 StPO zu entscheiden oder um seine Glaubwürdigkeit zu beurteilen (§ 68a Abs. 2 StPO).

181 *Rogall* in GS Meurer, 469.

182 BT-Drs. 14/5790, 19.

183 So zutreffend *Rogall* in GS Meurer, 469; vgl. KK-*Senge* StPO, § 68a, Rn. 1.

wird aus den unter C.IV. dargelegten Grundsätzen jedoch deutlich, dass die Schutzrechte des Zeugen im Strafverfahren vollumfänglich auch im Untersuchungsausschussverfahren zu gelten haben bzw. sich ein Untersuchungsausschuss bei der Vernehmung von Zeugen nicht weitergehende Rechte als ein Strafgericht einräumen darf und seine Untersuchungs- und Eingriffsrechte ihre Grenze jedenfalls in den strafprozessualen Befugnissen finden. Auch ohne ausdrückliche Normierung und trotz nur unvollständiger Bezugnahme auf die Vorschrift des § 68a StPO gilt dessen sachlicher Gehalt deshalb umfassend über die Verweisung des Art. 44 Abs. 2 S. 1 GG sinngemäß auch im Untersuchungsausschussverfahren.[184]

Die Relevanz dieser Frage für die Praxis ist freilich gering. Denn es sind schwerlich Konstellationen vorstellbar, in denen solche Fragen, die den (ausschließlich) privaten Lebensbereich betreffen, ein zulässiges Untersuchungsthema darstellen. Eine Zurückweisung entsprechender Fragen wird daher bereits vielfach auf der vorgelagerten Ebene des fehlenden Beweiserhebungsrechtes des Untersuchungsausschusses erfolgen.

b) Zeugnis- und Auskunftsverweigerungsrechte

Die Zeugnisverweigerungsrechte stellen – mit Ausnahme des Art. 47 GG – einfachrechtliche Normen dar, mit denen der Gesetzgeber versucht hat, einen verfassungskonformen Ausgleich kollidierender Interessen herbeizuführen. Der Zeugniszwang ist Ausdruck einer staatsbürgerlichen Verpflichtung im Interesse der Wahrheitsfindung. Das BVerfG hat wiedergeholt klargestellt, dass ohne den Zeugniszwang die Ziele eines Untersuchungsausschusses nicht wirksam zu erreichen wären.[185] Die ausnahmslose Durchsetzung des Zeugniszwanges würde aber Interessen verletzen, die ebenfalls unter dem Schutz der Verfassung stehen und der Wahrheitserforschung sogar übergeordnet sein können. Hierzu gehören die Zeugnis- und Auskunftsverweigerungsrechte, durch deren Installierung der Zielkonflikt aufgelöst wird.

Aus diesem Grund erklärt das PUAG bestimmte Vorschriften bzw. Grundsätze der Strafprozessordnung in § 22 PUAG für anwendbar. Entsprechend anwendbar sind gemäß § 22 Abs. 1 PUAG die Vorschriften der §§ 53 und 53a StPO. In § 22 Abs. 2 PUAG übernimmt der Gesetzgeber nahezu vollständig die Formulierung des § 55 StPO mit der Erweiterung, dass jeder Zeuge die Auskunft auf solche Fragen verweigern kann, deren Beantwortung ihm selbst oder einem der in § 52 Abs. 1 StPO bezeichneten Personen die Gefahr zuziehen würde, einer Untersuchung nach einem gesetzlich geordne-

---

184 So auch *Plöd* S. 134.

185 BVerfGE 76, 363, 383 ff. *Lappas*.

ten Verfahren ausgesetzt zu werden. Damit unterscheidet sich § 22 Abs. 2 PUAG grundlegend vom § 55 StPO, wonach die Gefahr, wegen einer Straftat oder Ordnungswidrigkeit verfolgt zu werden, der einzige Grund ist, der zur Verweigerung der Auskunft im Strafverfahren berechtigt. Weder die Gefahr, dass die Aussage zu disziplinarrechtlicher oder berufsgerichtlicher Verfolgung führen oder dem Zeugen oder seinen Angehörigen zur Unehre gereichen könnte, noch drohende Vermögensnachteile oder die Notwendigkeit, Kunst- oder Betriebsgeheimnisse zu offenbaren[186], genügen für eine berechtigte Auskunftsverweigerung im Sinne des § 55 StPO (dazu sogleich unter D.I.3.b)(4)).

§ 52 StPO ist in § 22 Abs. 1 PUAG konsequenterweise nicht für entsprechend anwendbar erklärt worden. Dennoch wird allgemein angenommen, dass § 52 StPO – wenn auch praktisch kaum relevant – im Untersuchungsausschussverfahren Anwendung finden kann[187], wohl aber nur dann, wenn entweder der Zeuge im Untersuchungsausschussverfahren eine beschuldigtenähnliche Stellung einnimmt oder der Zeuge im Untersuchungsausschussverfahren zugleich Beschuldigter in einem strafrechtlichen Ermittlungsverfahren mit zumindest teilweiser Sachverhaltsidentität ist.

(1) Zeugnisverweigerungsrecht aus beruflichen Gründen

Die §§ 53, 53a StPO sind entsprechend über § 22 Abs. 1 PUAG auf das Untersuchungsausschussverfahren anwendbar. § 53 Abs. 1 StPO gibt einem abschließend aufgezählten Kreis von Berufsgeheimnisträgern ein beschränktes Zeugnisverweigerungsrecht. So sind zur Zeugnisverweigerung berechtigt

> „1. Geistliche, über das, was ihnen in ihrer Eigenschaft als Seelsorger anvertraut worden ist;
>
> 2. Verteidiger des Beschuldigten über das, was ihnen in dieser Eigenschaft anvertraut worden oder bekannt geworden ist;
>
> 3. Rechtsanwälte[188], Patentanwälte, Notare[189], Wirtschaftsprüfer[190], vereidigte Buchprüfer[191], Steuerberater und Steuerbevollmächtigte[192], Ärzte, Zahnärzte, Apo-

186 LR-*Dahs* StPO, Bd. 1, § 55, Rn. 8.

187 Vgl. nur *Lemmer* in Pfennig/Neumann, VvB, Art. 48, Rn. 7.

188 Rechtsanwälte nach Nr. 3 sind die nach § 12 BRAO bei einem deutschen Gericht zugelassenen, ihre bestellten Vertreter (§ 53 BRAO) und die Abwickler (§ 55 BRAO) sowie Syndikusanwälte (§ 46 BRAO), soweit sie mit typisch anwaltlichen Tätigkeiten – also nicht im Rahmen ihres Anstellungsverhältnisses – befasst sind (LR-*Dahs* StPO, Bd. 1, § 53, Rn. 30), nicht aber Rechtsbeistände oder Rechtsberater (KK-*Senge* StPO, § 53, Rn. 15).

189 Notare sind die nach § 3 BNotO bestellten Personen einschließlich der Notarassessoren (§ 7 BNotO).

190 Wirtschaftsprüfer im Sinne von § 15 WiPrO.

theker und Hebammen über das, was ihnen in dieser Eigenschaft anvertraut worden oder bekannt gegeben ist;

3a. Mitglieder oder Beauftragte einer anerkannten Beratungsstelle nach den §§ 3 und 8 Schwangerschaftskonfliktgesetzes über das, was ihnen in dieser Eigenschaft anvertraut worden oder bekannt gegeben ist;

3b. Berater für Fragen der Betäubungsmittelabhängigkeit in einer Beratungsstelle, die eine Behörde oder eine Körperschaft, Anstalt oder Stiftung des öffentlichen Rechts anerkannt oder bei sich eingerichtet hat, über das, was ihnen in dieser Eigenschaft anvertraut worden oder bekannt gegeben ist;

4. Mitglieder des Bundestages, eines Landtages oder einer zweiten Kammer über Personen, die ihnen in ihrer Eigenschaft als Mitglieder dieser Organe oder denen sie in dieser Eigenschaft Tatsachen anvertraut haben sowie über diese Tatsachen selbst;

5. Personen, die bei der Vorbereitung, Herstellung oder Verbreitung von periodischen Druckwerken oder Rundfunksendungen berufsmäßig mitwirken oder mitgewirkt haben, über die Person des Verfassers, Einsenders oder Gewährsmanns von Beiträgen und Unterlagen sowie über die ihnen im Hinblick auf ihre Tätigkeit gemachten Mitteilungen, soweit es sich um Beiträge, Unterlagen und Mitteilungen für den redaktionellen Teil handelt."

Die Einbeziehung bestimmter Berufsgruppen in den Anwendungsbereich des § 53 Abs. 1 StPO bewirkt, dass die Beweismöglichkeiten des Untersuchungsausschusses eingeschränkt werden. Das Zeugnisverweigerungsrecht wird relevant, wenn der Untersuchungsausschuss Zeugen, die dem in § 53 Abs. 1 StPO genannten Personenkreis entstammen, insbesondere Wirtschaftprüfer, Buchprüfer, Steuerberater oder Rechtsanwälte, lädt oder Unterlagen anfordert, die unter dem Schutz des Vertrauensverhältnisses diesem Personenkreis übergeben wurden. In diesen Fällen besitzt der genannte Personenkreis ein Zeugnisverweigerungsrecht, das erst mit der Erteilung der Schweigepflichtentbindungserklärung erlischt. Es ist in der Vergangenheit immer wieder vorgekommen, dass Untersuchungsausschüsse insbesondere Angehörige beratender Berufsgruppen, z.B. Rechtsanwälte, Steuerberater und Wirtschaftsprüfer, nicht vernehmen konnten, da notwendige Schweigepflichtentbindungserklärungen nicht oder nicht vollständig vorlagen und dadurch der Untersuchungsausschuss in seiner Aufklärungstätigkeit eingeschränkt wurde bzw. sich selbst eingeschränkt hat.

Das BVerfG hat verschiedentlich das öffentliche Interesse an einer möglichst vollständigen Wahrheitsermittlung nicht nur im Strafprozess, sondern auch im Untersuchungsausschussverfahren hervorgehoben.[193] Es hat aber

---

191 Buchprüfer im Sinne von § 128 WiPrO.

192 Steuerberater und Steuerbevollmächtigte im Sinne von §§ 40, 42 StBerG.

193 Für das Untersuchungsausschussverfahren: BVerfGE 67, 100, 130, 146 *Flick-Ausschuss*; 77, 1, 48; *Neue Heimat-Ausschuss*; BVerwGE 79, 339, 345; BVerwG, NJ 2000, 102, 103; für die Wahrheitsermittlung in Strafverfahren: BVerfG, NJW 1972, 2214, 2216 m.w.N., BVerfG, NVwZ 1994, 54, 56 *Deponie Ihlenberg/Schönberg*.

zugleich darauf erkannt, dass gerade auch die Einbeziehung wirtschafts- und rechtsberatender Berufe in den Kreis der zeugnisverweigerungsberechtigten Berufsträger mit dem Grundgesetz vereinbar ist:

> „Den gesetzlich genannten Berufen ist gemeinsam, dass ihre Ausübung typischerweise Leistungen einschließt, die sich als individuelle Beratung in persönlichen, rechtlichen, finanziellen und wirtschaftlichen Angelegenheiten oder aber als unmittelbarer Dienst an der Gesundheit des Menschen kennzeichnen lassen (Beratungs- und Heilberufe). Solche Leistungen berühren – häufiger und stärker als andere Berufstätigkeiten – Bereiche, in denen schutzwürdige Geheimhaltungsinteressen der Einzelnen Beachtung verlangen. Sie sind daher in besonderem Maße davon abhängig, dass derjenige, der sie – als Klient oder Patient – in Anspruch nimmt, die Möglichkeit hat, sich seinem Gegenüber frei, offen und rückhaltlos anzuvertrauen, ohne befürchten zu müssen, dass Tatsachen oder Umstände, die der andere dadurch kraft seines Berufes erfährt, offenbart werden könnten. Deshalb will § 53 I Nr. 3 StPO dieses Vertrauen auch gegenüber der strafprozessualen Wahrheitserforschung schützen, indem er den Angehörigen derartiger Beratungs- und Heilberufe ein entsprechendes Zeugnisverweigerungsrecht einräumt."[194]

§ 53 StPO befreit nicht nur den Auftraggeber des zeugnisverweigerungsberechtigten Beraters vor der Sorge, die offenbarten Informationen könnte später einmal gegen seinen Willen preisgegeben werden, sondern darüber hinaus auch die Vertrauensperson aus der Zwangslage, die sich aus dem Pflichtenwiderstreit der Wahrung des Vertrauens einerseits und der Berücksichtigung des Allgemeininteresses an der Aufklärung von Straftaten andererseits ergibt.[195]

Das Zeugnisverweigerungsrecht bezweckt mithin in erster Linie den Schutz des Vertrauensverhältnisses zwischen der Vertrauensperson und demjenigen, der vertrauensvoll ihre Hilfe in Anspruch nimmt. Es bewirkt den Schutz des außerprozessualen Kommunikationsverhältnisses als solchem.[196] Von der Zustimmung des Mandanten unabhängige Mitwirkungspflichten der in § 53 StPO aufgeführten Berufsträger an staatlichen Ermittlungstätigkeiten würden nicht nur den Interessen der Mandanten, sondern auch einer sachgerechten Aufgabenerfüllung und damit dem Berufsbild der betroffenen Berufsgruppen zuwiderlaufen. Die Funktionsfähigkeit des geschützten Vertrauensverhältnisses liegt daher ebenso im öffentlichen Interesse[197], hinter den das öffentliche Interesse des Untersuchungsausschusses an der Sachverhaltsaufklärung zurücktritt.[198]

---

194 BVerfG, NJW 1975, 588, 589.

195 BGHSt 9, 59, 61.

196 *Schmitt* wistra 1993, 9, 10.

197 BVerfG, NJW 1975, 588, 589; *Meyer-Goßner* StPO, § 53, Rn. 1; KK-*Senge* StPO, § 53, Rn. 1.

198 KK-*Senge* StPO, § 53, Rn. 1.

Dieser Wertung hat sich auch der Gesetzgeber angeschlossen, indem er in § 22 Abs. 1 PUAG das strafprozessuale Zeugnisverweigerungsrecht aus beruflichen Gründen unverändert für entsprechend anwendbar erklärt hat. Irrelevant ist in diesem Zusammenhang, ob die im Rahmen des erteilten Auftrags anvertrauten oder bekannt gewordenen Tatsachen eine strafrechtliche bzw. eine für den Untersuchungsauftrag besondere Relevanz besitzen. Die Qualität der im Rahmen des Mandates bekannt gewordenen Umstände ist nicht der Bezugspunkt und Gegenstand des Zeugnisverweigerungsrechtes. Dies zeigt insbesondere ein systematischer Vergleich der §§ 52, 53 und 55 StPO. §§ 52 und 53 StPO stellen auf bestimmte Angehörige oder Beratungsverhältnisse ab und damit auf bestimmte Beziehungen des „Beschuldigten“, mithin gerade nicht auf die Qualität der (potentiell beweisrelevanten) Information, insbesondere nicht darauf, ob die Preisgabe dieser Umstände den Auftraggeber der Gefahr strafrechtlicher Verfolgung aussetzen könnte. Im Gegensatz hierzu knüpft § 55 StPO an die Art der an den Zeugen zu richtenden Fragen – also an die Qualität der von dem Zeugen abgefragten Information – an und billigt dem Zeugen ein Auskunftsverweigerungsrecht zu, wenn er sich oder einen Angehörigen, welcher nicht der Beschuldigte ist, bei seiner Aussage in die Gefahr einer Strafverfolgung brächte. Eine derartige Schutzrichtung verfolgt § 53 StPO nicht, weshalb Erwägungen, die im Rahmen der Auslegung des § 53 Abs. 1 bzw. 2 StPO u.a. auf eine prozessuale Gefahrenlage bzw. auf das Interesse an der Vermeidung einer strafrechtlichen Verfolgung abstellen (näher noch unten) im Normzweck des § 53 StPO keine Stütze finden. Nach der Vorstellung des Gesetzes soll § 53 StPO nicht vor Strafverfolgung schützen, sondern – weitaus früher einsetzend – die Effektivität bestimmter Beratungsverhältnisse gewährleisten, für die die Vertraulichkeit der übermittelten bzw. bekannt gewordenen Information unabdingbare Voraussetzung ist.

Die Aufzählung der Berufe in § 53 StPO ist abschließend.[199] In der Rechtsprechung und im Schrifttum ist die Ausdehnung des Zeugnisverweigerungsrechts des § 53 StPO auf Angehörige anderer Berufe durchweg abgelehnt worden, so z.B. für Bankangestellte, für Betriebsräte, Diplom-Psychologen, Angehörige der Gerichtshilfe, Mitarbeiter von (auch öffentlichen) Versicherungen, Personalräte, Rechtsbeistände (Rechtsberater, Prozessagenten), Schiedsleute.[200]

Das Zeugnisverweigerungsrecht der Berufsträger ist auf Tatsachen beschränkt, die dem Zeugen durch die Berufsausübung anvertraut oder bekannt geworden sind. Die Kenntniserlangung muss in die Berufsausübung fallen oder mit ihr unmittelbar zusammenhängen. Dazu zählt auch zufällig erlangtes

199 LR-*Dahs* StPO, Bd. 1, § 53, Rn. 3.
200 Vollständige Aufstellung und Nachweise bei LR-*Dahs* StPO, Bd. 1, § 53, Rn. 4.

Wissen, sofern es nur im Zusammenhang mit der Berufsausübung erworben wurde.[201] Das Zeugnisverweigerungsrecht besteht auch nach Beendigung des Auftrags bzw. Mandats fort und erlischt entsprechend § 203 Abs. 4 StGB nicht mit dem Tode desjenigen, dessen Vertrauen geschützt werden soll.[202]

Sagt einer dieser Personen trotz Bestehen eines Zeugnisverweigerungsrechtes und ohne Aussagegenehmigung aus, so kann er sich wegen der Verletzung von Privatgeheimnissen strafbar machen. Es drohen darüber hinaus berufsrechtliche Konsequenzen.

Die Pflicht, vor dem Untersuchungsausschuss zu erscheinen, wird durch § 53 StPO nicht berührt. Ein Antrag auf Ladung eines Zeugen darf daher auch nicht mit dem Hinweis auf dessen Zeugnisverweigerungsrecht abgelehnt werden. Die Vorschrift führt – wie im Strafverfahren (§ 70 StPO) – lediglich dazu, dass das Zeugnis nicht nach § 27 PUAG erzwungen werden darf.

(a) Entbindung von der Schweigepflicht

Die in § 53 Abs. 1 Nr. 2, 3 und 3a StPO genannten Personen dürfen nach § 22 Abs. 2 PUAG i.V.m. § 53 Abs. 2 StPO die Aussage nicht verweigern, wenn sie von der Verpflichtung zur Verschwiegenheit entbunden sind. Es entsteht sodann eine Aussagepflicht des Zeugen. In den übrigen Fällen des § 53 Abs. 1 StPO ist die Entbindung rechtlich wirkungslos; sie kann aber Einfluss auf die Entscheidung des Zeugen haben, ob er auf sein Aussageverweigerungsrecht verzichtet. Die Entbindung beseitigt die Verletzung der Schweigepflicht nach § 203 StGB.

Die Entbindungserklärung natürlicher Personen ist eine höchstpersönliche Erklärung, so dass eine Vertretung nicht möglich ist und eine Verpflichtung zur Entbindung nicht besteht.[203] Die Entbindungserklärung zu erteilen ist jeder berechtigt, zu dessen Gunsten die Schweigepflicht besteht[204], also der Träger des Geheimhaltungsinteresses, der regelmäßig – aber nicht zwingend – der Anvertrauende sein muss.[205] Bei mehreren Geschützten müssen alle die

201 *Eisenberg* Beweisrecht, Rn. 1237 m.w.N.

202 § 54 Abs. 2 StPO; vgl. *Eisenberg* Beweisrecht, Rn. 1238 m.w.N.

203 *Eisenberg* Beweisrecht, Rn. 1256. Eine Verweigerung der Entbindung von der Schweigepflicht ist keine der Beweiswürdigung unterliegende Teileinlassung; sie steht dem völligen Schweigen gleich und darf mithin nicht zum Nachteil gewertet werden, vgl. LR-*Dahs* StPO, Bd. 1, § 53, Rn. 70.

204 *Meyer-Goßner* StPO, § 53, Rn. 46.

205 *Müller-Gugenberger/Häcker* § 93, Rn. 7.

Erklärung gemeinsam oder getrennt abgeben.[206] Die Entbindung kann auch beschränkt werden.[207]

War die Vertrauensperson für eine juristische Person oder Gesellschaft tätig, so sind regelmäßig deren jeweils amtierende Organe zur Entscheidung berufen. Für die GmbH bedeutet dies, dass der/die vertretungsberechtigten Geschäftsführer (§ 35 Abs. 1 GmbHG) die Erklärung abgeben müssen. Bei einer AG (§ 78 AktG) muss ebenso wie bei der Genossenschaft (§ 24 GenG) und dem Verein (§ 26 GBG) der Vorstand entbinden.[208] Bei Handelsgesellschaften, die keine rechtsfähigen juristischen Personen sind, so etwa bei der OHG und der KG, sind die persönlich haftenden Gesellschafter entbindungsbefugt (§§ 125, 161 HGB). Dies gilt auch, wenn Straftaten zum Nachteil der Gesellschaft von einem Geschäftsführer bzw. Vorstandsmitglied begangen worden sind.[209]

Unproblematisch ist die Bestimmung der Befugnis zur Schweigepflichtentbindung bei juristischen Personen daher in den Fällen, in denen zwischen der Erteilung des Auftrages und dem Zeitpunkt der Entbindungserklärung ein personeller Wechsel in dem vertretungsberechtigten Organ nicht erfolgt ist.

(b) Entbindung von der Schweigepflicht bei Organwechsel in der juristischen Person

Umstritten ist die Situation hingegen, wenn zwischen Begründung des Mandats und dem Zeitpunkt der erwogenen Entbindung von der Verschwiegenheitspflicht ein personeller Wechsel in der gesetzlichen Vertretung der juristischen Person erfolgt ist.

Bei einem Wechsel des vertretungsberechtigten Organs, etwa bei einem Austausch von Vorstandsmitgliedern oder Geschäftsführer, kommt in Betracht, allein die gegenwärtigen Vertretungsberechtigten der juristischen Person als für die Entbindung von der Verschwiegenheitspflicht befugt anzusehen. Andererseits könnten neben oder statt den gegenwärtigen Vertretungsberechtigten der juristischen Person diejenigen natürlichen Personen als für die Entbindungserklärung befugt anzusehen sein, die als seinerzeit Vertretungsberechtigte der juristischen Person das die Verschwiegenheitspflicht begründende Mandat erteilt und die Informationen übermittelt haben, so dass

206 OLG Celle, wistra 1986, 83; OLG Hamm, GA 1969, 220 f.

207 LR-*Dahs* StPO, Bd. 1, § 53, Rn. 70, 75.

208 *Meyer-Goßner* StPO, § 53, Rn. 46.

209 Vgl. *Meyer-Goßner* StPO, § 53, Rn. 46 m.w.N.

nur oder auch deren Entbindungserklärung für eine wirksame Entbindung erforderlich ist.[210]

Für den Bereich der parlamentarischen Untersuchungsausschüsse ist zu dieser Problematik lediglich eine Entscheidung des AG Tiergarten bekannt, das den Antrag des Vorsitzenden des 1. Untersuchungsausschusses der 15. Wahlperiode des Abgeordnetenhauses von Berlin auf Festsetzung eines Ordnungsgeldes in Höhe von 1.000 Euro gegen einen die Aussage unter Berufung auf das Zeugnisverweigerungsrecht gemäß § 53 Abs. 2 StPO verweigernden Zeugen – gegen einen Wirtschaftsprüfer – zurückgewiesen hat. Im Zeitpunkt der Vernehmung lagen nicht sämtliche Schweigepflichtentbindungserklärungen aller früher für die fraglichen Unternehmen vertretungsberechtigten Personen vor. Das AG Tiergarten stellte fest, dass eine Aussagepflicht nicht besteht, wenn nicht sämtliche Schweigepflichtentbindungserklärungen auch der früheren Geschäftsführer vorhanden sind.[211] Es folgte damit der herrschenden Rechtsauffassung für den Strafprozess.

Die Literatur hat sich zu der Problematik der Entbindungsbefugnis bei personellen Wechseln nicht näher geäußert. Erhebliche Aufmerksamkeit in Rechtsprechung und Literatur hat indes die in der Praxis bedeutsame – und sachlich verwandte – Problematik der Entbindungsbefugnis in solchen Konstellationen erfahren, in denen die juristische Person nach Erteilung des Mandates an den schweigepflichtigen Berater in Insolvenz geraten ist.[212] Die Strafgerichte hatten sich mit dieser Thematik aus unterschiedlichen Blickwinkeln zu befassen, namentlich unter den Aspekten des Zeugnisverweigerungsrechtes bzw. der Beschlagnahmefähigkeit von Unterlagen (§§ 53 bzw. 97 StPO) sowie der Strafbarkeit wegen Geheimnisverrats (§ 203 StGB). Im Strafrecht hat sich als herrschende Meinung die Ansicht herausgebildet, dass eine wirksame Schweigepflichtentbindung sowohl eine entsprechende Erklärung des Insolvenzverwalters als auch eine der früheren Organmitglieder voraussetzt.[213] Beispielhaft führt das OLG Schleswig hierzu aus:

> „Beauftragt eine GmbH, handelnd durch ihren Geschäftsführer als Organ, einen Wirtschaftsprüfer mit der Überprüfung der wirtschaftlichen Angelegenheiten der Gesellschaft, steht das Recht zur Entbindung von der Verschwiegenheitspflicht nicht nur zur Disposition der GmbH, sondern auch der Person, die im Rahmen der anvertrauten Tatsachen Betroffene des Vertrauensverhältnisses zwischen Berufsgeheimnisträger und seinem Vertragspartner ist".[214]

---

210 Vgl. zur Problemstellung auch *Schmitt* wistra 1993, 9 ff.

211 AG Tiergarten, Beschluss vom 10.07.2004, 351 Gs 4495/02 = wistra 2004, 319.

212 Vgl. hierzu nur *Dahs* in FS Kleinknecht, 63 ff.

213 OLG Schleswig, NJW 1981, 294; OLG Koblenz, NStZ 1985, 426, 427 f.; OLG Düsseldorf, StV 1993, 346; vgl. auch LG Saarbrücken, wistra 1995, 239.

214 OLG Schleswig, NJW 1981, 294; vgl. auch OLG Düsseldorf, StV 1993, 346 mit zust. Anm. *Münchhalffen* S. 347 f.; LG Saarbrücken, wistra 1995, 239 mit abl. Anmerkung

Auch das überwiegende Schrifttum verlangt bei einer in Konkurs bzw. Insolvenz gefallenen Gesellschaft Entbindungserklärungen nicht nur des Verwalters, sondern auch der in das berufliche Vertrauensverhältnis einbezogenen Organmitglieder.[215]

Andere Strafgerichte und Teile der Literatur siedeln die Kompetenz hingegen ausschließlich bei dem Insolvenzverwalter des Gemeinschuldners und gerade nicht (auch) bei den früheren beauftragenden Organen an.[216] Abweichend von der herrschenden Auffassung sprechen einige LG ausschließlich den bisherigen Organen und nicht auch den gegenwärtigen die Befugnis zur Entbindung zu.[217]

Die beachtliche Mindermeinung knüpft für die Befugnis zur Entbindung von der Schweigepflicht ausschließlich an das Rechtsverhältnis an, in dessen Rahmen die anvertrauten Tatsachen übermittelt wurden. Die gesetzliche Verschwiegenheitspflicht bei einer juristischen Person bestehe zu ihren Gunsten, da ihre „Geheimnisse" übermittelt und geschützt würden, die Organe dagegen außerhalb des Vertrauensverhältnisses stehende Dritte seien. Die Erklärungen der Organe hätten als solche der Gesellschaft zu gelten. Ein eigenständiges schutzwürdiges Interesse der Organe an der Verschwiegenheit der schweigepflichtigen Berater sei nicht anzuerkennen, da die Befugnis zur Schweigepflichtentbindung kein höchstpersönliches Recht desselben sei. Nach Ansicht des LG Lübeck soll dies auch dann gelten, wenn die Organe dem Berufsträger Mitteilung über eigene ihre zivil- oder strafrechtliche Verantwortung begründende Handlungen gemacht haben.[218] Das LG Hamburg sieht das Interesse des Organs an der Geheimhaltung der vormals übermittelten Tatsachen sogar ausschließlich darin, strafrechtlich nicht zur Verantwortung gezogen zu werden. Ein solches „privates Interesse" des Organs unterfalle aber nicht dem Schutzbereich des § 53 Abs. 1 Nr. 3 StPO, der

---

Weyand S. 240 f. sowie OLG Koblenz, NStZ 1985, 426, 427 f.: die alleinige Entbindungserklärung des Konkursverwalters genügt nicht.

215 *Dahs* in FS Kleinknecht, 68 ff. m.w.N.: LR-*Dahs* StPO, Bd. 1, § 53, Rn. 71; *Meyer-Goßner* StPO, § 53, Rn. 46 m.w.N.; *Franzen/Gast/Joeck* § 399, Rn. 40 zur Beschlagnahme nach § 97 StPO; Sch/Schr-*Lenckner* § 203, Rn. 23 zum Verrat von Geschäftsgeheimnissen.

216 OLG Oldenburg, StraFo 2004, 351; LG Lübeck, NJW 1978, 1014, 1015; LG Hamburg, StV 2002, 647 m.w.N.; *Müller-Gugenberger/Häcker* § 93, Rn. 9; *Schäfer* wistra 1985, 209, 210 ff.

217 LG Kaiserslautern, AnwBl. 1979, 119: die Entbindungserklärung eines Steuerberater- und Wirtschaftsprüferbüros durch den Konkursverwalter sei zumindest im Strafverfahren ohne Bedeutung; dem ehemaligen Organ komme die alleinige Entbindungsbefugnis zu; *Schmitt* wistra 1993, 9, 13 f.; *Weihrauch* JZ 1978, 300, 302, für die Fallgestaltung, dass der Berufsträger das Organ auch persönlich beraten hat.

218 LG Lübeck, NJW 1978, 1014, 1015, so auch OLG Nürnberg, MDR 1977, 144, 145 für das Zivilverfahren.

vornehmlich den Berufsangehörigen vor dem Konflikt zwischen seiner uneingeschränkten Auskunftspflicht und seinen standes- und strafrechtlich sanktionierten Verschwiegenheitspflichten bewahren wolle.[219]

Auf der Grundlage des Normzwecks des § 53 StPO begegnet die Minderansicht durchgreifenden Bedenken. Sie verkennt Sinn und Zweck des Zeugnisverweigerungsrechts gemäß § 53 StPO. Der Schutzzweck des § 53 StPO liegt gemäß der Rechtsprechung des BVerfG und der herrschenden Meinung gerade nicht in der Auflösung eines Interessenkonflikts des Berufsträgers zwischen der uneingeschränkten Aussagepflicht und der standes- und strafrechtlich sanktionierten Verschwiegenheitspflicht. § 53 StPO schützt umfassend das Kommunikationsverhältnis zwischen Ratsuchendem und Berufsträger um seiner Funktionsfähigkeit willen als Ganzes und greift – gerade und insbesondere zu Gunsten des Ratsuchenden – mit der Aufnahme der Tätigkeit des Berufsträgers zu einem Zeitpunkt ein, zu dem eine zeugenschaftliche Einvernahme des Berufsträgers überhaupt noch nicht absehbar ist. Dies zwingt dazu, von einer Verengung der Perspektive auf eine Konfliktlage bei dem Berufsträger abzusehen und das Interesse beider beteiligten Seiten an der Funktionsfähigkeit des Auftragsverhältnisses bei der Entscheidung darüber zu berücksichtigen, wer für die Abgabe der Schweigepflichtentbindungserklärung rechtlich berufen ist.[220]

Maßgeblich für die Bestimmung des Schutzzwecks des § 53 StPO ist auch weder die Frage der Betroffenheit geschäftlicher Geheimnisse der juristischen Person[221] oder die potentielle strafrechtliche Relevanz eines Verhaltens des Organs.[222] Allein das dem jeweiligen Auftrag des Berufsträgers zugrunde liegende Vertrauensverhältnis als solches begründet das berufliche Zeugnisverweigerungsrecht des § 53 StPO. Die Richtigkeit dieses Ansatzes wird auch durch den Wortlaut des § 53 Abs. 1 Nr. 3 StPO gestützt, der allgemein auf „Umstände" abstellt, die dem Berufsträger in seiner beruflichen Eigenschaft „anvertraut" worden sind. Eine Beschränkung auf Geschäftsgeheimnisse o.ä. lässt sich dem Wortlaut der Norm nicht entnehmen.

Das Interesse an der Vertraulichkeit der übermittelten Umstände kann sachlich auch nicht mit dem Geheimhaltungsinteresse in Bezug auf Geschäftsgeheimnisse gleichgesetzt werden. Die verschiedentlich anzutreffende Bezugnahme auf „Geheimnisse" im Zusammenhang mit Auslegungsfragen des § 53 StPO resultiert aus der Heranziehung des Straftatbestandes des § 203 StGB (Verletzung von Privatgeheimnissen). Insoweit ist zwar richtig, dass innerhalb der von § 53 StPO geschützten Vertrauensbeziehung vielfach „Ge-

219 LG Hamburg, StV 2002, 647, 647 f. m.w.N.

220 Umfassend: *Krause* in FS Dahs 349 ff.

221 LG Hamburg, StV 2002, 647, 647 f.

222 Ähnlich *Dahs* in FS Kleinknecht, 75; *Schmitt* wistra 1993, 9, 12.

heimnisse“ im Rechtssinne preisgegeben werden. Die Verschwiegenheitspflicht der Berufsträger besteht nach einhelliger Auffassung jedoch auch, sofern innerhalb der Mandatsbeziehung Tatsachen offenbart werden, die keine Geheimnisse sind. Das strafprozessuale Zeugnisverweigerungsrecht geht daher weiter als der materiell-rechtliche Strafrechtsschutz nach § 203 StGB.[223]

Neben der Entbindungserklärung des früheren Organs ist auch eine Entbindung des gegenwärtigen Organs zu verlangen. Zwar spricht vor dem Hintergrund des Normzwecks des § 53 StPO vieles dafür, allein den bisherigen Organen der Gemeinschuldnerin die Befugnis zur Schweigepflichtentbindung einzuräumen.[224] Die Notwendigkeit einer Entbindung auch durch das gegenwärtige Organ folgt indes aus der Tatsache, dass den dem Berufsträger bekannt gewordenen Informationen aufgrund ihrer Übermittlung im Rahmen des dem Berufsträger von der juristischen Person erteilten Auftrages die Qualität vertraulicher Informationen der juristischen Person selbst zukommt.[225]

(c) Wirkung der Entbindung

Ein von der Schweigepflicht wirksam entbundener Zeuge ist grundsätzlich zur Aussage vor dem Untersuchungsausschuss verpflichtet.[226] Offenbart der Zeuge im Rahmen seiner Aussage ihm mitgeteilte oder bekannt gewordene Umstände oder sogar ihm anvertraute Geheimnisse, so macht er sich bei einer Aussage nicht wegen Geheimnisverrats oder Verletzung von Privatgeheimnissen strafbar. Werden andererseits Angaben gegenüber Untersuchungsausschüssen getätigt, ohne in der erforderlichen Weise von der Verschwiegenheitspflicht entbunden worden zu sein (§ 53 Abs. 2 StPO), drohen neben strafrechtlichen auch berufsrechtliche Sanktionen.

Zu beachten ist in diesem Zusammenhang, dass gemäß § 22 Abs. 1 PUAG i.V.m. § 53 Abs. 2 StPO wirksam von der Verschwiegenheitspflicht

223 *Meyer-Goßner* StPO, § 53, Rn. 4; KK-*Senge* StPO, § 53, Rn. 3.

224 In diesem Sinne auch *Schmitt* wistra 1993, 9, 11; angedeutet auch bei *Dahs* in FS Kleinknecht, 76, Fn. 39.

225 *Krause* in FS Dahs, 349 ff.

226 Soweit die Entbindungserklärung eine Zeugenaussage des Berufsträgers ermöglichen soll, ist zu bedenken, dass die Verhandlung vor dem Untersuchungsausschuss grundsätzlich öffentlich ist. Bei der Preisgabe von Geschäfts- und Betriebsgeheimnissen kann der Untersuchungsausschuss gehalten sein, die Öffentlichkeit zur Wahrung der jeweiligen Einzelinteressen zumindest für einen Teil der Sitzung auszuschließen. Es ist möglich, die Entbindungserklärung zum Schutz der geschäftlichen Geheimnisse des Auftraggebers auf nicht-öffentliche Sitzungen zu beschränken. An eine solche zulässige Beschränkung der Schweigepflichtentbindungserklärung ist ein Untersuchungsausschuss gebunden.

entbundene Berufsgeheimnisträger, z.B. Rechtsanwälte, Steuerberater oder Wirtschaftsprüfer, gemäß § 22 Abs. 2 PUAG nicht bloß Auskünfte auf Fragen verweigern dürfen, deren Beantwortung ihnen oder Angehörige im Sinne des § 52 Abs. 1 StPO die Gefahr zuziehen würde, wegen einer Straftat oder Ordnungswidrigkeit verfolgt zu werden, sondern auch auf solche Fragen, bei deren wahrheitsgemäßen Beantwortung sie mit berufsrechtlichen Konsequenzen rechnen könnten (vgl. D.I.3.b)(4)).

(d) Kein Anspruch auf Entbindung von der Verschwiegenheitspflicht

Durch Untersuchungsausschüsse ist die Praxis der Einholung von Verschwiegenheitsverpflichtungen auch früherer Organe juristischer Personen, die Gegenstand der parlamentarischen Untersuchung im Rahmen des Untersuchungsauftrages sind, als schwierig und der Aufklärungstätigkeit hinderlich angesehen worden. Insbesondere frühere Organe haben in der Vergangenheit gegenüber Untersuchungsausschüssen auf entsprechende Anfragen hin die Entbindung von der Verschwiegenheitspflicht verweigert und so bestimmte Beweiserhebungen verhindert. Dies betraf regelmäßig Personen, die sich selbst auf ein Zeugnisverweigerungsrecht gemäß § 22 Abs. 2 PUAG bzw. den entsprechend auf § 55 StPO Bezug nehmenden Vorschriften der Bundesländerparlamente berufen haben.

Die Entbindungserklärung natürlicher Personen ist jedoch eine höchstpersönliche Erklärung, so dass eine Vertretung nicht möglich ist und eine Verpflichtung zur Entbindung nicht begründet werden kann.[227] Ein Untersuchungsausschuss hat demzufolge keinen Anspruch darauf, dass bestimmte Personen durch Entbindungserklärungen, z.B. für mit Prüfungsvorgängen befassten Wirtschaftsprüfer durch den Berechtigten von der Verschwiegenheitspflicht entbunden werden, insbesondere nicht im Wege eines Vorabbeschlusses durch den Untersuchungsausschuss.[228] Eine solche Möglichkeit würde auch evident dem dargestellten Wesen und Schutzzweck des § 53 StPO widersprechen.

(2) Zeugnisverweigerungsrecht Abgeordneter

Abgeordneten steht gemäß § 22 Abs. 1 PUAG i.V.m. § 53 Abs. 1 Nr. 4 StPO und Art. 47 GG ein eigenes zusätzliches Zeugnisverweigerungsrecht zu. § 53 Abs. 1 Nr. 4 StPO hat für die Mitglieder der Parlamente einheitliches Recht

227 *Eisenberg* Beweisrecht, Rn. 1256; LR-*Dahs* StPO, Bd. 1, § 53, Rn. 70.

228 *Schröder* NJW 2000, 1456, 1457 f.

geschaffen.[229] Danach hat jeder Abgeordnete das Recht, Angaben über Personen, die ihm in seiner Eigenschaft als Abgeordneter Mitteilung gemacht haben, und die Herausgabe von Schriftstücken zu verweigern, die ihm in seiner Eigenschaft als Abgeordneter übergeben wurden:

> „Art. 47 GG verleiht dem Abgeordneten ein besonderes Zeugnisverweigerungsrecht und ein korrespondierendes Beschlagnahmeprivileg für Schriftstücke. Mit diesem Recht schützt die Verfassung das Vertrauensverhältnis, das im Einzelfall zwischen dem Abgeordneten und einem Dritten in Rücksicht auf die Mandatsausübung zustande gekommen ist (...). Zeugnisverweigerungsrecht und Beschlagnahmeprivileg stärken das freie Mandat; sie schützen zugleich die ungestörte parlamentarische Arbeit und die Repräsentationsmächtigkeit der Volksvertretung. Art. 47 GG verstärkt insofern das freie Mandat des Abgeordneten aus Art. 38 Abs. 1 GG und gewährleistet zugleich dem Bundestag als Verfassungsorgan einen Funktionsschutz."[230]

Das Weigerungsrecht des Abgeordneten betrifft nicht nur die Tatsachen, die ihm in seiner Eigenschaft – und nicht bloß als Privatperson oder in sonstiger Funktion – anvertraut wurden, sondern auch die Identität der Personen, von denen er diese Tatsachen erfahren hat, und ferner das, was er als Abgeordneter anderen anvertraut hat.[231] Geschützt sind also die Personen in ihrer Identität und die Mitteilung in ihrem Inhalt. Nach allgemeiner Ansicht unterstehen dem Schutzbereich jedoch nicht die näheren Umstände der Mitteilung, wie etwa Ort, Zeit, Form usw., es sei denn, sie erlauben Rückschlüsse auf die Person und auf die Mitteilung.[232] Der Gesprächspartner des Abgeordneten hat indes kein Zeugnisverweigerungsrecht.[233]Als anvertraut anzusehen ist eine

---

229 Praktisch relevant war die Frage der Anwendbarkeit und der Reichweite des Zeugnisverweigerungsrechts Abgeordneter (auf Bundesebene Art. 47 GG) im Rahmen des 44. Untersuchungsausschusses der 1. Wahlperiode Hauptstadtfrage. Der Untersuchungsausschuss sollte klären, ob im Falle der Hauptstadtfrage Bonn – Frankfurt an Abgeordnete ein Betrag in Höhe von 2 Mio. DM bezahlt wurde, um damit deren Zustimmung zur Festlegung Bonns als Parlaments- und Regierungssitz zu gewinnen (BT-Drucksache I/2274, 21).

230 BVerfG, Urteil vom 30.07.2003, 2 BvR 508/01, Absatz-Nr. 45.

231 KK-*Senge* StPO, § 53, Rn. 23.

232 Maunz-Dürig/*Maunz* Art. 47, Rn. 12 m.w.N. Ebenso wie die Angehörigen der in § 53 Abs. 1 Nr. 1 bis 3aStPO genannten Berufsgruppen dürfen Abgeordnete das Zeugnis auch über die ihnen in ihrer Abgeordneteneigenschaft bekannt gewordenen Tatsachen verweigern (vgl. LR-*Dahs* StPO, Bd. 1, § 53, Rn. 43.) Vielfach wird aufgrund der Nichterwähnung der „bekannt gewordenen Tatsachen" der umgekehrte Schluss gezogen (*Achterberg/Schulte* in von Mangoldt/Klein/Starck, GG, Bd. 2, Art. 47, Rn. 6 f.). Ihr Zeugnisverweigerungsrecht ist jedoch gegenüber den anderen Berufen nicht eingeschränkt. In § 53 Abs. 1 Nr. 4 StPO wurden bei der Gesetzesänderung 1953 nur deswegen nicht auch noch die Worte „oder bekannt geworden" aufgenommen, weil der Wortlaut der Vorschrift mit Art. 47 GG übereinstimmen sollte. Das Zeugnisverweigerungsrecht bezieht sich daher auch auf nicht vertrauliche Tatsachen (LR-*Dahs* StPO, Bd. 1, § 53, Rn. 43).

233 KK-*Senge* StPO, § 53, Rn. 23.

mündliche oder schriftliche Mitteilung sowie die Gewährung von Gelegenheit zu Wahrnehmungen und Beobachtungen, bei der Geheimhaltung verlangt oder stillschweigend erwartet wird.[234] Anvertraut bleiben sie auch dann, wenn sie später durch Indiskretionen öffentlich bekannt werden.[235]

Ein Berufen auf § 53 Abs. 1 Nr. 4 StPO setzt – im Gegensatz zu § 55 StPO – keine drohende Strafverfolgung aufgrund der verschwiegenen Tatsachen oder Personen voraus, die auf eine früher begangene Tat hindeuten könnten.[236] Es wird allein das Vertrauensverhältnis zwischen Abgeordnetem und Bürger bzw. Abgeordnetem und Abgeordnetem geschützt.[237]

Es handelt sich um ein gegenständlich auf das Mandat beschränktes Recht.[238] Stets genau im Einzelfall zu prüfen ist deshalb, ob die betroffene Person die relevanten Tatsachen in der Eigenschaft als Abgeordneter anvertraut bekommen hat oder ob sie in anderer Funktion (z.B. als Parteimitglied, Privatperson, im Bereich eines Unternehmens) mitgeteilt wurden. Nur für den Funktionsbereich des Mandats gilt der Schutz des § 53 Abs. 1 Nr. 4 StPO. Die mitgeteilten Tatsachen müssen in unmittelbarem Zusammenhang gerade mit der parlamentarischen Tätigkeit des Abgeordneten stehen.[239] Dabei ist zu berücksichtigen, dass die Differenzierung zwischen den beiden Funktionen Parteimitglied und Abgeordneter im Einzelfall ausgesprochen schwierig sein kann. Steht jedoch fest, dass bestimmte Mitteilungen oder Übergaben an den Abgeordneten gerade in dessen Funktion als Funktionsträger der Partei erfolgt sind und eben nicht in seiner Eigenschaft als Abgeordneter, so ist das Zeugnisverweigerungsrecht nicht anwendbar. In Zweifelsfällen wird aber regelmäßig ein Zeugnisverweigerungsrecht anzuerkennen sein.

Soweit der Abgeordnete zur Verschwiegenheit verpflichtet ist, entscheidet er selbst, ob er von seinem Weigerungsrecht Gebrauch machen will.[240] Das Parlament kann ihm keine Weisung erteilen.[241] Ebenso kann er nicht durch Befreiung von der Schweigepflicht zur Aussage gezwungen werden.[242]

---

234 KK-*Senge* StPO, § 53, Rn. 24.

235 LR-*Dahs* StPO, Bd. 1, § 53, Rn. 43.

236 Beruft sich ein Abgeordneter auf Art. 51 VvB, so muss er analog § 56 StPO auf Verlangen dem Ausschuss gegebenenfalls durch eidliche Versicherung seine Berechtigung glaubhaft machen (Dreier/*Schulze-Fielitz* Art. 47, Rn. 9 m.w.N.). Über die gerichtlich im Wege des Organstreitverfahrens überprüfbare Begründetheit der Inanspruchnahme entscheidet der Untersuchungsausschuss (Bonner Kommentar/*Umbach* Art. 47, Rn. 17).

237 In zeitlicher Hinsicht wirkt es unbegrenzt. Allein die vertrauliche Mitteilung muss während der Mandatszeit stattgefunden haben (*Sachs-Magiera* GG, Art. 47, Rn. 4 f.).

238 Maunz-Dürig/*Maunz* Art. 47, Rn. 9.

239 Dreier/*Schulze-Fielitz* Art. 47, Rn. 8 m.w.N.

240 BVerfG, Urteil vom 30.07.2003, 2 BvR 508/01, Absatz-Nr. 64.

241 Vgl. KK-*Senge* StPO, § 53, Rn. 25.

242 LR-*Dahs* StPO, Bd. 1, § 53, Rn. 43.

§ 54 StPO gilt nicht entsprechend. Gegen seinen Willen ist eine Beschlagnahme von gegenständlich verfestigten Mitteilungen aus dem Vertrauensverhältnis zwischen Abgeordnetem und Dritten nur dann – mit Genehmigung des Bundestags – zulässig, wenn der Mandatsträger selbst einer Straftat verdächtig ist; dann fehlt ihm die Zeugeneigenschaft.[243]

Nach einhelliger Meinung sollen auch die Mitarbeiter von Abgeordneten, d.h. die Assistenten und Sekretariatsangestellten, Inhaber des Zeugnisverweigerungsrechtes des Art. 47 GG sein.[244] Begründet wird dies allgemein damit, dass sonst das Zeugnisverweigerungsrecht des Abgeordneten problemlos unterlaufen werden könne.[245] Dabei ergibt sich das Zeugnisverweigerungsrecht der Mitarbeiter von Abgeordneten bereits unmittelbar aus § 53a StPO, wonach die in § 53 Abs. 1 S. 1 Nr. 1 bis 4 StPO (Nr. 4 regelt das Zeugnisverweigerungsrecht Abgeordneter) Genannten ihre Gehilfen und die Personen gleich stehen, die zur Vorbereitung auf den Beruf an der berufsmäßigen Tätigkeit teilnehmen. Über die Ausübung des Rechtes dieser Hilfspersonen, das Zeugnis zu verweigern, entscheidet der Abgeordnete, es sei denn, dass diese Entscheidung in absehbarer Zeit nicht herbeigeführt werden kann (§ 53a Abs. 1 S. 2 StPO). Gemäß § 53a Abs. 2 StPO gilt die Entbindung von der Verpflichtung zur Verschwiegenheit (§ 53 Abs. 2 S. 1 StPO) auch für die Hilfspersonen. Insoweit bestehen im Vergleich zu anderen von den Regelungen der §§ 53 Abs. 2, 53a StPO betroffenen Personen keine Besonderheiten.

Gegenstand einer Entscheidung des BVerfG[246] war die Frage, ob im Fall einer Ermittlung gegen einen beschuldigten Mitarbeiter des Abgeordneten auch auf Schriftstücke zugegriffen werden kann, die der Abgeordnete diesem im Rahmen seines Direktionsrechts überlassen hat. Das BVerfG stellte zur Reichweite des Art. 47 GG differenzierend zwischen dem Mitarbeiterbüro in den Räumlichkeiten des Parlamentes und außerhalb fest, dass (jedenfalls) Gegenstände im funktionellen Herrschaftsbereich des Abgeordneten von der Beschlagnahme gemäß Art. 47 S. 2 GG ausgenommen sind:

> „Innerhalb der Räumlichkeit des Bundestags hat der Abgeordnete an Schriftstücken, die seinem Direktionsrecht unterliegen, die für die Anwendung des Art. 47 GG zu fordernde Herrschaftsmacht. Er beherrscht die Schriftstücke mit seinem Weisungsrecht in unmittelbarer Weise. Der Abgeordnete darf jederzeit das Büro seines Mitarbeiters betreten und die Schriftstücke an sich nehmen, die er diesem in Zusammenhang mit seiner Mandatsausübung überlassen hat; der Mitarbeiter vermag dem kein eigenes Besitzrecht entgegenzuhalten. Soweit sich Schriftstücke außerhalb der Räume des Bundestags bei einem Mitarbeiter befinden, ist die rechtliche und tatsächliche Be-

243 BVerfG, Urteil vom 30.07.2003, 2 BvR 508/01, Absatz-Nr. 63, a.a.O.

244 *Heitzer* NJW 1952, 89, 89 f.; Bonner Kommentar/*Umbach* Art. 47, Rn. 6; *Wiefelspütz* S. 248 m.w.N.

245 Z.B. *Wiefelspütz* S. 248.

246 BVerfG, Urteil vom 30.07.2003, 2 BvR 508/01.

> herrschungsmöglichkeit des Abgeordneten soweit gelockert, dass der Schutzbereich des Art. 47 GG verlassen wird. Insbesondere in den durch Art. 13 GG geschützten Wohnräumen des Mitarbeiters kann der Abgeordnete nicht mehr ohne dessen Einwilligung auf die Schriftstücke zugreifen. Der Abgeordnete, der dem Mitarbeiter gestattet, vertrauliche Schriftstücke aus der Beherrschungssphäre des Bundestags zu verbringen, oder entsprechende Eigenmächtigkeiten des Mitarbeiters nicht wirksam verhindert, lockert selbst seine nach Art. 47 GG vorausgesetzte Herrschaft über Schriftstücke, die beschlagnahmefrei sind. (...) Schriftstücke, für die der Abgeordnete glaubhaft macht, dass sie ihm im Zusammenhang mit seiner parlamentarischen Arbeit anvertraut sind, dürfen in den Räumlichkeiten des Bundestags bei dem Mitarbeiter eines Abgeordneten nicht beschlagnahmt werden."[247]

Eine Beschlagnahme wäre im Übrigen nicht von vornherein, sondern nur dann nach Art. 47 S. 2 GG unzulässig, wenn der betreffende Abgeordnete von seinem Zeugnisverweigerungsrecht tatsächlich Gebrauch macht.

(a) Keine Einschränkung bei kollusivem Zusammenwirken

Neben dem Bezug auf den Funktionsbereich wurde im Rahmen des *Parteispenden-Ausschusses* im Deutschen Bundestag diskutiert, ob das Zeugnisverweigerungsrecht Abgeordneter weiter eingeschränkt werden kann.[248] Dort stellte sich die Frage, ob Art. 47 GG auch noch bei einem kollusivem Zusammenwirken zwischen Bürger und Abgeordnetem gelte. Dies wurde seinerzeit teilweise unter Hinweis darauf abgelehnt, dass sowohl Spendern wie auch Abgeordneten bei einer versprochenen Geheimhaltung ihrer Identität ein Verstoß gegen das Parteiengesetz und gegen das Transparenzgebot des Art. 21 Abs. 1 S. 3 GG bewusst war und dies nur schwer mit der Ratio des Art. 47 GG zu vereinbaren sei. Die Ratio bestehe namentlich darin, die Funktionsfähigkeit des Parlaments durch die Sicherung hinreichender, offener und vollständiger Information und die demokratische Willensbildung zu stärken. Die kollidierenden Verfassungsgüter, das Transparenzgebot einerseits und der Art. 47 GG andererseits, müssten deshalb im Wege der praktischen Konkordanz in Einklang gebracht werden. Demzufolge gelte das Zeugnisverweigerungsrecht jedenfalls nicht pauschal und undifferenziert. *Wiefelspütz* vertritt sogar die Auffassung, dass in den Schutzbereich des Art. 47 GG Kommunikationsformen des Abgeordneten nicht fallen, bei denen oder durch die der Abgeordnete selbst gegen die Rechtsordnung verstößt.[249]

Die genannten Ansichten sind unzutreffend, denn sie übersehen, dass bei Zeugnisverweigerungsrechten allgemein und insbesondere nicht im § 53

247 BVerfG, Urteil vom 30.07.2003, 2 BvR 508/01, Absatz-Nr. 47 f.

248 BT-Drs. 14/9300, 414 *Parteispenden-Ausschuss.*

249 *Wiefelspütz* S. 244 f.

Abs. 1 Nr. 4 StPO zwischen einerseits kollusivem und andererseits rechtmäßigem Verhalten unterschieden wird. Allein das gesetzlich geschützte Vertrauensverhältnis ist maßgebend (vgl. D.I.3.b)(1)). Auch dürfte das Grundrecht des freien Abgeordnetenmandats noch zugunsten der Anwendbarkeit eines weiten Zeugnisverweigerungsrechts von Gewicht sein. Zutreffend hatte dies bereits auch schon der 5. Untersuchungsausschuss der 1. Wahlperiode des Deutschen Bundestages in einer durchaus vergleichbaren Fallkonstellation entschieden. Damals wurde streitig, ob ein als Zeuge geladener Abgeordneter das Zeugnis unter Berufung auf Art. 47 GG zu der Frage verweigern durfte, ob und von wem er Gelder entgegengenommen habe. Als Ergebnis hielt der Ausschuss in seinem Abschlussbericht fest, dass eine Geldzahlung als anvertraute Tatsache im Sinne des Art. 47 GG angesehen werden kann, soweit ein typisches Vertrauensverhältnis besteht; dennoch aber Auskunft erteilt werden müsste, wann und in welcher Höhe er das Geld erhalten habe, da die Entgegennahme des Geldes ausschließlich das eigene Verhalten des Abgeordneten betreffe und diesbezüglich eine Zeugnisverweigerung nicht anerkannt sei. Die Mehrheit des Ausschusses hielt dagegen die Weigerung des Abgeordneten, nicht die Person eines Geldgebers zu nennen, im Ergebnis für berechtigt.[250]

(b) Kein Zeugnisverweigerungsrecht wegen eines Ehrenwortes

Es bedarf keiner näheren Erwähnung, dass ein Ehrenwort allein kein Zeugnisverweigerungsrecht begründen kann. Im Rahmen des *Parteispenden-Ausschusses* des Deutschen Bundestages weigerte sich jedoch der Zeuge Dr. Kohl, in einem wohl einmaligen Fall, Auskünfte auf Fragen auf der Grundlage eines erteilten Ehrenwortes[251] gegenüber Spendern zu geben.[252] Er erklärte, die Spender seien deutsche Staatsbürger, lebten in Deutschland, hätten nichts mit seiner Regierung zu tun gehabt und ihm versichert, das Geld aus versteuertem Einkommen genommen zu haben.

Selbstverständlich vermag ein Ehrenwort kein Zeugnis- oder Auskunftsverweigerungsrecht in einem Untersuchungsausschuss- oder Strafverfahren zu begründen. Das BVerfG hat unzweifelhaft im Rahmen der Verwerfung der Verfassungsbeschwerde des Zeugen *Lappas* festgestellt, dass die Pflicht des Zeugen zur Aussage aufgrund des öffentlichen Interesses an der Tatsachenermittlung solchen privaten Geheimhaltungsinteressen vorgeht, die nicht

---

250 BT-Drs. I/2274, 21.

251 Bei einem Ehrenwort soll es sich rechtlich um eine mit Pathos bekräftigte, mit Rechtsbindungswillen abgegebene rechtsgeschäftliche Erklärung zur Begründung einer vertraglich vereinbarten Schweigepflicht des Abgeordneten handeln (*Wiefelspütz* S. 248).

252 BT-Drs. 14/9300, 203 f. *Parteispenden-Ausschuss.*

das Prozessrecht selbst als schützenswert anerkennt.[253] Das geltende Prozessrecht kennt das Berufen auf ein Ehrenwort nicht, weshalb das Ehrenwort kein gesetzliches und schon gar kein übergesetzliches Zeugnisverweigerungsrecht darstellt.

Der Ansatz von *Wiefelspütz*, die Abgabe eines Ehrenwortes könne im Rahmen der Berufung auf das Zeugnisverweigerungsrecht Abgeordneter gemäß Art. 47 GG dann eine Art rechtsgeschäftlicher Schweigepflicht begründen, wenn dieses Ehrenwort nicht gegen ein gesetzliches Verbot verstößt, geht gleichfalls fehl.[254] Denn beim Zeugnisverweigerungsrecht des Abgeordneten wird nicht zwischen rechtmäßigen und rechtswidrigen Mitteilungen unterschieden, so dass die Frage eines Verstoßes gegen ein gesetzliches Verbot unerheblich ist. Ferner würde sonst jeder Abgeordnete in die Lage versetzt werden, ein Zeugnisverweigerungsrecht durch Berufen auf ein Ehrenwort konstruieren zu können. Das Ehrenwort existiert schlicht als Zeugnis- oder Auskunftsverweigerungsgrund nicht und verdient neben bereits bestehenden gesetzlichen Regelungen auch keine Anerkennung.

(3) Zeugnisverweigerungsrecht der Berufshelfer

Das Zeugnisverweigerungsrecht der Berufsträger aus § 53 StPO darf nicht dadurch umgangen werden, dass dessen Hilfspersonen vernommen werden. § 53a StPO, der gemäß § 22 Abs. 1 PUAG entsprechend anwendbar ist, bestimmt deshalb, dass den in § 53 Abs. 1 Nr. 1 bis 4 Genannten ihre Hilfspersonen und Personen gleich stehen, die zur Vorbereitung auf den Beruf an der berufsmäßigen Ausübung teilhaben. Gehilfen sind nicht nur die berufsmäßig tätigen Hilfskräfte, sondern auch sonstige, auch nur gelegentlich Mithelfende. Voraussetzung ist jedoch ein unmittelbarer Zusammenhang der Hilfeleistung mit der Berufstätigkeit des Hauptberufsträgers.[255] Beim Rechtsanwalt sind die Berufshelfer zum Beispiel die nicht selbst als Rechtsanwälte zugelassenen juristischen Mitarbeiter, Referendare, Bürolehrlinge und Studenten.[256] Entsprechendes gilt für den Steuerberater bzw. den Wirtschaftsprüfer. Beim Abgeordneten sind nur seine Assistenten und Sekretärinnen Berufshelfer.[257]

Über die Ausübung des Zeugnisverweigerungsrechts entscheidet der Hauptberufsträger, § 53a Abs. 1 S. 2 StPO. Dessen Entscheidung muss nicht einheitlich sein; er kann selbst aussagen, es der Hilfsperson aber untersagen

---

253 BVerfGE 76, 363, 387 f. *Lappas* m.w.N.

254 *Wiefelspütz* S. 247 f.

255 *Eisenberg* Beweisrecht, Rn. 1258.

256 KK-*Senge* StPO, § 53a, Rn. 4 f.

257 KK-*Senge* StPO, § 53a, Rn. 4.

oder umgekehrt.[258] Wird der Hauptberufsträger von der Schweigepflicht gemäß § 53 Abs. 2 StPO entbunden, so erstreckt sich diese Entbindung auch auf die Hilfsperson. Die Entbindung ist nicht teilbar.[259]

(4) Auskunftsverweigerungsrecht

In Abweichung von der nachgebildeten Ausgangsvorschrift § 55 StPO bestimmt § 22 Abs. 2 PUAG, dass Zeugen auch auf Fragen die Auskunft verweigern können,

> „deren Beantwortung ihnen oder Personen, die im Sinne des § 52 Abs. 1 der Strafprozessordnung ihre Angehörigen sind, die Gefahr zuziehen würde, einer Untersuchung nach einem gesetzlich geordneten Verfahren ausgesetzt zu werden."

Im Gegensatz dazu kann im Strafverfahren gemäß § 55 StPO ein Zeuge nur die Auskunft auf solche Fragen verweigern,

> „deren Beantwortung ihm selbst oder einem der in § 52 Abs. 1 StPO bezeichneten Angehörigen die Gefahr zuziehen würde, wegen einer Straftat oder einer Ordnungswidrigkeit verfolgt zu werden."

Zur Auskunftsverweigerung berechtigt im Strafverfahren etwa damit nicht die Gefahr, dass die Aussage zu disziplinarrechtlicher oder berufsrechtlicher Verfolgung führen oder dem Zeugen zur Unehre gereichen könnte. Es muss die Gefahr der Verfolgung wegen einer Straftat oder Ordnungswidrigkeit, die in der Vergangenheit begangen wurde, drohen. Das PUAG weitet das Auskunftsverweigerungsrecht erheblich aus und stärkt insoweit tatsächlich die Rechtsstellung des Zeugen im Untersuchungsausschussverfahren im Vergleich zum Strafprozess.[260] Diese gesetzgeberische Maßnahme ist deshalb besonderes bemerkenswert, als im Verlaufe des Gesetzgebungsverfahrens aufgrund der Erfahrungen des *Parteispenden-Ausschusses* sehr weitgehend und konkret über eine massive Beschränkung der Zeugenrechte, insbesondere über die Installierung einer umfassenden Aussagepflicht bzw. eines parlamentarischen Aussagezwanges, nachgedacht worden ist:

---

258 Das Zeugnisverweigerungsrecht der Hilfsperson im Untersuchungsausschuss müsste selbst dann – im Unterschied zum Strafverfahren – fortbestehen, wenn sich das Untersuchungsausschussverfahren gegen den Hauptberufsträger richtet, da es den Beschuldigten im Untersuchungsausschussverfahren nicht gibt.

259 *Eisenberg* Beweisrecht, Rn. 1258.

260 Kritisch aber unzutreffend: *H.-P. Schneider* NJW 2001, 2604, 2607 f., der durch diese Regelung die Grenze der Arbeitsfähigkeit von Untersuchungsausschüsse erreicht sieht und meint, das parlamentarische Untersuchungsverfahren müsse „von den Fesseln der Justiz" befreit werden.

> „Im Ergebnis nicht weiter verfolgt wurden während der Beratungen Überlegungen und Vorschläge zu möglichen Einschränkungen des Aussageverweigerungsrechtes von Zeugen (§ 55 StPO)“.[261]

Die Überlegungen haben offensichtlich dazu geführt, dass das Auskunftsverweigerungsrecht nicht, wie nahezu in jeder privatgerichteten *Missstands-Enquête* durch Untersuchungsausschüsse und deren Mitglieder gefordert, eingeschränkt, sondern sogar auf jegliche „gesetzlich geordnete Verfahren“ erheblich ausgedehnt worden ist. Nach der Intention des Gesetzgebers sollen hiermit zwar (lediglich) insbesondere beamtenrechtliche Disziplinarverfahren gemeint sein.[262] Mit einiger Spannung darf jedoch erwartet werden, wie sich Untersuchungsausschüsse verhalten, wenn sich in künftigen Verfahren beispielsweise – selbst von der Verschwiegenheitspflicht entbundene – Wirtschaftsprüfer, Rechtsanwälte, Steuerberater und weitere in berufsrechtlichen Verbänden organisierte Berufsgruppen, denen bei wahrheitsgemäßer Aussage z.B. die Einleitung berufsrechtlicher Verfahren wegen der möglichen Verletzung berufsrechtlicher Pflichten drohen könnten, auf § 22 Abs. 2 PUAG berufen. Entsprechendes gilt für sämtliche Ehrengerichts- und Verwaltungsverfahren.[263] Ob diese Weite tatsächlich beabsichtigt war, oder nicht vielmehr – wie von den Parlamentspräsidenten im Jahre 1972 vorgeschlagen – die Gefahr der Einleitung einer Minister-, Richter- oder Abgeordnetenanklage[264] oder eines Disziplinar- oder Ehrengerichtsverfahrens[265] erfasst werden sollte, kann hier und anhand der Gesetzesbegründung nicht nachvollzogen werden. In Abweichung zum § 55 StPO erscheint es jedoch angemessen, den insoweit in einem Untersuchungsausschussverfahren betroffenen Zeugen nicht mehr als einen im Sinne des Straf- und Ordnungswidrigkeitenrechts Verdachtsgefährdeten, sondern nur noch als bloßen Verfahrensgefährdeten zu bezeichnen.

Fraglich ist, ob diese wesentliche Abweichung von § 55 StPO noch sinngemäß ist oder ob nicht § 55 StPO eine Korrektur der Ausweitung des Auskunftsverweigerungsrechts im Untersuchungsausschussverfahren gebietet (vgl. C.IV.). Dafür spricht zunächst, dass § 22 Abs. 2 PUAG wie auch § 55 StPO auf dem verfassungsrechtlich verankerten Grundsatz beruht, wonach niemand gezwungen werden darf, gegen sich selbst auszusagen (sog. nemo-

---

261 BT-Drs. 14/5790, 13.

262 BT-Drs. 14/5790, 18; vgl. hierzu auch bereits *Gollwitzer* in FS Dünnebier, 342.

263 Ausweislich *Wiefelspütz* S. 251, sollen Sanktionsverfahren, die auf nichtstaatlicher Rechtssetzung beruhen, wie z.B. parteiinterne Schiedsverfahren oder vereinsinterne Ausschlussverfahren, davon ausgenommen sein.

264 BGHSt 17, 128, 136, wonach dem strafrechtlichen Ermittlungsverfahren die Abgeordneten- und Ministeranklage gleichzustellen ist.

265 Vgl. Empfehlung der Parlamentspräsidenten, in *Becker* ZParl 1972, 425, 435; *Gollwitzer* in FS Dünnebier, 342.

tenetur-Grundsatz).[266] Sinn und Zweck des § 55 StPO ist es, dem Zeugen die Zwangslage zu ersparen, unter dem Druck der Aussagepflicht Umstände offenbaren zu müssen, deren Bekannt werden ihm oder einen Angehörigen der Gefahr einer Untersuchung nach einem gesetzlich geordneten Verfahren aussetzt.[267] Der nemo-tenetur-Grundsatz zwingt aber nicht zur Anwendung des § 55 StPO im Wortlaut. § 55 StPO stellt eine Ausprägung dieses Grundsatzes für das Strafverfahren dar. Um die verfassungsrechtlich gebotene Anwendung des nemo-tenetur-Grundsatzes auch im parlamentarischen Untersuchungsausschussverfahren (vgl. C.III.7.a), D.III.2.a)(1) und (2)) sicherzustellen, ist keine „Kopie" des § 55 StPO im PUAG erforderlich. Vielmehr kann der nemo-tenetur-Grundsatz im parlamentarischen Untersuchungsausschussverfahren seine spezifische Ausprägung erfahren, die zugleich sinngemäß ist:

Untersuchungen parlamentarischer Untersuchungsausschüsse verfügen über eine größere Themenweite als auf die an Tatbeständen ausgerichtete strafrechtliche Untersuchung und stellen zugleich geringere Anforderungen an den Anlass der Untersuchung. Es macht daher Sinn, das Auskunftsverweigerungsrecht gegenüber dem Strafverfahren entsprechend auszuweiten und nicht nur auf die Fälle zu erstrecken, in denen bei wahrheitsgemäßer Aussage eine strafrechtliche Verfolgung drohen könnte. Ein weiteres Argument für die Sinngemäßheit des § 22 Abs. 2 PUAG ist, dass gerade in privatgerichteten Untersuchungsausschüssen keine Rechtfertigungspflicht des Bürgers gegen-

---

266 BVerfGE 38, 105, 113. Nach gefestigter Rechtsprechung des BVerfG wäre es mit der Menschenwürde eines Zeugen unvereinbar, wenn er zu einer Aussage gezwungen würde, durch die er die Voraussetzungen für seine eigene strafrechtliche Verurteilung liefern müsste (BVerfG, Beschluss vom 06.02.2002, 2 BvR 1249/01, Absatz-Nr. 16; Beschluss vom 21.08.2000, 2 BvR 1372/00, Absatz-Nr. 16 = StV 2001, 257 f., BVerfGE 38, 105, 113; 56, 37, 49): „Die Auferlegung einer Auskunftspflicht, durch die die Auskunftsperson in die Konfliktsituation geraten kann, sich entweder selbst einer strafbaren Handlung zu bezichtigen oder durch eine Falschaussage gegebenenfalls ein neues Delikt zu begehen oder aber wegen ihres Schweigens Zwangsmitteln ausgesetzt zu werden, ist als Eingriff in die Handlungsfreiheit sowie als Beeinträchtigung des Persönlichkeitsrechts im Sinne des Art. 2 I GG zu beurteilen. Ein Zwang zur Selbstbezichtigung berührt zugleich die Würde des Menschen, dessen Aussage als Mittel gegen ihn selbst verwendet wird (...). Unzumutbar und mit der Würde des Menschen unvereinbar ist ein Zwang, durch eigene Aussagen die Voraussetzungen für eine strafrechtliche Verurteilung oder die Verhängung entsprechender Sanktionen liefern zu müssen (...). Das Auskunftsverweigerungsrecht des § 55 I StPO ist Ausfluss dieses allgemeinen, für den Beschuldigten in §§ 136, 163a, 243 StPO und entsprechenden Vorschriften als selbstverständlich vorausgesetzten rechtsstaatlichen Grundsatzes, dass niemand gezwungen werden kann, gegen sich selbst auszusagen (...)." (BVerfG, NJW 1999, 779).

267 Für alle: BGHSt 9, 34, 36; 11, 213, 216; 17, 245, 246.

über dem Staat besteht.[268] *Skandal-* bzw. *Missstands-Enquêten* stellen keine „Sozialtribunale" zur Ausforschung und öffentlicher Bloßstellung des persönlichen Bereichs dar. Die Verstärkung des Schutzes des privaten Bereichs durch Ausweitung des Anwendungsbereiches des Auskunftsverweigerungsrechtes beugt damit der Gefahr der Skandalisierung Bereiche privaten Gepräges vor, indem Zeugen weitergehende Schweigerechte zuerkannt werden.

Eine Abweichung vom Sinngehalt des § 55 StPO verbietet sich auch nicht wegen einer vermeintlichen Ähnlichkeit des Beweiserhebungsverfahrens, die eine Gleichbehandlung von Zeugen bedingen könnte. Untersuchungsausschüsse verfügen über eine im Vergleich zum Strafprozess eher diskursiv geprägte eigenständige und andersartige Systematik der Beweiserhebung, die sich nicht im mit dem Strafprozess vergleichbaren Maße an den Grundsätzen der neutralen und vollständigen Sachaufklärung, sondern an politischen Mehr- und Minderheitsverhältnissen und der politischen Erforderlichkeit orientiert. Die daraus resultierenden andersartigen Anforderungen an die Tatsachenfeststellung und Wahrheitsfindung zum Zwecke der Erstellung eines Abschlussberichtes verlangen nicht die von § 55 StPO vorgegeben Enge bei der Anwendung des Auskunftsverweigerungsrechtes (vgl. C.II.2.c)(5)).

Die Ausweitung des § 22 Abs. 2 PUAG auf weitere gesetzlich geordnete Verfahren, in denen eine Selbstbelastung durch die wahrheitsgemäße Beantwortung von Fragen droht, ist daher bei privatgerichteten *Skandal-* bzw. *Missstands-Enquêten* konsequent und sinngemäß. Anders kann es sich bei den parlamentarisch-politisch geprägten Untersuchungen verhalten. Ob eine solche Ausweitung auch für diesen Bereich geboten ist, darf zu Recht angezweifelt werden, da sich der Parlamentarier aufgrund des Demokratieprinzips in einer Rechtfertigungslage dem Volk, das ihn durch die Wahl eingesetzt und legitimiert hat, befindet. Dies gilt allerdings nicht für private Dritte bzw. soweit ein Parlamentarier zu privaten Bereichen befragt wird.[269]

(a) Voraussetzungen

Voraussetzung für die Auslösung des Auskunftsverweigerungsrechts gemäß § 22 Abs. 2 PUAG ist die Gefahr, bei wahrheitsgemäßer Aussage einer Untersuchung nach einem gesetzlich geordneten Verfahren ausgesetzt zu werden.

Die erforderliche Gefahr der Strafverfolgung im Sinne des § 55 StPO entsteht, wenn der Zeuge bestimmte Tatsachen angeben müsste, die einen sog. Anfangsverdacht gemäß § 152 Abs. 2 StPO begründen, also die Mög-

268 *Masing* S. 231 ff. m.w.N.
269 Vgl. *Masing* S. 231 ff. m.w.N.

lichkeit bedingen, dass nach kriminalistischer Erfahrung eine verfolgbare Straftat gegeben ist.[270] Da die Schwelle eines Anfangsverdachts im Sinne des § 152 Abs. 2 StPO niedrig liegt, ist auch das Bestehen einer entsprechenden Gefahr bereits weit im Vorfeld einer direkten Belastung zu bejahen. In eine solche Gefahr geriete der Zeuge in einem Strafverfahren dann, wenn eine Ermittlungsbehörde aus seiner wahrheitsgemäßen Aussage Tatsachen entnehmen könnte – nicht müsste -, die sie gemäß § 152 Abs. 2 StPO zur Einleitung eines Ermittlungsverfahrens veranlassen könnte.[271] Die Möglichkeit der Verfolgung muss sich aber auf konkrete Tatsachen stützen, bloße Vermutungen oder rein denktheoretische Modelle reichen für die Annahme einer Verfolgungsgefahr nicht aus.[272]

Die sinngemäße Erweiterung des Auskunftsverweigerungsrechtes im PUAG hat zur Folge, dass entsprechend den Grundsätzen zu § 55 StPO die Auskunft auch auf Fragen verweigert werden darf, wenn bei wahrheitsgemäßer Beantwortung der Frage die Gefahr entsteht, einem gesetzlich geordneten Verfahren ausgesetzt zu werden, z.B. wenn aus Sicht der jeweils zuständigen Stelle auf konkrete Tatsachen gestützte Anhaltspunkte für die Einleitung eines Verfahrens, etwa aufgrund der möglichen Verletzung einer Berufspflicht gegeben sind. Ob die Gefahr einer Verfolgung hinsichtlich der in Frage stehenden Auskunft tatsächlich besteht, ist eine Rechtsfrage, die der Untersuchungsausschuss nach pflichtgemäßem Ermessen allein zu prüfen und ggf. durch Mehrheitsbeschluss zu entscheiden hat.[273] An dieser Entscheidung hat der Zeuge keine Mitwirkungsbefugnis. Bei seiner Prüfung hat der Ausschuss den Akteninhalt, die anderweitigen Ergebnisse der Beweisaufnahme in Verbindung mit den Fragen der vorgesehenen Vernehmung zu würdigen. Es ist dabei stets nur von der an den Zeugen zu richtenden Frage auszugehen, wobei die Möglichkeit der Bejahung und der Verneinung in gleicher Weise in Betracht zu ziehen ist. Bringt im Ergebnis auch nur eine dieser Möglichkeiten den Zeugen in die Gefahr einer Verfolgung, ist das Auskunftsverweigerungsrecht anzuerkennen. Anderenfalls würde der Zeuge durch den Gebrauch des Auskunftsverweigerungsrechts einen Verdachtsgrund gegen sich schaffen, was dem Schutzzweck von § 22 Abs. 2 PUAG, wie auch dem des § 55 StPO, zuwiderliefe.[274]

---

270 Z.B. BGH, NJW 1989, 96, 97; KK-*Schoreit* StPO, § 152, Rn. 28 m.w.N.

271 BVerfG, Beschluss vom 06.02.2002, 2 BvR 1249/01, Absatz-Nr. 16; BGH, Beschluss vom 13.11.1998 = NJW 1999, 1413; LR-*Dahs* StPO, Bd. 1, § 55, Rn. 10; KK-*Senge* StPO, § 55, Rn. 4; *Meyer-Goßner* § 55, Rn. 7; jeweils m.w.N.

272 BGH, NJW 1994, 2839, 2840.

273 *Meyer-Goßner* StPO, § 55, Rn. 7, 10; OLG Hamburg, NJW 1984, 1635, 1636; BGHSt 1, 39, 40.

274 BVerfG, StV 1999, 71 f.; BGH, MDR 1993, 722; KK-*Senge* StPO, § 55, Rn. 8.

Eine das Recht zur Auskunftsverweigerung begründende Verfolgungsgefahr besteht erst dann nicht mehr, wenn eine Verfolgung des Zeugen wegen des Lebenssachverhaltes, zu dem er befragt werden soll, zweifelsfrei ausgeschlossen ist. Dies ist z.B. dann der Fall, wenn der Zeuge insoweit bereits rechtskräftig abgeurteilt wurde und daher die Strafklage verbraucht ist[275], es sei denn die wahrheitsgemäße Beantwortung könnte nach den Maßstäben des § 362 StPO die Gefahr der Wiederaufnahme des mit einem Freispruch abgeschlossenen Verfahrens begründen[276] oder zwischen der abgeurteilten Tat und anderen Straftaten, derentwegen der Zeuge noch verfolgt werden könnte, besteht ein so enger Zusammenhang, dass die Beantwortung von Fragen zu der abgeurteilten Tat die Gefahr der Verfolgung wegen dieser anderen Taten mit sich bringt.[277] Besteht zwischen dem Lebenssachverhalt, zu dem der Zeuge befragt werden soll, und dem abgeurteilten Sachverhalt ein Zusammenhang, kann das Auskunftsverweigerungsrecht nur in dem Umfang greifen, in welchem sich die Befragung auf Vorgänge richtet, die im Verhältnis zu dem abgeurteilten Geschehen andere Taten im strafrechtlichen Sinn des § 264 Abs. 1 StPO darstellen würden und der Zeuge hierfür möglicherweise durch eine wahrheitsgemäße Aussage zumindest weitere Ermittlungsansätze gegen sich selbst liefern müsste.[278] Grundsätzlich kommt daher in solchen Konstellationen auch kein vollständiges Auskunftsverweigerungsrecht in Betracht.[279] Etwas anderes gilt aufgrund der weiteren Fassung des § 22 Abs. 2 PUAG im Vergleich zum § 55 StPO, wenn der Zeuge bei wahrheitsgemäßer Aussage weitere Umstände angeben müsste, die ihn oder Personen, die im Sinne des § 52 Abs. 1 StPO ihre Angehörigen sind, die Gefahr zuziehen würde, einer Untersuchung nach einem gesetzlich geordneten Verfahren ausgesetzt zu werden.

Die Weigerung auszusagen, muss der Zeuge ausdrücklich erklären; er darf zum Beweisthema gehörende belastende Tatsachen aufgrund des § 22 Abs. 2 PUAG nicht einfach verschweigen.[280]

---

275 BGH, NJW 1999, 1413; StV 2005, 649, 649 f.

276 BGH, NStZ-RR 2005, 316.

277 BGH, NStZ-RR 2006, 239, 239 f.

278 BGH, NJW 1999, 1413, 1414; BVerfG, NStZ 2002, 378, 379; BGH, StV 2005, 649, 650.

279 Vgl. zu der Besonderheit, wenn wegen des Lebensvorgangs, zu dem Zeuge befragt werden soll, gegen ihn ein bereits rechtskräftiger Schuldspruch vorliegt, der Straf- bzw. sonstige Rechtsfolgenausspruch jedoch noch nicht rechtskräftig geworden ist: BGH, StV 2005, 649, 650.

280 BVerfGE 38, 105, 113; BGHSt 7, 127, 127 f.

(b) Folgen

Beim § 22 Abs. 2 PUAG handelt es sich wie auch beim § 55 StPO nicht um ein Zeugnisverweigerungsrecht im engeren Sinne (wie z.B. §§ 52, 53 StPO), so dass der Zeuge grundsätzlich nicht zur vollständigen Verweigerung berechtigt ist, sondern nur die Auskunft auf einzelne Fragen verweigern darf. Dem Wortlaut nach beschränkt sich das Auskunftsverweigerungsrecht auf die Beantwortung „verfänglicher Fragen".[281] Inhaltlich erstreckt es sich allerdings auch auf solche Fragen, durch deren wahrheitsgemäße Beantwortung alleine eine Verfolgung nicht ausgelöst werden könnte, die aber ein Teilstück in einem mosaikartigen Beweisgebäude betreffen und demzufolge zu einer Belastung des Zeugen beitragen könnten.[282]

Das Gebrauchmachen vom Auskunftsverweigerungsrecht hat zur Folge, dass der Zeuge über die in Betracht kommenden Punkte nicht weiter befragt werden darf. Was bisher ausgesagt wurde, bleibt verwertbar, selbst wenn das Auskunftsverweigerungsrecht auf bisherige Angaben bezogen wurde. Die Tatsache, dass ein Zeuge bezüglich bestimmter Fragen oder Komplexe vom Auskunftsverweigerungsrecht Gebrauch gemacht hat, kann im Rahmen der Würdigung Berücksichtigung finden. Unzulässig ist es aber auch hier – wie im Strafverfahren – Nachteile für den Zeugen daraus herzuleiten. Die Inanspruchnahme des Zeugnisverweigerungsrechts hat nicht den Charakter eines Schuldeingeständnisses.[283]

(c) Erstarken zum umfassenden Aussageverweigerungsrecht

Das Auskunftsverweigerungsrecht kann sich in besonders gelagerten Fällen zu einem umfassenden Zeugnisverweigerungsrecht verdichten. Die Möglichkeit der Totalverweigerung besteht namentlich dann, wenn die gesamte in Betracht kommende Aussage mit einem möglicherweise verfänglichem Verhalten in so engem Zusammenhang steht, dass nichts übrig bleibt, was der Zeuge ohne die Gefahr der Verfolgung nach einem gesetzlich geordneten Verfahren aussagen könnte.[284] An die Annahme dieser Gefahr dürfen keine hohen Anforderungen gestellt werden. Dies hat das BVerfG unmissverständ-

---

281 KK-*Senge* StPO, § 55, Rn. 2.

282 BGH, StV 1987, 328, 329; OVG Münster, NJW 1999, 80 m.w.N.; AG Tiergarten vom 10.07.2000, 353 AR 141/00, 5 (Beschluss Terlinden).

283 BVerfG, MDR 1991, 891; NStZ-RR 1996, 168; NJW 1996, 3353, 3354; EGMR, Urteil vom 08.04.2005 – Nr. 72758/01.

284 BGH, StV 2005, 649; BGH, Beschluss vom 11.06.2002, StB 12/02, 4; BGH, StV 1987, 328, 329; BGHSt 10, 104, 105; RGSt 2, 305; LR-*Dahs* StPO, Bd. 1, § 55, Rn. 6; *Meyer-Goßner* StPO, § 55, Rn. 2, 4; *Di Fabio* S. 109.

lich in Bezug auf die Gefahr der Verfolgung wegen einer Straftat im Sinne des § 55 StPO zum Ausdruck gebracht.[285]

Bei Bestehen einer entsprechenden Gefahrensituation, die sich sinngemäß auch auf andere von § 22 Abs. 2 PUAG erfasste Verfahren übertragen lässt, erstarkt das Auskunftsverweigerungsrecht zu dem Recht des Zeugen, die Aussage insgesamt zu verweigern,[286] d.h. er braucht sodann auch solche Fragen nicht mehr zu beantworten, deren Beantwortung den Verdacht gegen ihn auch nur mittelbar begründen könnten.[287]

Das Auskunftsverweigerungsrecht hat im Untersuchungsausschussverfahren besondere Bedeutung, da das PUAG keinen Beschuldigten bzw. Betroffenen kennt, dem ein Aussageverweigerungsrecht im Sinne des § 136 Abs. 1 S. 2 StPO des Beschuldigten im Strafverfahren zusteht. In der Vergangenheit wurde ein vollständiges Auskunftsverweigerungsrecht in verschiedenen Untersuchungsausschüssen bzw. von Gerichten in Untersuchungsausschussverfahren anerkannt. Es handelte sich dabei entweder um Zeugen, die förmlich Betroffene des Untersuchungsausschussverfahrens waren oder um Zeugen, die mit dem Gegenstand eines bereits laufenden Ermittlungsverfahrens in einem engen sachlichen Zusammenhang standen.[288] In einer vielbeachteten Entscheidung bestätigte das LG Berlin im Fall des Zeugen Terlinden im Rahmen des *Parteispenden-Ausschusses* des Deutschen Bundestages das Vorliegen der Voraussetzungen für ein umfassendes Auskunftsverweigerungsrecht nach § 55 StPO aufgrund parallel laufender Ermittlungsverfahren.[289] Es bejahte in diesem Beschluss einen ausreichend engen Zusammenhang zwischen dem Untersuchungsauftrag und dem Ermittlungsverfahren, soweit der Zeuge auch nur inzident zu seiner Stellung innerhalb der CDU befragt wurde, da bereits

285 BVerfG, StV 2002, 177.

286 BGHSt 10, 104; BGH, StV 1987, 328, 329; OVG Münster, NJW 1999, 80.

287 BGH, StV 1987, 328, 329; BGHR, StPO § 55 Abs. 1 Verfolgung 1; OVG Münster, NJW 1999, 80; LG Berlin, Beschluss vom 14.09.2000, 503 Qs 58/00, 8.

288 Vgl. BT-Drs. 11/7800, 31 *Transnuklear/Atomskandal-Ausschuss*; *Engels* S. 86.

289 Vgl. auch die ausführliche Darstellung im Abschlussbericht des *Parteispenden-Ausschuss* (BT-Drs. 14/9300, 93 ff.). Bereits zuvor hatte das AG Tiergarten in einem Verfahren betreffend den Untersuchungsausschuss des Berliner Abgeordnetenhauses zum Flughafen Schönefeld ein umfängliches Auskunftsverweigerungsrecht anerkannt, da „es sich um einen einheitlichen Komplex handelt und die Beantwortung einzelner Fragen, auch nur mittelbar zu einer Belastung des Zeugen beitragen könnte. In der Anzeige der PDS werden Behauptungen aufgestellt, die nach vorläufiger Bewertung zureichende Anhaltspunkte begründen, um ein Ermittlungsverfahren einzuleiten. Die vom Untersuchungsausschuss dem Zeugen abgeforderten Fragen stehen damit in einem engen Zusammenhang, zumal es sich um Fragenkomplexe handeln dürfte, die eine Vielzahl von Detailfragen ermöglichen." (AG Tiergarten, Beschluss vom 11.09.1995, 351 Gs 4115/95 (Beschluss Flughafen Schönefeld 1991/92).

> „die Beantwortung nach seiner Stellung (...) Aufschluss über Tatherrschaft und eigenes Tatinteresse bezüglich der ihm mit dem Ermittlungsverfahren (...) zur Last gelegten Taten geben“[290]

kann. In Anlehnung an diese Rechtsprechung wurden in zahlreichen Verfahren früheren Aufsichtsrats- und Vorstandsmitgliedern sowie Geschäftsleitern und Mitarbeitern von Konzerngesellschaften der *Bankgesellschaft Berlin AG* vom AG Tiergarten und LG Berlin vollständige Auskunftsverweigerungsrechte zuerkannt, auch soweit „Randbereiche“, etwa Dauer der Tätigkeit für die Konzerngesellschaft oder Tätigkeit für die Gesellschaft überhaupt, betroffen waren.[291] Das AG Tiergarten wies in seinem Beschluss zutreffend unter Bezugnahme auf die Mosaiktheorie des BGH[292] den im Anschluss an die Vernehmung gestellten Antrag des Untersuchungsausschusses auf Verhängung von Ordnungsmaßnahmen zurück und unterstrich, dass jegliche Antwort dieses Zeugen, wenn auch nicht direkt, so aber zumindest mittelbar, Rückschlüsse darauf zulassen kann, ob und in welcher Form er mit dem untersuchungsgegenständlichen Lebenssachverhalt befasst war.[293]

Das Recht des Zeugen auf eine umfassende Auskunftsverweigerung ist in verschiedenen Fällen nach gerichtlicher Überprüfung abgelehnt worden, so etwa im Rahmen des 2. Untersuchungsausschusses der 13. Wahlperiode des Deutschen Bundestages *DDR-Vermögen*[294] und des 3. Untersuchungsausschusses der 10. Wahlperiode des Deutschen Bundestages *Neue Heimat-Ausschuss*.[295] Es handelte sich hierbei um Fälle, in denen der Antragsgegner entweder dem Untersuchungsausschuss das Recht absprach, das Zeugnis ohne Regelung eines Beweisverwertungsverbotes zu erzwingen oder auf einen ausreichenden Bezug zu einem strafrechtlich relevanten Sachverhalt bzw. Verfahren nicht erkannt worden ist.

Entsprechende Konstellationen für Disziplinar-, berufsrechtliche oder ehrengerichtliche Verfahren etc. hat es, soweit ersichtlich, nach Einführung des PUAG noch nicht gegeben. Die für § 55 StPO für das Erstarken eines Auskunftsverweigerungsrechtes zum Aussageverweigerungsrecht anerkannten

---

290 LG Berlin, Beschluss vom 14.09.2000, 503 Qs 58/00, das den Beschluss des AG Tiergarten vom 10.07.2000, 353 AR 141/00, 6, aufhob.

291 AG Tiergarten, Beschluss vom 17.10.2001, 352 Gs 3181/01; AG Tiergarten, Beschluss vom 19.10.2001, 350 AR 112/01; AG Tiergarten, Beschluss vom 03.12.2001, 349 Gs 2688/01; AG Tiergarten, Beschluss vom 27.12.2001, 349 AR 92/01.

292 BGH, StV 1987, 328, 329; BGHR StPO § 55 Abs. 1 Verfolgung 1.

293 Wiedergegeben in AG Tiergarten, Beschluss vom 17.10.2001, 352 Gs 3181/01, 10.

294 VG Köln, Urteil vom 19.11.2002, 7 K 2495/98, Absatz-Nr. 77 ff.; VG Köln, Urteil vom 19.11.2002, 7 K 2676/98, Absatz-Nr. 64 ff.; VG Köln, Urteil vom 19.11.2002, 7 K 2677/98, Absatz-Nr. 63 ff.; VG Köln, Urteil vom 19.11.2002, 7 K 2678/98, Absatz-Nr. 70 ff.

295 LG Bonn, NJW 1987, 790, 792 *Neue Heimat-Ausschuss* im Rahmen eines Beschlusses über die Aussetzung des Vollzuges der Ordnungshaft.

Grundsätze sind jedoch auf die weiteren gesetzlich geordneten Verfahren ohne Einschränkung übertragbar.

(5) Glaubhaftmachung

Es steht zusätzlich im Ermessen des Untersuchungsausschusses, eine Glaubhaftmachung gemäß § 22 Abs. 4 PUAG vom Zeugen zu verlangen. § 22 Abs. 4 PUAG ist im Hinblick auf § 56 StPO sinngemäß ausgestaltet, insbesondere wegen des Verzichts auf die „eidliche Versicherung" (vgl. § 56 S. 2 StPO), die dem Untersuchungsausschussverfahren mangels Vereidigungsbefugnis bzw. -regelung (vgl. D.I.2.c)) fremd ist. Der Gesetzgeber hat auch insoweit – entsprechend den Verzicht auf die Eidesleistung – davon abgesehen, den Eid als Mittel der Bekräftigung in das PUAG aufzunehmen. Gemäß § 22 Abs. 4 PUAG hat der Zeuge die Tatsachen, auf die die Verweigerung des Zeugnisses gestützt wird, auf Verlangen glaubhaft zu machen. Glaubhaftmachung bedeutet, ein nach den Umständen hinreichendes Maß an Wahrscheinlichkeit darzutun.[296] Zu beachten ist, dass sich § 22 Abs. 4 PUAG nur auf § 22 Abs. 1 und 2 PUAG, nicht jedoch auf § 23 PUAG (bzw. § 54 StPO), bezieht.[297]

Die Berufung auf das Zeugnis- oder Auskunftsverweigerungsrecht darf dem Zeugen auch ohne Glaubhaftmachung ohne weiteres geglaubt werden, insbesondere wenn sich keine gegenteiligen Anhaltspunkte aus den Akten oder aus anderen Zeugenvernehmungen ergeben bzw. niemand widerspricht. Verzichtet werden kann auf das Erfordernis der Glaubhaftmachung hingegen nicht, soweit sie verlangt wird, um eine missbräuchliche Inanspruchnahme zu verhindern und das verfassungsrechtlich gesicherte Recht auf Sachverhaltsaufklärung eines Untersuchungsausschusses wirksam zu unterstützen. Eine Ausnahme hiervon gilt dann, wenn dem Untersuchungsausschuss bekannt ist, dass ein Ermittlungsverfahren gegen den Zeugen anhängig ist und dem Ausschuss die Akten vorliegen.[298]

Auch im Untersuchungsausschussverfahren gelten die vom BGH für das Strafverfahren anerkannten Grundsätze, wonach vom Zeugen nicht verlangt werden kann, dass er Tatsachen glaubhaft macht, die auf eine Offenbarung der betreffenden Straftat hinauslaufen oder ihn der Gefahr eigener Verfolgung aussetzen.[299] Daher darf von dem Zeugen nur verlangt werden, dass er die Möglichkeit einer etwaigen Selbstbezichtigung aufzeigt, ohne die Tatsa-

296 BGHSt 21, 334, 350.

297 Vgl. LR-*Dahs* StPO, Bd. 1, § 56, Rn. 1.

298 AG Tiergarten, Beschluss vom 10.07.2000, 353 AR 141/00, 7.

299 BGH, Beschluss vom 21.08.1985, 3 StB 15/85 = StV 1986, 282 f.

chen zu benennen, die einer Selbstbezichtigung gleich kämen.[300] Die Glaubhaftmachung erstreckt sich daher nur auf die Annahme des Zeugen, dass eine Verfolgungsgefahr besteht.[301] Darüber hinaus gehende Informationen darf der Untersuchungsausschuss nicht fordern.

Die Entscheidungen des Untersuchungsausschusses hinsichtlich der Frage, ob eine Verfolgungsgefahr vorliegt und dementsprechend eine Berufung auf den § 22 Abs. 2 PUAG seitens des Zeugen zulässig ist sowie die Entscheidung, eine Glaubhaftmachung der Tatsachen zu verlangen, unterliegen der vollen gerichtlichen Überprüfung.[302]

(6) Weitere Verweigerungsrechte

Das Recht, das Zeugnis zu verweigern, ergibt sich weiterhin aus dem Beratungsgeheimnis gemäß § 43 DRiG, dem Wahlgeheimnis gemäß Art. 38 GG und den entsprechenden landesrechtlichen Bestimmungen.[303]

(7) Keine Zeugnisverweigerungsrechte aufgrund besonderer Verschwiegenheitsvorschriften

Neben den in der StPO aufgeführten Zeugnisverweigerungsrechten existieren einfachgesetzliche Geheimschutzregelungen zur Wahrung von Betriebs-, Geschäfts- und Steuergeheimnissen, die bei der Vernehmung von Privatpersonen zu beachten sind.[304] Diese Geheimnisse vermögen in Untersuchungsausschussverfahren jedoch weder ein Zeugnis- noch ein Auskunftsverweigerungsrecht zu begründen. Das BVerfG hat sich im Fall *Lappas* mit der Frage auseinandergesetzt, ob gesellschaftsrechtliche Geheimhaltungsvorschriften der Aussage eines Vorstandsmitglieds vor einem Untersuchungsausschuss entgegenstehen können. Das Vorstandsmitglied *Lappas* hatte u. a. mit Verweis auf §§ 93, 404 AktG und 85 GmbHG seine Zeugenaussage vor dem Untersuchungsausschuss verweigert, weshalb das AG Bonn auf Antrag des Untersuchungsausschusses *Neue Heimat* des Deutschen Bundestags Beugehaft gegen den Zeugen *Lappas* verhängt hatte, die durch das LG bestätigt worden war.

---

300 BGH, StV 1986, 282; BGH, StV 1987, 328, 329; AG Tiergarten vom 10.07.2000, 353 AR 141/00, 7.

301 BGH, StV 1986, 282; AG Tiergarten vom 10.07.2000, 353 AR 141/00, 7.

302 OVG Münster, NJW 1999, 80, 81.

303 Zur Frage, ob auf weitere verfassungsunmittelbare Verweigerungsrechte erkannt werden kann, vgl. BVerfGE 33, 367, 374 f. und SK-*Rogall* StPO, Vor § 48, Rn. 152 ff. m.w.N.

304 Ausführlich zum Bankgeheimnis in Untersuchungsausschussverfahren: *Richter* S. 88 ff.

Das BVerfG verwarf die Verfassungsbeschwerde des Zeugen *Lappas* mit der Feststellung, dass die Pflicht des Zeugen zur Aussage aufgrund des öffentlichen Interesses an der Tatsachenermittlung solchen privaten Geheimhaltungsinteressen vorgeht, die auch das Prozessrecht selbst nicht als schützenswert anerkennt.[305] Dies gilt sowohl in Bezug auf die aktienrechtlichen als auch auf die wertpapierhandelsrechtlichen Geheimnisschutzvorschriften. Einfachgesetzliche Geheimschutzvorschriften, die einer Aussage im Strafprozess nicht entgegenstehen, können somit ein Auskunftsverweigerungsrecht nicht begründen.

Wiederholt hob das BVerfG aber zugleich hervor, dass der Untersuchungsausschuss

> „unabhängig von den strafprozessualen Vorschriften über Zeugnis- und Auskunftsverweigerungsrechte (...) die Grundrechte aus Art. 2 Abs. 2 in Verbindung mit Art. 1 Abs. 1 und Art. 14 GG zu beachten [hat], die ihren Trägern Schutz gegen unbegrenzte Erhebung, Speicherung und Verwendung oder Weitergaben der auf sie bezogenen, individualisierten oder individualisierbaren Daten gewähren (...). Dieses Schutzinteresse ist (...) mit dem Interesse der Allgemeinheit an der Aufklärung des Untersuchungsgegenstandes unter Beachtung des Grundsatzes der Verhältnismäßigkeit abzuwägen. (...) Immer wird auch zu prüfen sein, ob nach den gegeben Umständen eine öffentliche Beweisaufnahme und Erörterung gerechtfertigt ist oder ob die Grundrechte des Betroffenen bestimmte Vorkehrungen parlamentarischer Geheimhaltung erfordern (vgl. BVerfGE 67, 100, 144).“[306]

Mögen die Geheimnisvorschriften damit zwar kein Zeugnisverweigerungsrecht begründen, so sind sie gleichwohl geeignet, die besondere Geheimhaltungsbedürftigkeit von Informationen und auch Unterlagen zu verdeutlichen und die Notwendigkeit der Anordnung von Geheimschutzmaßnahmen gemäß § 15 PUAG, insbesondere die Nichtöffentlichkeit der Ausschusssitzung, zu stützen.

(a) Aktien- und GmbH-Gesetz

§§ 93, 404 AktG stellen nach allgemeiner Ansicht keinen gesetzlichen Grund zur Zeugnisverweigerung dar.[307] In § 93 Abs. 1 AktG heißt es zwar, dass Vorstandsmitglieder über vertrauliche Angaben und Geheimnisse der Gesellschaft, namentlich Betriebs- oder Geschäftsgeheimnisse, die ihnen durch ihre Tätigkeit im Vorstand bekannt geworden sind, Stillschweigen zu bewahren

---

305 BVerfGE 76, 363, 387 f. *Lappas* m.w.N.

306 BVerfGE 76, 363, 388 *Lappas*.

307 BVerfG, DB 1975, 1936; LG Bonn, NJW 1987, 790, 792 *Neue Heimat-Ausschuss* m.w.N.

haben.[308] Das Interesse an der Geheimhaltung solcher Betriebs- und Geschäftsgeheimnisse tritt jedoch im Grundsatz hinter das parlamentarische Aufklärungsinteresse zurück.[309] Dies gilt für sämtliche Betriebs-[310] und Geschäftsgeheimnisse, gleichgültig ob ein wirtschaftlicher Schaden droht oder ob es sich um ein privates oder öffentlich-rechtliches Kreditinstitut handelt.[311] Die ausgeführten Grundsätze zu § 93 AktG lassen sich uneingeschränkt auf § 85 GmbHG übertragen.[312]

(b) Wertpapierrecht

Auch wertpapierhandelsrechtliche Vorschriften begründen kein Zeugnisverweigerungsrecht in Untersuchungsausschussverfahren, da sie gesetzlich nicht als solche anerkannt sind.

Eine Einschränkung der Aussagepflicht könnte sich aber aus anderen Gründen ergeben. Gemäß § 14 WpHG ist es einem Insider verboten, einem anderen eine Insidertatsache unbefugt mitzuteilen oder zugänglich zu machen sowie einem Dritten, der Kenntnis von einer Insidertatsache hat, unter Ausnutzung dieser Kenntnis Insiderpapiere für eigene oder fremde Rechnung oder für einen anderen zu erwerben oder zu veräußern. Durch Aktenvorlage und Zeugenaussagen besteht im Rahmen öffentlicher und nicht-öffentlicher

---

308 § 404 Abs. 1 AktG stellt die strafrechtliche Sanktionsvorschrift dar, wonach derjenige mit Freiheitsstrafe bis zu einem Jahr oder mit Geldstrafe zu bestrafen ist, der ein Geheimnis der Gesellschaft, namentlich ein Betriebs- oder Geschäftsgeheimnis, das ihm in seiner Eigenschaft als Mitglied des Vorstands oder des Aufsichtsrats, Abwickler, Prüfer oder Gehilfe eines Prüfers bekannt geworden ist, unbefugt offenbart. Tathandlung ist das unbefugte Offenbaren eines Geschäftsgeheimnisses. Besteht jedoch eine Verpflichtung zur Offenbarung des Geheimnisses aufgrund einer Zeugen- oder Aktenvorlagepflicht, ohne dass ein Zeugnisverweigerungsrecht besteht, so erfolgt das Offenbaren befugt und ist nicht strafbar (h.M., vgl. nur G/H/E/K-*Fuhrmann* AktG, Bd. VI, § 404, Rn. 10).

309 *Meyer-Bohl* 247.

310 *Hake* AöR 1988, 424, 434; *Müller-Gugenberger/Häcker* § 93, Rn. 41 ff.; *Richter* S. 88 ff.

311 *Hake* AöR 1988, 424, 434 ff. Hierzu führte das BVerfG, dessen Ausführungen auf das Untersuchungsausschussverfahren übertragbar sind, im Rahmen eines Bußgeldverfahrens aus, dass es nicht unzumutbar ist, Tatsachen zu bekunden, deren Offenlegung der Aktiengesellschaft, deren Vorstandsmitglied er gewesen ist, wirtschaftlichen Schaden zufügen könnte. Auch solche Erwägungen müssen hinter dem Interesse der Allgemeinheit an der umfassenden Sachaufklärung im Bußgeldverfahren schon deshalb zurücktreten, weil hier Tatsachen, deren Offenlegung geeignet sein könnte, der Aktiengesellschaft zu schaden, nur Unrechtshandlungen der Gesellschaft bzw. ihrer Organe in Betracht kommen (vgl. LG Bonn, NJW 1987, 790, 792 *Neue Heimat-Ausschuss*; *Meyer-Bohl* S. 247).

312 Vgl. *Hachenburg-Kohlmann* GmbHG, Bd. 3, § 85, Rn. 52.

Beweiserhebungen die Gefahr, dass Insiderkenntnisse aus Aktiengesellschaften, an denen der Bund oder ein Bundesland beteiligt ist, gegenüber dem Untersuchungsausschuss und somit Abgeordneten und anderen im öffentlichen Dienst tätigen Mitarbeiter mitgeteilt bzw. zugänglich gemacht werden. Dabei könnte es sich auch nicht bloß um eine verbotene Weitergabe von Insiderinformationen an die Ausschussmitglieder als Insider und deren Mitarbeiter darstellen, sondern auch um einen Verstoß gegen das Gleichbehandlungsgebot von Aktionären in § 53a AktG, wonach Aktionäre unter gleichen Voraussetzungen gleich zu behandeln sind. Nach allgemeiner und zutreffender Ansicht sind bei Bestehen einer prozessualen Zeugnispflicht die im Rahmen der Zeugnispflicht erfolgenden Offenbarungen jedoch gerechtfertigt, da es am Merkmal der unbefugten Offenbarung fehlt.[313] Ein Verstoß gegen Insidervorschriften ist im Falle zeugenschaftlicher Bekundungen daher regelmäßig nicht zu besorgen. Demzufolge wäre auch eine Ungleichbehandlung der Aktionäre im Sinne des § 53a AktG durch eine in diesem Fall befugte Mitteilung und Zugänglichmachung von Unterlagen gerechtfertigt.

Allerdings ist in diesem Bereich genauestens nach den genannten Maßgaben zu den Beweiserhebungsgrenzen im Einzelfall zu prüfen, ob Beweiserhebungen, die im Ergebnis auf die Offenbarung von Insiderkenntnissen gerichtet sind, noch vom Untersuchungsgegenstand bzw. dem Beweiserhebungsanspruch (d.h. dem öffentlichen Interesse) gedeckt sind. Zumindest sind auch zur Wahrung des Gleichheitsgrundsatzes gegenüber Aktionären und aufgrund der Sensibilität von Insidertatsachen strenge Geheimschutzmaßnahmen anzuordnen, um zu gewährleisten, dass ein über die Ausschussmitglieder hinausgehender Personenkreis keine Kenntnis erlangt und eine Ausnutzung bzw. Weitergabe dieser Kenntnisse durch Abgeordnete und Mitarbeiter derart erschwert wird, so, dass bei entsprechender Ausnutzung des Insiderwissens auch eine Eingrenzung des Täterkreises möglich wird.

(c) Abgabenordnung

Das Steuergeheimnis in § 30 AO ist zwar als qualifiziertes Amtsgeheimnis besonders gesichert; ihm ist vom BVerfG aber kein Verfassungsrang zugebilligt worden.[314] § 30 AO entfaltet insofern als einfach-gesetzliche Regelung keine beschränkende Wirkung gegenüber einem Untersuchungsausschuss. Allerdings stellte das BVerfG fest, dass hinsichtlich der Frage einer Einschränkung der Aufklärungsbefugnisse zugunsten von Privatinteressen nicht an das Steuergeheimnis als solches, sondern an die grundrechtlichen Bezüge

---

313 *Assmann* in Assmann/Schneider, WpHG, § 14, Rn. 178.

314 BVerfGE 67, 100, 142 *Flick-Ausschuss.*

der einzelnen unter das Steuergeheimnis fallenden Tatbestände anzuknüpfen ist. Daraus folgt, dass die bereits erwähnten Einschränkungen durch den Schutz des allgemeinen Persönlichkeitsrechts, des Rechts auf informationelle Selbstbestimmung und Art 14 GG zum Schutz von Betriebs- und Geschäftsgeheimnissen zu gelten haben.[315] Ein Zeugnisverweigerungsrecht vermag das sog. Steuergeheimnis aber nicht zu begründen.

(d) § 203 StGB

Die materiell strafrechtliche Vorschrift des § 203 Abs. 2 StGB (Strafbarkeit des Geheimnisverrats) ist nicht geeignet, die Befugnisse des Untersuchungsausschusses einzuschränken.[316] Denn eine unter Zeugenpflicht aussagende Person kann nicht „unbefugt" im Sinne des § 203 StGB ein fremdes Geheimnis offenbaren.[317] Ein Zeuge, der Geheimnisträger im Sinne von § 203 StGB ist, ist wie jeder andere zur Aussage im Rahmen des Untersuchungsauftrages verpflichtet, es sei denn er besitzt ein Zeugnisverweigerungsrecht.

(8) Rechtspolitische Bestrebungen zur Durchsetzung eines (außerstrafprozessualen) Aussagezwanges

Anlässlich vieler privatgerichteter Untersuchungsausschussverfahren, in denen es über den Umfang des Rechts auf Auskunftsverweigerung oder der Schweigepflichtentbindung von Berufsgeheimnisträgern zum Streit gekommen ist, wird entweder medienöffentlich oder am Ende des Abschlussberichts als Empfehlung an den Gesetzgeber die Forderung gestellt, Untersuchungsausschüssen weiter reichende Möglichkeiten des Aussagezwanges einzuräumen.[318] Die Diskussionen stehen dabei ganz überwiegend im Zusammenhang

---

315 *Richter* S. 93 f.

316 *Meyer-Bohl* S. 246 f.

317 *Eisenberg* Beweisrecht, Rn. 1235. Hat der Zeuge dagegen ein Zeugnisverweigerungsrecht, so verstößt der Zeuge nur dann nicht gegen § 203 StGB, wenn er dafür einen Rechtfertigungsgrund hat, der sich namentlich aus den Grundsätzen über die Abwägung widerstreitender Interessen (§ 35 StGB) ergeben kann.

318 Vgl. MdB *Benneter* in einem Interview in Der Tagesspiegel vom 11.11.2002, 10. Sogar bereits kurz nach Einführung des PUAG, in dem der Gesetzgeber gerade von einer Verschärfung der Auskunfts- und Zeugnisverweigerungsrechte Abstand genommen und das Auskunftsverweigerungsrecht sogar gegenüber dem Strafprozess ausgedehnt hatte, forderte der *Parteispenden-Ausschuss* des Deutschen Bundestages eine gesetzliche Neuregelung. Der Ausschuss war der Ansicht, dass seine Aufklärungsarbeit dadurch erheblich eingeschränkt und behindert war, „dass zahlreich wie nie vorher vor parlamentarischen Untersuchungsausschüssen Zeugen unter Berufung auf schon anhängi-

mit der Geltendmachung des Auskunftsverweigerungsrechts gemäß § 22 Abs. 2 PUAG bzw. vor 2001 § 55 StPO, der unter bestimmten Voraussetzungen (s.o. D.I.3.b)(4)) zu einem vollumfänglichen Aussageverweigerungsrecht erstarken kann.[319]

Regelmäßig wird dabei von Parlamentariern der politischen Aufklärung auch von privaten Sachverhalten ein höherer Stellenwert eingeräumt als der Aufklärungsmöglichkeit eines Strafgerichtes. Es wird beklagt, dass die Inanspruchnahme von Zeugnis-, insbesondere aber Auskunftsverweigerungsrechten, die wirksame Aufklärung und Erfüllung des Untersuchungsauftrages verhindere. Politisch werden solche Entscheidungen regelmäßig dargestellt und in der Medienöffentlichkeit kommentiert als Einnehmen einer „Blockadehaltung" oder einer „Mauer des Schweigens", die massiv die Aufklärung behindern würden. *H.-P. Schneider* geht sogar soweit, die sinngemäße Anwendung der Zeugenschutzrechte als „gedankenloses Kopieren" bzw. „sinnlose Anwendung" zu bezeichnen.[320] Bedenklich und rechtspolitisch befremdlich sind die Ausführungen des MdB *Danckert*, der Auskunftspersonen, die sich auf ein Auskunftsverweigerungsrecht berufen, und sich in anwaltlicher Begleitung auch nicht durch „geschicktes Fragen" zu „unbedachten" Antworten bewegen ließen, eine bewusste Behinderung der Untersuchungsausschusstätigkeit vorwirft.[321] Ausgeklammert wird dabei jedoch die Tatsache, dass die Inanspruchnahme des Auskunftsverweigerungsrechtes gesetzlichen und gerichtlich nachprüfbaren Kriterien unterliegt und in Anspruch genommene Auskunftsverweigerungsrechte nahezu ausnahmslos auch gerichtlich bestätigt worden sind. Fälle einer missbräuchlichen Inanspruchnahme des Auskunfts-

---

ge oder zu erwartende Strafverfahren oder ganz grundsätzlich unter Berufung auf ihr Recht, sich nicht selbst belasten und Straf- oder Bußgeldverfahren aussetzen zu müssen, die Aussage ganz oder teilweise verweigert haben. Eine Neuregelung soll das grundsätzliche Recht jedes einzelnen Bürgers und jeder Bürgerin, sich im Strafverfahren und damit auch vor parlamentarischen Untersuchungsausschüssen nicht selbst belasten zu müssen – dem auch der Ausschuss eine große Bedeutung beimisst – gegenüber dem Interesse von Gesellschaft und Staat an einer wirksamen Aufklärung von schweren Missständen, wie vorsätzlichem Gesetzesbruch, Korruption und Käuflichkeit von Politik auf Regierungsebene, neu abwägen. Wenn die Aufklärung solcher Missstände immer wieder an Aussageverweigerungen der Zeugen scheitert, fördert dies nicht nur Politikverdrossenheit in der Bevölkerung, sondern dann droht auch die parlamentarische Kontrolle von Regierungshandeln ins Leere zu laufen, was schwerwiegende Folgen für die Stabilität des parlamentarischen Regierungssystems überhaupt hat. Für die Neuregelung wird empfohlen, die Erfahrungen alter und gefestigter parlamentarischer Demokratien wie in England und in USA zu nutzen." (BT-Drs. 14, 9300, 414 *Parteispenden-Ausschuss*).

319 Exemplarisch der Kommentar von *H.-P. Schneider* NJW 2000, 3332, 3333.

320 *H.-P. Schneider* NJW 2000, 3332.

321 *Danckert* ZRP 2000, 476, 477.

verweigerungsrechtes sind nicht bekannt.[322] Schließlich kann im Falle einer missbräuchlichen Inanspruchnahme die Zeugenaussage auch mit Beugemitteln erzwungen werden (s.u. D.I.5.b)).

Klarstellend festzuhalten ist, dass die wegen Art. 44 Abs. 2 S. 1 GG notwendige Orientierung des PUAG an den Zeugnis- und Auskunftsverweigerungsrechten der StPO nicht mehr und nicht minder eine „Behinderung" der Aufklärungstätigkeit von Untersuchungsausschüssen darstellen kann als im Strafverfahren. Stellt die gesetzlich vorgesehene Inanspruchnahmemöglichkeit eines Zeugnis- und Auskunftsverweigerungsrechtes aber im Strafverfahren, welches gegenüber dem Untersuchungsausschussverfahren hinsichtlich der Wahrheitsfindung erheblich strengeren Anforderungen unterliegt (vgl. C.II.2.c)(5)), aber keine Behinderung der Aufklärungstätigkeit dar, sondern vielmehr eine Gewährleistung für die Rechtsstaatlichkeit des Verfahrens, kann und darf auch für das – erst Recht privatgerichtete – Untersuchungsausschussverfahren nichts anderes gelten. Mit einer unzulässigen Behinderung der Ausschusstätigkeit hat die Inanspruchnahme eines verfassungsrechtlich verbürgten Rechts auf Zeugnis- bzw. Auskunftsverweigerung nichts zu tun. Der Untersuchungsausschuss hat die Rechtspositionen des verdachtsgefährdeten Zeugen im Rahmen seiner Aufklärungstätigkeit zudem nicht nur hinzunehmen, sondern als parlamentarisches Gremium gerade auch zu wahren.[323]

Mit verschiedenen Ansätzen ist (bislang) ohne Erfolg versucht worden, einen außerstrafprozessualen Aussagezwang im Untersuchungsausschussverfahren zu begründen. Den Gesetzgeber haben diese Ansätze nicht überzeugt, obgleich die Thematik insbesondere den die Gesetzesvorbereitungen begleitenden *Parteispenden-Ausschuss* des Deutschen Bundestages beschäftigt hat und in der Literatur zahlreich Lösungen zur Durchbrechung vorgeschlagen und für zulässig erachtet worden sind. Trotz intensiver Bemühungen, die u.a. die Anhörung von Sachverständigen und eine Reise in die USA zum Kennenlernen der dortigen Immunitäts- und Beweisverbotsregelungen beinhalteten[324], wurden die „Überlegungen und Vorschläge zu möglichen Einschränkungen des Aussageverweigerungsrechtes von Zeugen (§ 55 StPO)"[325] in Untersuchungsausschussverfahren aber im Ergebnis nicht nur nicht weiterverfolgt. Der Gesetzgeber hat sogar die Auskunftsverweigerungsmöglichkeit des verdachtsgefährdeten Zeugen erheblich erweitert und dabei die Rechtsposition des gerade auch politisch befassten Zeugen im Hinblick auf seine Aussage-

322 Vgl. auch *Kohlmann* JA 1984, 670, 672 f., der die Gefahr eines Missbrauchs als gering einstuft.

323 Anders offenbar *Kölbel/Morlok* ZRP 2000, 217, 220, die in der bestehenden Rechtslage eine Behinderung der Ermittlungsfähigkeit der Untersuchungsausschüsse und damit deren politische Entwertung sehen.

324 BT-Drs. 14/5790, 12.

325 BT-Drs. 14/5790, 13.

freiheit gestärkt, indem er jegliche gesetzlich geordnete Verfahren, also gerade auch Disziplinarverfahren oder die Minister- und Abgeordnetenanklage, in den § 22 Abs. 2 PUAG aufgenommen hat. Zwischen den rechtspolitischen Forderungen anlässlich parlamentarischer Untersuchungsausschüsse einerseits und der gesetzgeberischen Einschätzung und Wirklichkeit andererseits besteht somit ein offener Widerspruch, der sich anscheinend nur mit den politischen Auseinandersetzungen und Positionierungen anlässlich von kontroversen[326] Untersuchungsausschussverfahren erklären lässt.[327]

In der Folge werden die einzelnen Ansätze für Konstruktionen eines außerstrafrechtlichen Aussagezwanges dargestellt und geprüft, ob ein Aussagezwang zulässig wäre. Dabei ist zunächst von Relevanz, ob das Verbot des Zwanges zur Selbstbelastung auch im privatgerichteten Untersuchungsausschussverfahren uneingeschränkt gilt, da dieses relativierende bzw. beseitigende Ansichten, die ganz vereinzelt in der Literatur vertreten werden, zwangsläufig auch zur Möglichkeit der weiteren Durchbrechung dieses Verbots führen würden. Ob bzw. inwiefern dieses Verbot dann ferner durch die Kopplung mit einem (fernwirkenden) Beweisverwertungsverbot oder der Schaffung einer Immunität des Zeugen durchbrochen werden kann, wird im Anschluss bei der Besprechung der einzelnen Konstrukte zur Einführung eines außerstrafrechtlichen Aussagezwanges besprochen. Von Befürwortern solcher Lösungen wird dabei zur Begründung regelmäßig auf die sog. *Gemeinschuldner-Entscheidung* des BVerfG verwiesen, wonach der Grundsatz der Selbstbelastungsfreiheit nicht uneingeschränkt gilt.[328]

> „Die durch Art. 2 Abs. 1 GG gewährleistete Rechtsposition findet ihre Grenze an den Rechten anderer. Das Grundrecht gebiete daher keinen lückenlosen Schutz gegen Selbstbezichtigungen ohne Rücksicht darauf, ob dadurch schutzwürdige Belange Dritter beeinträchtigt werden.“ [329]

---

326 Anschaulich insoweit *Danckert* ZRP 2000, 476 ff., der im Zeitpunkt der Verfassung dieses Aufsatzes mit dem Titel „Aussagezwang im parlamentarischen Untersuchungsausschuss“ MdB und Mitglied des 1. Untersuchungsausschusses der 14. Wahlperiode der SPD-Fraktion war.

327 Auch in den Bundesländern ist von solchen Regelungen Abstand genommen worden. Offensichtlich bestehen seitens der Gesetzgeber insgesamt durchgreifende Bedenken gegen eine Einführung eines Aussagezwanges in parlamentarische Untersuchungsausschussverfahren.

328 BVerfGE 56, 37 ff.

329 BVerfGE 56, 37, 49.

(a) Relativierung des nemo-tenetur-Prinzips

Bei dem nemo-tenetur-Prinzip (nemo tenetur se ipsum accusare) als Verbot des Zwanges zur Selbstbelastung handelt es sich nach ganz herrschender Meinung um ein Prinzip mit Verfassungsrang.[330] Dessen Inhalt ist es, dass niemand gezwungen werden darf, durch eigenes Tun an seiner Strafverfolgung mitzuwirken. Dieser Grundsatz tritt vor allem in § 136 StPO hervor (vgl. D.III.2.a)(1)).

Inwieweit das nemo-tenetur-Prinzip auch für Zeugen im Untersuchungsverfahren gilt, hängt von der Konfliktlage ab, in die eine Auskunftsperson vor einem Untersuchungsausschuss gebracht werden kann. Dabei ist das Gewicht der Beeinträchtigung des Persönlichkeitsrechts des Zeugen im konkreten Einzelfall zum parlamentarischen Informations- und Aufklärungsinteresse in Beziehung zu setzen. Besteht die Beeinträchtigung des Persönlichkeitsrechts in einer Selbstbezichtigung mit möglicherweise strafrechtlichen Konsequenzen, so ist ein schwerwiegender Eingriff in die Grundrechte des Zeugen (allgemeine Handlungsfreiheit aus Art. 2 Abs. 1 GG, allgemeines Persönlichkeitsrecht aus Art. 2 Abs. 1 i.V.m. Art 1 GG sowie die Menschenwürde aus Art. 1 GG) zu befürchten. Neben der strafrechtlichen Verfolgung kann der Zeuge zudem erschwerend mit einer öffentlichkeitswirksamen Untersuchung und einer politischen Bewertung seines Verhaltens in einem Abschlussbericht konfrontiert sein. Zwar hat der Aussagende durch den Ausschuss keine unmittelbaren strafrechtlichen Konsequenzen zu befürchten, doch muss er damit rechnen, dass entweder ein Strafverfahren gegen ihn eingeleitet oder die Aussage in einem parallel laufenden Verfahren gegen ihn verwendet wird. Aufgrund dieser mittelbaren strafrechtlichen Sanktionsmöglichkeiten ist anerkannt, dass das nemo-tenetur-Prinzip nicht nur im Strafverfahren selbst Anwendung finden muss, sondern in alle staatlichen Verfahren ausstrahlt, soweit die Gefahr einer Strafverfolgung besteht, so auch in das Untersuchungsausschussverfahren.[331] Auch und gerade § 55 StPO bzw. § 22 Abs. 2 PUAG sind Ausprägungen des verfassungsrechtlichen nemo-tenetur-Grundsatzes.[332] Sinn und Zweck des Auskunftsverweigerungsrechtes ist es, dem Zeugen, der oder dessen Angehöriger eine Straftat oder Ordnungswidrigkeit begangen hat, die seelische Zwangslage zu ersparen, unter dem Druck der Aussagepflicht die Tat offenbaren zu müssen und sich oder den Angehörigen der Gefahr der Verfolgung auszusetzen.[333]

---

330 BVerfGE 38, 105, 113.

331 BVerfGE 56, 37, 43 f.

332 BVerfGE 38, 105, 113.

333 Für alle: BGHSt 9, 34, 36; 11, 213, 216; 17, 245, 246.

Meist von parlamentarischer Seite werden das Auskunftsverweigerungsrecht relativierende Aspekte anlässlich von Untersuchungsausschüssen angebracht, in denen sich im Zentrum der Untersuchung stehende Zeugen auf das Auskunftsverweigerungsrecht berufen und dadurch die Möglichkeiten der Aufklärung beschränkt werden. Äußerungen einzelner Parlamentarier ist zu entnehmen, dass verfassungs- sowie rechtspolitische Argumente dafür bestünden, die Möglichkeit der Erstarkung zum Vollrecht im Untersuchungsausschussverfahren sehr restriktiv zu handhaben. Argumentiert wird im Wesentlichen damit, dass das Auskunftsverweigerungsrecht in einem Spannungsverhältnis zwischen den Interessen des Zeugen einerseits und einer effektiven Durchführung des Untersuchungsauftrages andererseits steht. Beide mit Verfassungsrang ausgestatteten Positionen müssten im Wege der praktischen Konkordanz miteinander in Einklang gebracht werden, woraus sich die Einzelfallprüfung des Vorliegens einer berechtigten Auskunftsverweigerung und der besondere Ausnahmecharakter der Verdichtung zu einem Vollrecht ergebe. Gegen diese Argumentation bestehen keine Bedenken. Aus ihr kann indes kein über den bereits bestehenden und anerkannten Ausnahmecharakter hinausgehender „besonderer Ausnahmecharakter" geltend gemacht werden, der einer weiteren Abwägung mit dem Untersuchungsauftrag eines Untersuchungsausschusses zugänglich wäre. Der Gesetzgeber hat abschließend im § 55 StPO bzw. noch weitergehender im § 22 Abs. 2 PUAG Wertungen vorgenommen, die Ausdruck und Maßstab für die Auflösung dieses Spannungsverhältnisses im Einzelfall sind.

Sofern darüber hinaus sogar eine Beseitigung des Auskunftsverweigerungsrechtes im Untersuchungsausschussverfahren durch eine entsprechende Höhergewichtung des öffentlichen Interesses an der parlamentarischen Aufklärung über die Selbstbelastungsfreiheit angedacht worden ist, ist diese Idee sogleich wieder verworfen worden. Sie würde die in Art. 2 Abs. 1 und Art. 1 GG verfassungsrechtlich verbürgte Selbstbelastungsfreiheit in ihrem Kern unterlaufen bzw. überhaupt nicht berücksichtigen. Eine solche Lösung wäre verfassungswidrig.[334] Soweit ersichtlich, hat eine solche Meinung auch nur *H. P. Schneider* in einem in der NJW veröffentlichten Kommentar vertreten, der in Fällen politisch besonders schwerwiegender Skandale oder Missstände der parlamentarischen Aufklärung den Vorrang über den staatlichen Strafanspruch für individuelles Fehlverhalten einräumten würde:

> „In solchen Fällen würden übergeordnete Erwägungen, wie etwa der aus einem solchen demokratischen Selbstreinigungsprozess resultierenden Gewinn an Vertrauen und Glaubwürdigkeit für die gesamte politische Kultur, ein derartiges strafprozessuales Verwertungsverbot zweifellos rechtfertigen. Um die parlamentarischen Untersu-

334 *Weisgerber* S. 274; im Ergebnis auch *Kölbel/Morlok* ZRP 2000, 217, 220; a.A. *Kramer* ZRP 2001, 386 f.

> chungsausschüsse wieder handlungsfähig und effizient werden zu lassen, muss auch über unkonventionelle Lösungen nachgedacht werden. Anderenfalls könnte das verbreitete Missbehagen an Untersuchungsverfahren auch auf die Volksvertretungen selbst abfärben und die bereits vorhandene Parlamentsverdrossenheit weiter verstärken."[335]

Jenseits der Tatsache, dass die Handlungsfähigkeit und Effizienz keinesfalls in rechtsstaatlicher Weise eingeschränkt sind, stellt sich im Anschluss an diesen Kommentar die Frage, wie Bevölkerung und Abgeordnete reagieren würden, wenn aufgrund eines zuerkannten strafprozessualen Verwertungsverbotes die spätere strafrechtliche Verfolgung und Ahndung der im parlamentarischen Untersuchungsausschuss offenbarten Tat unmöglich wird. Als einzige „Sanktion" bliebe für die von der parlamentarischen Aufklärung Betroffenen deren Erwähnung im Abschlussbericht. Dieses Ergebnis wäre kaum geeignet, die Akzeptanz einer Höhergewichtung des parlamentarischen Untersuchungsrechtes in der Öffentlichkeit zu fördern.

(b) Beweisverwertungsverbotslösung

Danckert und *Kramer* nehmen auf der Grundlage der *Gemeinschuldner-Entscheidung*[336] an, dass der Schutz vor staatlichem Zwang zur Selbstbelastung nur gelte, wenn es um Auskünfte geht, mit denen die Auskunftsperson selbst zu ihrer strafrechtlichen Verurteilung beitragen würde. Ein Aussagezwang sei in einem Untersuchungsausschussverfahren indes möglich, sofern durch die Kopplung mit einem strafrechtlichen Verwertungsverbot die Mitwirkung der Auskunftsperson an der eigenen strafrechtlichen Verurteilung vermieden wird.[337] Es sei darüber hinaus unerheblich, ob es sich um ein privates oder um ein öffentliches Informationsinteresse handele.[338]

Hierbei wird aber verkannt, dass das BVerfG in der *Gemeinschuldner-Entscheidung*[339] auf die besondere Pflichtenstellung des Gemeinschuldners abgestellt hat und insoweit differenzierend ausführt, dass für den Gemeinschuldner im Konkursverfahren nicht das gleiche gelten kann wie für die Personengruppe der Beschuldigten, Zeugen und Prozessparteien, denen die Rechtsordnung zum Schutz gegen Selbstbezichtigung ein Schweige- oder

335 *H.-P. Schneider* NJW 2000, 3332, 3334.

336 BVerfGE 56, 37 ff.

337 *Danckert* ZRP 2000, 476 ff.; *Kramer* ZRP 2001, 386, 387. Die Einführung einer Beweisverwertungsverbotslösung ohne ein Fernwirkungsverbot wird – soweit ersichtlich – nicht vertreten und wäre im Übrigen auch nicht vertretbar, vgl. hierzu *Weisgerber* S. 295.

338 *Danckert* ZRP 2000, 476, 478.

339 BVerfGE 56, 37 ff.

Aussageverweigerungsrecht zubilligt. Der Gemeinschuldner soll durch seine Aussage nicht zu seiner eigenen Verurteilung beitragen. Anders als der Zeuge steht er zu den von ihm geschädigten Gläubigern in einem besonderen Pflichtenverhältnis, das er durch eigenen Willensentschluss freiwillig übernommen hat und aufgrund dessen er eine besondere – privatrechtlich begründete – Verantwortung gegenüber – privaten – Dritten hat.[340] Hervorgehoben hat das BVerfG auch, dass ein Zwang, durch eigene Aussagen die Voraussetzungen für eine strafgerichtliche Verurteilung oder die Verhängung entsprechender Sanktionen liefern zu müssen, unzumutbar wäre und gegen die Würde des Menschen verstoßen würde.[341]

Nur in dem Fall, in dem Auskünfte zur Erfüllung eines berechtigten – in dem Fall des BVerfG privatrechtlichen – Informationsbedürfnisses im Konkursverfahren eingeholt werden, sei der Gesetzgeber *ausnahmsweise* befugt, die Belange der verschiedenen Beteiligten gegeneinander abzuwägen. Das BVerfG unterscheidet damit deutlich zwischen privaten und öffentlichen Informationsbedürfnissen und stellt im letzteren Fall das Abwehrrecht gegen ausschließliche staatliche Informationsbedürfnisse in den Vordergrund. Gegenüber einer Auskunftsperson handelt ein Untersuchungsausschuss aber stets durch staatlichen Eingriff. Auch wenn es sich beim Untersuchungsausschussverfahren nicht um ein gerichtliches Verfahren handelt, das in einer strafrechtlichen Sanktion mündet, stellt die Durchführung des Untersuchungsverfahrens selbst sowie die Würdigung von Handlungen und Beweisaufnahmen im öffentlichen Abschlussbericht eine eingriffsartige öffentliche Maßnahme für die betroffene Privatperson dar. Im Untersuchungsverfahren stehen sich damit private Interessen und Grundrechtsbeeinträchtigungen nicht in mit der *Gemeinschuldner-Entscheidung* vergleichbarem Maße gegenüber.

Bei der Entscheidung des BVerfG war ferner maßgeblich, dass regelmäßig nur der Gemeinschuldner zur Aufklärung des Sachverhaltes in der Lage ist und kein Dritter bzw. entsprechende Informationen aus Unterlagen gewonnen werden können. Ein Untersuchungsausschuss ist jedoch durch eine berechtigte Auskunftsverweigerung eines Zeugen nicht in einer mit der Gemeinschuldner-Gläubiger-Konstellation vergleichbaren Art und Weise in seinen Aufklärungsmöglichkeiten eingeschränkt. Ihm steht die Möglichkeit der Vernehmung weiterer Auskunftspersonen sowie die Beiziehung von Unterlagen von staatlicher und privater Seite zur Verfügung.

Wesentlicher Aspekt war in der *Gemeinschuldner-Entscheidung* schließlich, dass es zugleich um die Interessen geschädigter privater Dritter geht und nicht allein um ein öffentliches Aufklärungs- und Informationsbedürfnis wie

340 BVerfGE 56, 37, 48.
341 BVerfGE 56, 37, 49.

es in Untersuchungsausschussverfahren der Fall ist.[342] Die Übertragung der Grundsätze aus der *Gemeinschuldner-Entscheidung* des BVerfG[343] in das Untersuchungsausschussverfahren ist daher nicht möglich.

Daran ändert auch die Erwägung, den Aussagezwang an ein Beweisverwertungsverbot im Strafverfahren zu koppeln, nichts. Hinsichtlich der Zulässigkeit und Reichweite der Fernwirkung eines nach der Rechtsprechung des BVerfG in jedem Falle zu gewährleistenden Beweisverwertungsverbotes[344] bestehen im deutschen Recht durchgreifende Zweifel.[345] Es ist zwar nicht auszuschließen, dass durch eine dem § 97 Abs. 1 S. 3 InsO entsprechend angelehnte Fassung dem Erfordernis eines fernwirkenden Verwertungsverbots im PUAG ausreichend Rechnung getragen werden könnte.[346] Es verbleiben jedoch erhebliche Abgrenzungsschwierigkeiten und eine mangelnde Kontrolle hinsichtlich der Frage, welche Beweismittel schon oder noch von der Fernwirkung erfasst sind und welche nicht, was im Ergebnis zu einer nicht mehr tragfähigen Rechtsunsicherheit führen würde.[347]

Die durch die Beweisverwertungsverbotslösung erfolgende Durchbrechung des nemo-tenetur-Prinzips wäre zudem nicht mit Art. 44 Abs. 2 S. 1 GG in Einklang zu bringen. Eine sinngemäße Anwendung der Vorschriften über den Strafprozess beinhaltet notwendigerweise nach der Rechtsprechung des BVerfG und dem Willen des Gesetzgebers gerade auch die vollumfängliche Einbeziehung der Schutzvorschriften des Zeugen, zu denen insbesondere auch die Zeugnis- und Auskunftsverweigerungsrechte zählen.[348] Anders als *Danckert* meint, würde es aber einen nicht zu überwindenden Widerspruch darstellen, wenn einerseits die sinngemäße Anwendung der Vorschriften über den Strafprozess zu einer Anwendung des § 55 StPO führt, andererseits im PUAG aber ein außerstrafrechtlicher Aussagezwang eingeführt wird.[349] Vor Einführung eines spezifisch-parlamentarischen Aussagezwanges in das PUAG bedürfte es daher jedenfalls einer Grundgesetzgesetzänderung des Art. 44 Abs. 2 S. 1 GG, da § 55 StPO einer inhaltlichen bzw. sinngemäßen Umdeu-

---

342 BVerfGE 56, 37, 49 ff.

343 BVerfGE 56, 37 ff.

344 BVerfGE 56, 37, 50.

345 Vgl. BGHSt 34, 362, 364 f. m.w.N.; diese ausblendend: *H.-P. Schneider* NJW 2000, 3332, 3333.

346 Insoweit zutreffend *Danckert* ZRP 2000, 476, 479 mit Hinweis auf *Eisenberg* Beweisrecht, Rn. 409 ff.; *Kölbel/Morlok* ZRP 2000, 217, 220; a.A. *Weisgerber* S. 291.

347 Eher ablehnend auch *Kölbel/Morlok* ZRP 2000, 217, 220. Diese angesprochene Rechtsunsicherheit lässt sich bereits bei der Anwendung des § 97 Abs. 1 S. 3 InsO in Insolvenz- und Strafverfahren beobachten (vgl. MünchKomm/*Passauer/Stephan* InsO, Band 1, § 97, Rn. 17).

348 MdB *Wiefelspütz* Plen.Prot. 14/165, 16156.

349 *Danckert* ZRP 2000, 476, 479 f.

tung dahingehend, dass die Aussagefreiheit dann suspendiert ist, wenn ein fernwirkenden Beweisverwertungsverbot zugesichert wird, nicht zugänglich ist.

Schließlich ist zu berücksichtigen, dass Untersuchungsausschüsse Organe der Legislative sind. Hätten Untersuchungsausschüsse aber die Befugnis, die Auskunft auf Fragen bei gleichzeitiger Zusicherung eines strafrechtlich wirkenden Fernwirkungsverbotes zu erzwingen, so würde dies einen unzulässigen Eingriff in die der Exekutive und Judikative zugewiesenen Aufgaben der Strafverfolgung und Rechtsprechung darstellen. Die Legislative würde dadurch den Gewaltenteilungsgrundsatz verletzen. Es wären aber nicht nur die Strafverfolgungsmöglichkeiten und dadurch das von der Exekutive zu befolgende Legalitätsprinzip durch die Nichtverwendbarkeit relevanten Beweismaterials gesperrt, es obläge zudem allein dem Zeugen durch entsprechend umfangreiches Einbringen von Beweismaterial darüber zu bestimmen, wie viel an „Rest-Legalitätsmöglichkeit" für den Strafanspruch des Staates noch bestehen bleibt. Ein solcher Eingriff ist durch das – auch anderweitig zu befriedigende – Aufklärungs- und Informationsinteresse von Untersuchungsausschüssen aber nicht zu rechtfertigen. Es kann nicht sein, dass eine Aussageperson vor dem Untersuchungsausschuss sich letztlich durch Äußerungen einen „Schutz vor Strafverfolgung" verschafft.

(c) Limitierte Beweisverwertungsverbotsregelung

Die Einführung einer limitierten Variante der soeben besprochenen Beweisverwertungsverbotslösung wird von *Wolf* jedenfalls für Auskunftspersonen, die dem privaten Bereich zuzuordnen sind, vertreten und von *Wiefelspütz* zumindest nicht abgelehnt. *Wolf* befürwortet für private Dritte die Zulässigkeit einer „limitierten Beweisverwertungsverbots-Lösung", d.h. begrenzt auf den freiwillig kooperierenden Auskunftspflichtigen, und bejaht nur insoweit die Übertragbarkeit der Grundsätze aus der *Gemeinschuldner-Entscheidung* des BVerfG.[350]

Für politisch Verantwortliche als Zeugen soll dagegen gelten, dass sie auch bei drohender Selbstbelastung mit Maßnahmen des Zeugniszwangs zur Aussage gezwungen werden könnten, wenn die Aussage mit einem strafverfahrensrechtlichen Beweisverwertungsverbot belegt wird.[351] Die limitierte Beweisverbotslösung sei aufgrund des Verhältnismäßigkeitsprinzips jedoch nur sehr restriktiv anzuwenden und dann ausgeschlossen, wenn eine Fernwir-

350 BVerfGE 56, 37 ff.

351 *Wolf* S. 194.

kung der Beweisverwertungsverbote nicht sicher gewährleistet sei. Das Legalitätsprinzip bliebe ansonsten bestehen.[352]

Nach *Wiefelspütz* sei zwar die Konfliktlösung, die die Insolvenzordnung bzw. das BVerfG in der *Gemeinschuldner-Entscheidung* vornehme, nicht auf das Untersuchungsausschussverfahren übertragbar; zumindest erwägenswert sei jedoch – wie bei *Wolf* – eine uneingeschränkte Auskunftspflicht für als Zeugen geladene Mitarbeiter der Exekutive oder Regierungsmitglieder, da diese – anders als private Dritte – in einem besonderen Dienst- und/oder Treueverhältnis stünden. Der Gesetzgeber hätte diese Variante aber nicht weiter vertieft, um kein Sonderrecht für den genannten Personenkreis zu schaffen.[353]

Gegen Einführung einer limitierten Beweisverwertungsverbotslösung sprechen bereits die soeben unter (b) angesprochenen Gründe sowie das Argument von *Wiefelspütz*, kein Sonderrecht für Mitarbeiter der Exekutive oder Regierungsmitglieder zu schaffen. Letzteres Argument ist auch deshalb relevant, weil mitunter nicht zwischen dienstlichem bzw. behördlichem Verhalten eines Regierungsmitgliedes bzw. eines Mitarbeiters der Exekutive und einem Verhalten, das zumindest auch den privaten Bereich betrifft, trennscharf unterschieden werden kann. Die gründliche Untersuchung von *Wolf* leidet zudem in ihrer Argumentation unter der Unterstellung, dass die Effektivität parlamentarischer Untersuchungen dadurch beeinträchtigt werde, dass sich

> „auskunftsunwillige Zeugen missbräuchlich auf eine Auskunftsverweigerungsrecht gem. § 22 Abs. 2 PUAG berufen oder die Untersuchungstätigkeit in unzulässiger Weise durch Strafverfahren behindert wird.“[354]

Bezeichnenderweise nennt *Wolf* für diese Annahme keine Nachweise oder Beispiele. Solche sind auch nicht bekannt. Bei der Unterstellung, das Auskunftsverweigerungsrecht werde häufig missbräuchlich in Anspruch genommen, handelt es sich vielmehr um eine politische Wertung des „unterlegenen“ Fragestellers, die nicht selten nach gerechtfertigten Inanspruchnahmen von Auskunftsverweigerungsrechten erfolgt. Mit einer missbräuchlichen Inanspruchnahme oder einer Behinderung der Untersuchungsausschusstätigkeit hat dies jedoch nichts zu tun. Denn schließlich hat der Untersuchungsausschuss die Möglichkeit, solche aus seiner Sicht bestehenden Behinderungen gericht-lich überprüfen zu lassen und die Verhängung von Beugemitteln zu beantragen. Darüber hinaus gilt, dass die gesetzlich vorgesehene Inanspruchnahme eines Auskunftsverweigerungsrechtes niemals missbräuchlich sein und die Aufklärungstätigkeit eines Untersuchungsausschussverfahrens nicht unzulässig erschweren kann. Auch liegt die Einleitung eines strafrechtlichen Er-

---

352 *Wolf* S. 197.
353 *Wiefelspütz* S. 260 f.
354 *Wolf* S. 197.

mittlungsverfahrens nicht in dem Ermessen eines verdachtsgefährdeten Zeugen im Untersuchungsausschussverfahren, sondern allein in dem der Staatsanwaltschaft.

(d) Kronzeugenregelung

Die im Wesentlichen von *Kölbel/Morlok*[355] und von denen auch nur mit Bedenken vertretene Kronzeugenregelung im Untersuchungsausschuss wird allgemein abgelehnt.[356] Unter der dem Strafverfahren entlehnten Figur des Kronzeugen wird ein mutmaßlicher Straftäter verstanden, dem der Staat dafür, dass er offen sein Wissen über die Straftaten anderer preisgibt, Zugeständnisse im Zusammenhang mit der Verfolgung oder Bestrafung wegen eigener Taten macht.[357] So genannte „kleine" Kronzeugenregelungen enthält das materielle Strafrecht in den § 31 BtMG, § 261 Abs. 10 StGB (Geldwäsche) und § 129 Abs. 6 bzw. §§ 129a Abs. 5, 129 Abs. 6 StGB (Bildung krimineller bzw. terroristischer Vereinigung). Ihr kriminalpolitischer Effekt ist umstritten. Zentrale Bedenken bestehen im Strafverfahren hinsichtlich der Glaubwürdigkeit des Kronzeugen und dem Wert seiner Aussage sowie in der Missbrauchsgefahr.

Ausgangspunkt für die Überlegung durch *Kölbel/Morlok* für die Einführung einer Kronzeugenregelung ist, dass der Untersuchungsausschuss dem Zeugen hinsichtlich inkriminierter Sachverhalte Straffreiheit gewähren könnte, wenn und soweit der Untersuchungsausschuss das Strafverfolgungsinteresse gegenüber dem öffentlichen Aufklärungsinteresse für nachrangig erachtet. Dieses, von *Kölbel/Morlok* auch nur angerissene Modell, über das nach deren Ansicht näher diskutiert werden sollte, ist abzulehnen. Soweit ersichtlich hat seither eine weitere Diskussion über eine mögliche Kronzeugenkonstruktion in Untersuchungsausschussverfahren auch nicht stattgefunden. Das Modell basiert auf der unzutreffenden Grundannahme, es könne verfassungsrechtlich ein Vorrang des parlamentarischen Aufklärungsinteresses gegenüber dem Strafverfolgungsanspruch des Staates begründet werden. Schon das BVerfG hatte aber festgestellt, dass die dem Gemeinwohl dienende lückenlose Aufklärung des Sachverhalts durch Untersuchungsausschüsse keine geringere – aber auch keine größere – Bedeutung als die Tatsachenermittlung im Strafverfahren einnimmt.[358]

---

355 *Kölbel/Morlok* ZRP 2000, 217, 221.

356 Vgl. *H.-P. Schneider* NJW 2000, 3332, 3333.

357 *Eisenberg* Beweisrecht, Rn. 942.

358 BVerfGE 67, 100, 146 *Flick-Ausschuss*; 77, 1, 48 *Neue Heimat-Ausschuss*; BVerwGE 79, 339, 345; BVerwG, NJ 2000, 102, 103; *Vetter* ZParl 1989, 345, 347 f.

Jenseits des nicht höher anzusiedelnden Aufklärungsinteresses sprechen die andersartigen Anforderungen an die Wahrheitsfindung und die geringer anzusiedelnde Aufklärungsqualität parlamentarischer Untersuchungen (vgl. C.II.2.c)(5)) gegen eine Kronzeugenkonstruktion. Des Öfteren bestätigen sich von Untersuchungsausschüssen insbesondere bei privatgerichteten Untersuchungsausschüssen getroffene Feststellungen und juristische Bewertungen in parallel laufenden Zivil- und Strafverfahren nicht.[359] Dies ist aufgrund der politischen Wertung, die Untersuchungsausschüsse im parlamentarischen Auftrag vorzunehmen haben, auch nicht erforderlich. Mitunter sind von Untersuchungsausschüssen getroffene Feststellungen oder Protokolle von Zeugenvernehmungen für Staatsanwaltschaften und Gerichte sogar gänzlich uninteressant, da die Art und Qualität der Befragung sowie Beweiswürdigung nicht den Standards und Ansprüchen der Wahrheitsermittlung von Strafverfolgungsbehörden und Gerichten genügen.[360] Es wäre jedoch fatal, den über die gründlicheren Mittel und Methoden sowie über die größere juristische Kompetenz verfügenden Stellen, Staatsanwaltschaften und Gerichten, die Aufklärungsmöglichkeit zu nehmen oder im Interesse einer öffentlichen Aufklärung durch einen parlamentarischen Untersuchungsausschuss erheblich einzuschränken, der demgegenüber lediglich eine sanktionslose politische Bewertung eines Sachverhaltes vorzunehmen hat.

Nicht zu rechtfertigen wäre schließlich die Durchbrechung des Gewaltenteilungsprinzips. Ein parlamentarisches Gremium darf nicht über eine der Judikative zugewiesene Entscheidungsbefugnis über die Durchsetzung des Strafverfolgungsanspruchs befinden. *Wiefelspütz* spricht insoweit treffend von einem Systembruch. Es sei mit „verheerenden Folgen für die Rechtskultur" zu rechnen, wenn der Strafanspruch des Staates der politischen Disposition einer Mehrheitsentscheidung in einem Parlamentsausschuss anheim fällt.[361] Auch *Wolf* lehnt die Einführungsmöglichkeit einer Kronzeugenregelung man-

359 Vgl. z.B. das zivilgerichtliche Urteil des Kammergericht vom 22.03.2005, KG 14 U 248/03, sowie das strafgerichtliche Urteil des LG Berlin vom 21.03.2007, (536) 2 StB Js 215/01 (13/04) und der Abschlussbericht des 1. Untersuchungsausschusses der 15. Wahlperiode des Abgeordnetenhauses von Berlin *Bankgesellschaft/Parteispenden II*. Die in dem Abschlussbericht festgestellten Verantwortlichkeiten von Vorständen und Aufsichtsräten entsprachen in vieler Hinsicht nicht den Ergebnissen zivilgerichtlicher und strafgerichtlicher Wertungen. Durch das KG wurde rechtskräftig keine zivilrechtliche Haftung für verursachte Schäden festgestellt, und durch das Strafgericht erfolgten Freisprüche für die Aufsichtsratsmitglieder.

360 So geschehen im 1. Untersuchungsausschuss der 15. Wahlperiode des Abgeordnetenhauses von Berlin *Bankgesellschaft/Parteispenden II-Ausschuss* (Drs. 15/4900), auf dessen Protokolle und Ergebnisse parallel zu diesen Sachverhalten betraute Staatsanwaltschaften und Gerichte nicht zugriffen.

361 *Wiefelspütz* S. 261.

gels Übertragbarkeit der Rechtsfigur und der irreführenden Begrifflichkeit ab.[362]

Auf Gesetzgebungsebene wird für das Strafverfahren gegenwärtig (erneut) über die Einführung einer erweiterten Kronzeugenregelung für alle Delikte der mittleren und schweren Kriminalität auf der Grundlage eines vom Kabinett beschlossenen Vorschlags nachgedacht.[363] Dagegen haben sich aber bereits in einer gemeinsamen Erklärung die Berufsverbände von Richtern, Staatsanwälten und Rechtsanwälten gewandt, mit der sie mit den bekannten Argumenten nachdrücklich gegen das geplante Gesetzgebungsvorhabens eintreten:

> „Rechtstatsächliche Erkenntnisse, die einen Bedarf nach einer nahezu alle Kriminalitätsbereiche betreffenden Kronzeugenregelung belegten, liegen nicht vor. Den Gerichten ist es vielmehr gelungen, unter Anwendung der Grundsätze des geltenden Rechts (§ 46 StGB) sachgerechte Strafen zu finden, wenn ein Angeklagter über seine eigene Tatbeteiligung hinaus Aufklärungshilfe geleistet hat. Die vorgeschlagene Regelung entfernt die Strafe von ihrer Funktion, gerechter Schuldausgleich zu sein. Denn sie verspricht auch demjenigen Milderung, der über Straftaten Informationen liefert, an denen er überhaupt nicht beteiligt war."[364]

Ob es zu der avisierten Erweiterung der Kronzeugenregelung im Strafverfahren kommt, ist daher zweifelhaft. Die Erfahrungen in Strafverfahren haben gezeigt, dass Kronzeugenregelungen für sehr bedenklich gehalten werden. Besonders kritisiert wird die Möglichkeit, eine Strafe zu mildern, wenn Informationen über Straftaten geliefert werden, an denen der Kronzeuge gar nicht beteiligt war. Die Praxis des § 31 BtMG hat in diesem Zusammenhang gezeigt, dass Straftäter durchaus versuchen, die Beteiligung an der eigenen Tat zu leugnen oder die Tat auf andere abzuwälzen, um als Kronzeuge in den Genuss einer Strafmilderung zu kommen. Es besteht damit offenkundig die Gefahr, dass durch die Einführung von Kronzeugenregelungen der Wahr-

---

362 *Wolf* S. 204.

363 Diese sieht vor, dass Straftäter gemäß eines neu einzuführenden § 46b StGB milder oder gar nicht bestraft werden, wenn ihre Aussagen helfen, eine Straftat aufzuklären oder zu verhindern. Sie soll die 1999 ausgelaufene Regelung ersetzen, die auf einzelne Delikte aus dem Betäubungsmittel- oder Terrorismusdelikte begrenzt war. Nunmehr soll bei allen Straftatbeständen, bei denen auch eine Telefonüberwachung zulässig wäre, eine Kronzeugenregelung eingeführt werden (Pressemitteilung der Bundesregierung vom 16.05.2007); vgl. auch NJW-Spezial 2007, 284.

364 Gemeinsame Erklärung des Deutschen Richterbundes, des Deutschen Anwaltvereins, der Bundesrechtsanwaltskammer und der Strafverteidigervereinigungen zum Entwurf eines (...) Gesetzes zur Änderung des Strafgesetzbuchs (... StrÄndG) – Strafzumessung bei Präventions- und Aufklärungshilfe (§ 46b StGB – E), http://www.anwaltverein.de/03/05/2006/Strafgesetz.pdf.

heitsgehalt bei der Sachverhaltsaufklärung leidet und es zu Fehlurteilen kommt.[365]

Eine Einführung der Kronzeugenregelung für das Untersuchungsausschussverfahren wird jedenfalls gegenwärtig – soweit ersichtlich – nicht einmal erwogen. Auf eine entsprechende Anfrage, ob der Senat von Berlin vor dem Hintergrund seinerzeit aktueller Erfahrungen mit Zeugen, die teilweise oder vollständig gemäß § 55 StPO die Auskunft auf Fragen verweigerten, eine Initiative zur Schaffung von Kronzeugenregelungen in Untersuchungsausschüssen plane, antwortete die damalige Senatorin für Justiz Schubert, dass insbesondere der Legalitäts- und Gleichbehandlungsgrundsatz sowie das Gerechtigkeitsprinzip gebiete, Kronzeugenregelungen auf Einzelfälle besonders schwerer Kriminalitätsformen zu beschränken:

> „Für den Untersuchungsausschuss darf grundsätzlich nichts anderes gelten. Gegen die Einführung einer Kronzeugenregelung für Untersuchungsausschüsse spricht darüber hinaus, dass damit der Verlauf und die Entscheidungsfindung im Strafprozess durch den Untersuchungsausschuss und dort getroffene Absprachen mit einzelnen Tatverdächtigen entscheidend vorbestimmt würden. Damit käme den Mitgliedern des Untersuchungsausschusses eine Rolle zu, die zu einer Verschiebung der Gewichte im Rahmen der Gewaltenteilung führen würde. Der Senat plant daher keine Bundesrats- oder Gesetzesinitiativen zur Schaffung von Kronzeugenregelungen in Untersuchungsausschüssen."[366]

(e) Immunitätsregelung

Die Immunitätsregelung ist von der Kronzeugenregelung abzugrenzen. Anders als bei der Kronzeugenregelung werden einer Auskunftsperson keine Zugeständnisse im Zusammenhang mit der Verfolgung oder Bestrafung wegen eigener Taten gemacht. Der Auskunftsperson wird Immunität hinsichtlich der Strafverfolgung in Gänze gewährt. Diese wird allgemein abgelehnt.

Aus der Sicht von *Wiefelspütz* wäre eine Strafbefreiungsmöglichkeit bei der Immunitätslösung wie schon bei der Kronzeugenregelung durch einen Untersuchungsausschuss ein unüberwindbarer Systembruch. Zutreffend hat er Bedenken dagegen, „einem politisch und damit auch parteilich handelndem Gremium im Rahmen einer Einzelfallentscheidung die Entscheidung über den Strafausspruch des Staates zu übertragen".[367] Auch *Wolf* lehnt die Einführung einer Immunitätsregelung ab, da der Verzicht auf die Strafverfolgung zu weit ginge und die Suspendierung der staatsanwaltschaftlichen Ermittlungs-

365 Vgl. Stellungnahme des Deutschen Anwaltvereins www.anwaltverein.de/03/05/2006/39-06.pdf.

366 Abghs.-Drs. 15/20426, Nicht behandelte mündliche Anfrage.

367 *Wiefelspütz* S. 261.

pflicht die Wahrscheinlichkeit einer minderen Qualität der Aussage des immunisierten Auskunftspflichtigen erhöht, wodurch der Nutzen innerhalb der parlamentarischen Beweiserhebung minimiert werde.[368] Ablehnend äußert sich auch nach eingehender Darstellung der in den USA (restriktiv) praktizierten Immunitätsregelung bei bedeutsamen Untersuchungsausschüssen *Weisgerber*. Ihr zufolge führe die Einführung einer Immunitätsregelung nach dem US-amerikanischen Vorbild zu zahlreichen Umsetzungsproblemen. Im Interesse eines effektiven Schutzes des nemo-tenetur-Grundsatzes und der Wahrung der Strafverfolgungsmöglichkeit des Staates sei einer Übernahme dieses auch in den USA aus diesen Gründen kritisierten Modells abzulehnen.[369] All dem ist zuzustimmen.

(f) Geheimhaltung der Aussagen von Zeugen

Dieses weitere von *Kölbel/Morlok* angedachte und sogleich selbst wieder verworfene Modell sieht vor, dass zeugnis- und auskunftsverweigerungsberechtigte Personen in nicht-öffentlicher Sitzung und gleichzeitig angeordneter Geheimhaltungsverpflichtung sowie einem einzuführenden Beweisverwertungsverbot zur Aussage gezwungen werden könnten. Es wird insofern versucht, eine Parallele zu Fällen der Anwendung der Geheimschutzordnung bei der Behandlung geschützter öffentlicher oder privater Daten zu ziehen.[370] *Kölbel/Morlok* weisen zurecht auf die nur lückenhafte Absicherung der Zeugen sowie auf die Gefahren von Indiskretionen sowie die fehlende politische Verwertbarkeitsmöglichkeit der erlangten Erkenntnisse im Abschlussbericht hin, wodurch die erlangte Aussage für die Erfüllung des Untersuchungsauftrages und die öffentliche Aufklärung praktisch wertlos wäre. Dieser Kritik schließen sich auch *Wiefelspütz* und *Weisgerber* an: *Wiefelspütz* lehnt diesen Ansatz zudem mit praktischen Bedenken ab, da eine entsprechend garantierte Geheimhaltung kaum möglich und die Folgen einer Verletzung der Geheimhaltung unklar sind.[371] Ähnlich argumentiert *Weisgerber*.[372] Diesen ablehnenden Positionen ist nichts hinzuzufügen.

---

368 *Wolf* S. 216.

369 *Weisgerber* S. 297.

370 *Kölbel/Morlok* ZRP 2000, 217, 220 f.

371 *Wiefelspütz* S. 261.

372 *Weisgerber* S. 279 f.

(g) Beicht- oder Vertrauensrichterregelung

Das Modell des ebenfalls von *Kölbel/Morlok* vorgeschlagenen „Beichtrichters“[373] beruht auf dem Grundgedanken, dass der gefährdete Zeuge bislang ermächtigt sei, über die Reichweite des Zeugnisverweigerungsrechtes selbst zu befinden, was die Gefahr des Missbrauchs durch den Zeugen impliziere. In einer Art Nebenverfahren soll der Zeuge deshalb gegenüber dem Vertrauens- oder Beichtrichter, der umfassend schweigepflichtig ist, einer uneingeschränkten Offenbarungspflicht unterliegen. Der neutrale und fachkundige Vertrauens- oder Beichtrichter – vorgeschlagen wird insoweit die Zuständigkeit des BGH – wäre sodann in der Lage, im Zweifelsfalle über das Bestehen des Auskunftsverweigerungsrechtes zu entscheiden.[374]

Die Einführung des Beichtrichters soll ausweislich *Wiefelspütz* im Rahmen der parlamentarischen Beratung noch nicht einmal ernsthaft erwogen worden sein.[375] *Wiefelspütz* selbst bezeichnet diese Figur als „bizarren Fremdkörper“. Auch *Weisgerber* hält den Beichtrichter für unzulässig, da ein Rechtsschutz gegen dessen Entscheidung nicht vorgesehen sei und vor allem die Gefahr bestünde, dass der Zeuge zum Beweismittel gegen sich selbst werde, wenn der Beichtrichter eine Fehlentscheidung trifft oder seine Verschwiegenheitspflicht verletzt.[376]

Neben den auch von *Kölbel/Morlok* angeführten zweifelhaften Wurzeln dieses Vertrauensrichtermodells aus der Zeit des Nationalsozialismus, spricht gegen dessen nähere Betrachtung und Berücksichtigung neben den genannten zutreffenden Argumenten auch die Unterstellung, es gebe Fälle, die auf einen Missbrauch des Auskunftsverweigerungsrechtes durch Zeugen in Untersuchungsausschuss- oder Strafverfahren hindeuten.[377] Selbst die Annahme, der Zeuge würde über die faktische Definitionsmacht hinsichtlich des Bestehens und der Reichweite des Auskunftsverweigerungsrechtes verfügen, trifft nicht zu. Sie unterliegt vielmehr einer gerichtlichen Kontrolle. Jenseits der anlässlich Untersuchungsausschüsse von einzelnen Parlamentariern getätigter politisch geprägter Äußerungen, die die regelmäßig rechtmäßige und nicht selten auch gerichtliche Inanspruchnahme des Auskunftsverweigerungsrechtes des Zeugen entsprechend eingefärbt bewerten, existieren in der juristischen Fachliteratur und Rechtsprechung keine Hinweise auf eine missbräuchliche Behinderung der Aufklärungstätigkeit. Dass es sich insoweit auch um politisch geprägte Wertungen handelt, wird letztlich dadurch deutlich, dass auf Gesetz-

373 *Kölbel/Morlok* ZRP 2000, 217, 221 f.
374 *Kölbel/Morlok* ZRP 2000, 217, 222.
375 *Wiefelspütz* S. 261.
376 *Weisgerber* S. 280 f.
377 Bezeichnenderweise werden solche auch nicht genannt.

gebungsebene nach intensiver Prüfung der rechtlichen Vorgaben kein außerstrafrechtlicher Aussagezwang in das PUAG eingeführt worden ist. Es wird vom Gesetzgeber zu Recht an der gesetzlichen und durch die Rechtsprechung ausgestalteten Systematik festgehalten, die bestimmt, unter welchen Voraussetzungen einem Zeugen ein Auskunftsverweigerungsrecht zusteht.

(h) Stellungnahme

Der Bundesgesetzgeber hat bei Schaffung des PUAG gut daran getan, nicht entsprechenden, zumeist politisch motivierten, Forderungen nachzugehen und im Rahmen eines verfassungsrechtlich sehr engen Spielraumes einen außerstrafrechtlichen Aussagezwang einzuführen. Denn rechtspolitisch sinnvoll ist die Einführung eines außerstrafrechtlichen Aussagezwanges gerade im Bereich der privatgerichteten *Missstands-Enquêten* nicht. Viel zu groß wäre die Gefahr, dass durch entsprechend erzeugten öffentlichen Druck und eine Mehrheitsentscheidung im Untersuchungsausschussverfahren Entscheidungen über die verfassungsrechtlich verbürgte Aussagefreiheit getroffen werden könnten, die politisch motiviert sind. Die zureichende Gewährleistung der Handlungs- und Freiheitsrechte des Zeugen im Untersuchungsausschussverfahren sowie der entsprechend minimierte Strafverfolgungsanspruch des Staates wären sodann nicht mehr gegeben.

Eine Durchbrechung der Aussagefreiheit erscheint im Hinblick auf den Bezug des nemo-tenetur-Prinzips zur strafrechtlichen Verfolgungsgefahr allenfalls möglich, soweit ein Auskunftsverweigerungsrecht gemäß § 22 Abs. 2 PUAG nicht auf die Gefahr der Strafverfolgung gestützt wird, sondern bei wahrheitsgemäßer Aussage (lediglich) die Gefahr der Verfolgung in einem anderen von § 22 Abs. 2 PUAG erfassten Verfahren (vgl. D.I.3.b)(4))) droht. Da die Verfolgungsgefahr dann nicht die strafrechtliche Selbstbelastungsfreiheit tangiert, ist die Einschränkung des Auskunftsverweigerungsrechtes im Untersuchungsausschussverfahren durch eine entsprechende Höhergewichtung des öffentlichen Interesses an der parlamentarischen Aufklärung im Rahmen einer Abwägung der Interessen des betroffenen Zeugen möglich. In diesem Zusammenhang ist aber auch zu berücksichtigen, dass das Aufklärungsinteresse des Untersuchungsausschusses an privaten Sachverhalten nicht höher gegenüber dem öffentlichen Informations- und Aufklärungsinteresse gewichtet werden kann mit der Konsequenz, dass eine Einschränkung des Auskunftsverweigerungsrechtes in § 22 Abs. 2 PUAG im Ergebnis nur insoweit möglich ist, als zum einen nicht die strafrechtliche Selbstbelastungsfreiheit und zum zweiten nicht private Sachverhalte betroffen sind. Der Gesetzgeber hat letztlich davon abgesehen, den Inhalt des § 22 Abs. 2 PUAG einer solchen Abwägung zugänglich zu machen, so dass nach der gegenwärtigen

Ausgestaltung des PUAG eine Einschränkung der Zeugnis- und Auskunftsverweigerungsrechte nicht möglich ist. Etwas anderes ergibt sich auch nicht aus einer sinngemäßen Anwendung der Strafprozessordnung über Art. 44 Abs. 2 S. 1 GG, da eine vergleichbare Einschränkung des Auskunftsverweigerungsrechtes außerhalb der strafrechtlichen Selbstbelastungsfreiheit dort weder vorgesehen noch möglich ist.

c) Hinzuziehung eines Zeugenbeistands

Gemäß § 20 Abs. 2 PUAG sind Zeugen in der Ladung darauf hinzuweisen, dass sie einen rechtlichen Beistand ihres Vertrauens zu der Vernehmung hinzuziehen dürfen (vgl. D.I.2.a)(2)(b)). Zumindest in der Gesetzesbegründung wäre vor dem Hintergrund der mittlerweile anerkannten Rechtsstellung des Zeugenbeistandes und der Hinweispflicht in der Ladung (§ 20 Abs. 2 PUAG) eine Klarstellung auch der Rechte eines Zeugenbeistandes in Untersuchungsausschussverfahrens durch den Gesetzgeber sinnvoll gewesen, da deren Umfang in Untersuchungsausschussverfahren streitig ist.

(1) Rechte des Zeugenbeistands

Zeugenbeistände sollen in Untersuchungsausschussverfahren nach verbreiteter Ansicht keinen wesentlichen Einfluss haben.[378] Entsprechend wurde z.B. im *Antes-Ausschuss* des Abgeordnetenhauses von Berlin Zeugenbeiständen weder ein Akteneinsichtsrecht noch ein selbständiges Rede- bzw. Vertretungsrecht oder Beweisantragsrecht zuerkannt.[379] Der im Jahre 2001 eingesetzte *Parteispenden-Ausschuss* des Deutschen Bundestages wies in den Ladungen darauf hin, dass zur Vernehmung ein Rechtsanwalt als Rechtsbeistand hinzugezogen werden könne, diesem allerdings kein Rederecht zustehe.[380] Aus der Praxis von Untersuchungsausschüssen ist darüber hinaus bekannt, dass Zeugenbeistände von Vorsitzenden überhaupt keine Rechte zuerkannt wurden.[381] Sehr verschieden und zum Teil bedenklich sind auch die Rechte von Zeugenbeiständen bzw. von Zeugen, die anwaltliche Beratung in Anspruch nehmen, in den Ländern geregelt.[382] Während das Bundesland Sach-

378 Dagegen: *Quaas/Zuck* NJW 1988, 1873, 1878.

379 Abghs.-Drs. 10/2444.

380 BT-Drs. 14/9300, 79 *Parteispenden-Ausschuss.*

381 So geschehen im 2. Untersuchungsausschuss der 14. Wahlperiode des Abgeordnetenhauses von Berlin Bankgesellschaft/Parteispenden (Drs. 14/1590).

382 *Dahs* weist – bezeichnenderweise noch im Jahre 2004 – treffend darauf hin, dass die Zeiten, in denen ein Zeugenbeistand in Untersuchungsausschussverfahren nicht eine

sen-Anhalt z.B. in der Regelung über den Zeugenbeistand in § 23 immerhin bestimmt hat, dass dem Zeugen und dem Beistand ein Beweisanregungsrecht zusteht, über das der Untersuchungsausschuss entscheidet und das allerdings ohne Begründung abgelehnt werden darf,[383] befinden sich in einzelnen Untersuchungsausschussgesetzen bemerkenswerte Regelungen, wonach der Untersuchungsausschuss es einem betroffenen Zeugen „gestatten" kann, sich zur Wahrnehmung seiner Rechte eines Rechtsbeistandes zu bedienen.[384] § 54 Abs. 3 des Gesetzes über den Landtag des Saarlandes (LTG) sah sogar vor, dass Betroffenen kein Beistandsrecht zusteht, sondern dem Betroffenen auf seinen Antrag hin für das gesamte Verfahren oder einzelne Sitzungen seitens des Ausschusses die Beiziehung eines Beistands gestattet werden kann, wenn die Beiziehung aus Sicht des Ausschusses zum Schutz berechtigter Interessen erforderlich erscheint. § 54 Abs. 3 S. 5 und 6 LTG wurde insoweit durch Beschluss des VGH Saarland mit deutlichen Worten für nichtig erklärt, soweit sich Betroffene im Verfahren parlamentarischer Untersuchungsausschüsse eines Rechtsbeistandes bedienen wollen.[385] Auch in neueren Publikationen wird noch vertreten, dass Zeugenbeistände kein eigenes Rede- oder Fragerecht bei der Beweiserhebung besitzen, sondern den Zeugen (lediglich) bei der Vorbereitung seiner Aussage unterstützen dürfen.[386] Schließlich reiche es auch nach Auffassung des OVG Nordrhein-Westfalen aus, wenn der Zeuge angemessene Gelegenheit erhält, sich zu äußern und den Gang des Verfahrens durch Beweisanregungen beeinflussen zu können.[387]

Andererseits wurden Rechtsbeiständen in der Vergangenheit von Untersuchungsausschüssen auf Wunsch des Zeugen auch Gelegenheit gegeben, zu

---

Kopie des Beschlusses des BVerfG betreffend die Rechtsstellung eines Zeugenbeistandes im Gepäck dabei haben sollte, nicht vorbei sind (in FS Rudolphi, 597 ff.).

383 § 23 des Gesetzes über die Einsetzung und das Verfahren von Untersuchungsausschüssen des Landes Sachsen-Anhalt.

384 Vgl. § 15 Abs. 4 UAG Thüringen und § 15 Abs. 4 UAG Rheinland-Pfalz. Die Befugnis, sich als Zeuge in einem rechtlich geordneten Verfahren des Beistands eines Rechtsanwalts zu versichern, folgt einfachrechtlich bereits auch aus § 3 Abs. 3 BRAO (vgl. *Rieß* Gutachten C zum 55. DJT [1984], C 120, Fn. 481; *Weigend* NJW 1987, 1770, 1173; SK-*Rogall* StPO, Vor § 48, Rn. 108; zweifelnd: *Schöch* NStZ 1984, 385, 388). Ob ein Untersuchungsausschuss dem Zeugen bzw. Betroffenen ein solches Recht „gestatten" möchte, ist unerheblich. Insoweit lediglich deklaratorisch: § 23 S. 1 UAG Sachsen-Anhalt: „Zeugen können sich vor dem Untersuchungsausschuss eines Zeugenbeistands bedienen." Und § 20 Abs. 1 S. 1 UAG Hamburg: „Zeuginnen und Zeugen haben das Recht, einen Beistand hinzuzuziehen."; das Recht auf den Betroffenen einschränkend: § 19 Abs. 6 UAG Baden-Württemberg, § 19 Abs. 6 UAG Sachsen, § 18 Abs. 5 UAG Schleswig-Holstein und § 15 Abs. 4 UAG Thüringen: „Der Betroffene kann sich eines Beistands bedienen.".

385 VGH Saarland, Beschluss vom 02.04.2003, Lv 6/02.

386 *Weisgerber* S. 180 unter Berufung auf *Engels* S. 83 f.

387 OVG Nordrhein-Westfalen, DÖV 1987, 113, 115.

Rechtsfragen vor dem Ausschuss Stellung zu nehmen[388], den Zeugen bei der Vorbereitung seiner Aussage zu unterstützen und bei der Vernehmung des Zeugen anwesend sein. Eine einheitliche Rechtsauffassung zu der Stellung des Zeugenbeistands im Untersuchungsausschussverfahren besteht offensichtlich nicht.

Da das PUAG lediglich die Hinzuziehungsmöglichkeit eines Zeugenbeistands regelt, nicht aber dessen Rechte, ist zu klären, welchen Umfang diese tatsächlich einnehmen. Soweit die Figur des Zeugenbeistands sinngemäß auf das Untersuchungsausschussverfahren übertragbar ist, könnte sich der Umfang der Rechte des Zeugenbeistands am Strafverfahren orientieren.

Der Umfang der Rechte eines Zeugenbeistands ist grundsätzlich abhängig von der Intensität des Vorgehens gegen den Zeugen, den er vertritt. Im Strafverfahren gilt seit langem, dass ein Zeuge in jedem Stadium des Verfahrens und unabhängig davon, ob bei ihm ein Zeugnis- oder Auskunftsverweigerungsrecht in Betracht kommt[389], zu seiner Vernehmung einen Rechtsanwalt als Zeugenbeistand hinzuziehen darf. Nach allgemeiner Meinung in Rechtsprechung und Literatur kann jeder Zeuge auch ohne ausdrückliche gesetzliche Regelung zu seiner Vernehmung einen Rechtsanwalt als Rechtsbeistand seines Vertrauens zuziehen, wenn er das für erforderlich hält, um von seinen prozessualen Befugnissen Gebrauch zu machen. Das folgt nach Auffassung des BVerfG aus dem Gebot einer fairen Verfahrensgestaltung.[390] Der Zeugenbeistand hat ein Anwesenheitsrecht während der gesamten Vernehmung, auch, wenn diese in einer nichtöffentlichen Sitzung erfolgt.[391] Er soll durch die Beratung und seine Anwesenheit bei der Vernehmung gewährleisten, dass gegenüber dem Zeugen fair verfahren wird und er nicht in die Gefahr gerät, zum Objekt staatlichen Handelns zu werden; insbesondere ist es seine Aufgabe, dafür zu sorgen, dass der Zeuge sach- und interessengerecht seine prozessualen Rechte und Möglichkeiten nutzen kann.[392] Der Zeugenbeistand ist aber auch im Strafverfahren kein Verfahrensbeteiligter im engeren Sinne. Er kann deshalb nicht mehr Rechte haben als der Zeuge selbst. So ist der Beistand nicht der Adressat von Ladungen und kann auch die Verlegung von Vernehmungsterminen nicht beantragen[393] oder Akteneinsicht verlangen.[394]

---

388 Im *Parteispenden-Ausschuss* (BT-Drs. 14/9300, 86) wurde in einzelnen Fällen die Sitzung zu diesem Zweck unterbrochen. Den Rechtsbeiständen wurde zur verfahrensmäßigen Erörterung behaupteter Rechte nach §§ 55, 136a StPO ein Rederecht eingeräumt. Vgl. auch *Vetter* ZParl 1989, 345, 354; *Dahs* in FS Rudolphi, 601.

389 SK-*Rogall* StPO, Vor § 48, Rn. 108.

390 BVerfG, NJW 1975, 103; KMG, StPO, vor § 48, Rn. 11 m.w.N.

391 BVerfGE 38, 105, 119 f.; LR-*Dahs* StPO, Bd. 1, Vor § 48, Rn. 10.

392 *Engels* S. 159 f.; LR-*Dahs* StPO, Bd. 1, Vor § 48, Rn. 10; *Burhoff* PStR 2001, 106 ff.

393 *Vetter* ZParl 1989, 345, 354 m.w.N.

394 SK-*Rogall* StPO, Vor § 48, Rn. 114.

Selbstverständlich darf der Zeugenbeistand auch nicht die Aussage zur Sache übernehmen.

Die Notwendigkeit der sinngemäßen Zulassung und Ausstattung eines Zeugenbeistands mit den Rechten aus dem Strafprozess ergibt sich im Untersuchungsausschussverfahren vor allem daraus, dass die Rechtsstellung des Zeugen, den der Zeugenbeistand zu vertreten hat, ähnlich ist (vgl. C.II.2.c)(3)(c)). Darüber hinaus bedürfen Zeugen in einem Verfahren, dessen Mitglieder keine richterliche Unabhängigkeit genießen, sondern parteipolitischen und fraktionellen Erwartungshaltungen ausgesetzt sind, besonderen Schutz. Denn in dem von parteipolitischen Interessen geprägten Untersuchungsausschussverfahren kann nicht vergleichbar mit dem Strafprozess durch neutrale Institutionen die Einhaltung des fair-trial-Grundsatzes und seiner Rechte gewährleistet werden. Es besteht verstärkt die Gefahr, dass der Zeuge durch eine voreingenommene Verfahrensführung durch einen parteipolitisch geprägten Vorsitzenden, entsprechend gefärbte Fragestellungen weiterer Abgeordneter und die Berichterstattung in den jeweiligen Medien zum Objekt staatlichen Handelns wird. Ein Zeuge muss sich aber davor schützen können, dass Beweisaufnahmen im Sinne parteipolitischer Interessen zu seinen Lasten funktionalisiert werden können. Schließlich sind dem Zeugen im PUAG, wie auch im Strafverfahren, Rechte eingeräumt worden, deren Wahrnehmung und Durchsetzung besondere juristische Vorbildung und Kompetenz voraussetzen. Kein Zeuge wird in der öffentlichen Verfahrenssituation verlässlich für sich beurteilen und nach außen vertreten können, ob bzw. ab wann ihm beispielsweise ein Auskunftsverweigerungsrecht gemäß § 22 Abs. 2 PUAG zusteht, er vollumfassend im Sinne der jeweiligen Rechtsprechung des zuständigen OLG von seiner beruflichen Verschwiegenheitspflicht entbunden worden ist oder Fragen private Bereiche betreffen, die nicht mehr vom Untersuchungsauftrag bzw. dem öffentlichen Interesse umfasst sind. Da das Untersuchungsausschussrecht keine dem Strafprozess entsprechende Fürsorgepflicht gegenüber dem Zeugen gewährleistet, ist er zur Wahrnehmung und Durchsetzung seiner Rechte und Pflichten in besonderem Maße auf unabhängige rechtliche Beratung vor und während der Sitzung angewiesen.

Der Zeugenbeistand hat in Untersuchungsausschussverfahren damit folgende Rechte und Möglichkeiten:

- Der Zeugenbeistand hat ein Anwesenheitsrecht bei den Vernehmungen seines Mandanten.[395] Das Anwesenheitsrecht gilt auch, soweit der Mandant in nichtöffentlicher Sitzung vernommen wird.[396] Ein generelles An-

395 BVerfGE 38, 105, 112 ff.; *Hammerstein* NStZ 1981, 125, 127 f.; *Thomas* NStZ 1982, 489, 489 f., 492.

396 BVerfGE 38, 105, 112, 115 f., 119 f.; SK-*Rogall* StPO, Vor § 48, Rn. 113 m.w.N.

wesenheitsrecht bei nichtöffentlichen Beweisaufnahmen, etwa der nichtöffentlichen Vernehmung anderer Zeugen, hat der Zeugenbeistand nicht. § 14 Abs. 2 PUAG sieht allerdings die Möglichkeit vor, einzelnen Personen zu nichtöffentlichen Beweisaufnahmen Zutritt zu gestatteten. Auch die sog. IPA-Regeln räumten den faktisch betroffenen Zeugen in § 18 zusätzliche Rechte ein, die dann auch für den Zeugenbeistand zu gelten hätten: Hierzu zählten das Anwesenheitsrecht bei jeder Beweiserhebung, also grundsätzlich auch bei nichtöffentlichen Beweisaufnahmen, der Informationsanspruch hinsichtlich solcher nicht öffentlicher Beweisaufnahmen, an denen er abweichend von oben nicht teilnehmen darf, das Recht, an Zeugen und Sachverständige Fragen zu stellen sowie ein eigenes Beweisantragsrecht. Zwar hat der Gesetzgeber bewusst von der Rechtskonstruktion des betroffenen Zeugen Abstand genommen, die Ausstattung von Zeugen, die – wie ein Betroffener i.S.d. früheren IPA-Regeln – mit den genannten besonderen Schutz- und Verfahrensrechten wurde indes nicht gänzlich ausgeschlossen. *Rogall* erkennt dementsprechend „gewisse Reste" einer Betroffenenstellung in verschiedenen Formulierungen des PUAG, z.B. bei den „sonstigen Auskunftspersonen" (§ 14 Abs. 3 Nr. 3 PUAG) und den „Personen, die durch die Veröffentlichung des Abschlussberichtes in ihren Rechten erheblich beeinträchtigt werden können" (§ 32 PUAG). Es ist daher rechtlich zulässig, dass ein Untersuchungsausschuss dem betroffenen Zeugen und somit auch seinem Zeugenbeistand ein Anwesenheitsrecht gemäß § 14 Abs. 2 PUAG gewährt.

- Hinsichtlich der Zeugenaussage kann der Zeugenbeistand seinen Mandanten beraten, bei der Aussage selbst scheidet eine Vertretung aber aus.[397] Darüber hinaus wird einem Antrag auf Unterbrechung der Zeugenvernehmung zum Zwecke der Beratung mit dem Mandanten regelmäßig stattzugeben sein. Das gilt auch für den Zeugen, der eine Unterbrechung beantragt, um einen Rechtsbeistand hinzuzuziehen.[398] Schließlich ist der Zeugenbeistand befugt, an der Überprüfung des Protokolls mitzuwirken, das dem Zeugen gemäß § 26 PUAG zuzustellen ist.
- Der Zeugenbeistand hat ein Rede- und Antragsrecht, soweit es sich um Anträge auf den Ausschluss bzw. Beschränkung der Öffentlichkeit (§ 14 Abs. 1, 3 Nr. 3 PUAG), die Unterlassung von Ton- und Filmaufnahmen (§ 13 Abs. 1 PUAG), die Anordnung von Geheimnisschutz, die Geltendmachung von Zeugnis- und Auskunftsverweigerungsrechten (§ 22 PUAG), die Beanstandung von Fragen (§ 25 PUAG), die Verteidigung des Zeugen gegen drohende Zwangsmaßnahmen (§§ 21, 27 PUAG), der

397 BGH, NStZ 1989, 484.
398 SK-*Rogall* StPO, Vor § 48, Rn. 113.

rechtzeitigen Berichtigung von Aussagefehlern (§ 26 PUAG) sowie der Gewährung rechtlichen Gehörs (§ 32 PUAG) handelt.

(2) Zurückweisung des Zeugenbeistands

Die Zurückweisung eines Zeugenbeistandes durch den Untersuchungsausschuss ist im PUAG nicht geregelt. Hierfür bedarf es aber aufgrund des Eingriffs in das Recht auf ein faires Verfahren und die Berufsausübungsfreiheit des Rechtsanwalts einer gesetzlichen Grundlage, die weder im PUAG noch nach wie vor auch nicht in der StPO existiert[399], so dass ein Ausschluss des Zeugenbeistands nicht möglich ist.

Zwar soll nach Auffassung des BVerfG der die Vernehmung Leitende nicht daran gehindert sein,

> „den Rechtsanwalt von der Teilnahme an der Vernehmung des Zeugen auszuschließen, wenn sie erkennbar dazu mißbraucht wird, eine geordnete und effektive Beweiserhebung zu erschweren oder zu verhindern und damit das Auffinden einer materiell richtigen und gerechten Entscheidung zu beeinträchtigen".[400]

Das Gericht hatte seinerzeit den Gesetzgeber bereits zur Schaffung von Zurückweisungsgründen aufgerufen, wenn und soweit die rechtlichen Möglichkeiten der §§ 176 ff. GVG nicht ausreichend erscheinen.[401] Solche sind seither nicht eingeführt worden, wenn man von der eng umgrenzten Ausnahme des § 406g Abs. 2 S. 2 StPO für den Beistand des nebenklageberechtigten Verletzten absieht. Das BVerfG hat ausdrücklich darauf hingewiesen, dass auch § 164 StPO in der Regel keine Grundlage für den Ausschluss biete. Dieser ermächtige die Staatsanwaltschaft zwar, Störer zu entfernen. Störer sei der Rechtsanwalt aber nur, wenn er die ordnungsgemäße Durchführung der Vernehmung des Zeugen behindere, erschwere oder gar unmöglich macht. Die fehlende Zurückweisungsmöglichkeit gilt allerdings nur für Zeugenbeistände, die Rechtsanwälte sind, da nur für sie die Garantie des Art. 12 GG bewirkt, dass sie nicht ohne gesetzlichen Grund von der Wahrnehmung ihrer Aufgabe abgehalten werden dürfen, dem Zeugen rechtlichen Beistand zu gewähren.[402]

Ein Ausschluss des Zeugenbeistands im Untersuchungsausschussverfahren könnte noch nach den §§ 176 bis 179 GVG möglich sein, die gemäß § 13 Abs. 2 PUAG entsprechende Anwendung finden. Gemäß § 176 GVG obliegt dem Vorsitzenden die Aufrechterhaltung der Ordnung in der Sitzung. Zwar ist der Vorsitzende eines Untersuchungsausschusses nur sehr bedingt mit

---

399 BVerfGE 38, 105, 112 ff., 119; SK-*Rogall* StPO, Vor § 48, Rn. 118.

400 BVerfGE 38, 105, 120.

401 BVerfGE 38, 105, 120; bestätigend: BVerfG, NStZ 2000, 434, 435.

402 Vgl. *Kühne* Rn. 848.

dem in einem Strafverfahren vergleichbar (vgl. C.II.2.c)(3)(b)), doch lässt sich diese Zuständigkeitsnorm, deren Sinn und Zweck in der Verhinderung von Behinderungen der Wahrheitsfindung sowie der Vermeidung und Abwehr von Störungen liegt, wohl noch sinngemäß auf den Vorsitzenden eines Untersuchungsausschusses übertragen.

§ 176 GVG ist unzweifelhaft auf den Zeugenbeistand anwendbar.[403] Danach sind sitzungspolizeiliche Aufgaben dem Vorsitzenden zugewiesen, soweit sie nicht gemäß § 177 S. 2, 178 Abs. 2, 183 GVG dem Gericht zugewiesen sind. Die Entfernung von an der Verhandlung beteiligten Personen ist gemäß § 176 GVG indes nicht möglich; sie kann lediglich angedroht werden. Die Anordnung der Entfernung erfolgt gemäß § 177 GVG, der wiederum nach zutreffender Ansicht nicht für den Zeugenbeistand gilt, da dieser keine am Verfahren nicht beteiligte Person im Sinne des § 177 GVG ist.[404] Entsprechendes gilt für die Ordnungsmaßnahmen in § 178 GVG. Es existiert damit die Rechtslage, dass Zeugenbeiständen zwar die Entfernung gemäß § 176 GVG angedroht, diese aber nicht gemäß § 177 GVG angeordnet werden darf, weshalb ein Entfernen des Zeugenbeistands (§ 177 GVG) oder die Verhängung von Ordnungsmitteln (§ 178 GVG) nicht zulässig sind.[405] Da eine abweichende Auslegung der in Untersuchungsausschussverfahren gemäß § 13 Abs. 2 PUAG entsprechend anwendbaren §§ 176 bis 179 GVG nicht möglich ist, gelten diese Grundsätze auch für das Untersuchungsausschussverfahren.

Allerdings wird vertreten, dass der Rechtsbeistand sein Anwesenheitsrecht verliert, wenn statt des Rechtsbeistands der Zeuge gemäß § 177 GVG aus dem Sitzungszimmer entfernt wird.[406] Dieser Ansicht kann aber nicht gefolgt werden, da auch insoweit keine Rechtsgrundlage – anders als für den Zeugen (vgl. § 177 GVG) – für den Zeugenbeistand besteht. Zwar sollen Zeugenbeistände keine weitergehenden Rechte als der Zeuge haben. Von einer Übertragung der Pflichten ist indes in der genannten Entscheidung des BVerfG nicht die Rede. Es wird daher inzwischen überwiegend davon ausgegangen, dass die Wahrung der Unbefangenheit und Unabhängigkeit durch die (fortdauernde) Anwesenheit des Zeugenbeistandes aufgrund der Stellung als Organ der Rechtspflege auch bei der Vernehmung anderer Zeugen nicht beeinträchtigt wird. Nach überzeugender Darlegung des LG Heilbronn wird die Richtigkeit dieser Auslegung durch den Umstand erhellt,

> „dass ein Verbot der Anwesenheit eines Zeugenbeistandes in völlig legitimer Weise leicht dadurch umgangen werden könnte, dass nicht der Beistand selbst, sondern an-

---

403 LR-*Wickern* StPO, Bd. 7, § 176 GVG, Rn. 38.

404 SK-*Rogall* StPO, Vor § 48, Rn. 119.

405 *Milger* NStZ 2006, 121, 122 f., 124.

406 SK-*Rogall* StPO, Vor § 48, Rn. 119.

> dere, der Kanzlei des Zeugenbeistandes angehörende Personen, welche zu keinem Zeitpunkt Verfahrensbeteiligte sind, bei öffentlichen Verhandlungen anwesend sein und so Informationen über die Aussagen anderer Zeugen erlangen können; die Anwesenheit solcher Personen kann aber so lange nicht eingeschränkt werden, als nicht ein Ausschluss der gesamten Öffentlichkeit erfolgen könnte. Im Einklang steht damit auch, dass ein Anwalt mehrere Zeugen als Zeugenbeistand vertreten kann."[407]

Befinden sich daher Personen, die Beistände eines noch zu vernehmenden Zeugen sind, im Zuschauerraum, können diese nicht gemäß § 176 GVG aus dem Saal verwiesen werden.[408] Auch insoweit besteht keine Rechtsgrundlage, während Personen, die noch als Zeugen in Betracht kommen – obgleich sie noch nicht geladen worden sind – gemäß § 176 GVG aus dem Sitzungssaal entfernt werden können. Untersagt werden kann dem Rechtsbeistand jedoch das Anfertigen von Mitschriften sowie Foto- und Tonaufnahmen.[409]

Ein Rechtsbeistand kann auch nicht gemäß § 58 GO-BT von der Sitzung ausgeschlossen werden. § 58 GO-BT stellt hierfür keine Rechtsgrundlage dar. Ein Ausschluss des Rechtsbeistandes von der Vernehmung anderer Zeugen ist lediglich gemäß § 14 PUAG im Wege der allgemeinen Beschränkung der Öffentlichkeit nur für die nichtöffentliche Sitzung möglich, wenn die in § 14 Abs. 1 PUAG genannten Voraussetzungen gegeben sind und ein entsprechender Beschluss gemäß § 14 Abs. 4 PUAG erfolgt.

Einige Bundesländer haben anders als der Bundesgesetzgeber gesetzliche Regelungen betreffend den Ausschluss von Zeugenbeiständen geschaffen. Danach kann ein Rechtsbeistand von einzelnen Sitzungen ausgeschlossen werden, z.B. wenn

> „das öffentliche Interesse oder berechtigte Interessen eines Einzelnen dies gebieten oder wenn es zur Erlangung einer wahrheitsgemäßen Aussage erforderlich erscheint"[410],

Insoweit ist jedoch die zitierte Rechtsprechung des BVerfG[411] und der Öffentlichkeitsgrundsatz zu beachten.[412] Der Ausschluss des Rechtsbeistands von einer öffentlichen Vernehmung anderer Zeugen kann in diesen Bundesländern nur als ultima ratio[413] und nur dann, wenn andere Einzelmaßnahmen nicht Abhilfe schaffen, angeordnet werden.[414] Namentlich müssten schwere Missbräuche in Form der Vereitelung oder Beeinträchtigung von Beweisauf-

---

407 LG Heilbronn, NStZ 2004, 100, 101, mit zust. Anm. *Wagner.*

408 So auch OVG Berlin, NJW 2002, 313, 315.

409 LR-*Wickern* StPO, Bd. 7, § 176 GVG, Rn. 19 und 28; ausdrücklich geregelt in § 16 Abs. 1 S. 4 UAG M-V.

410 Z.B. § 7 Abs. 2 UAG Berlin

411 BVerfGE 38, 105, 120.

412 *Lemmer* in Pfennig/Neumann, VvB, Art. 48, Rn. 11.

413 OVG Berlin, NJW 2002, 313, 315.

414 KK-*Wache* StPO, § 161a, Rn. 3.

nahmen zu besorgen bzw. vorgekommen sein.[415] Der Ausschluss des Zeugenbeistands von der Vernehmung des Zeugen, den er vertritt, ist nicht zulässig.

Ein Zeugenbeistand kann schließlich mehrere Zeugen auch hinsichtlich desselben Beweisthemas beraten und vertreten. Das Mehrfachvertretungsverbot des § 147 StPO gilt nur für Verteidiger. Zu beachten ist hingegen, dass das Auftreten von Interessenkollisionen eine (weitere) Vertretung und Beratung hindern kann. Das UAG Hamburg hat insofern in § 20 Abs. 2 S. 4 eine besondere Zurückweisungsregelung aufgenommen:

> „Ein Beistand, der für mehrere zu demselben Beweisthema zu vernehmende Zeuginnen und Zeugen auftritt, kann zurückgewiesen werden, wenn der Untersuchungszweck oder schutzwürdige Interessen einer oder eines Beteiligten es erfordern."

Diese Regelung ist in dem aufgezeigten Rahmen, insbesondere der zitierten Rechtsprechung des BVerfG[416], zulässig. Allerdings ist die Zurückweisung eines Zeugenbeistandes nicht allein auf der Grundlage bzw. der Befürchtung möglich, der Zeugenbeistand könne Wissen aus vorherigen Zeugenvernehmungen und -beratungen im Rahmen der Begleitung weiterer Zeugen an diese weitergegeben und deshalb die Wahrheitsfindung beeinflussen. Denn die Aussage- und Wahrheitspflicht von Zeugen gilt stets und unabhängig von der Beratung durch den Zeugenbeistand. Auch in der Regelung anklingende Opportunitätsgesichtspunkte sind aufgrund ihrer Unbestimmtheit und ihres Widerspruchs zur verfassungsgerichtlichen Rechtsprechung nicht geeignet, eine Zurückweisung zu begründen.

(3) Beiordnung von (Rechts-)Beiständen

Verschiedene Untersuchungsausschussgesetze der Bundesländer regeln, anders als der Bund, die Beiordnung von (Rechts-)Beiständen. Beispielsweise bestimmt § 20 Abs. 2 S. 5 UAG Hamburg:

> „In besonderen Ausnahmefällen kann der Untersuchungsausschuss der Zeugin oder dem Zeugen auf Antrag eine Rechtsanwältin oder einen Rechtsanwalt als Beistand beiordnen, wenn die Zeugin oder der Zeuge die Vergütung nach ihren oder seinen persönlichen und wirtschaftlichen Verhältnissen nicht oder nur zum Teil aufbringen kann; die §§ 115, 117, 118, 120, 122 und 124 der Zivilprozessordnung gelten sinngemäß."

Diese Regelung ist deshalb auffällig und bemerkenswert, da sie in Abweichung zu Art. 44 Abs. 2 S. 1 GG bzw. Art. 26 Verfassung der Hansestadt Hamburg sowie § 17 Abs. 4 S. 1 UAG Hamburg, wonach für die Beweiserhe-

---

415 KK-*Wache* StPO, § 161a, Rn. 3.

416 BVerfGE 38, 105, 120.

bung die Vorschriften über den Strafprozess sinngemäß gelten, eine sinngemäße Anwendung bestimmter Vorschriften über den Zivilprozess bestimmt. Die entsprechend sinngemäß heranzuziehende Vorschrift aus dem Strafprozessrecht, § 68b StPO, lautet hingegen:

> „Zeugen, die noch keinen anwaltlichen Beistand haben, kann für die Dauer der Vernehmung mit Zustimmung der Staatsanwaltschaft ein Rechtsanwalt beigeordnet werden, wenn ersichtlich ist, dass sie ihre Befugnisse bei der Vernehmung nicht selbst wahrnehmen können und ihren schutzwürdigen Interessen auf andere Weise nicht Rechnung getragen werden kann. (...).“

Danach sind nicht allein „persönliche und wirtschaftliche“ Gründe für die Beiordnung eines Rechtsbeistandes für den Zeugen ausschlaggebend. Maßgeblich ist vielmehr, ob die Zeugen ihre Befugnisse bei der Vernehmung wahrnehmen können bzw. die Sach- und Rechtslage schwierig ist. Die Regelung des UAG Hamburg bleibt daher hinter den Anforderungen des § 68b StPO zurück. Die Regelung lässt unberücksichtigt, dass die Erforderlichkeit der Beiordnung nicht nur von der wirtschaftlichen Leistungsfähigkeit abhängt, sondern gerade auch davon, ob der Zeuge in der Lage ist, seine Rechte und Pflichten wahrzunehmen. In der strafgerichtlichen Rechtsprechung wird ein solcher Fall gerade dann angenommen, wenn der Zeuge sich

> „einer tatsächlich oder rechtlich derart schwierigen Lage gegenübersieht, dass nicht angenommen werden kann, dass er ohne anwaltlichen Beistand zwischen seiner Aussageverpflichtung einerseits und seinen Auskunftsverweigerungsrechten andererseits sachgerecht abzugrenzen in der Lage ist“.[417]

Solche Situationen sind auch in Untersuchungsausschussverfahren möglich. Sie können dort sogar mitunter noch komplexer ausgestaltet sein, wenn mehrere parallel andauernde Verfahren zu berücksichtigen sind.

Zur Wahrung der Rechte von Zeugen, die ihre Befugnisse bei der Vernehmung nicht selbst wahrnehmen können und ihren schutzwürdigen Interessen auf andere Weise nicht Rechnung getragen werden kann, ist § 68b StPO daher als Zeugenschutzvorschrift in sinngemäßer Anwendung auf das parlamentarische Untersuchungsrecht zu übertragen.

(4) Kostenerstattung durch den Untersuchungsausschuss

Gemäß § 35 Abs. 2 S. 2 PUAG kann der Untersuchungsausschuss auf Antrag beschließen, dass den Zeugen Gebühren des rechtlichen Beistands erstattet werden. Eine Beiordnung eines Rechtsbeistandes, ggf. unter gleichzeitiger Bewilligung von Prozesskostenhilfe, kennt das PUAG im Gegensatz zum

---

417 OLG Düsseldorf, StV 1993, 142; vgl. auch BVerwG, NVwZ, 1993, 61 f. zur fehlenden Anspruchsgrundlage vor Inkrafttreten des PUAG.

Strafprozess (§ 68b StPO) nicht. Näheres zu Art und Weise sowie Höhe[418] der Erstattung ist nicht geregelt; Abs. 3 bestimmt lediglich, dass die Entschädigung und die Erstattung von Auslagen durch den Präsidenten des Bundestages festgesetzt werden. Eine analoge Anwendung der §§ 114 ff. ZPO bzw. des ZSEG wie im Strafprozess ist mangels gesetzlicher Grundlage im PUAG und entsprechender Verweisung in Art. 44 Abs. 2 S. 1 GG nicht möglich. Es ist daher unklar, ob bei der Erstattung der Kosten auf die Gebotenheit der Beiziehung eines Rechtsbeistandes oder ausschließlich auf die Bedürftigkeit des Zeugen abzustellen ist.

Richtigerweise wird eine Kostenübernahme nach den im Strafprozess gängigen Grundsätzen jedenfalls dann statthaft und sogar geboten sein, wenn offensichtlich ist, dass ein Zeuge seine Rechte und ggf. auch seine Pflichten nicht angemessen wahrzunehmen versteht und deshalb auf anwaltlichen Beistand angewiesen ist.[419] Hinweise auf solche bzw. ähnliche Kostenerstattungsregelungen finden sich in verschiedenen Untersuchungsausschussgesetzen der Bundesländer.[420]

d) Ablehnung des Vorsitzenden wegen Besorgnis der Befangenheit

Das PUAG kennt keine Ablehnungsmöglichkeit des Vorsitzenden, einzelner Untersuchungsausschussmitglieder oder Fraktionsmitarbeiter wegen der Besorgnis der Befangenheit. Vor Verabschiedung des PUAG sahen noch die IPA-Regeln, die zwar keine verbindliche Regelung darstellten, jedoch zumindest einen Hinweis auf den gesetzgeberischen Willen erlaubten, in § 5 Abs. 1 Bestimmungen zur Befangenheit vor. Danach durfte ein Mitglied des Bundestages, das an den zu untersuchenden Vorgängen beteiligt ist oder war bzw. vor dem Untersuchungsausschuss als Zeuge vernommen werden soll und die Aussage von wesentlicher Bedeutung sein wird, nicht dem Untersuchungsausschuss angehören. Die Vorschriften der Strafprozessordnung über die Ablehnung oder Ausschließung von Richtern auf Ausschussmitglieder sollten gemäß § 5 Abs. 3 IPA-Regeln ausdrücklich keine Anwendung finden. Eine

418 Nach dem Rechtsanwaltsvergütungsgesetz oder auch einer in diesem Bereich inzwischen üblichen (angemessenen) Vergütungsvereinbarung.

419 SK-*Rogall* StPO, Vor § 48, Rn. 116.

420 Vgl. § 24 Abs. 2 UAG Baden-Württemberg und § 33 Abs. 2 UAG Sachsen-Anhalt, die auf die „notwendigen Auslagen" des Zeugen abstellt; § 32 Abs. 1 i.V.m. § 20 Abs. 2 S. 5, die bei der Beiordnung allerdings nur auf die Bedürftigkeit des Zeugen abstellen; § 29 Abs. 3 UAG Rheinland-Pfalz, § 24 Abs. 2 UAG Sachsen, § 27 Abs. 2 UAG Schleswig-Holstein und § 29 Abs. 3 UAG Thüringen hinsichtlich der notwendigen Auslagen des Betroffenen.

entsprechende Klarstellung des Gesetzgebers findet sich nun weder im PUAG selbst noch in der Gesetzesbegründung, so dass ein Rückschluss auf den gesetzgeberischen Willen nicht möglich ist.

Einen Hinweis darauf, dass seitens des Gesetzgebers nicht beabsichtigt war, die Befangenheitsregelungen der StPO sinngemäß anzuwenden, lässt sich aus der Ablehnung des „Entwurfs eines Gesetzes über Einsetzung und Verfahren von Untersuchungsausschüssen im Deutschen Bundestag" der Fraktion der Grünen vom 20.06.1998 entnehmen, demzufolge es nicht Aufgabe des Vorsitzenden ist,

> „die politischen Mehrheitsverhältnisse zu verändern, sondern den gesetzlichen Untersuchungsauftrag des Bundestages durch seine neutrale Verhandlungsführung zum Erfolg zu verhelfen."[421]

Dieser Gedanke eines neutralen richterähnlichen Vorsitzenden, der nach den Vorstellungen in dem Gesetzesentwurf die Befähigung zum Richteramt haben und weder dem Bundestag, Bundesrat, der Bundesregierung oder den entsprechenden Organen eines Bundeslandes angehören sollte, war jedoch nicht mehrheitsfähig und setzte sich nicht durch.

Ein gesetzgeberischer Wille zur Regelung einer Befangenheit lässt sich schließlich auch nicht den Untersuchungsausschussgesetzen der Bundesländer entnehmen. Lediglich das Untersuchungsausschussgesetz des Bundeslandes *Sachsen-Anhalt* enthält in § 7 eine den früheren IPA-Regeln entsprechende Vorschrift, die indes nur ansatzweise eine Befangenheitsregelung enthält:

> „Wer an den zu untersuchenden Vorgängen unmittelbar beteiligt ist oder war, darf dem Untersuchungsausschuss nicht angehören. Soll ein benanntes Mitglied aus dem in Absatz 1 genannten Grund aus dem Untersuchungsausschuss ausgeschlossen werden, so bedarf dies einer Mehrheit von zwei Dritteln der anwesenden Mitglieder des Untersuchungsausschusses. (...) Die Abberufung eines Vorsitzenden oder eines stellvertretenden Vorsitzenden aus dem Untersuchungsausschuss aus dem in Absatz 1 genannten Grund bedarf einer Mehrheit von zwei Dritteln der anwesenden Mitglieder des Landtags."

Es wird insoweit nur eine Vorbefangenheit mit dem Untersuchungsgegenstand geregelt und nicht die Schaffung eines Ablehnungsgrundes aufgrund eines Verhaltens im Untersuchungsausschuss, das geeignet wäre, die Besorgnis einer Befangenheit zu begründen. Andere Untersuchungsausschussgesetze verhalten sich zu dieser Thematik nicht.

Fraglich ist eingedenk dessen, ob aufgrund der Regelung des Art. 44 Abs. 2 S. 1 GG, wonach die Vorschriften über den Strafprozess sinngemäß auf das Untersuchungsausschussverfahren anzuwenden sind, eine Übertragbarkeit der strafprozessualen Befangenheitsregelungen (§§ 22 ff. StPO) möglich ist.

---

421 BT-Drs. 13/11227, 10.

Eine sinngemäße Anwendung erscheint zunächst denkbar, da die §§ 22 ff. StPO eine strafprozessuale Regelung darstellen, die die faire Tatsachenermittlung gewährleisten soll. Soweit ersichtlich wird diese in der Literatur aber nur ganz vereinzelt und dann auch nur modifiziert vertreten.[422] Nach der Ansicht von *Richter II* habe sich ein Vorsitzender des Untersuchungsausschusses an den Kriterien richterlicher Unabhängigkeit messen zu lassen, da er die Macht eines solchen ausübe. Das Recht der Geltendmachung der Besorgnis der Befangenheit ergebe sich entweder aus einer richterähnlichen Stellung des Vorsitzenden eines Untersuchungsausschusses oder daraus, dass er öffentliche Gewalt ausübe.[423] Die ablehnenden Ansichten in der Literatur überwiegen zu Recht bei weitem.[424] Einschlägige Rechtsprechung ist nicht bekannt. In der Untersuchungsausschusspraxis wurde die Anwendung der Befangenheitsregelung jüngst noch im *Parteispenden-Ausschuss* abgelehnt. Der Untersuchungsausschuss wies zutreffend darauf hin, dass

> „mit Blick auf die Unterschiede zwischen Straf- und Untersuchungsverfahren die Regeln über die Ablehnung wegen Besorgnis der Befangenheit in der Strafprozessordnung bei parlamentarischen Untersuchungsausschüssen nicht zur Anwendung gelangen."[425]

Das Untersuchungsausschussverfahren wird von der parteipolitischen Spannung getragen, von der das Verfahren in Gang gesetzt wird und von der es lebt. Die zum einen fraktionsgebundenen und zum anderen unter dem Schutz der freien Mandatsausübung stehenden Abgeordneten sind naturgemäß parteilich und voreingenommen. Ein Untersuchungsausschuss und seine Mitglieder sind zudem weder ausreichend mit einem Strafgericht vergleichbar (vgl. C.II.2.c)(3)(a)) noch entsprechen sich die Anforderungen an die Wahrheitsfindung und Verhandlungsführung der beiden Verfahren (vgl. C.II.2.c)(5)). Die Besetzung der Mitglieder von Untersuchungsausschüssen durch die jeweiligen Fraktionen ist darüber hinaus auch eine Frage des politischen Kalküls, das gleichermaßen grundrechtlich relevant ist. Die fehlende Neutralität ist durch die Verfassung in Art. 38 GG vorgegeben und gewährleistet. Insofern wären Regelungen in einem Untersuchungsausschussgesetz verfassungsrechtlich bedenklich, die eine Befangenheit regeln, der Fraktionen und Abgeordnete unterliegen sollen.[426] Gemessen an diesen Maßstäben sind Mitglieder von Untersuchungsausschüssen einschließlich deren Vorsitzende in jeder Hinsicht und zu jedem Zeitpunkt im Sinne der strafprozessualen Anforderungen an die Besorgnis der Befangenheit befangen gegenüber den

---

422 *Knebel-Pfuhl* S. 297 ff.

423 *Richter II* in FS Lüderssen, 745 ff.

424 Vgl. *Weisgerber* S. 386 ff.; *Wiefelspütz* S. 196 f.; *Halstenberg* S. 72.

425 BT-Drs. 14/9300, 86 *Parteispenden-Ausschuss.*

426 Eingehend: *Weisgerber* S. 387 ff.

Auskunftspersonen. Mit dem Wesen des Untersuchungsausschussverfahrens ließen sich die strafprozessualen Befangenheitsregelungen damit in keiner Weise in Einklang bringen.

Einer sinngemäßen Anwendung der Befangenheitsvorschriften steht schließlich entgegen, dass die Vorschriften über die Befangenheit im Strafverfahren vor allem einen Schutz des Angeklagten vor einem ungerechten und von subjektiven Momenten beeinflussten Urteil bezwecken. Im Untersuchungsausschussverfahren gibt es den Angeklagten jedoch nicht. Folglich steht dem Zeugen im Untersuchungsausschussverfahren kein Ablehnungsrecht des Vorsitzenden, einzelner Untersuchungsausschussmitglieder oder Fraktionsmitarbeiter zu.

Zu unterscheiden von der Frage der strafprozessualen Besorgnis der Befangenheit ist die der Inkompatibilität vorbefasster Abgeordnete als Mitglieder des Untersuchungsausschusses. Insoweit wird es verfassungsrechtlich für zulässig und angezeigt erachtet, Untersuchungsausschussmitglieder auszuschließen, die an den untersuchungsgegenständlichen Vorgängen beteiligt sind oder waren.[427]

Jenseits der Frage der sinngemäßen Anwendbarkeit der strafprozessualen Befangenheitsregelungen stellt sich auch die Frage nach der Einführung oder Auferlegung von Verhaltenspflichten für Mitglieder von Untersuchungsausschüssen bzw. gesondert für deren Vorsitzende.[428] Sinn und Zweck solcher Verhaltenspflichten soll in der Präzisierung der Bedeutung des Rechtsstaats- und fair-trial-Prinzips für das Untersuchungsausschussverfahren liegen. Auslöser entsprechender Initiativen ist die regelmäßig anzutreffende fast schon begleitende Berichterstattung von Untersuchungsausschussmitgliedern aus der Sitzung heraus, Vorgespräche, die zwischen Abgeordneten und noch als Zeugen zu vernehmenden Personen stattfinden und allzu tendenziöse Befragungen von Zeugen. Eine insoweit angedachte und verschiedentlich von Abgeordneten geforderte Ergänzung der Verhaltensregelungen für Abgeordnete in der Anlage 1 zur GO-BT hat bislang nicht stattgefunden.[429] Dies bemängelte und prophezeite bereits *Wiefelspütz* im Jahre 2001.[430] Mit verbindlichen und die Sachaufklärung fördernden Verhaltensregelungen wird daher auch bei zukünftigen Untersuchungsausschüssen nicht zu rechnen sein.

---

427 *Wiefelspütz* S. 196 f. m.w.N.

428 Vorschläge hierzu hat *Weisgerber* S. 409 ff., beleuchtet.

429 Vgl. auch BT-Drs. 14/5790, 13, wonach Beratungen zur Statuierung von Verhaltenspflichten für Ausschussmitglieder im Umgang mit Zeugen „im Ergebnis nicht weiterverfolgt wurden".

430 *Wiefelspütz* S. 198.

e) Gewährung rechtlichen Gehörs in den Abschlussbericht

Die Feststellungen und Bewertungen in Abschlussberichten parlamentarischer Untersuchungsausschüsse, die das Ergebnis seiner oft mehrjährigen und kontrovers verlaufenden Tätigkeit darstellen, finden als Parlamentsdrucksache öffentliche Verbreitung. Für die in den Berichten behandelten natürlichen und juristischen Personen kann die Form der Darstellung und die Bewertung von Verhaltensweisen schwerwiegende Auswirkungen haben, zumal diese noch durch abweichende Voten verstärkt eingefärbte politische Wertungen enthalten können und nicht dem Anspruch objektiver Sachdarstellung genügen müssen. Sie kann zu Ehrbeeinträchtigungen, Ansehens-, Kreditwürdigkeits- und unmittelbaren Umsatzverlusten führen, die im Nachhinein gemäß Art. 44 Abs. 4 GG nicht mehr justitiabel sind.[431] Es liegt daher nahe und dient überdies der Wahrheitsfindung im Untersuchungsausschussverfahren, den von der Untersuchung Betroffenen vor Veröffentlichung des Abschlussberichtes Einsicht in die entsprechenden Berichtsteile zu gewähren.

In § 32 Abs. 1 PUAG hat der Gesetzgeber vorgesehen, dass Personen, die durch die Veröffentlichung des Abschlussberichtes in ihren Rechten erheblich beeinträchtigt werden können, vor Abschluss des Untersuchungsverfahrens Gelegenheit zu geben ist, zu den sie betreffenden Ausführungen im Entwurf des Abschlussberichtes innerhalb von zwei Wochen Stellung zu nehmen, soweit diese Ausführungen nicht mit ihnen in einer Sitzung zur Beweisaufnahme erörtert worden sind. Der wesentliche Inhalt der Stellungnahme ist gemäß § 32 Abs. 2 PUAG in dem Bericht wiederzugeben.

Anders als *Plöd*[432] meint, ist rechtliches Gehör nicht nur dem „Betroffenen" zu gewähren. Dies lässt sich weder dem Wortlaut, der von „beeinträchtigen" und nicht von betroffen sein spricht, noch dem Sinn und Zweck der Regelung entnehmen. § 32 Abs. 1 PUAG zielt allgemein auf von der Untersuchung erheblich beeinträchtigter natürlicher und juristischer Personen ab. Entsprechend heißt es in der Gesetzesbegründung, dass die Vorschrift dem Schutz der Personen diene, die indirekt – also gerade nicht wie der Betroffene unmittelbar – in das Untersuchungsausschussverfahren einbezogen wurden. Diese Ansicht ist auch zwingend, da die indirekte Einbeziehung in einen öffentlichkeitswirksamen Untersuchungsausschuss zu noch erheblicheren Grundrechtseingriffen führen kann. Je entfernter die natürliche oder juristische Person vom Untersuchungsgegenstand angesiedelt ist, desto einschneidender wirkt die Einbeziehung in einen ggf. skandalisierenden Vorgang, der geeignet ist, eine Nähe zu solchen Umständen herzustellen oder zu suggerieren.

---

431 Vgl. *Kortekamp/Steffens* S. 107 ff.

432 *Plöd* S. 116.

Die sinngemäße Anwendung der Vorschriften über den Strafprozess gemäß Art. 44 Abs. 2 S. 1 GG wirkt sich nicht auf den Anspruch auf Gewährung rechtlichen Gehörs in den Abschlussbericht aus, da eine vergleichbare Regelung bzw. eine ähnliche Form des Verfahrensabschlusses im Strafprozess nicht existiert. Insbesondere kann der Abschlussbericht nicht mit einem gerichtlichen Urteil oder Beschluss verglichen werden (vgl. C.II.2.c)(1)(e))i)).

(1) Verfassungsrechtlicher Anspruch und Praxis

Ungeachtet des § 32 PUAG besteht auch ein verfassungsrechtlicher Anspruch auf rechtliches Gehör vor Veröffentlichung des im Nachhinein nicht mehr justitiablen Abschlussberichts.[433] Dieser Anspruch auf Gewährung rechtlichen Gehörs besteht in Untersuchungsausschussverfahren als rechtsstaatliches Minimum[434] und unabhängig davon, ob der Bund oder die Bundesländer eine entsprechende einfachgesetzliche Regelung geschaffen haben. Der Anspruch leitet sich als subjektiv-öffentliches Recht des Einzelnen aus dem Rechtsstaatsprinzip (Art. 20 Abs. 3 GG – Verpflichtung des Staates, sachgerechte Entscheidungen zu treffen sowie gerecht und fair mit Personen umzugehen) sowie aus Art. 1 Abs. 1 GG – der Bürger darf nicht zum bloßen Objekt einer staatlichen Entscheidung oder Maßnahme degradiert werden – ab.[435] Art. 103 Abs. 1 GG ist hingegen als Anspruchsgrundlage nicht einschlägig.[436] § 32 PUAG Bund stellt ebenso wie die entsprechenden gesetzlichen Regelungen auf Bundesländerebene eine einfachgesetzliche Ausprägung dieses Anspruchs dar und konkretisiert dessen Reichweite. Demnach ist natürlichen und juristischen Personen, die durch die Veröffentlichung des Abschlussberichtes erheblich beeinträchtigt werden können, vor Abschluss des Untersuchungsausschussverfahrens Gelegenheit zu geben, zu den sie betreffenden Ausführungen im Entwurf des Abschlussberichtes Stellung zu nehmen.

---

433 Dies gilt nach der Rechtsprechung des BVerfG nicht für Enquête-Kommissionen i.S.v. § 56 GO-BT, die der Bundestag im Rahmen seiner Organisationsgewalt einsetzen kann, um Entscheidungen über umfangreiche und bedeutsame Sachkomplexe vorzubereiten (BVerfG, NVwZ 1998, 949 f.).

434 OVG Münster, NVwZ 1987, 606, 607.

435 Vgl. *Buchholz* S. 111 f. m.w.N.; *Müller-Boysen* S. 64; BVerfGE 1, 332, 347.

436 BVerfG, NVwZ 1994, 54, 55 f. *Deponie Ihlenberg/Schönberg*. Art. 103 Abs. 1 GG gewährleistet unmittelbar nur für gerichtliche Verfahren das Verfahrensgrundrecht auf die Gewährung rechtlichen Gehörs. Das parlamentarische Untersuchungsausschussverfahren ist jedoch als Verfahren ausgestaltet, das keine rechtsprechende Tätigkeit ausübt. Eine unmittelbare Übertragbarkeit des Art. 103 Abs. 1 GG scheidet daher nach allgemeiner Ansicht aus (vgl. *Müller-Boysen* S. 49; *Buchholz* S. 111).

Die Gewährung rechtlichen Gehörs hatte lange vor Einführung des § 32 PUAG Bestand und ist gängige Praxis.[437] So gewährten bereits der 3. Untersuchungsausschuss der 10. Wahlperiode des Deutschen Bundestages[438] sowie der erste und zweite Untersuchungsausschuss der 11. Wahlperiode des Deutschen Bundestages rechtliches Gehör zu den Feststellungen in den Abschlussberichten.[439] Dem folgten drei Untersuchungsausschüsse der 12. Wahlperiode[440] und der 2. Untersuchungsausschuss der 13. Wahlperiode.[441] Die (beispielhaft) genannten Untersuchungsausschüsse entschieden jeweils ohne Bestehen einer entsprechenden gesetzlichen Regelung auf Grundlage des Grundgesetzes, inländischen und ausländischen, natürlichen und juristischen Personen, rechtliches Gehör zu gewähren, wenn und soweit sie von den Berichtsfeststellungen beeinträchtigt sind und im Untersuchungsausschussverfahren vorher keine Gelegenheit zur Stellungnahme hatten. Zusammenfassend heißt es hierzu im Abschlussbericht des 2. Untersuchungsausschusses der 13. Wahlperiode:

> „Die Frage der Gewährung des rechtlichen Gehörs ist in keinem Bundesgesetz ausdrücklich geregelt. Der Untersuchungsausschuss ist aber ebenso wie der 1. und 2. Untersuchungsausschuss der 12. Wahlperiode zu der Auffassung gekommen, allen Personen, die durch Veröffentlichung des Abschlussberichts in ihren Rechten erheblich beeinträchtigt werden können, die Möglichkeit einzuräumen, vor Abschluss des Untersuchungsverfahrens zu den sie betreffenden Tatsachenausführungen eine Stellungnahme abzugeben. Diese Auffassung steht in Übereinstimmung mit der verwaltungsgerichtlichen Rechtsprechung und Literatur. Das aus Art. 20 Abs. 3 i.V.m. Art. 1 Abs. 1 und Art. 2 Abs. 1 GG abzuleitende Minimum an Verfahrensgarantie ist dadurch beachtet, wenn vor der Veröffentlichung des Abschlussberichts Stellungnahmen abgegeben werden können."[442]

In Ansehung der bereits beschlossenen, jedoch auf diesen Untersuchungsausschuss noch nicht anwendbaren, Regelung des § 32 PUAG hat der *Parteispenden-Ausschuss* folgendes beschlossen:

> „1.1 Rechtliches Gehör wird gewährt:
>
> wenn eine natürliche oder juristische (inländische)Person durch Feststellungen im Abschlussbericht nicht unerheblich betroffen sein würde, und zwar durch eigene Feststellungen des Untersuchungsausschusses mit negativem Inhalt, wenn dem Betroffenen z.B. Verstöße gegen die Gesetze der Bundesrepublik Deutschland oder gegen ethische Prinzipien angelastet worden sind. Betroffenheit wird auch angenommen,

---

437 Vgl. *Engels* S. 176.

438 BT-Drs. 10/6779 *Neue Heimat-Ausschuss.*

439 BT-Drs. 11/8109, 49 *U-Boot-Ausschuss* bzw. 11/7800, 41 f. *Transnuklear/Atomskandal-Ausschuss.*

440 BT-Drs. 12/7600, 73 ff. *Kommerzielle Koordinierung-Ausschuss*; 12/8404, 38 *Treuhandanstalt-Ausschuss*; 12/8591, 31 f.

441 BT-Drs. 13/10900, 84 *DDR-Vermögen-Ausschuss.*

442 BT-Drs. 13/10900, 84 *DDR-Vermögen-Ausschuss.*

> wenn der Untersuchungsausschuss sich ausdrücklich in der Darstellung Feststellungen im vorgenannten Sinne von dritter Seite zu Eigen macht.
>
> 1.2 Rechtliches Gehör wird nicht gewährt,
>
> wenn im Abschlussberichtsentwurf lediglich ausgeführt worden ist, dass bezüglich einer Person bei Dritten, z.B. der Staatsanwaltschaft, Vorgänge anhängig sind, wenn die Betroffenen als Zeugen vor dem Untersuchungsausschuss oder einer Ausschussdelegation Gelegenheit gehabt haben, zum Gegenstand des Untersuchungsauftrages im Zusammenhang vorzutragen, auch wenn sie die Auskunft verweigert haben oder wenn sie sich auf eine Ladung bzw. Einladung nicht als Zeuge/Anhörperson zur Verfügung gestellt haben. Eine Ausnahme kommt nur in Betracht, wenn im Abschlussberichtsentwurf ein Sachverhalt dargestellt worden ist, der nicht Gegenstand der Vernehmung war und an den sich der Zeuge bei der Aufforderung, im Zusammenhang vorzutragen, nicht erinnern musste."[443]

An dieser ständigen Praxis und dem verfassungsrechtlichen Anspruch auf Gewährung rechtlichen Gehörs hat sich nichts geändert. Sie wurde im § 32 PUAG kodifiziert. Auch in den Bundesländern, in denen eine dem § 32 PUAG entsprechende gesetzliche Regelung bis heute nicht besteht, ist die Gewährung rechtlichen Gehörs an von der Untersuchung beeinträchtigten natürlichen und juristischen Personen üblich.[444] Anerkannt ist auch, dass die Gewährung rechtlichen Gehörs die Rechte und Aufklärungsbemühungen des Untersuchungsausschusses nicht beschränken, sondern der Wahrheitsfindung dienlich sind.

Auch in der juristischen Fachliteratur und Rechtsprechung bestehen keine Zweifel oder anders lautenden Ansichten zur Frage der Gewährung rechtlichen Gehörs in den Entwurf eines Abschlussberichtes. Die OVG Münster und Hamburg haben deutlich gemacht, dass die Verfassung den Beeinträchtigten eines Untersuchungsausschussverfahrens die Möglichkeit gewährt, sich zu dem entscheidungserheblichen Sachverhalt zu äußern und mit seinen Äußerungen auf das Ergebnis des Verfahrens Einfluss zu nehmen.[445]

---

443 BT-Drs. 14/9300, 112 f. *Parteispenden-Ausschuss.*

444 Z.B. der 1. Untersuchungsausschuss der 15. Wahlperiode des Abgeordnetenhauses von Berlin *Bankgesellschaft/Parteispenden II-Ausschuss* (Abghs.-Drs. 15/4900) beschloss, Vertreter der *Bankgesellschaft Berlin AG* vor Veröffentlichung des Abschlussberichtes für zwei Wochen Einsicht in den vertraulichen Entwurf des Abschlussberichts in einem Datenraum des Abgeordnetenhauses von Berlin und Gelegenheit zur Stellungnahme zu gewähren.

445 Vgl. OVG Münster, NVwZ 1987, 606, 607 und OVG Hamburg, NVwZ 1987, 610, 611 jeweils m.w.N.

(2) Umsetzung

Mit dem Verfahren bei der Gewährung rechtlichen Gehörs, der praktischen Umsetzung und der Berücksichtigung der im Rahmen des rechtlichen Gehörs eingegangenen Stellungnahmen haben sich verschiedentlich Untersuchungsausschüsse befasst.[446] § 32 PUAG sieht als Ergebnis und in Kodifizierung der bis dahin parlamentarischen Praxis vor, dass Betroffenen zu den sie betreffenden Ausführungen im Entwurf des Abschlussberichtes innerhalb von zwei Wochen Stellungnahmemöglichkeit zu gewähren ist. Damit besteht nur ein Einsichts- und Stellungnahmerecht in die die Person betreffenden Teile, darüber hinaus nicht. In den Fällen, in denen sich die Berichterstatter nicht einmütig auf die Personen und Berichtsteile verständigen können, in die rechtliches Gehör gewährt werden soll, hat der Ausschuss über den Umfang zu entscheiden. Soweit die Berichterstatter übereinstimmend bzw. der Untersuchungsausschuss der Auffassung ist bzw. sind, dass bestimmten Personen zu konkreten Berichtsteilen rechtliches Gehör zu gewähren ist, vollzieht das Sekretariat die entsprechenden Anweisungen.[447]

Ferner ist gemäß § 32 Abs. 1 PUAG rechtliches Gehör nur dann zu gewähren,

> „soweit diese Ausführungen nicht mit ihnen in einer Sitzung zur Beweisaufnahme erörtert worden sind".

Diese Einschränkung erweist sich in der Praxis als problematisch und führt bei der Auslegung zu Fehlinterpretationen.[448] So nimmt *Plöd* etwa an, dass diese Regelung einschränkend dazu führe, dass nur nicht vernommenen Zeugen rechtliches Gehör zu gewähren sei, während vernommene Personen nach ihrer Vernehmung keinen weiteren Anspruch auf rechtliches Gehör zum Entwurf des Abschlussberichts und auf Wiedergabe des wesentlichen Inhalts der Stellungnahme in dem Bericht haben sollen.[449] Ungeachtet davon, dass *Plöd* nicht zwischen Betroffenem und Beeinträchtigtem i.S.d. § 32 PUAG differenziert, schlussfolgert er unzutreffend, dass vernommene Personen nach ihrer Vernehmung keinen weiteren Anspruch auf rechtliches Gehör zustehen kann. Den Anforderungen an die Gewährung rechtlichen Gehörs für natürliche Personen ist in Untersuchungsausschussverfahren keinesfalls schon dann genügt, wenn diese als Zeugen die (bloße) Möglichkeit hatten, zum Untersuchungsgegenstand Stellung zu nehmen, Fragen zu beantworten und das Ver-

---

446 BT-Drs. 12/7600, 74 f. *Kommerzielle Koordinierung-Ausschuss*; 13/10900, 84 f. *DDR-Vermögen-Ausschuss*.

447 BT-Drs. 14/9300, 112 f. *Parteispenden-Ausschuss*. Zwei natürlichen Personen ist im Rahmen dieses Ausschusses rechtliches Gehör gewährt worden.

448 *Wiefelspütz* und *Glauben/Brocker* verhalten sich hierzu nicht.

449 *Plöd* S. 118.

nehmungsprotokoll zu korrigieren bzw. ggf. zu ergänzen. Entsprechendes gilt für die gleichfalls zum Teil von Untersuchungsausschüssen vertretene Auffassung, die Gewährung rechtlichen Gehörs sei nicht erforderlich, wenn der Sachverhalt bereits in einem anderen gerichtlichen oder behördlichen Verfahren öffentlich erörtert worden ist.

Die Gewährung rechtlichen Gehörs setzt nach dem Wortlaut des § 32 Abs. 1 PUAG und auch nach dem Sinn und Zweck vielmehr voraus, dass die Zeugen zu den sie betreffenden Ausführungen *im Entwurf des Abschlussberichtes* innerhalb von zwei Wochen Stellung nehmen können, soweit diese Ausführungen nicht mit ihnen in einer Sitzung zur Beweisaufnahme erörtert worden sind. Bezugspunkt für die Gewährung rechtlichen Gehörs sind demnach nicht die Angaben im Untersuchungsauftrag oder die anlässlich eines anderen Verfahrens getätigten Angaben, sondern allein die „sie betreffenden Ausführungen im Entwurf des Abschlussberichtes", die sich naturgemäß erst im Verlaufe der Beweisaufnahme ergeben können und sich nicht im Rahmen von einer Zeugenvernehmung abschließend erörtern lassen. Die Gewährung rechtlichen Gehörs setzt damit notwendigerweise die Gelegenheit voraus, sich zu dem der Entscheidung über den Abschlussbericht zugrunde liegenden Sachverhalt zu äußern und damit die Willensbildung der Untersuchungsausschussmitglieder effektiv beeinflussen zu können. Es dürfen daher durch einen Untersuchungsausschuss nur solche Tatsachen und Beweisergebnisse dem Abschlussbericht zugrunde gelegt werden, zu denen die Berechtigten auch Stellung nehmen konnten.[450]

Bei der Umsetzung der Gewährung rechtlichen Gehörs ist zwischen natürlichen und juristischen Personen zu unterscheiden.

(3) Gewährung rechtlichen Gehörs juristischer Personen

Nicht nur natürlichen, sondern auch juristischen Personen steht ein Anspruch auf Gewährung rechtlichen Gehörs in dem Umfang des Art. 19 Abs. 3 GG gegen einen parlamentarischen Untersuchungsausschuss zu. Dem folgt auch die Praxis der Untersuchungsausschüsse, wie zahlreiche Beispiele zeigen.[451]

---

450 Vgl. BVerfGE 1, 418, 429; 22, 267, 273; 54, 140, 142; 55, 95, 98. *Weisgerber* (*Weisgerber* S. 243) fordert darüber hinaus für den Betroffenen, dass diesem zum einen einleitend zu Beginn der Beweisaufnahme und zum zweiten ein sog. „Schlussgehör" zu gewähren sei, so dass der Betroffene die Gelegenheit erhält, auf die Beweisaufnahme zu reagieren und sich abschließend zu verteidigen. Mangels Gebotenheit der Anerkennung einer Betroffenenstellung, die das PUAG zudem nicht vorsieht, kann dieser Ansicht nicht gefolgt werden.

451 „In der rechtswissenschaftlichen Literatur sowie in der Rechtsprechung der Verwaltungsgerichte hat sich in neuerer Zeit zunehmend die Erkenntnis durchsetzt, dass na-

Soweit bekannt, ist nur durch einen Untersuchungsausschuss trotz Anerkennung eines Rechts auf Gewährung rechtlichen Gehörs der von der Untersuchung betroffenen juristischen Person vertreten worden, dass bereits allein schon durch die Ladung und Vernehmung von Vertretern der juristischen Person dieser im verfassungsrechtlich erforderlichen Umfang rechtliches Gehör gewährt worden wäre. Der 2. Untersuchungsausschuss der 15. Wahlperiode des Abgeordnetenhauses von Berlin (*Tempodrom-Ausschuss*) meinte, dem Recht auf Gewährung rechtlichen Gehörs sei dadurch genügt, indem Vertreter der juristischen Person Gelegenheit gehabt hätten, den durch den Untersuchungsauftrag konkretisierten Sachverhalt in Kenntnis des Untersuchungsauftrages aus ihrer Sicht darzustellen.[452]

Diese Auffassung ist allerdings nicht vertretbar, weil sich das Untersuchungsausschussgesetz hinsichtlich der Vernehmung von Zeugen an den Vorschriften der Strafprozessordnung orientiert und danach weder eine zeugenschaftliche Vernehmung juristischer Personen noch eine Vernehmung von Vertretern juristischer Personen bzw. eine Zurechnung der Aussage (leitender) Mitarbeiter juristischer Personen möglich und zulässig ist. Es würde zudem der Stellung des Zeugen im Strafverfahren und parlamentarischen Untersuchungsausschussverfahren evident widersprechen, wenn ein Zeuge als Vertreter einer juristischen Person und nicht im Rahmen der allgemeinen Staatsbürgerpflicht auszusagen hätte. Juristische Personen erhalten auch nicht dadurch rechtliches Gehör, indem Zeugen als Vertreter die Möglichkeit der Korrektur und ergänzenden Mitteilung der Vernehmungsprotokolle bekommen. Zeugen sind bereits nicht befugt, die ihnen als Privatperson übermittelten Protokolle ihrer Vernehmungen an ihren Arbeitgeber zur Kenntnisnah-

---

türlichen und – wegen Art. 19 Abs. 3 Grundgesetz – auch inländischen juristischen Personen von Verfassungs wegen ein Anspruch auf rechtliches Gehör gegen einen Untersuchungsausschuss zustehen kann, wenn sie von Feststellungen im Untersuchungsbericht betroffen sind." (BT-Drs. 11/7800, 41 *Transnuklear/Atomskandal-Ausschuss*); „Rechtliches Gehör ist ab 24. März 1994 gewährt worden und zwar in der Weise, dass den in Frage kommenden natürlichen und juristischen Personen die sie betreffenden Ausführungen im Sekretariatsentwurf in Kopie übermittelt worden sind." (BT-Drs. 11/7800, 41 *Transnuklear/Atomskandal-Ausschuss*); „Er vertritt die Ansicht, dass inländischen natürlichen und juristischen Personen rechtliches Gehör zu gewähren ist, sofern diesen nicht bereits während der laufenden Untersuchungen zu den sie betreffenden Ausführungen im Entwurf des Abschlussberichts im Rahmen der Beweisaufnahme Gelegenheit zur Stellungnahmen eingeräumt worden war." (BT-Drs. 12/7600, 75 *Kommerzielle Koordinierung-Ausschuss*); „Ab dem 17. März 1998 ist insgesamt 15 natürlichen und juristischen Personen rechtliches Gehör gewährt worden." (BT-Drs. 12/8591, 32); „Rechtliches Gehör wird gewährt, wenn eine natürliche oder juristische (inländische)Person durch Feststellungen im Abschlussbericht nicht unerheblich betroffen sein würde (...)" (BT BT-Drs. 13/10900, 84 *DDR-Vermögen-Ausschuss*).

452 Abghs.-Drs. 15/4800 *Tempodrom-Ausschuss*.

me, Kontrolle und ergänzenden Bearbeitung weiterzuleiten. Darüber hinaus könnten sich Zeugen strafbar machen, wenn sie als vertraulich eingestufte Protokolle ihrer Zeugenvernehmung in nicht-öffentlicher Sitzung an Dritte zur Kenntnisnahme und Korrektur bzw. Bearbeitung weiterleiten. Eine solche Vorgehensweise wird auch regelmäßig nicht im Interesse des Untersuchungsausschusses liegen, da zu besorgen wäre, dass der Arbeitgeber inhaltlich auf die Zeugenaussage von Mitarbeitern Einfluss nehmen könnte.

Etwas anderes ist nur denkbar, wenn ein Mitarbeiter oder Beauftragter der juristischen Personen mit der Aufarbeitung der verfahrensgegenständlichen Vorgänge durch die juristische Person betraut worden ist. Diese Person könnte sich sachverständig für die juristische Person zu den beabsichtigten Angaben im Untersuchungsausschussbericht äußern. Auch insoweit gilt aber, dass rechtliches Gehör nur dann gewährt wäre, wenn – gezielt – Gelegenheit zur Stellungnahme zu den die Gesellschaft betreffenden Ausführungen im Entwurf des Abschlussberichts besteht.

(4) Erheblichkeit der Beeinträchtigung

§ 32 PUAG beschränkt den Anwendungsbereich der Gewährung rechtlichen Gehörs auf die „erheblich“ Beeinträchtigten. Offensichtlich ist intendiert, einen Filter zu installieren, um nicht einer Vielzahl von Untersuchungsausschussverfahren Tangierter Gelegenheit zur Stellungnahme und vor allem das Recht auf Berücksichtigung der Stellungnahmen durch den Untersuchungsausschuss gewähren zu müssen. Eine umfassende Gewährung rechtlichen Gehörs könnte Auswirkungen auf die Handhabbarkeit der abschließenden Bearbeitung des Abschlussberichtes haben, die nicht selten unter Zeitdruck zu erfolgen hat. Problematisch ist jedoch, dass Art. 103 GG, aus dem sich das Recht auf Gewährung rechtlichen Gehörs ergibt, eine solche Erheblichkeitsschwelle nicht kennt, sondern vom Beteiligten ausgeht. Entweder es liegt eine Beeinträchtigung vor oder nicht. Das Merkmal „erheblich“ ist mangels Bestimmtheit jedoch nicht geeignet, als Kriterium zur Begrenzung der Gewährung rechtlichen Gehörs zu dienen. Die Erheblichkeit ist vor diesem Hintergrund daher lediglich als bloße Umschreibung der Beeinträchtigung zu verstehen. Als weiteres einschränkendes Merkmal für die Gewährung rechtlichen Gehörs ist es vor dem Hintergrund der verfassungsrechtlichen Gewährleistung und der begrifflichen Unbestimmtheit unzulässig.

(5) Recht auf Berücksichtigung des rechtlichen Gehörs

Als notwendiges Korrelat zur Gewährung rechtlichen Gehörs besteht auch ein Recht auf Berücksichtigung etwaiger Einwendungen des Einsichtnehmenden, da nur dadurch dessen Subjektstellung gewährleistet ist.[453] Zwar ist der Untersuchungsausschuss nicht gehalten, sich den Stellungnahmen anzuschließen, er hat diese jedoch angemessen in Erwägung zu ziehen, zu berücksichtigen und ggf. im Abschlussbericht abzudrucken, sofern der Einsichtnehmende hiermit einverstanden ist. Auf diese Art und Weise ist zuletzt auch der *Parteispenden-Ausschuss* des Bundestags nach Darlegung der bisherigen parlamentarischen Praxis vorgegangen.[454] In der Praxis bietet sich zur Klärung von Einwendungen auch die persönliche Anhörung durch den Untersuchungsausschuss bzw. den Berichterstatter an.

4. Zeugenvernehmung und Öffentlichkeit

Dem Prinzip der Öffentlichkeit kommt im Untersuchungsausschussverfahren eine besondere verfassungsrechtliche Bedeutung zu (vgl. B.II.1.e), C.II.2.c)(1)(d)). Art. 44 GG und die entsprechenden Verfassungsbestimmungen der Bundesländer sehen vor, dass die Beweiserhebung in öffentlicher Verhandlung erfolgt (vgl. entsprechend § 13 Abs. 1 PUAG), wobei Beratungssitzungen und Beschlussfassungen hingegen ausnahmslos nichtöffentlich sind (§ 12 Abs. 1 PUAG). Über die Zulässigkeit von Ton- und Bildaufnahmen sowie Ton- und Bildübertragungen entscheidet der Ausschuss (§ 13 Abs. 1 PUAG).

---

453 *Müller-Boysen* S. 88; *Buchholz* S. 123 f.; *Schleich* S. 52; *Beckedorf* ZParl 1989, 35, 48; *Weisgerber* S. 243.

454 „Der Ausschuss berücksichtigt die eingehenden Stellungnahmen. Der Ausschuss entscheidet darüber, ob er sie nur zur Kenntnis nimmt, in die Ausführungen des Berichts einarbeitet oder sie dem Bericht ganz oder auszugsweise im Anhang beifügt. Die Art der Berücksichtigung der aufgrund des rechtlichen Gehörs eingehenden Äußerungen wird dem Berechtigten nicht mitgeteilt. Die Berichterstatter/Fraktionen/Verfasser von Minderheitsberichten/Sonder-/Einzelvoten entscheiden hinsichtlich der von ihnen eigenverantwortlich verfassten Berichtsteile darüber, wie die eingehenden Äußerungen im Rahmen des rechtlichen Gehörs zu berücksichtigen sind. Bei der Feststellung des Gesamtberichts entscheidet der Ausschuss vor diesem Hintergrund darüber, ob im erforderlichen Umfang rechtliches Gehör gewährt wurde oder ob dies im Einzelfall noch nachzuholen ist." (BT-Drs. 14/9300, 1132 f. *Parteispenden-Ausschuss*).

a) Der Schutz von Privatgeheimnissen im Rahmen von Zeugenvernehmungen

Der Grundsatz der Öffentlichkeit der Beweiserhebung unterliegt indes Einschränkungen, soweit dies zum Schutz der Grundrechte oder anderer Güter von Verfassungsrang erforderlich ist. Die Öffentlichkeit kann insbesondere gemäß § 14 Abs. 1 PUAG ausgeschlossen werden, wenn Umstände aus dem persönlichen Lebensbereich von Zeugen oder Dritten zur Sprache kommen, deren öffentliche Erörterung überwiegende schutzwürdige Interessen verletzen würde, eine Gefährdung des Lebens, des Leibes oder der Freiheit von einzelnen Zeugen oder einer anderen Person zu besorgen ist, ein Geschäfts-, Betriebs-, Erfindungs- oder Steuergeheimnis[455] zur Sprache kommt, durch dessen öffentliche Erörterung überwiegende schutzwürdige Interessen verletzt würden, besondere Gründe des Wohls des Bundes oder eines Landes entgegenstehen, insbesondere wenn Nachteile für die Sicherheit der Bundesrepublik Deutschland oder ihrer Beziehungen zu anderen Staaten zu besorgen sind. Den Ausschluss oder die Beschränkung der Öffentlichkeit beantragen können gemäß § 14 Abs. 3 PUAG anwesende Mitglieder des Untersuchungsausschusses, Mitglieder des Bundesrates, der Bundesregierung und ihre Beauftragten sowie Zeugen, Sachverständige und sonstige Auskunftspersonen. Die Ausübung des Antragsrechts steht ergänzend auch dem Rechtsbeistand des Zeugen zu. Über den Ausschluss oder die Beschränkung der Öffentlichkeit entscheidet gemäß § 14 Abs. 4 S. 1 PUAG der Untersuchungsausschuss. Auf Beschluss des Untersuchungsausschusses begründet der Vorsitzende den Ausschluss oder die Beschränkung in öffentlicher Sitzung (§ 14 Abs. 4 S. 2 PUAG).

Der Untersuchungsausschuss muss in eigener Verantwortung im Einzelfall in Abwägung zwischen dem öffentlichen Aufklärungsinteresse des Untersuchungsausschusses und dem grundrechtlichen Schutz des Privaten entscheiden, welchen Belangen er den Vorzug gibt. Bei der konkreten Abwägung über die öffentliche Behandlung von schutzwürdigen Daten ist, wie das Hamburgische Verfassungsgericht ausführt, zu beachten,

> „dass von den personenbezogenen Daten nur soviel an Informationen öffentlich behandelt werden darf, als dies für den Untersuchungszweck erforderlich ist. Insbesondere dürfen Namen nicht genannt werden, wenn es nicht darauf ankommt, auf wen sich die sich aus den Akten ergebenden Tatsachen beziehen. Und es dürfen Tatsachen, die für die Untersuchung nicht erforderlich sind, ebenfalls nicht zum Gegenstand einer öffentlichen Behandlung gemacht werden, wenn aus den Tatsachen auf die Identität der betroffenen Personen geschlossen werden kann."[456]

---

455 Vgl. auch BVerfG, NJW, 1988, 890, 893 *Neue Heimat-Ausschuss.*

456 HbgVerfG, NVwZ 1996, 1201, 1204 *Hamburger Polizei-Ausschuss.*

Entsprechend den Ausführungen zum Geheimschutz und zur Nichtöffentlichkeit im Rahmen der Aktenvorlage (vgl. D.IV.3.) darf ein Zeuge in einer öffentlichen Sitzung seitens des Untersuchungsausschusses nicht in die Lage gebracht werden, grundrechtlich geschützte Daten Privater in öffentlicher Sitzung zu offenbaren. Darauf hat der Zeuge auch selbständig zu achten. Bestehen seiner Ansicht nach auch nur Zweifel an der Befugnis, bestimmte Angaben in öffentlicher Sitzung machen zu dürfen, so hat er bzw. der Beistand den Vorsitzenden darauf hinzuweisen. Der Vorsitzende entscheidet sodann, ob diese Angaben in öffentlicher oder nicht-öffentlicher Sitzung zu erfolgen haben. Ein Zeuge darf bei der Gefahr der Offenbarung von privaten und geschäftlichen Geheimnissen seine Aussage solange zurückhalten, bis der Untersuchungsausschuss durch wirksame Geheimschutzmaßnahmen sichergestellt hat (z.B. durch Ausschluss der Öffentlichkeit), dass die Öffentlichkeit und Unbefugte keine Kenntnis vom Inhalt der Aussage erfahren können.[457]

Sind für bestimmte schriftliche Unterlagen, über die der Zeuge befragt werden soll, bereits Geheimschutzmaßnahmen angeordnet, so dürfen Angaben des Zeugen aufgrund der Bestimmungen der Geheimschutzordnung nur in nicht-öffentlicher Sitzung erfolgen. Bei Sitzungen, die als VS-Vertraulich oder VS-Geheim eingestuft sind, dürfen außer der Ausschussmitgliedern und den stellvertretenden Mitgliedern nur solche Personen anwesend sein, die in dieser Geheimhaltungsstufe ermächtigt sind.[458] Unterstehen die Unterlagen hingegen nur der Geheimschutzstufe „VS-Nur für den Dienstgebrauch“, so bewirkt dies noch nicht den Ausschluss der Öffentlichkeit.

Die Differenzierung zwischen dem, was noch in öffentlicher Sitzung ausgesagt werden darf, und dem, was schon in den nicht-öffentlichen Teil gehört, kann im Einzelfall gerade bei komplexen Sachverhalten schwierig sein und für einen Zeugen bzw. den Vorsitzenden aufgrund der Fürsorgepflicht für den Zeugen die Heranziehung eines Zeugenbeistandes erforderlich machen. In der Praxis sehen sich Vorsitzende allerdings eher selten veranlasst, im Rahmen ihrer Fürsorgepflicht darauf hinzuwirken, den Zeugen in der öffentlichen Sitzung neutral und umfassend auf die Wahrung von betrieblichen, geschäftlichen und persönlichen Geheimnissen hinzuweisen. Insbesondere bei Anwesenheit der Medien steht vielmehr die Neigung im Vorder-

---

457 Vgl. BVerfGE 76, 363, 388 f. *Lappas*.

458 Bei den Sitzungen, die zwar nicht-öffentlich, aber weder als „VS-Vertraulich“ noch als „GEHEIM“ eingestuft sind, wurde der Teilnehmerkreis vom Untersuchungsausschuss im Antes-Verfahren neben den gerade genannten Personen auf namentlich benannte Assistenten der teilnehmenden Fraktionen, den Leiter des Ausschusssekretariats und dessen Mitarbeiter bzw. Vertreter, einen Mitarbeiter der Abteilung Plenar- und Ausschussdienst, einen Techniker der Hausverwaltung sowie die Fraktionsvorsitzenden und -geschäftsführer, soweit gewünscht, beschränkt (vgl. Abghs.-Drs. 10/1297, 19 *Antes-Ausschuss*).

grund, z.B. mit den Argumenten: „Der Zeuge zuvor hat das auch öffentlich gesagt ...“, „Sie müssen ja keine Zahlen nennen ...“, derart auf den Zeugen einzuwirken, dass an sich der Geheimhaltungs- oder sogar Verschwiegenheitspflicht unterliegende Angaben noch im öffentlichen Teil abgehandelt werden. Ferner werden mitunter sogar durch Abgeordnete wörtliche oder sinngemäße Vorhalte über Inhalte von als VS-Vertraulich eingestuftem Material getätigt oder Zeugen werden Vorhalte über Erkenntnisse aus nicht-öffentlicher Sitzung vorheriger Sitzungen in öffentlicher Sitzung gemacht. So wird in der Praxis häufig allein Zeugen die Entscheidung überlassen, was nicht-öffentlich gesagt werden darf.

b) Schutz des Zeugen vor medienöffentlicher Vernehmung

Gemäß § 13 Abs. 1 PUAG erfolgt die Beweiserhebung in öffentlicher Sitzung, wobei Ton- und Filmaufnahmen sowie Ton- und Bildübertragungen nicht zulässig sind. Allerdings besteht die Möglichkeit bei einer Mehrheit von zwei Dritteln der anwesenden Mitglieder sowie der Zustimmung der zu vernehmenden oder anzuhörenden Personen die sog. Medienöffentlichkeit und Ton- und Filmaufnahmen sowie Ton- und Bildübertragungen zuzulassen. Von der anzuhörenden Person ist weder die ablehnende noch die zustimmende Entscheidung zu begründen.

Mit der Frage der Zulässigkeit medienöffentlicher Vernehmungen befassten sich vor Schaffung des PUAG bereits mehrfach Untersuchungsausschüsse, die in der Vergangenheit in entsprechender bzw. sinngemäßer Anwendung des § 169 S. 2 Gerichtsverfassungsgesetz (GVG) Ton- und Filmaufnahmen von Zeugenvernehmungen nicht zugelassen haben.[459] Der *Parteispenden-Ausschuss* des Deutschen Bundestages räumte unter Hinweis der ersuchenden Medien auf entsprechende Regelungsvorschläge in den Entwürfen für ein Untersuchungsausschussgesetz erstmals ein, dass ihm § 8 Abs. 1 der IPA-Regeln die Möglichkeit biete, Ton- und Bildübertragungen der Vernehmung zuzulassen. Aufnahmen wollte der Vorsitzende aber nur mit Zustimmung des jeweiligen Zeugen und des Ausschusses genehmigen. Mangels Zustimmung der Zeugen Dr. Kohl, Genscher sowie Müntefering und der Mitglieder der CDU/CSU-Fraktion im Ausschuss kam eine Fernseh-Live-Berichterstattung von öffentlichen Sitzungen seinerzeit noch nicht zustande.[460]

---

459 BT-Drs. 14/9300, 80 *Parteispenden-Ausschuss.*

460 BT-Drs. 14/9300, 80 *Parteispenden-Ausschuss.* Der Zeuge Müntefering hatte ausdrücklich für seine Vernehmung am 21.03.2002 eine zeitgleiche Fernsehübertragung vorgeschlagen.

Mit § 13 Abs. 1 PUAG ist nun die gesetzliche Möglichkeit von Ton- und Filmaufnahmen sowie Ton- und Bildübertragungen aus der öffentlichen Sitzung geschaffen worden. *Wiefelspütz* ging im Jahre 2001 davon aus, dass der Gesetzgeber die Hürde für die Übertragung durch elektronische Medien durch die Regelung des § 13 Abs. 1 PUAG so hoch angesetzt hätte, „dass nur in seltenen Ausnahmen, voraussichtlich praktisch nie mit Fernseh- oder Rundfunkübertragungen aus Untersuchungsausschüssen des Bundestages zu rechnen ist."[461] Noch im Jahre 2001 wurde diese Neuregelung allerdings in dem Visa-Untersuchungsausschuss des Deutschen Bundestages[462] erstmals und mit zwiespältigem Echo erprobt, als die Bundesminister *Fischer* und *Schily* sowie der Staatsminister a.D. *Volmer* sowie der UNO-Botschafter und ehemalige Staatssekretär *Pleuger* live medienöffentlich vernommen wurden.[463]

Im Rahmen der parlamentarischen Beratungen war die Frage der Zulassung von Ton- und Filmaufnahmen sowie Ton- und Bildübertragungen umstritten. Gegen eine Zulassung wurde vor allem die Besorgnis vorgebracht, dass Bild- und Tonaufnahmen den Charakter der Untersuchungsausschusssitzungen sowie die Verhaltensweisen der Verfahrensbeteiligten zum Nachteil einer geordneten und sachlichen Arbeitsatmosphäre verändern würden. Für die Zulassung von Ton- und Filmaufnahmen sowie Ton- und Bildübertragungen sprachen aus Sicht der Abgeordneten insbesondere das regelmäßig hohe Interesse der Öffentlichkeit und Medien sowie die Parlamentsöffentlichkeit.[464] Die Befürchtungen des Gesetzgebers, nicht medienerfahrene Zeugen könnten exponierter Öffentlichkeit ausgesetzt werden, sind bislang nicht eingetreten.[465] Denn bei den bisher medienöffentlich vernommenen Personen handelt es sich ausschließlich um politisch exponierte Personen des öffentli-

461 *Wiefelspütz* S. 214.

462 BT-Drs. 15/5975, 41 *Visa-Untersuchungsausschuss*; unter anderem mit den Befragungen von Bundesaußenminister Joschka Fischer und Staatsminister a.D. Ludger Volmer sowie der UNO-Botschafter und ehemalige beamtete Staatssekretär Günter Pleuger (beide 21. April).

463 Vgl. exemplarisch für die Presseberichterstattung: *Vollmer* Wahrheitsfindung oder Event, Der Tagesspiegel vom 01.05.2005; *Weiland* Bedingt fragefähig, Spiegel-Online vom 26.04.2005; *Schellenberger* Wirklichkeit und Wirkung, Berliner Zeitung vom 16.04.2005. Das Parlamentsfernsehen übertrug die Sitzung durchgehend live, die Nachrichtensender N24 und n-tv zeitweise. Nach Medienberichten soll die Premiere für die Nachrichten- und Dokumentationskanäle erfolgreich gewesen sein. Phoenix soll einen Marktanteil bis zu 1,6 % (Jahresdurchschnitt 0,5 bis 0,6 %) und n-tv von 3,0 % Marktanteil (sonst um 0,5 %) in der Zeit der Untersuchungsausschuss-Übertragung erreicht haben. Noch bessere Quoten sollen die Nachrichtensender bei der Befragung von Außenminister Fischer verzeichnet haben (Marktanteil bis zu 10 %) Insgesamt sollen den Tag über rund sechs Millionen Zuschauer die Übertragung zumindest zeitweise eingeschaltet haben.

464 Nachzulesen im Einzelnen bei *Wiefelspütz* S. 212.

465 Vgl. *Wiefelspütz* S. 213 f.

chen Lebens, die überdies medienerfahren sind und bei denen auch nicht auszuschließen war, dass sie die medienöffentliche Vernehmung im Untersuchungsausschuss bewusst als Plattform gewählt haben. Eine medienöffentliche Zeugenvernehmung von Personen, die nicht dem politischen bzw. öffentlichen Leben entstammen und nicht entsprechend mit dem Umgang mit Medien vertraut sind, hat noch nicht stattgefunden.

Jenseits der in diesem Zusammenhang bereits vielfach in den Medien und der Literatur angesprochenen Frage, ob und inwiefern Rundfunk- bzw. TV-Übertragungen von Zeugenvernehmungen den Charakter eines Ausschusses zu seinem Nachteil ändern[466], ist für die Frage der Zulässigkeit medialer Öffentlichkeit im Rahmen dieser Arbeit relevant, inwiefern sich das Verbot von Ton-, Fernseh- und Rundfunkaufnahmen in § 169 S. 2 GVG auf die Regelung des § 13 Abs. 1 PUAG auswirkt.

§ 169 S. 2 GVG kommt als strafprozessuale Vorschrift über Art. 44 Abs. 2 S. 1 GG für eine sinngemäße Anwendung auf das Untersuchungsausschussverfahren in Betracht. Sie bestimmt für das Strafverfahren, dass Ton- und Fernseh-Rundfunkaufnahmen sowie Ton- und Filmaufnahmen zum Zwecke der öffentlichen Vorführung oder Veröffentlichung ihres Inhalts unzulässig sind. Der Öffentlichkeitsgrundsatz zählt zu den Grundlagen eines rechtsstaatlichen Strafverfahrens. Seine wesentliche Bedeutung liegt darin, das öffentliche Vertrauen in die Rechtsprechung zu festigen, die Verantwortung der Rechtspflegeorgane zu heben und der Möglichkeit vorzubeugen, dass sachfremde Umstände auf das Gericht und damit auf das Urteil Einfluss gewinnen.[467] Solche sachfremden Umstände drohen aber gerade auch durch die Erweiterung der Öffentlichkeit in Form der Medienöffentlichkeit. Versuche der Medien, vor dem BVerfG unter Berufung auf Art. 5 Abs. 1 S. 2 GG ein vorrangiges Interesse an Direktberichten entgegen § 169 GVG aus der Verhandlung durchzusetzen, scheiterten bislang entsprechend. Das BVerfG erkannte die Gefahren, Angeklagte vor einem breiten anonymen Fernseh- oder Rundfunkpublikum an den Pranger zu stellen, die Beeinträchtigungen für die Wahrheitsfindung sowie die Möglichkeit, dass auch Strafverfolgungsbehörden und Gerichte Opfer verbreiteter Vorurteile und öffentlicher Erwartungshaltungen werden könnten.[468]

Allerdings kann der Rechtsprechung des BVerfG nicht entnommen werden, dass es eine Regelung als verfassungswidrig ansehen würde, die unter bestimmten Voraussetzungen eine Live-Berichterstattung zulässt.[469] Anhalts-

---

466 Hierzu eingehend: *Bräcklein* in FS Meyer, 161 ff.

467 BGHSt 9, 280, 281 f.; *Roxin* § 45, Rn. 2.

468 BVerfG, NJW 2001, 1633, 1636 f.; *Kläver* JR 2006, 229, 229 f.

469 So bezeichnete das BVerfG eine gegen § 169 S. 2 GVG gerichtete Verfassungsbeschwerde als nicht offensichtlich unbegründet, vgl. BVerfG, NStZ 1996, 143.

punkte für eine nicht generelle Verfassungswidrigkeit von Aufnahmen aus der Sitzung bietet auch die Rechtsprechung des BVerfG hinsichtlich der Zulässigkeit von Aufnahmen unmittelbar vor und nach der Verhandlung sowie in Verhandlungspausen. Solche sind im Strafverfahren nicht verboten[470], soweit sie nicht vom Vorsitzenden Richter durch eine auf § 176 GVG gestützte sitzungspolizeiliche Anordnung untersagt werden. Das BVerfG hat angesichts des gewichtigen Informationsinteresses der Öffentlichkeit festgestellt, dass ein über § 169 S. 2 GVG hinausgehendes Aufnahmeverbot einen zu gravierenden Eingriff in das Berichterstattungsrecht darstellen kann, das nur bei persönlichen Gefährdungen gerechtfertigt ist.[471] Vorsitzenden Richtern wurden zuletzt sogar detaillierte Vorgaben seitens des BVerfG gemacht, inwieweit Fernsehteams vor und nach Verhandlungsbeginn Gelegenheit zu Filmaufnahmen haben. Dabei ist von Vorsitzenden Richtern die Anwesenheit des Spruchkörpers zu gewährleisten. Hinsichtlich der Verfahrensbeteiligten ist allerdings sicherzustellen, dass – sofern kein Einvernehmen mit der Veröffentlichung besteht – die Gesichter vor der Veröffentlichung oder Weitergabe der Aufnahmen so anonymisiert werden, dass nur eine Verwendung in anonymisierter Form möglich bleibt.

Fraglich ist, ob sich der Inhalt und Schutzgedanke des § 169 S. 2 GVG sinngemäß auf das Untersuchungsausschussverfahren übertragen lässt und zum Schutze der Zeugen ein generelles Verbot von Ton- und Filmaufnahmen sowie Ton- und Bildübertragungen anzunehmen ist. Die Möglichkeit der sinngemäßen Anwendung des § 169 S. 2 GVG als Schutzvorschrift auch des Zeugen sowie der grundsätzlichen Erwägungen des BVerfG im Untersuchungsausschussverfahren liegen auf der Hand. Im Ergebnis wird die im PUAG getroffene Regelung im Lichte des § 169 S. 2 GVG und der aufgeführten Rechtsprechung des BVerfG aber als noch zulässig angesehen werden müssen.

Der Live-Berichterstattung aus der Untersuchungsausschusssitzung stehen nicht in gleichem Maße wie im Strafverfahren die Gefährdung der Wahrheitsfindung und das Ansehen des Gerichts sowie die Möglichkeit der un-

---

470 BVerfG, Beschluss vom 15.03.2007, 1 BvR 620/07, Absatz-Nr. 13 (einstweilige Anordnung) sowie in der gleichen Sache der Beschluss vom 19.12.2007, Absatz-Nr. 32 ff.; Beschluss vom 10.04.2003, 1 BvR 697/03, Absatz-Nr. 9; Beschluss vom 28.01.2003, 1 BvQ 2/03, Absatz-Nr. 5; Beschluss vom 15.04.2002, 1 BvR 680/02, Absatz-Nr. 2 f.; Beschluss vom 21.07.2000, 1 BvQ 17/00, Absatz-Nr. 16 ff.; Beschluss vom 14.07.1994, 1 BvR 1595/92, 1 BvR 1606/92 = NStZ 1995, 40, 41 f. mit zust. Anm. *Scholz*.

471 BVerfG, Beschluss vom 15.03.2007, 1 BvR 620/07, Absatz-Nr. 13 ff. (einstweilige Anordnung) sowie in der gleichen Sache der Beschluss vom 19.12.2007, Absatz-Nr. 32 ff.

sachlichen Beeinflussung von Staatsanwälten und Richtern entgegen.[472] Die Anforderungen an die Wahrheitsfindung sind im Untersuchungsausschussverfahren andersartig (vgl. C.II.2.c)(5)). Auch stehen Mitglieder von Untersuchungsausschüsse als Personen des politischen Lebens regelmäßig im Interesse der Medien, so dass eine Beeinflussung des Verhaltens von Politiker und des Charakters parlamentarischer Untersuchungsausschüsse durch die Anwesenheit von Medien nicht in gleichem Maße zu befürchten ist, wie dies bei medienunerfahrenen Richtern oder Staatsanwälten der Fall sein könnte. Die potentiellen Beeinträchtigungen der Sachverhaltsaufklärung und Wahrheitsfindung durch eine medienöffentliche Berichterstattung sind vor diesem Hintergrund als weit weniger gravierend einzuschätzen. Schließlich liegt es auch im Ermessen und in der Hand des Zeugen, ob er einer Live-Berichterstattung seiner Zeugenvernehmung zustimmt.

Ferner hat der Untersuchungsausschuss bei seiner Abstimmungsentscheidung über die Live-Berichterstattung gemäß § 13 Abs. 1 PUAG die genannte Rechtsprechung des BVerfG zu berücksichtigen und in die Entscheidung die Persönlichkeitsrechte des Zeugen und die Wahrung des Ansehens der Aufklärungstätigkeit des Untersuchungsausschusses einzustellen. Ist zu befürchten, dass im oder durch den Untersuchungsausschuss aufgrund der Live-Berichterstattung eine geordnete und die Verfahrensrechte der Beteiligten nicht ausreichend berücksichtigende Beweisaufnahme stattfinden könnte, so wäre eine Live-Berichterstattung aus der Sitzung durch die Abgeordneten abzulehnen. Bei den Überlegungen sind auch stets die mit der Live-Berichterstattung verbundenen Vor- und Nachberichterstattungen sowie die Auswirkungen der Speicherung und Abrufbarkeit der Aufnahmen zu berücksichtigen. Die begleitende Berichterstattung bezieht sich nicht nur auf den Inhalt, sondern gerade auch auf den Auftritt, Gesten, Mimik und aus dem Zusammenhang gerissene, möglicherweise mehrdeutig zu verstehende, Aussagen, die durch Bildaufnahmen im Nachhinein besonders beleuchtet werden können.

Bislang haben nur medienerfahrene und aus dem politischen Leben stammende Personen als Zeugen zu Vorgängen aus der Politik ausgesagt.[473] Sofern durch solche Auftritte eine gewisse Theatralik und Dramaturgie sowohl durch die Zeugen wie auch durch einzelne Mitglieder des Untersuchungsausschusses zur Schau gestellt wurde, wurde dadurch schließlich nichts anderes als die politische Meinungsfindung und der politische Kampf, zu dessen ureigensten Aufgaben die Auseinandersetzung in Untersuchungsaus-

---

472 Anschaulich und überzeugend für den politischen Bereich: *Bräcklein* in FS Meyer, 170 ff.

473 15/5975, 41 *Visa-Untersuchungsausschuss*; u.a. mit den Befragungen von Bundesaußenminister Joschka Fischer und Staatsminister a.D. Ludger Volmer sowie der UNO-Botschafter und ehemalige beamtete Staatssekretär Günter Pleuger (beide 21. April).

schüssen zählt, der Medienöffentlichkeit gezeigt.[474] Gegen diese Form der innerparlamentarischen politischen Auseinandersetzung in der Medienöffentlichkeit bestehen nur eingeschränkt Bedenken, denen durch eine entsprechende Zustimmung einer Zweidrittelmehrheit sowie des betroffenen Zeugen hinreichend begegnet werden kann.

Grundlegend anders verhält es sich jedoch mit Privatpersonen, die nicht dem politischen Leben entstammen, nicht am politischen Kampf in und durch Untersuchungsausschüsse teilnehmen und womöglich medienunerfahren sind. Durch Untersuchungsausschüsse ist darauf hinzuwirken, dass Zeugen aus dem nicht politischen Spektrum auch in Zukunft nicht medienöffentlich durch Untersuchungsausschüsse vernommen werden. Entsprechendes gilt für den Fall, dass ein medienunerfahrener Zeuge – möglicherweise aufgrund öffentlichen Drucks oder aufgrund der Tatsachen, dass andere Zeugen in dem Untersuchungsausschussverfahren medienöffentlich ausgesagt haben – einer Live-Berichterstattung zugestimmt hat. Dieser Umstand würde einen Untersuchungsausschuss dazu verpflichten, von einer Live-Übertragung Abstand zu nehmen. Handelt es sich bei dem Zeugen nicht um eine Person der Zeitgeschichte, kann zusätzlich presserechtlicher Schutz in Anspruch genommen werden.

Kommt es zu einer medienöffentlichen Vernehmung, ist zur Wahrung einer geordneten Sitzungsatmosphäre regelmäßig die Pool-Lösung anzuwenden, wonach jeweils nur ein Fernsehteam Zugang zum Sitzungssaal hat und sich verpflichtet, das Filmmaterial allen interessierten Rundfunk- und Fernsehsendern kostenlos zur Verfügung zu stellen. Sofern einer medienöffentlichen Vernehmung nicht zugestimmt worden ist, sind Ton- und Filmaufnahmen im Sitzungssaal nur vor Beginn, in Pausen und nach Ende zulässig. Das BVerfG hat es dabei als unverhältnismäßig und einen Verstoß gegen Art. 5 Abs. 1 S. 2 GG angesehen, dass Aufnahmen vor Beginn der Verhandlung nur für fünf Minuten zugelassen wurden.[475]

5. Ordnungs-, Zwangs- und Beugemaßnahmen sowie sitzungspolizeiliche Maßnahmen gegen Zeugen

Gegen Zeugen sollen nach dem PUAG zum einen gemäß § 21 Abs. 1 S. 1 PUAG dem gemäß § 20 PUAG ordnungsgemäß geladenen aber nicht bzw. nicht rechtzeitig erschienenen Zeugen die durch das Ausbleiben verursachten Kosten auferlegt, ein Ordnungsgeld bis zu 10.000 Euro festgesetzt und die zwangsweise Vorführung angeordnet werden können. Im Falle des wieder-

474 Anschaulich: *Weiland* Bedingt fragefähig, Spiegel-Online vom 26.04.2005.
475 BVerfG, NStZ 1995, 40, 41 f. mit zust. Anm. *Scholz*.

holten Ausbleibens kann das Ordnungsgeld gemäß § 21 Abs. 1 S. 2 PUAG noch einmal angesetzt werden. Zum zweiten können Zeugen gemäß § 27 Abs. 1 PUAG bei Verweigerung des Zeugnisses ohne gesetzlichen Grund vom Untersuchungsausschuss die durch die Weigerung verursachten Kosten auferlegt und ein Ordnungsgeld bis zu 10.000 Euro festgesetzt werden. Auf Antrag des Untersuchungsausschusses oder eines Viertels seiner Mitglieder kann der Ermittlungsrichter des BGH zur Erzwingung des Zeugnisses die Haft anordnen, jedoch nicht über die Zeit der Beendigung des Untersuchungsausschussverfahrens und längstens nicht über die Zeit von sechs Monaten hinaus (§ 27 Abs. 2 PUAG).

a) Nichterscheinen trotz ordnungsgemäßer Ladung

§ 21 Abs. 1 PUAG, der dem § 51 Abs. 1 StPO nachgebildet ist, regelt die Ordnungsmittel im Falle des Nichterscheinens trotz ordnungsgemäßer Ladung:

> „Erscheinen ordnungsgemäß geladene Zeugen nicht, so kann der Untersuchungsausschuss ihnen die durch ihr Ausbleiben verursachten Kosten auferlegen, gegen sie ein Ordnungsgeld bis zu 10.000 Euro festsetzen und ihre zwangsweise Vorführung anordnen. Im Falle wiederholten Ausbleibens kann das Ordnungsgeld noch einmal festgesetzt werden. § 135 Satz 2 der Strafprozessordnung ist anzuwenden.“[476]

Gegen die Auferlegung der durch das Ausbleiben entstandenen Kosten und die Festsetzung eines Ordnungsgeldes bestehen keine Bedenken.[477]Anders verhält es sich mit der Möglichkeit der Festsetzung eines Ordnungsgeldes bis zu 10.000 Euro und der Anordnung der zwangsweisen Vorführung durch den Untersuchungsausschuss. Insoweit ist die Regelung misslungen und verfassungsrechtlich bedenklich.

---

476 § 51 Abs. 1 StPO lautet zum Vergleich: „Einem ordnungsgemäß geladenen Zeugen, der nicht erscheint, werden die durch das Ausbleiben verursachten Kosten auferlegt. Zugleich wird gegen ihn ein Ordnungsgeld und für den Fall, dass dieses nicht beigetrieben werden kann, Ordnungshaft festgesetzt. Auch ist die zwangsweise Vorführung des Zeugen zulässig, § 135 gilt entsprechend. Im wiederholten Falle kann das Ordnungsmittel noch einmal festgesetzt werden.“

477 Vgl. BVerfG, zitiert in LG Bonn, NJW 1987, 790, 791 *Neue Heimat-Ausschuss*; BVerfG, NJW 1988, 897, 898 *Lappas*.

(1) Festsetzung des Ordnungsgeldes auf bis zu 10.000 Euro

Bei der Zeugenpflicht handelt es sich um eine Staatsbürgerpflicht, die einheitlich vor Gerichten und anderen zur Vernehmung von Zeugen zuständigen Stellen gilt. In keiner anderen Verfahrensordnung wird indes ein Grund zur Abweichung vom Ordnungsgeldrahmen gesehen, obgleich jeweils gewichtige Unterschiede zum Strafverfahren bestehen. Es ist angesichts dessen nicht schlüssig nachvollziehbar, was den Gesetzgeber dazu bewogen hat, die Festsetzung des Ordnungsgeldes in erheblicher Abweichung[478] zu den Regelungen im Strafverfahren (dort §§ 6 ff. EGStGB) bis zu einer Höhe von 10.000 Euro durch den Untersuchungsausschuss selbst zu ermöglichen. Gemäß § 6 EGStGB kann in einem Strafverfahren gegen den Zeugen dagegen Ordnungsgeld nur in Höhe 5 bis 1.000 Euro festgesetzt werden. In der Gesetzesbegründung zum PUAG heißt es hierzu lediglich:

> „Absatz 1 reduziert den Höchstbetrag eines Ordnungsgeldes auf 10.000 Euro und ermöglicht eine nochmalige Festsetzung bei wiederholtem Ausbleiben. Der Unterschied zum Höchstbetrag von 1.000 DM im Strafprozess rechtfertigt sich aus den Besonderheiten eines Untersuchungsverfahrens."[479]

Worin die Reduzierung des Höchstbetrages und die Besonderheiten liegen sollen, wird nicht erläutert. Möglicherweise nimmt der Gesetzgeber Bezug auf den Gesetzesentwurf der Fraktionen der SPD und BÜNDNIS 90/DIE GRÜNEN, die ein Ordnungsgeld bis zu 100.000 DM vorgeschlagen hatten.[480] Auch ein Entwurf der FDP-Fraktion sah ein Ordnungsgeld bis 10.000 DM vor.[481]

Denkbar ist, dass aus Sicht des Gesetzgebers der strafprozessuale Ordnungsgeldrahmen angesichts der vermeintlich geringen Höhe als Druckmittel zur Erwirkung einer Aussage im Blick auf die wirtschaftliche Situation der im Untersuchungsausschussverfahren in Betracht kommenden Zeugen als nicht ausreichend angesehen worden ist.[482] Dies legen jedenfalls die Ausführungen des MdB *Bachmaier* (SPD) in der Plenarsitzung am 06.04.2001 nahe:

> „Auch die deutliche Erhöhung der Ordnungsgelder auf bis zu 10.000 Euro wird bei denjenigen, die ihren Pflichten gegenüber einem Untersuchungsausschuss nicht nachkommen wollen, nicht ohne Wirkung bleiben."[483]

Ob dieses Argument indes eine die Ungleichbehandlung rechtfertigende ausreichende Besonderheit im Vergleich zum Strafverfahren darstellt, in dem es

---

478 *Rogall* in GS Meurer, 468 f. spricht von „inflationär".
479 BT-Drs. 14/5790, 18.
480 BT-Drs. 14/2518, 6 f.; §§ 21 Abs. 1, 28 Abs. 1.
481 BT-Drs. 14/2363, 4, 6; §§ 17 Abs. 1, 22 Abs. 1, 23 Abs. 6.
482 So bereits BVerfGE 76, 363, 384 *Lappas*.
483 Plen.Prot. 14/165, 16145.

gleichermaßen wirtschaftlich potente Zeugen gibt, für die 1.000 Euro als Druckmittel nicht ausreichen, erscheint nicht überzeugend. Ein weiteres Problem offenbart sich bei der Bemessung der Höhe des Ordnungsgeldes: Im Strafverfahren sind hierbei das Verhalten, der Grund des Ungehorsams und die wirtschaftlichen Verhältnisse des Zeugen zu berücksichtigen. Andere Maßstäbe könnten auch im Untersuchungsausschussverfahren nicht gelten. Zumindest hat der Gesetzgeber keine hiervon abweichenden, aus seiner Sicht sinngemäßen, aufgezeigt und dargetan. Die wesentliche Erhöhung des Rahmens führt im Untersuchungsausschussverfahren deshalb dazu, dass ein Verstoß entsprechender Intensität mit einem im Vergleich zum Strafverfahren ungleich höheren Ordnungsgeld zu belegen wäre. Insoweit fehlt es jedoch an einer den §§ 6 ff. EGStGB entsprechenden Ausgestaltung der gesetzlichen Regelung, die zur Wahrung des Gleichheitssatzes und des Verhältnismäßigkeitsgebotes führen würde. *Plöd* weist in diesem Zusammenhang noch zutreffend darauf hin, dass es für einen Untersuchungsausschuss schwierig wäre, die wirtschaftlichen Verhältnisse eines ausgebliebenen Zeugen zu prüfen und dass eine Vernehmung des Zeugen zu seinen wirtschaftlichen Verhältnissen in der Regel nicht vom Untersuchungsauftrag gedeckt ist.[484]

Nach Ansicht des MdB *Freiherr von Stetten* (CDU/CSU) kann die Erhöhung ferner

> „einen Sinn haben, auch zur Aufwertung des Untersuchungsausschusses".[485]

Weshalb der Untersuchungsausschuss gegenüber anderen Verfahren aber einer Aufwertung bedürfen sollte und inwiefern eine solche durch die Erhöhung des Ordnungsgeldrahmens bewerkstelligt werden könnte, wird allerdings weder mitgeteilt noch erschließt sich dies aus einem Vergleich der Verfahren.

Eine plausible Erklärung ist nicht ersichtlich. Dies belegen schließlich auch die Ausführungen des MdB *Wiefelspütz*:

> „Die Höhe des ursprünglich vorgesehenen Ordnungsgeldes von bis zu 100.000 Deutsche Mark wurde in der Anhörung vor dem Ausschuss für Wahlprüfung, Immunität und Geschäftsordnung zu Recht als unangemessen hoch kritisiert. Die Abweichung von Art. 6 des Einführungsgesetzes zum Strafgesetzbuch, der ein Ordnungsgeld von lediglich bis zu 1.000 Deutsche Mark vorsieht, war eklatant. Es fehlt im Übrigen an einer nachvollziehbaren Begründung. Im Verlaufe der parlamentarischen Beratung wurde deshalb die Höchstgrenze des Ordnungsgeldes auf 10.000 Euro reduziert."[486]

Für die nach diesen Ausführungen scheinbar wahllos irgendwo zwischen 1.000 Euro und 100.000 DM angesiedelte Höchstgrenze wurde keinerlei

---

484 *Plöd* S. 100.

485 Plen.Prot. 14/165, 16155.

486 *Wiefelspütz* S. 242.

nachvollziehbare Begründung abgegeben. Die Erhöhung mutet mangels Vorliegen jeglicher sachlicher Kriterien zur Bemessung der Ordnungsgeldhöhe daher willkürlich an. Sie führt auch zu einer Schlechterstellung des Zeugen im Untersuchungsausschussverfahren, die nicht über die sinngemäße Anwendung der Vorschriften über den Strafprozess gemäß Art. 44 Abs. 2 S. 1 GG gedeckt werden kann.[487] Die Rechte des Zeugen werden durch die Erhöhung des Ordnungsgeldrahmens im Untersuchungsausschussverfahren in unzulässiger Form eingeschränkt. Die sinngemäße Anwendung der strafprozessualen Vorschriften über das Ordnungsgeld hat daher zu einer Anpassung des Ordnungsgeldes im Untersuchungsausschussverfahren auf den Rahmen des EGStGB zu führen.

Nach der Festsetzung ist das Ordnungsmittel noch auf Antrag des Vorsitzenden des Untersuchungsausschusses bzw. nach Beendigung des Untersuchungsausschussverfahrens auf Antrag des Präsidenten des Landtags vom AG zu vollstrecken. Inkonsequent ist, dass der Untersuchungsausschuss sich selbst die Befugnis einräumt, Ordnungsgelder gegen Zeugen festzusetzen, es aber versäumt, für deren Vollstreckung entweder die §§ 6 ff. EGStGB für anwendbar zu erklären oder eigene Regelungen zu schaffen. Üblicherweise sehen die Untersuchungsausschussgesetze der Bundesländer, sofern sie solche Regelungen enthalten, deshalb auch vor, dass die Festsetzung ebenso wie die Vollstreckung vom Untersuchungsausschuss beim zuständigen AG beantragt werden.

(2) Keine ersatzweise Verhängung von Ordnungshaft

Die Verhängung von ersatzweise Ordnungshaft bei Uneinbringlichkeit des Ordnungsgeldes (vgl. § 51 Abs. 1 StPO i.V.m. Art. 6 Abs. 2 EGStGB) ist nicht geregelt und dem Untersuchungsausschuss auch nicht gestattet. Freiheitsentziehende Maßnahmen dürfen nur durch ein Gericht angeordnet werden (Art. 104 GG). Mitglieder des Untersuchungsausschusses sind aber keine Richter im Sinne des Grundgesetzes, so dass die Möglichkeit der Verhängung ersatzweiser Ordnungshaft durch den Untersuchungsausschuss gegen Art. 104 GG verstoßen würde.[488]

Allerdings wäre der Untersuchungsausschuss bei entsprechender gesetzlicher Ausgestaltung des PUAG befugt, die ersatzweise Ordnungshaft beim zuständigen Gericht zu beantragen. Dies sieht das PUAG von der Systematik

---

487 So im Ergebnis auch *Weisgerber* S. 191 f. und *Plöd* S. 100, der von einer „unvertretbaren Ungleichbehandlung" spricht.

488 BVerfGE 77, 1, 42 *Neue Heimat-Ausschuss*; LG Berlin, Beschluss vom 14.09.2000, 503 Ws 58/00, 4.

des § 51 StPO und den Regelungen einiger Länderuntersuchungsausschussgesetze abweichend jedoch nicht vor.[489] Weshalb der Gesetzgeber von dieser Möglichkeit abgesehen hat, ist insbesondere vor dem Hintergrund der Regelung des § 27 Abs. 2 PUAG, wonach der Untersuchungsausschuss zur Erzwingung des Zeugnisses die Haft anordnen kann, nicht nachvollziehbar. Wollte er auf diese Möglichkeit ähnlich wie bei Abschaffung der Vereidigungsmöglichkeit verzichten, handelt es sich „nur" um ein gesetzgeberischen Versehen oder wollte der Gesetzgeber zum Ausdruck bringen, dass er die Beantragung ersatzweiser Ordnungshaft durch Untersuchungsausschüsse für nicht vom durch Art. 44 Abs. 2 S. 1 GG gedeckt ansieht?

Es stellt sich die Frage, ob § 51 Abs. 1 S. 2 StPO im Wege der sinngemäßen Anwendung der Vorschriften über den Strafprozess gemäß Art. 44 Abs. 2 S. 1 GG ergänzend herangezogen werden könnte. Vor dem Hintergrund der Rechtsprechung des BVerfG im Fall *Lappas*, dass die Beantragung von Ordnungshaft durch Untersuchungsausschüsse für im Rahmen der Verweisung des Art. 44 Abs. 2 S. 1 GG zulässig erachtet hat, könnte dies zu bejahen sein.[490] Mangels Schaffung einer besonderen Zuständigkeitsregelung zum Ermittlungsrichter beim BGH wie in § 27 Abs. 2 PUAG wäre für die Anordnung von ersatzweiser Ordnungshaft dann allerdings der Ermittlungsrichter beim AG Tiergarten von Berlin zuständig, da es sich mangels Regelung im PUAG auch nicht um eine Streitigkeit nach diesem Gesetz im Sinne des § 36 Abs. 1 PUAG handelt. Eine sinngemäße Anwendung des § 51 Abs. 1 S. 2 StPO kommt jedoch nicht in Frage, da der Gesetzgeber in § 17 Abs. 2 PUAG zum einen geregelt hat, dass durch einen Untersuchungsausschuss nur solche Zwangsmittel im Rahmen der Durchsetzung des Beweiserhebungsrechtes angewandt werden sollen, die im PUAG selbst vorgesehen sind (vgl. B.II.2.a)(4)); zum anderen liegt damit auch keine planwidrige Lücke vor. Insofern hat der Bundesgesetzgeber seine Möglichkeiten der Durchsetzung von Beweiserhebungsrechten den Grenzen der in diesem Gesetz geregelten Zwangsmittel unterworfen. Der Untersuchungsausschuss ist daher nicht dazu befugt, über die sinngemäße Anwendung der Vorschriften über den Strafprozess gemäß Art. 44 Abs. 2 S. 1 GG auf § 51 Abs. 1 StPO i.V.m. Art. 6 Abs. 2 EGStGB zurückzugreifen.

489 Z.B. § 12 Abs. 4 UAG Berlin, wonach vom AG Tiergarten auf Antrag ersatzweise Ordnungshaft festgesetzt und vollstreckt werden. Gemäß Art. 6 Abs. 2 EGStGB beträgt die Dauer der Ordnungshaft zwischen 1 und 42 Tagen.

490 BVerfG, NJW 1988, 897, 898 a.E. *Lappas*.

(3) Anordnung der zwangsweisen Vorführung durch den Untersuchungsausschuss

Erscheinen ordnungsgemäß geladene Zeugen nicht, so kann der Untersuchungsausschuss gemäß § 21 Abs. 1 PUAG ihre zwangsweise Vorführung anordnen. Bei den Beratungen war offenbar nicht ganz unumstritten[491], ob ein Untersuchungsausschuss die zwangsweise Vorführung selbst anordnen oder nur ein Gericht darüber befinden darf. Die Regelung des § 21 Abs. 1 PUAG steht insoweit nicht im Einklang mit den früher geltenden IPA-Regeln und den meisten Untersuchungsausschussgesetzen der Bundesländer, die die zwangsweise Vorführung unter den Richtervorbehalt stellen.

Die Anordnung der zwangsweisen Vorführung unmittelbar durch Untersuchungsausschüsse wird vielfach als zulässig erachtet[492], weil der Richtervorbehalt aus verfassungsrechtlicher Sicht nicht zwingend erforderlich ist. Bei der zwangsweisen Vorführung handelt es sich nicht um eine freiheitsentziehende Maßnahme im Sinne des Art. 104 GG, sondern um eine (bloße) freiheitsbeschränkende. Auch ist für die Anordnung zur zwangsweisen Vorführung von Zeugen im Ermittlungsverfahren gemäß § 51 Abs. 1 S. 3 i.V.m. § 161a Abs. 2 S. 1 StPO die Staatsanwaltschaft und kein Richter zuständig, so dass auch vor dem Hintergrund einer vergleichenden Betrachtung mit dem Strafprozessrecht vordergründig keine Bedenken bestehen.

Es bestehen dennoch durchgreifende Bedenken, weil auch die zwangsweise Vorführung erheblich in Freiheitsrechte des Bürgers gemäß Art. 2 Abs. 2 GG eingreift und Untersuchungsausschüsse, anders als die Staatsanwaltschaft und ein Gericht, nicht mit der vorausgesetzten Qualifikation sowie der vorgegebenen Neutralität und Objektivität die Vorführung handeln. Die Freiheit der Person darf aber nur aus besonders gewichtigen Gründen und unter strengen formellen Gewährleistungen eingeschränkt werden:

> „Zu diesen wichtigen Gründen gehören in erster Linie solche des Strafrechts und des Strafverfahrensrechts. (...) Darüber hinaus erfordert die freiheitssichernde Funktion des Art. 2 Abs. 2 Satz 2 GG allgemein im Strafverfahren Beachtung. Hier liegt eine der Wurzeln des Prozessgrundrechts auf ein faires, rechtsstaatliches Verfahren (...), aus dem sich Mindesterfordernisse für eine zuverlässige Wahrheitserforschung im strafprozessualen Hauptverfahren ergeben (...). Sie setzen u.a. Maßstäbe für die Aufklärung des Sachverhalts und damit für eine hinreichende tatsächliche Grundlage der richterlichen Entscheidungen. Denn es ist unverzichtbare Voraussetzung rechtsstaatlichen Verfahrens, dass Entscheidungen, die den Entzug der persönlichen Freiheit betreffen, auf zureichender richterlicher Sachaufklärung beruhen (...) und eine in tatsächlicher Hinsicht genügende Grundlage haben, die der Bedeutung der Freiheitsgarantie

---

491 Plen.Prot. 14/165, 16155; insoweit unkritisch: *Plöd* S. 100.

492 OVG Lüneburg, DÖV 1986, 210, 211 f.; *Schleich* S. 24 f.; *Gollwitzer* BayVBl. 1982, 417, 421; *Engels* S. 91 f.

> entspricht (...). Das folgt letztlich aus der Idee der Gerechtigkeit, die wesentlicher Bestandteil des Grundsatzes der Rechtsstaatlichkeit ist (...) und an der sich jedwede Rechtspflege messen lassen muss."[493]

Diese „Wurzeln des Prozessgrundrechts", an der sich „jedwede Rechtspflege messen lassen muss", tangiert der Gesetzgeber aber, wenn er die Befugnis der freiheitsbeschränkenden Maßnahme der zwangsweisen Vorführung im Sinne des Art. 2 Abs. 2 GG außerhalb des Gerichts beim Untersuchungsausschuss ansiedelt, der bereits von seiner Zielsetzung her nicht die erforderliche Vergleichbarkeit und Gewähr dafür bietet, eine einer richterlichen Entscheidung entsprechende Prüfung vorzunehmen und dadurch die Schutzrechte des Zeugen ausreichend zu wahren. Zu beachten ist hierbei insbesondere auch, dass das BVerfG als ausreichend gewichtige Gründe für einen noch hinnehmbaren Eingriff in die Freiheit der Person ausschließlich solche des Strafrechts und Strafverfahrens angesehen hat. Vor diesem Hintergrund lässt sich nicht ohne weiteres annehmen, dass als ein ausreichend gewichtiger Grund für die Freiheitsbeschränkung auch Zwecke des Untersuchungsausschussverfahrens geltend gemacht werden könnten. Damit korrespondiert, dass mit Ausnahme der besonders zur Neutralität verpflichteten Staatsanwaltschaft[494] im Ermittlungsverfahren es aus keiner anderen Verfahrensordnung bekannt ist, dass eine andere Stelle außer dem Gericht die zwangsweise Vorführung anordnen darf.[495] In öffentlichen Verfahren sind sonst ausnahmslos Gerichte zur Anordnung der zwangsweisen Vorführung und anderen Mitteln des Zeugniszwanges befugt (vgl. § 390 ZPO, § 98 VwGO, §§ 48 Abs. 2 S. 1, 80 Abs. 2 ArbGG, § 48 Abs. 2 OWiG). Zu beachten ist darüber hinaus Art. 101 GG (Verbot von Ausnahmegerichten), wonach aufgrund der gewaltenteiligen Strukturen materiell Richtern vorbehaltene Entscheidungen nicht durch Nicht-Richter ausgeübt werden dürfen.[496] Da es Ausnahmegerichte nicht geben darf und die Mitglieder von Untersuchungsausschüssen auch nicht zu Richtern berufen sind, ist es ihnen untersagt, Entscheidungen im Sinne der Strafprozessordnung zu fällen.[497]

Ferner existiert die Gefahr eines politisch motivierten Gebrauchs einer Vorführung. Durch den Verweis auf § 135 S. 2 StPO in § 21 Abs. 1 S. 3 PUAG wird zwar klargestellt, dass der Zeuge im Falle seiner Vorführung vor den Untersuchungsausschuss nicht länger festgehalten werden darf als bis zum Ende des Tages, der dem Beginn der Vorführung folgt. Möglich bleibt jedoch die Festnahme eines Zeugen am Vorabend vor der geplanten Ver-

493 BVerfG, Beschluss vom 30.04.2003, 2 BvR 2045/02, Absatz-Nr. 32 f.

494 KK-*Wache* StPO, § 160, Rn. 1.

495 §§ 68b, 70g FGG, §§ 372a, 380 ZPO, § 37 LFGG.

496 *Kunig* in von Münch/Kunig, GG, Art. 101, Rn. 10.

497 Vgl. BVerfGE 77, 1, 42 *Neue Heimat-Ausschuss*; *Güther/Seiler* NStZ 1993, 305, 308 f.; *Versteyl* in von Münch/Kunig, GG, Art. 44, Rn. 21.

nehmung vor einem Untersuchungsausschuss[498] und die Vorführung des festgenommenen Zeugen in die öffentliche Sitzung. Dieser möglichen Missbrauchsgefahr durch Bloßstellung des Zeugen ist aber gerade durch die Installierung eines Richtervorbehaltes vorzubeugen.[499] Eine weitere Missbrauchsmöglichkeit eröffnet die Formulierung des § 21 Abs. 1 PUAG, die an die Vorführung eines Zeugen keine besonderen Voraussetzungen stellt. Es kann daher bei Nichterscheinen eines Zeugen scheinbar beliebig alternativ zum Zwangsgeld die zwangsweise Vorführung angeordnet werden. Im Strafverfahren ordnet ein Gericht dagegen die zwangsweise Vorführung eines Zeugen erst dann an, wenn Grund zu der Annahme besteht, dass der Zeuge nicht nur infolge eines, wenn auch unentschuldbaren, Versehens nicht erschienen ist, sondern die Ladung ohne triftige Gründe unbeachtet gelassen hat und auch bei einer erneuten Ladung trotz der Festsetzung des Ordnungsgeldes nach § 51 Abs. 1 S. 2 StPO nicht folgen wird.[500]

Zur Wahrung der Schutzrechte des Zeugen im Untersuchungsausschussverfahren hat ein Untersuchungsausschuss daher gegenwärtig die verfassungsrechtlich bedenkliche Regelung über die zwangsweise Vorführung entsprechend den Vorgaben im Strafprozess nicht anzuwenden. Über die sinngemäße Anwendung der Vorschriften über den Strafprozess gemäß Art. 44 Abs. 2 S. 1 GG ist es einem Untersuchungsausschuss unbenommen, die zwangsweise Vorführung eines Zeugen beim zuständigen Gericht zu beantragen.[501] Zu beachten ist ergänzend, dass die Vollstreckung der zwangsweisen Vorführung gegen Mitglieder des Deutschen Bundestages der Genehmigung des Bundestages (Anlage 6 zur Geschäftsordnung des Bundestages, Nr. 14 c) bedarf.

Die gegenwärtige Ausgestaltung der Anordnung der zwangsweisen Vorführung begegnet darüber hinaus praktischen Schwierigkeiten: Die Anordnung erfolgt durch Beschluss des Untersuchungsausschusses (§ 9 Abs. 4 PUAG). Unklar ist, wonach sich die Vollstreckung der zwangsweisen Ordnungshaft richtet. Eine Regelung hierzu ist durch den Gesetzgeber nicht getroffen worden. Auch deshalb wäre es sinnvoller und systemgerechter gewesen, die Anordnung der zwangsweisen Vorführung dem Gericht zu überlassen und dort anzusiedeln. Denn dann wäre für die Vollstreckung der zwangsweisen Vorführung eindeutig die Staatsanwaltschaft gemäß § 36 Abs. 2 S. 1 StPO und für die Beitreibung des Ordnungsgeldes gemäß § 1 Abs. 1 Nr. 3 JBeitrO der Rechtspfleger zuständig.

498 LR-*Dahs* StPO, Bd. 1, § 51 StPO, Rn. 22.

499 So auch *Weisgerber* S. 195 f.

500 LR-*Dahs* StPO, Bd. 1, § 51 StPO, Rn. 22.

501 So auch *Weisgerber* S. 196.

(4) Unzulässigkeit der Ordnungsmittel

Angeordnete Maßnahmen (Ordnungsgeld und zwangsweise Vorführung) haben gemäß § 21 Abs. 2 PUAG, der dem § 51 Abs. 2 StPO nachgebildet ist, zu unterbleiben,

> „wenn Zeugen ihr Ausbleiben rechtzeitig genügend entschuldigen. Wird das Ausbleiben nachträglich genügend entschuldigt, so sind die nach Absatz 1 getroffenen Anordnungen aufzuheben, wenn die Zeugen glaubhaft machen, dass sie an der Verspätung kein Verschulden trifft." (§ 21 Abs. 2 PUAG)

Eine Pflicht zur Abstimmung von Terminen mit dem Zeugen besteht nicht. Ebenso besteht auch nicht die Pflicht zur Rücksichtnahme auf berufliche Verpflichtungen des Zeugen, wenn dieser nur allgemein auf „berufliche Verpflichtungen" verweist und „im Übrigen keine dringenden Hinderungsgründe" für einen bestimmten Vernehmungstermin geltend macht. Die Gerichte sind nach der Rechtsprechung des BVerfG dann nicht „gehindert, im Falle seines Nichterscheinens die in § 51 StPO vorgesehenen Rechtsfolgen gegen den ausgebliebenen Zeugen anzuordnen."[502]Andererseits hat der Zeuge aber „einen Anspruch auf eine angemessene Behandlung und darf nicht zum bloßen Verfahrensobjekt gemacht werden (...)."[503] Bei Vorliegen dringender Hinderungsgründe für einen bestimmten Vernehmungstermin sind Untersuchungsausschüsse daher auch gehalten, Rücksicht zu nehmen und einen Alternativtermin zu ermöglichen.

(5) Rechtsschutz

Der Zeuge kann gegen die Festsetzung des Ordnungsmittels in Nachbildung der §§ 304 ff. StPO Beschwerde beim BGH (§ 36 Abs. 1 PUAG) einlegen. Im umgekehrten Fall, wenn der Untersuchungsausschuss die Festsetzung des Ordnungsgeldes gemäß § 21 Abs. 1 PUAG ablehnt, entscheidet auf Antrag eines Viertels der Mitglieder des Untersuchungsausschusses der Ermittlungsrichter beim BGH nach Maßgabe des § 17 Abs. 4 PUAG.

---

502 BVerfG, Beschluss vom 30.09.2001, 2 BvR 911/00, Absatz-Nr. 3.

503 BVerfG, Beschluss vom 30.09.2001, 2 BvR 911/00, Absatz-Nr. 3.

b) Unberechtigte Zeugnisverweigerung

§ 27 PUAG regelt die grundlose Zeugnisverweigerung in Anlehnung an § 70 StPO.[504] Gemäß § 27 Abs. 1 PUAG kann der Untersuchungsausschuss bei Zeugnisverweigerung ohne gesetzlichen Grund dem Zeugen die durch die Weigerung entstandenen Kosten auferlegen und gegen ihn ein Ordnungsgeld bis zu 10.000 Euro festsetzen. § 27 Abs. 2 PUAG sieht vor, dass auf Antrag des Untersuchungsausschusses oder eines Viertels seiner Mitglieder der Ermittlungsrichter des BGH unter den in Abs. 1 bestimmten Voraussetzungen zur Erzwingung des Zeugnisses die Haft anordnen kann, jedoch nicht über die Zeit der Beendigung des Untersuchungsverfahrens, auch nicht über die Zeit von sechs Monaten hinaus. In Abs. 3 wird § 70 Abs. 4 StPO, der im Falle der Erschöpfung der Maßregeln vorsieht, dass diese in demselben oder in einem anderen Verfahren, das dieselbe Tat zum Gegenstand hat, nicht wiederholt werden können, für entsprechend anwendbar erklärt.

Voraussetzung für die Auferlegung der durch die Weigerung entstandenen Kosten und die Verhängung eines Ordnungsgeldes gegen den Zeugen gemäß § 27 Abs. 1 PUAG ist die schuldhafte Verletzung der Pflicht, als Zeuge auszusagen. Die Verweigerung des Zeugnisses „ohne gesetzlichen Grund" (§ 27 Abs. 1 PUAG) bedeutet, dass kein Recht bestand, die Aussage bzw. die Auskunft zu verweigern. Damit sind die gesetzlichen Zeugnisverweigerungsrechte des § 22 PUAG gemeint. Andere, z.B. gesellschaftsrechtliche Geheimhaltungsvorschriften, kommen insoweit – wie unter D.I.3.b)(7) ausgeführt – nicht in Betracht. Gleichbedeutend mit der unberechtigten Zeugnisverweigerung ist die wahrheitswidrige Behauptung, der Zeuge wisse von dem Sachverhalt nichts. Das Zeugnis kann nicht erzwungen werden, wenn keine Pflicht zur Beantwortung der Frage bestand. Dies ist zum Beispiel der Fall, wenn sich die Frage außerhalb des Untersuchungsauftrages oder des öffentlichen Interesses bewegte oder keine bzw. keine zulässige Vernehmungssituation bestand (vgl. D.I.2.b)).

Ähnlich wie beim § 21 PUAG bzw. § 51 StPO kann gemäß § 27 PUAG auf Antrag Ordnungsgeld und zur Erzwingung des Zeugnisses Ordnungshaft gerichtlich festgesetzt und vollstreckt sowie dem Zeugen die durch ihn verursachten Kosten auferlegt werden. Abweichend von einigen Bundesländern ist gemäß § 27 PUAG geregelt, dass der Untersuchungsausschuss die zusätzli-

504 § 70 Abs. 1 und 2 StPO lauten wie folgt: „Wird das Zeugnis oder die Eidesleistung ohne gesetzlichen Grund verweigert, so werden dem Zeugen die durch die Weigerung verursachten Kosten auferlegt. Zugleich wird gegen ihn ein Ordnungsgeld und für den Fall, dass dieses nicht beigetrieben werden kann, Ordnungshaft festgesetzt. Auch kann zur Erzwingung des Zeugnisses die Haft angeordnet werden, jedoch nicht über die Zeit der Beendigung des Verfahrens in dem Rechtszug, auch nicht über die Zeit von sechs Monaten hinaus."

chen Verfahrenskosten und die Festsetzung eines Ordnungsgeldes selbst anordnen darf. Andere Bundesländer haben als die nicht selbst die Ermittlungen führende Stelle in sinngemäßer Anwendung der §§ 70 Abs. 1, 161a Abs. 2 StPO darauf verzichtet und verlangen die gerichtliche Anordnung jedes Ordnungsmittels auf Antrag des Untersuchungsausschusses, egal ob Festsetzung oder Vollstreckung. Die Festsetzung eines Ordnungsmittels durch den Untersuchungsausschuss, das keine freiheitsentziehende Maßnahme darstellt, ist indes auch nach der ständigen Rechtsprechung des BVerfG verfassungsrechtlich unbedenklich.[505]

Hinsichtlich der Ordnungsmittel Ordnungsgeld und Ordnungshaft zur Erzwingung des Zeugnisses wird auf die Ausführungen zu § 21 PUAG verwiesen (D.I.5.a)), die vorliegend entsprechend gelten. Danach ist die Ausgestaltung des Ordnungsgeldes, das bis zu einer Höhe von 10.000 Euro durch den Untersuchungsausschuss festgesetzt werden kann, rechtswidrig. Rechtmäßig ist hingegen die sinngemäße Anwendung des Art. 6 EGStGB, wonach die Verhängung eines Ordnungsgeldes in Höhe von 5 bis 1.000 Euro möglich ist. Bei der Bemessung der Höhe sind die Bedeutung des Verhaltens, der Grund des Ungehorsams und die wirtschaftlichen Verhältnisse des Zeugen zu berücksichtigen. Eine nachträgliche Erfüllung der Zeugenpflicht führt nicht zur Aufhebung der Zwangsmittel. Kann das Ordnungsgeld nicht beigetrieben werden, so darf keine ersatzweise Ordnungshaft festgesetzt und vollstreckt werden. Der Gesetzgeber hat es versäumt, eine gesetzliche Grundlage für das Zwangsmittel der ersatzweisen Ordnungshaft zu schaffen. Eine sinngemäße Anwendung der Vorschriften über den Strafprozess ist insoweit nicht möglich, da die Anwendung von Zwangsmitteln gemäß § 17 Abs. 2 PUAG auf die des PUAG begrenzt ist (vgl. B.II.2.a)(4)).

Die Beugehaft gemäß § 27 Abs. 2 PUAG ist ein reines Zwangsmittel zur Erzwingung einer Aussage im Rahmen der Zeugnispflicht. Ein Verschulden wird nicht vorausgesetzt. Wohl aber gebietet der Verhältnismäßigkeitsgrundsatz, dass zuvor oder zumindest gleichzeitig Ordnungsgeld verhängt wird, da bereits die Verhängung von Ordnungsgeld geeignet sein kann, die Aussagepflicht zu fördern. Der Grundsatz der Verhältnismäßigkeit verlangt jedoch nicht, eine Beitreibung des Ordnungsgeldes im Wege der Zwangsvollstreckung abzuwarten. Die Beugehaft darf aber erst vollstreckt werden, wenn eine Festsetzung des Ordnungsgeldes wirkungslos geblieben ist und auch die Beitreibung des Ordnungsgeldes keine Änderung im Zeugenverhalten bewirken würde.[506] Die Beugehaft darf nicht länger als sechs Monate dauern. Sie muss

505 BVerfGE 76, 363, 383, 385 f. *Lappas*.

506 BVerfGE 76, 363, 391 f. *Lappas*.; a.A. AG Bonn, JR 1994, 171, 172 m. Anm. Derksen. Seitens des AG Bonn ist in einer Beugehaftentscheidung gegen einen die Aussage vor dem Untersuchungsausschuss Kommerzielle Koordinierung (BT-Drs. 12/7600, 58 ff.) verweigernden ehemaligen Mitarbeiter der Staatssicherheit angenommen wor-

aufgehoben werden, wenn eine der gesetzlichen Voraussetzungen wegfällt, sei es, dass sich die Zeugnis- bzw. Auskunftsverweigerung im Nachhinein als berechtigt erweist, nachträglich ein Zeugnis- oder Auskunftsverweigerungsrecht entsteht, der Zeuge nachträglich seiner Aussage- bzw. Auskunftspflicht genügt bzw. die ernsthafte Absichtserklärung abgibt, die Auskunft in der Sache nicht mehr erforderlich ist, die Beugehaft im Nachhinein unverhältnismäßig oder das Untersuchungsausschussverfahren beendet wird.

c) Ungebührliches Verhalten

Macht sich der Zeuge des ungebührlichen Verhaltens im Ausschuss schuldig, soll der Untersuchungsausschuss bzw. der Vorsitzende gemäß § 13 Abs. 2 PUAG i.V.m. §§ 176 ff. GVG zur Aufrechterhaltung der Ordnung in der Sitzung bestimmte, in den §§ 177 f. GVG vorgesehene Ordnungsmittel, anordnen können. Der Verweis auf die §§ 176 ff. GVG ist aufgrund der Regelung des § 59 GO-BT jedoch überflüssig und teils sogar rechtswidrig. Im übrigen sind sitzungspolizeiliche Befugnisse des Parlamentsrechts anzuwenden[507], die für die Zwecke des Untersuchungsausschussverfahrens auch ausreichen.

Zu einem geordneten Ablauf der Sitzung gehören im Untersuchungs- wie auch im Strafverfahren die Beachtung eines Mindestmaßes an äußeren For-

---

den, dass es unschädlich gewesen sei, dass der Untersuchungsausschuss vor oder gleichzeitig mit der Beantragung der Beugehaft die Festsetzung eines Ordnungsgeldes unterlassen hat. Neben Bedenken des AG Bonn an der herrschenden Meinung, die die vorherige oder gleichzeitige Festsetzung eines Ordnungsgeldes vorsieht, war für das AG Bonn maßgeblich, dass eine Übertragung dieser strafprozessualen Grundsätze zu einer Aufspaltung des Rechtsweges führen und „das Gesetz unpraktikabel machen würde, weil gegen die Festsetzung des Ordnungsgeldes durch den Ausschuss der langwierige Verwaltungsrechtsweg gegeben wäre und nur gegen die Festsetzung einer Ersatzordnungshaft und die Beugehaft der ordentliche Rechtsweg." Ungeachtet der Tatsache, dass auf Bundesebene und in vielen Gesetzen der Bundesländer eine solche Rechtswegaufspaltung nunmehr nicht (mehr) vorkommen kann, die zu einer für Untersuchungsausschüsse aufgrund der zeitlichen Vorgaben unpraktikablen Verzögerung führen könnte, kann ein solches Zumutbarkeitsargument keine Abweichung von der rechtsstaatlich gebotenen Gleichbehandlung von (verdachtsgefährdeten) Zeugen in Straf- und Untersuchungsausschussverfahren führen, die eine Schlechterstellung eines Zeugen in Untersuchungsausschussverfahren bewirkt. Eine insoweit die Rechte von Zeugen beschneidende sinngemäße Anwendung des § 70 StPO ist unzulässig. Die Argumentation des AG Bonn, der sich Derksen in seiner Anmerkung insoweit anschließt, wonach ein (un-)zumutbarer Zeitaufwand bei der Anwendung bzw. Durchsetzung eines Beugemittels die sofortige Anwendung der wesentlich drastischeren Beugehaft durch den Untersuchungsausschuss rechtfertigen könnte, ist aus rechtsstaatlichen Erwägungen nicht haltbar.

507 *Gollwitzer* in FS Dünnebier, 330 f. m.w.N.

men und eine von Emotionen möglichst freie Verhandlungsatmosphäre. Dabei können im Strafverfahren die Ordnungsmittel des § 178 GVG insbesondere als Antwort auf grobe Achtungsverletzungen und bewusste Provokationen eingesetzt werden. Nicht jede Störung der Sitzungsordnung muss jedoch zugleich einen erheblichen Angriff auf die Würde und das Ansehen des Gerichts enthalten. Eine Ahndung mit einem Ordnungsmittel nach § 178 GVG kann entbehrlich sein, wenn eine augenblickliche, aus einer gereizten Verhandlungsatmosphäre geborene, Entgleisung vorliegt, z.B. die spontane Äußerung „Du alte Sau!" gegenüber dem Angeklagten.[508] Ungebühr i.S.d. § 178 Abs. 1 GVG ist daher erst ein erheblicher Angriff auf die Ordnung in der Sitzung, auf deren justizförmigen Ablauf, auf den Gerichtsfrieden und damit auf die Würde des Gerichts.[509] Dabei sind Tätlichkeiten gegenüber Verfahrensbeteiligten oder Zuhörern grundsätzlich Ungebühr im Sinne der genannten Vorschrift.[510] Ungebühr können aber auch Kundgebungen des Missfallens sein, wenn sie eine Missachtung des Gerichts – etwa eine Missbilligung seines Verhaltens – zum Ausdruck bringen.[511] Die Verhängung eines Ordnungsmittels wegen Ungebühr setzt ferner schuldhaftes Handeln voraus. Vor der Entscheidung ist rechtliches Gehör zu gewähren.[512]

Die Vorschrift des § 13 Abs. 2 PUAG wirft hinsichtlich der entsprechenden Anwendung der §§ 176 ff. GVG einige Fragen und Unsicherheiten auf. So obliegt dem Vorsitzenden (Richter) gemäß § 176 GVG die Aufrechterhaltung der Ordnung in der Sitzung. Eine die entsprechende Anwendbarkeit des § 176 GVG regelnde Vorschrift hätte es indes nicht bedurft, da bereits der für die Arbeit von Bundestagsausschüssen einschlägige § 59 Abs. 1 GO-BT Ent-

---

508 OLG Hamm, Beschluss vom 16.10.2003, 3 Ws 443/03.

509 Vgl. OLG Hamm, Beschluss vom 28.11.2000, 2 Ws 292 u. 296/00 = NStZ-RR 2001, 116, 117 = VRS 100, 29, 30 = DAR 2001, 134 = StraFo 2001, 132; *Meyer-Goßner* StPO, § 178 GVG, Rn. 2.

510 Vgl. BGHSt 47, 105 = NJW 2001 , 3275; LR-*Wickern* StPO, Bd. 7, § 178 GVG, Rn. 10; KK-*Diemer* StPO, § 178 GVG, Rn. 3.

511 Vgl. *Meyer-Goßner* StPO, § 178 GVG, Rn. 3; LR-*Wickern* StPO, Bd. 7, § 178 GVG, Rn. 17. Beispielsweise haben Äußerungen wie: „Das ist ein Hammer hier!" (OLG Hamm, Beschluss vom 19.12.2000, 3 Ws 425/00), das Erscheinen des Angeklagten in der Hauptverhandlung in einem T-Shirt mit dem Aufdruck „Beamtendumm-Förderverein (BdF), Prozessbeobachter, Justiz-Opfer-Bürgerinitiative" (OLG Hamm, Beschluss vom 23.02.2003, 3 Ws 277/02) und das Erscheinen einer Person in erheblich angetrunkenem Zustand (OLG Hamm, Beschluss vom 25.06.2004, 4 Ws 242/04) ein ungebührliches Verhalten vor Strafgerichten begründet. Dagegen haben etwa das Mitschreiben während der Hauptverhandlung durch einen Zuhörer (BGH NStZ 1982, 389), das Erscheinen zur Vernehmung in kurzen Hosen, sofern die Kleidung nicht in besonders nachlässiger Weise war oder durch das Auftreten besonders provoziert werden sollte (OLG Koblenz, NJW 1995, 997) und das Lutschen eines Hustenbonbon bei Erkältung keine Störung bzw. Ungebühr dargestellt.

512 OLG Hamm, Beschluss vom 17.12.1998, 4 Ws 723/98.

sprechendes bestimmt.[513] Der Verweis auf § 176 GVG ist daher überflüssig. § 59 GO-BT regelt in den Abs. 3 und 4 darüber hinaus mit den §§ 177, 178 GVG vergleichbar die Adressaten der Ordnungsgewalt des Ausschussvorsitzenden, namentlich die Sitzungsteilnehmer, die nicht Mitglieder des Bundestages sind, und Zuhörer, sowie seine Möglichkeiten für den Fall, dass der ordnungsgemäße Ablauf einer Sitzung nicht mehr gewährleistet ist. Die genannten Personen kann er im Rahmen seiner Ordnungsgewalt aus dem Sitzungsraum entfernen lassen.[514]

Dennoch hat der Gesetzgeber geregelt, dass die §§ 177, 178 GVG entsprechend Anwendung finden sollen. Gemäß § 177 GVG können Parteien, Beschuldigte, Zeugen, Sachverständige oder bei der Verhandlung nicht beteiligte Personen, die den zur Aufrechterhaltung der Ordnung getroffenen Anordnungen nicht Folge leisten, aus dem Sitzungszimmer entfernt werden. Sie können ferner zur Ordnungshaft abgeführt und während einer zu bestimmenden Zeit, die vierundzwanzig Stunden nicht übersteigen darf, festgehalten werden. Über Maßnahmen nach Satz 1 entscheidet gegenüber Personen, die bei der Verhandlung nicht beteiligt sind, der Vorsitzende des Gerichts, in den übrigen Fällen das Gericht. Fraglich ist, ob eine entsprechende Anwendung dieser Vorschrift auf die Konstellation des Untersuchungsausschusses überhaupt noch zusätzlich möglich ist. *Rogall* nimmt insoweit an, dass über die entsprechende Anwendung der §§ 176 ff. GVG über die Festsetzung von Ordnungsgeld der Vorsitzende des Untersuchungsausschusses allein entscheidet; im Übrigen soll der Untersuchungsausschuss als Gremium entscheiden.[515] Diese Ableitung überzeugt nicht. Ein Untersuchungsausschussvorsitzender mag zwar im Rahmen seiner Sachleitungsbefugnis dazu befugt sein, Zeugen, Sachverständige und an dem Verfahren nicht beteiligte Personen, z.B. Zuhörer aus dem Sitzungssaal zu entfernen. Diese Möglichkeit steht ihm auch bereits gemäß § 58 Abs. 3 GO-BT zu. Insoweit – wie bereits beim § 176 GVG – hätte es einer entsprechenden Anwendbarkeit des § 177 GVG nicht bedurft.[516]

Weshalb dem Untersuchungsausschuss über § 58 GO-BT hinaus ein sitzungspolizeiliches Festhalterecht im Sinne des § 177 GVG für Zeugen eingeräumt werden sollte, das sonst nur einem neutralen und unabhängigen Gericht vorbehalten ist, ist nicht überzeugend begründbar. Der Vorsitzenden eines Untersuchungsausschusses bzw. der Untersuchungsausschuss wird dem Vorsitzenden eines Gerichts bzw. dem Gericht für den Bereich der Ord-

---

513 Vgl. *Rogall* in GS Meurer, 457.

514 *Roll* GO-BT, § 59, Rn. 3.

515 *Rogall* in GS Meurer, 457.

516 *Rogall* spricht von einer „weiteren rechtlichen Kompetenzgrundlage für den Ausschussvorsitzenden“: *Rogall* in GS Meurer, 457 m.w.N.

nungsmittelbefugnisse zwar gleichgestellt. Diese Gleichstellung ist jedoch aufgrund der nur begrenzt vergleichbaren Verfahren und Befugnisse nicht sachgerecht und auch nicht sinngemäß im Sinne des Art. 44 Abs. 2 S. 1 GG. Denn der Vorsitzende eines Untersuchungsausschusses hat nicht die Stellung eines unabhängigen Richters oder einer neutralen richterähnlichen Person inne (vgl.C.II.2.c)(3)(b)). Der Ausschussvorsitzende soll sich auch nach dem Willen des Bundesgesetzgebers nicht an den Kriterien richterlicher Unabhängigkeit messen lassen. Ansonsten hätte der Gesetzgeber neben dem § 6 Abs. 2 PUAG, der lediglich dem Vorsitzenden des Untersuchungsausschusses die Sachleitungsbefugnis zuweist, auch eine Regelung eingeführt, die die unabhängige und neutrale Stellung einer Überprüfung durch Verfahrensbeteiligte – sinngemäß vergleichbar mit denen des Strafprozesses (§§ 22 ff. StPO) – gewährleisten soll.[517] Besonders deutlich wird die fehlende Übereinstimmung der Vorsitzendenstellungen am Beispiel des § 178 GVG, wonach gegen Parteien, Beschuldigte, Zeugen, Sachverständige oder bei der Verhandlung nicht beteiligte Personen, die sich in der Sitzung einer Ungebühr schuldig machen, vorbehaltlich der strafgerichtlichen Verfolgung ein Ordnungsgeld bis zu 1.000 Euro oder Ordnungshaft bis zu einer Woche festgesetzt und sofort vollstreckt werden kann. Diese Norm ist ausschließlich auf den unabhängigen Richter bzw. das Gericht im Sinne des Art. 104 GG zugeschnitten. Nur dieser bzw. ein solches darf wegen des grundgesetzlichen Richtervorbehaltes freiheitsentziehende Maßnahmen wie die Ordnungshaft anordnen. Der Vorsitzende des Untersuchungsausschusses hat aber zum einen nicht die Stellung eines unabhängigen Richters oder einer neutralen richterähnlichen Person inne.[518] Zum anderen liefe eine entsprechende Anwendung des § 178 GVG über § 13 Abs. 2 PUAG darauf hinaus, dass ein Untersuchungsausschussvorsitzender bzw. ein Untersuchungsausschuss in die Lage versetzt werden würde, freiheitsentziehende Maßnahmen anordnen zu können. Da dies nach dem Grundgesetz nur dem Richter bzw. dem Gericht vorbehalten ist, verstößt die Verweisung in § 13 Abs. 2 PUAG gegen Art. 104 GG und ist deshalb verfassungswidrig.

Soweit in der Literatur hierzu die Ansicht vertreten wird, die entsprechende Anwendung bewirke lediglich ein Antragsrecht des Untersuchungs-

---

517 Vgl. Beispiel bei *Richter II* in FS Lüderssen, 743 f. für das Bundesland Nordrhein-Westfalen.

518 Ein entsprechender Vorschlag der Fraktion der Grünen im Bundestag vom 20.06.1998 im „Entwurf eines Gesetzes über Einsetzung und Verfahren von Untersuchungsausschüssen des Bundestages" (BT-Drs. 13/11227), der in § 3 Abs. 1 vorsah, dass der Vorsitzende und der Stellvertreter vom Präsidenten des Deutschen Bundestages berufen werden, die Befähigung zum Richteramt besitzen sollen und weder Bundestag, Bundesrat, Bundesregierung noch einer entsprechenden Institution eines Bundeslandes angehören dürfen, wurde im PUAG nicht aufgegriffen.

ausschusses auf Ordnungshaft beim zuständigen Gericht[519], stellt diese Auslegung eine unzulässige Überdehnung des Begriffs „entsprechend" dar. Denn die Norm passt schon systematisch nicht zum Untersuchungsausschussverfahren. Dies ergibt sich aus § 178 Abs. 3 GVG, wonach das Ordnungsgeld oder die Ordnungshaft auf die Strafe angerechnet wird, wenn wegen derselben Tat später auf Strafe erkannt wird. Eine solche Anrechnungsmöglichkeit besteht aufgrund des fehlenden Rechtsfolgesystems im Untersuchungsausschussverfahren nicht.

Der Gesetzgeber hätte deshalb besser daran getan, die bestehende Gesetzeslage nach der GO-BT für ausreichend zu belassen und nicht die Verweisung auf die weder sinngemäß noch entsprechend anwendbaren Ordnungsvorschriften der §§ 177 ff. GVG einzuführen.[520] Es wäre dem Gesetzgeber auch möglich gewesen, eine spezielle Regelung für den Untersuchungsausschuss in das PUAG aufzunehmen. Eine insoweit die Erfordernisse des Untersuchungsausschussverfahrens berücksichtigende Regelung enthält beispielsweise, aber nicht nur, das Untersuchungsausschussgesetz des Bundeslandes Baden-Württemberg in § 11:

> „(1) Die Aufrechterhaltung der Ordnung in der Sitzung obliegt dem Vorsitzenden.
>
> (2) Zeugen, Sachverständige, Betroffene, Beistände und Zuhörer, die den zur Aufrechterhaltung der Ordnung ergangenen Anordnungen nicht Folge leisten oder sich einer Ungebühr schuldig machen, können vom Vorsitzenden aus dem Sitzungssaal entfernt werden."[521]

---

519 So *Rogall* in GS Meurer, 457 m.w.N.

520 Diese Problematik hat offenbar auch das Bundesland Mecklenburg-Vorpommern erkannt und anders als der Bundesgesetzgeber bei der Einführung des Untersuchungsausschussgesetzes in § 16 Abs. 2 lediglich § 176 GVG und § 179 GVG, nicht aber § 178 GVG, für entsprechend anwendbar erklärt. Auf weitere Ordnungsmittel hat das Bundesland Mecklenburg-Vorpommern gänzlich verzichtet (Gesetz über die Einsetzung und das Verfahren von Untersuchungsausschüssen vom 09.07.2002, GVOBl. M-V, 440). Bezeichnend ist auch, dass einzig das Bundesland Schleswig-Holstein neben dem Bund pauschal auf die §§ 176 ff. GVG verweist und diese für entsprechend anwendbar erklärt (§ 12 des Gesetzes zur Regelung des Rechts der parlamentarischen Untersuchungsausschüsse vom 17.04.1993, GVOBl. Schl.-H., 145).

521 Gesetz über Einsetzung und Verfahren von Untersuchungsausschüssen des Landtags vom 3. März 1976 geändert durch Gesetz vom 12. Dezember 1983 (GBl., 834); Gesetz vom 11. Oktober 1993 (GBl., 605). Die Gesetze über die Untersuchungsausschüsse der Hamburgischen Bürgerschaft (§ 12 des Gesetzes über die Untersuchungsausschüsse der Hamburgischen Bürgerschaft vom 27.08.1997, HmbGVBl., 427) und des Bundeslandes Sachsen (§ 11 des Gesetzes über Einsetzung und Verfahren von Untersuchungsausschüssen des Sächsischen Landtages vom 12.02.1991, zuletzt geändert durch Gesetz vom 11.11.1997, GVBl., 586). enthalten vergleichbare Regelungen. In Bayern sieht das Untersuchungsausschussgesetz als Sanktion ebenfalls (nur) die Entfernung aus dem Sitzungssaal vor, allerdings lediglich für Zeugen, Sachverständige und Zuhörer. Betroffene im Sinne des Art. 13 des Untersuchungsausschusses des

6. Zusammenfassung

Der Zeuge des PUAG ist als subjektives Beweismittel dem des Strafprozesses weitgehend nachgebildet. Dies belegen die umfangreichen Verweise auf die Strafprozessordnung im PUAG und die Zeugenvorschriften des PUAG, die überwiegend Normen der Strafprozessordnung angeglichen sind (vgl. §§ 20-25, 27 PUAG). Aufgrund der Ähnlichkeit in Stellung und Ausgestaltung als Beweismittel ist auch die sinngemäße Anwendung der diesbezüglichen Vorschriften über den Strafprozess eröffnet, die einerseits die Beweiserhebungsrechte parlamentarischer Untersuchungsausschüsse begrenzen und andererseits das sinngemäß anwendbare Beweismittel Zeuge präzisiert (vgl. C.IV.). Die Präzisierung bewirkt zum einen, dass die Zeugenschutzvorschriften des Strafprozesses gewahrt und nicht durch Regelungen des PUAG entweder

---

Bayerischen Landtages und Zeugenbeistände sollen offenbar nicht erfasst sein (Art. 20 des Gesetzes über die Untersuchungsausschüsse des Bayerischen Landtags vom 23.03.1970, zuletzt geändert am 10.07.1998, GVBl., 382). Das Untersuchungsausschussgesetz des Bundeslandes Berlin sieht neben der Möglichkeit der Entfernung aus dem Sitzungssaal gemäß § 16 Abs. 3 die Beantragung der Festsetzung von Ordnungsmitteln gegen Zeugen, Sachverständige und Zuhörer beim Gericht vor, allerdings ohne diese zu bezeichnen (Gesetz über die Untersuchungsausschüsse des Abgeordnetenhauses von Berlin vom 22.06.1970, zuletzt geändert durch Gesetz vom 02.11.1993, GVBl., 543). Umfassend regelt das Untersuchungsausschussgesetz des Bundeslandes Bremen die Möglichkeit der Entfernung von Zeugen, Sachverständigen, Beiständen und Zuhörer (§ 16 Abs. 2), die Beantragung einer Ordnungsstrafe in Geld oder Haft beim zuständigen Gericht (§ 16 Abs. 3) sowie die Vollstreckung der Ordnungsstrafe durch die Staatsanwaltschaft auf Veranlassung des Vorsitzendes des Untersuchungsausschusses (Gesetz über die Einsetzung und Verfahren von Untersuchungsausschüssen vom 15.11.1982 in der Fassung vom 23.02.1988, Brem.GBl., 17). Die Bundesländer Nordrhein-Westfalen, Rheinland Pfalz und Thüringen haben ohne Bezugnahme auf die §§ 176 ff. GVG neben der Ausschlussmöglichkeit von Zeugen, Sachverständigen, Betroffenen, Beiständen, Zuhörern und – als insoweit einzige Gesetze – Sitzungsteilnehmern geregelt, dass der Untersuchungsausschuss unmittelbar ein Ordnungsgeld bis zu 2.000 DM verhängen darf, das nach den Vorschriften der Justizbeitreibungsordnung beizutreiben ist. Die Beantragungsmöglichkeit von Ordnungshaft ist nicht vorgesehen (§ 11 Abs. 2 des Gesetzes über die Einsetzung und das Verfahren von Untersuchungsausschüssen des Landtags von Nordrhein-Westfalen vom 18.12.1984, zuletzt geändert durch Gesetz vom 24.04.1990, GV NW, 250; § 11 Abs. 2 des Landesgesetzes über die Einsetzung und das Verfahren von Untersuchungsausschüssen des Landes Rheinland-Pfalz vom 18.09.1990, GVBl., 261; § 11 Abs. 2 und 3 des Landesgesetzes über die Einsetzung und das Verfahren von Untersuchungsausschüssen des Landes Thüringen vom 07.02.1991, GVBl., 36). Eine ähnliche Regelung enthält § 13 des Untersuchungsausschussgesetzes des Bundeslandes Sachsen-Anhalt mit der Abweichung, dass ein Ordnungsgeld von bis zu 500 EUR festgesetzt werden darf, welches über die Staatsanwaltschaft zu vollstrecken ist (Gesetz über die Einsetzung und das Verfahren von Untersuchungsausschüssen vom 29.10.1992, zuletzt geändert durch Gesetz vom 07.12.2001, GVBl. LSA, 540).

umgangen oder eingeschränkt werden. Ferner bewirkt sie, dass Zeugenpflichten modifiziert werden, so dass sie sinngemäß auf das Untersuchungsausschussverfahren passen.

Verschiedentlich ist die Ansicht vertreten worden, das PUAG räume Zeugen in Untersuchungsausschussverfahren teilweise eine günstigere Rechtsstellung als Zeugen in Strafprozessen ein.[522] *Wiefelspütz*[523] führt unter Wiedergabe der entsprechenden Passagen aus dem PUAG folgende „wesentliche Abweichungen, mit denen das Untersuchungsausschussgesetz den Zeugen im Untersuchungsausschussverfahren eine bessere Rechtsstellung als den Zeugen im Strafverfahren einräumt" an:

- „In der Ladung sind Zeugen über das Beweisthema zu unterrichten, über ihre Rechte zu belehren und auf die gesetzlichen Folgen des Ausbleibens sowie darauf hinzuweisen, dass sie einen rechtlichen Beistand ihres Vertrauens zu der Vernehmung hinzuziehen dürfen (§ 20 Abs. 2 PUAG).
- Jeder Zeuge kann die Auskunft auf Fragen verweigern, deren Beantwortung ihm oder einer Person, die im Sinne des § 52 Abs. 1 der Strafprozessordnung sein Angehöriger ist, die Gefahr zuziehen würde, einer Untersuchung nach einem gesetzlich geordneten Verfahren ausgesetzt zu werden (§ 22 Abs. 2 PUAG).
- Dem Zeugen ist das Protokoll seiner Vernehmung zuzustellen (§ 26 Abs. 1 PUAG).
- Der Untersuchungsausschuss entscheidet, ob die Vernehmung des Zeugen abgeschlossen ist. Die Entscheidung darf erst ergehen, wenn nach Zustellung des Vernehmungsprotokolls zwei Wochen verstrichen sind oder der Zeuge auf die Einhaltung dieser Frist verzichtet. (§ 26 Abs. 2 PUAG).
- Der Zeuge ist von dem Vorsitzenden darüber zu belehren, wann seine Vernehmung abgeschlossen ist (§ 26 Abs. 3 PUAG)."

Es erfolgt jedoch durch das PUAG keine Verbesserung der Rechtsstellung des Zeugen, mit Ausnahme der Erweiterung des Auskunftsverweigerungsrechtes.[524] Die Stellung des Zeugen wird vielmehr durch die Anwendung der Vorschriften über den Strafprozess sinngemäß an die Besonderheiten des Untersuchungsausschussverfahrens angepasst, wodurch die Rechtsstellung des Zeugen qualitativ unverändert bleibt. Von einer solchen (Gesetzes-) Änderung hat der Deutsche Bundestag auch bewusst Abstand genommen, beispielsweise indem er auf die Einführung eines sog. „betroffenen Zeugen"

522 So *Wiefelspütz* S. 240 f. und dem folgend *Glauben/Brocker.*

523 *Wiefelspütz* S. 241.

524 Von einer insgesamt gesehenen Besserstellung geht vermutlich auch *Wiefelspütz* nicht aus, da er zugleich auf strengere Vorschriften für Zeugen und Sachverständige in Untersuchungsausschussverfahren hinweist.

(vgl. III.) verzichtet hat, d.h. einem beschuldigtenähnlichen Zeugen mit entsprechenden Sonderrechten auszustatten.

II. Sachverständiger

Neben dem Zeugen existiert als weitere Auskunftsperson der Sachverständige. Der Sachverständige ist eine Person, die wegen ihrer besonderen Sachkunde zur Feststellung von Tatsachen oder zur Berichterstattung über Erfahrungssätze einschließlich der Erstellung von Prognosen bestellt wird.[525] Die Stellung und Funktion des Sachverständigen (vgl. C.II.2.c)(3)(c)) im Untersuchungsausschussverfahren ist in der Literatur und Rechtsprechung nicht näher behandelt worden. Die bisherigen Darstellungen in der Literatur beschränken sich im Wesentlichen auf die Wiedergabe der einschlägigen Vorschriften des PUAG sowie der Strafprozessordnung und merken an, dass der Sachverständigenbeweis in der Praxis so gut wie keine Schwierigkeiten bereitet.[526]

Es sind vergleichsweise wenig Untersuchungsausschussverfahren bekannt, in denen Sachverständige hinzugezogen und den Ausführungen eines Sachverständigen besondere Bedeutung beigemessen worden ist.[527] Dies mag vor dem Hintergrund der erheblichen Bedeutung, die der Sachverständigenbeweis in jeder Phase des Strafverfahrens einnimmt[528] und der hierzu umfangreich ergangenen Rechtsprechung, zunächst verwundern. Denn dem Sachverständigen kommt im Strafverfahren vielfach eine verfahrensentscheidende Bedeutung zu.[529] Aus dem Postulat der Rationalität richterlicher Entscheidungen und den Anforderungen an die Aufklärung des Sachverhaltes (§ 244 StPO) folgt, dass sich das Gericht angesichts der steigenden Komplexität von Sachverhalten und der zunehmenden Verfeinerung wissenschaftlicher Disziplinen verstärkt der Hilfe von Sachverständigen zu bedienen hat, um den Anforderungen an eine sachgerechte und den aktuellen Standards der wissenschaftlichen Erkenntnis gerecht zu werdende Entscheidung treffen zu können. Dem entsprechend ist die Vornahme bestimmter erheblicher Eingriffe in die Rechte des Beschuldigten bzw. die Verhängung bestimmter Rechts-

525 BGHSt 9, 292, 293; *Ranft* Rn. 553.

526 Vgl. *Engels* S. 105 f., 160 f.; *Halstenberg* S. 89; *Weisgerber* S. 168 ff., die die Stellung des Sachverständigen zusammen mit der des Zeugen abhandeln und nicht gesondert auf den Sachverständigenbeweis eingeht; gänzlich auf die Darstellung verzichtend: *Glauben/Brocker*.

527 BT-Drs. 10/6779, 35 *Neue Heimat-Ausschuss*; BT-Drs. 11/7800 *Transnuklear/Atomskandal-Ausschuss*.

528 Vgl. *Eisenberg* NStZ 2006, 368, 368 f.

529 LR-*Krause* StPO, Bd. 2, Vor § 72, Rn. 4.

folgen nur nach Zuziehung eines Sachverständigen zulässig.[530] Andererseits verdeutlicht und unterstreicht der geringe Gebrauch des Sachverständigenbeweises im Untersuchungsausschussverfahren auch die unterschiedlichen Anforderungen an die Tatsachenermittlung und Wahrheitsfindung (vgl. C.II.2.c)(5)). Weder im Hinblick auf die Rechtsfolge Abschlussbericht noch den Grad an zu gewinnender Überzeugung besteht im Untersuchungsausschuss das Erfordernis, den Beweis bestimmter Tatsachen an die Meinung eines Sachverständigen zu knüpfen. Dieser gesteigerten Überzeugungsbildung bedarf es nicht, um bestimmte Tatsachen festzustellen bzw. Schlussfolgerungen und Wertungen zu ziehen. Insofern spricht gerade auch die untergeordnete Praxis des Sachverständigenbeweises als Indiz gegen eine Gleichstellung mit dem Strafverfahren auf der Ebene der Beweiserhebung und -würdigung.

1. Stellung des Sachverständigen

Gemäß § 28 Abs. 1 PUAG sind auf Sachverständige die Vorschriften über den Zeugenbeweis entsprechend anzuwenden, soweit sie nicht von den weiteren Regelungen in § 28 PUAG abweichen. Das PUAG orientiert sich insofern an § 72 StPO, wonach auf Sachverständige der sechste Abschnitt über Zeugen entsprechend anzuwenden ist, soweit nicht in den nachfolgenden Paragraphen (§§ 72 ff. StPO) abweichende Vorschriften getroffen sind. Die Auswahl des Sachverständigen erfolgt gemäß § 28 Abs. 2 PUAG durch den Untersuchungsausschuss. Ausweislich der Gesetzesbegründung soll in entsprechender Anwendung des § 17 Abs. 2 PUAG ein Viertel der Mitglieder des Untersuchungsausschusses die Heranziehung eines bestimmten Sachverständigen erzwingen können. Es verwundert, dass diese entsprechende Anwendung nur in der Gesetzesbegründung, nicht aber im Gesetz selbst bestimmt ist. Denn nach dem Wortlaut der Vorschrift ist eine entsprechende Anwendung des § 17 Abs. 2 PUAG nicht vorgesehen. § 28 PUAG besagt noch nichts über die Notwendigkeit, einen Sachverständigen hinzuzuziehen, sondern setzt sie voraus. Die Erforderlichkeit der Zuziehung eines Sachverständigen bestimmt sich nach § 17 Abs. 1 PUAG, wonach der Untersuchungsausschuss über die Erhebung der gebotenen Beweise aufgrund von Beweisbeschlüssen entscheidet, die sich wiederum im Rahmen des zulässigen Untersuchungsauftrages bewegen müssen.

Der Ernennung zum Sachverständigen hat in sinngemäßer Anwendung des § 75 StPO nur derjenige Folge zu leisten, der über die erforderliche Sachkunde verfügt, die insbesondere bei denen unterstellt wird, die zur Erstattung von Gutachten öffentlich bestellt sind oder von Berufs wegen über die be-

530 §§ 80a, 81 Abs. 1, 87, 91, 92, 246a, 414 Abs. 3, 415 Abs. 5 StPO.

sondere Sachkunde verfügen. Abgesehen von den Pflichtfällen kann die Berufung zum Sachverständigen auch freiwillig angenommen werden.

Gemäß § 28 Abs. 3 PUAG soll der Untersuchungsausschuss mit Sachverständigen eine Absprache treffen, innerhalb welcher Frist das Gutachten erstellt wird. Sachverständige haben das Gutachten innerhalb der vereinbarten Frist unparteiisch, vollständig und wahrheitsgemäß zu erstatten. Auf Verlangen des Untersuchungsausschusses ist das Gutachten schriftlich zu erstellen und mündlich näher zu erläutern (Abs. 4).

Ebenso wenig wie ein Zeuge (s.o. D.I.2.c)) kann ein Sachverständiger durch einen Untersuchungsausschuss vereidigt werden.[531]

2. Inhalt und Grenzen des Gutachtenauftrages

Die eingeschränkte Beweiserhebungsbefugnis parlamentarischer Untersuchungsausschüsse begrenzt die Möglichkeiten der Beauftragung und der Begutachtung bestimmter Beweisfragen durch einen Sachverständigen. Der Gutachtenauftrag wird dabei zum einen durch den Gegenstand des Untersuchungsauftrags begrenzt. Unzulässig sind demnach Begutachtungen, die sich außerhalb des Untersuchungsauftrages befinden und nicht vom öffentlichen Interesse umfasst sind. Und zum zweiten ist nicht jegliche Begutachtung, die in einem Strafverfahren zulässig wäre[532], auch im Untersuchungsausschussverfahren möglich. Sachverständige in Untersuchungsausschussverfahren können nur zu solchen Begutachtungen beauftragt werden, die sinngemäß dem Wesen des Untersuchungsausschussverfahrens entsprechen.

Wie unter C.III.1. ausgeführt, kann sich die Pauschalverweisung des Art. 44 Abs. 2 S. 1 GG nur auf die „Vorschriften über den Strafprozess" beziehen, die hinsichtlich der Prozesssubjekte und Verfahrensbeteiligten des Strafverfahrens eine Entsprechung in den Beweiserhebungsprozeduren der Untersuchungsausschüsse finden. Insofern sind solche Vorschriften über den Strafprozess unanwendbar, die spezifisch die Stellung von Prozesssubjekten und Verfahrensbeteiligten im Strafprozess regeln und die keine Entsprechung im Untersuchungsausschussverfahren finden. Damit scheiden für das Untersuchungsausschussverfahren solche Begutachtungen aus, die den Beschuldigten in einem Strafverfahren betreffen. Hierzu zählen etwa die Untersuchung der Notwendigkeit von Maßregeln der Besserung und Sicherung (§§ 63 ff. StGB), der Schuldfähigkeit im Sinne der §§ 20, 21 StGB sowie der Verhandlungs- und Haftfähigkeit.

531 A.A. *Engels* S. 106.

532 Im Strafverfahren werden Sachverständige überwiegend für den Bereich der Kriminaltechnik und ihrer Hilfswissenschaften herangezogen.

Einer sinngemäßen Anwendung im Untersuchungsausschussverfahren sind ferner kriminaltechnische Untersuchungen unzugänglich. Hierzu gehören etwa die Analyse von entnommenen organischen Bestandteilen (z.B. Blutprobenuntersuchungen, Blutalkoholbestimmungen) sowie Untersuchungen z.B. von organischen und anorganischen Materialspuren, Ab- und Eindrucksspuren, Leichenschau und Leichenöffnung, Schriftuntersuchungen, EDV-Untersuchungen, Untersuchung bei Verdacht einer Vergiftung oder Wert- und Geldzeichenfälschung. Es handelt sich hierbei um spezifische, dem Strafprozess zugewiesene, Untersuchungen, die dem Nachweis der Schuld bzw. Unschuld des Beschuldigten im Strafverfahren dienen und mit dem Wesen des Untersuchungsausschussverfahrens nicht in Einklang stehen (vgl. C.III.3.).

Fraglich ist, ob im Strafverfahren für die sachverständige Begutachtung von Zeugen vorgesehene Untersuchungen sinngemäß auch im Untersuchungsausschussverfahren Anwendung finden können. Dies betrifft z.B. die Untersuchung von Zeugen auf ihre Glaubwürdigkeit oder die Glaubhaftigkeit von Angaben und die körperliche Untersuchung von Auskunftspersonen. Wie unter C.II.2.c)(3)(c) dargestellt, ist der Zeugenbeweis im PUAG dem des Strafverfahrens vergleichbar ausgestaltet, so dass die Rechtsstellung des Zeugen im Strafverfahren im Untersuchungsausschussverfahren eine Entsprechung findet. Allerdings ist der Zeugenbeweis im Untersuchungsausschussverfahren nur in der Funktion als Aussageperson ausgestaltet und nicht auch – wie in der StPO – als Gegenstand des objektiven Personalbeweises (vgl. C.III.2.). Daraus folgt, dass ein Zeuge im Untersuchungsausschussverfahren nicht Gegenstand einer körperlichen Untersuchung sein kann.

Im Übrigen ist die Beauftragung von Sachverständigen rechtlich zulässig und sinnvoll, wenn die Mitglieder des Untersuchungsausschusses nicht selbst über die erforderliche Expertise verfügen. Sachverständige können, wie im Strafverfahren[533], zu vielfältigen Beweisfragen herangezogen werden, die die Vermittlung wissenschaftlicher Erkenntnisse, kaufmännischer Gepflogenheiten, einer bestimmten Branchenübung, handwerkliche oder technischen Spezialkenntnisse, die Bewertung von Vermögensgegenständen, rechtlichen Strukturen oder auch den Inhalt oder die Anwendung ausländischen Rechts zum Gegenstand haben.

533 LR-*Krause* StPO, Bd. 2, Vor § 72, Rn. 2.

3. Gutachtenverweigerungsrecht des Sachverständigen und Anwendung von Zwangsmitteln

Die Vorschrift des § 76 StPO über das Gutachtenverweigerungsrecht ist gemäß § 28 Abs. 5 PUAG entsprechend anzuwenden. Demnach berechtigen gemäß § 76 Abs. 1 StPO dieselben Gründe, die einen Zeugen berechtigen, das Zeugnis zu verweigern, einen Sachverständigen zur Verweigerung des Gutachtens (vgl. § 22 PUAG).

Weigern sich die zur Erstattung des Gutachtens verpflichteten Sachverständigen, nach Abs. 3 eine angemessene Frist abzusprechen, oder versäumen sie die abgesprochene Frist, so kann der Untersuchungsausschuss gemäß § 28 Abs. 6 PUAG gegen sie ein Ordnungsgeld bis zu 10.000 Euro festsetzen.[534] Dasselbe gilt, wenn die ordnungsgemäß geladenen Sachverständigen nicht erscheinen oder sich weigern, ihr Gutachten zu erstatten oder zu erläutern. In diesen Fällen kann der Untersuchungsausschuss zugleich den Sachverständigen die durch ihre Säumnis oder Weigerung verursachten Kosten auferlegen. § 21 Abs. 2 PUAG gilt entsprechend. Hierdurch will der Gesetzgeber einen zügigen Ablauf des Untersuchungsausschussverfahrens ermöglichen.[535] Lehnt der Untersuchungsausschuss eine Entscheidung nach § 28 Abs. 6 S. 1 PUAG ab, so entscheidet auf Antrag eines Viertels der Mitglieder der Ermittlungsrichter des BGH nach Maßgabe des § 17 Abs. 4 PUAG.[536]

4. Kein Ablehnungsrecht des Sachverständigen

Abweichend von der Strafprozessordnung wird die Anwendung des § 74 StPO im Untersuchungsausschussverfahren gemäß § 28 Abs. 2 PUAG ausgeschlossen. Ein vom Untersuchungsausschuss ausgewählter Sachverständiger soll somit nicht wegen Besorgnis der Befangenheit abgelehnt werden können. Der Gesetzgeber begründet dies mit den Unterschieden zwischen den beiden Verfahren.[537] Tatsächlich erscheint eine Anwendung des § 74 StPO auf den ersten Blick weder sinnvoll noch rechtlich möglich, da die in § 74 Abs. 2 StPO genannten ablehnungsberechtigten Verfahrensbeteiligten im Strafverfahren, namentlich Staatsanwaltschaft, Privatkläger und Beschuldigter, im Untersuchungsausschussverfahren nicht existieren. Jenseits des ausdrücklichen Ausschlusses des § 74 StPO im Untersuchungsausschussverfahren (vgl. § 28 Abs. 2 PUAG) käme deshalb auch eine sinngemäße Anwendung des § 74

---

534 Zur Unzulässigkeit eines Ordnungsgelder über bis zu 1.000 Euro vgl. D.I.5.a)(1).

535 BT-Drs. 14/5790, 19.

536 BT-Drs. 14/5790, 19.

537 BT-Drs. 14/5790, 19.

StPO nicht in Betracht. Auch die Tatsache, dass gemäß § 74 Abs. 1 StPO ein Sachverständiger aus denselben Gründen abgelehnt werden kann, die zur Ablehnung eines Richters berechtigen, stützt den Ausschluss des § 74 StPO im Untersuchungsausschussverfahren. Denn die §§ 22 ff. GVG finden im Untersuchungsausschussverfahren keine Anwendung (vgl. D.I.3.d)).

Indem der Gesetzgeber aber die Anwendung des § 74 StPO ausschließt, nimmt er sich jegliche Korrekturmöglichkeit. Stellt sich etwa nach Beauftragung des Sachverständigen heraus, dass dieser in der Sache vorbefangen oder voreingenommen ist oder in einem persönlichen Näheverhältnis zu einem der Verfahrensbeteiligten oder Betroffenen steht[538], könnte der Sachverständige im Untersuchungsausschussverfahren nachträglich nicht von der Begutachtung ausgeschlossen werden. Das PUAG kennt keine Ablehnungsmöglichkeit des Sachverständigen. Die nachträgliche Ablehnung eines Sachverständigen wegen mangelnder Sachkunde ist auf der Grundlage des § 74 StPO nicht möglich.[539]

Der Ausschluss des § 74 StPO durch den Gesetzgeber wirft die Frage nach dem Stellenwert des Sachverständigen als Beweismittel im Untersuchungsausschussverfahren auf. Zutreffend ist der Sachverständige in gerichtlichen Verfahren als Beweismittel und nicht als „Gehilfe des Gerichts“ bei der Wahrheitsfindung zu bezeichnen.[540] Dahinter steht die Befürchtung, dass sich ein Sachverständiger von Vorurteilen, Fehleinschätzungen oder Ergebniserwartungen leiten lassen kann, die für den Richter nicht erkennbar sind und Fehlerquellen darstellen.[541] Auf die Fehlurteilen vorbeugende Funktion des Ablehnungsrechtes des § 74 StPO kann im Strafverfahren daher nicht verzichtet werden.

Durch die Nichtberücksichtigung einer dem § 74 StPO entsprechenden Vorschrift im PUAG besteht im Untersuchungsausschussverfahren damit potentiell die Gefahr von Vorurteilen, Fehleinschätzungen oder Ergebniserwartungen geleiteten Gutachtenerstattungen und somit auch die Gefahr des politischen Ge- bzw. Missbrauchs von Sachverständigen. Diese Gefahr wird dadurch noch verstärkt, dass ausweislich der Gesetzesbegründung gemäß § 17 Abs. 2 PUAG sogar für eine Minderheit die Möglichkeit bestehen soll, die Beauftragung eines bestimmten Sachverständigen zu erzwingen. Es müsste vom Untersuchungsausschuss also hingenommen werden, dass Minderheiten die Beauftragung politisch bzw. in der Sache nahe stehender Sachverständiger durchsetzen könnten. Dadurch müsste durch den Untersuchungsausschuss

---

538 Vgl. im Einzelnen: LR-*Krause* StPO, Bd. 2, § 74, Rn. 11 ff.

539 LR-*Krause* StPO, Bd. 2, § 74, Rn. 11 ff.

540 *Ranft* Rn. 553; LR-*Krause* StPO, Bd. 2, § 74, Rn. 3: „Die Verwendung des Begriffs ist irreführend, soweit sie dazu verleiten kann, dem Sachverständigen nach seiner prozessualen Rolle ein Übergewicht gegenüber anderen Beweismitteln einzuräumen.“

541 *Eisenberg* NStZ 2006, 368, 369 f.

ein Sachverständiger beauftragt werden, der dann allerdings – anders als im Strafverfahren – kein Beweismittel des Untersuchungsausschusses („Gehilfe des Untersuchungsausschusses"), sondern ein Hilfsmittel einer Untersuchungsausschussminderheit wäre. Der Wahrheitsfindung wäre dies nicht förderlich. In diesem Zusammenhang ist allerdings andererseits auch der Minderheitenschutz in Untersuchungsausschussverfahren zu berücksichtigen, der das Recht auf Erzwingung der Einsetzung eines bestimmten Sachverständigen gegen die sonst den Untersuchungsausschuss beherrschende Mehrheit rechtfertigt. Ansonsten bliebe es der Mehrheit im Untersuchungsausschuss überlassen, dafür zu sorgen, dass ein politischer bzw. in der Sache nicht opportuner Sachverständiger der Minderheit durch den Untersuchungsausschuss eingesetzt wird. Dabei ist es in den meisten Untersuchungsausschusskonstellationen vornehmlich Aufgabe und Begehren der Ausschussminderheit, die Ausschussmehrheit stellenden Fraktionen zu kontrollieren bzw. ein Verhalten aus deren politischen Verantwortungsbereich zu untersuchen. Zur Wahrung der Rechte der Minderheiten in Untersuchungsausschüssen ist die Möglichkeit der Einsetzung eines von der Minderheit gerade gewollten Sachverständigen daher von Bedeutung.

Dieser Konflikt zwischen den Abstrichen bei der Wahrheitsfindung einerseits und den Zwecken und Besonderheiten des Untersuchungsausschussverfahrens andererseits zeigt zum einen erneut auf (vgl. C.II.2.c)(5)), dass die Anforderungen an die Wahrheitsfindung im Straf- und Untersuchungsausschussverfahren andersartig sind. Zum zweiten verdeutlicht er den Stellenwert, die die politische Aufklärung und Bewertung der untersuchungsgegenständlichen Vorgänge einnimmt. Durch den gezielten Einsatz von Sachverständigen können sowohl Mehr- wie auch Minderheiten das Untersuchungsergebnis im Abschlussbericht bzw. in einem Minderheitenvotum im Abschlussbericht und in der Öffentlichkeit beeinflussen. Mit den Anforderungen an die Wahrheitsfindung im Strafprozess ist dies nicht in Einklang zu bringen. Den Anforderungen an die politische Wahrheitsfindung kann dies indes gerecht werden.

5. Bewertung des Sachverständigenbeweises

Aufgrund der getroffenen Feststellungen, insbesondere der eingeschränkten Verwendbarkeit als Beweismittel und der fehlenden Ablehnungsmöglichkeit, verliert der Sachverständigenbeweis im Untersuchungsausschuss gegenüber dem im Strafverfahren erheblich an Bedeutung. Den hohen Anforderungen an die Sachverhaltsermittlung und Wahrheitsfindung im Strafverfahren kann das Untersuchungsausschussverfahren nicht gerecht werden. Gerade dadurch erhält der Sachverständigenbeweis aber auch eine sinngemäße Anpassung an die Gegebenheiten im Untersuchungsausschussverfahren. Nicht nachvollziehbar ist dennoch das Fehlen einer (nachträglichen) Ablehnungsregelung, der der genannten Besorgnis des politischen Ge- bzw. Missbrauchs von Sachverständigen durch Mehr- und Minderheiten im Untersuchungsausschuss Rechnung trägt und den Sachverständigenbeweis im Untersuchungsausschussverfahren im Hinblick auf die Wahrheitsfindung entwertet. Eine solche Regelung könnte sich an dem § 74 StPO zu orientieren und für die Belange des Untersuchungsausschusses als eigene Verfahrensvorschrift im PUAG ausgestaltet werden.

III. Rechtsstellung des Betroffenen

Das Untersuchungsausschussverfahren kennt als Auskunftspersonen – anders als im Strafverfahren – keine Beschuldigten, sondern nur Zeugen und Sachverständige. In einigen UAGen der Bundesländer wird allerdings bestimmten Zeugen, die persönlich von der Untersuchung betroffen sind und bei denen bereits aus dem Untersuchungsauftrag ersichtlich ist, dass sich die Untersuchung ausschließlich oder ganz überwiegend gegen sie richten wird, ein sog. Betroffenenstatus zuerkannt. Hierbei handelt es sich um eine Art Zwischenstatus zwischen dem Zeugen und Beschuldigten, der je nach Ausgestaltung in den einzelnen Gesetzen entweder eher mit dem eines Beschuldigten oder mit dem eines Zeugen mit Sonderrechten im Strafverfahren vergleichbar ist.

Zur Klärung des Betroffenenstatus sollen zunächst dessen unterschiedliche Konstruktionen in Bund und Ländern sowie dessen Relevanz für das Untersuchungsausschussverfahren in der Rechtsprechung und Literatur betrachtet werden. Im Anschluss wird die rechtliche Herleitung des Betroffenenstatus dargestellt und erörtert, ob es der Einführung eines Betroffenenstatus überhaupt Bedarf bzw. ob sich aus der Verfassung die Notwendigkeit ergibt, Auskunftspersonen im Untersuchungsausschussverfahren bei Vorliegen bestimmter Voraussetzungen mit Sonder- bzw. beschuldigtenähnlichen Rechten auszustatten.

1. Die verschiedenen Konstruktionen des Betroffenenstatus

Die Gesetzgeber des Bundes und der Bundesländer verfolgen bei der Anerkennung und Ausgestaltung des Betroffenenstatus keine einheitliche Linie.

a) PUAG und IPA-Regeln

Das PUAG kennt den Betroffenen nicht. Dabei regelten die bis zur Einführung des PUAG von Untersuchungsausschüssen des Bundes angewandten IPA-Regeln gemäß § 18 Abs. 1 noch den Betroffenenstatus. Vor Schaffung des PUAG wurde durch Untersuchungsausschüsse des Bundes auf der Grundlage der IPA-Regeln allgemein angenommen, dass eine Berufung auf eine sinngemäße Anwendung des § 136 StPO dann möglich ist, wenn sich der Untersuchungsausschuss ausschließlich oder überwiegend gegen einen Zeugen richtet[542] bzw. wenn zwischen dem Untersuchungsauftrag und gleichzeitig gegen diesen Zeugen laufende Ermittlungsverfahren Sachverhaltsidentität besteht.[543]

Die IPA-Regeln orientierten sich damit an den Empfehlungen der Konferenz der Präsidenten der Deutschen Länderparlamente, die die Voraussetzungen und Folgen bei einer Betroffenheit im Abschnitt VIII, Nr. 3 wie folgt formulieren:

> „(a) Auch die von der parlamentarischen Untersuchung betroffene Person ist grundsätzlich als Zeuge zu vernehmen. Geht aus dem Untersuchungsauftrag eindeutig hervor, dass sich die Untersuchung ausschließlich oder ganz überwiegend gegen eine bestimmte Person richtet, so darf diese Person nicht als Zeuge vernommen werden. Ob diese Voraussetzung vorliegt, hat der Untersuchungsausschuss in jedem Einzelfall zu prüfen; sie ist insbesondere gegeben, wenn die Untersuchung mit dem Ziel eingeleitet ist, die Beschlussfassung des Parlaments über eine Minister-, Abgeordneten- oder Richteranklage i.S. der jeweiligen Verfassung vorzubereiten.
>
> (b) Stellt der Untersuchungsausschuss fest, dass eine Person hiernach nicht als Zeuge vernommen werden darf, so ist sie nach Art eines Beschuldigten anzuhören.“[544]

Die Verfahrensstellung des Zeugen im Untersuchungsausschuss sollte mit dem Beschuldigten im Strafverfahren demzufolge nur ausnahmsweise ausreichend vergleichbar sein, namentlich dann, wenn es sich um eine parlamentari-

---

542 Vgl. § 18 Abs. 1 IPA-Regeln und hierzu zusammenfassend: *Engels* S. 80 ff.

543 AG Tiergarten vom 10.07.2000, 353 AR 141/99, 3 f.; Empfehlung der Konferenz der Deutschen Länderparlamente vom 4. Mai 1961, die sich für eine sinngemäße Anwendung des § 136 StPO ausspricht, „wenn bereits der Untersuchungsauftrag erkennen läßt, dass sich die Untersuchung gegen eine bestimmte Person richtet und für einen Betroffenen strafähnliche Folgen haben kann.“

544 Empfehlung der Konferenz der Deutschen Länderparlamente vom 4. Mai 1961.

sche Untersuchung mit personell bestimmten Untersuchungszweck handelt mit dem Ziel zu untersuchen, ob bestimmte namentlich bezeichnete Personen Handlungen begangen haben, die auch strafrechtlich relevant sind.[545]

Die IPA-Regeln, an denen sich die Untersuchungsausschüsse des Bundes über mehr als 30 Jahre orientierten, enthielten demnach Elemente einer sinngemäßen Anwendung von Rechten Beschuldigter im Strafverfahren. Sofern einer Person zu den Zeiten der IPA-Regeln förmlich der Betroffenenstatus zuerkannt worden wäre, hätten sich hieraus gemäß § 18 IPA-Regeln folgende über die Zeugenstellung hinausgehende Rechte ergeben: Das Recht

- auf eine zeitlich vor den Zeugenaussagen zusammenhängende Sachdarstellung, und zwar zeitlich vor den Zeugenaussagen (vgl. § 243 Abs. 4 S. 1 StPO),
- auf Anwesenheit bei jeder Beweiserhebung, also auch bei nicht-öffentlichen Beweisaufnahmen,
- auf Information hinsichtlich solcher nicht-öffentlicher Beweisaufnahmen, an denen er ausnahmsweise nicht teilnehmen durfte (vgl. §§ 230, 247 StPO),
- an Zeugen und Sachverständige Fragen zu stellen (vgl. § 240 Abs. 2 S. 1 StPO) sowie
- Beweisanträge zu stellen (vgl. §§ 244 Abs. 3-6, § 245 Abs. 2 StPO).

Von den Empfehlungen der Konferenz der Präsidenten der Deutschen Länderparlamente maßgeblich abweichend, sahen die IPA-Regeln allerdings kein Aussageverweigerungsrecht vor, sondern behandelten den Betroffenen insoweit wie einen Zeugen. Bemerkenswert ist, dass § 18 IPA-Regeln zu keinem Zeitpunkt Anwendung fand und bereits durch die von Ende 1970 bis 1976 tagende Enquête-Kommission wieder in Frage gestellt wurde. Da sie offenbar nicht als Ausdruck einer sinngemäßen Anwendung des § 136 Abs. 1 StPO angesehen worden ist, ist sie ist auch nicht geeignet, Argumente für die Einführung bzw. Berücksichtigung einer Betroffenenstellung zu liefern.[546]

Der Bundesgesetzgeber hat auf die Einführung einer Betroffenenstellung in das PUAG verzichtet. Zugleich hat er es aber ausweislich der Gesetzesbegründung nicht gänzlich ausgeschlossen, dass es bestimmte Situationen gebieten können, betroffenen Auskunftspersonen einzelne, sonst Beschuldigten in einem Strafverfahren vorbehaltene, Rechte zuzugestehen.[547] In diese Richtung gehen auch Äußerungen einzelner Abgeordneter in der Bundestagsdebatte: So führte MdB *Andreas Schmidt* aus:

---

545 Vgl. BGHSt 17, 128, 129 f.

546 Vgl. *Wiefelspütz* S. 237 ff.

547 BT-Drs. 14/5790, 18.

> „Ich möchte als abschließenden Punkt das Thema Betroffenenstatus ansprechen. Wir haben diesen Status im Gesetzentwurf ausdrücklich nicht geregelt. In diesem Punkt hat es keinen Konsens, keine Einigung gegeben. Aber wir sind uns einig, dass der Gesetzentwurf im Hinblick auf die Geltung des Art. 44 des Grundgesetzes den Betroffenenstatus im Einzelfall nicht ausschließt."[548]

MdB *Freiherr von Stetten* merkte an:

> „Es wird gegebenenfalls aufgrund von Erfahrungen verändert oder verbessert werden, zum Beispiel in Bezug auf das Betroffenenstatut."[549]

Andeutungen einer Betroffenenstellung finden sich so auch in § 14 Abs. 3 Nr. 3 PUAG („sonstige Auskunftspersonen").[550] Der Bundesgesetzgeber hat sich damit im Ergebnis trotz Ablehnung eines Betroffenenstatus der Anwendung bestimmter beschuldigtenähnlicher Rechte auf betroffene Zeugen nicht gänzlich verschlossen.

b) Bundesländer

Anders verhält es sich mit den Bundesländern. In den meisten Untersuchungsausschussgesetzen der Bundesländer ist ein Betroffenenstatus vorgesehen.[551] Allerdings unterscheidet sich der Status hinsichtlich des Umfangs der Rechte des Betroffenen zum Teil erheblich. So sind gemäß § 19 Abs. 1 UAG Baden-Württemberg Betroffene

> „1. Mitglieder der Regierung im Falle einer Untersuchung zur Vorbereitung einer Ministeranklage;
>
> 2. Mitglieder des Landtags im Falle einer Untersuchung, die ihr Belastung oder Entlastung zum Ziel hat;

---

548 Plen.Prot. 14/165, 16148.

549 Plen.Prot. 14/165, 16154.

550 Allerdings ist – entgegen *Plöd* (*Plöd* S. 116) – der Betroffene nicht mit den von der Untersuchung betroffenen Personen i.S.d. § 32 Abs. 1 PUAG, denen rechtliches Gehör zu gewähren ist, gleich zu setzen. § 32 Abs. 1 PUAG zielt allgemein auf von der Untersuchung betroffene (natürliche und juristische) – i.S.v. sie betreffende – Personen ab, denen unter den in § 32 Abs. 1 PUAG genannten Voraussetzungen rechtliches Gehör zu den sie betreffenden Ausführungen im Abschlussbericht zu gewähren ist. Die im § 32 Abs. 1 PUAG genannten Voraussetzungen sind jedoch erheblich geringer und daher nicht mit den Anforderungen an eine Betroffenenstellung vergleichbar. Dem entsprechend heißt es auch in der Gesetzesbegründung, dass die Vorschrift dem Schutz der Personen diene, die indirekt - also gerade nicht wie der Betroffene unmittelbar – in das Untersuchungsausschussverfahren einbezogen wurden (vgl. D.I.3.e)).

551 Keine Regelung einer Betroffenenstellung enthalten neben dem Bund die Bundesländer Berlin, Bremen, Mecklenburg-Vorpommern, Nordrhein-Westfalen und Sachsen-Anhalt.

3. Richter im Falle einer Untersuchung zur Vorbereitung einer Richteranklage;

4. alle weiteren Personen, über die der Untersuchungsausschuss im Bericht eine Äußerung abgeben will, ob eine persönliche Verfehlung vorliegt."

Dem Betroffenen in Baden-Württemberg wird somit (eher) die Rechtsstellung eines Zeugen mit Sonderrechten eingeräumt. Ihm wird gemäß § 19 Abs. 3 UAG BW gestattet, zeitlich vor den Zeugen eine zusammenhängende Sachdarstellung abzugeben und ein Recht eingeräumt, an den öffentlichen und nichtöffentlichen Beweisaufnahmen teilzunehmen. Der Betroffene bleibt aber verpflichtet, auf Ladung des Ausschusses zu erscheinen und auszusagen. Ihm stehen zudem (lediglich) die Aussage- und Auskunftsverweigerungsrechte des Zeugen zu, nicht aber die für den Beschuldigten charakteristische Aussagefreiheit.[552]

Auch Rheinland-Pfalz und Thüringen, jeweils in Bezug auf betroffene natürliche Personen (§ 15 UAG Rheinland-Pfalz bzw. § 13 UAG Thüringen), und Sachsen (§ 18 UAG Sachsen) räumen Betroffenen eine Art Zeugenstellung mit Sonderrechten ein. Allerdings stellen diese Bundesländer nicht auf eine persönliche Verfehlung ab, über die der Untersuchungsausschuss im Bericht eine Äußerung abgeben will, sondern definieren den Betroffenen allgemeiner als eine Person,

„gegen die sich nach dem Sinn des Untersuchungsauftrages die Untersuchung richtet."

Betroffene dürfen auch in diesen Bundesländern vom Untersuchungsausschuss als Zeugen vernommen werden.

Bemerkenswert sind die Betroffenenregelungen der Bundesländer Rheinland-Pfalz und Thüringen. Statt dem Betroffenen erweiterte Schutzrechte einzuräumen, schränken sie die Zeugnisverweigerungsrechte Betroffener für Mitglieder der Landesregierung oder andere Amtsträger sogar ein. Kein Zeugnisverweigerungsrecht besteht, soweit sich die Untersuchung auf die Amtsführung bezieht bzw. soweit Auskunft über dienstliche Vorgänge einschließlich der eigenen Amtsführung verlangt wird. Dies ist deshalb bemerkenswert, da eben diese genannten Merkmale etwa im Bundesland Baden-Württemberg und auch in den Empfehlungen der Konferenz der Präsidenten der Deutschen Länderparlamente (dazu sogleich) ausdrücklich zur Begründung einer Betroffenenstellung und damit zur Erweiterung von Schutzrechten

552 § 19 Abs. 1 Nr. 4 UAG-BW der Regelung ist unklar konstruiert. Denn praktisch bedeutet diese Regelung, dass einem Untersuchungsausschuss bereits bei seiner Einsetzung bekannt ist, über wessen persönliche Verfehlungen er im Abschlussbericht zu berichten beabsichtigt. Außer Betracht gelassen wird, dass sich eine persönliche Verfehlung auch erst im Rahmen der Durchführung der Beweisaufnahme ergeben kann. Die Vorschrift zeigt allerdings exemplarisch, wie deutlich ein Untersuchungsausschuss bereits bei seiner Einsetzung voreingenommen sein kann. § 19 UAG Hamburg enthält eine ähnliche Regelung.

für den Zeugen herangezogen werden. Auch der Bundesgesetzgeber hat im Jahre 2001 mit Schaffung des PUAG das Recht der Auskunftsverweigerung auf drohende gesetzliche Verfahren, insbesondere Disziplinarverfahren, ausgeweitet.

Einen ganz anderen Weg hat Bayern eingeschlagen, das dem Betroffenen als einziges Bundesland eine beschuldigtenähnliche Stellung einräumt. Gemäß Art. 13 Abs. 1 S. 2 UAG Bayern dürfen Personen nicht mehr als Zeugen vernommen werden, wenn aus dem Untersuchungsauftrag eindeutig hervorgeht,

> „dass sich die Untersuchung ausschließlich oder ganz überwiegend gegen eine bestimmte Person richtet."

Hat der Untersuchungsausschuss gemäß § 13 Abs. 2 UAG Bayern festgestellt,

> „dass eine Person hiernach nicht als Zeuge vernommen werden darf, so ist sie nach Art eines Beschuldigten anzuhören."

Bayern hat sich damit als einziges Bundesland an dem Vorschlag der Empfehlungen der Konferenz der Präsidenten der Deutschen Länderparlamente orientiert, die im Abschnitt VIII, Nr. 3, formuliert sind.[553] Diesen Empfehlungen und dem UAG Bayern zufolge kann im Ausnahmefall die Verfahrensstellung der Auskunftsperson im Untersuchungsausschuss mit dem Beschuldigten im Strafverfahren ausreichend vergleichbar sein, wenn es sich um eine parlamentarische Untersuchung mit personell bestimmten Untersuchungszweck handelt mit dem Ziel zu untersuchen, ob bestimmte namentlich bezeichnete Personen Handlungen begangen haben, die auch strafrechtlich relevant sind.[554]

Schließlich sollen Betroffene nach einigen Untersuchungsausschussgesetzen der Bundesländer nicht nur natürliche, sondern auch juristische Personen sein, vgl. § 15 Abs. 1 S. 1 UAG Rheinland-Pfalz, § 18 Abs. 1 S. 1 UAG Sachsen und § 15 Abs. 1 S. 1 UAG Thüringen:

> „Betroffene sind natürliche und juristische Personen, gegen die sich nach dem Sinn des Untersuchungsauftrages die Untersuchung richtet."

Bereits diese in ihren Begründungen und Ausprägungen sehr unterschiedlichen Regelungen verdeutlichen, dass es auf der Gesetzgebungsebene keine anerkannte und allgemeingültige Definition eines Betroffenen gibt. Überwiegend wird der Betroffene zwar als Zeuge mit Sonderrechten betrachtet. Dies bedeutet allerdings nicht, dass ihm deshalb erweiterte Schutzrechte im Untersuchungsausschussverfahren zuteil werden; so schränken die Bundesländer Rheinland-Pfalz und Thüringen die jedem Zeugen zustehenden Zeugnisverweigerungsrechte bei persönlicher Betroffenheit von Mitgliedern der Regie-

553 Empfehlung der Konferenz der Deutschen Länderparlamente vom 4. Mai 1961.
554 Vgl. BGHSt 17, 128, 129.

rung oder Verwaltung sogar ein. Nur Bayern hält es aus rechtsstaatlichen Gründen für erforderlich, dem Betroffenen ein Schweigerecht nach Art des strafrechtlich Beschuldigten im Sinne des § 136 Abs. 1 StPO einzuräumen. Ansonsten wird Betroffenen – wie dem Zeugen – eine Aussageverpflichtung auferlegt.

c) Untersuchungsausschusspraxis

Eine einheitliche und gefestigte Untersuchungsausschusspraxis besteht hinsichtlich der Zuerkennung eines Betroffenenstatus und des Umfangs der Rechte eines Betroffenen weder auf Bundes- noch auf Länderebene. Dies hat bereits die Darstellung der unterschiedlichen Gesetzgebung auf Bundes- und Länderebene gezeigt.

Auch schon vor Einführung des PUAG war auf Bundesebene die deutliche Tendenz erkennbar, Auskunftspersonen keinen Betroffenenstatus gemäß § 18 IPA-Regeln einzuräumen, sondern – vergleichbar zur Rechtsprechung (s.u. d)) – die Möglichkeit der umfassenden Berufung auf § 55 StPO als ausreichend für den Schutz des betroffenen Zeugen anzusehen. Wie unterschiedlich die Anwendung beschuldigtenähnlicher Rechte allerdings praktisch gehandhabt wurde, zeigen Beispiele aus Untersuchungsausschüssen des Deutschen Bundestages, in denen die Anwendbarkeit der Beschuldigtenrechte diskutiert wurde:[555]

- Im Untersuchungsausschuss *DDR-Vermögen* wurde einem Zeugen, gegen den sieben Ermittlungsverfahren gleichzeitig anhängig waren, wegen der „Vielschichtigkeit des Untersuchungsauftrages“ weder ein Betroffenenstatus noch beschuldigtenähnliche Rechte zugebilligt.[556]
- Dagegen wurde einem Zeugen im *Flick-Ausschuss*, gegen den ein staatsanwaltliches Ermittlungsverfahren eingeleitet worden war, „in Anlehnung an die Vorschrift in § 136 StPO“ ein „Aussageverweigerungsrecht“ eingeräumt.[557]
- Zuletzt[558] berief sich im Rahmen des *Parteispenden-Ausschusses* des Deutschen Bundestages eine als Zeuge geladene Person auf eine sinngemäße Anwendung des § 136 Abs. 1 S. 2 StPO, um so wie ein Beschuldigter im Strafverfahren mit der Konsequenz einer allgemeinen Einlassungsfreiheit

555 BT-Drs. 13/10900 *DDR-Vermögen-Ausschuss*; BT-Drs. 10/5079 *Flick-Ausschuss*.

556 BT-Drs. 13/10900, 70 f. *DDR-Vermögen-Ausschuss*.

557 BT-Drs. 10/5079, 7 *Flick-Ausschuss*.

558 Vgl. auch den Abschlussbericht des *Transnuklear/Atomskandal-Ausschuss*, BT-Drs. 11/7800, 31.

und einer Entbindung von der Wahrheitspflicht behandelt zu werden.[559] Der Untersuchungsausschuss stellte weder einen Betroffenenstatus im Sinne des § 18 Abs. 1 der IPA-Regeln fest noch sah sich der Ausschuss hierzu veranlasst, obgleich sich der Zeuge in seiner Vernehmung bei der Staatsanwaltschaft im Ermittlungsverfahren auf § 136 StPO berufen hatte.[560] Soweit sich der Zeuge bei der Beantwortung von Fragen zum Untersuchungsauftrag der Gefahr aussetzen würde, wegen strafbarer Handlungen verfolgt zu werden, bestand nach Auffassung des Ausschusses die ausreichende Möglichkeit, von einem Auskunftsverweigerungsrecht gemäß § 55 StPO Gebrauch zu machen.[561]

Zu dieser unausgewogenen Praxis der Einräumung eines Betroffenenstatus nach den IPA-Regeln wurde in der Literatur von *Herzog* kritisch angemerkt, dass sie eine Entwicklung genommen habe, „die sich mehr und mehr von den Geboten der Rechtsstaatlichkeit entfernt."[562]

Der uneinheitlichen Untersuchungsausschusspraxis lässt sich somit allenfalls entnehmen, dass eine sinngemäße Anwendung von beschuldigtenähnlichen Rechten allenfalls in speziellen Fällen rein privatgerichteter *Skandal-Enquêten* anerkannt werden könnte, bei denen sich der Untersuchungsauftrag von vornherein gegen eine bestimmte Person oder Personengruppe richtet und gleichzeitig mit gegen diese Personen laufende Ermittlungsverfahren Sachverhaltsidentität besteht.[563] Dies aber auch nicht einheitlich. Ansonsten wurde überwiegend die Regelung des Auskunftsverweigerungsrechtes gemäß § 55 StPO, das unter bestimmten Voraussetzungen auch zu einem umfassenden Aussageverweigerungsrecht erstarken kann, als ausreichend und sachgerecht zum Schutz der Auskunftsperson angesehen.[564]

559 BT-Drs. 14/9300 *Parteispenden-Ausschuss*.

560 Der *Parteispenden-Ausschuss* fasste den folgenden Beschluss: „Der 1. Untersuchungsausschuss der 14. Wahlperiode des Deutschen Bundestages stellt fest, die Übertragung der Rechtsstellung eines Beschuldigten in einem Strafverfahren durch sinngemäße Anwendung des § 136 Abs. 1 S. 2 StPO kann dem Zeugen Dr. Helmut Kohl nicht zuerkannt werden. Der Zeuge Dr. Kohl ist nach wie vor Inhaber sämtlicher Rechte und Pflichten eines Zeugen vor einem parlamentarischen Untersuchungsausschuss." (BT-Drs. 14/9300, 85 *Parteispenden-Ausschuss*).

561 BT-Drs. 14/9300, 85 *Parteispenden-Ausschuss*.

562 Maunz-Dürig/*Herzog* Art. 44, Rn. 54.

563 *Schaefer* NJW 1998, 434, 435.

564 Vgl. AG Tiergarten vom 10.07.2000, 353 AR 141/99, 3 f.

d) Rechtsprechung

Die Rechtsprechung hat sich bislang kaum bzw. nur vage zum Betroffenenstatus geäußert. Soweit sich die Rechtsprechung mit einer Betroffenenstellung zu befassen hatte, ging es jeweils um Konstellationen, in denen nach dem Landesrecht jeweils die Einräumung einer solchen rechtlich vorgesehen war. Es ging bislang nicht um die Frage der verfassungsrechtlichen Gebotenheit einer Betroffenenstellung in Untersuchungsausschussverfahren.[565] Sie hilft daher bei der Bestimmung der Betroffenenstellung nur insofern weiter, als die Einräumung einer Betroffenenstellung nicht für unzulässig erachtet worden ist.

Für den Fall des Bestehens einer gesetzlichen Betroffenenregelung stellte das BVerfG fest, dass eine Anwendung der Beschuldigtenvorschriften dann in Betracht komme,

> „wenn das Vorliegen dieser Betroffenenmerkmale sich für das Gericht so aufdrängt, dass die Vorenthaltung der Betroffenenstellung nicht mehr verständlich wäre.“[566]

Wann dies der Fall ist und zu welchem Umfang an Rechten des Betroffenen dies führt, erläuterte das BVerfG nicht.

Eine vielbeachtete Entscheidung hinsichtlich der Betroffenenstellung hat der BGH aus Anlass zahlreicher Meineidsverfahren im Zusammenhang mit dem Spielbanken-Ausschuss des Bayerischen Landtags getroffen.[567] Ausweislich der Entscheidung sei die Einräumung einer Betroffenenstellung dann erforderlich,

> „wenn es sich um eine parlamentarische Untersuchung mit personell bestimmten Untersuchungszweck handelt mit dem Ziel zu untersuchen, ob bestimmte namentlich bezeichnete Personen Handlungen begangen haben, die auch strafrechtlich relevant sind.“[568]

Sonst erachtet der BGH die Zuerkennung einer Betroffenenstellung nicht für erforderlich. Der Zeugeneigenschaft stehe grundsätzlich nicht die Untersuchung des Verhaltens von einzelnen Personen entgegen. Aus dieser Entscheidung wird in der Literatur von Befürwortern der Betroffenenstellung abgeleitet, der BGH habe indirekt klargestellt, dass eine Gleichbehandlung sämtlicher Auskunftspersonen vor einem Untersuchungsausschuss nicht in Betracht komme und zwischen Untersuchungsausschüssen mit genereller und

---

565 Vgl. BGHSt 17, 128 ff.; OVG Berlin OVGE 10, 163, 168; OLG Köln, NJW 1988, 2485, 2487; OVG Münster, NVwZ 1987, 606 ff.; OVG Hamburg, NVwZ 1987, 610 ff.

566 BVerfG, NVwZ 1994, 54, 56 *Deponie Ihlenberg/Schönberg*.

567 BGHSt 17, 128 ff.

568 Vgl. BGHSt 17, 128, 129 f.; diese Rechtsprechung wurde angewandt vom OVG Berlin OVGE 10, 163, 168; OLG Köln, NJW 1988, 2485, 2487.

personell-bestimmter Untersuchungsrichtung unterschieden werden müsse. Von Untersuchungsausschussaufträgen personell-bestimmt betroffenen Zeugen müssten Sonderrechte in Untersuchungsausschussverfahren zustehen.[569] Diese Auslegung lässt sich der Entscheidung des BGH für das parlamentarische Untersuchungsausschussverfahren allerdings nicht zwingend entnehmen, denn der BGH legte in seiner Entscheidung lediglich das UAG Bayern aus und traf keine grundsätzliche Entscheidung zur Gebotenheit einer Betroffenenstellung.

In einer weiteren Entscheidung stellte das OVG Münster auf einen gerichtlichen Antrag der *Neue Heimat*, als juristische Person als Betroffener anerkannt zu werden, hin fest, dass ein subjektiv-öffentliches Recht auf Anerkennung eines Betroffenenstatus auf der Grundlage der seinerzeit geltenden IPA-Regeln nicht bestand. Ferner seien die in § 18 IPA-Regeln für Betroffene vorgesehenen Rechte nicht kraft Verfassung gegeben.[570] Es führte ferner allgemein aus, dass die sinngemäße Verweisung auf die Vorschriften über den Strafprozess den Untersuchungsausschuss nur mit denjenigen Instrumentarien ausstatten solle, dessen er bedarf, um den Untersuchungsauftrag wirkungsvoll erfüllen zu können.

> „Daher erfasst sie nur die Vorschriften der StPO, in denen die den Strafverfolgungsorganen zustehenden Befugnisse zur Aufklärung des Sachverhalts und deren Grenzen umschrieben sind (vgl. BVerfGE 67, 100, 133 = NJW 1984, 2271; *Stern* AöR 109 [1984], a.a.O., 233 ff.). Nicht in Bezug genommen sind dagegen solche Vorschriften, die dem vom Verfahren Betroffenen bei der Erforschung des Sachverhalts bestimmte Beteiligungs- und Mitwirkungsrechte gewähren."[571]

Es lehnte damit die Übertragung von Beteiligungs- und Mitwirkungsrechten aus dem Strafprozess und damit auch eine sinngemäße Anwendung des § 136 StPO für einen betroffenen Zeugen ab.

Die Rechtsprechung hat sich damit weder grundsätzlich zur Rechtsstellung des Betroffenen noch sich hinsichtlich seiner Rechte festgelegt. Im Falle des Vorliegens eines gesetzlichen Betroffenenstatus hat die Rechtsprechung diesen bislang nicht als unzulässig angesehen. Andererseits hat sie im Falle des Nichtvorliegens einer gesetzlichen Regelung kein subjektiv-öffentliches Recht auf Einräumung eines Betroffenenstatus anerkannt. Jenseits dessen wird seitens der Rechtsprechung verlangt, dass ein Zeuge, der von der parlamentarischen Untersuchung insofern betroffen ist, als er im Mittelpunkt der Untersuchung und damit auch in der Öffentlichkeit steht, ausreichend Schutz vor Bloßstellung und potentieller strafrechtlich relevanter Selbstbelastung geboten

569 *Weisgerber* S. 229; *Wagner* NJW 1960, 1936, 1937 f.
570 OVG Münster, NVwZ 1987, 606, 607.
571 OVG Münster, NVwZ 1987, 606, 607.

wird.[572] Von der Tendenz her scheint die Rechtsprechung die Einräumung eines Betroffenenstatus in Untersuchungsausschussverfahren damit nicht als zwingend anzusehen, um betroffenen Zeugen ausreichend Schutz zu bieten.[573]

e) Literatur

Enthalten bereits die Gesetze der Bundesländer derart unterschiedliche Herangehensweisen an die (Nicht-)Regelung der Betroffenenstellung und zeigen sich auch die Untersuchungsausschusspraxis sowie die Rechtsprechung unausgewogen, überrascht es nicht, dass in der Literatur ebenso verschiedene Herleitungen, Eingrenzungsversuche und Begründungen zur Erforderlichkeit einer Betroffenenstellung zu finden sind. Nicht ganz klar sind der Ursprung und die Herleitung des Betroffenenstatus. Hierzu bestehen unterschiedliche Auffassungen[574], die in der Folge nur als Übersicht dargestellt werden, zumal sich an diesem Stand seither nichts geändert hat und durch den Bund eine Betroffenenstellung nicht eingeführt worden ist. Die Literatur leitet die Betroffenenstellung entweder (sinngemäß) aus § 136 StPO oder unmittelbar aus dem verfassungsrechtlichen nemo-tenetur-Prinzip (nemo tenetur se ipsum accusare) ab.

(1) Anwendung des § 136 StPO

Eine direkte Anwendung des § 136 Abs. 1 S. 2 StPO auf das parlamentarische Untersuchungsverfahren scheidet nach allgemeiner Ansicht aus, da das PUAG wie auch die UAGe der Bundesländer den Begriff des Beschuldigten nicht kennen. Sie wird – soweit ersichtlich – auch nicht vertreten. Der Beschuldigte ist ein durch das Strafprozessrecht belegter und definierter Verfahrensbeteiligter, den sich ein Untersuchungsausschuss vor dem Hintergrund der Wesensverschiedenheit der beiden Verfahren (vgl. C.II.c)(6)) nicht aneignen kann.

---

572 Vgl. OVG Münster, NVwZ 1987, 606, 607.

573 A.A. *Weisgerber* S. 229 ff.

574 Vgl. nur *Damkowski* S. 157 f.; *Gollwitzer* in FS Dünnebier, 335 ff.; *ders.* BayVBl. 1982, 417 ff.; *Müller-Boysen* S. 1 ff.; *Quaas/Zuck* NJW 1988, 1873, 1877 f.; *Robbers* JuS 1996, 116, 118; *Schenke* JZ 1988, 805, 814; *Wagner* GA 1976, 257, 265 ff.; *Weisgerber* S. 222 ff.; *Wiefelspütz* S. 234 ff.

(2) Sinngemäße Anwendung des § 136 StPO

Es wird weiter die Frage gestellt, ob § 136 Abs. 1 S. 2 StPO über Art. 44 Abs. 2 S. 1 GG sinngemäß auf das Untersuchungsausschussverfahren angewandt werden kann.[575] Charakteristisch für die Beschuldigtenstellung im Strafverfahren ist die Aussagefreiheit, das Recht auf einen Verteidiger und das Beweisantragsrecht. Eine sinngemäße Anwendung des § 136 Abs. 1 StPO würde das Recht des Betroffenen auf Aussagefreiheit, ein Beistandsrecht sowie ein Beweisantragsrecht voraussetzen. Zwar sind das Beistandsrecht und zumindest das Beweisanregungsrecht des betroffenen Zeugen unabhängig von dem Vorliegen einer Betroffenenstellung anerkannt (vgl. D.I.3.c)). Die Vernehmung nach der Art eines Beschuldigten im Sinne des § 136 StPO setzt aber weiter die Aussagefreiheit voraus, derzufolge der Betroffene im Untersuchungsausschuss sich nicht zur Sache äußern müsste, seine Bereitschaft zur Aussage auf bestimmte Komplexe beschränken könnte, seine Aussage zurücknehmen könnte, die Beantwortung von Fragen ablehnen könnte und von der Wahrheitspflicht entbunden wäre. Wie dargelegt, ist eine solche sinngemäße Anwendbarkeit nur durch das Bundesland Bayern gesetzlich vorgesehen. Von den übrigen Gesetzgebern wird eine solche beschuldigtenähnliche Sichtweise abgelehnt und eine, die den Betroffenen als Zeugen mit Sonderrechten ausstattet, bevorzugt.

Die sinngemäße Anwendbarkeit des § 136 StPO auf den betroffenen Zeugen im Untersuchungsverfahren begegnet auch in der Literatur Bedenken und wird überwiegend abgelehnt.[576] Gegen eine derart weit reichende Übertragung einer Beschuldigtenstellung aus dem Strafverfahren werden vor allem Gründe geltend gemacht, die die Unterschiede der beiden Verfahrensarten betonen. Es wird darauf verwiesen, dass die Übertragung der Beschuldigtenstellung aus dem eine strafrechtliche Sanktionierung aufgrund individueller Verantwortlichkeit zum Ziel habende in einer die politische Aufklärung eines Sachverhaltes verfolgenden parlamentarischen Untersuchung nicht in den Sinn- und Zweckzusammenhang eines Untersuchungsverfahrens passt, weshalb eine sinngemäße Anwendung des § 136 StPO gemäß Art. 44 Abs. 2 S. 1 GG abgelehnt wird.

---

575 § 136 Abs. 1 StPO lautet: „Bei Beginn der ersten Vernehmung ist dem Beschuldigten zu eröffnen, welche Tat ihm zur Last gelegt wird und welche Strafvorschriften in Betracht kommen. Er ist darauf hinzuweisen, dass es ihm nach dem Gesetz freistehe, sich zu der Beschuldigung zu äußern oder nicht zur Sache auszusagen und jederzeit, auch schon vor seiner Vernehmung, einen von ihm zu wählenden Verteidiger zu befragen. Er ist ferner darüber zu belehren, dass er zu seiner Entlastung einzelne Beweiserhebungen beantragen kann. In geeigneten Fällen soll der Beschuldigte auch darauf hingewiesen werden, dass er sich schriftlich äußern kann."

576 *Kohlmann* JA 1984, 670, 672; *Quaas/Zuck* NJW 1988, 1873, 1877 m.w.N.

(3) Betroffener sui generis

Die überwiegende Meinung in der Literatur schlägt deshalb eine restriktivere Anwendung von Beschuldigtenrechten vor. Sie leitet die Stellung des Betroffenen nicht mehr aus einer sinngemäßen Anwendung der Vorschriften über den Strafprozesses im Sinne des Art. 44 Abs. 2 S. 1 PUAG ab, sondern unmittelbar aus dem Grundgesetz. Dem Betroffenen soll unter bestimmten Voraussetzungen eine beschuldigtenähnliche Stellung im Untersuchungsausschussverfahren zuteil werden, die ihre Legitimation unmittelbar aus dem Anspruch auf Gewährung rechtlichen Gehörs (Art. 2 Abs. 1 i.V.m. Art. 1 Abs. 1, 12 und 14 sowie Art. 20 Abs. 3 GG) sowie einer restriktiven Anwendung des nemo-tenetur-Prinzips (nemo tenetur se ipsum accusare) ableitet. Der Betroffene soll demnach weder Beschuldigter im Sinne der StPO noch Zeuge im Sinne des PUAG sein, sondern eine dem Untersuchungsausschussverfahren eigene Rechtsfigur.[577] Für den Betroffenen werden die folgenden Verfahrenssicherungen gefordert: [578]

- das Recht auf rechtliches Gehör sowie das Recht, in Begleitung eines Rechtsbeistandes vernommen zu werden, der zwar kein eigenes Rede- oder Fragerecht bei der Beweiserhebung besitzt, aber den Zeugen bei der Vorbereitung seiner Aussage unterstützen darf;
- das Recht des Zeugen, zu Beginn seiner Vernehmung seine Kenntnisse über den zu untersuchenden Sachverhalt im Zusammenhang zu schildern, womit nicht nur dem Interesse des Ausschusses an vollständiger Sachaufklärung, sondern auch möglicherweise dem des Zeugen gedient ist, seine Sicht der Dinge im Zusammenhang, umfassend und ausführlich darstellen zu können;
- das Recht, bei allen öffentlichen Verhandlungen und Beweiserhebungen anwesend zu sein;
- der Schutz des Zeugen durch § 68a StPO[579], wonach „Fragen nach Tatsachen, die dem Zeugen oder einer Person, die (...) sein Angehöriger ist, zur Unehre gereichen können oder deren persönlichen Le-

577 *Di Fabio* S. 47 ff.; *Stern* Staatsrecht II, 106; *Pabel* NJW 2000, 788, 790; *Schröder* NJW 2000, 1455, 1457; *Groß* DVBl. 1971, 638, 639 f.; *Zeh* DÖV 1988, 701, 705 f.; *Masing* S. 264 ff.; herangezogen werden können auch die Begründungen aus den verschiedenen Gesetzesentwürfen zu einem Untersuchungsausschussgesetz des Deutschen Bundestages: BT-Drs. V/4209, 8/1181, 10/6587, 11/1896, 12/1436, 14/2363. Dies verkennend: *Wiefelspütz* S. 234 ff., der davon ausgeht, dass die Herleitung einer Betroffenenstellung ausschließlich aus einer sinngemäßen Anwendung der StPO erfolgen soll.

578 *Engels* S. 83 f.

579 Bereits unmittelbar über § 12 Abs. 2 S. 3 UAG anwendbar.

bensbereich betreffen können", nur gestellt werden sollen, wenn dies unerlässlich ist.

Ein allgemeines Schweigerecht sowie die Anerkennung weiterer Rechte wie in früheren IPA-Regeln des § 18 werden gerade nicht angenommen und können nach dieser Ansicht auch nicht aus den betroffenen Grundrechten hergeleitet werden.[580] Denn die Zuerkennung eines Schweigerechts würde den Betroffenen zu sehr in die Nähe zum Beschuldigten eines Strafverfahrens stellen und dem Wesen des Untersuchungsausschussverfahren (vgl. C.II.2.c)) widersprechen.

Eine nicht unerhebliche Literaturmeinung[581] meint jedoch, dass dem Betroffenen neben den unter aufgezählten Rechten zudem ein allgemeines Schweigerecht zuzustehen hat, das dem eines Beschuldigten im Strafverfahren entspricht. Die Anwendung des nemo-tenetur-Prinzips (nemo tenetur se ipsum accusare) gebiete es, dem Betroffenen zusätzlich ein umfassendes Schweigerecht einzuräumen. Das auf der Grundlage der Mosaiktheorie des BGH unter besonderen Voraussetzungen auch zum Totalverweigerungsrecht erstarkende Auskunftsverweigerungsrecht des Zeugen im Untersuchungsausschussverfahren gemäß § 22 PUAG (vgl. D.I.3.b)(4)(c)) gewährleiste dieser Ansicht zufolge nicht in ausreichendem Maße die schutzwürdige Situation des Betroffenen. Denn zum einen müsse das Auskunftsverweigerungsrecht aktiv geltend gemacht werden und entbinde nicht von der Pflicht zu Erscheinen, weshalb es nicht die indes erforderliche Aussagefreiheit gewährleiste. Zum zweiten stelle das totale Auskunftsverweigerungsrecht die Ausnahme dar und sei zu konturenlos. Es bestehe ferner keine Kongruenz von Verfahrensrechten für den Betroffenen in allen mit gleicher Zielrichtung gegen ihn geführten Verfahren.[582]

Zusammengefasst soll der Betroffene mit Ausnahme der zuletzt genannten Ansicht damit eher den Status eines Zeugen mit Sonderrechten als den eines Beschuldigten einnehmen. Nur die zuletzt genannte Ansicht sowie das UAG Bayern regeln konsequent den Betroffenen als eine beschuldigtenähnliche Auskunftsperson. Denn gerade im Hinblick auf die Aussagefreiheit unterscheidet sich die Rechtsposition des Zeugen elementar vom Beschuldigten im Strafprozess.[583] Gerade aus diesem Grund lehnt die überwiegende Ansicht in der Literatur jedoch die Zuerkennung einer Aussagefreiheit für den Betroffenen ab. Der Betroffene werde durch die

---

580 Vgl. OVG Münster, NVwZ 1987, 606, 607 f.

581 Ausweislich *Weisgerber* S. 253, sogar die überwiegende Meinung, vgl. Nachweise dort.

582 *Weisgerber* S. 253 ff. m.w.N.

583 Vgl. KK-*Boujong* StPO, § 136, Rn. 10.

Ausstattung mit der Aussagefreiheit des Beschuldigten im Strafprozess zu sehr in die Nähe des Strafprozesses und in eine Nähe zum § 136 Abs. 1 StPO gerückt, dessen unmittelbare und sinngemäße Anwendung im Untersuchungsausschussverfahren überwiegend aufgrund der Wesensverschiedenheiten der beiden Verfahren abgelehnt wird.

Die Ansichten, die den Betroffenen keine Aussagefreiheit zuerkennen wollen, regeln den Betroffenen indes kaum als eine eigenständige, an die Besonderheiten des Untersuchungsausschussverfahrens angepasste, Rechtsfigur. Denn die Rechte des Betroffenen sui generis gehen nicht wesentlich über die Rechtsposition des Zeugen im Untersuchungsausschussverfahren hinaus:

- Dem vom Untersuchungsausschussverfahren erheblich Beeinträchtigten ist gemäß § 32 PUAG rechtliches Gehör zu gewähren, das – wie unter D.I.3.e) dargelegt – sich nicht in der bloßen Möglichkeit zur Äußerung zu den den Beeinträchtigten betreffenden Teilen des Untersuchungsauftrages erschöpft, sondern die effektive Stellungnahmemöglichkeit hinsichtlich der ihn betreffenden Teile im Entwurf des Abschlussberichtes bedeutet. Die Stellungnahme ist durch den Untersuchungsausschuss zu berücksichtigen.
- Jeder Zeuge hat das Recht auf Hinzuziehung eines Zeugenbeistandes, der gegenüber dem Untersuchungsausschuss die dem Zeugen zustehenden Rechte ausüben soll. Der Beistand darf nicht von öffentlichen Beweisaufnahmen ausgeschlossen werden.
- Jeder Zeuge hat das Recht und soll nach der Formulierung des Gesetzes die Möglichkeit wahrnehmen, die Zeugenaussage mit einer zusammenhängenden Schilderung zu beginnen, die seiner aktuellen Erinnerung an das Beweisthema entspricht. Insofern ist die Möglichkeit der zusammenhängenden Darstellung gewahrt.[584]
- Jeder Zeuge hat das Recht, die Auskunft auf Fragen zu verweigern, deren Beantwortung ihm oder einer Person, die im Sinne des § 52 Abs. 1 StPO sein Angehöriger ist, die Gefahr zuziehen würde, einer Untersuchung nach einem gesetzlich geordneten Verfahren ausgesetzt zu werden (§ 22 Abs. 2 PUAG). Eine weitergehende Möglichkeit der Auskunftsverweigerung bei Fortbestehen der Erscheinens- und Wahrheitspflicht sehen nur die Vorschläge der Anhänger einer Betroffenenstellung sui generis mit

---

584 Dass Zeugen diese vom Gesetzgeber vorgesehene Möglichkeit wahrnehmen und für die Zwecke einer umfassenden Darstellung von tatsächlichen Geschehensabläufen einzusetzen wissen, haben die Aussagen der Zeugen Fischer und Schily vor dem 2. Untersuchungsausschuss der 15. Wahlperiode des Deutschen Bundestages zum Visa-Missbrauch durch mehrstündige (über 12 bzw. 13 Stunden) einleitende Vorträge deutlich gezeigt.

Aussagefreiheit vor. Die Anerkennung einer Aussagefreiheit ist verfassungsrechtlich jedoch nicht geboten (vgl. D.III.2.a)).

- Schließlich schützt § 68a StPO jeden Zeugen auch in Untersuchungsausschussverfahren vor bloßstellenden Fragen.

f) Zusammenfassung

Weder die Gesetzgebung, die Untersuchungsausschusspraxis noch die Literatur oder Rechtsprechung lassen eine einheitliche Definition des Betroffenen und eine Bestimmung des Umfangs seiner Rechte und Pflichten erkennen. Es kann daher lediglich festgehalten werden, dass der Betroffenenstatus in einigen Untersuchungsausschussgesetzen der Bundesländer – allerdings höchst verschieden – geregelt ist und die Rechtsprechung diesen im Falle einer gesetzlichen Regelung nicht für unzulässig erachtet hat. Inwiefern die Einräumung einer Betroffenenstellung im Falle des Vorliegens bestimmter Voraussetzungen, insbesondere dem Vorliegen einer personell-bestimmten Enquête, die (auch) ggf. strafrechtlich relevantes Verhalten der Personen zum Gegenstand hat, verfassungsrechtlich geboten ist, ist durch die Rechtsprechung bislang nicht behandelt worden. In der Praxis und Literatur besteht kein Einvernehmen, obgleich in der Literatur die Gebotenheit eines Betroffenheitsstatus überwiegend bejaht wird.

Vor diesem Hintergrund erscheint die Haltung des Bundesgesetzgebers, die Anwendung von Betroffenenrechten in bestimmten Konstellationen offen zu lassen, problematisch. Denn Betroffenenrechte führen ausweislich der unterschiedlichen Konstruktionen in den Gesetzen der Bundesländer zwar überwiegend, nicht aber notwendigerweise, zu einem erweiterten Schutz des Zeugen in Untersuchungsausschussverfahren. Eine verbindliche Regelung oder Entscheidung über die Anwendung bzw. Nichtanwendung von Betroffenenrechten wäre daher wünschenswert gewesen. So gilt, dass in besonderer Weise von der parlamentarischen Untersuchung tangierte Personen keine besondere Rechtsposition zuteil wird; eine solche aber ausnahmsweise – aus vom Gesetzgeber offen gelassenen Gründen – und auf der Grundlage der Rechtsprechung des BVerfG[585] angenommen werden kann.

585 BVerfG, NVwZ 1994, 54, 56.

2. Stellungnahme

Die Schaffung eines Betroffenenstatus im Untersuchungsausschussverfahren ist weder verfassungsrechtlich geboten noch zur Wahrung der Rechte des betroffenen Zeugen erforderlich. Der Status des Betroffenen ist im PUAG zu Recht nicht eingeführt worden.

a) Keine verfassungsrechtliche Gebotenheit eines Betroffenenstatus

Das Verfassungsrecht gebietet keine Betroffeneneigenschaft im Untersuchungsausschussverfahren, die über die Schutz- und Partizipationsrechte des Zeugen im parlamentarischen Untersuchungsausschussverfahren hinausgehend differenzierte und formalisierte Mitwirkungsrechte erforderlich macht. Insbesondere kann aus dem nemo-tenetur-Prinzip (nemo tenetur se ipsum accusare) keine analoge bzw. sinngemäße Einlassungsfreiheit im Untersuchungsausschussverfahren hergeleitet werden.[586]

(1) Geltung des nemo-tenetur-Prinzips im Untersuchungsausschussverfahren

Bei dem nemo-tenetur-Prinzip als Verbot des Zwanges zur Selbstbelastung handelt es sich um ein nach ganz herrschender Meinung Prinzip mit Verfassungsrang. Inhalt ist, dass niemand verpflichtet werden darf, durch eigenes Tun an seiner Strafverfolgung mitzuwirken.[587] Dieser Grundsatz tritt vor allem in § 136 StPO hervor.

Inwieweit das nemo-tenetur-Prinzip auch für Auskunftspersonen im Untersuchungsverfahren gilt, hängt von der Konfliktlage ab, in die diese vor einem Untersuchungsausschuss gebracht werden kann. Dabei ist das Gewicht der Beeinträchtigung des Persönlichkeitsrechts des Zeugen zum parlamentarischen Informations- und Aufklärungsinteresse im konkreten Einzelfall in Beziehung zu setzen. Besteht die Beeinträchtigung des Persönlichkeitsrechts in einer Selbstbezichtigung mit möglicherweise strafrechtlichen Konsequen-

586 Offengelassen vom AG Tiergarten vom 10.07.2000, 353 AR 141/00, 4, im ablehnenden Beugehaftbeschluss im *Parteispenden-Ausschuss*. Die in Rede stehende Übertragung von Rechten eines Beschuldigten könnten auch nicht unter dem Gesichtspunkt des rechtlichen Gehörs verfassungsrechtlich begründet werden, vgl. eingehend und m.w.N.: OVG Münster, NVwZ 1987, 606, 607 f.; VGH Saarland, Beschluss vom 02.04.2003, Lv 3/03, Absatz-Nr. 13 f.

587 BVerfGE 38, 105, 113.

zen, so ist ein schwerwiegender Eingriff in die Grundrechte des Zeugen[588] zu befürchten. Neben der Gefahr der strafrechtlichen Verfolgung durch eine Zeugenaussage vor einem parlamentarischen Untersuchungsausschuss hat eine Auskunftsperson mit einer öffentlichkeitswirksamen Untersuchung und einer politischen Bewertung in einem Abschlussbericht zu rechnen. Es wird darauf hingewiesen, dass der Abschlussbericht, in dem persönliche Verfehlungen, politische Verantwortlichkeiten und unternehmerische Tätigkeiten öffentlich und in nicht anonymisierter Form festgestellt sowie politisch geprägte Beweiswürdigungen vorgenommen werden, eine sanktionsähnliche öffentliche Anprangerung darstellt.[589] Diese Feststellungen und Bewertungen sind zwar nicht mit strafrichterlichen Entscheidungen vergleichbar und besitzen insbesondere keine Rechtsverbindlichkeit für jedermann, so dass der Aussagende durch den Ausschuss keine unmittelbaren strafrechtlichen Konsequenzen zu befürchten hat. Doch muss er damit rechnen, dass entweder ein Strafverfahren gegen ihn eingeleitet wird oder die Aussage in einem parallel laufenden Verfahren gegen ihn verwendet wird.

Aufgrund diesen mittelbaren strafrechtlichen Sanktionsmöglichkeiten ist es anerkannt, dass das nemo-tenetur-Prinzip nicht nur im Strafverfahren selbst Anwendung finden muss, sondern in alle staatlichen Verfahren – somit auch das parlamentarische Untersuchungsausschussverfahren – ausstrahlt, soweit die Gefahr einer Strafverfolgung besteht.[590]

(2) Reichweite des nemo-tenetur-Prinzips im Untersuchungsausschussverfahren

Aus dem nemo-tenetur-Prinzip ergibt sich aber noch nicht zwangsläufig das Erfordernis, Auskunftspersonen im Untersuchungsausschussverfahren auch eine Aussagefreiheit entsprechend der eines Beschuldigten im Strafprozess zuzubilligen. Denn auch die Auskunftsverweigerungsrechte des § 55 StPO bzw. § 22 Abs. 2 PUAG sind Ausprägungen dieses verfassungsrechtlichen Grundsatzes[591], dessen Sinn und Zweck es ist, dem Zeugen, der oder dessen Angehöriger eine Straftat oder Ordnungswidrigkeit begangen hat, die seeli-

588 Allgemeine Handlungsfreiheit aus Art. 2 Abs. 1 GG, allgemeines Persönlichkeitsrecht aus Art. 2 Abs. 1 i.V.m. Art 1 GG sowie die Menschenwürde aus Art. 1 GG.

589 Vgl. *Buchholz* S. 82 f.; in diesem Sinne auch die Empfehlung der Konferenz der Deutschen Länderparlamente vom 4. Mai 1961, die sich für eine sinngemäße Anwendung des § 136 StPO ausspricht, „wenn bereits der Untersuchungsauftrag erkennen lässt, dass sich die Untersuchung gegen eine bestimmte Person richtet und für einen Betroffenen strafähnliche Folgen haben kann."

590 BVerfGE 56, 37, 43 f.

591 BVerfGE 38, 105, 113.

sche Zwangslage zu ersparen, unter dem Druck der Aussagepflicht die Tat offenbaren zu müssen und sich oder den Angehörigen der Gefahr der Verfolgung nach einem gesetzlich geordneten Verfahren auszusetzen.[592] Ob und in welchem Umfang die Anwendung des darüber hinausgehenden Schutzrechtes der Aussagefreiheit im Untersuchungsausschussverfahren verfassungsrechtlich erforderlich ist, hängt aufgrund der verfassungsrechtlichen Verankerung des nemo-tenetur-Prinzips vielmehr von der faktischen Beeinträchtigung der Grundrechte des Zeugen ab, gegen den sich die Untersuchungen ähnlich wie Ermittlungen im parlamentarischen Verfahren überwiegend richten. In diesem Sinne stellte auch das BVerfG fest, dass eine Anwendung der Beschuldigtenvorschriften dann in Betracht komme,

> „wenn das Vorliegen dieser Betroffenenmerkmale sich für das Gericht so aufdrängt, dass die Vorenthaltung der Betroffenenstellung nicht mehr verständlich wäre."[593]

Umgekehrt – dies zeigen die unter D.III.1.b) dargestellten Betroffenenregelungen in Ländergesetzen – garantiert die Zuerkennung einer Betroffenenstellung aber auch noch nicht die Anwendbarkeit wirksamer Schutzrechte.[594] Das Bedürfnis nach Mitwirkung und die Notwendigkeit zur Gewährung einzelner, differenzierter und formalisierter Mitwirkungsrechte korrespondiert mit dem Grad der Beeinträchtigung grundrechtlich geschützter Interessen.[595]

Hierbei ist von Belang, dass das Untersuchungsausschussverfahren nach Art. 44 GG ungeachtet des Grades einer Betroffenheit nicht mit dem Strafverfahren gleich steht. Wenn auch aus einem Untersuchungsausschussverfahren für den Betroffenen gewichtige persönliche und wirtschaftliche Nachteile folgen können, tritt der Staat dem nicht mit einem Strafanspruch gegenüber:

> „die dem Untersuchungsausschuss aufgetragene Sachverhaltserforschung ist nicht der Verhängung der schärfsten Sanktion der Rechtsordnung zur Wiederherstellung verletzten Rechts und zur Behauptung ihrer Unverbrüchlichkeit gleichzusetzen. Deshalb kann die verfahrensrechtliche Stellung, die ein Beschuldigter oder ein Angeklagter im Strafverfahren schon unmittelbar aufgrund der Verfassung genießt, nicht ohne weiteres auf den Betroffenen eines Untersuchungsverfahrens übertragen werden."[596]

Die Intention des Untersuchungsausschussverfahrens ist dagegen eine formell sanktionslose Sachverhaltsaufklärung zur Information des Parlamentes als Mittel der Kontrolle und des politischen Wettbewerbes. Sie ist nicht darauf gerichtet, die sanktionsbewehrte Schuld oder Unschuld eines Menschen festzustellen.[597] Parlamentarischen Untersuchungsausschüssen einen solchen Stel-

592 Für alle: BGHSt 9, 34, 36; 11, 213, 216; 17, 245, 246.
593 BVerfG, NVwZ 1994, 54, 56.
594 Vgl. dazu IPA-Regeln § 18 Abs. 3 S. 2.
595 OVG Münster, NVwZ 1987, 606, 607 f.; VGH Saarland, Beschluss vom 02.04.2003, Lv 3/03, Absatz-Nr. 13 ff.
596 OVG Münster, NVwZ 1987, 606, 607.
597 VGH Saarland, Urteil vom 31.10.2002, Lv 2/02, Absatz-Nr. 20.

lenwert zuzuweisen, käme einer Entstellung ihrer verfassungsrechtlichen Aufgabe und Stellung als abhängiges parlamentarisches Unterorgan gleich, das sich zur Informationsbeschaffung hoheitlicher Mittel bedienen darf.[598] Mit der unterschiedlichen Zielrichtung hängt zusammen, dass die Auswirkungen einer personalisierten Enquête auf Persönlichkeitsrechte des Betroffenen geringer sind als eine strafgerichtliche Verurteilung. Der betroffene Zeuge ist nicht in der Situation, sich zum Schutz vor einer strafrechtlichen Sanktion gegen einen Tatvorwurf verteidigen zu müssen. Insoweit ist auch anerkannt, dass in Ansehung eines Zeugen, gegen den sich die Untersuchungen hauptsächlich oder ausschließlich richten oder gegen den gleichzeitig strafrechtliche Ermittlungen geführt werden, die zumindest teilweise sachverhaltsidentisch mit dem Untersuchungsausschussverfahren sind, ein Untersuchungsausschuss entsprechend Zeugenrechte und Schutzmaßnahmen vorzusehen hat.[599] Dies gilt insbesondere für Untersuchungsausschüsse, die von Gesetzes wegen neben den allgemeinen Zeugnis- und Auskunftsverweigerungsrechten keine weitergehenden Zeugenrechte regeln.[600] Bei dem PUAG ist dies nicht der Fall.

Den möglichen im Vergleich zum Strafverfahren geringeren Auswirkungen einer personalisierten Enquête und den damit einhergehenden Beeinträchtigungen der Rechtsposition betroffener Zeugen sind durch die bestehenden Schutz- und Partizipationsregelungen des PUAG zusammen mit der Möglichkeit der sinngemäßen Anwendung der Vorschriften über den Strafprozess Rechnung getragen. Die Regelungen reichen aus, um den „betroffenen" Zeugen hinreichend zu schützen. Die dem § 55 StPO nachgebildete Regelung im § 22 Abs. 2 PUAG genügt zur Wahrung der Rechte verdachtsgefährdeter Zeugen, die der Gesetzgeber gegenüber dem Strafverfahren, dort § 55 StPO, noch deutlich ausgedehnt hat. Eine weitere Lösung wäre die Streichung des Art. 44 Abs. 2 S. 1 GG gewesen, da erst die Möglichkeit einer (ergänzenden) sinngemäßen Anwendung über die Vorschriften des Strafprozesses Auslegungs- und Anwendungsproblembereiche eröffnet. Angesichts der Wesensunterschiede (vgl. C.II.2.c)) ist keine Schaffung einer Betroffenenstellung verfassungsrechtlich geboten. Ob im Einzelfall die Anerkennung von beschuldigtenähnlichen Rechten im Untersuchungsausschussverfahren entsprechend der Rechtsprechung des BVerfG verfassungsrechtlich geboten ist, hängt schließlich nicht von der Regelung oder Zuerkennung eines (gesetz-

---

598 So aber: *Jung* in FS Eser, 338.

599 *Quaas/Zuck* NJW 1988, 1873, 1877; *Schenke* JZ 1988, 805, 815; *Kohlmann* JA 1984, 670, 672 f.

600 So auch der *Antes-Ausschuss* des Abgeordnetenhauses von Berlin trotz Fehlens einer entsprechenden Regelung im Berliner UAG, vgl. Abghs.-Drs. 10/1297, 19 *Antes-Ausschuss.*

lichen) Betroffenenstatus ab, sondern ergibt sich für den Fall der Aussagefreiheit unmittelbar aus dem nemo-tenetur-Prinzip.

(3) Gebotenheit der Anwendung beschuldigtenähnlicher Rechte

Etwas anderes, nämlich die Gebotenheit der Berücksichtigung von beschuldigtenähnlichen Rechten, könnte jedoch angenommen werden, wenn gegen den „betroffenen" Zeugen bereits ein Straf-, Ordnungswidrigkeiten- oder Disziplinarverfahren auf der Grundlage des identischen Sachverhaltes eingeleitet worden ist. Sodann könnte ausreichend differenziert werden zwischen einem von einem Untersuchungsausschussverfahren politisch bzw. gesellschaftlich „betroffenen" Zeugen einerseits und einem in einem strafrechtlichen Ermittlungsverfahren, Ordnungswidrigkeiten- bzw. Disziplinarverfahren Beschuldigten andererseits. Für diesen Fall wäre zur Vermeidung von Unschärfen und zur Klarstellung auch eine gesetzliche Regelung denkbar, die bestimmt, dass Beschuldigte, Angeschuldigte oder Angeklagte in einem Straf-, Ordnungswidrigkeiten oder Disziplinarverfahren auch in einem parlamentarischen Untersuchungsausschuss von ihrem Schweigerecht Gebrauch machen können, sofern Sachverhaltsidentität besteht. Beispielsweise könnte in einem neuen Absatz des § 22 PUAG geregelt werden, dass es Zeugen, gegen die in gleicher Sache ein Straf-, Ordnungswidrigkeiten- oder Disziplinarverfahren eingeleitet worden, frei steht, zu erscheinen und sich zur Sache zu äußern. Der Einführung eines besonderen Betroffenenstatus bedarf es hierfür jedoch nicht.

(4) Unvereinbarkeit mit der Rechtsstellung des Zeugen

Gegen die Schaffung eines Betroffenenstatus bestehen im Hinblick auf die Rechtsprechung des BGH zur Unvereinbarkeit der Rechtsstellungen des Zeugen und des Beschuldigten im Strafverfahren weitere Bedenken. Dem deutschen Strafverfahren liegt zugrunde, dass einem Beschuldigten die Rolle eines Beweismittels gegen sich selbst nicht aufgezwungen werden darf, so dass sich Zeugen- und Beschuldigteneigenschaft gegenseitig ausschließen.[601] Auch aus diesem Grund erscheint es geboten, eine Annäherung der Rechtsstellungen des Betroffenen im parlamentarischen Untersuchungsausschussverfahren und dem des Beschuldigten im Strafprozess zu unterlassen.

---

601 BGHSt 10, 9, 10; vgl. *Eisenberg* Beweisrecht, Rn. 927.

b) Keine tatsächliche oder rechtliche Erforderlichkeit

Neben der Frage der verfassungsrechtlichen Gebotenheit, d.h. inwiefern ein Zeuge mit Sonderrechten oder ein Beschuldigter im Untersuchungsausschussverfahren mit vielleicht etwas weniger Rechten einzuführen ist, um der Unterschiedlichkeit der Verfahren vor Untersuchungsausschüssen und Ermittlungsbehörden bzw. Strafgerichten gerecht zu werden, steht auch die Frage nach dem Sinn und Zweck der Einführung eines neuen, auch anderen Verfahren völlig fremden, Konstrukts mit der Bezeichnung „Betroffener". Zweifelhaft ist, ob es tatsächlich einer neuen Figur im parlamentarischen Untersuchungsverfahren bedarf, die zwischen den zwei Beteiligten Zeuge und Beschuldigter angesiedelt sein soll. Mit der Einführung des Status eines Betroffenen würde im parlamentarischen Untersuchungsrecht eine Besonderheit im Vergleich zu sämtlichen parlamentarischen und behördlichen Verfahren geschaffen, die nach den verfassungsrechtlichen Vorgaben keinesfalls zwingend ist.

(1) Keine Verbesserung der Rechtsstellung

Betrachtet man die von den Befürwortern einer Betroffenenstellung sui generis für erforderlich gehaltenen Rechte und Pflichten des Betroffenen (vgl. D.III.1.e)(3)), ist nicht zu erkennen, inwiefern diese von einem Zeugen, der die ihm zustehenden Rechte im Untersuchungsausschussverfahren ausübt, signifikant abweichen (vgl. D.I.3.). Dass sich insoweit an der StPO orientierende PUAG übernimmt ein die Rolle des Zeugen regelndes und für die Zwecke des Strafverfahrens austariertes System. Die StPO kennt den Zeugen sowohl als schlichte Auskunftsperson wie auch als involvierte und an dem Vorwurf beteiligte Person. Den Anforderungen an die Zeugenstellung im Untersuchungsausschuss ist damit erst Recht genüge getan.

Über die Möglichkeiten der StPO hinaus räumt das PUAG Zeugen in parlamentarischen Untersuchungsausschüssen sogar zusätzlich das Recht ein, die eigene Zeugenaussage auf Unrichtigkeiten durchzusehen (§ 26 PUAG) und ggf. Korrekturen vorzunehmen. Die Vernehmung ist ferner erst mit Abschluss des Untersuchungsausschussverfahrens abgeschlossen und darf frühestens erst zwei Wochen nach Zustellung des Vernehmungsprotokolls beendet bzw. bei Verzicht des Zeugen hierauf abgeschlossen werden (§ 26 Abs. 2 PUAG). Dadurch hat jeder Zeuge die Möglichkeit, seine Angaben sorgfältig zu überprüfen und etwaige Mängel, möglicherweise sogar Verdachtsmomente im Hinblick auf § 153 StGB aufgrund unklarer bzw. missverständlicher Äußerungen auszuräumen.

Die von der überwiegenden Meinung vorgeschlagene Betroffenenstellung geht also bei genauerer Betrachtung tatsächlich nicht effektiv über die Rechtsstellung eines Zeugen hinaus, weshalb die Einführung einer solchen auch mangels Erforderlichkeit abzulehnen ist.

(2) Fehlendes System der Beweiserhebung und -würdigung für den Betroffenen

Soweit u.a. nach *Weisgerber*[602] der Betroffene ein umfassendes Schweigerecht innehaben soll, ergäben sich eine Reihe Fragen, die die Beweiserhebung und -würdigung betreffen und die einer förmlichen Klärung für das Untersuchungsausschussverfahren schwerlich zugänglich sind. Ein im Untersuchungsausschussverfahren betroffener Zeuge unterliegt im Rahmen der Beweiswürdigung und der Erzwingung von Zeugenpflichten einem austarierten System an Rechten und Pflichten. Ein diesen Pflichten nicht mehr unterliegender Betroffener, dem ein Schweigerecht zustehen soll, hätte aber einer gänzlich anderen Beweiswürdigungsstruktur zu unterliegen, die wiederum der in einem Strafprozess zu ähneln hätte.

Einem solchen Betroffenen müsste – mit den Regeln des Strengbeweises? – ein an bestimmte Verdachtsmomente und -grade geknüpfter Vorwurf mit einem bestimmten Maß an Überzeugung nachgewiesen werden. Seiner Aussage käme mangels Aussage- und Wahrheitspflicht zudem nicht das Gewicht der eines Zeugen zu, wodurch die Rechtsstellung des Betroffenen im Vergleich zum Zeugen wiederum geschwächt wäre. Durch die Installierung eines Betroffenenstatus ist aber gerade intendiert, dass dieser erweiterte Möglichkeiten erhält, sich effektiv gegen ihn erhobene Vorwürfe zu verteidigen. Das Schaffen einer Position, in der er sich entweder wie ihm Strafverfahren wieder findet oder einen Status erhält, in dem er zwar die Aussagefreiheit erhält, seine Angaben hingegen beweisrechtlich gerade deshalb nicht wie die eines Zeugen gewürdigt werden können bzw. eine politische Überzeugung anstelle einer strafprozessualen Überzeugung angenommen werden kann, hilft dem Betroffenen nicht weiter. Sie benachteiligt den Betroffenen sogar in seiner Rechtsposition gegenüber dem Zeugen. Zudem müsste die Rechtsposition des „Betroffenenbeistands“ definiert werden, wobei sich die Frage stellen würde, ob dieser in seiner Rechtsstellung (eher) einem Zeugenbeistand oder (eher) einem Verteidiger auszustatten ist.

Die Einführung eines Betroffenenstatus, der durch einen parlamentarischen Untersuchungsausschuss allein im Sinne einer (politischen) Verantwortlichkeit aufgrund eines gewissen Grades an Betroffenheit durch den Untersu-

---

602 *Weisgerber* S. 253 ff.

chungsgegenstand zu bestimmen wäre, würde ferner problematische Unschärfen bei der Bestimmung erweiterter Betroffenenrechte mit sich bringen. So könnten die verfassungsrechtlich verbürgten Aufklärungspflichten im politischen Bereich eines Untersuchungsausschusses einschränkt werden, soweit etwa besondere Schweige- oder Auskunftsverweigerungsrechte im Hinblick auf eine Untersuchung (bloßer) politischer Verantwortlichkeiten installiert werden, die nach der Rechtsprechung des BVerfG zur Reichweite des nemo-tenetur-Grundsatzes nicht zwingend erforderlich sind.

Diese angesprochenen Problemfelder verdeutlichen, dass für die Rechtsstellung des Betroffenen kein ausgewogenes System an Rechten und Pflichten, beispielsweise hinsichtlich der Anwendung von Zwangs- und Ordnungsmitteln gegen einen die (wahrheitsgemäße oder vollständige) Aussage verweigernden Betroffenen, sowie hinsichtlich der Beweiserhebung und -würdigung dessen Nicht- oder Teilaussage existiert. Auf diese Problemstellungen ist von Befürworten auch bislang nicht eingegangen worden, so dass die bisherigen Ansätze zur Schaffung eines Betroffenenstatus unter diesem Aspekt als unvollkommen zu bewerten sind.

(3) Gefahr der Instrumentalisierung und Stigmatisierung des Betroffenen

Neben diesen verfassungsrechtlichen Bedenken und der Unnötigkeit einer Betroffenenstellung birgt die Einführung einer solchen für Zeugen die weitere Gefahr einer parteipolitischen Instrumentalisierung.[603] Denn die Zuerkennung eines Betroffenenstatus, der nicht effektiv die Verbesserung der Rechtsposition garantiert, könnte dahingehend instrumentalisiert werden, dass der Betroffenenstatus je nach parteipolitischer Ausrichtung des Untersuchungsausschusses zu- oder aberkannt wird. Was eine von der Untersuchung unmittelbar betroffene Person jedoch nicht bedarf, ist die zusätzliche Stigmatisierung, die ein Untersuchungsausschuss dadurch vornehmen würde, dass er den Status der als Zeugen beteiligte Person zum Betroffenen ändert und diesen dadurch – gerade aus Sicht der Öffentlichkeit – in eine mit dem Beschuldigten in einem Strafverfahren vergleichbaren Zusammenhang stellt.

Ein gegenüber einem Betroffenen politisch voreingenommener Untersuchungsausschuss wird aufgrund der Zuerkennung erweiterter Schutzrechte auch kaum sein Verhalten ändern. Vielmehr stünde zu befürchten, dass in einem von Voreingenommenheit und parteipolitischen „Gezerre“ geprägten

---

603 Vgl. aber VGH Saarland, Beschluss vom 02.04.2003, Lv 3/03, Absatz-Nr. 3 und 18, wonach der Betroffene im Hinblick auf die Vorschriften des LTG durch die Feststellung der Betroffenenstellung ausschließlich begünstigt werde.

Verfahren die Zuerkennung erweiterter Schutzrechte aus Sicht eines Untersuchungsausschusses auch eine „härtere Gangart“ begründen bzw. rechtfertigen könnte.

Aus Sicht eines potentiell Betroffenen mag ferner eine Rolle spielen, dass von Untersuchungsausschüssen vorgenommene Beweiserhebungen und im Abschlussbericht getroffene Feststellungen keine bindende Wirkung für andere Verfahren, insbesondere Strafverfahren, haben. Je verfestigter eine an sich bloße politische Wertung jedoch vorgenommen wird, desto problematischer verhält es sich auch mit der Ausräumung von Verdachtsmomenten in anderen Verfahren. Kommt ein Untersuchungsausschuss ohne Einräumung besonderer Schutz- und Partizipationsrechte für im Mittelpunkt der Untersuchung stehender Personen zu einem Ergebnis, ist dieses aber weit weniger geeignet, in andere – gerichtliche – Verfahren auszustrahlen. Der Vorteil eines möglichst wenig gerichtsförmigen und umso politischeren Verfahrens liegt für im Zentrum von Untersuchungen stehende Personen, die ggf. nach der Gesetzeslage und einer derzeit überwiegenden Meinung einen Betroffenenstatus einnehmen könnten, in der Form- und damit auch Bedeutungslosigkeit für gerichtliche Verfahren, die ihrerseits deutlich strengere Formerfordernisse an die Wahrheitsfindung stellen (vgl. C.II.2.c)(5)).

Auch diese Nachteile einer Betroffenenstellung sprechen gegen eine Einführung. Dem (politisch) betroffenen Zeugen wäre mit einer solchen Regelung nicht gedient.

c) Zusammenfassung

Die Schaffung eines die Auskunftsperson im politischen und gesellschaftlichen Bereich weiter stigmatisierenden Betroffenenstatus ist weder erforderlich noch verfassungsrechtlich geboten. Die jedem Zeugen in Untersuchungsausschussverfahren zustehenden Zeugenschutzrechte genügen. Die Rechtsfiguren des beschuldigtenähnlichen Betroffenen, des betroffenen Zeugen mit Sonderrechten bzw. dem Betroffenen sui generis mit oder ohne Aussagefreiheit sind abzulehnen. Gegenüber einer neuen, keinem austarierten Rechtssystem zugehörigen, Rechtsfigur ist der bestehende undiskriminierte Zeuge, der die zur Verfügung stehenden Rechte effektiv wahrnimmt, zu bevorzugen.

Die Einführung einer solchen Rolle würde auch nicht dem Gedanken eines Untersuchungsausschusses entsprechen. Bei einem solchen geht es – gerade bei der Einbeziehung von privaten Dritten – primär um das „öffentliche Interesse“ an bestimmten staatlich oder gesellschaftlich relevanten Vorgängen, nicht aber um eine quasi-gerichtliche Feststellung des möglichen Fehlverhaltens von Personen.

3. Ergebnis

Im Ergebnis zutreffend hat der Bundesgesetzgeber nicht den Status eines beschuldigtenähnlichen Betroffenen in das PUAG eingeführt. Nicht zu folgen ist damit *Jung*, der meint, dass die

> „Regelung des Status des Betroffenen (...) auch nach dem Inkrafttreten des PUAG von einer befriedigenden Lösung weit entfernt [ist]. Solche Lösungen müssen der öffentlichen Prangerwirkung, die durch die Instrumentalisierung von Untersuchungsausschüssen zu parteipolitischen Zwecken eher verstärkt worden ist, entgegenwirken.“[604]

Für den Zeugen, der im Zentrum der Untersuchungen steht und gegen den parallel strafrechtliche Ermittlungen anhängig sind, wurden zum einen im PUAG durch die Präzisierung der Untersuchungskompetenz im Hinblick auf die Notwendigkeit des Vorliegens eines öffentlichen Interesses an einer unmittelbar privatgerichteten Untersuchung und durch die Installierung von Geheimschutzmaßnahmen ausreichende Schutzmechanismen geschaffen. Zum zweiten ist die Aussagefreiheit des „betroffenen“ Zeugen durch die Anwendung des § 22 Abs. 2 PUAG bzw. § 55 StPO und durch die Möglichkeiten der Gewährung rechtlichen Gehörs geschützt. Schließlich schützt der sinngemäß anwendbare § 68a StPO den Zeugen vor Fragen nach Tatsachen, die den Zeugen zur Unehre gereichen können oder seinen persönlichen Lebensbereich betreffen.

Mögen bestimmte Zeugen auch in einem besonderen Fokus parlamentarischer Untersuchungen stehen und insofern von diesen betroffen sein, so macht dies weder die Schaffung einer neuen – hinsichtlich ihrer Einordnung und Würdigung ungeklärten – Rechtsfigur des Betroffenen erforderlich noch ist eine solche notwendig, um die Rechte solcher betroffener Zeugen, die ausschließlich Zeugen sind, zu wahren. Offensichtlich ist dieser Ansicht auch der Bundesgesetzgeber, der die seinerzeitigen IPA-Regeln gerade nicht übernommen hat. Sie entspricht auch der zuletzt parlamentarischen Praxis des Deutschen Bundestages.[605]

IV. Aktenvorlage

Die wichtigste Informationsquelle parlamentarischer Untersuchungsausschüsse stellt der Urkundsbeweis dar, dem in Form der Aktenvorlage gegenüber den Personalbeweismitteln Zeuge und Sachverständiger ein wesentlich erhöhter Beweiswert zukommt, da das Erinnerungsvermögen von Zeugen bei der

---

604 *Jung* in FS Eser, 344.

605 BT-Drs. 14/9300, 85 *Parteispenden-Ausschuss.*

Untersuchung politischer und privater Vorgänge nicht selten unzuverlässig bzw. die Bereitschaft, sich zu erinnern, eher gering ist. Darüber hinaus kann ein parlamentarischer Untersuchungsausschuss Beweismittel in Augenschein nehmen (§ 19 PUAG). Die Inaugenscheinnahme ist aufgrund der entsprechenden Verweisung in § 19 PUAG auf § 18 PUAG auf sächliche Beweismittel begrenzt. Die Inaugenscheinnahme von Zeugen oder Dritten ist nicht möglich (vgl. C.III.2.)

1. Inhalt des Aktenvorlageersuchens

In parlamentarischen Untersuchungsausschüssen besteht neben der Verpflichtung der Bundesregierung, der Behörden des Bundes sowie der bundesunmittelbaren Körperschaften, Anstalten und Stiftungen des öffentlichen Rechts dem Untersuchungsausschuss auf Ersuchen gemäß § 18 Abs. 1 PUAG sächliche Beweismittel vorzulegen sowie die Pflicht der Gerichte und Verwaltungsbehörden gemäß § 18 Abs. 4 PUAG zur Rechts- und Amtshilfe, auch eine Verpflichtung zur Aktenvorlage[606] für Private. Diese ist in § 29 Abs. 1 PUAG geregelt:

> „Wer einen Gegenstand, der als Beweismittel für die Untersuchung von Bedeutung sein kann, in seinem Gewahrsam hat, ist verpflichtet, ihn auf Verlangen des Untersuchungsausschusses vorzulegen und auszuliefern."

Auch nach Ansicht der Rechtsprechung haben Private dem Aktenherausgabeanspruch nachzukommen, soweit die jeweilige Information zur Erfüllung des Untersuchungsauftrags unentbehrlich ist.[607] Der Einsatz von Beuge- und Zwangsmitteln ist unzulässig für Unterlagen, die gemäß § 29 Abs. 1 S. 2 PUAG Informationen beinhalten, deren Weitergabe wegen ihres streng persönlichen Charakters für die Betroffenen unzumutbar sind (dazu B.II.2.a)(2)).

2. Durchsetzung der Aktenvorlage

Das den Untersuchungsausschüssen eingeräumte Beweiserhebungsrecht umfasst auch die Befugnis zur zwangsweisen Beschaffung von Beweismitteln. Eine wirksame parlamentarische Kontrolle wäre nicht gewährleistet, wenn parlamentarische Untersuchungsausschüsse nicht in der Lage wären, die erforderlichen Beweise auch dann zu erheben, wenn die freiwillige Mitwirkung

---

606 Die Aktenvorlage durch Regierung, Verwaltung und Gerichte gemäß § 18 PUAG ist nicht Gegenstand dieser Arbeit. Sie wird insoweit berücksichtigt als sie zum Verständnis des Aktenvorlagerechts Privater notwendig ist bzw. dieses betrifft.

607 BVerfG, NJW 1984, 2276, 2277.

verweigert wird.[608] Im PUAG sind seit 2001 in den §§ 29 f. PUAG eigene Durchsetzungsregelungen geschaffen worden, so dass ein erweiternder Rückgriff auf Art. 44 Abs. 2 S. 1 GG als Rechtsgrundlage für Zwangsmaßnahmen nicht erforderlich ist. Der Gesetzgeber hat für die zwangsweise Beschaffung von Beweismitteln Rechtsgrundlagen geschaffen, die im Gegensatz zu Art. 44 Abs. 2 S. 1 GG im Bereich privater Dritter nicht konturenlos und unbestimmt sind. Ungeachtet dessen müssen sich die Vorschriften über die Beweiserhebung und Durchsetzung sächlicher Beweismittel aufgrund der Fortgeltung des Art. 44 Abs. 2 S. 1 GG auch an den Vorschriften über den Strafprozess messen lassen (vgl. C.IV.).

a) Verhängung von Beugemaßnahmen gemäß § 29 Abs. 2 PUAG

Gemäß § 29 Abs. 2 PUAG darf der Untersuchungsausschuss im Falle der Weigerung gegen die Person, die den Gewahrsam an einem Beweismittel hat, ein Ordnungsgeld bis zu 10.000 Euro festsetzen und gemäß Satz 2 beim Ermittlungsrichter des BGH zur Erzwingung der Herausgabe die Anordnung von (Beuge-)Haft beantragen. Die Regelung entspricht dem § 95 Abs. 2 StPO, gegen dessen sinngemäße Anwendung als Minus zur verfassungsgerichtlich vielfach bestätigten und auch sinngemäßen Möglichkeit der Beantragung der Durchsuchung und Beschlagnahme gemäß § 29 Abs. 3 PUAG (vgl. C.III.5.) in der konkreten Ausgestaltung keine Bedenken bestehen.

Der Einsatz von Beugemitteln für die Herausgabe von sächlichen Beweismitteln wurde durch den Gesetzgeber angesiedelt zwischen der Statuierung des Beweiserhebungsrechtes in § 29 Abs. 1 PUAG und der Möglichkeit der Beschlagnahme und Durchsuchung in § 29 Abs. 3 PUAG. Sie soll damit eine Vorstufe zur Zwangsmaßnahme der Beschlagnahme und Durchsuchung darstellen. Erwägung des Gesetzgebers wird bei Übernahme dieser Regelung aus der StPO auch gewesen sein, in der Anordnung von Ordnungsgeld eine Zwangsmaßnahme für den Bereich der Erlangung sächlicher Beweismittel zu installieren, die der Untersuchungsausschuss eigenständig steuern kann und nicht von der Einschaltung eines Gerichts abhängig zu sein. Denn für die Anordnungen der Durchsuchung und Beschlagnahme (vgl. § 29 Abs. 3 PUAG) ist ebenso wie für die Anordnung von Beugehaft (§ 29 Abs. 2 PUAG) ein Antrag an den Ermittlungsrichter des BGH erforderlich, der ggf. unter Anhörung sämtlicher Beteiligter und Sichtung der heranzuziehenden potentiellen Beweismittel eine unter Umständen nicht hinreichend zeitnahe Entscheidung trifft.

---

608 BVerfGE 77, 1, 48 *Neue Heimat-Ausschuss.*

Die Anordnung von Beugemaßnahmen gemäß § 29 Abs. 2 PUAG darf nicht gegen Personen ergehen, die gemäß § 22 Abs. 1 und 2 PUAG zur Verweigerung des Zeugnisses oder der Auskunft berechtigt sind. Ferner dürfen im Falle der Einwendung des Gewahrsamsinhabers gemäß § 30 Abs. 1 PUAG, das Beweismittel sei für die Untersuchung nicht bedeutsam oder beträfe ein in § 14 Abs. 1 Nr. 1-4 PUAG bezeichnetes Geheimnis, Beugemaßnahmen nur dann angeordnet werden, wenn das Beweismittel keine Informationen enthält, deren Weitergabe wegen ihres streng vertraulichen Charakters für die Betroffenen unzumutbar ist, und der Untersuchungsausschuss für dieses Beweismittel weiter den Geheimhaltungsgrad GEHEIM beschlossen hat (§ 30 Abs. 1 PUAG).

b) Durchsuchung und Beschlagnahme gemäß § 29 Abs. 3 PUAG

In § 29 Abs. 3 S. 1 PUAG ist geregelt, dass über Gegenstände, die nicht freiwillig vorgelegt werden, auf Antrag des Untersuchungsausschusses oder eines Viertels seiner Mitglieder der Ermittlungsrichter beim BGH über die Beschlagnahme und die Herausgabe an den Untersuchungsausschuss entscheidet. § 97 der Strafprozessordnung gilt entsprechend. Gemäß § 29 Abs. 3 S. 3 kann der Ermittlungsrichter beim BGH zur Beschlagnahme auch die Durchsuchung anordnen, wenn Tatsachen vorliegen, aus denen zu schließen ist, dass der gesuchte Gegenstand sich in den zu durchsuchenden Räumen befindet. Die §§ 104, 105 Abs. 2 und 3, §§ 106, 107 und 109 der Strafprozessordnung sind gemäß § 29 Abs. 3 S. 4 PUAG entsprechend anzuwenden.

Diese den Untersuchungsausschüssen verliehene Zwangsbefugnis erstreckt sich auch auf Personen außerhalb des Staatsgebietes, bei denen bedeutsame Beweismittel durch eine von ihnen zu duldende Durchsuchung oder Beschlagnahme (vgl. § 94 Abs. 1 StPO) sichergestellt werden können. Grenzen dieser Befugnis folgen lediglich aus der Einschränkung der zulässigen Untersuchungsgegenstände auf solche mit Landesbezug, nicht aber aus der Belegenheit der Beweismittel.[609]

Die zwangsweise Durchsetzung der Aktenvorlagepflicht ist verfassungsrechtlich anerkannt, indes gegenüber Privaten problematisch und Einschränkungen unterworfen, die sich aus der Anwendung spezifisch strafprozessualer Befugnisse durch parlamentarische Untersuchungsausschüsse ergeben (vgl. C.III.5.b)). Die zwangsweise Durchsetzung der Aktenvorlagepflicht ist gemäß § 30 Abs. 1 PUAG unzulässig, soweit die betroffene Person einwendet, verlangte Beweismittel seien für die Untersuchung nicht bedeutsam oder beträ-

---

609 BVerfG, NVwZ 1994, 54, 55 *Deponie Ihlenberg/Schönberg*, BVerwGE 79, 339, 342; *Arloth* NJW 1987, 808, 810.

fen ein in § 14 Abs. 1 Nr. 1 bis 4 PUAG bezeichnetes Geheimnis. Das Zwangsmittel der Durchsuchung und Beschlagnahme darf sodann nur angeordnet werden, wenn das Beweismittel keine Informationen enthält, deren Weitergabe wegen ihres streng vertraulichen Charakters für die Betroffenen unzumutbar (vgl. C. II. 6. b)) ist, und der Untersuchungsausschuss für dieses Beweismittel den Geheimhaltungsgrad GEHEIM beschlossen hat. Sind diese Voraussetzungen nicht gegeben, ist die Anordnung der Durchsuchung und Beschlagnahme rechtswidrig. Die Vorschrift des § 30 Abs. 1 PUAG verhält sich allerdings nicht eindeutig zu der Frage, ob ein Untersuchungsausschuss bereits die Beantragung einer Durchsuchung und Beschlagnahme beim Ermittlungsrichter des BGH zu unterlassen hat oder ob ein Gericht den Ausgang des parlamentarischen Vorprüfungsverfahrens gemäß § 30 Abs. 2 S. 1 PUAG abzuwarten hat, bevor es ggf. die Durchsuchung und/oder Beschlagnahme anordnet. Richtigerweise wird ein Antrag auf Beschlagnahme und/oder Durchsuchung erst nach Klärung der Frage der Beweiserheblichkeit gemäß § 30 Abs. 2 S. 1 PUAG zulässig sein.

Wird ein Antrag auf Beschlagnahme und/oder Durchsuchung gestellt, hat der Ermittlungsrichter nicht nur die formellen Antragsvoraussetzungen des § 29 PUAG sowie die verfassungsrechtliche Zulässigkeit, insbesondere die Verhältnismäßigkeit, (vgl. C.III.5.b)(2)) zu prüfen, sondern auch, ob die Unterlage für die Untersuchung bedeutsam ist oder ein in § 14 Abs. 1 Nr. 1 bis 4 PUAG genannter Herausgabehinderungsgrund vorliegt. Dem steht der verfassungsrechtlich bedenkliche § 30 Abs. 2 S. 1 PUAG (vgl. D.IV.2.c)) nicht entgegen, wonach die Durchsicht und die Prüfung der Beweiserheblichkeit der vorgelegten Beweismittel dem Untersuchungsausschuss zustehen soll. Denn § 30 Abs. 2 S. 1 PUAG bestimmt eine Ausnahme von der sonst stets den Gerichten zugewiesenen Prüfungsbefugnis. Nach der ständigen Rechtsprechung des BVerfG erstreckt sich die richterliche Prüfungspflicht aber sowohl auf die Frage, ob der konkrete, den Gegenstand der Untersuchung bildende Vorgang hinreichend genau umgrenzt ist, als auch darauf, ob die beantragte Maßnahme im durch den Untersuchungsauftrag umrissenen öffentlichen Interesse geeignet und erforderlich ist, zu der erstrebten Aufklärung beizutragen. Dadurch soll sichergestellt werden, dass beschlagnahmte Unterlagen, die ersichtlich grundrechtlich bedeutsame Daten enthalten, erst dann im Ausschuss erörtert werden, wenn ihre Beweiserheblichkeit im einzelnen und die Frage der Zulässigkeit der Beweiserhebung im Blick auf den erforderlichen Geheimschutz geprüft wurden.[610] Eine womöglich im Rahmen eines Verfahrens gemäß § 30 Abs. 2 S. 1 PUAG zustande gekommene anders gelagerte Einschätzung eines Untersuchungsausschusses kann daher durch ein Gericht überprüft und auch korrigiert werden.

610 BVerfG, NJW 1984, 2276, 2277.

Die Herausgabe beschlagnahmter Gegenstände darf durch den Ermittlungsrichter schließlich nur dann unmittelbar an den Untersuchungsausschuss angeordnet werden, wenn ihre potentielle Beweisbedeutung im Gesamten von vornherein feststeht und Geheimschutzmaßnahmen voraussichtlich nicht erforderlich werden oder solche bereits in hinreichendem Umfang getroffen wurden.[611] Soweit dies nicht der Fall ist und eine Relevanz der Unterlagen für den Untersuchungsauftrag nur teilweise besteht, so darf die Beschlagnahme erst einmal nur vorläufig erfolgen. Diese dient sodann nur dazu, dem Gericht Gewahrsam zu verschaffen, um eine Einzelprüfung der potentiellen Beweiserheblichkeit zu ermöglichen. Erst im Anschluss ist die endgültige Entscheidung über den Umfang der Beschlagnahme zu treffen und sind die nicht benötigten Unterlagen an den Betroffenen herauszugeben.[612] Gleiches gilt, wenn zwar hinsichtlich der Beweiserheblichkeit keine Bedenken bestehen, aber aufgrund der möglichen Sensibilität der Daten besondere – bislang nicht getroffene – Geheimhaltungsmaßnahmen erforderlich werden.[613]

Die strafprozessualen Beschlagnahmeverbote des § 97 Abs. 1 StPO sollen gemäß § 29 Abs. 3 S. 1, 1. HS PUAG entsprechend anwendbar sein, d.h. der Beschlagnahme sollen nicht unterliegen:

> „1. schriftliche Mitteilungen zwischen dem Beschuldigten und den Personen, die nach § 52 oder § 53 Abs. 1 S. 1 Nr. 1 bis 3b das Zeugnis verweigern dürfen;
>
> 2. Aufzeichnungen, welche die in § 53 Abs. 1 S. 1 Nr. 1 bis 3b Genannten über die ihnen vom Beschuldigten anvertrauten Mitteilungen oder über andere Umstände gemacht haben, auf die sich das Zeugnisverweigerungsrecht erstreckt;
>
> 3. andere Gegenstände einschließlich der ärztlichen Untersuchungsbefunde, auf die sich das Zeugnisverweigerungsrecht der in § 53 Abs. 1 Satz 1 Nr. 1 bis 3b Genannten erstreckt."

Diese entsprechende Anwendung des § 97 Abs. 1 StPO ist jedoch problematisch. § 97 Abs. 1 StPO stellt nach allgemeiner Meinung auf die Beschuldigteneigenschaft ab sowie darauf, dass sich der Beschuldigte dem Zeugnisverweigerungsberechtigten anvertraut hat.[614] Der „Beschuldigte" ist jedoch dem Untersuchungsausschussverfahren fremd, so dass Rechte und Pflichten des Beschuldigten aus dem Strafverfahren nicht ohne weiteres sinngemäß übertragbar sind. Zwar soll § 97 Abs. 1 StPO nicht sinngemäß, sondern explizit entsprechend, im Untersuchungsausschussverfahren anwendbar sein, doch steht die Regelung der entsprechenden Anwendbarkeit des § 97 Abs. 1 StPO in § 29 Abs. 3 S. 1, 1. HS PUAG unter dem höherrangig verfassungsrechtli-

611 BVerfGE 77, 1, 55 *Neue Heimat-Ausschuss*.

612 BVerfGE 77, 1, 55 *Neue Heimat-Ausschuss*.

613 BVerfGE 77, 1, 56 f. *Neue Heimat-Ausschuss*.

614 Vgl. KK-*Nack* StPO, § 97, Rn. 1; LR-*Schäfer* StPO, Bd. 2, § 97, Rn. 2; *Meyer-Goßner* StPO, § 97, Rn. 10, jeweils mit weiteren Nachweisen; OLG Celle, NJW 1965, 362, 363, LG Fulda, NJW 1990, 2946; insoweit auch LG Hamburg, NJW 1990, 780.

chen Vorbehalt der nach wie vor existenten sinngemäßen Anwendbarkeit der Vorschriften über den Strafprozess gemäß Art. 44 Abs. 2 S. 1 GG. Danach wäre § 97 Abs. 1 StPO als spezifisch die Rechte des Beschuldigten regelnde Vorschrift nicht sinngemäß anwendbar (vgl. C.III.1.). Die entsprechende Anwendbarkeit des § 97 Abs. 1 StPO hält damit einer sinngemäßen Anwendung der Vorschriften über den Strafprozess gemäß Art. 44 Abs. 2 S. 1 GG nicht stand.

Die Beschlagnahmeverbote des § 97 Abs. 1 StPO können demzufolge im Untersuchungsausschussverfahren nur theoretisch Anwendung finden, namentlich in dem Fall,

> „wenn das Vorliegen dieser Betroffenenmerkmale sich für das Gericht so aufdrängt, dass die Vorenthaltung der Betroffenenstellung nicht mehr verständlich wäre und als auf sachfremden Erwägungen beruhend erschiene (vgl. BVerfGE 18, 85, 96).“[615] (vgl. zur Betroffenenstellung D.III.)

Dieser Ansicht war offenbar auch das BVerfG. Seiner Auffassung lag zugrunde,

> „dass das Vertraulichkeitsinteresse einer Person, die nicht als Beschuldigter, sondern nur als Zeuge zu dem zu untersuchenden Tatgeschehen in Beziehung steht, geringer zu bewerten ist als das aus dem Rechtsstaatsprinzip (Art. 20 Abs. 3 GG) herzuleitende Interesse an einer möglichst umfassenden Wahrheitsermittlung im Strafverfahren (vgl. BVerfGE 77, 65, 76). Mit guten Gründen allerdings nehmen Kommentare an, dass es verboten sei, die durch die Beschlagnahme gewonnenen Erkenntnisse in einem später gegen den Zeugen betriebenen Strafverfahren zu verwenden (vgl. *Kleinknecht/Meyer* StPO, 40. Aufl. 1991, Rdnr. 49 zu § 97 m.w.N.). Eine entsprechende, im Blick auf Grundrechte angezeigte Beschlagnahme- und Durchsuchungsfreiheit bei einer von einem Untersuchungsausschuss eingeleiteten Beweiserhebung käme nur in Betracht für den Anwalt einer Person, die sich infolge der parlamentarischen Untersuchungen in einer dem Beschuldigten vergleichbaren Situation befindet. Nach übereinstimmenden Regelungen, die – verbindlich oder auch nur als faktisch befolgte Empfehlungen – in einigen Ländern und dem Bund angewandt werden, hat dies zur Voraussetzung, dass der Untersuchungsausschuss einer Person die Stellung eines Betroffenen zuerkannt hat, weil sich die Untersuchung ausschließlich oder überwiegend gegen sie richtet (...).“[616]

Durch den Gesetzgeber war wohl wegen der aufgenommenen entsprechenden Verweisung bei gleichzeitiger Nichtregelung einer Betroffenenstellung offenkundig intendiert, dass der Beschlagnahme Mitteilungen, Aufzeichnungen oder Gegenstände insgesamt nicht unterliegen sollen, die durch die Zeugnisverweigerungsrechte der §§ 52, 53 und 53a StPO geschützt sind. Damit sollten gerade auch solche Unterlagen gemeint sein, die innerhalb des Vertrauensverhältnisses zwischen dem Zeugen und dem Zeugnisverweige-

---

615 BVerfG, NVwZ 1994, 54, 56 *Deponie Ihlenberg/Schönberg*.

616 BVerfG, NVwZ 1994, 54, 56 *Deponie Ihlenberg/Schönberg*.

rungsberechtigten entstanden sind[617], also z.B. dem anwaltlichen Beratungsverhältnis bzw. dem Mandat des Wirtschaftsprüfers oder Steuerberaters.[618] Für diese angedachten Zwecke reicht der Hinweis auf die entsprechende Anwendbarkeit des § 97 StPO jedoch nicht aus. Der Gesetzgeber hat daher nachzubessern. Wünschenswert wäre eine eigenständige Regelung oder zumindest eine konkrete Umschreibung der entsprechenden Anwendbarkeit bzw. eine Formulierung im PUAG, die den Inhalt des § 97 Abs. 1 StPO für die Zwecke des Untersuchungsausschussverfahrens deutlich macht.

c) Parlamentarisches Vorprüfungsverfahren

Kein Beuge- oder Zwangsmittel im eigentlichen Sinne stellt das in der Untersuchungsausschusspraxis häufig vorkommende parlamentarische Vorprüfungsverfahren dar. Dieses durch die Rechtsprechung des BVerfG etablierte parlamentarische Vorprüfungsverfahren hat allerdings in der Fassung des § 30 Abs. 2 S. 1 PUAG eine gänzlich neue und problematische Ausprägung erfahren. Vorprüfungsverfahren sind in der ersten Phase der Beweiserhebung zwischen Anforderung und Herausgabe der Unterlagen eine sinnvolle Methode, um in einem Zeitpunkt, in dem der Untersuchungsausschuss naturgemäß weder den Inhalt der angeforderten Unterlagen noch deren Art oder Relevanz für die Untersuchung kennen kann, die vom Beweisbeschluss für die Untersuchung potentiell beweiserheblichen Akten bzw. Aktenteile von den irrelevanten Bestandteilen zu trennen und ausschließlich die aussortierten erheblichen Unterlagen im Ausschuss zu verwenden.

Neu und bemerkenswert ist hingegen das parlamentarische Vorlage- und Vorprüfungsverfahren gemäß § 30 Abs. 2 S. 1 PUAG, das entgegen der Rechtsprechung des BVerfG dem Untersuchungsausschuss[619] die Durchsicht und die Prüfung der Beweiserheblichkeit der vorgelegten Beweismittel gestattet (dazu sogleich). Es bestand bislang kein Anspruch des Untersuchungsausschusses auf eine parlamentarische Vorprüfung der Unterlagen mit dem Ziel der Abklärung ihrer Beweiserheblichkeit. Diese war entweder dem Gewahrsamsinhaber oder den angerufenen Fachgerichten im Rahmen der Beschlagnahmeverfahren zugewiesen. Nur mit Zustimmung des Gewahrsamsinhabers und auf freiwilliger Basis war eine eigenständige Selektion im Hinblick auf die

---

617 Vgl. dazu die Ausführungen zu den Zeugnisverweigerungsrechten.

618 Der Schutz privater oder geschäftlicher Geheimnisse rechtfertigt grundsätzlich kein Herausgabeverweigerungsrecht (*Lemmer* in Pfennig/Neumann, VvB, Art. 48, Rn. 9), solange die Einsetzung des Untersuchungsausschusses rechtmäßig war, die Beweiserhebung vom Untersuchungsgegenstand gedeckt ist und soweit nicht das Prozessrecht selbst ein solches Herausgabeverweigerungsrecht vorsieht.

619 BVerfGE 76, 363, 382 f. *Lappas*; BVerfG, NJW 1988, 890, 896 *Neue Heimat-Ausschuss*.

Beweisrelevanz ersuchter Unterlagen und entgegen stehender Rechte Dritter durch den Untersuchungsausschuss möglich.

(1) Rechtslage vor Einführung des PUAG

Das BVerfG hat in der Vergangenheit die Vorprüfung von Unterlagen auf deren Beweisrelevanz und hinsichtlich entgegenstehender Rechte in die Hände der Fachgerichte gelegt.

So stellte das BVerfG in seinem Urteil zum *Neue Heimat-Ausschuss* ausdrücklich klar, dass die Fachgerichte die unbeschränkte Herausgabe von beschlagnahmten Aufsichtsratsprotokollen an den Untersuchungsausschuss nicht anordnen und diesem nicht die Entscheidung überlassen können, welche der Unterlagen im einzelnen für den als Grundlage der Beschlagnahme herangezogenen Teil des Untersuchungsauftrages von Bedeutung sein können.[620] Vielmehr hätte das Fachgericht die Vorlage an sich selbst anordnen und eine Aussonderung mit dem Ziel vornehmen müssen, nur die nach einer Prüfung als beweiserheblich festgestellten Unterlagen an den Ausschuss zu überreichen und die nicht potentiell beweiserheblichen Teile zurückzugeben.[621] Die Anordnung der vollständigen Herausgabe begründete aus Sicht des BVerfG eine Verletzung der Grundrechte des Privaten aus Art. 2 Abs. 1 und 14 GG.[622] In einem ähnlich gelagerten Fall im *Wuhlheide-Ausschuss* des Abgeordnetenhauses von Berlin versäumte es das AG Tiergarten, die damals auf Antrag des Untersuchungsausschusses durch das AG Tiergarten beschlagnahmten Unterlagen auf ihre Beweiserheblichkeit hin zu prüfen, bevor es sie an den Untersuchungsausschuss herausgab.[623] Auf die Beschwerde der Gewahrsamsinhaber hin, forderte das LG Berlin die beschlagnahmten Unterlagen vom Untersuchungsausschuss an und gab dem Untersuchungsausschuss auf, bereits angefertigte Kopien zu vernichten oder bis zur Entscheidung der Kammer versiegelt zu verwahren und niemandem Zugang dazu zu gewähren, sie insbesondere nicht zum Gegenstand von Erörterungen im Untersuchungsausschuss zu machen.[624]

In einem Gutachten zum *U-Boot-Ausschuss* des Deutschen Bundestages wurden unter Auswertung der Rechtsprechung des BVerfG zum *Flick*- und

---

620 BVerfG, NJW 1988, 890, 896 *Neue Heimat-Ausschuss.*

621 BVerfGE 76, 363, 383 *Lappas.*

622 BVerfG, NJW 1988, 890, 896 *Neue Heimat-Ausschuss*; BVerfGE 76, 363, 382 f. *Lappas.*

623 AG Tiergarten, Beschluss vom 03.07.1997, 353 Bl 63/97.

624 Abghs.-Drs. 13/2745, 9 *Wuhlheide-Ausschuss*; LG Berlin, Beschluss vom 14.10.1997, 537 Qs 97/97 (unveröffentlicht).

Neue Heimat-Ausschuss folgende Möglichkeiten der Vorsichtung (in der Rangfolge der Verhältnismäßigkeit) anerkannt[625]:
- Der Gewahrsamsinhaber nimmt die Selektion selbst vor.
- Eine gemeinsame Vertrauensperson selektiert.
- Ein Richter führt die Selektion (im Beschlagnahmeverfahren) durch.
- Der Vorsitzende und sein Stellvertreter führen die Selektion im sog. „Vorsitzenden-Verfahren" durch (BVerfGE 67, 100, 139).
- Der Ausschuss selektiert unter bestimmten Geheimschutzvorkehrungen.

Im *Neue Heimat-Ausschuss* entschied sich das BVerfG beispielsweise für die Lösung (3) in Kombination mit Lösung (1) und (4), indem der Richter die Trennung von irrelevantem und relevantem Material vorzunehmen und in Zweifelsfällen den Vertreter der BGAG sowie den Vorsitzenden des Untersuchungsausschusses hinzuzuziehen hatte.[626] Im *U-Boot-Ausschuss* wurde sogar die Lösung (1) angewandt. Dem Unternehmen wurde aufgegeben, nur solche Akten vorzulegen, die sich auf die Beantwortung der damaligen Fragenkomplexe bezogen und solche Akten und Aktenbestandteile nicht einzubeziehen, die mit dem Untersuchungsauftrag in keinem Zusammenhang standen. Der Ausschuss entschied sich somit für das schonendste Mittel, nämlich die Selektionskompetenz dem Unternehmen zu übergeben.[627]

Eine Rechtsgrundlage auf die Durchführung eines bestimmten Verfahrens bei der Selektion von beweisrelevantem Material bestand nicht. Es bestand aber ein Anspruch darauf, dass ein Selektionsverfahren durchgeführt wird, denn aus der Rechtsprechung des BVerfG zum *Flick-Ausschuss* insbesondere im Zusammenhang mit der im *Neue Heimat-Ausschuss* und der Verfahrensweise im *U-Boot-Ausschuss*[628] ergab sich die Notwendigkeit, grundrechtlich relevantes Material bei privaten Dritten vorzusichten. Die Rechtsprechung des BVerfG zum *Flick-Ausschuss* erging zwar in Bezug auf ein Aktenherausgabeersuchen gegenüber der Bundesregierung. Die im *Flick-Ausschuss* aufgestellten Grundsätze hatten aber auch für das Beweiserhebungsrecht gegenüber Privaten zu gelten.[629] Dies wird insbesondere durch die Rechtsprechung zum *Neue Heimat-Ausschuss* bestätigt. Ausweislich dieser verletzte nach Ansicht des BVerfG das LG dadurch den damaligen Beschwerdeführer in seinen Grundrechten aus Art. 2 Abs. 1 und 14 GG, indem es ohne Aussonderung und Prüfung der Beweiserheblichkeit die vollständige Herausgabe der Unterlagen

625 Vgl. Rechtsgutachten von ORR Dr. *Engels* vom 06.08.1987 aus dem Abschlussbericht des *U-Boot-Ausschuss*es, BT-Drs. 11/8109, 656, 660 f.

626 Vgl. BVerfGE 77, 1, 61 *Neue Heimat-Ausschuss.*

627 So auch ausdrücklich Rechtsgutachten von ORR Dr. *Engels* a.a.O., 661.

628 Vgl. Rechtsgutachten von ORR Dr. *Engels* a.a.O., 660.

629 Rechtsgutachten von ORR Dr. *Engels* a.a.O., 660.

an den Untersuchungsausschuss anordnete.[630] Im Vordergrund stehen jeweils nicht – insbesondere nicht im *Neue Heimat-Ausschuss* – Eingriffe in die Staatsgewalten Exekutive und Judikative, sondern vielmehr der Schutz potentieller Grundrechtsverletzungen privater Dritter. Die im *Flick-* und *Neue Heimat-Ausschuss* aufgestellten Grundsätze sind demnach verallgemeinerungsfähig und mithin auch bei Grundrechtseingriffen, die nicht unmittelbar die Exekutive und Judikative betreffen, anwendbar, zumal in dieser Entscheidung verlangt wurde, dass den Grundrechten des Betroffenen zu einem frühest möglichen Zeitpunkt in umfassender Weise Rechnung getragen werden muss.[631]

(2) Anwendung des parlamentarischen Vorprüfungsverfahrens

Das nunmehr in § 30 Abs. 2 S. 1 PUAG installierte parlamentarische Vorlage- und Vorprüfungsverfahren orientiert sich nicht an den Maßgaben des BVerfG, sondern bestimmt im direkten Widerspruch dazu, dass der Untersuchungsausschuss selbst darüber entscheidet, ob eine Unterlage beweiserheblich ist und ob einer Verwendung im Untersuchungsausschuss Rechte Dritter entgegenstehen. Anders als bislang durch die Rechtsprechung des BVerfG und die bisherige Untersuchungsausschusspraxis vorgesehen, sollen künftig in solchen – nicht selten vorkommenden und zudem zum Streit führenden – Konstellationen (allein) dem Untersuchungsausschuss die Durchsicht und die Prüfung der Beweiserheblichkeit der vorgelegten Beweismittel zustehen. Eine Beteiligung des Gewahrsamsinhabers bzw. derjenigen natürlichen und juristischen Personen, deren schutzwürdige Positionen im Sinne des § 14 PUAG an hinsichtlich ihrer Beweiserheblichkeit zweifelbehafteter Unterlagen betroffen sind, ist nicht vorgesehen.

Das parlamentarische Vorprüfungsverfahren gemäß § 30 Abs. 2 S. 1 PUAG ist einschlägig, wenn die Person, die den Gewahrsam hat, einwendet, verlangte Beweismittel seien für die Untersuchung nicht bedeutsam oder beträfen ein in § 14 Abs. 1 Nr. 1 bis 4 PUAG bezeichnetes Geheimnis. Dann dürfen weder die in § 29 Abs. 2 PUAG bestimmten Ordnungs- und Zwangsmittel und die in § 29 Abs. 3 S. 1 PUAG bezeichnete Herausgabe angeordnet werden, sofern das Beweismittel Informationen enthält, deren Weitergabe wegen ihres streng vertraulichen Charakters für die Betroffenen unzumutbar ist, und der Untersuchungsausschuss für dieses Beweismittel den Geheimhaltungsgrad GEHEIM beschlossen hat. Hingegen ist das parlamentarische Vorlageverfahren für Unterlagen nicht einschlägig, die gemäß § 29

---

630 BVerfGE 77, 1, 57 f. = NJW 1988, 890, 896 *Neue Heimat-Ausschuss.*

631 Vgl. BVerfGE 77, 1, 54 f. *Neue Heimat-Ausschuss.*

Abs. 1 S. 2 PUAG Informationen beinhalten, deren Weitergabe wegen ihres streng persönlichen Charakters für die Betroffenen unzumutbar sind.

Beweismittel, die sich nach einmütiger Auffassung des Untersuchungsausschusses für die Untersuchung als unerheblich erweisen, sind dem ursprünglichen Gewahrsamsinhaber gemäß § 30 Abs. 2 S. 2 PUAG unverzüglich zurückzugeben. Die weitere Behandlung von durch Untersuchungsausschüsse als beweiserheblich erkannte Unterlagen ist in § 30 Abs. 3 PUAG geregelt. Demzufolge kann der Untersuchungsausschuss nach Durchsicht und Prüfung der in Abs. 1 bezeichneten Beweismittel die Aufhebung der Einstufung in den Geheimhaltungsgrad GEHEIM beschließen, soweit nicht ein in § 14 Abs. 1 Nr. 1 bis 4 PUAG bezeichnetes Geheimnis betroffen ist. In diesem Falle darf der Untersuchungsausschuss die Geheimhaltungsstufe GEHEIM nur dann aufheben, wenn die öffentliche Verwendung der Unterlagen zur Erfüllung des Untersuchungsauftrages unerlässlich und nicht unverhältnismäßig ist. Vor einer solchen Aufhebung ist gemäß § 30 Abs. 4 PUAG die Person anzuhören, die über das Beweismittel verfügungsberechtigt ist. Widerspricht sie der Aufhebung des Geheimhaltungsgrades GEHEIM, so hat die Aufhebung zu unterbleiben, wenn nicht der Ermittlungsrichter oder die Ermittlungsrichterin des BGH auf Antrag des Untersuchungsausschusses oder eines Viertels seiner Mitglieder sie für zulässig erklärt. Erstaunlicherweise soll dem verfügungsberechtigten Gewahrsamsinhaber ein Rechtsschutz nicht zuteil werden.

(3) Stellungnahme

Das neu geregelte parlamentarische Vorprüfungsverfahren des § 30 Abs. 2 S. 1 PUAG begegnet erheblichen verfassungsrechtlichen Bedenken.

In der ersten Phase der Beweiserhebung – der Zeitpunkt, in dem die Beweismittel noch nicht vorliegen – kann der Untersuchungsausschuss naturgemäß weder den Inhalt der angeforderten Unterlagen noch deren Art oder Relevanz für die Untersuchung kennen. Zu diesem Zeitpunkt ist denkbar, dass der Beweisbeschluss solche Akten/Aktenteile umfasst, deren Inhalt mit dem Untersuchungsauftrag nichts zu tun hat.[632] Diesen Fall betraf u.a. die *Neue Heimat*, weil die damals angeforderten Unterlagen auch solche Vorgänge und Unternehmen betrafen, die vom Untersuchungsauftrag nicht erfasst waren. Das entscheidende Problem bestand darin, wie relevantes von irrelevantem Material zu trennen war.

Das BVerfG hat diesbezüglich die dargestellten Vorgaben gemacht. Eine maßgebliche Vorgabe war die Wertung, dass Vorprüfungsverfahren und da-

632 Vgl. BVerfGE 67, 100, 138 *Flick-Ausschuss*.

mit die Bestimmung der Beweisrelevanz zweifelbehafteter Unterlagen nicht in die Hände von Untersuchungsausschüssen zu legen, sondern eine unabhängige richterliche Fachinstanz über die Beweisrelevanz und das Vorliegen ggf. entgegenstehender Rechte unter Beteiligung der Betroffenen entscheiden zu lassen. Dabei hat sich die Rechtsprechung auch davon leiten lassen, dass in einem strafrechtlichen Ermittlungsverfahren umfassende Sicherungen zur Geheimhaltung von Unterlagen durch die Staatsanwaltschaft vorgesehen sind und erst nach Zulassung der Anklage durch ein unabhängiges Gericht eine öffentliche Verhandlung stattfindet:

> „Anders als im Strafverfahren fehlt es im parlamentarischen Untersuchungsverfahren grundsätzlich an Entscheidungen unabhängiger Richter darüber, welche Beweise in öffentlicher Verhandlung erhoben oder erörtert werden. Der damit verbundenen Gefahr von Grundrechtsbeeinträchtigungen ist das AG durch die Anordnung, die sichergestellten Unterlagen ihm zur Prüfung ihrer Beweiserheblichkeit vorzulegen, in ausreichendem Maße begegnet (vgl. BVerfGE 77, 1, 54 f.).“[633]

Vergleichbare Sicherungen gibt es im Verfahren vor den Untersuchungsausschüssen nicht. Der Ausschuss kann zwar Maßnahmen zur Geheimhaltung treffen, entscheidet aber nicht im Vorhinein förmlich über eine Beweiserheblichkeit von Unterlagen im Einzelnen. Die Vorschrift steht somit eklatant im Widerspruch zur Rechtsprechung des BVerfG und ist als nicht verfassungskonform abzulehnen.

Nicht nachvollziehbar ist des Weiteren, dass der Gesetzgeber ausweislich der Gesetzesbegründung zu § 18 PUAG das sog. Vorsitzenden-Verfahren für den Anwendungsbereich der Vorlage von Beweismitteln durch Regierung und Behörden nicht ausschließt[634], während es dagegen für Unterlagen privater Dritter dies ausschließt und die parlamentarische Vorprüfung vorgibt. Erkennbar fehlerhaft differenziert der Gesetzgeber damit zwischen den Eingriffsrechten aufgrund der Amts- und Rechtshilfe in den staatlichen Bereich einerseits und den in den Bereich privater Dritter andererseits, das von besonderen Voraussetzungen abhängig ist, namentlich dem Vorliegen eines besonderen öffentlichen Interesses und innerhalb bestimmter Grenzen (vgl. B.). Für den Bereich der privaten Geheimnisse haben daher bei Einhaltung weitergehende Schutzmechanismen zu gelten, was jedoch nicht der Fall ist, wenn der Gesetzgeber für den privaten Bereich die Anwendung des parlamentarischen Vorprüfungsverfahrens mit der Gefahr der Offenbarung nicht beweisrelevanter und streng vertraulicher Unterlagen im Sinne des § 14 PUAG gegenüber sämtlichen Ausschussmitgliedern vorschreibt, während im staatlichen Bereich die Durchführung eines sog. Vorsitzenden-Verfahrens, in dem allenfalls die Offenbarung von schützenswerten Rechten gegenüber dem

---

633 BVerfG, NVwZ 1994, 54, 55 *Deponie Ihlenberg/Schönberg*.

634 BT-Drs. 14/5790, 17.

Vorsitzenden droht, möglich sein soll. Es liegt eine sachlich nicht zu rechtfertigende Ungleichbehandlung vor.

Untersuchungsausschüssen ist mit § 30 Abs. 2 S. 1 PUAG eine auf eine unzulässige Ausforschung jeglicher potentiell als Beweismittel in Betracht kommender Unterlagen an die Hand gegeben. Es ist zu beachten, dass gemäß § 30 Abs. 2 S. 1 PUAG zu sichtende Unterlagen noch keine Beweismitteleigenschaft besitzen. Denn um Beweismittel handelt es sich erst dann, wenn die Unterlagen für die Untersuchung von Bedeutung sind.[635] Insoweit sind die zu sichtenden Unterlagen auch noch nicht von dem Beweiserhebungsrecht des Untersuchungsausschusses erfasst. Die Gefahr des Missbrauchs ist gegeben, wenn aus Sicht des Untersuchungsausschusses bloß interessante Unterlagen, die jedoch nicht vom Untersuchungsgegenstand gedeckt sind und ohne Beweismittelqualität zu besitzen als „Beweismittel" zur Vorlage und so auch zur Kenntnis der Ausschussmitglieder gelangen. Dies ist besonders problematisch im Hinblick auf Unterlagen, die einem besonderen gesetzlichen Geheimhaltungsschutz unterliegen und deren Offenbarung gegenüber Ausschussmitgliedern gleich, ob geheim oder ungeschützt, unbefugt im Sinne einer Strafnorm sein könnte. Die Erfahrung im Umgang mit Untersuchungsausschüssen lehrt zudem nicht unbedingt einen behutsamen Umgang der Abgeordneten und Mitarbeiterstäben mit vertraulichen Unterlagen, sondern häufig eher die Einräumung des Vorrangs eines auch nur vermeintlich bestehenden öffentlichen Informationsbedarfs über die schutzwürdigen Interessen einer betroffenen Person. Dies kann geschehen durch Lancierung von solchen Informationen an die Medien, mit der Folge des Eingreifens des Quellenschutzes auf Seiten der Journalisten[636] oder auch nur in Form von Verwendung solcher Informationen in anderer Sache, z.B. in anderen Ausschüssen. Die Einstufung als GEHEIM bietet dabei nur einen gewissen – keinesfalls aber umfassenden – Schutz.

Die Gefahr der unbefugten Offenbarung nimmt der Gesetzgeber aber ganz bewusst in Kauf, wie sich aus der Gesetzesbegründung ergibt. Danach soll der Konflikt zwischen Aufklärungsinteresse und gleichwertigen Vertrauensschutzinteressen und der Persönlichkeitssphäre

> „zugunsten möglichst weitgehender Aufklärungsmöglichkeiten des Untersuchungsausschusses"[637]

gelöst werden. Vor dem Hintergrund der ständigen Rechtsprechung stellt dieses parlamentarische Vorprüfungsverfahren einen verfassungsrechtlich

---

635 Vgl. KK-*Nack* StPO, § 94, Rn. 7; *Meyer-Goßner* StPO, § 94, Rn. 6; LR-*Schäfer* StPO, Bd. 2, § 94, Rn. 18 ff.

636 Vgl. das sog. Cicero-Urteil des BVerfG, Urteil vom 27.02.2007, 1 BvR 538/06 und 1 BvR 2045/06.

637 BT-Drs. 14/5790, 20.

kaum zu rechtfertigenden Eingriff dar, der gesetzgeberisch eigentlich nur damit begründet werden kann, dass die vielfach von Untersuchungsausschüssen als lästig oder zeitaufwendig empfundene kooperative Klärung in gerichtlichen Verfahren oder außergerichtlichen Vorprüfungsverfahren nun einseitig zu Lasten privater Dritter geregelt worden ist. Dabei hätte eine den Vorgaben des BVerfG folgende Gesetzgebung auch ein Korrelat zu der möglichen Weite eines regelmäßig nicht hinreichend bestimmten Untersuchungsauftrages oder des weiten öffentlichen Interesses darstellen können und müssen.

Schließlich ist der Gesetzeswortlaut des § 30 Abs. 2 S. 1 GG bei strenger Betrachtung widersprüchlich und unanwendbar. Denn § 30 PUAG spricht von „Beweismitteln", die „verlangt" oder „vorgelegt" worden sind. Sinn und Zweck dieser Vorschrift ist es indes, Unterlagen, hinsichtlich derer Unklarheit oder Streit über die Beweismitteleignung besteht, einer Durchsicht und Prüfung zum Zwecke der Klärung der Beweisrelevanz und der Geheimhaltungsbedürftigkeit erst zuzuführen. Bei den vorzulegenden Unterlagen handelt es sich damit eben noch nicht um Beweismittel. Diese Eigenschaft ist im Zeitpunkt der Anforderung durch den Untersuchungsausschuss und Vorlage durch den Dritten mangels noch zu erfolgender Durchsicht und Prüfung noch nicht gegeben.

Das parlamentarische Vorprüfungsverfahren für Unterlagen privater Dritter ist als misslungen und verfassungsrechtlich höchst bedenklich anzusehen. Einer Anwendung des Vorlage- und Vorprüfungsverfahrens auf jegliche Unterlagen, hinsichtlich derer ein Untersuchungsausschuss Vorlage begehrt, steht zudem der Wortlaut des § 30 Abs. 2 S. 1 PUAG entgegen.

3. Geheimschutzmaßnahmen zur Wahrung von Privatgeheimnissen

Im Untersuchungsausschuss stellt sich jenseits der Beweiserheblichkeit die Frage, ob und inwiefern Privat- und Geschäftsgeheimnisse zu schützen sind, wenn die Beweiserhebung vom Untersuchungsgegenstand erfasst ist und im öffentlichen Interesse liegt.[638]

Für die vom öffentlichen Interesse gedeckten Untersuchungsgegenstände gelten zum Schutz von Privat- und Geschäftsgeheimnissen neben den genannten Herausgabeverweigerungsrechten des § 29 Abs. 2 S. 1 PUAG und des § 97 StPO die grundrechtlichen Positionen des Privaten bzw. des Unternehmens. Der Schutz privater und geschäftlicher Geheimnisse gewährt zwar kein Herausgabeverweigerungsrecht; sie dürfen dennoch nicht uneingeschränkt im Untersuchungsverfahren, das grundsätz-

638 Vgl. zum Schutz von Privatgeheimnissen im Rahmen von Zeugenvernehmungen vor parlamentarischen Untersuchungsausschüssen D.I.4.a).

lich in öffentlicher Verhandlung stattfindet, publik gemacht werden, da sie vom Recht auf informationelle Selbstbestimmung (Art. 2 Abs. 1 i.V.m. Art. 1 Abs. 1 GG) und u. U. von Art. 14 Abs. 1 GG (sog. Recht am eingerichteten und ausgeübten Gewerbebetrieb) geschützt sind. Auch juristische Personen des Privatrechts genießen diesen Schutz (Art. 19 Abs. 3 GG). Diese Grundrechte schützen ihre Träger gegen unbegrenzte Erhebung, Speicherung, Verwendung oder Weitergabe der auf sie bezogenen, individualisierten oder individualisierbaren Daten. Auf Verfassungsebene kollidieren hier somit einerseits das Interesse der Allgemeinheit an der Aufklärung des Untersuchungsgegenstandes und andererseits die Grundrechte privater Dritter. Sie sind unter Beachtung des Verhältnismäßigkeitsgrundsatzes zu einem sachgerechten Ausgleich zu bringen, der den beiden Verfassungspositionen so weit wie möglich zur Wirkung verhilft.[639] Die Einschränkung privater Rechte darf nicht weiter gehen, als es zum Schutze öffentlicher Interessen unerlässlich ist.[640]

> „Die grundrechtlichen Gewährleistungen der Privaten gestatten in aller Regel dann keine Verkürzung des Aktenherausgabeanspruchs zugunsten des Schutzes des allgemeinen Persönlichkeitsrechtes und des Eigentumsschutzes, wenn das Parlament Vorkehrungen für den Geheimschutz getroffen hat, die das ungestörte Zusammenwirken gewährleisten, und wenn der Grundsatz der Verhältnismäßigkeit gewahrt ist. Eine Ausnahme hiervon gilt indessen für solche Informationen, deren Weitergabe wegen ihres streng persönlichen Charakters für die Betroffenen unzumutbar ist."[641]

Der Gesetzgeber hat bei der Regelung des parlamentarischen Vorprüfungsverfahrens gemäß § 30 Abs. 2 S. 1 PUAG diesen Konflikt in bedenklicher Weise abweichend von den Vorgaben des BVerfG anders, nämlich zugunsten des Aufklärungsinteresses des Untersuchungsausschusses, gelöst. Dies ändert aber nichts daran, dass stets Art und Bedeutung des mit der beabsichtigten Beweiserhebung verfolgten Ziels im Rahmen des Untersuchungsauftrags und die Schutzwürdigkeit und Schutzbedürftigkeit bei der Abwägung zwischen Datenschutz und Beweiserhebung angemessen zu berücksichtigen sind.

Außerhalb des einer Untersuchung unzugänglichen streng persönlichen Bereichs kann es die Abwägung zwischen Beweiserhebung und Geheimhaltungsinteressen erfordern, dass durch Ausschluss der Öffentlichkeit (§ 14 PUAG), Anwendung der Geheimhaltungsvorschriften (§ 15 f. PUAG) sowie Anonymisierung des Abschlussberichts nach erfolgtem

---

639 BVerfGE 67, 100, 101, 140 und 143 f. *Flick-Ausschuss*; Klenke, NVwZ 1995, 644, 646; ebenso BayVerfGH, BayVBl. 1994, 463, 465; NVwZ 1996, 1206, 1207; BadWürtStGH, NVwZ-RR 1992, 593, 596.

640 BVerfGE 65, 1, 44 = NJW 1984, 419, 422 *Volkszählung*; BVerfG, NJW 1984, 2271, 2276 *Flick-Ausschuss*.

641 Vgl. BVerfGE 65, 1, 46 *Flick-Ausschuss*.

rechtlichen Gehör (§ 32 PUAG) sichergestellt wird, dass geheimhaltungsbedürftige Informationen nicht an die Öffentlichkeit geraten.[642]

a) Geheimschutzmaßnahmen bei der Aktenanforderung von Privaten

Als Maßnahmen des Geheimschutzes bei der Aktenanforderung von Privaten kommen die Vorprüfung von potentiell beweisrelevantem Material in Form von Vorprüfungsverfahren (z.B. dem Vorsitzenden-Verfahren), die Anonymisierung von Unterlagen, der Ausschluss der Öffentlichkeit bzw. die Verhandlung in nicht-öffentlicher Sitzung, die Anwendung der Geheimschutzordnung auf im Besitz des Untersuchungsausschusses befindliches Material sowie die Anonymisierung des Abschlussberichts in Betracht.

(1) Vorprüfungsverfahren

Vorprüfungsverfahren dienen in der ersten Phase der Beweiserhebung zwischen Anforderung und Herausgabe der Unterlagen an den Untersuchungsausschuss dem Geheimschutz, da sie es in einem Zeitpunkt der Ungewissheit der Beweismittelqualität angeforderter Unterlagen zum Ziel haben, dass beweisrelevantes von beweisirrelevantem Material getrennt werden. Hinsichtlich des nach Durchführung des Vorprüfungsverfahrens für potentiell beweiserheblich erkannten Materials kann zugleich eine geeignete und erforderliche Geheimschutzmaßnahme festgelegt werden. Das (außerparlamentarische und auch außergerichtliche) Vorprüfungsverfahren wurde daher im Rahmen der Vorklärung der Beweiserheblichkeit von Unterlagen und der Bestimmung einer Geheimschutzmaßnahme häufig angewandt und auch vom BVerfG als sinnvolle Maßnahme zur Schaffung eines Ausgleichs zwischen dem Aufklärungsinteresse parlamentarischer Untersuchungsausschüsse und den geschützten Interessen privater Dritter anerkannt.

Das parlamentarische Vorlage- und Vorprüfungsverfahren gemäß § 30 Abs. 2 S. 1 PUAG hat sich hingegen von den Grundsätzen des außerparlamentarischen Vorprüfungsverfahrens deutlich und einseitig zulasten privater Dritter entfernt und entgegen der Rechtsprechung des BVerfG dem Untersuchungsausschuss die Durchsicht und die Prüfung der Beweiserheblichkeit der vorgelegten Beweismittel in verfassungsrechtlich bedenklicher Weise gestattet.[643] Es stellt – anders als das vom BVerfG[644] bestätigte außerparlamentari-

642 *Lemmer* in Pfennig/Neumann, VvB, Art. 48, Rn. 9.

643 BVerfGE 76, 363, 382 f. *Lappas*; BVerfG, NJW 1988, 890, 896 *Neue Heimat-Ausschuss*.

sche Vorprüfungsverfahren – keine geeignete Form des Schutzes Interessen privater Dritter mehr dar, da es die Offenbarung nicht beweisrelevanter Informationen gegenüber den Mitgliedern des Untersuchungsausschusses zu einem Zeitpunkt beinhaltet, in dem die Beweismittel-eigenschaft noch gar nicht feststeht, sondern erst noch zu klären ist. In der Praxis ist dem außerparlamentarischen Vorprüfungsverfahren aufgrund der verfassungsrechtlichen Bedenklichkeit des parlamentarischen Vorprüfungsverfahrens stets der Vorzug zu geben.

(2) Anonymisierung von Unterlagen

Gelegentlich kann es vorkommen, dass Unterlagen, die beweisrelevante Informationen beinhalten, zugleich auch beweisirrelevante Inhalte aufweisen. Es stellt sich die Frage, ob in diesem Fall die Unterlage insgesamt Beweismitteleigenschaft besitzt und vollständig herauszugeben ist, oder ob die beweisirrelevanten Bestandteile zu einer teilweisen Unkenntlichmachung der betroffenen Informationen zwingen.

Das BVerfG hatte sich mit dieser Problematik im Zusammenhang mit der Gewährung von Akteneinsicht an mutmaßlich Verletzte im strafrechtlichen Ermittlungsverfahren zu befassen.[645] Die Beschwerdeführer, Vorstands- und Aufsichtsratsmitglieder einer AG, rügten die Entscheidung der Staatsanwaltschaft, im Wege der Akteneinsicht Unterlagen aus den Ermittlungsakten, die u.a. Geschäfts- und Betriebsgeheimnisse enthielten, herauszugeben. Sie wandten sich gegen den die Entscheidung der Staatsanwaltschaft insoweit bestätigenden Beschluss des LG mit der Begründung, die Akten enthielten zahlreiche Unterlagen, die aus den unterschiedlichsten Gründen geheimhaltungsbedürftig seien, u.a. weil sie Interna des Unternehmens betreffen. Die Beschwerdeführer rügten u.a., dass das LG den Antragstellern ein uneingeschränktes Akteneinsichtsrecht zugebilligt habe, ohne geheimhaltungsbedürftige Unterlagen herauszunehmen oder zu anonymisieren. Das BVerfG sah die Verfassungsbeschwerde als begründet an und stellte fest, dass das LG die

> „bislang im angegriffenen Beschluss unterlassene Überlegung, ob Gründe der Verhältnismäßigkeit es gebieten, als milderes Mittel zur Gewährung von Akteneinsicht in sämtliche Verfahrensunterlagen nur eine auszugsweise Akteneinsicht oder die Einsicht in anonymisierte Unterlagen zu bewilligen,“[646]

anzustellen hat. Anonymisierungen von Unterlagen, die grundrechtlich geschützte Positionen (hier: Interna einer Aktiengesellschaft) betreffen, stellten

644 BVerfGE 76, 363, 382 f. *Lappas*; BVerfG, NJW 1988, 890, 895 *Neue Heimat-Ausschuss*.
645 BVerfG, Beschluss vom 24.09.2002, 2 BvR 742/02.
646 BVerfG, Beschluss vom 24.09.2002, 2 BvR 742/02, Absatz-Nr. 49.

generell ein zulässiges und im Rahmen der Verhältnismäßigkeit probates Mittel zum Schutz von Rechten Dritter sowie von Geschäfts- und Betriebsgeheimnissen dar.

Die Ansicht des BVerfG überzeugt, gewährleistet sie doch den Schutzbereich privater Dritter und zugleich die Aufklärungsmöglichkeit parlamentarischer Untersuchungsausschüsse. Die gegenteilige Auffassung, dass Schwärzungen schon aus grundsätzlichen Erwägungen nicht als Mittel des Ausgleichs gegenläufiger verfassungsrechtlich geschützter Interessen in Betracht kämen und ein ungeeignetes Mittel darstellten, um Grundrechte Dritter zu schützen, da geschwärzte Ablichtungen kein Substitut der Originalunterlage mehr seien, überzeugt nicht. Weder beeinträchtigen Anonymisierungen die Beweismitteleigenschaft der Unterlage noch wird diese in ihrem beweiserheblichen Teil beeinträchtigt. Denn ein Beweiserhebungsrecht besteht schließlich nur hinsichtlich beweisrelevanten Materials. Nicht beweisrelevantes Material darf ein Untersuchungsausschuss gar nicht erst heraus verlangen. Somit ermöglicht die Vornahme von gebotenen Anonymisierungen sogar erst die Herausgabe beweisrelevanter Ausschnitte einer Unterlage, die ansonsten Untersuchungsausschüssen insgesamt nicht zugänglich wäre.[647] Die Vornahme von Anonymisierungen stellt daher generell ein geeignetes Mittel zum Schutz von Rechten Dritter sowie Geschäfts- und Betriebsgeheimnissen dar.

Fraglich ist, ob für die Vornahme von Anonymisierungen auch im Rahmen des neu geschaffenen parlamentarischen Vorprüfungsverfahrens gemäß § 30 Abs. 2 S. 1 PUAG Raum besteht. Urteilte das BVerfG ursprünglich noch, dass die herausgebende Stelle oder Person selbständig zu prüfen hat, ob bestimmte Teile von Unterlagen vor einer Herausgabe mangels Bezug zum Untersuchungsgegenstand oder entgegenstehender Rechte Dritte zu anonymisieren sind, soll eine solche Prüfung nun gemäß § 30 Abs. 2 S. 1 PUAG durch den Untersuchungsausschuss selbst stattfinden. Auch insoweit wurde durch den Gesetzgeber die bisherige ständige Rechtsprechung des BVerfG zum *Neue Heimat-Ausschuss*[648] und *Flick-Ausschuss*[649] bei Schaffung des PUAG nicht beachtet. In der Tat widerspräche es § 30 Abs. 2 S. 1 PUAG, wenn

647 Die bezeichnete Rechtsprechung des BVerfG wurde im Rahmen des Untersuchungsausschusses zum Berliner Bankenskandal (2. Untersuchungsausschuss der 14. Wahlperiode des Abgeordnetenhauses von Berlin *Bankgesellschaft/Parteispenden* (Drs. 14/1590) und 1. Untersuchungsausschuss der 15. Wahlperiode des Abgeordnetenhauses von Berlin *Bankgesellschaft/Parteispenden II* (Drs. 15/4900)) , der umfassend sämtliche Aufsichtsratsunterlagen der *Bankgesellschaft Berlin AG* und deren Konzerngesellschaften heraus begehrte, durch das AG Tiergarten zutreffend berücksichtigt. Es stellte fest, dass die „teilweise Schwärzung der Tagesordnung für beide Seiten den geringsten Eingriff in die jeweiligen Rechte bedeutet." (AG Tiergarten, Beschluss vom 28.03.2003, 350 Gs 499/03, 3).

648 BVerfGE 77, 1 ff. = NJW 1988, 896 *Neue Heimat-Ausschuss.*

649 BVerfGE 67, 100 ff. *Flick-Ausschuss.*

bereits im Hinblick auf die Rechtsprechung des BVerfG anonymisierte Unterlagen zur Vornahme der parlamentarischen Vorprüfung beim Untersuchungsausschuss vorgelegt werden würde. Unterstellt, § 30 Abs. 2 S. 1 PUAG sei überhaupt auf potentiell beweiserhebliche Unterlage anwendbar und im übrigen verfassungsgemäß, wären Unterlagen Dritter in nicht anonymisierter Form beim Untersuchungsausschuss vorzulegen. Der Untersuchungsausschuss hätte jedoch sodann in eigener Verantwortung Passagen zu anonymisieren, die entsprechend den Vorgaben des BVerfG keinen Eingang in das Verfahren finden dürfen, so dass eine Verwertbarkeit als Beweismittel überhaupt erst geschaffen wird. Die betroffenen Personen könnten die erfolgten bzw. unterbliebenen Anonymisierungen durch Einlegung eines Widerspruchs überprüfen lassen (§ 30 Abs. 4 PUAG).

Nach alledem gilt, dass Unterlagen, die sowohl beweisrelevante wie dem Beweiserhebungsrecht des Untersuchungsausschuss entzogene Informationen enthalten, vom Gewahrsamsinhaber bzw. Betroffenen zur Wahrung berechtigter Interessen Privater in anonymisierter Form zu übergeben sind. Fordert der Untersuchungsausschuss allerdings gemäß § 30 Abs. 2 S. 1 PUAG Unterlagen an, hat der Gewahrsamsinhaber diese dem Untersuchungsausschuss nach dem Gesetzeswortlaut in nicht anonymisierter Fassung zur Verfügung zu stellen. Eine entsprechende Trennung der Unterlagen und ggf. Anonymisierung von Informationen hat durch den Untersuchungsausschuss zu erfolgen.

(3) Nichtöffentlichkeit der Ausschusssitzung

Der Ausschluss der Öffentlichkeit stellt ein gängiges Instrument zum Schutz von privaten und geschäftlichen Geheimnissen dar. Gemäß § 14 Abs. 1 PUAG schließt der Untersuchungsausschuss die Öffentlichkeit aus bzw. beschränkt sie gemäß § 14 Abs. 2 PUAG, wenn

- Umstände aus dem persönlichen Lebensbereich von Zeugen oder Dritten zur Sprache kommen, deren öffentliche Erörterung überwiegende schutzwürdige Interessen verletzen würde;
- eine Gefährdung des Lebens, des Leibs oder der Freiheit von einzelnen Zeugen oder einer anderen Person zu besorgen ist;
- ein Geschäfts-, Betriebs-, Erfindungs- oder Steuergeheimnis zur Sprache kommt, durch dessen öffentliche Erörterung überwiegende schutzwürdige Interessen verletzt würden;
- besondere Gründe des Wohls des Bundes oder eines Landes entgegenstehen, insbesondere wenn Nachteile für die Sicherheit der Bundesrepublik Deutschland zu besorgen sind.

Der Ausschluss der Öffentlichkeit steht in den aufgelisteten Fällen nicht im Ermessen des Untersuchungsausschusses.[650] In den Voraussetzungen selbst besteht jedoch ein Einschätzungsspielraum des Untersuchungsausschusses, z.B. inwiefern durch eine öffentliche Erörterung schutzwürdige Interessen verletzt würden. Das bloße Bestehen schutzwürdiger Interessen genügt daher allein noch nicht für den Ausschluss der Öffentlichkeit. Allerdings wird regelmäßig eine ausreichende Möglichkeit der Verletzung bestehender schutzwürdiger Interessen durch eine öffentliche Behandlung von Umständen aus dem persönlichen Lebensbereich oder von Geschäfts-, Betriebs-, Erfindungs- oder Steuergeheimnissen zu bejahen sein, weil sich ein Untersuchungsausschuss überhaupt nur ausnahmsweise und unter besonderen Voraussetzungen mit solchen privaten Umständen befassen darf (vgl. B.I.). Etwas anderes gilt nur dann, wenn das öffentliche Interesse an der Aufklärung die schutzwürdigen Interessen des Dritten überwiegt. Die Nichtöffentlichkeit der Ausschusssitzung selbst bewirkt noch keinen wirksamen Schutz gegen ein Bekannt werden schutzwürdiger Informationen, denn Protokolle über nichtöffentliche Ausschusssitzungen stellen keine Verschlusssachen im Sinne der Geheimschutzordnung dar (vgl. § 2 Abs. 5 S. 2 GSO).

Zur Stellung eines Antrags auf Ausschluss oder Beschränkung der Öffentlichkeit sind gemäß § 14 Abs. 3 PUAG anwesende Mitglieder des Untersuchungsausschusses, Mitglieder des Bundesrates, der Bundesregierung und ihre Beauftragten, Zeugen, Sachverständige und sonstige Auskunftspersonen berechtigt. Über den Ausschluss oder die Beschränkung der Öffentlichkeit entscheidet gemäß § 14 Abs. 4 PUAG der Untersuchungsausschuss; die Begründung des Ausschlusses der Öffentlichkeit hat in öffentlicher Sitzung zu erfolgen.

(4) Anwendung der Geheimschutzordnung

Um einen geeigneten Schutz herbeizuführen ist daher regelmäßig neben dem Antrag auf Ausschluss der Öffentlichkeit gemäß § 15 Abs. 1 S. 1 PUAG ein weiterer Antrag auf Einstufung in einen bestimmten Geheimhaltungsgrad gemäß der Geheimschutzordnung des Bundestages erforderlich. Die Geheimschutzordnung regelt die verschiedenen Geheimhaltungsstufen und den Umgang mit entsprechend eingestuftem Material. Sie stellt die auf die Bedürfnisse des Parlaments zugeschnittene Parallele zu der Verschlusssachenanweisung für Behörden dar.[651] Die Geheimschutzordnung gilt für Verschlusssachen (VS), die innerhalb des Bundestages entstehen oder dem Bundestag, seinen

650 So ausdrücklich der Gesetzgeber (BT-Drs. 14/5790, 16).

651 *Richter* S. 109.

Ausschüssen oder Mitgliedern des Bundestages zugeleitet wurden (§ 1 Abs. 1 GSO). Verschlusssache sind Angelegenheiten aller Art, die durch besondere Sicherheitsmaßnahmen gegen die Kenntnis von Unbefugten geschützt werden müssen (§ 1 Abs. 2 GSO).

§ 15 Abs. 1 PUAG bestimmt, dass Beweismittel, Beweiserhebungen und Beratungen durch den Untersuchungsausschuss mit einem Geheimhaltungsgrad nach der Geheimschutzordnung des Bundestages (§ 14 Abs. 2 S. 1 PUAG) versehen werden können. Zur Stellung des Antrags auf Einstufung in einen Geheimhaltungsgrad sind die zur Stellung eines Antrages zum Ausschluss oder Beschränkung der Öffentlichkeit gemäß § 14 Abs. 3 PUAG genannten berechtigt, d.h. auch Zeugen, Sachverständige und sonstige Auskunftspersonen. Eine Einstufung kann gemäß § 15 Abs. 1 S. 2 PUAG auch zunächst vorläufig durch den Vorsitzenden bis zu einer förmlichen bzw. endgültigen Entscheidung des Untersuchungsausschusses vorgenommen werden. Die Einstufung von Unterlagen bzw. Zeugenaussagen in die einzelnen Geheimhaltungsgrade erfolgt durch Beschluss des Untersuchungsausschusses. Erfolgt die Herausgabe von anderen Stellen, so besagt § 3 Abs. 2 GSO, dass die herausgebende Stelle den Geheimhaltungsgrad bestimmt.

Durch das Antragsrecht Dritter bringt der Gesetzgeber zum Ausdruck, dass dem Geheimnisschutz gerade auch private Geheimnisse unterfallen sollen. Allerdings war die Geheimschutzordnung des Bundestages dem Wortlaut nach nicht auf private Geheimnisse anwendbar. Parallel zur Verabschiedung des Gesetzesentwurfs wurde daher die Geheimschutzordnung (Anlage 3 zur Geschäftsordnung des Deutschen Bundestages) um einen § 2a „private Geheimnisse“ ergänzt. Demzufolge sind als GEHEIM wichtige Geschäfts-, Betriebs-, Erfindungs-, Steuer- oder sonstige private Geheimnisse oder Umstände des persönlichen Lebensbereichs einzustufen, deren Kenntnis durch Unbefugte dem Berechtigten schweren Schaden zufügen würde (§ 2a Abs. 1). Als VERTRAULICH sind gemäß § 2a Abs. 2 solche Geheimnisse oder Umstände einzustufen, deren Kenntnis durch Unbefugte dem Interesse des Berechtigten abträglich sein könnte. Der Zugang zu Verschlusssachen ist in § 16 PUAG, in der Geheimschutzordnung und den Ausführungsbestimmungen hierzu geregelt.[652] Durchbrochen wird die Geheimhaltungsverpflichtung

---

652 In der Untersuchungsausschusspraxis wurden in der Vergangenheit regelmäßig für schutzwürdige Unterlagen, die Rechte privater Dritter betreffen, die Geheimhaltungsstufen GEHEIM oder VERTRAULICH gewählt. Weiterhin ist beschlossen worden, dass die an den Ausschuss herausgegebenen und der Geheimhaltung unterliegenden Akten und Unterlagen in einem besonderen, eigens dafür hergerichteten Raum im Parlament aufzubewahren sind. Der Zutritt zu diesem Raum wird beschränkt auf die Mitglieder und die stellvertretenden Mitglieder des Untersuchungsausschusses, den Leiter des Ausschusssekretariats, die unmittelbar für den Untersuchungsausschuss eingesetzten Mitarbeiter sowie von jeder der Ausschuss vertretenen Fraktionen die

durch die Anzeigeverpflichtung für (allein) Ausschussmitglieder gemäß § 16 Abs. 3 PUAG, wonach ein Geheimnis offenbart werden darf, wenn es von der berechtigten Person ermächtigt worden ist oder die Offenlegung des Geheimnisses gesetzlich geboten ist. Dies soll in den Fällen des § 138 StGB der Fall sein. Diese Regelung ist ähnlich dem § 61 BBG (Grundsatz der Amtsverschwiegenheit) und § 49 Abs. 3 AbgG ausgestaltet.

(5) Anonymisierung des Abschlussberichts

Als in zeitlicher Hinsicht letzte Form der Geheimhaltung besteht die Möglichkeit der Anonymisierung des Abschlussberichts. Der Informationswert des Abschlussberichts darf durch die Anonymisierung aufgrund des Aufklärungsgebots allerdings nicht geschmälert werden. Aus diesem Grunde bestehen keine rechtlichen Hinderungsgründe, Personen und Unternehmen im Abschlussbericht namentlich zu erwähnen, wenn ihre Verhaltensweise dergestalt mit dem Untersuchungsauftrag im Zusammenhang gestanden haben, dass eine Anonymisierung im Hinblick auf das öffentliche Interesse an der vollständigen Sachverhaltsaufklärung nicht hinnehmbar erscheint.[653] Anspruch auf eine Anonymisierung können deshalb nur Personen und Unternehmen besitzen, die entweder nicht im Zentrum des Untersuchungsauftrages standen[654] oder eine Vielzahl von Verhaltensweisen einzelner Personen untersucht wurden und insofern nicht das Interesse an der Aufklärung im Einzelfall, sondern die Typizität des Handelns im Vordergrund stand.[655]

b) Geheimschutzmaßnahmen bei der Aktenvorlage durch Regierung, Behörden und Gerichte

Rechte privater Dritter können nicht nur bei der Vorlage von Unterlagen durch Private, sondern auch bei der Aktenvorlage durch Regierung, Behörden

---

vom Präsidenten im Einzelfall zugelassenen Fraktionsmitarbeiter. Geheimhaltungsbedürftige Akten oder Schriftstücke dürfen von den einsichtsberechtigten Personen nicht aus dem Raum entfernt werden, ausgenommen für Sitzungen des Untersuchungsausschusses, zu denen die notwendigen Akten von Mitarbeitern des Ausschusssekretariats in den Sitzungssaal verbracht und wieder in den Aufbewahrungsraum zurückgebracht werden. Soweit von solchen Unterlagen Kopien angefertigt werden, müssen auch diese Kopien in diesem Raum aufbewahrt werden. Weiterhin haben Zutrittsberechtigte in jedem Einzelfall des Betretens eine die Geheimhaltung betreffende Verpflichtungserklärung unterschreiben.

653 *Vetter* ZParl 1989, 345, 363.

654 *Richter* S. 115.

655 *Richter* S. 115 f.

und Dritte tangiert werden. Der Aktenherausgabeanspruch folgt unmittelbar aus der Kontrollaufgabe des Parlaments und hat Verfassungsrang (Art. 44 Abs. 1 S. 2 GG).[656] Es gehört zum „Wesenskern des parlamentarischen Untersuchungsrechts".[657] Für Gerichte, Regierung und Behörden besteht eine Verpflichtung zur Aktenvorlage aufgrund der Rechts- und Amtshilfe gemäß § 18 PUAG. Es besteht auch die Pflicht zur Vorlage von Straf- und Ermittlungsakten. Für die Staatanwaltschaft gilt diese Pflicht bereits – unbeschadet ihrer Sonderstellung als Organ der Rechtspflege – aufgrund ihrer Stellung als weisungsgebundene Behörde.[658]

Der Inhalt des Aktenherausgabeanspruchs gegenüber der Exekutive und Gerichten lässt sich dahingehend konkretisieren, dass alle in Bezug genommenen Akten dem Ausschuss vorzulegen sind, soweit sich das Vorlagebegehren im Rahmen des Untersuchungsauftrages hält und nicht ausforschbare streng persönliche Angelegenheiten Dritter bzw. nicht der Kernbereich exekutiver beziehungsweise justizieller Eigenverantwortung betroffen werden.[659] Das Recht auf Einsicht in die Akten erstreckt sich dabei nicht bloß auf die Hauptakten eines Straf- bzw. Ermittlungsverfahrens, sondern auch auf die Beweismittelordner, Handakten und durch Dritte eingeführte Beweismittel.[660] Hierbei haben die beteiligten Verfassungsorgane gegenseitig ein ungestörtes Zusammenwirken zu gewährleisten.[661]

(1) Einschränkungen bei Material, das den Funktionsbereich von Regierung, Behörden und Gerichten selbst betrifft

Behörden und Gerichte sind an den Beschluss des Untersuchungsausschusses gebunden. Dieser entscheidet, welche Beweismittel er für erforderlich hält. Dem Aktenherausgabeanspruch können nur Gründe entgegengehalten werden, die ihrerseits Verfassungsrang haben („vorbehaltlich verfassungsrechtlicher Grenzen", vgl. § 18 Abs. 1 PUAG). Dies sind vor allem Eingriffe in den Kernbereich exekutiver bzw. judikativer Eigenverantwortung, Gründe der

656 *Lemmer* in Pfennig/Neumann, VvB, Art. 48, Rn. 8.

657 BVerfGE 67, 100, 132 *Flick-Ausschuss.*

658 Vgl. *Vetter* ZParl 1989, 357. Das Herausgabeersuchen ist an das jeweils für das (Landes-)Ressort verantwortliche Regierungsmitglied der zuständigen (Landes-) Regierung zu richten. Aktenvorlage- und Akteneinsichtsersuchen, die Beweismittel betreffen, die sich im Gewahrsam der Strafgerichte befinden, sind – ggf. über das (Landes-)Justizministerium – entsprechend den Rechts- und Amtshilfevorschriften unmittelbar an das zuständige Gericht zu leiten.

659 *Vetter* ZParl 1989, 345, 358.

660 *Meyer-Goßner* StPO, § 147, Rn. 13 ff.; *Vetter* ZParl 1989, 345, 358.

661 BVerfGE 67, 100, 144 *Flick-Ausschuss.*

Staatssicherheit und das Wohl des Bundes oder eines Bundeslandes. Im Zusammenhang mit dem *Flick-Ausschuss* wurde der Bundesregierung ein Herausgabeverweigerungsrecht nur für den Kernbereich exekutiver Verantwortung zugebilligt, in den jedoch erst dann eingegriffen wird, wenn der nicht ausforschbare Bereich – wie etwa die Vorbereitung von Kabinettsentscheidungen – betroffen ist.[662] Vereinzelt können Gründe der Staatssicherheit unter Berufung auf das Wohl des Bundes oder eines Bundeslandes zur Verweigerung der Aktenvorlage berechtigen.[663] Die Berufung auf das Wohl des Bundes oder eines Bundeslandes kommt in aller Regel nicht in Betracht, wenn beiderseits wirksame Vorkehrungen gegen das Bekannt werden von Dienstgeheimnissen getroffen wurden.[664]

Für Akten und Gegenstände aus einem Strafverfahren gelten überdies Besonderheiten (vgl. auch C.III.8.). Gegen ein unbeschränktes Aktenherausgaberecht parlamentarischer Untersuchungsausschüsse im Bereich der Strafjustiz sprechen zwei Gründe: Zum einen kann bei einem noch nicht abgeschlossenen erstinstanzlichen Verfahren der Erfolg staatsanwaltlicher oder strafgerichtlicher Ermittlungen durch Preisgabe des Akteninhalts aus der Sphäre des Untersuchungsausschusses gefährdet sein. Zum anderen kann die umfängliche und andauernde Aktenauskunft bei einem schwebenden Ermittlungs- oder Strafverfahren zu einem Stillstand des Verfahrens führen. In derartigen Situationen wäre das politische Ermessen des Ausschusses eingeschränkt bzw. im zweiten Fall auf Null reduziert.[665] Das parlamentarische Verfahren müsste sodann ausgesetzt werden, bis die Strafverfolgungsorgane Beweisergebnisse erzielt bzw. ausreichenden Fortgang genommen haben. Denkbar ist diese Konstellation allerdings nur bei Deckungsgleichheit des

---

662 BVerfGE 67, 100, 139 *Flick-Ausschuss*; BremStGH, NJW 1989, 953, 957.

663 Die Herausgabe könne unter Berufung darauf nur unter ganz besonderen Umständen verweigert werden, namentlich aus dem Gewaltenteilungsgrundsatz. Die Gewährleistung eines Kernbereichs exekutiver Eigenverantwortung sei eine notwendige Voraussetzung zum Schutz des nicht ausforschbaren Initiativ-, Beratungs- und Handlungsbereich der Regierung gegenüber Parlament und Volk (BVerfG, NJW 1984, 2271, 2275 *Flick-Ausschuss*).

664 BVerfG, NJW 1984, 2271, 2274 *Flick-Ausschuss*. Ein eingeschränktes Herausgabeverweigerungsrecht seitens der Bundesregierung bestand im *Flick-Ausschuss* insofern, als die Bundesregierung nach eigener Überprüfung der Akten auf geheimzuhaltende Tatsachen gegenüber dem Untersuchungsausschuss das Recht in Anspruch nahm und nehmen konnte, die nach ihrer Auffassung zurückzuhaltenden Informationen dem Ausschuss nicht zur Verfügung zu stellen. Dagegen wurde sie vom BVerfG dazu verpflichtet gehalten, „den Ausschuss, gegebenenfalls in vertraulicher Sitzung, detailliert und umfassend über die Art der Schriftstücke, die Natur der zurückgehaltenen Informationen, die Notwendigkeit der Geheimhaltung und den Grad der Geheimhaltungsbedürftigkeit zu unterrichten, der diesen Tatsachen ihrer Auffassung zukommt" (BVerfG, NJW 1984, 2271, 2274 *Flick-Ausschuss*).

665 Maunz-Dürig/*Klein* Art. 44, Rn. 226.

vom parlamentarischen Untersuchungsausschuss und Strafverfolgungsorgan aufzuklärenden Sachverhalts und soweit nicht die Möglichkeit besteht, Ablichtungen von Akteninhalten anzufertigen.[666] Die Gefährdung der strafverfahrensrechtlichen Ermittlungen kann aus Gründen des Zusammenwirkens aller Staatsorgane die Verpflichtung zum Ausschluss der Öffentlichkeit begründen.[667] Im Konfliktfall wurde in der Regel dem Strafverfahren mit dem ihn durchziehenden Beschleunigungsgrundsatz der Vorrang eingeräumt.[668]

(2) Einschränkungen bei entgegenstehenden Belangen Privater

Die Vorlage von Behörden- und Gerichtsakten kann nicht nur den behördlichen und justiziellen Rechtskreis berühren, sondern zugleich auch unmittelbar verfassungs- und einfachrechtlich geschützte Positionen privater Dritter erfassen, namentlich bei Akten der Steuerveranlagung bzw. des Steuerstrafverfahrens, Akten, die durch Art. 14 GG geschützte Geschäfts-, Betriebs- oder Bankengeheimnisse enthalten und solchen, die dem Persönlichkeitsrecht (Art. 2 Abs. 1 GG) unterfallen.[669] Berührt die Vorlage von Behörden- und Gerichtsakten zugleich verfassungs- und einfachrechtlich geschützte Rechtspositionen privater Dritter, so dürfen diese erst herausgegeben werden, wenn der Schutz von grundrechtlich bedeutsamen Daten durch Anwendung der Geheimhaltungsvorschriften gesichert ist und das Recht auf informationelle Selbstbestimmung nicht verletzt wird. Das Beweiserhebungsrecht des Untersuchungsausschusses und der grundrechtliche Datenschutz müssen im konkreten Fall in einer Weise zur Geltung gebracht werden, dass beide soweit als möglich ihre Wirkung entfalten. Für Streitigkeiten, z.B. über die Herausgabe von (Teilen von) Ermittlungsakten, ist gemäß § 18 Abs. 4 PUAG der Ermittlungsrichter beim BGH zuständig.

Für den Bereich der *Missstands-Enquête* nimmt die Rechtsprechung an, dass eine Aktenherausgabe nicht verweigert werden kann, wenn der Schutz von grundrechtlich bedeutsamen Daten – etwa Geschäfts-, Betriebs-, Bank-

---

666 Vgl. *Vetter* ZParl 1989, 345, 360.

667 *Halstenberg* S. 85.

668 Der Berliner *Antes-Ausschuss* nahm auf gleichzeitig anhängige Ermittlungs- bzw. Strafverfahren insoweit Rücksicht, als er auf Untersuchungen zu einzelnen Komplexen seines Auftrags solange verzichtete, bis die gegen mehrere Zeugen eingeleiteten Strafverfahren ihren Abschluss gefunden hatten. Weiterhin verzichtete der Ausschuss auf die umfangreiche und umfassende Übersendung von Verfahrensakten, sondern entsandte mehrfach Mitglieder des Untersuchungsausschusses sowie Mitarbeiter des Ausschusssekretariats und der Fraktionen, um vor Ort für das Untersuchungsverfahren erforderliche Beweismittel zu sichten. (Abghs.-Drs. 10/2444, 21 *Antes-Ausschuss*).

669 *Hilf* NVwZ 1987, 537, 541.

geheimnisses oder Steuerdaten von privaten Dritten – ausreichend durch die Geheimhaltungsvorschriften gesichert sind und das Recht auf informationelle Selbstbestimmung nicht verletzt wird.[670] Dies haben Behörden und Gerichte bei erkennbaren tatsächlichen Anhaltspunkten selbständig zu prüfen. Zwar entscheidet der Untersuchungsausschuss über den Ausschluss der Öffentlichkeit und die Anwendung der Geheimschutzordnung, doch war die Bundesregierung aber nach Ansicht des BVerfG nicht verpflichtet, Verschlusssachen, die Dienstgeheimnisse enthalten, dem Untersuchungsausschuss vorzulegen, wenn dieser nicht den von der Bundesregierung für notwendig gehaltenen Geheimschutz sicherstellt.[671] Ist indes ein Geheimschutz zu einem späteren Zeitpunkt sichergestellt, wird dann eine Verweigerung der Aktenherausgabe unzulässig.[672]

Der Berliner *Antes-Ausschuss*[673] forderte seinerzeit Ermittlungsakten über einen vom Ausschuss als Schlüsselperson zu vernehmenden Zeugen an, die teilweise dem Steuergeheimnis (§ 30 AO) unterfallende Daten enthielten. Entsprechend der vom BVerfG für eine solche Situation als verfassungsrechtlich zulässig anerkannten Verfahrensweise[674] sichteten ausschließlich der Vorsitzende und sein Stellvertreter die in Rede stehenden potentiellen Beweismittel nach vorheriger Überprüfung durch das Gericht, bei dem sich die Ermittlungsakten befanden. Sie entschieden, welche dieser Unterlagen für die Beweisaufnahme im Untersuchungsverfahren von wesentlicher Bedeutung waren. Diese Beweismittel, die dem Ausschuss nach Absprache mit der zuständigen Strafkammer des LG Berlin bzw. der Staatsanwaltschaft sodann übersandt wurden, hat der Ausschuss entsprechend seiner Geheimschutzordnung bzw. der dazu ergangenen Beschlüsse behandelt.[675] Entsprechend wurde auch in dem Berliner Untersuchungsausschuss *Bankgesellschaft Berlin/Parteispenden*[676] verfahren.

Das in § 30 Abs. 2 S. 1 PUAG geregelte parlamentarische Vorprüfungsverfahren findet keine Anwendung, da § 30 Abs. 2 S. 1 PUAG ausschließlich die Anforderung von privaten Dritten, also natürlichen und juristischen Personen des Privatrechts, betrifft. Für den staatlichen und justiziellen Bereich gilt § 18 PUAG. Diese Auslegung wird auch durch die Gesetzesbegründung

---

670 FG München, NVwZ 1994, 100, 103; BVerfGE 67, 100, 144 *Flick-Ausschuss.*

671 BVerfGE 67, 100, 137 *Flick-Ausschuss.*

672 BVerfGE 67, 100, 144 *Flick-Ausschuss.*

673 Abghs.-Drs. 10/2444, 21 *Antes-Ausschuss.*

674 BVerfG, NJW 1988, 890, 895 *Neue Heimat-Ausschuss.*

675 Vgl. Abghs.-Drs. 10/1297, 10 f. *Antes-Ausschuss.*

676 2. Untersuchungsausschuss der 14. Wahlperiode des Abgeordnetenhauses von Berlin Bankgesellschaft/*Parteispenden-Ausschuss* (Abghs.-Drs. 14/1590) und 1. Untersuchungsausschuss der 15. Wahlperiode des Abgeordnetenhauses von Berlin *Bankgesellschaft/Parteispenden II-Ausschuss* (Abghs.-Drs. 15/4900).

gestützt. Ausweislich dieser hat der Gesetzgeber ganz bewusst von der Festschreibung von Einzelschritten bei einem Ersuchen auf Vorlage von Beweismitteln und insbesondere der Durchführung eines sog. Vorsitzenden-Verfahrens abgesehen, um einerseits denkbare Verzögerungen eines Untersuchungsverfahrens entgegenzuwirken und andererseits den Beteiligten Freiraum für geeignete Schritte zu Lösungen im Konfliktfall zu eröffnen.[677] In keiner Weise nachvollziehbar ist jedoch, weshalb der Gesetzgeber diesen Freiraum im staatlichen und justiziellen Bereich nicht auch gegenüber natürlichen und juristischen Personen – wie bislang durch die Rechtsprechung des BVerfG – eröffnet. Im privaten Bereich hat der Gesetzgeber die Vorprüfung zur Bestimmung der Beweisrelevanz und entgegenstehender Rechte im Widerspruch zur Rechtsprechung durch Installierung des parlamentarischen Vorlage- und Vorprüfungsverfahrens gemäß § 30 Abs. 2 S. 1 PUAG in verfassungsrechtlich bedenklicher Weise erheblich eingeschränkt (vgl. D.IV.2.c)).

Zur Wahrung von Rechten privater Dritter wäre zudem eine gesetzliche Regelung zur Beteiligung des betroffenen Dritten am innerstaatlichen Abstimmungsprozess wünschenswert gewesen, die dem privaten Dritten vor Abgabe und einer Weiterleitung der Unterlagen von ihn betreffenden Unterlagen durch Behörden, Gerichte oder anderen staatlichen Stellen an den Untersuchungsausschuss rechtliches Gehör gewährt, um zu ggf. entgegenstehenden Rechten vorzutragen.

677 BT-Drs. 14/5790, 17.

c) Strafrechtlicher Schutz der Geheimhaltung

Mittelbar werden private Geheimhaltungsbedürfnisse im Untersuchungsausschuss schließlich über strafbewehrte besondere Geheimhaltungspflichten geschützt. Einschlägige Strafvorschriften sind dabei die §§ 203 Abs. 1, Abs. 2 Nr. 4 sowie 353b Abs. 2 Nr. 1 StGB.[678]

Die Verschwiegenheitspflicht aufgrund parlamentsrechtlicher Regelungen wird durch die strafrechtliche Sanktion des § 353b Abs. 2 Nr. 1 StGB bekräftigt.[679] Wegen Verletzung einer besonderen Geheimhaltungspflicht kann sich ein Abgeordneter als Mitglied eines Untersuchungsausschusses danach strafbar machen, wenn er einen Gegenstand oder eine Nachricht, zu deren Geheimhaltung er aufgrund eines Ausschussbeschlusses verpflichtet war, offenbart und dadurch wichtige öffentliche Interessen gefährdet werden. Bei der Verpflichtung ist umstritten, ob dabei eine solche aufgrund einer VS-Einstufung, die von anderen Stellen vorgenommen und vom Untersuchungsausschuss übernommen wurde, ausreicht. Die überwiegende Meinung tendiert dazu, dass der Untersuchungsausschuss seine Mitglieder neu und selbst verpflichten muss, da eine von anderer Stelle vorgenommene Einstufung zwar die geheime Behandlung innerhalb des Ausschuss gewährleistet, aber keine originäre Verpflichtung im Sinne des § 353b StGB begründet.[680] Die Verletzung rein privater Verschwiegenheitspflichten genügt nicht, weshalb diese Vorschrift ihrem Wortlaut nach lückenhaft ist und nur ungenügend dem Schutz privater Interessen dient. Allerdings kann der Tatbestand des § 353b Abs. 2 Nr. 1 StGB nach der Rechtsprechung des BGH auch dann erfüllt sein, wenn mittelbar öffentliche Interessen von Rang betroffen sind. Ein mittelbares Interesse von öffentlichem Rang kann u.a. darin bestehen, dass aufgrund der Veröffentlichung privater oder geschäftlicher Geheimnisse das Vertrauen der Öffentlichkeit in die Verschwiegenheit und Unparteilichkeit der Verwaltung, hier des Untersuchungsausschusses, erschüttert wird.[681] Diese Auslegung des § 353b Abs. 2 Nr. 1 StGB würde den Schutz privater Interessen erfassen.

§ 203 Abs. 1, Abs. 2 Nr. 4 StGB (Verletzung von Privatgeheimnissen) betrifft als echtes Sonderdelikt nur Mitglieder des Ausschusses, die nicht Abgeordnete sind, also z.B. Mitarbeiter der Fraktionen oder des Ausschusssekretariats. Der Gesetzgeber hat bislang bewusst von einer Erweiterung des § 203 StGB auch auf Abgeordnete Abstand genommen, weil insoweit noch eine

678 Die Strafvorschriften der §§ 404 AktG, 333 HGB, 55a und b KWG und 17 UWG sind für den parlamentarischen Bereich hingegen nicht einschlägig.

679 BVerfG, NJW 1984, 2271, 2274 *Flick-Ausschuss*.

680 Sch/Schr-*Lenckner/Perron* StGB, § 353b, Rn. 13.

681 A.A. *Richter* S. 114.

Abstimmung mit den Bundesländern erforderlich sei.[682] Es bleibt abzuwarten, ob eine solche Abstimmung in Zukunft noch vorgenommen wird, um die schwer begründbare Privilegierung der Abgeordneten abzuschaffen. Das unbefugte Offenbaren privater Geheimnisse durch Abgeordnete bleibt damit vorerst straflos.

§ 353d Nr. 3 StGB schützt private Geheimnisse in keiner Weise. Danach dürfen amtliche Schriftstücke des Strafverfahrens in öffentlicher Sitzung parlamentarischer Untersuchungsausschüsse in ihrem Wortlaut verlesen werden, soweit diese für den Untersuchungsauftrag von Bedeutung sind und diese nicht ohne Schaden für die Erfüllung des Untersuchungsauftrages in anderer Form als durch öffentliche Verlesung verwertet werden können. Bei einer Verlesung amtlicher Schriftstücke aus Strafverfahren im Untersuchungsausschuss liegt keine strafbare öffentliche Mitteilung i.S.d. § 353d Nr. 3 StGB vor.[683]

682 BT-Drs. 14/5790, 21.
683 *Derksen* NStZ 1993, 311, 313.

E. Zusammenfassung

Die Untersuchung privater Bereiche stellt nicht den Kernbereich parlamentarischer Untersuchungskompetenz dar. Allerdings erfährt sie in der Form der privatgerichteten *Skandal* - oder *Missstands -Enquête* die größere Aufmerksamkeit in der Medien- und Fachöffentlichkeit. Dies liegt sicherlich mit an der tribunalartigen Aufklärung durch ein parlamentarisches Gremium mit den einem Strafprozess entlehnten Aufklärungsmöglichkeiten und dem weiter in der Öffentlichkeit bestehenden Eindruck, die Aufklärungstätigkeit parlamentarischer Untersuchungen sei mit einem objektiv-neutralem strafgerichtlichen Verfahren vergleichbar. Diese Fehlvorstellung prägt aber eine bestimmte Erwartungshaltung der Öffentlichkeit gegenüber der Untersuchungsausschusspraxis, die bis hin zur Avancierung zu einer Art Sozialtribunal reicht, in der der durch Parlamentarier repräsentierte Bürger umfassend über skandalöses Fehlverhalten bzw. Missstände aus dem privaten Bereich informiert wird und durch die Befassung und Schaffung von Transparenz auch eine Art Sanktionierung erfolgt. Aus Sicht der Öffentlichkeit leisten parlamentarische Untersuchungsausschüsse dabei Aufklärung, die so umfassend und transparent nicht durch an Tatbeständen und strengen Aufklärungsprozeduren orientierten staatsanwaltschaftlichen Ermittlungsverfahren und strafgerichtlichen Hauptverhandlungen erfolgen kann.

Richtig ist aber vielmehr, dass die Untersuchung privater Bereich durch parlamentarische Untersuchungsausschüsse nur ausnahmsweise und bei Vorliegen eines öffentlichen Interesses von hinreichendem Gewicht zulässig ist. Der Kernbereich einer parlamentarischen Untersuchung liegt originär nach wie vor in der parlamentarischen Kontrolle von Regierung und Verwaltung. Ein Untersuchungsverfahren, das nicht von der Spannung zwischen Parlament und Regierung ausgelöst und in Gang gehalten wird, kann deshalb auch seinem Zweck nicht gerecht werden. Auf der Einsetzungsebene stellt das öffentliche Interesse insoweit das Kontrollinstrument dar, das der Einbeziehung privater Dritten in parlamentarische Untersuchungen Konturen verleiht und der gelegentlichen Weite von Einsetzungsbegehren in private Bereiche Grenzen setzt. Es ist das notwendige Korrelat zur Befugnis von Untersuchungsausschüssen zur Untersuchung – auch – privater Vorgänge.

Von einer parlamentarischen Untersuchung gänzlich ausgenommen sind Privatpersonen und juristische Personen des Privatrechts betreffende Sachverhalte, an denen keine irgendwie geartete Beteiligung der oder Rechtsbeziehung zur öffentlichen Hand besteht. Hingegen ist die mittelbare und unmittelbare Untersuchung privater Bereiche zulässig, jedoch nur, sofern ein öffentliches Interesse vorliegt und sich der Untersuchungsauftrag im Rahmen der verfassungsmäßigen Ordnung bewegt. Grundsätze und Kasuistik betreffend die Befugnis und die Verfahrensweise von Untersuchungsausschüssen bei der Aufklärung von Sachverhalten privaten Gepräges sind maßgeblich von der Rechtsprechung entwickelt worden. Da die Abgrenzung des noch privaten vom schon öffentlichen Bereich angesichts der vielfältigen Beteiligungsformen der öffentlichen Hand an privaten Unternehmungen schwierig ist, geht die Tendenz richtigerweise auch dahin, die Untersuchungsmöglichkeiten privater Sachverhalte im Bereich der *Skandal-Enquête* nachhaltig zu beschneiden.

Soweit privatgerichtete parlamentarische Untersuchungen zulässig sind, haben die vom Verfahren betroffenen privaten Dritten die im PUAG vorgesehenen Untersuchungs- und Eingriffsrechte zu dulden. Der Gesetzgeber hat nach jahrzehntelanger Praxis der Durchführung parlamentarischer Untersuchungen ohne gesetzliche Grundlage endlich im Jahre 2001 ein Gesetz geschaffen, das die Voraussetzungen und das Verfahren der Beweiserhebung, die Beweismittel sowie die Grenzen der Beweiserhebungsbefugnisse regelt und dabei besonderen parlamentarischen Anforderungen, wie z.B. dem Minderheitenschutz, der Öffentlichkeit und den Geheimschutzmaßnahmen, Rechnung trägt. Die Beweiserhebung und deren zwangsweise Durchsetzung tragen dabei strafprozessuale Züge, einige der Normen sind sogar dem Strafprozessrecht nachgebildet bzw. verweisen entsprechend auf Strafprozessrecht. Es enthält zudem einige Neuerungen, wie z.B. den Ermittlungsbeauftragten (§ 10 PUAG) und das parlamentarische Vorlage- und Vorprüfungsverfahren (§ 30 Abs. 2 PUAG).

Das System der Beweiserhebung im PUAG ist jedoch zu keinem Zeitpunkt abschließend. Neben dem PUAG verbleibt die sinngemäße Anwendung der Vorschriften über den Strafprozess gemäß Art. 44 Abs. 2 S. 1 GG. Die Vorschriften des PUAG unterliegen damit einer dynamischen Anpassung und bieten – anders als von Verfahrensordnungen erwartet – keine Anwendungssicherheit. Die Möglichkeit der sinngemäßen Anwendung der Vorschriften über den Strafprozess im Untersuchungsausschussrecht bewirkt einerseits, dass parlamentarischen Untersuchungsausschüssen strafprozessuale Untersuchungs- und Eingriffsrechte zustehen können und andererseits, dass jegliche Norm des PUAG unter dem präzisierenden Vorbehalt des Strafprozessrechts steht. Maßgeblich für den Charakter der parlamentarischen Untersuchungs- und Eingriffsrechte und deren Anwendung privaten Dritten gegenüber ist daher das Verständnis von „sinngemäß".

Bei der sinngemäßen Verweisung auf die Vorschriften über den Strafprozess handelt es sich um eine Form der Analogie, für deren Eröffnung eine vergleichbare Interessen- und Sachlage zwischen parlamentarischen Untersuchungsausschussverfahren und Strafprozess erforderlich ist. Die Analogie hat dort ihre Grenze, wo die Ähnlichkeit aufhört bzw. wesentliche Unterschiede eine sinngemäße Anwendung verhindern. Ein umfassender Vergleich des parlamentarischen Untersuchungsausschussverfahren mit dem Strafprozess ergibt grundlegende strukturelle und inhaltliche Verschiedenheiten der beiden Verfahren im Hinblick auf die Zielsetzungen, die Beteiligten und ihre Funktionen, den Anlass und Ablauf des Verfahrens, die Rechtsfolgen, das System der Überprüfung von Beschlüssen sowie den Anforderungen an die Tatsachenermittlung und Wahrheitsfindung. Eine Übereinstimmung konnte wegen der Wesensverschiedenheit lediglich sehr eingeschränkt hinsichtlich der Wahl der Beweismittel Zeuge, Sachverständiger, Urkunds- und Augenscheinsbeweis ermittelt werden. Darüber hinaus erlauben die Unterschiede der beiden Verfahren keinen Raum für eine Analogiebildung.

Die sinngemäße Anwendung verbietet daher eine Erweiterung der Befugnisse von parlamentarischen Untersuchungsausschüssen (Begrenzungsfunktion). Sie setzt der Beweiserhebung und der Anwendung von Zwangsmaßnahmen gegen private Dritte vielmehr zusätzliche Grenzen und führt zu einer Präzisierung der Eingriffsbefugnisse parlamentarischer Untersuchungsausschüsse (Präzisierungsfunktion).

Unverständlich ist eingedenk der Wesensverschiedenheit, weshalb sich das PUAG so nah am Strafprozess orientiert und Art. 44 Abs. 2 S. 1 GG keine Änderung erfahren hat. Näher liegend wäre es gewesen, sich im Gesetz vom „Modell Strafverfahren" deutlich zu lösen, und den Untersuchungsausschuss eindeutig als ein parlamentarisches Instrument der Kontrolle sui generis zu begreifen und somit abschließende selbständige Regelungen zu schaffen. Wegen durchaus bestehender Ähnlichkeiten – aber eben nicht Gleichartigkeiten – könnten hier zweifellos Anleihen bei der StPO und anderen Verfahrensordnungen gemacht werden. Problematisch sind jedoch Verweise auf „entsprechende" oder „sinngemäße" Anwendungen des Strafprozessrechts, die – wenn auch ungewollt – wieder den Eindruck einer weitgehenden Gleichheit zu suggerieren geeignet sind. Es könnte eine andere Regelung auch für das Selbstverständnis der Ausschussmitglieder hilfreich sein.

Ist das PUAG nun der erwartete „große Wurf"?[1] Die Antwort auf die Frage lautet „Ja", sofern damit die Tatsache der Schaffung eines Untersuchungsausschussgesetzes gemeint ist. Ansonsten kann das Gesetz nicht als „großer Wurf" bezeichnet werden. Weder stellt es eine Rechtssicherheit gebende abschließende Verfahrensordnung dar noch ist das PUAG durchge-

---

1 Diese Frage ist vielfach gestellt worden: vgl. *Wiefelspütz* S. 281 m.w.N.; *Weisgerber* S. 500.

hend „sinngemäß“ an den strafprozessualen Vorschriften und Ausprägungen ausgestaltet worden. Bei eingehender Betrachtung der beiden Verfahren ist kein Grund für eine derart enge Orientierung am Strafprozess ersichtlich. Die Regelungen der Strafprozessordnung sind offensichtlich nicht für privatgerichtete parlamentarische Untersuchungsverfahren konzipiert und geeignet. Der Versuch, Untersuchungsausschüsse mit strafprozessualen Mitteln politische Verantwortlichkeiten aufklären zu lassen, wirkt verfahrensfremd. Politische Verantwortlichkeiten sind in einem eigenen parlamentarischen Verfahren, das den Gegebenheiten und spezifischen Anforderungen gerecht wird, zu klären. (Nur) zu diesem Zwecke haben Sie auch sinnvollerweise das Recht, Beweise durch Vernehmung von Auskunftspersonen und Beiziehung von Beweismitteln zu erheben. Um Untersuchungsausschüssen solche Rechte zu übertragen, bedarf es jedoch nicht des Verweises auf die Strafprozessordnung. Sie sind auf der Grundlage des Art. 44 GG abschließend einfachgesetzlich regelbar. Mit dem PUAG ist ein solcher Ansatz unternommen worden. Konsequent ist dieser Ansatz aber erst, wenn zugleich die sinngemäße Verweisung auf die Vorschriften über den Strafprozess abgeschafft wird. Sofern der Gesetzgeber die Anwendung strafprozessualer Befugnisse parlamentarischer Untersuchungsausschüsse für sinnvoll und unverzichtbar hält, mag er solche passend für das parlamentarische Untersuchungsausschussverfahren nachbilden und abschließend im PUAG regeln.

Literaturverzeichnis

Alsberg, Max Empfiehlt sich eine der Bestimmungen über parlamentarische Untersuchungsausschüsse, um den ungestörten Verlauf des Strafverfahrens und die Unabhängigkeit des Richtertums sicherzustellen?, Verhandlungen des vierunddreißigsten Deutschen Juristentages, Gutachten VIII, Berlin 1926.

Alsberg, Max/Nüse, Karl-Heinz/Meyer, Karlheinz Der Beweisantrag im Strafprozess, 5. Aufl., Köln u.a. 1983.

Anschütz, Gerhard Die Verfassung des Deutschen Reiches vom 11. August 1919. Ein Kommentar für Wissenschaft und Praxis, 14. Aufl., Berlin 1933.

Arloth, Frank Grundlagen und Grenzen des Untersuchungsrechts parlamentarischer Untersuchungsausschüsse, NJW 1987, 808.

Assmann, Heinz-Dieter/Schneider, Uwe H. Wertpapierhandelsgesetz, 4. Aufl., Köln 2006.

Bachmaier, Herrmann Der Ermittlungsbeauftragte im Spannungsfeld zwischen gerichtsähnlicher Aufklärungsarbeit und parlamentarischer Auseinandersetzung – ein gesetzgeberisches Experiment mit Zukunft, NJW 2002, 348.

Badura, Peter Anmerkung zum Beschluss des BVerfG vom 05.06.1984 – 2 BvR 611/84, DÖV 1984, 759.

Baumbach, Adolf/Hopt, Klaus J. Handelsgesetzbuch mit GmbH & Co., Handelsklauseln, Bank- und Börsenrecht, Transportrecht (ohne Seerecht), 33. Aufl., München 2008.

Beckedorf, Ingo Die Rechtsstellung des Betroffenen im parlamentarischen Untersuchungsverfahren, ZParl 1989, 35.

Becker, Walter P. Das Recht parlamentarischer Untersuchungsausschüsse, ZParl 1972, 425.

Bernsmann, Klaus Anmerkung zum Urteil des BGH vom 24.01.2001 – 3 StR 324/00, StV 2001, 382.

Beulke, Werner Strafprozessrecht, 9. Aufl., Heidelberg 2006.

Bleckmann, Albert Staatsrecht I – Staatsorganisationsrecht, Köln u.a., 2001.

Böckenförde, Ernst-Wolfgang Parlamentarische Untersuchungsausschüsse und kommunale Selbstverwaltung, AöR 1978, 1.

Bonner Kommentar zum Grundgesetz hrsg. von Rudolf Dolzer, Klaus Vogel, Karin Graßhof, 132. Aktualisierung, Hamburg Februar 2008 (Loseblattausgabe).

Bräcklein, Susann Last der Wahrheiten, in: Freiheit, Sicherheit und Recht, Festschrift Jürgen Meyer zum 70. Geburtstag, hrsg. von Hans-Jörg Derra, Baden-Baden 2006, 161.

Buchholz, Bernd Klaus Der Betroffene im parlamentarischen Untersuchungsausschuss: eine verfahrensrechtliche und grundrechtsdogmatische Untersuchung, insbesondere zur strafrechtlichen Behandlung von Falschaussagen, Berlin 1990.

Bünting, Karl-Dieter Deutsches Wörterbuch, Chur/Schweiz, 1996.

Burhoff, Detleff Zeugenbeistand im Ermittlungsverfahren, PStR 2001, 106.

Bydlinski, Franz Juristische Methodenlehre und Rechtsbegriff, 2. Aufl. 1991.

Dahs, Hans Als Zeuge vor dem parlamentarischen Untersuchungsausschuss, in: Festschrift für Hans-Joachim Rudolphi zum 70. Geburtstag, hrsg. von Klaus Rogall u.a. Neuwied 2004, 597.

___ Der Eid – noch ein zeitgemäßes Instrument zur Wahrheitsfindung im Strafprozeß, in: Festschrift für Kurt Rebmann zum 65. Geburtstag, hrsg. von Heinz Eyrich u.a., München 1989, 161.

___ Die Entbindung des Rechtsanwalts von der Schweigepflicht im Konkurs der Handelsgesellschaft, in: Strafverfahren im Rechtsstaat, Festschrift für Theodor Kleinknecht zum 75. Geburtstag, hrsg. von Karl Heinz Gössel und Hans Kaufmann, München 1985, 63.

Dallinger, Wilhelm Aus der Rechtsprechung des Bundesgerichtshofes in Strafsachen, MDR 1970, 559.

Damkowski, Wulf/Berthy, Birgit Der parlamentarische Untersuchungsausschuss – ein Handbuch für Wissenschaft und Praxis, Frankfurt am Main u.a. 1987.

Danckert, Peter Aussagezwang im parlamentarischen Untersuchungsausschuss, ZRP 2000, 476.

Dehnhard, Albrecht Die Bankgesellschaft Berlin – eine fehlerhafte Konstruktion, LKV 2003, 121.

Denninger, Erhard u.a. (Hrsg.) Kommentar zum Grundgesetz für die Bundesrepublik Deutschland, Reihe Alternativkommentare 2. AufbauL Aug. 2002 (Loseblattausgabe), 3. Aufl., Neuwied 2001-2002.

Depenheuer, Otto/Winands, Günter Der parlamentarische Untersuchungsauftrag: inhaltliche Bestimmtheit und thematische Reichweite, ZRP 1988, 258.

Derksen, Roland Anmerkung zum Beschluss des AG Bonn vom 10.02.1993, 50 Gs 83/93, JR 1994, 173.

___ Beschränkungen des Beweisverfahrens parlamentarischer Untersuchungsausschüsse durch § 353d Nr. 3 StGB?, NStZ 1993, 311.

Di Fabio, Udo Anmerkung zum Beschluss des BayVerfGH vom 31.03.1995 – Vf. 43-VI-94, JZ 1995, 828.

___ Rechtsschutz im parlamentarischen Untersuchungsverfahren, Berlin, 1988.

Dreher, Daniel Beamte und Regierungsmitglieder vor Untersuchungsausschüssen, in: Zwischen Aufklärung und politischem Kampf: aktuelle Probleme des parlamentarischen Untersuchungsrechts, hrsg. von Ulrich Bachmann und Hans-Peter Schneider, Baden-Baden, 1988, 97.

Dreier, Horst (Hrsg.) Grundgesetz, Band 2, 2. Aufl., Tübingen 2006.

Ebenroth/Boujong/Jost/Strohn Handelsgesetzbuch, Band 2, hrsg. von Detlev Joost und Lutz Strohn, 2. Aufl., München 2008.

Ehmke, Horst Parlamentarische Untersuchungsausschüsse und Verfassungsschutzämter, DÖV 1956, 417.

Eisenberg, Ulrich Zur Ablehnung des Sachverständigen im Strafverfahren wegen Besorgnis der Befangenheit, NStZ 2006, 368.

___ Beweisrecht der StPO, Spezialkommentar, 5. Aufl., München 2006.

Elvers, Andreas Das Bundesstaatsprinzip als Schranke des Untersuchungsrechts des Bundestages, in: Zwischen Aufklärung und politischem Kampf: aktuelle Probleme des parlamentarischen Untersuchungsrechts, hrsg. von Ulrich Bachmann und Hans-Peter Schneider, Baden-Baden, 1988, 89.

Engels, Dieter Parlamentarische Untersuchungsausschüsse: Grundlagen und Praxis im Deutschen Bundestag, 2. neubearb. Aufl., Heidelberg 1991.

___ Zur Pflicht eines Privatunternehmens, Geschäftsunterlagen einem parlamentarischen Untersuchungsausschuss zu Beweiszwecken herauszugeben, BT-Drucksache 11/8109, 656.

Erfurter Kommentar zum Arbeitsrecht hrsg. von Rudi Müller-Glöge u.a., 8. Aufl., München 2008.

Fischer, Reinfrid/Klanten, Thomas Bankrecht: Grundlagen der Rechtspraxis, 3. Aufl., Köln 2000.

Fischer, Thomas Strafgesetzbuch: StGB und Nebengesetze, 55. Aufl., München 2008.

Foth, Eberhard Der Kommentar, DRiZ 1980, 103.

Franzen/Gast/Joecks Steuerstrafrecht mit Zoll- und Verbrauchssteuerstrafrecht, Kommentar, hrsg. von Brigitte Gast-De Haan u.a., 6. Aufl., München 2005.

Friedrich, Klaus Der parlamentarische Untersuchungsausschuß: Entwicklung, Stellung und Kompetenzen, 1990.

Geis, Max-Emanuel Untersuchungsausschuss, in: Handbuch des Staatsrechts der Bundesrepublik Deutschland, hrsg. von Josef Isensee und Paul Kirchhof, Bd. III, 3. Aufl., Heidelberg 2005, 881.

Germis, Carsten Parlamentarische Untersuchungsausschüsse und politischer Skandal: dargestellt am Beispiel des Deutschen Bundestages, Frankfurt am Main 1988.

Geßler/Hefermehl/Eckardt/Kropff Aktiengesetz, Bd. VI (§§ 396-410 in der 18. Lieferung 1994), von Ernst Geßler u.a., München 1976.

Glauben, Paul J./Brocker, Lars Das Recht der parlamentarischen Untersuchungsausschüsse in Bund und Ländern: ein Handbuch, Köln 2005.

Gollwitzer, Walter Der Betroffene im Verfahren der Untersuchungsausschüsse des Bayerischen Landtags, BayVBl. 1982, 417.

___ Die sinngemäße Anwendung der Strafprozessordnung bei der Beweiserhebung parlamentarischer Untersuchungsausschüsse, in: Festschrift Dünnebier, Berlin u.a. 1982, 327.

Groß, Karl-Heinz Vereidigung im parlamentarischen Untersuchungsausschuss?, ZRP 2002, 91.

Groß, Philipp/Groß, Rolf Zum Zutrittsrecht zu Verhandlungen der Untersuchungsausschüsse nach Art. 43 Abs. 2 GG, JR 1963, 335.

Groß, Rolf Zum Verfahren parlamentarischer Untersuchungsausschüsse, DVBl. 1971, 638.

Güther, Ulrich/Seiler, Rudolf Vereidigung von Zeugen durch parlamentarische Untersuchungsausschüsse des Deutschen Bundestages?, NStZ 1993, 305.

Hake, Andreas Zur Aktenvorlagepflicht öffentlich-rechtlicher Kreditinstitute gegenüber Untersuchungsausschüssen des nordrhein-westfälischen Landtages, AöR 1988, 424.

Halstenberg, Friedrich Das Verfahren der Parlamentarischen Untersuchung nach Art. 44 des Grundgesetzes unter besonderer Berücksichtigung des Verhältnisses zur Gerichtsbarkeit, Dissertation, Regensburg 1957.

Hamm, Rainer Kein Vereidigungsrecht von Untersuchungsausschüssen, ZRP 2002, 11.

Hammerstein, Gerhard Der Anwalt als Beistand „gefährdeter" Zeugen, NStZ 1981, 125.

Heidelberger Kommentar zur Strafprozessordnung von Michael Lemke u.a., 3. Aufl., Heidelberg 2001.

Heitzer, Arno Besteht ein Zeugnisverweigerungsrecht für den Gehilfen des Parlamentariers?, NJW 1952, 89.

Heymann Handelsgesetzbuch (ohne Seerecht) hrsg. von Norbert Horn, Bd. 4, 2. Aufl., Berlin 2005.

Hilf, Meinhard Untersuchungsausschüsse vor den Gerichten – Zur neueren Rechtsprechung zum Recht der Untersuchungsausschüsse, NVwZ 1987, 537.

Hucko, Elmar Der parlamentarische Untersuchungsausschuß auf dem Gebiet der Verteidigung, ZParl 1979, 304.

Jäger, Christian Grund und Grenzen des Gesetzlichkeitsprinzips im Strafprozessrecht, GA 2006, 615.

Jagau, Hauke/Wessels, Hartmut Reform des Untersuchungsrechts – Anmerkungen zu einer anhaltenden Debatte, in: Zwischen Aufklärung und politischem Kampf: aktuelle Probleme des parlamentarischen Untersuchungsrechts, hrsg. von Ulrich Bachmann und Hans-Peter Schneider, Baden-Baden, 1988, 43.

Jahn, Matthias Strafprozessuale Eingriffsmaßnahmen im Lichte der aktuellen Rechtsprechung des BVerfG, NStZ 2007, 255.

Jekewitz, Jürgen Akteneinsicht mit Hilfe des Bundesverfassungsgerichts?, DÖV 1984, 187.

Jung, Heike Parlamentarische Untersuchungsausschüsse im Lichte strafjustizieller Grundanforderungen, in: Festschrift für Albin Eser zum 70. Geburtstag, hrsg. von Jörg Arnold u.a., München 2005, 335.

Karlsruher Kommentar zum Gesetz über Ordnungswidrigkeiten hrsg. von Lothar Senge, 3. Aufl., München 2006.

Karlsruher Kommentar zur Strafprozessordnung und zum Gerichtsverfassungsgesetz mit Einführungsgesetz hrsg. von Gerd Pfeiffer, 5. Aufl., München 2003.

Kaufmann, Erich Untersuchungsausschuss und Staatsgerichtshof, Berlin 1920.

Kemper, Martin Wohnungsdurchsuchung in Steuerstrafsachen (Anm. zu BVerfG StV 2006, 565 und StV 2006, 624), wistra 2007, 249.

Kinzig, Jörg Not kennt kein Gebot? Die strafrechtlichen Konsequenzen von Folterhandlungen an Tatverdächtigen durch Polizeibeamte mit präventiver Zielsetzung, ZStW 2003, 791.

Kipke, Rüdiger Die Untersuchungsausschüsse des deutschen Bundestages: Praxis und Reform der parlamentarischen Enquete, Berlin 1985.

Kissel/Mayer Gerichtsverfassungsgesetz von Otto Rudolf Kissel und Herbert Mayer, 4. Aufl., München 2005.

Kläver, Marlene Rechtliche Entwicklungen zum Allgemeinen Persönlichkeitsrecht, JR 2006, 229.

Klenke, Reiner Zum Konflikt zwischen parlamentarischem Enqueterecht und dem Recht auf informationelle Selbstbestimmung des Betroffenen, NVwZ 1995, 644.

KMR Kommentar zur Strafprozessordnung hrsg. von Bernd von Heintschel-Heinegg und Heinz Stöckel, 48. Lieferung, Darmstadt Nov. 2007 (Loseblattausgabe).

Knebel-Pfuhl, Christine Mitwirkungsverbot wegen Befangenheit für Parlamentarier?, Dissertation, Berlin 1979.

Köhler, Marc Die Grenzen des Rechts der parlamentarischen Untersuchung im Privatbereich, NVwZ 1995, 664.

___ Umfang und Grenzen des parlamentarischen Untersuchungsrechts gegenüber Privaten im nichtöffentlichen Bereich, Berlin 1996.

Kohlmann, Günter Zur Rechtsstellung der Aussageperson vor parlamentarischen Untersuchungsausschüssen, JA 1984, 670.

Kölbel, Ralf/Morlok, Martin Geständniszwang in parlamentarischen Untersuchungen?, ZRP 2000, 217.

Kortekamp, Delia/Steffens, Rainer Rechtsschutz gegen Abschlussberichte von Untersuchungsausschüssen, in: Zwischen Aufklärung und politischem Kampf: aktuelle Probleme des parlamentarischen Untersuchungsrechts, hrsg. von Ulrich Bachmann und Hans-Peter Schneider, Baden-Baden, 1988, 107.

Kramer, Bernhard Geständniszwang in parlamentarischen Untersuchungen?, ZRP 2001, 386.

Krause, Daniel M. Die Befugnis zur Entbindung von der beruflichen Verschwiegenheitspflicht bei Mandatsverhältnissen juristischer Personen mit Wirtschaftsprüfern (§ 53 Abs. 1 Ziff. 3, Abs. 2 StPO), in: Festschrift für Hans Dahs, hrsg. von Gunter Widmaier u.a., Köln 2005, 349.

Krehl, Christoph Die Erkundigungspflicht des Zeugen bei fehlender oder beeinträchtigter Erinnerung und mögliche Folgen ihrer Verletzung, NStZ 1991, 416.

Kühne, Hans-Heiner Strafprozessrecht: Eine systematische Darstellung des deutschen und europäischen Strafverfahrensrechts, 7. Aufl., Heidelberg 2006.

Leipziger Kommentar zum Strafgesetzbuch Großkommentar, hrsg. von Burkhard Jähnke, Heinrich Wilhelm Laufhütte und Walter Odersky, Bd. 5, 11. neubearb. Aufl., Berlin 2005.

Lindemann, Michael/Reichling, Tilman Anmerkung zu BGH, Urteil vom 10.08.2005, 1 StR 140/05, StV 2005, 650.

Löwe/Rosenberg Die Strafprozessordnung und das Gerichtsverfassungsgesetz, Großkommentar, hrsg. von Peter Rieß, Bd. 1, 25. Aufl., Berlin 1999.

___ Die Strafprozessordnung und das Gerichtsverfassungsgesetz, Großkommentar, hrsg. von Peter Rieß, 25. Aufl. 2004, Band 2.

___ Die Strafprozessordnung und das Gerichtsverfassungsgesetz, Großkommentar, hrsg. von Peter Rieß, 25. Aufl. 2004, Band 3.

___ Die Strafprozessordnung und das Gerichtsverfassungsgesetz, Großkommentar, hrsg. von Peter Rieß, 25. Aufl. 2003, Band 7.

Mangoldt, Hermann von/Klein, Friedrich/Stark, Christian Das Bonner Grundgesetz, Bd. 2, 5. Aufl., München 2005.

Masing, Johannes Parlamentarische Untersuchungen privater Sachverhalte: Art. 44 GG als staatsgerichtetes Kontrollrecht, Tübingen 1998.

___ Politische Verantwortlichkeit und rechtliche Verantwortlichkeit, ZRP 2001, 36.

Maties, Martin Die gesetzlich angeordnete entsprechende Anwendung, JR 2007, 265.

Maunz/Dürig Grundgesetz Kommentar, hrsg. von Roman Herzog u.a., Bd. IV, 50. Lieferung, München Juni 2007 (Loseblattausgabe).

Memminger, Gerhard Parlamentarische Kontrolle der Regierung durch Untersuchungsausschüsse, DÖV 1986, 15.

Mengel, Hans-Joachim Die Auskunftsverweigerung der Exekutive gegenüber parlamentarischen Untersuchungsausschüssen, EuGRZ 1984, 97.

Meyer-Bohl, Christoph Die Grenzen der Pflicht zur Aktenvorlage und Aussage vor parlamentarischen Untersuchungsausschüssen unter Berücksichtigung der Besonderheiten der Hamburger Verfassung, Berlin 1992.

Meyer-Goßner, Lutz Strafprozessordnung, Gerichtsverfassungsgesetz, Nebengesetze und ergänzende Bestimmungen, 50. Aufl., München 2007.

Milger, Karin Sitzungsgewalt und Ordnungsmittel in der strafrechtlichen Hauptverhandlung, NStZ 2006, 121.

Müller, Thomas Exekutivistischer Geheimnisschutz und parlamentarische Kontrolle, München 1991.

Müller-Boysen, Ulrike Die Rechtsstellung des Betroffenen vor dem parlamentarischen Untersuchungsausschuss: ein Betrag zu den Mitwirkungsrechten und zum Schweigerecht der Betroffenen, München 1980.

Müller-Gugenberger, Christian/Bieneck, Klaus Wirtschaftsstrafrecht, 4. Aufl., Köln 2006.

Münch, Ingo von Grundgesetz-Kommentar, hrsg. von Philip Kunig, Bd. 2, 5. Aufl., München 2001.

Münchener Kommentar zum Bürgerlichen Gesetzbuch hrsg. von Franz Jürgen Säcker und Roland Rixecker, Bd. 2, 5. Aufl., München 2007.

Münchener Kommentar zur Insolvenzordnung hrsg. von Hans-Peter Kirchhof u.a., Bd. 1, 2. Aufl., München 2007.

Münchhalffen, Gaby Anmerkung zu OLG Düsseldorf, Beschluss vom 14.12.1992 – 1 Ws 1155/92, StV 1993, 347.

Murmann, Uwe Über den Zweck des Strafprozesses, GA 2004, 65.

Musielak, Hans-Joachim Die Bankauskunft nach dem Recht der Bundesrepublik Deutschland, in: Bankgeheimnis und Bankauskunft in der Bundesrepublik Deutschland und in ausländischen Rechtsordnungen, hrsg. von Walter Hadding und Uwe H. Schneider, Berlin 1986.

Nobbe, Gerd Bankgeheimnis, Datenschutz und Abtretung von Darlehensforderungen, WM 2005, 1537.

Nöldeke, Werner Polizeibeamte als Zeugen vor Gericht, NJW 1979, 1644.

Nomos Kommentar Strafgesetzbuch hrsg. von Urs Kindhäuser u.a., 2. Aufl., Baden-Baden 2005.

Pabel, Katharina Verhängung von Beugehaft durch einen Untersuchungsausschuss, NJW 2000, 788.

Peglau, Jens/Wilke, Ulrike Änderungen im strafprozessualen Vereidigungsrecht durch das Justizmodernisierungsgesetz, NStZ 2005, 186.

Pfennig, Gero/Neumann, Manfred J. (Hrsg.) Verfassung von Berlin, Kommentar, 3. Aufl., Berlin 2000.

Peters, Karl Strafprozess, Ein Lehrbuch, 4. Aufl., Karlsruhe 1985.

Petersen, Jens Das Bankgeheimnis zwischen Individualschutz und Institutsschutz, Tübingen 2005.

Plagemann, Hermann Mehr parlamentarische Kontrolle durch Untersuchungsausschüsse. Zu den Empfehlungen der Enquete-Kommission Verfassungsreform, ZParl 1977, 242.

Plöd, Johann M. Die Stellung des Zeugen in einem parlamentarischen Untersuchungsausschuss des Deutschen Bundestages, Berlin 2003.

Püttner, Günter Verwaltungslehre, 3. Aufl., München 2000.

Quaas, Michael/Zuck, Rüdiger Ausgewählte Probleme zum Recht des parlamentarischen Untersuchungsausschusses, NJW 1988, 1873.

Ranft, Otfried Strafprozeßrecht – Systematische Lehrdarstellung für Studium und Praxis, 3. Aufl., Stuttgart 2005.

Richter, Werner Privatpersonen im parlamentarischen Untersuchungsausschuss – das Spannungsverhältnis zwischen dem Untersuchungsrecht des Parlaments und den Grundrechten, München 1991.

Richter II, Christian Der Vorsitzende des parlamentarischen Untersuchungsausschusses, in: Festschrift für Klaus Lüderssen, Baden-Baden 2002, 739.

Riess, Peter Die Rechtsstellung des Verletzten im Strafverfahren. Gutachten C für den 55. Deutschen Juristentag, in: Ständige Deputation des Deutschen Juristentages, Verhandlungen des 55. Deutschen Juristentages, Band I Gutachten, München, 1984.

___ Über die Aufgaben des Strafverfahrens, JR 2006, 269.

Rixen, Stephan Die Eidesleistung vor Untersuchungsausschüssen des Deutschen Bundestages, JZ 2002, 435.

Robbers, Gerhard Parlamentarische Untersuchungsausschüsse und Wahlrecht – BVerfG, NVwZ 1994, 54 und 893, JuS 1996, 116.

Rogall, Klaus Das Untersuchungsausschussgesetz des Bundes und seine Bedeutung für das Straf- und Strafverfahrensrecht, in: Gedächtnisschrift für Dieter Meurer, hrsg. von Eva Graul und Gerhard Wolf, Berlin 2002, 449.

Roll, Hans-Achim Geschäftsordnung des Deutschen Bundestages, Kommentar, 1. Aufl., Baden-Baden 2001.

Roxin, Claus Strafverfahrensrecht, 25. Aufl., München 1998.

Rudolphi, Hans-Joachim u.a. (Hrsg.) Systematischer Kommentar zum Strafgesetzbuch, 110. Lieferung September, Dezember, Neuwied 2007 (Loseblattausgabe).

Rüthers, Bernd Rechtstheorie: Begriff, Geltung und Anwendung des Rechts, 3. Aufl., München 2007.

Sachs, Michael (Hrsg.) Grundgesetz, Kommentar, 4. Aufl., München 2007.

Saliger, Frank Absolutes im Strafprozess? Über das Folterverbot, seine Verletzung und die Folgen seiner Verletzung, ZStW 2004, 35.

Schaal, Ingrid Maria Beweisverwertungsverbot bei informatorischer Befragung im Strafverfahren, Dissertation, Passau 2002.

Schaefer, Hans Christoph Parlamentarischer Untersuchungsausschuss und Anwendung der Strafprozessordnung – ein Widerspruch?, NJW 1998, 434.

___ Vereidigung im parlamentarischen Untersuchungsausschuss, NJW 2002, 490.

Schäfer, Helmut Der Konkursverwalter im Strafverfahren, wistra 1985, 209.

Schellenberger, Rouven Wirklichkeit und Wirkung, Berliner Zeitung vom 16.04.2005.

Schenke, Wolf-Rüdiger Anmerkung zum Urteil des BVerwG vom 19.05.1988 – 7 C 37.87, JZ 1988, 1122.

___ Empfiehlt sich eine gesetzliche Neuordnung der Rechte und Pflichten parlamentarischer Untersuchungsausschüsse?, JZ 1988, 805.

Schimansky, Herbert/Bunte, Hermann-Josef/Lwowski, Hans-Jürgen Bankrechtshandbuch, Bd. I, 3. Aufl., München 2007.

Schleich, Albrecht Das parlamentarische Untersuchungsrecht des Bundestages, Berlin 1985.

Schlothauer, Reinhold Darf, sollte, muss sich ein Zeuge auf seine Vernehmung in der Hauptverhandlung vorbereiten?, in: Festschrift für Hans Dahs, hrsg. von Gunter Widmaier u.a., Köln 2005, 457.

Schmitt, Petra Probleme des Zeugnisverweigerungsrechts (§ 53 I Nr. 3 StPO, 383 I Nr. 6 ZPO) und des Beschlagnahmeverbotes (§ 97 StPO) bei Beratern juristischer Personen – zugleich ein Beitrag zu der Entbindungsbefugnis des Konkursverwalters, wistra 1993, 9.

Schneider, Hans-Peter Anmerkung zum Urteil des Staatsgerichtshofs für das Land Baden-Württemberg vom 16.04.1977 – 2/76, JA 1977, 407.

___ Die hilflosen Aufklärer – Macht und Ohnmacht der Untersuchungsausschüsse, NJW 2000, 3332.

___ Letztmals: Der Ermittlungsbeauftragte – eine Duplik, NJW 2002, 1328.

___ Spielregeln für den investigativen Parlamentarismus – Das neue Untersuchungsausschuss-Gesetz des Bundestages, NJW 2001, 2604.

Schöch, Heinz Die Rechtsstellung des Verletzten im Strafverfahren, NStZ 1984, 385.

Schönke, Adolf/Schröder, Horst Strafgesetzbuch, Kommentar, 27. Aufl., München 2006.

Scholz, Rupert Anmerkung zu BVerfG, Beschluss vom 14.07.1994 – 1 BvR 1595/92 und 1 BvR 1606/92, NStZ 1995, 42.

___ Parlamentarischer Untersuchungsausschuss und Steuergeheimnis, AöR 1980, 564.

Schröder, Meinhard Altes und Neues zum Recht der Parlamentarischen Untersuchungsausschüsse aus Anlass der CDU-Parteispendenaffäre, NJW 2000, 1455.

___ Empfiehlt sich eine gesetzliche Neuordnung der Rechte und Pflichten parlamentarischer Untersuchungsausschüsse?, Verhandlungen des siebenundfünfzigsten Deutschen Juristentages 1988, Gutachten E.

Schumann, Ekkehard Der Schutz des Kunden bei Verletzungen des Bankgeheimnisses durch das Kreditinstitut, ZIP 2004, 2353.

Sichtermann, Siegfried/Feuerborn, Sabine/Kirchherr, Roland/Terdenge, R. Bankgeheimnis und Bankauskunft in der Bundesrepublik Deutschland sowie in wichtigen ausländischen Staaten, 3. Aufl., Frankfurt/Main 1984.

Staub, Hermann Handelsgesetzbuch, Großkommentar, hrsg. von Claus-Wilhelm Canaris u.a., Bd. 5 (Bankvertragsrecht), 4. Aufl., Berlin 2005.

Stein, Friedrich/Jonas, Martin Kommentar zur Zivilprozessordnung, 22. Aufl., Tübingen 2006.

Steinberger, Helmut Rechtsgutachten erstattet dem 2. Untersuchungsausschuss der 11. Wahlperiode des Deutschen Bundestages, BT-Drucksache 11/7800, 1181.

Steinmetz, Jan Zur Kumulierung strafprozessualer Ermittlungsmaßnahmen, NStZ 2001, 344.

Stern, Klaus Das Staatsrecht der Bundesrepublik Deutschland, Band II Staatsorgane, Staatsfunktionen, Finanz- und Haushaltsverfassung, Notstandsverfassung, München 1980.

___ Die Kompetenz der Untersuchungsausschüsse nach Artikel 44 Grundgesetz im Verhältnis zur Exekutive unter besonderer Berücksichtigung des Steuergeheimnisses, AöR 1984, 199.

Studenroth, Stefan Die parlamentarische Untersuchung privater Bereiche, Baden-Baden 1992.

Teubner, Patrick H. Aussagegenehmigung für Mitarbeiter öffentlich-rechtlicher Kreditinstitute, PStR 2006, 181.

Thomas, Sven Der Zeugenbeistand im Strafprozess – Zugleich ein Beitrag zu BVerfGE 38, 105, NStZ, 1982, 489.

Ulmer, Peter (Hrsg.) Gesetz betreffend die Gesellschaft mit beschränkter Haftung GmbHG), Bd. 3, 8. Aufl., Tübingen 1997.

Ungnade, Dieter Bankgeheimnis gegenüber Strafverfolgungsbehörden, WM 1976, 1210.

Vetter, Joachim Rechtsfragen der Parallelität von Strafverfahren und parlamentarischem Untersuchungsverfahren, ZParl 1989, 345.

___ Verfassungsrechtliche Grenzen der Beweiserhebung parlamentarischer Untersuchungsausschüsse, DÖV 1987, 426.

Vollmer, Antje Wahrheitsfindung oder Event, Der Tagesspiegel vom 01.05.2005.

Wassermann, Rudolf (Hrsg.) Luchterhand'scher Alternativkommentar zur StPO, Bd. 1, Neuwied 1988.

Wagner, Heinz Uneidliche Falschaussage vor parlamentarischen Untersuchungsausschüssen, GA 1976, 257.

Wagner, Susanne Anmerkung zu LG Heilbronn, Beschluss vom 03.02.2003 – 3 Ks 17 Js 23416/01, NStZ 2004, 101.

Wagner, W. Vernehmungs- und Vereidigungsrecht parlamentarischer Untersuchungsausschüsse – Betrachtungen zum Urteil des BGH im bayerischen Spielbankenprozess, NJW 1960, 1936.

Weber, Max Parlament und Regierung im neugeordneten Deutschland, in: Gesammelte politische Schriften, 5. Aufl., Tübingen 1988.

Weigend, Thomas Anmerkung zu LG Frankfurt/Main, Beschluss vom 09.04.2003 – 5/22 Ks 4390 Js 230118/02, StV 2003, 436.

___ Das Opferschutzgesetz – kleine Schritte zu welchem Ziel, NJW 1987, 1170.

Weihrauch, Matthias Zur Entbindung des Konkursverwalters von der Schweigepflicht, JZ 1978, 300.

Weiland, Severin Bedingt fragefähig, Spiegel-Online vom 26.04.2005.

Weingärtner, Dieter Das Tätigkeitsfeld parlamentarischer Untersuchungsausschüsse, ZRP 1991, 232.

Weisgerber, Anja Das Beweiserhebungsverfahren parlamentarischer Untersuchungsausschüsse des Deutschen Bundestages, Frankfurt am Main, 2003.

Westermann, Harm Peter Gläubiger und Schuldner der Nebenpflichten aus dem bankgeschäftlichen Darlehensvertrag, in: Festschrift für Thomas Raiser zum 70. Geburtstag; hrsg. von Reinhard Damm u.a., Berlin 2005, 787.

Weyand, Raimund Anmerkung zu LG Saarbrücken, Beschluss vom 26.05.1995 – 8 Qs 73/95, wistra 1995, 240.

Wiefelspütz, Dieter Das Untersuchungsausschussgesetz, 1. Aufl., Baden-Baden 2003.

___ Der Eid im Untersuchungsausschuss, ZRP 2002, 14.

___ Der Ministerpräsident und der Eid vor dem Untersuchungsausschuss, KritV 2003, 376.

___ Untersuchungsausschuss und öffentliches Interesse, NVwZ 2002, 10.

Wolf, George Alexander Parlamentarischer Untersuchungsausschuss und Strafjustiz – Auskunftspflichtige im Verhältnis zweier Sanktionsinstrumente, Berlin 2005.

Wolff, Jürgen Die Geheimhaltungspflicht der Banken, DB 1968, 695.

Zeh, Wolfgang Regelungsbedarf und Regelungschancen für das Verfahren parlamentarischer Untersuchungsausschüsse, DÖV 1988, 701.

Zöller, Richard Zivilprozessordnung mit Gerichtsverfassungsgesetz und den Einführungsgesetzen, mit Internationalem Zivilprozessrecht, EG-Verordnungen, Kostenanmerkungen Kommentar, 26. Aufl., Köln 2007.

Zweig, Egon Die parlamentarische Enquête nach deutschem und österreichischem Recht, ZfP 1913 (Bd. 6), 265.

Stichwortverzeichnis

Abschlussbericht 9, 60, 108 ff., 115 ff., 134 ff., 215, 261, 289 ff., 325, 330, 348, 355, 372 f., 378
Aktenvorlage 87, 103, 141 f., 146, 153, 175, 255, 356 ff., 378 ff.
Allgemeines Persönlichkeitsrecht 73, 257, 261, 348
Amtshilfe 53, 164, 357, 379
Anfangsverdacht 31, 35, 104, 111, 123, 154 ff., 199, 246
Anlass 29 ff., 111, 118, 140, 190, 245
Anonymisierung 372 ff., 378
Aufgabe und Struktur 7 ff., 48, 106, 108 ff., 121, 188
Auskunftsverweigerungsrecht 128, 197, 222, 229, 241, 243 ff., 257 ff., 317, 338, 344 f.
Aussagegenehmigung 193 ff.
Aussageverweigerungsrecht 151, 196, 230, 249 ff., 258 f., 264, 333, 337 f.
Aussagezwang 244, 257 ff.

Bankgeheimnis 44 ff., 194
Befangenheit 126 f., 167, 171, 179 f., 218, 285 ff., 328
Beschlagnahme 45, 55, 75 f., 87, 96, 153 ff., 239 f., 358 ff.
Beschuldigter 92, 129 f., 149, 165, 199, 226, 229, 319 f., 328, 333, 337, 341 ff., 349, 351 f., 361 ff.
Bestimmtheit 35 ff., 49 ff.
Betroffener 30, 39, 45, 55, 72, 76, 79 ff., 85, 104, 114 ff., 124 f., 129 ff., 149, 154 ff., 176 ff., 211, 276, 289 ff., 329, 331 ff.
Beugehaft 87, 151 f., 253, 316 f., 358
Beweisantragsrecht 52, 62, 134 f., 275, 279, 342
Beweiserhebungsverbot 72, 76 f.
Beweisverbot 75, 201, 259, 266
Bundesstaatsprinzip 39, 42 ff., 196

Diskontinuität 7, 78, 81, 165
Durchsuchung 55, 76, 87, 96, 153 ff., 358 ff.

Eid 214 ff., 252
Einsetzung 5, 11 ff., 112
Ermittlungsbeauftragter 58 ff.
Ex-post-Kontrolle 49 f.

Faires Verfahren 166 ff., 170, 280
Faktisches Interesse 32 ff.
Fernmeldegeheimnis 38, 78, 81, 101, 148
Fürsorgepflicht 167 f., 172, 188, 222, 278, 299

Geheimschutzordnung 272, 299, 372 ff.
Geheimschutzmaßnahmen 64, 77 ff., 183, 254 ff., 299, 356, 361, 370 ff., 387
Gericht *siehe* Richter
Geschäfts- und Betriebsgeheimnisse 45 ff., 195, 235, 373 f.
Gewaltenteilungsprinzip 31, 42 f., 48 f., 269

Heimliche Ermittlungsmethoden 148 ff., 157, 172

Immunität 259 f., 271 f.
Informationelle Selbstbestimmung 40, 44 f., 257, 371, 381 f.
Informatorische Befragung 61, 65, 138, 198 ff.,
Intimsphäre 73 ff.
IPA-Regeln 3 f., 54, 82, 89 f., 99, 279, 285 f., 311, 332 ff., 356

Konkreter Anlass 29 ff.
Korollartheorie 41
Kriminalistische Untersuchungen 146 ff., 172
Kronzeuge 4, 268 ff.

Nemo-Tenetur-Prinzip 80, 166, 172, 201, 244 f., 261, 265, 272, 274, 341 ff., 347 ff.

Öffentliches Interesse 20 ff., 45, 49 ff., 71, 109, 387

Öffentlichkeit 65, 67 ff., 77, 82, 102, 112 ff., 121 ff., 133, 169 ff., 185 f., 189 ff., 199, 210, 215, 254, 279, 282, 297 ff., 330, 371 ff., 381 ff.
Ordnungsmaßnahmen 251, 281

Parlamentarische Kontrolle 7 ff., 29, 50, 258, 357
Parallelität 42 f., 168 ff.
Private Bereiche 29, 32, 39, 71, 278, 386
Privatsphäre 23, 44, 74

Rechtliches Gehör 183, 289 ff., 318, 343 ff., 383
Rechtsbeistand 69, 187 ff., 229, 275 ff., 298, 343
Rechtsfolgen 115 ff., 140, 314, 388
Richter 79, 102, 111 ff., 120 ff., 125 ff., 130 f., 136, 144 ff., 151, 153 ff., 159 ff., 179, 206, 208, 214, 218, 280 f., 302 f., 309, 311 ff., 318 ff., 329, 339, 349, 360 ff., 365, 368, 382

Sachverständiger 52 f., 61, 65, 67, 72, 90, 96, 124, 127 ff., 164, 169, 172 ff., 179, 197, 206, 212 f., 279, 298, 319 ff., 324 ff., 356, 376 f.
Sinngemäße Anwendung 52, 78, 82 ff., 97 ff., 119 ff., 130, 139 ff., 162, 172 ff., 191, 207 ff., 221 ff., 258, 265, 284 ff., 302, 309 ff., 313 ff., 322, 328, 337 ff., 342 ff., 358, 387 f.
Sitzungspolizeiliche Maßnahmen 305 ff.
Staatsanwaltschaft 63, 110 ff., 119, 123 f., 144 ff., 154, 169 ff., 198, 269, 311 ff., 328, 338, 368, 373
Steuergeheimnis 28, 44, 47, 67, 73, 75, 114, 253, 256 f., 298, 375 ff.
Strafprozessuale Grundsätze 142, 163, 173

Untersuchungsauftrag 14, 17, 27 ff., 33 ff., 47, 49 ff., 57, 60 f., 70 f., 82, 94, 98, 110, 117, 119, 129, 136 ff., 155 ff., 170, 186, 190 ff., 208 f., 223 f., 229, 236, 257 ff., 272, 278, 292 ff., 308, 315, 325 f., 331 ff., 345, 357, 360 ff., 370 f., 378 f., 385 ff.
Untersuchungsgegenstand 10 ff., 23 ff., 38 ff., 71 ff., 81 f., 118, 177, 187 f., 190, 196, 209, 222, 256, 286 ff., 293, 359, 369 ff.
Untersuchungskompetenz 27, 32, 42 ff., 45, 47, 49, 110, 356, 386

Verfassungsgrundsätze 41 ff., 160 ff.
Vergleich mit dem Strafprozess 108 ff., 119 ff., 123, 125 ff., 144 f.
Verhältnismäßigkeit 40, 44, 47, 80, 156, 160 f., 168, 254, 316, 360, 365, 374
Vorprüfungsverfahren 64, 72, 76, 80, 363 ff., 372 f., 382, 387
Vorsitzender 126, 167, 287

Wahrheitsfindung 131 ff.

Zeuge 53, 65, 69, 127 ff., 131, 140 ff., 145, 175 ff., 181 ff., 189, 192 ff., 196, 197 ff., 203 ff., 209 ff., 220 f., 222 ff., 230 ff., 242 f., 275 ff., 297 ff.
Zeugenbeistand 87, 275 ff.
Zeugnisverweigerungsrecht 189, 226 ff., 236 ff., 241 f., 242 ff., 253 f., 335, 361
Zeugniszwang 88, 182, 225, 264, 312
Zwangs- und Beugemaßnahmen 54, 76, 79 f., 103, 138, 150 ff., 160, 162, 168, 172, 189, 279, 305 ff., 358 ff., 388

FSC
www.fsc.org
MIX
Papier | Fördert gute Waldnutzung
FSC® C083411

Kolibri 360 GmbH
Ferdinand-Jühlke-Straße 7
99095 Erfurt, Deutschland
produktsicherheit@kolibri360.de